문예신서
333

주체의 해석학

1981-1982, 콜레주 드 프랑스에서의 강의

미셸 푸코

심세광 옮김

東 文 選

주체의 해석학

Michel Foucault

L'HERMÉNEUTIQUE DU SUJET
Cours au Collège de France. 1981-1982

"Edition établie sous la direction de François Ewald et d'Alessandro Fontana,
par Frédéric Gros."
This Korean edition was published by arrangement
with Editions du Seuil, Paris
through Korea Copyright Center, Seoul

강의 1981–1982년

전반적 문제틀의 환기: 주체성과 진실 ― 새로운 이론적 출발점: 자기 배려(le souci de soi) ― 델포이 신전의 격언 '너 자신을 알라(connais-toi toi-même)'에 대한 해석들 ― 배려의 인간 소크라테스: 《소크라테스의 변명》의 세 발췌문 분석 ― 고대의 철학적 · 도덕적 삶의 계율로서의 자기 배려 ― 초기 기독교 텍스트에서의 자기 배려 ― 일반적 태도로서의 자기 배려, 자기와의 관계(rapport à soi), 실천들의 총체 ― 자기 인식(connaissance de soi)을 위해 자기 배려가 근대에 실추된 이유들: 근대의 도덕, 데카르트의 순간 ― 영지주의(gnosis)의 예외 ― 철학과 영성(spiritualité)

영성이 요구하는 사항들의 분쟁적 현존: 데카르트 이전의 과학과 신학; 고전철학과 근대철학: 마르크시즘과 정신분석학 ― 스파르타의 한 격언 분석: 신분적 특권으로서의 자기 배려 ― 플라톤의 《알키비아데스》 ― 알키비아데스의 정치적 주장과 소크라테스의 개입 ― 젊은 스파르타인들과 페르시아 군주들의 교육과 비교한 알키비아데스의 교육 ― 《알키비아데스》에서 최초의 자기 배려 요청의 출현 맥락: 정치적 주장; 교육의 결함; 비판적 나이; 정치적 지식의 부재 ― 한정되지 않은 자기의 속성과 그 정치적 함의

소크라테스의 자기 배려 정언 명령의 탄생 맥락: 훌륭한 가문 젊은이들의 정치적 능력; 아테네 학교 교육 및 성교육의 한계; 무지한 사실에 대한 무지 ― 고대 그리스에 있어서 자기 변형의 실천 ― 피타고라스주의에서 꿈의 준비와 단

련의 기술 — 플라톤의 《파이돈》에서 자기 테크닉들(techniques de soi) — 헬레니즘 시대 철학에서 자기 테크닉의 중요성 — 《알키비아데스》에 나타난 배려 대상으인 자기 존재의 문제 — 자기를 영혼으로서 설정하기 — 영혼을 행위 주체로서 설정하기 — 양생술(la diététique), 가정관리술(l'économique), 연애술(l'érotique)과 연관 속에서 본 자기 배려 — 배려의 스승의 필요성

인 조언자

정확한 제스처; 주의(注意)(담론과 관련한 애착과 즉각적인 기억을 통한 담론의 주체화)

서의 인내력 있는 신체 ― 시험의 실천과 그 특성들

역자 서문

1

《주체의 해석학》은 푸코가 1981-1982년 학기에 콜레주 드 프랑스에서 강연한 바를 녹취해 2001년에 출간된 텍스트이다. 1984년 푸코가 《성의 역사》를 출간했지만 《주체의 해석학》에서는 결코 성이 문제시되지 않는다. 1980년대 푸코가 서구의 성의 역사를 쓰는 데 전념한 것으로 알고 있는 많은 사람들에게 이것은 다소 놀라운 사실이 아닐 수 없다. 하지만 《주체의 해석학》에서 푸코는 성의 주제에 전혀 골몰하지 않았고, '주체'의 문제에 지속적 관심을 보인다. 푸코는 성의 역사보다는 주체의 역사에 관한 핵심 요소들을 이 강의에서 전개시킨다. 이는 푸코가 성에 대한 논의를 포기한 것이 아니라, 《주체의 해석학》 강의가 있기 한 해 전인 1980-1981년도 강의, 《주체성과 진실》에서 그가 시작한 고대 그리스·로마의 쾌락의 주체에 대한 분석의 이론적 틀을 명백히 설명할 필요성을 느꼈기 때문이다. 왜냐하면 주체의 자기 통제를 위한 것이든, 자기 강화를 위한 것이든, 자기 비밀의 해독을 위한 것이든, 자신의 표현들의 억압을 위한 것이든 간에 주체가 자기 자신의 쾌락과 관계를 설정하기 위해서는 어떤 방식으로든 보다 넓은 차원에서 자기와 자기의 관계를 전제해야 하며, 성은 이 자기 관계의 여러 표현들 가운데 하나에 불과하기 때문이다. 따라서 주체의 계보학이나 자기 배려의 계보학은 성의 역사보다 훨씬 더 넓은 외연을 갖는다. 그래서 푸코는 《광기의 역사》에서부터 부단히 제기한 문제를 새로운 관점에 입각해 이해해 보려고 시도했다고 말할 수 있다.

푸코는 《주체의 해석학》 서두에서부터 고대의 자기 배려 연구가 보다 명시적이고 광범위한 목표에 입각한 것임을 강조한다. 그의 주관심사는 진실과 주체의 역사나 서구 문화에 있어서 진실과 주체가 맺는 관계의 역사를 재검토함으로써 니체적 의미에서의 계보학을 연구하는 것이었다. 콜레주 드 프랑스 강의와 관련해 푸코는 자신의 철학적 계획을 다음과 같이 설명한다. "나는 우리 문화 내에서 주체화의 상이한 방식들에 대한 역사를 쓰려 했다. 이러한 시각에 입각해 나는 인간 존재를 주체로 변형시키는 세 유형의 대상화를 다루었다."[1] 그 첫번째 방식은 어떤 조건하에서 주체는 진실된 바에 대한 인식을 할 수 있는가를 파악하는 문제와 연관이 있고, 두번째 방식은 어떤 조건하에서 주체에 대한 참된 인식이 가능한지를 파악하는 문제와 연관되어 있다. 주체성과 진실에 관한 이 두 문제에 입각해 또 이 문제에 반하여 푸코는 세번째 질문을 던진다. 요컨대 주체가 진실의 의무에 따를 경우, 자기 자신에 대한 진실을 말해야 하는 의무에 따를 경우, 주체 자신에 대해 또 그를 위해 오직 타자만이 진실된 바를 말할 수 있는 예속의 체제를 따를 경우 무슨 일이 일어나는 것일까? 집단적이고 사회적인 진실 생산은 어떤 한도 내에서 주체가 자기 자신에 대해 하는 경험에 구체적인 형태를 부여하고 또 변형시키는 것일까? 이같은 푸코의 물음은 전자처럼 비판의 문제도 아니고, 후자처럼 실증주의적인 문제도 아니다. 그것은 푸코가 《주체의 해석학》 서두에서 명시하듯이 사실적이고 역사적인 문제이다. 그러므로 진실 자체에 대한 문제 제기를 하기 위해서라도 인식의 가능성의 조건에 대한 비판이나, 인식 주체에 대한 과학적인 객관화로부터 출발할 필요가 없고, 사실로부터 출발할 필요가 있다. 우리 자신 위를 순환하는 진실이 있다는 조건하에서 우리는 우리 자신에 대해 어떤 경험을 하는 것일까? 우리가 우리 자신에 대해 하는 경험이 어떻게 우리가 우리 자신으로부터 배격해 버리는 광기·범죄·성과 같은 것에 대한 진실의 생산에 의해 구체적 형상을 갖게 되는 것일까?

이처럼 《주체의 해석학》은 주체의 대상화 가운데 하나이고, 푸코는 거기서 고대의 고행을 이용한 주체화 방식을 탐색하며, 이같은 계보학적 목표를 가지고서 자기 배려에 접근한다. 이를 통해 푸코는 주체는 어떤 형식과 절차에 따라, 또 어떤 주체성의 효과를 발생시키며 진실과 관계를 맺으며, 어떤 형태의 주체성이 어떤 형태의 진실과 연결되는가에 대해 집요하게 물음

---

1) 미셸 푸코, 〈주체성과 진실〉, in Dits et Ecrits v. IV, p.223.

을 던진다. 이렇게 푸코가 고대 그리스 · 로마에 관심을 갖는 이유는, 근대적인 진실 이해 방식의 형성에 결정적인 역할을 하는 주체와 진실과의 관계와는 완전히 이질적이고, 다른 유형의 주체-진실 관계의 가능성을 해명하여 보여주기 위해서이다.

그러나 사람들은 철학의 성찰 대상이 주체이고, 전통적으로 주체는 비역사적이며, 고정적이며, 불변하는 무엇이라고 간주하는 것이 보통이기 때문에, 서구의 사상적 전통에서 '주체성'(subjectivité)의 계보학을 연구한다는 것은 쉬운 일이 아닌 것처럼 보인다. 따라서 주체성의 역사를 기술하는 것은 진실의 역사를 기술하는 것과 마찬가지로 거의 무의미한 것으로 생각될 수도 있을 것이다. 하지만 주체성의 역사를 이해하기 위해서는 푸코가 주체 개념에 부여한 특수한 의미를 이해할 필요가 있다. 《주체의 해석학》에서 '자기'(soi) 개념이 빈번히 등장하고, 푸코는 '자기 실천'(pratique de soi), '자기 기술'(technique de soi), '자기와의 관계'(rapport à soi), '자기 테크놀로지'(technologie du soi), '자기가 자기에 가하는 작업'(travail de soi sur soi)에 대해 논한다. 이것들이 의미하는 바는 한 주체가 자기를 스스로 구축하고, 설립하기 위해 자기 자신과 관계를 맺는 방식의 역사를 연구할 수 있다는 것이다. 이것은 얼핏 보기에 대단히 추상적으로 보인다. 하지만 《주체의 해석학》에서 푸코는 지극히 구체적이고 사실적인 질문을 던진다. 요컨대 책을 어떻게 읽을 것인가? 어떻게 글을 쓰고 노트할 것인가? 예측하지 못했던 사건들에 직면해 어떻게 처신할 것인가? 지나치게 격노하지 않기 위해서는 어떻게 해야 하는가? 슬픔에 의해 충격을 받지 않으려면 어떻게 해야 할 것인가? 결국 푸코가 《주체의 해석학》에서 연구하는 것은 경청 · 독서 · 글쓰기 · 자기 통제 · 의식 점검 등과 같이 실존의 테크닉에 해당되는 테크닉과 그것을 습득하기 위한 도식들이다.

우리는 여기서 도구를 다루는 법과 말하는 법, 대상들을 만들어 내는 법을 배울 수 있으며, 이러저러한 문제를 제기하고, 이러저러한 방식으로 행동하고, 타자와 일정한 관계를 유지하는 한정된 주체가 되는 법도 배울 수 있다. 이 후자의 영역이 바로 '실존의 기술'(technique de l'existence)의 영역이다. 그리고 수련을 통해 자기 자신을 구축하고, 타자 · 재화 · 자신의 신체와 관계를 구축하는 주체를 우리는 윤리적 주체라 명명할 수 있다. 달리 말해서

'주체화'(subjectivation)를 논의하며 푸코는 주체는 주어진 것이 아니라, 글쓰기, 독서의 기술, 자기 실천이나 사유와 표상의 점검 기술, 자기 인식의 기술 등과 같은 다수의 기술들에 의해 고안되고 구축된다고 전제한다. 이러한 기술들을 통해서 자기와의 한정된 관계가 설정된다. 따라서 《주체의 해석학》에서 푸코의 연구 대상은 역사적으로 한정 가능하고 포착 가능한 자기 관계의 방식들이다. 그리고 윤리의 장은 한정되고 규칙적인 관계를 자기와 자기 간에 설정하기 위한 실천적 절차들의 총체로 이해되어야 할 것이다. 푸코는 성에 관련된 책들과 병행해 생활의 기술들과 자기 통치 기술들에 관한 또 다른 저술 계획의 골격을 《주체의 해석학》을 통해 제시하고 있다.

2

이 작업을 수행하기 위해 푸코는 먼저 고대철학의 특수한 '진실 놀이'(jeu de vérité)를 이해하는 데 장애가 되는 집요한 편견에 문제를 제기한다. 대체적으로 진실에 대한 인식론적인 개념에 입각해 사람들은 '자기 배려'(epimeleia heautou)가 아니라 '자기 인식'(gnôthi seauton)이 고대철학을 지배했고, 또 그 이후에도 철학을 계속 지배했다고 생각하는 것이 보통이다. 인식, 자기 인식, 즉 우리의 현존재를 인식하고 인식 능력의 특성과 한계를 명확히 인식하려는 시도를 우리는 '철학'이라 보통 부르고 있고, 또 항시 그래왔었던 것 같다. 따라서 고대 그리스의 '주체'에 대한 문제 제기는 장차 '정신과학' '심리학' '의식의 분석' 'psykhê'[2] 등으로 명명될 학문의 초벌 형식에 해당하는 '자기 인식'처럼 보인다. 물론 푸코는 고대철학과 서구의 철학적 전통에서 '자기 인식'의 중요성을 간과하거나 부정하지는 않는다. 그러나 그는 기원전 5세기부터 기원후 5세기에 이르는 시기——다시 말해 철학의 탄생 시기부터 기독교 금욕주의에 이르는 시기——에 있어서 자기 인식은 '자기 배려'라는 일차적 정언에 부응하는 한 방식일 뿐이라는 사실을 우리에게 주지시키려고 한다. 결국 고대 그리스·로마 시대에 있어서 '자기 인식'은 '자기 배려'의 한 부분에 속하는 것이었다는 말이다.

---

2) 미셸 푸코, 《주체의 해석학》, Éd. Gallimard/Le Seuil, 2001, p.223.

만약 이것이 사실이라면 서양철학사가 자기 배려에 입각해 결코 씌어지지 않은 이유를 어떻게 설명할 수 있을까? 왜 고대 연구자들조차도 '자기 인식'에 가려진 이 '자기 배려'에 어떤 관심도 갖지 않은 것일까? 철학적 행위의 중심 원리였지만 사라져 버린, 이 '자기 배려'는 푸코에게 있어 그 자체로서 중요한 성찰의 대상이 된다.

푸코는 이 '자기 배려'가 억압된 세 가지 이유를 들고 있다. 먼저 자기 배려의 정언은 오늘날 '일종의 도덕적 댄디즘, 극복 불가능한 미학적 · 개인적 단계의 단언과 위협'[3]이나 '집단적 도덕을 지탱할 수 없는 개인의 자폐 상태'로 비쳐질 수 있기 때문이라고 말한다. 푸코가 누차 강조하였듯이 그리스 · 로마의 윤리는 도덕률이나 신의 명령에 의해 지배되지 않았다. "인간 실천의 질서에서 모든 규칙의 일반 원리로서 법과 법의 형식을 취하게 되는 서구 문화의 점진적 법제화"는 중세에 와서야 발생했다. 하지만 법은 보다 광범위한 주체의 실천의 역사에 속하는 한 부분이다. "법은 본래 주체의 자기 기술의 가능한 양태들 가운데 하나에 지나지 않는다." 법은 "오늘날 우리가 관계하는 주체를 형성시킨 긴 역사의 양태들 가운데 하나에 지나지 않는다."[4] "오늘날 우리 현대인들은 '가능하거나 불가능한 주체의 객관화' 문제를 인식의 영역에서 보는 반면, 그리스 시대 · 헬레니즘 시대 · 로마 시대의 고대인들은 '주체의 영적인 경험인 세계에 대한 지식의 구축' 문제를 본다. 그리고 또 다른 근대인인 우리가 '법질서에 예속된 주체'를 보는 반면, 그리스인과 로마인은 '진실의 실천을 통한 최종적 목적인 주체의 구축'을 본다."[5] 바로 이 점이 푸코가 고대의 자기 배려에서 특별히 주목하는 부분이다. 자기 배려는 만인에게 부과되기 이전에 존재하는 보편적 원칙이나 정언이 아니라, 지극히 개인적 삶의 선택 대상으로 주어진다. 하지만 고대인들의 이러한 관점은 성서의 전통이나 칸트의 윤리에 나타난 도덕률에 매여 있는 사람들에게는 수용 불가능하고 이해 불가능한 것이다.

두번째 이유는 첫번째 이유의 연장선상에 있다. 서구의 문화는 자기 배려

---

3) 미셸 푸코, 《주체의 해석학》, Éd. Gallimard/Le Seuil, 2001, p.14.
4) *Id.*, p.109.
5) *Id.*, p.304.

라는 애초의 방향과는 정반대로 자기 포기 쪽으로 고대의 윤리를 끌고 가는 기독교라는 간접적 수단에 힘입은 스토아주의의 맥락 속에서 만들어진 금욕적인 규칙들을 자기화했다. 결국 기독교가 재해석한 '자기 배려'의 전통에서 결과되는 비이기주의 윤리의 전승이 역설적으로 서구인으로 하여금 '자기 배려'를 불신하게 만들었다는 것이다.

그러나 가장 결정적이고, 가장 설득력 있는 이유는 '진실과 진실의 역사의 문제'와 연관이 있다. 푸코에 의하면 자기 배려의 정언은 '데카르트의 순간'에 의해 결정적으로 '소거'되었다. 푸코의 정의에 따르면 자기 배려의 전통은 진실의 준비로서 영성을 제기하는 것이 그 특징이다. 여기서 영성은 "주체가 진실에 접근하기 위해 자기 자신에게 변형을 가하는 데 필요한 탐구·실천·경험"을 말한다. 이러한 구도는 주체가 '진실에 접근하기 위해 지불해야 할 대가'[6]를 의미한다. 고대 그리스의 구도는 다음과 같은 사실을 가정한다. "진실은 주체가 주체이고, 또 이러저러한 주체의 구조를 가지고 있기 때문에 기초될 수 있으며, 정당화될 수 있는 단순한 인식 행위에 의해 주체에 부여되는 것이 아니다. 진실은 주체가 진실에 접근할 수 있는 권리를 갖기 위해 자신을 변화시키고, 변형시키고, 개선해 어느 정도는 현재의 자신과 다르게 되어야 한다는 것을 전제한다. 진실은 주체의 존재 자체를 내기에 거는 대가로서만 주체에게 주어진다. 왜냐하면 그 자체로서는 주체는 진실을 파악할 수 있는 능력이 없기 때문에."[7]

따라서 주체는 '연애술'(êros)이나 '자기 수련'(askêsis)을 통해 자기를 변형시키지 않고서는 진실에 접근할 수 없다. 그러나 데카르트는 이러한 영성과 구도의 조건들을 소거한다. 이후 사람들은 더 이상 주체가 진실에 도달하기 위해 오랜 자기 변형 훈련에 따라야 된다고 생각하지 않게 된다. "진실에 접근 가능하게 해주는 것이 오직 인식이라는 것을 용인하는 순간 우리는 근대로 접어든다"[8]고 푸코는 강조한다. 근대적·철학적 절차의 새로운 출발점은 하나의 언표가 의식에 제시하는 즉각적인 자명성이다. 철학은 진실과

---

6) 미셸 푸코, 《주체의 해석학》, Éd. Gallimard/Le Seuil, 2001, p.17.

7) Id., p.17.

8) Id., p.19.

오류를 존재하게 하는 바에 대해 순수한 성찰을 하고, 주체가 진실에 접근할 수 있도록 해주는 바에 대해 자문하며, 그 한계를 설정하려 하는 사유의 형식이 된다. 따라서 이제 지식은 더 이상 현자가 도달해야 할 완결 지점이 아니라, 인식의 막연한 여정이 된다. 그리고 이 지식은 그 생산자와는 독립적으로 축적되는 대상이 된다. "주체의 존재가 진실 접근의 필연성에 의해 재검토되지 않게 되는 순간부터 주체성과 진실이 맺는 관계의 역사에 새로운 시대가 도래한다"[9]고 푸코는 결론짓는다. 따라서 데카르트 패러다임이 절대적으로 지배하는 근대의 견지에서 볼 때, 철학사가 결코 영혼의 배려를 중심축으로 설정하지 않았다는 것은 놀라운 일이 아니다. 왜냐하면 이 같은 근대적 진실의 놀이에 참여하지 않는 그 어떤 것도 지식의 자격을 인정받지 못했기 때문이다.

고대의 주체화 방식은 자기 배려라는 명령적 정언으로 요약될 수 있고, 반면에 기독교와 근대의 주체화 방식은 자기 인식으로 요약될 수 있다. 달리 말해서 고대의 주체화 방식은 행위의 완벽성이 불가능함을 잘 알지만, 자신이 잘 행위하고 있는지에 대해 문제를 제기하는 행위 주체의 구축을 목표로 하는 방식인 반면에, 기독교와 근대의 주체화 방식은 자신의 환원 불가능한 한 부분이 인식을 항시 벗어나고 있음을 잘 알고 있으면서도, 자기 자신을 잘 알고 있는지에 대해 자문하는 방식이다.

하지만 이러한 대립은 너무 대대적이고 오해를 불러일으킬 소지가 있다. 따라서 이렇게 지나치게 양극화된 대립을 교정하기 위해 정밀한 설명을 할 필요가 있다. 한편으로 푸코는 고대의 주체가 자기 인식을 무시했고, 기독교와 근대의 주체가 자기 배려를 완전히 포기했다고 생각하지는 않는다. 자기 배려와 자기 인식의 대립은 절대적인 것이 아니다. 중요한 것은 종속 관계와 우열의 구조를 설정하는 것이다. 고대의 주체화 방식과 관련해 푸코는 플라톤·마르쿠스 아우렐리우스·세네카의 텍스트를 통해 고대에도 분명히 자기 인식의 규율이 존재했지만 그것은 내적 정당성을 가질 수 없었고, 또 자족적 임무로 주어지지 않았다는 점을 지적한다. 푸코는 플라톤의 《알키비아데스》에 입각해 고대의 자기 인식은 반대로 포괄적이고 보편적인 자

---

9) *Id.*, p.20.

기 배려의 범주 내에서만 의미를 갖는다는 사실을 증명한다. 내 자신을 돌보고 배려해야 하는 한에서만 내 자신을 알려고 애써야 한다는 말이다. 그러나 내 자신을 돌보고 배려하는 것은 타자 및 행동과 단절하고 자기 자신으로 회귀하는 것이 아니라, 우리의 사유와 그 원칙, 그리고 담론과 행실 간에 일치·조화·정합성이 설정되는지를 지속적으로 경계하는 행위를 말한다. 따라서 자기 인식은 곧은 행실을 기초할 때에만 의미를 가질 수 있다. 내가 내 자신의 감성과 사유를 독서함으로써 내 자신에 대해 알 수 있는 바는 내가 보다 곧게 행동할 수 있게 할 수 있을 때 비로소 의미와 가치가 있다는 말이다.

그러나 이와 반대로 기독교와 근대의 주체화 방식에서 자기 배려는 자기 인식과 전적으로 일치한다. 그리고 곧음을 설정해야 하는 곳은 이제 더 이상 행동 계율과 실제적인 행위 간이 아니다. 바로 그것이 이 근대적 장치의 중심부에 있는 정체성의 테마이다. 그러나 이는 기독교와 근대의 주체가 전적으로 자기 행위를 무시했다는 것이 아니라, 이 행위가 그의 심층적 정체성에 대한 정보를 제공하는 한에서 의미를 가진다는 말이다. 즉 단지 보다 잘 행위하기 위해서 자기 인식이 중요한 것이 아니라, 나를 잘 알게 해주는 한에서만 내 행위가 가치가 있다는 것을 진술하기 위해서 자기 인식이 중요하다.

따라서 서구에 있어서 참된 담론의 대상으로서의 주체의 구축은 곧은 행동의 윤리적 주체를 포기함으로써 이루어졌다는 것이 푸코 논지의 핵심이다. 자기에 대한 객관적 인식은 행위 주체의 윤리적 구축을 불필요한 것으로 내버린다. 달리 말해서 오늘날 우리는 진실된 주체이기 위해서 우리가 행하는 바에 대해 말하고 사유하는 것이 중요하지, 우리가 사유하거나 말하는 바를 행하는 것에 많은 중요성과 무게를 부여하고 있지 않다는 말이다.

3

그렇다면 어떻게 자기 배려가 일반적인 인식의 문제, 특히 기원후 1,2세기의 자기 인식의 문제와 연결되는지를 파악할 필요가 있다. 자기 인식은 자기 실천의 범주에서 어떻게 작용하는 것일까? 고대의 사유에서 우리는 자기로의 회귀, 자기로 향해진 시선이라는 테마를 빈번히 발견할 수 있다. 우리는 자기 자신을 응시해야 한다라는 관념과 자기 자신을 목전에 놓아야 한다는 관념을 아주 빈번히 발견할 수 있다. 요컨대 그것은 마르쿠스 아우렐리우스에게 있어서 blepe se(《명상록》, VII, 55), 세네카에 있어서는 observate(《서신》, 16, 2), vitam suam respiccere(《서신》, 83, 2), prosekhein ton noun heauto 등으로 표현된다. 하지만 자기 자신으로의 시선의 전환은 인식 · 해독 · 해석의 장인 내면성을 여는 행위가 아니라고 푸코는 강조한다. 우선 시선의 전환이라는 어휘는 자기 자신에 대한 응시, 자기로의 회귀, 자기 안으로 후퇴하기, 자기와의 일련의 관계 설정 · 방어 · 장비 · 존중 · 경배 · 쾌락 · 관능 등 다양한 개념의 장을 포함하고 있다. 따라서 우리는 자기 자신에 대한 응시의 테마를 자기 관계의 문제를 다원적으로 한정하는 개념적 장과 분리해서 생각해서는 안 된다. 특히 스토아주의에서 우리는 자기로의 전향을 자기 인식의 문제로 환원해서는 안 된다. 자기에로의 시선의 전향은 세계의 사물과 타자로부터 시선을 전환하는 것을 의미하고, 세계의 동요와 건강하지 못한 호기심으로부터 시선을 전환하는 것을 의미한다. 즉 그것은 세계의 동요와 병약한 호기심으로부터 시선을 전환하는 것을 의미한다. 예를 들어 플루타르코스가 호기심(poluprgamosunê)을 비판하는 이유는 호기심 속에서 우리가 자기 자신 안에서 일어나는 바를 무시하기 때문이 아니라, 우리 자신의 목표로부터 벗어나 주의가 산만해지기 때문이라는 점을 푸코는 강조한다. 우리는 타자를 헐뜯는 재미 때문에 건강하지 못한 호기심을 통해 타자의 악덕을 알려고 노력한다. 물론 타자의 악덕을 알 필요는 있지만, 그 이유는 우리의 악덕을 알아 제거하기 위함이다. 우리는 무의미하고 중요하지 않은 사건들의 세부 사항에 대한 취미 때문에 역사를 알아야 하는 게 아니라, 우리가 따라야 할 모범적인 예를 찾기 위해 역사를 탐구해야 한다. 자기 배려 내에 인식이 개입하지만 그것은 인식 자체를 위한 것이 아니라, 인식의 내용들이 인식 주체를 변화시킬 수 있다는 조건하에서 인식이 개입되어야 한다. 마찬가지로 자기 자신을 응시해야 한다면, 그것은 자기 자신을 분석 · 해독 · 성찰의 대상으로 구축하기 위해서가 아니라, 사유를 수행해야 할 행동에 고정시켜 사유가 내면의 안내자를 따르게 하기 위함이고, 생의 소용돌이에 자신이 휩쓸려 가지 않도록 하기 위해서이다. 자기 자신을 향하는 시선은 주체가 자신의 목표에 자기를 고정시키기 위해서 존재하고, 또 목표를 향한 긴장 속에서 자기 자신을 자기 자신 안에 현존하게 하기 위해 존재하며, 이것은 자기 교정에 해당하는 것이다.

여기로부터 인식, 진실의 언표의 위상과 관련된 중요한 결과가 도출된다. 정신을 통한 지식의 획득은 진실 이해의 형식이고 행동 도식의 자기화이다. 고대 그리스의 경험에서 주체는 가능한 인식으로 열린 존재가 아니라, 그가 인식하는 진실에 입각해 구축되고 고안되어야 하는 존재이다. 자기 배려, 자기 실천은 인식의 형식과 관련될 때에도 자기와 인식의 다른 대상들을 분리하지 않는다. 대상을 인식하는 것이 문제이지만 동시에 이 대상을 다르게 아는 것이 중요하다. 요컨대 동일한 대상을 아는 것이 문제이지만 이 대상을 인식하였기 때문에 주체의 존재 방식, 즉 주체의 êthos에 이 사물의 인식이 발생시키는 효과가 중요하다는 말이다. 자기 배려는 자기라는 새로운 인식 대상을 전제하는 것이 아니라 일반적인 인식의 방식을 변화시킨다. 그러므로 주체는 진실된 담론의 대상이 되어서는 안 되고 타자·사물·세계에 대한 진실의 생산은 인식 주체의 존재에 영향을 줄 수 있어야 한다.

우리는 이 점을 고대의 자기 수련을 통해 확인할 수 있다. 자기 배려는 우리로 하여금 사건들에 대면할 수 있는 정언적 명령이라는 장비를 갖출 수 있게 해준다. Logoi라는 장비는 단지 알거나 인식하는 것으로 족하지 않고, 마치 싹이나 씨앗처럼 주체에 이식되어야 하는 무엇이다. Logoi는 주체에 현존해야 하지만 그것은 관념적으로 이해된 의미의 형태로 현존해서는 안 된다. Logoi는 실제로 발화되고 경청되며, 반복되는 문장이고, 주체가 반복하여 정신에 각인하여 항구적으로 현실의 시련에 놓여져야 하는 것이다. 또 logoi는 설득적인 담론이어야 한다. 그것은 우리가 인식한 명령적 정언에 그치는 것이 아니라, 우리에게 확신을 줄 뿐만 아니라 행동을 유발시키기 때문에 설득적이다. 진실의 능동적 기억은 즉각적으로 행동을 이끌어 내는 행동 도식의 체현화이다. 그래서 logoi 자체가 차츰차츰 주체의 이성과 일체가 되어 주체의 자유와 의지가 자기 자신을 위해 말하는 듯한 효과를 발생시킨다. 고대인들은 진실을 기억하는 훈련을 통해 의미로서의 진실을 관념화하려고 하지 않았다. 이와는 반대로 고대인들은 진실을 기억하는 수련을 통해 진실이 자기 자신의 신체가 되기를 갈망했다. 행동의 기억이자 신체가 된 진실인 logoi는 행위의 주체가 되어 버린다. 결국 행동의 주체와 인식의 주체는 동일시된다. 진실을 아는 주체는 이 진실의 윤리적 주체가 되어야 한다.

따라서 푸코가 말하는 철학적 자기 수련은 참된 담론의 주체화를 목표로 삼는다. 물질적으로 실존하는 언표의 형태를 갖는 진실은 주체에 각인되어 주체의 행동의 원칙이 된다. 이렇게 자기 것으로 만들어야 하는 진실은 우선적으로 스승의 말과 글로부터 온다. 그래서 스승의 말은 주체가 들은 진실의 능동적인 체현화를 가능하게 해야 한다. 하지만 스승의 말의 경청은 일련의 문제를 발생시킨다. 참된 말의 경청은 alêtheia를 êthos로 구축하는 데 불가피한 매개자 역할을 한다. 하지만 세네카가 지적하듯이 하나의 문제가 있다. 요컨대 청각은 모든 감각 중에서 가장 정념적이다. 청각은 독자적으로 자신에게 들리는 바를 선별할 수 없고 모든 것이 한꺼번에 들을 뿐이다. 청각은 들은 바만을 영혼에 전달할 뿐이다. 어떤 면에서 이것은 나쁘지 않다. 무지몽매한 당나귀에게 철학 강의를 하면, 이해했는지 안 했는지는 모르지만 그에게는 무엇인가 들은 바가 남을 것이고, logos가 그에게 각인될 것이다. 목적을 하지 않았다 해도 우리는 태양 아래서 구릿빛으로 변하듯이, 훌륭한 철학자의 강의를 듣고 나면 우리에게는 무엇인가가 남는다고 세네카는 말한다. 그러므로 영혼은 로고스라는 태양 아래서 구릿빛으로 변할 것이다. 하지만 다른 한편으로 청각은 대단히 골치 아프다. 스승의 말은 적나라한 단순한 진실이 아니라 말을 통해 표현되고 로고스를 표현하는 일정한 양식을 갖고 복잡하고 난해한 고유의 운동을 수반할 수 있다. 형편없는 제자는 스승의 매력적인 목소리나 세련된 언어 표현 양식과 같은 외관에만 관심을 집중시켜 더욱 왜곡된 양상만을 가지고 학원을 나설 수 있는 위험이 있다. 진실의 물질성이 제자에게 본질적인 모호함을 줄 수 있다. 분명히 의미가 중요한 게 아니라 주체가 진실을 체현화할 수 있는 능력이 관건이기 때문에 결국 logos의 물질성은 문제를 발생시킨다. 결국 청자가 나쁜 물질이 아니라 좋은 물질을 체현화할 수 있게 만드는 교육이 문제가 된다. 그러므로 정숙의 의무, 신체의 자세, 제자의 신체가 스승의 말을 따라가는 운동 등과 연관된 경청의 테크닉을 만들어 내는 것이 중요하다. 푸코는 이 경청의 테크닉을 에픽테토스에 의거해 논한다. 이 경청의 기술은 청자가 말하는 방식에 사로잡히지 않고 말해진 바에 주목하며, 진실을 말하게 해주는 바에 고착되지 않고 말해진 진실에 집중할 수 있게 해준다. 그리고 푸코는 말의 용례에 있어서 이것과 부합하는 요청을 지적한다. 진실된 바를 주체화할 수 있게 해주는 방식으로 진실을 말할 수 있는 테크닉의 고안이 필요하다. 이 테크닉이 바로 parrhêsia이다. 솔직히 말하기, 말의 자유, 말해야 될 때 말해야 할 바를 말하게 해주고 수사학과 아첨과 당연히 대립되는 솔직함이 그것이다. 아첨은 듣는 자에게 제공되는 기쁨 때문에 듣는 자를 말하는 자에게 예속시키고, 말하는 자에게 불리했던 힘의 관계를 자신에게 유리하게 역전시킨다. 반면에 parrhêsia는 권력과 야합하려 하지 않고 청자의 권력을 무릅쓰고 진실된 말을 하고 청자를 의존 상태에 놓으려고 하지 않으며, 자신의 말을 수용하는 자의 독자성을 보장하려고 한다. 결국 푸코에 따르면 말하는 자가 자신이 하는 말에 연루되는 것이 parrhêsia의 기준이 된다. 세네카는 루킬리우스에게 보내는 일흔다섯번째 서신에서 libertas는 말하기보다는 내가 체험하는 바를 보여주는 것(ostendere quid sentiam), 말해진 바, 다시 말해서 실제로 체험된 바 보다는 장식적으로 자신을 드러내 보일 위험이 있는 말이라는 매개체를 탈극화시키는 것이라고 말한다. 진실을 말하는 주체가 자신이 말한 바를 동시에 체험한다는 것을 보여주는 것이야말로 참된 말의 진정한 보증이라고 말할 수 있다. 말하는 자는 자신이 말하는 바 안에 있어야 하고, 스승이 말하는 바와 그의 행동인 바 간의 명백한 일치가 있어야 한다. 스승의 입장에서 행동의 주체와 발화 주체 간의 정합성은 참된 말이 그것을 들은 제자의 행동과 존재 방식으로 변화되기 위한 조건이다. 말하자면 진실의 순환 절차가 존재한다. 이것은 허약한 물질인 진실을 운반하는 기계의 조립과 같다. 진실을 알고, 체험하며, 진실이 되어 버렸고, 이 진실을 자신이 체험하고 있음을 몸소 증명해 보이는 스승으로부터 시작해 오로지 이러한 정합성으로부터 결과되는 parrhêsia이자, 제자의 경청으로 이어져 그의 행동과 존재 방식, 요컨대 êthos로 변형될 수 있는 진실된 말로 향하는 순환의 절차가 존재한다. 이러한 순환 속에서는 진실이 정확히 설명되고 잘 이해되기 위해 필요한 방법론적인 주의는 중요하지 않다. 중요한 것은 진실이 통과하는 두 당사자들의 신체 속에 진실이 존재하게 하는 기술적인 절차들이다. 이것은 분명 주체성의 순환, 다시 말해서 진실을 매개로 한 êthos와 êthos의 순환이다.

푸코가 이 점을 강조하는 이유는 진실의 실천에서 이같은 자기 경험이 근대와 현대의 우리가 하는 자기 경험에 의해 오염되었기 때문이다. 주체에 대한 진실된 담론이 문제가 아니라 주체가 진실된 바를 체현화하는 것이 관건이고, 대화의 규칙은 주체가 자신의 내적인 경험을 말로 표현하는 것이 아니라, 제자의 궁극적인 독자성을 지향하는 스승의 parrhêsia라고 주장하는 이유는 서구 역사에서 자기 수련과 자기 실천이 완전히 다른 목적하에 재구성되었기 때문이다.

푸코에 따르면 이순간은 편의상 카시아누스가 동방의 수도원 제도를 서양에서 제도화한 시기와 일치한다. 카시아누스의 목적은 물론 마찬가지로 주체의 존재 방식, 특히 수도사의 존재 방식을 변형시키는 것이었지만 고대의 그것과는 지극히 다르다. 수사가 자신의 의지를 포기함으로써 자기 자신을 포기하게 만드는 것이 관건이다. 수도사는 자기 자신을 배려하는 자가 아니라 자기 자신을 극복하고, 자기 자신이 되려고 하는 욕망을 극복하는 자이다. 그는 복종을 에토스로 구축해야 하고 복종을 자신의 항구적인 존재 방식으로 만들어야 하는 자이다. 이러한 변형을 가능케 하는 것은 바로 지도이다. 초심자가 수도원에 들어오면 고참 수도사가 담당하게 되고, 그는 고참 수도사에게 항시 복종해야 한다. 이러한 복종은 지도자의 능력에 기초한 것도 아니고, 그가 부여한 명령의 내적인 정합성에 기초하고 있지도 않다. 이와는 정반대로 부조리한 명령처럼 유익한 것은 없다. 카시아누스는 사제 요한에게 지도자가 매일같이 사막의 모래에 박힌 마른 지팡이에게 물을 주도록 시킨 일화를 강조한다. 명령은 주체의 존재 방식에 그 자체로 각인되어야 한다. 수도사의 모든 행동은 복종의 형태를 지녀야 한다. 명령받지 않은 일은 절대로 해서는 안 된다. 삶과 죽음은 복종의 형식을 갖는다. 죽는 것도 마찬가지이다. 카시아누스는 성 바르사누프의 제자이고 결핵에 걸렸지만 지도자가 허가하기 전까지 죽을 생각을 감히 하지 못했던 도시테우스의 예를 든다. 그러나 복종하는 데는 한 가지 조건이 있다. 수도사는 복종에 따르는 의지와, 자기와 악마로부터 오기 때문에 오만에 찬 자기 찬미를 갖는 의지를 식별하기 위해 의지를 구별하고 선별하여야 한다. 출처를 알기 위해 모든 사유를 구별하고 선별할 줄 알아야 한다. 그러나 이러한 선별과 식별을 수도사는 혼자서 할 수 없다. 그렇기 때문에 그는 자기 자신의 내부에서 일어나는 모든 것들을 담당자·고참·지도자에게 남김없이 고백하여야 한다. 그러나 여기서도 지도자가 점검 능력이 있어서 고해자가 그에게 고백하는 것이 아니다. 그 또한 한 인간에 지나지 않는다. 그 이유는 고백한 언표 그 자체가 선별과 식별을 행하기 때문이다. 요컨대 순수한 사유는 고백하는 데 별 어려움이 없다고 가정된다. 하느님으로부터 오기 때문에 순수한 사유는 빛을 지향하고 쉽게 고백될 수 있다. 반면에 악마와 자기로부터 기원하는 사유는 그 속성이 음험하다. 악과 오만으로부터 오기 때문에 악마적 사유는 어둠을 지향하고 마음 깊은 곳에 숨으려고 한다. 그래서 고백하는 데 느끼는 수치심은 사유의 속성·질·기원을 나타내는 기호이자 기준이고, 사악한 생각은 빛으로 향하기보다는 영혼의 어두운 구석에 숨는다. 말하는 것은 치료하는 것이다. 자기 자신과는 하등의 관계도 없고 자신을 알지도 못하는 타인에게 고백하는 것은 순수한 복종을 지향하는 영혼의 정화를 위해 불가결한 조치이다. 푸코가 주체의 해석학, 주체에 의한 자기 자신의 진실의 생산, 해독과 탐색의 장으로 주체의 열림이라고 부르는 바가 구축되는 것은 바로 이 시기에 와서이며, 이때부터 서구인의 주체-진실 관계의 경험은 혁명적으로 변화된다.

고대 그리스·로마의 자기 실천의 장에서 자기는 특수한 진실 생산의 대상이 아니라, 실천과 행동의 주체로서 자기 자신을 형성하고 변형시키려 하는 자기 실천의 대상이었다. 진실을 주체화하는 것이 관건이었다. 주체의 해석학, 수도원 모델과 더불어 서구는 진실의 주체화를 거치지 않는 자기 실천으로 넘어간다. 요컨대 서구는 자기에 대한 진실의 고백을 거치고, 고해 형식을 갖고 복종을 목적으로 하는 주체의 대상화를 거치는 자기 실천의 단계로 넘어간다. 이순간부터 오늘날 근대 주체의 존재 방식에 이르기까지 자기 자신에 대한 진실 고백의 실천, 자기에 대한 해석학적 언표는 현대인의 복종의 근본적인 형식이 되어 존속하고 있다.

4

우리가 지배 관계와 권력 관계의 포로이고, 지식과 편견의 포로일 수 있다는 것은 거의 확실하다. 그러나 《주체의 해석학》에서 푸코는 우리가 우리 자신으로부터 해방될 여지가 아직도 있다고 말하는 것 같다. 이는 우리가 우리 자신의 노예라는 것을 의미한다. 그런데 이것이 의미하는 바는 무엇인가? 그것은 우선 우리가 우리 자신의 포로이기보다는 우리가 우리 자신과 맺는 관계 구축 방식의 포로임을 의미한다. 일상적인 자기 개혁의 노력을 예로 들어보자. 나는 타인들과 맺는 이러저러한 관계에 진저리가 나고, 그들과의 관계에서 나의 비겁함에 진저리가 나며, 결국 타인과의 관계에서 나의 처신 방식에 염증을 느끼며, 어떤 공포나 욕망을 극복할 수 없는 상황에 처할 수 있다. 요컨대 내가 내 자신에 대해 더 이상 참을 수 없는 상황을 가정할 수 있다. 이 상황으로부터 벗어나기 위해 나는 분명히 푸코가 '자기 기술'(la technique de soi)이라 부르는 다수의 기술에 호소하게 될 것이다. 그러나 오늘날 서구 사회에서 이 기술들은 사실상 심리학적 테크닉, 자기 인식의 테크닉과 같은 것으로 극도로 제한되어 있다. 그래서 사람들은 자기 자신이 누구인지를 잘 알고, 자신의 심층적인 성격이 무엇인지를 잘 알며, 자신의 숨겨진 정체성의 문제가 무엇인지를 잘 파악할 수 있을 때, 비로소 자기 자신을 변형시키고 향상시킬 수 있다고 생각할 것이다. 그러나 푸코는 《주체의 해석학》에서 고대의 자기 기술들, 특히 스토아주의와 에피쿠로스주의의 자기 기술들을 연구하면서 고대인들이 '나는 누구인가?'라는 질문을 결코 던지지 않았다는 사실을 발견해 낸다. 고대인들이 자기 자신에게 가해야 할 노력이 있었다면 그것은 결코 '자기 인식'의 작업이 아니었다. 고대의 윤리적 주체가 제기하는 문제는 오히려 '나는 나를 무엇으로 만들어야 하는가?'였다. 그것은 발견해야 할 정체성의 문제가 아니라 실천해야 할 행동의 문제였다. 고대에 자기와 자기를 분리시키는 것은 '인식'의 거리가 아니라 '현재의 자기'와 '생이라는 작품'의 거리였다는 점을 푸코는 강조한다. 고대 주체의 문제는 자기를 인식하는 데 있는 것이 아니라 자기의 삶을 작품의 재료로 간주하는 데 있었다. 푸코는 이를 일컬어 '실존의 미학'(l'esthétique de l'existence)이라 명명했고, 그것은 주체가 자기 자신을 인식하려 노력하는 것이 아니라, 숙고된 규칙에 따라 자신의 생을 구축하고, 자기 실존의 근간 내에서 일정한 행동 원리들을 보여주려 하는 것이다. 푸코는 지배적인 심리학이나 정신분석학적 테크닉과 '나는 누구인가?'와 같은 오이디푸스적인 탐색으로부터 우리를 해방시키려 한다. 실제로 실존의 테크닉은 다수이다. 우리는 그것들을 발명해 내야 한다. 따라서 중요한 것은 우리 자신을 해석을 통해 재발견하는 것이 아니라, 우리 자신을 만들어 내는 일이다.

많은 사람들이 타자의 해방에만 골몰할 때 자기 자신으로부터의 해방을 피력하며 푸코가 재발견한 실존의 미학과 관련해 많은 비평가들은 푸코가 정치적 영역과 권력 비판의 장을 포기하고 개인적인 윤리의 장으로 피신했다고 주장했다. 그러나 푸코가 정치 영역으로부터 윤리 영역으로 이행하고 권력의 메커니즘과 통치의 절차들에 집중된 일련의 역사적 연구로부터 주체화의 테크닉을 중심으로 전개되는 주체화 절차에 대한 연구로 이행한 것은 이와 같은 단순한 피신의 문제와는 전혀 관련이 없다. 이 점을 정확히 평가하기 위해서는 1976년부터 1984년까지의 텍스트 전반을 검토해 보아야 할 것이다. 또 이 이행을 단절이나 포기로 생각하면 얻을 것이 하나도 없다는 것이 나의 생각이다. 푸코는 생의 황혼기에 정치의 막다른 골목 앞에서 절망하며, 그 출구로서 윤리의 장을 열려고 시도한 철학자가 아니었다. 그는 집단적·정치적 목표들에 환멸을 느껴 자기 자신의 내면 세계로 퇴각해 어쩔 수 없이 개인 생활의 세심한 연출을 통해 해결책을 발견한 철학자도 물론 아니었다. 《주체의 해석학》에서 푸코가 시도한 자기 테크닉에 관한 일련의 연구가 동성애자·여성·소수민 등을 위한 새로운 형식의 투쟁을 명확히 현시하고 또 지속하고 있다는 사실을 유념할 필요가 있다.

《주체의 해석학》에서 푸코는 자기와 자기와의 관계에서만 권력에 대한 궁극적인 저항이 가능하다고 주장한다. 푸코는 윤리를 정치의 포기 속에서가 아니라 정치와의 팽팽한 긴장 관계 속에서 성찰하고 있기 때문에 이같은 주장은 대단히 중요하다. 따라서 이같은 투쟁의 심층부에 관심을 기울일 필요가 있다. 그렇지 않으면 우리는 곧장 오해에 빠질 것이다. 이 맥락을 제거하면 고대의 자기 배려 형식들에 대한 역사적 연구는 현대의 천박한 쾌락주의나 단순한 삶의 행복이나 오늘날 우리 사회에서 소위 웰빙이라 불리는 바에 대한 어리석은 호소와 혼동될 것이다. 《주체의 해석학》에서 푸코는 자기 자신에게 해야 하는 배려·경배·통제를 환기시킨다. 그러나 푸코는 결코 고대의 지혜로 되돌아갈 것을 제안하거나 영성 훈련들의 치료적 효력을 과장하지 않는다. 푸코가 제안하는 것은 행복의 기술이 아니다. 결국 《주체의 해석학》에서는 내적 만족의 원천을 발견하는 것이 중요한 게 아니라, 주체성에 대한 역사적 탐구가 주요 관건이다. 푸코는 이러한 역사적 연구를 통해 차이와 거리를 도입함으로써, 사람들이 너무 쉽게 받아들이는 주체의 정체성을 해체하여 재창조하려 시도한다. 푸코는 《주체의 해석학》에서 고대의 주체화 방식을 기술하면서 근대의 주체화 방식의 역사성과 불안정성을 폭로한다. 푸코는 고대철학을 통해 우리에게 차이와 낯섦의 효과들을 발생시키려 했다. 고대철학자들의 언표들에 입각해 상이한 주체성의 모태들을 복원함으로써 푸코는 근대 주체에 대한 철저한 문제 제기를 한다. 그래서 푸코는 우리가 주체로서 우리 자신과 맺는 가장 비역사적으로 보여지는 관계 방식의 역사성을 증명함으로써 우리를 우리 자신의 이방인으로 만들어 버린다. 푸코는 고대 그리스·로마로부터 자기 배려의 주체를 출현시키며, 기독교 수도원에서 탄생해 오늘날 인간과학이 '신성시하는' 자기 인식의 주체를 역사적 불안정 속에 몰아넣어 동요시키고 일시적인 것으로 만들어 버린다. 이것은 정치적인 문제임이 확실하다. 그리고 이것은 오늘날 투쟁이 정치적 지배에 대한 저항이나 경제적 착취로부터의 해방만이 아니라 정체성의 예속에 항거하는 투쟁임을 명확히 보여준다. 따라서 오늘날 혁명을 말하는 것이 아직도 시의적절하다면, 그것은 윤리적 혁명이 가장 장래성이 있다는 한에서일 것이다.

그렇기 때문에 1981-1982년도 콜레주 드 프랑스 강의가 《주체의 해석학》이라는 제목을 갖지만 푸코가 여기서 다루는 것은 주체의 해석학이 결코 아니다. 푸코가 보여주려고 하는 바는 자기 실천의 특수한 속성들이다. 푸코는 우리가 우리 자신을 찾기 위해 실천하는 자기 인식이 결코 중립적이거나 투명한 것이 아니고, 단순한 인식 행위도 아니며, 항시 특수한 주체화 방식, 주체의 윤리적 변형, 진실의 의무와의 관계 속에서 주체의 존재 방식의 고안을 전제하고 있음을 보여준다. 푸코는 서구의 형이상학이 자기 인식의 형태로 은폐하고 차단하려 시도한 자기 배려의 형식으로 우리를 되돌리기 위해 자기 배려와 자기 인식을 단순히 구분하는 데 그친 것이 아니라, 우리의 해방의 길이 있다고 자연스럽게 간주되는 자기 인식과 필연적으로 착종되어 있는 예속의 방식들을 우리 자신을 위해 추출 가능하게 해주는 선들을 제시하고 있다.

푸코는 철학을 실천하는 독특한 양식을 창조해 냈다. 우리는 이 점을 그의 저서, 정치적 참여, 강의 등 그의 다양한 실천을 통해 확인할 수 있다. 그의 철학적 실천의 특수성은 철학적 실천이 담론의 가치나 인식의 가치만을 지니는 것이 아니라, 행동의 가치를 지녀야 한다는 점을 강조하는 데에서 찾을 수 있다. 이 행동은 우리들 각자가 처한 당면 문제와 관련된다. 따라서 한편으로 우리의 현실태를 파악하는 것과, 다른 한편으로는 이 현실태와 절연하는 것이 중요하다. 달리 말하면 이 현실태의 수동적 반복을 중단하고 새로운 삶의 가능성을 창조하며 그것을 사는 것이 관건이라는 말이다. 푸코는 우리의 현실태를 파악하기 위해 두 도구를 제시한다. 한편으로는 우리가 지극히 자연스럽고 자명하게 생각하는 장소인 사유 체계의 현실태를 달리 파악할 수 있는 고고학이라는 도구가 있고, 다른 한편으로는 우리를 지배하는 권력 체계의 현실태를 파악할 수 있게 해주는 계보학이라는 도구가 있다. 고고학적 현실태는 인간과학의 현실태이고, 계보학적 현실태는 권력·규범의 현실태이다. 결국 이 수치스러운 현실태로부터 우리 자신을 해방시키는 것이 문제이다. 이러한 해방의 문제를 통해 푸코는 윤리의 문제에 접근한다. 윤리가 필요한데, 그 이유는 자기 자신의 무엇인가를 해방하는 게 중요한 것이 아니라, 자기로부터 무엇인가 새로운 것을 생산해 내는 것이 관건이기 때문이다. 해방/억압의 이분법에 기초한 억압적 가설은 지배적 지식과 권력이 우리에게 강요하는 수치스러운 현실태의 승인과 수용을 전제한다.

그러므로 푸코의 문제는 해방의 문제가 아니라 자기 배려와 실천에 입각해 수치스럽지 않고 살 만한 자기를 생산하는 절차와 실천의 문제이다. 우리는 이것이 어떤 의미에서의 생산인지, 어떤 기준에 입각한 생산인지에 대해 자문해야 할 것이다. 바로 이 점과 관련해 푸코는 배려(souci) 개념을 도입한다. 즉 푸코는 담론과 권력 행사, 자기와 자기, 자기와 타인의 관계 속에 배려 개념을 도입한다. 그리고 이 배려의 조절이 자기 생산을 윤리적 생산으로 만든다. 결론적으로 푸코는 《주체의 해석학》을 통해 행동철학을 제안하고 있고, 이 행동은 판별하여, 배려에 입각해 자기를 생산해 내면서 절연하여 새로이 변형·생산해야 하는 현실태와 연결된다. 자신의 고유한 지식과 경험을 통한 이같은 자기 변형과 자기 생산의 절차는 미학적 경험과 대단히 유사하다. 이것은 윤리시학적인 실천이며 동시에 탁월하게 정치적인 실천이다. 결국 말과 사물을 쪼개고, 예속의 메커니즘과 양식들을 달리 분석하여 새로운 삶의 가능성을 실험하고 창조하는 것이야말로 푸코가 하나도 '주체의 해석학'이 아닌 《주체의 해석학》에서 우리에게 호소하는 바가 아닐까? 푸코는 주체는 해석해야 될 비밀의 베일로 둘러싸인 신비로운 내상이 아니라, 부단히 창조·변형해야 할 작품이라고 우리에게 외치는 것은 아닐까?

2007년 3월 심 세 광

일러두기

미셸 푸코는 안식년이었던 1977년만 제외하고는 1971년 1월부터 1984년 6월 그가 사망하던 때까지 줄곧 콜레주 드 프랑스에서 강의했다. 그의 강좌명은 '사유 체계의 역사'였다.

이 강좌는 쥘르 뵈유맹의 제안에 따라 콜레주 드 프랑스 교수협의회에 의해 1969년 11월 30일 개설되었는데, 장 이폴리트가 죽을 때까지 맡고 있던 철학적 사유의 역사를 대체한 것이다. 교수협의회는 1970년 4월 12일 미셸 푸코를 새 강좌의 교수로 선출했다.[1] 그때 그는 43세였다.

미셸 푸코는 1970년 12월 2일 교수 취임 기념 강의를 했다.[2]

콜레주 드 프랑스에서의 수업은 특이한 규칙에 따라 진행되었다. 교수들은 연간 26시간의 강의만 하면 되었다(그 시간수의 절반까지는 세미나의 형태로 할 수 있었다).[3] 그들은 매년 새로운 연구 업적을 발표하여야 했고, 매번 강의 내용도 바꾸어야 했다. 강의나 세미나 출석은 완전히 자유스러워서 등록을 하거나 학위증을 제출할 의무가 전혀 없었다. 교수도 박사학위증을 제출하지 않았다.[4] 콜레주 드 프랑스식의 용어를 따르자면, 교수들은 학생을 가진 것이 아니라 청강생을 가지고 있었다.

미셸 푸코의 강의는 1월초부터 3월말까지 매주 수요일에 열렸다. 학생·

---

1) 미셸 푸코는 교수 선발 서류 심사용으로 작성해 제출한 소책자를 다음과 같은 말로 끝맺었다. "사유 체계의 역사를 쓰는 일에 착수해야 할 것이다."(연구논문 업적, in 《말해진 것과 씌어진 것》, 1954-1988, éd. par D. Defert & F. Ewald, collab. J. Lagrange, Paris, Gallimard, 1994, vol. 1, p.846)

2) 그것은 1971년 5월에 《담론의 질서 L'Ordre du discours》라는 제목으로 갈리마르 출판사에서 출간되었다.

3) 1980년대초까지 미셸 푸코는 그렇게 하였다.

4) 콜레주 드 프랑스 안에서만 그러했다.

선생·연구자, 그리고 호기심으로 온 사람들과 많은 외국인이 섞인 청강생의 숫자는 매우 많아 콜레주 드 프랑스의 원형 강의실 두 개를 가득 메웠다. 미셸 푸코는 자신과 '청중' 사이의 거리가 너무 멀고, 따라서 강의에 당연히 따르는 상호 교류가 이루어질 수 없다고 가끔 불평했다.[5] 그는 정말로 공동의 작업장이 될 수 있는 세미나를 꿈꾸었다. 그래서 여러 가지 시도를 해보았다. 후반부에 가서는 강의가 끝난 후 청강생들의 질문에 답하는 것에 오랜 시간을 할애하기도 했다.

《누벨 옵세르바퇴르》 기자인 제라르 프티장은 1975년 그 분위기를 다음과 같이 적고 있다. "푸코가 마치 우물 파는 사람이 물 속에 뛰어들 듯 빠른 걸음으로 강단에 들어섰을 때, 그는 자기 의자에 당도하기까지 몇 사람의 몸을 젖혀야만 했다. 그리고는 원고지를 놓기 위해 녹음기를 한옆으로 밀고, 윗옷을 벗고, 램프에 불을 켠 후 시작하는 것이었다. 이 모든 것이 마치 시속 1백 킬로미터처럼 신속했다. 이어서 자신에 찬 목소리가 확성기를 통해 나왔다. 희미한 빛이 석고 수반에서 올라오고 있는 이 낡은 강의실에서 확성기는 유일하게 현대성에 양보한 물건이었다. 3백 석의 강의실에 5백 명이 밀려들어 빈 공간을 꽉 메우고 있었다. [⋯] 그의 말에는 웅변조가 전혀 없었다. 즉흥성에도 한치의 틈을 주지 않았다. 투명하고 무섭도록 설득력이 있었다. 그는 바로 전해의 자신의 연구 업적의 의미를 설명하기 위해 1년에 12시간 공개 강좌를 가졌다. 그래서 그는 최대한 압축했고, 마치 기사를 다 쓰고 난 후에도 아직 쓸 말이 너무 많이 남아 있는 기자처럼 여백을 가득 메웠다. 오후 7시 15분 푸코는 강의를 끝냈다. 학생들이 그의 책상으로 모여들었다. 그에게 말을 하기 위해서가 아니라 녹음기를 끄기 위해서였다. 혼잡한 청강생들 틈에서 그는 혼자였다." 푸코는 자신의 강의에 대해 이렇게 말했다. "나의 가설을 토론에 부쳐야 하는데 그렇지 못했다. 가끔, 예컨대 강의가 좋지 않을 때면 질문 하나만 있어도 내 가설이 모두 흔들릴 때가

---

5) 1976년에 수강생의 수를 줄여 보기 위해 미셸 푸코는 강의 시간을 오후 5시 45분에서 아침 9시로 옮겨 보았지만 허사였다. Cf, 제1강의 첫부분(1976년 1월 7일) de 《사회를 보호해야 한다》. Cours au Collège de France, 1976, éd. s. dir. F. Ewald & A. Fontana, Paris, Gallimard/Seuil, 1997.

있다. 그러나 그런 질문은 한번도 나오지 않았다. 프랑스는 집단 토론이 불가능한 나라이다. 되돌아오는 수로(水路)가 없으므로 강의는 연극처럼 된다. 나는 청중 앞에서 배우 또는 곡예사가 된다. 그리고 강의가 끝나면 말할 수 없는 고독에 휩싸인다."[6]

미셸 푸코는 연구자의 자세로 강의에 임했다. 앞으로 나올 책을 위해 열심히 탐사하고, 문제화의 영역을 새롭게 개간하는 그의 작업은 선생이라기보다는 차라리 연구자의 자세에 가까웠다. 그렇기 때문에 콜레주 드 프랑스에서의 강의는 이미 출간된 그의 어느 책과도 겹치는 부분이 없다. 비록 책과 강의가 공통의 주제를 다루고 있다 하더라도 강의들은 그 어떤 책의 밑그림도 아니다. 그것들은 그 고유의 지위를 가지고 있다. 강의들은 미셸 푸코가 행한 '철학적 행동'의 전체 속에서 특별한 담론적 체제에 속한다. 그는 거기서 특히 앎과 권력의 관계에 대한 계보학의 프로그램을 전개했다. 그는 1970년대초부터 그때까지 그를 지배했던 담론적 형성의 고고학 작업과는 반대로, 이 계보학에 따라 자신의 작업을 성찰하기 시작했다.[7]

강의들은 또한 시사적인 기능도 가지고 있다. 강의를 들으러 오는 청강생들은 매주에 걸쳐 짜임새 있게 전개되는 이야기에 매료되기만 한 것은 아니었다. 또 그 내용의 탄탄한 논리에 사로잡힌 것만도 아니었다. 그들은 거기에서 시사 문제에 대한 명쾌한 설명을 들을 수 있었다. 미셸 푸코는 시사 문제를 역사와 대각선으로 잇는 탁월한 재주를 가지고 있었다. 그가 니체나 아리스토텔레스를 말하고, 19세기의 정신분석이나 그리스도교의 전원시를 평가할 때면 청강생들은 항상 거기에서 현재를 비추는 조명, 또는 당대의 사건에 대한 설명을 이끌어 낼 수 있었다. 따라서 이 강의록에서 미셸 푸코의 장점은 학자적인 박학과 개인적인 현실 참여, 그리고 시사적인 사건에 대한 연구를 교묘하게 교차시킨 점에 있다.

---

6) Gérard Petitjean, 〈Les Grands Prêtres de l'université française〉, *Le Nouvel Observateur*, 7 avril 1975.

7) Cf., 특히 〈니체 · 계보학 · 역사〉, in 《말해진 것과 씌어진 것》, II, p.137.

*

   1970년대에는 녹음기가 크게 발달하고 완성되었으므로 미셸 푸코의 연구실도 예외 없이 그것의 침입을 받았다. 강의들(그리고 어떤 세미나들)이 그렇게 해서 보존되었다.

   우리의 책은 미셸 푸코가 공적으로 행한 강의들만을 그 전거로 삼는다. 가능한 한 글자 그대로 옮기려고 애썼다.[8] 우리는 그것들을 있는 그대로 독자들에게 전달하고 싶었다. 그러나 말을 글로 옮기는 작업은 편집자의 개입을 불가피하게 만든다. 적어도 구두점을 찍고, 문단을 나누는 일은 해야 한다. 그러나 실제로 행해진 강의에 가능한 한 근접해 있으려는 것이 우리의 원칙이었다.

   불가피한 경우에는 중복과 반복 부분을 삭제하였다. 중간에서 중단된 문장들은 복원되었고, 부정확한 구문은 교정되었다.

   휴지 부호는 녹음이 들리지 않는다는 것을 뜻한다. 문장이 불분명할 때는 각 괄호 안에 추측의 완성어를 넣거나, 혹은 추가어를 넣었다.

   페이지 아래의 별표는 미셸 푸코가 자기 이야기와 관련하여 사용한 주들의 여러 의미들을 나타낸다[번역본에서는 별표와 함께 본문의 하단에 실어두었다].

   인용문들은 확인하여 실었고, 텍스트 참조는 원본을 찾아 표시했다. 비판적 장치는 불확실한 점을 설명하거나 어떤 암시들을 분명하게 밝힐 때, 또는 비판적 논점들을 정확하게 지적하는 선에서 제한되었다.

   독자가 읽기 쉽도록 매편의 강의록 앞에 그 강의의 주요 논점을 밝히는 간단한 요약을 덧붙였다.[9]

   강의록의 말미에는 《콜레주 드 프랑스 연감》에 실린 요약을 추가했다. 미

---

  8) 콜레주 드 프랑스와 솔슈아르 도서관에 비치된, 제라르 뷔를레와 자크 라그랑주의 녹음 테이프도 역시 사용하였다.

  9) On trouvera en fin de volume(p.574) des précisions concernant les Critères et les solutions adoptés par les éditeurs pour cette année de cours.

셸 푸코는 대부분 그것을 강의가 끝난 후인 6월에 작성했다. 그에게 있어서 그것은 자기 강의의 의도와 목적을 돌이켜보는 기회였다. 그러니까 그것은 그 강의에 대한 최상의 소개인 셈이다.

매권은 강의록의 편집자가 책임지고 있는 '상황'에 대한 언급으로 끝난다. 강의를 그의 저서 속에 자리매김하고, 사용된 자료체들 가운데에서 그것이 차지하고 있는 위치를 지적함으로써 독자들에게 전기적 · 이데올로기적 · 정치적 맥락의 요소들을 제공해야만 했기 때문이다. 그렇게 함으로써 독자들의 이해를 돕고, 각개의 강의가 준비되고 행해졌던 상황의 망각이 야기할 수도 있는 오해를 미리 피하게 할 수 있을 것이다.

*

콜레주 드 프랑스 강의록의 출간으로 미셸 푸코의 '작품'의 새로운 측면이 세상에 빛을 보게 되었다.

엄밀한 의미에서 이것은 미공개 원고의 출판이라고 볼 수는 없다. 왜냐하면 미셸 푸코가 공적으로 행한 강연들을 책으로 엮은 것이기 때문이다. 그러나 그가 강의 준비를 위해 써놓은 매우 공들인 메모들은 예외이다. 미셸 푸코의 노트를 가지고 있는 다니엘 드페르는 우리 편집자들에게 그 열람을 허락해 주었다. 심심한 감사를 드린다.

콜레주 드 프랑스 강의록의 출판은 미셸 푸코의 유가족들의 동의를 얻어 이루어졌다. 그들은 프랑스와 외국에서 이 강의록을 원하는 많은 사람들의 열망에 부응하기 위해 이같은 결정을 내렸다. 이것은 물론 신뢰할 수 있는 조건 속에서 작업이 이루어져야 한다는 전제하에서였다. 우리 편집자들은 유가족의 신뢰에 답할 수 있도록 최대한의 노력을 기울였다.

프랑수아 에발드, 알레상드로 폰타나

강의
1981-1982년

1982년 1월 6일 강의

전반부

전반적 문제틀의 환기: 주체성과 진실 — 새로운 이론적 출발점: 자기 배려(le souci de soi) — 델포이 신전의 격언 '너 자신을 알라(connais-toi toi-même)'에 대한 해석들 — 배려의 인간 소크라테스: 《소크라테스의 변명》의 세 발췌문 분석 — 고대의 철학적·도덕적 삶의 계율로서의 자기 배려 — 초기 기독교 텍스트에서의 자기 배려 — 일반적 태도로서의 자기 배려, 자기와의 관계(rapport à soi), 실천들의 총체 — 자기 인식(connaissance de soi)을 위해 자기 배려가 근대에 실추된 이유들: 근대의 도덕, 데카르트의 순간 — 영지주의(gnosis)의 예외 — 철학과 영성(spiritualité)

올해는 (9시 15분에서 11시 15분까지) 두 시간 강의를 하겠는데, 한 시간 강의 후 잠시 중단해 휴식을 취하고 지루하신 분들은 퇴장하실 수 있으며, 또 나도 잠시 휴식을 취할 수 있는 방식으로 강의를 진행해 보고자 합니다.[1] 그리고 가능한 한 두 시간의 강의를 좀 다채롭게 해보도록 하겠습니다. 다시 말해서 강의의 전반부에서는 다소 이론적이고 일반적인 설명을 하고, 물론 여러분들이 몇 명인지 정확히 알 수 없어 일일이 텍스트를 배포할 수 없기 때문에 발생하는 장애와 어려움이 있기는 하지만 후반부에서는 텍스트의 설명에 보다 밀착된 설명을 해보고자 합니다. 어쨌든 항시 시험해 볼 필요가 있습니다. 만약 이 방식이 잘 안 되면 내년부터 아니면 올해부터라도 다른 방식을 찾아보도록 하지요. 아침 9시 15분에 오는 것이 많이 부담스러운가요?

---

1) 콜레주 드 프랑스에서 세미나 하나와 강의 하나를 같이 병행해 오던 푸코는 1982년부터 세미나를 포기하고 두 시간짜리 강의 하나만을 하기로 결정한다.

아니라고요? 괜찮다고요? 여러분들은 나보다 훨씬 좋은 조건에 있군요.

지난해 나는 주체성과 역사 간의 관계를 주제로 역사적 성찰을 해보려고 했습니다.[2] 그리고 이 문제를 연구하기 위해 특정한 예와 굴절 표면으로서 고대의 성적 행동과 쾌락의 체제의 문제, 즉 여러분들이 이미 알고 있듯이 기원후 1,2세기에 출현해 규정된 aphrodisia의 체제를 선택했었습니다.[3] 이 체제는 모든 관심 영역들 가운데서 다음과 같은 영역을 포함하는 것으로 여겨집니다. 소위 기독교 모럴이나 최악의 경우 유대-기독교적 모럴 내에서가 아니라 바로 이 아프로디지아 체제 내에서 근대 유럽 성모럴의 근본 토대를 발견했습니다.[4] 올해는 이 구체적 예인 aphrodisia, 성적 행동들의 체제와 관련된 특수한 기제로부터 벗어나 거기로부터 '주체와 진실'이라는 문제의 보다 일반적인 용어들을 추출해 보고자 합니다. 더 정확히 말해서 내가 주체성/진실 관계들에 관련된 문제를 설정하려고 시도한 역사적 차원을 소거하거나 취소하려는 의도는 결코 없지만 이 문제를 훨씬 더 일반적인 형식하에서 제기해 보고자 합니다. 서양에서 실천의 소관도 아니고 익숙한 역사 분석의 소관도 아닌 '주체'와 '진실'의 관계들이 어떤 형태의 역사 내에서 서로 관계를 맺게 되었는지가 올해 강의에서 내가 접근하려 하는 문제입니다.

그래서 지난해에 여러분들에게 이미 몇 마디 언급한 바 있는 '자기 배려' (souci de soi-même) 개념을 출발점으로 취해 보려 합니다.[5] 대단히 복잡하고 풍부한 의미를 가지며, 빈번히 발견되고 그리스 문화 전반에 걸쳐 오랜 생명력을 가졌던 개념인 epimeleia heautou를 나는 대략 자기 배려로 번역해 보

---

2) 1980-1981년도 콜레주 드 프랑스 강의 요약 in 미셸 푸코, 《말해진 바와 씌어진 바 *Dits et Écrits*》, 1954-1988, éd. Daniel Deferet & François Ewald, collab. Jacques Lagrange, Paris, Gallimard, 1994, 4vol. [이후로는 이 판본 참조]; IV, n° 303, p.213-218 참조.

3) 이 테마의 최초의 구축과 관련해서는 1981년 1월 28일 강의를 참조하고 특히 《쾌락의 활용 *L'Usage des plaisirs*》(Paris, Gallimard, 1984, p.47-62)을 참조할 것. 푸코는 아프로디지아를 역사적 경험으로 이해한다. 요컨대 그리스의 쾌락의 경험은 기독교의 육욕(chair) 경험과 근대의 성욕(sexualité) 경험과 구분되어야 한다. 아프로디지아는 고대 모럴의 '윤리적 실체'로 지시된다.

4) 푸코는 1981년도 첫 강의(1월 7일 강의 〈주체성과 진실 Subjectivité et Vérité〉)에서 엄격성과 순수성의 면에서 우리의 도덕률이 이교도주의에 의해 구축된 것이 아닌가를 이해하는 것이 수행한 연구의 관건이라고 선언한다(게다가 이는 기독교와 이교의 분기를 도덕의 역사라는 틀 내에서 문제화하는 것이기도 하다).

앉습니다. 라틴 사람들은 아주 빈번히 무미건조하다고 비난받기도 하고, 아무튼 지적되는[6] cura sui[7]로 epimeleia heautou를 번역했습니다. Epimeleia heautou는 자기 자신에 대한 배려이고, 자기 자신을 돌보는 행위이며, 자기 자신에 몰두하는 행위입니다. 주체와 진실의 관계를 연구하기 위해 철학사가 이제까지 그다지 중요성을 부여하지 않은 epimeleia heautou 개념을 선택하는 것은 아마도 역설적이고 상당히 부자연스럽게 보일 수 있습니다. 주체 문제(주체의 인식의 문제, 주체에 의한 주체의 인식의 문제)가 gnôthi seauton('너 자신을 알라')[8]이라는 유명한 델포이의 신탁이라는 완전히 다른 형태의 정언 내에서 이미 오래전에 처음으로 제기된 사실을 만인이 말하고 알며 반복하는 마당에 epimeleia heautou 개념을 선택한 것은 역설적이고 부자연스러워 보일 수도 있습니다. 서양 철학사 내에서——보다 광범위하게는 서구 사상사 내에서——모두가 gnôthi seauton이 주체와 진실의 관계 문제를 기초하는 표현이 확실하다고 지적하는 마당에 고대 그리스 사유에 확산되어 있다 할지라도 어떤 특정한 위상을 부여받지 못한 epimeleia heautou, 다시 말해 자기 배려 개념을 왜 내가 선택했을까요? 오늘 강의의 전반부에서는 epimeleia heautou(자기 배려)와 gnôthi seauton('자기 인식')의 관계 문제에 집중해 보고자 합니다.

'너 자신을 알라'에 대해 역사학자들과 고고학자들이 행한 연구들을 참

---

5) 1981년 강의는 자기 배려에 관한 분명한 논의의 전개를 포함하고 있지 않다. 반대로 이 강의에서는 실존의 기술과 주체화의 절차에 관한 긴 분석을 발견할 수 있다(1월 13일, 25일 강의와 4월 1일 강의). 하지만 일반적으로 1981년 강의는 한편으로 기원후 1·2세기의 이교도 윤리에서 아프로디지아의 위상을 절대적인 대상으로 하고 있고, 다른 한편으로는 윤리적 요소가 bios(생활 방식)로 한정되기 때문에 그리스 사회에서는 주체성에 대해 논의할 수 없다는 생각을 유지한다.

6) Carlos Lévy, 《철학적 담론 Le discours philosophique》(Paris, PUF, 1988, p.1145-1154)의 〈그리스어에서 라틴어로 Du grec au latin〉라는 논문에 이 용어의 번역 문제에 관련된 키케로·루크레티우스·세네카의 모든 중요한 텍스트들을 모아 놓았다.

7) "내가 모든 것을 내 자신의 관심 속에서 행한다면 그것은 내가 내 자신에게 기울이는 관심이 모든 것을 앞선다는 것을 의미한다(si omnia propter curam mei facio, ante omnia est mei cura)."(세네카, 《루킬리우스에게 보내는 서신 Lettres à Lucilius》 제5권, 19-20책, 서신 121, 17, H. Noblot 역, Paris, Les Belles Lettres, 1945[이후로 이 판본을 참조], p.78)

8) P. Courcelle, 《너 자신을 알라, 소크라테스에서 성 베르나르까지 Connais-toi toi-même, de Socrate à saint Bernard》, Paris, Études augustiniennes, 1974, tomes 3 참조.

조하면서 아주 간략한 지적을 해보려 합니다. 그렇지만 후에 저명하고 현란한 방식으로 표현되어 신전의 돌에 새겨질 정도의 가치를 gnôthi seauton 은 애초부터 지녔던 것은 분명 아니었음을 염두에 둘 필요가 있습니다. (후에 재론하겠지만) 에픽테토스가 인간 공동체의 한복판에 'gnôthi seauton' 이라는 격언이 각인되었다고 말하는 유명한 텍스트를 여러분들은 알고 있습니다.[9] 사실 이 격언은 그리스 생활의 중심부 가운데 한 곳이었고, 후에는 인간 공동체의 심장부[10]가 된 장소인 델포이에 각인되었지만 그 의미는 철학적 의미에서의 '너 자신을 알라' 는 아니었습니다. 이 표현은 자기 인식 (connaissance de soi)을 규정한 것도 아니었고, 도덕의 토대가 되는 자기 인식이나 신과의 관계의 원리인 자기 인식을 규정한 것도 아니었습니다. 이 표현에 대해 여러 해석들이 제안되었습니다. 1901년 《문헌학》[11]의 한 논문에서 로셔가 제안한 낡은 해석에 의하면 결국 델포이의 격언들은 신의 견해를 들으러 온 사람들을 겨냥한 것이었고, 상담 행위 자체와 연관된 일종의 규칙과 예식적 권고로 해석해야 한다는 점을 로셔는 환기시킵니다. 그리고 여러분들은 이 세 개의 격언들을 잘 알고 있지요. 로셔에 따르면 Mêden agan('결코 도를 넘어서지 말 것')은 인간의 행실에서 윤리나 절제의 보편적 원리를 지시하거나 표현하는 것이 결코 아니었습니다. Mêden agan은 신의 견해를 들으러 온 자는 과도한 질문을 하지 말고 필요한 질문만을 하며, 또 하고자 하는 질문들 가운데 꼭 필요한 것만 골라서 하라는 것을 의미합니다. egguê (보증금)[12]과 관련된 둘째 격언은 신의 견해를 들으러 올 땐 지불하지 못할 것들을 약속하지 말고, 지키지 못할 것들을 맹세하지 말아야 한다는 것을 의

---

9) 에픽테토스, 《어록 *Discourses*》, III, 1, 18-19, J. Souilhé 번역, Paris, Les Belles Lettres, 1963[이후로 이 판본 참조], p.8. 이 동일한 텍스트를 분석한 1월 20일 강의 후반부 참조.

10) 그리스인들에게 델포이는 세계의 지리학적 중심(omphalos: 세계의 배꼽)이었고, 이곳에서 지구 원주의 대척 지점으로부터 제우스 신이 보낸 두 마리의 독수리가 서로 만난다. 델포이는 기원전 8세기부터 중요한 종교적 중심지가 되었고(아폴론의 신전이 있고 여기로부터 푸티아가 신탁을 내린다), 또 로마 전역으로 청중을 확장하면서 기원후 4세기까지 종교의 중심지 역할을 유지한다.

11) W. H. Roscher, 〈Weiteres über die Bedeutung des *E[ggua]* zu Delphi und die übrigen *grammata Delphika*〉, *Philologus*, 60, 1901, p.81-101.

미합니다. Gnôthi seauton은 신탁에 의뢰할 때 제기해야 할 질문들을 스스로 검토하고 최대 한도로 수를 줄여야 하며, 과다하게 질문을 하지 말아야 하기 때문에 자신이 알고 싶은 바에 대해 스스로 주의를 기울여야 한다는 것을 의미합니다. 로셔의 것보다는 더 최근의 해석인《델포이의 선전(宣傳) 테마들》(1954)[13]에서 드프라다스는 또 다른 해석을 제안하지만 이것 역시 gnôthi seauton이 자기 인식의 원리가 결코 아님을 암시적으로 보여주고 있습니다. 드프라다스에 의하면 델포이의 세 격언들은 신중의 보편적 원칙입니다. 즉 요청이나 희망상에서 '결코 도를 넘어서지 말 것'과 처신함에 있어서도 지나침이 있어서는 안 됨을 의미합니다. 그리고 '너 자신을 알라'는 결국 우리는 유한하고 신이 아님을 상기해야 할 필요가 있으며, 그래서 자신의 힘을 과신해서는 안 되고 신의 힘과 대적하려고 해서는 안 된다는 것을 환기하는 원칙입니다.

이 점에 대해서는 더 이상 논의하지 맙시다. 내 관심의 대상인 주체와 더 긴밀히 연관된 다른 것을 논의해 봅시다. 아폴론의 경배에서 델포이의 격언 '너 자신을 알라'에 부여된 의미가 무엇이든간에 이 격언이 철학과 철학적 사유 속에 등장할 때, 그것은 우리가 익히 알고 있듯이 소크라테스라는 인물을 중심으로 등장하는 게 사실입니다. 크세노폰은 이를《기억할 만한 일들》[14]에서, 플라톤은 우리가 앞으로 재검토하게 될 여러 텍스트에서 이를 증

---

12) 두번째 격언은 eggua, para d'atê이다. 플루타르코스의 선언 참조: "이 사람들로부터 결코 도를 넘어서지 말 것과 너 자신을 알라와 또 수많은 사람들을 결혼하지 못하도록 막고, 또 어떤 사람들로 하여금 결혼을 불신하게 만들었고, 또 어떤 사람들을 침묵하게 만들었던 그 유명한 약속은 불행을 가져온다(eggua, para d'atê)가 무엇을 의미하는지를 그들로부터 배우지 못한 이상 너에게 그것을 설명할 수 없다."(《7현자의 향연 Le Banquet des sept sages》, 164b, in Œuvres morales, t. II, J. Defradas, J. Hani & R. Klaerr 번역, Paris, Les Belles Lettres, 1985, p.236)

13) J. Defradas,《델포이의 선전(宣傳) 테마들 Les Thèmes de la propagande delphique》 Paris, Klincksieck, 1954, 3장: 〈델포이의 지혜 La sagesse delphique〉, p.268-283.

14) "소크라테스: 에우티데모스, 너는 델포이에 전혀 가본 적이 없니? 에우티데모스: 그래, 제우스를 통해 두 번이나 가보았어. 소크라테스: 그런데 신전 어딘가에 '너 자신을 알라'라는 글을 발견한 적이 있니? 에우티데모스: 그래 보았어. 소크라테스: 방심한 눈으로 그 글을 바라보았니, 아니면 주의 깊게 그 글을 바라보고 네 자신이 누구인지를 점검해 보았니?"(크세노폰,《기억할 만한 일들 Memorabilia》, IV, II, 24, P. Chambry, Paris, Garnier-Flammarion, 1966, p.390)

언하고 있습니다. 그러나 이 델포이의 격언(Gnôthi seauton)이 출현할 때 항상 그런 것은 아니지만 누차 아주 의미심장한 방식으로 이 격언은 '자기 배려'(epimeleia heautou)와 연결되고 접합됩니다. 나는 '연결되고' '접합된다' 라고 말했는데 사실상 중요한 것은 결합이 아닙니다. 우리가 재검토해야 할 텍스트에서 '너 자신을 알라' 라는 표현은 자기 배려에 종속된 상태에서 표현됩니다. Gnôthi seauton('너 자신을 알라')은 중요한 여러 텍스트에서 epimeleia heautou(자기 배려)라는 보다 일반적인 범주의 한 형식, 한 결과 또는 구체적으로 한정된 보편적 규칙의 특수한 적용으로 등장합니다. 요컨대 그것은 자신을 망각하지 말고 돌보며 배려해야 한다는 말입니다. 이러한 배려와 배려의 정점에서 '너 자신을 알라' 라는 규칙이 등장해 표현됩니다. 그렇지만 우리가 익히 알고 있는 플라톤의 텍스트 《소크라테스의 변명》에서 소크라테스가 본질적이고 근본적으로 또 시원적으로 타인들에게 자기 자신을 돌보고 배려하며 등한시하지 말라고 선동한 최초의 인물로 등장한다는 사실을 유념할 필요가 있습니다. 《소크라테스의 변명》에는 사실상 세 개의 텍스트가 있고 위의 사실을 명시하는 세 구절이 있습니다.

첫번째 구절은 《소크라테스의 변명》 29d에 있습니다.[15] 이 구절에서 소크라테스는 고소인들과 판사들 앞에서 일종의 가상 변론을 하며 다음과 같은 반론에 응수합니다. 사람들은 '그가 수치감을 느껴야 되는' 상황에 현재 처해 있다고 비난합니다. 이 비난은 다음과 같이 요약될 수 있습니다. "네가 나쁜 짓을 범했는지 아닌지 나도 잘 모르지만 지금 네가 법정에 이렇게 서 있고 고소의 충격 속에 있고, 또 유죄판결을 받고 아마도 사형에 처해질 운명에 있을 정도로 생을 영위했다면 그것이 수치스러운 일이라는 것을 자인하여라. 삶을 어떻게 살았는지는 모르지만 판결 후 사형에 처해질 정도로 생

---

15) 아주 빈번하게 푸코는 번역과 나란히 그리스어·라틴어 원문을 수록한 Les Belles Lettres 출판사 판본(Baudé판이라고도 불린다)을 강의를 위해 사용한다. 그렇기 때문에 푸코는 중요한 용어나 구절에 대해서는 원문 텍스트를 참조한 독서를 함께한다. 또 프랑스어 번역본을 독서할 경우 푸코는 항시 문자 그대로 따라가지 않고 '그리고' '혹은' '다시 말해서' '아니' 등과 같은 논리적 연사(連辭)를 다양하게 사용하면서, 또 이전 논지를 환기시키면서 구어의 양식이 요구하는 바에 텍스트를 적응시킨다. 편집자는 중요한 의미의 부가를 텍스트 내에 M. F.로 이어지는 각 괄호 사이에 넣어 표시하면서 프랑스어 번역 원본을 가급적이면 복원하려고 한다.

을 영위한 자는 수치심을 느껴야 당연하지 않은가?" 여기에 대해 소크라테스는 역으로 이같은 삶을 영위한 것에 대해 자랑스럽게 여기고, 또 자신에게 다른 삶을 살라고 한다면 거절하겠다고 대답합니다. 따라서 그는 자신이 영위한 삶을 너무나 자랑스럽게 여기기 때문에 비록 석방된다 할지라도 생활 방식을 바꾸지 않겠다고 말합니다. 이 구절에서 소크라테스는 다음과 같이 말합니다: "아테네의 시민 여러분, 나는 여러분들에게 감사하고 깊은 애정을 가지고 있지만 여러분들을 따르기보다는 오히려 신을 따르겠으며, 또 목숨이 다할 때까지 그리고 힘닿는 데까지 철학하기를 중단하지 않을 것이고 내가 언제 누구를 만나든지 여러분을 타이르고 가르치기를 결코 중단하지 않을 것입니다."[16] 유죄선고를 받지 않았다면 그가 가르칠 바는——왜냐하면 기소되기 전에 이미 가르침을 행했으므로——도대체 무슨 내용일까요? 늘 그랬듯이 그는 만나는 사람들에게 다음과 같이 말할 겁니다. "친애하는 친구여, 자네는 과학과 세력에서 다른 어떤 도시국가보다도 명성이 자자한 위대한 나라인 아테네의 시민이면서 될 수만 있으면 재물이나 많이 차지하려 한다든가, 명예나 지위를 얻기에만 고심하고(epimeleisthai) 있을 뿐, 이성이라든가 진리라든가 또한 자신의 영혼을 부단히 훌륭하게 만드는 일에는 배려를 하지 않고 마음도 쓰고 있지 않는(epimelê, phrontizeis) 것을 부끄럽게 생각하진 않는가?"라고 말입니다. 따라서 소크라테스는 그가 항시 주장한 바를 환기시키고 있고, 또 그가 만난다거나 대화하려고 하는 사람들에게 여전히 말하려고 결심한 바를 상기시키고 있습니다. 즉 사람들은 재산, 명성 등 많은 것들에 대한 배려를 하고 있습니다. 하지만 자기 자신에 대해서는 배려를 하고 있지 않습니다. 그리고 소크라테스는 다음과 같이 말하고 있습니다: "만약 여러분들 중에 이와는 의견을 달리해서 자신이 그것[자신의 영혼·진리·이성; M. F.]에 마음을 쓰고 있다고 주장하는 사람이 있다면, 나는 그 사람을 그냥 놓아 보내지 않을 것이고 나도 그 자리를 즉각 뜨지 않고서 오히려 그에게 묻고 시험하며 또 철저히 따질 겁니다.[17] 나는 늙은이건 젊은이건 딴 나라 사람이건 내 나라 사람이건 만나는 사람마다

---

16) 《소크라테스의 변명》, 29d, in 플라톤, 《전집 Œuvres complètes》, t. I, M. Croiset 번역, Paris, Les Belles Lettres, 1920, p.156-157.

그렇게 할 것이고, 더욱이 핏줄이 나와 가장 가까운 이 나라 사람들에게는 더 말할 나위가 없지요. 왜냐하면 내가 그렇게 하도록 신께서 명령하시기 때문인데, 이 점을 잘 유념하길 바라고 또한 여러분을 위해서는 신에 대한 이 봉사보다 더 큰 선한 일은 아직 이 나라에 한번도 없었다고 나는 믿고 있습니다."[18] 따라서 이 '명령'은 신들이 소크라테스에게 늙은이건 젊은이건 시민이건 누구이던간에 사람들을 만나 "여러분 자신을 돌보십시오"라고 타이르는 과업을 수행하라는 명령입니다. 바로 이것이 소크라테스의 임무입니다. 두번째 구절에서 소크라테스는 이 자기 배려의 테마를 재론하면서 만약 아테네인들이 자신을 사형에 처한다 할지라도 자신은 그것 때문에 잃을 바가 거의 없지만 반면에 아테네인들은 그의 죽음으로 인해 아주 심각하고 무거운 상실감을 체험할 것이라고 말합니다.[19] 신들이 아테네인들에 대한 충분한 배려를 해 소크라테스를 대신하여 그들로 하여금 자기 자신을 부단히 배려하게 만드는 다른 사람을 보내지 않는 한[20] 아테네인들은 자기 자신과 자신의 덕에 마음을 쓰도록 권고하는 최후의 사람을 잃게 되기 때문이라고 그는 말합니다. 마지막으로 세번째 구절 36b-c는 소크라테스가 받는 형벌과 관련됩니다. 전통적 법률 형식[21]에 따라 소크라테스는 자신이

---

17) 푸코는 여기서 30a의 문장 "그래서 그가 덕을 소유하고 있지 않은 게 분명하다면 그가 무슨 말을 하더라도 그가 가장 값진 것에 가장 적은 가치를 부여하고 가장 값어치 없는 것에 가장 큰 가치를 부여하는 것을 나무랄 것이다"(*id.*, p.157)를 생략한다.

18) *Id.*, 30a, p.156-157.

19) "당신들이 나를 사형에 처한다면 내 자신인 바에 비추어 볼 때 그것은 내 자신에게 잘못을 저지르는 것이 아니라 여러분 자신들에게 오류를 범하는 것이다."(*id.*, 30c, p.158)

20) 여기서 푸코는 31에서 31c(*id.*, p.158-159)에 이르는 논리 전개를 참조한다.

21) 35e-37a의 구절에서 자신의 사형언도를 막 알게 된 소크라테스는 대체 형벌을 제안한다. 소크라테스가 표적이 되는 그런 유의 소송에서 형벌은 법에 의해 미리 정해진 것이 결코 아니었다. 판사들이 형을 정한다. 고소인들이 제안한(고소 행위에서 이미 지시된) 형벌은 사형이고, 또 판사들은 소크라테스는 사람들이 비난하는 그릇된 일로 유죄임을 막 인정한 터이고 따라서 이 형벌을 받아 마땅하다고 인정한 상태이다. 하지만 비록 이 소송의 순간 유죄를 인정받은 소크라테스는 대체 형벌을 제안해야 한다. 그리고 나서 판사들은 양쪽의 형벌 제안에 입각해 피고인에게 형벌을 확정한다. 더 상세한 내용에 대해서는 C. Mossé 《소크라테스의 소송 *Le procès de Socrate*》, Bruxelles, Éd. Complexe, 1996을, 또 L. Brisson이 《소크라테스의 변명》(Paris, Garnier-Flammarion)의 출간을 위해 단 장문의 서문을 참조할 것.

유죄판결을 받을 경우 받아야 할 형벌을 제시하고 있습니다. 텍스트를 살펴봅시다: "내가 평온한 삶을 포기했다고 해서, 그리고 대부분의 사람들이 흔히들 마음을 쓰고 있는 돈벌이라든가, 사적인 이해라든가, 군대의 지휘라든가, 정치 웅변에서의 성공이라든가, 벼슬자리라든가, 정치적 파벌이나 당파에 무심했다고 해서 내가 무슨 형벌을 받고 어떤 대가를 치러야 마땅합니까? 나는 여러분에게나 나 자신에게나 아무 도움이 되지 않는다고 생각된 곳에는 가지를 않았고, 각자에게 개인적으로 가장 선한 일을 할 수 있다고 생각된 곳에는 갔었습니다. 즉 나는 여러분들이 무엇이든 자기가 소유한 것들에 마음을 쓰기보다는 우선 자기 자신을 돌봄으로써 가능한 한 탁월하고 현명한 사람이 되도록, 그리고 나라에 속해 있는 것에 마음을 쓰기보다는 나라 자체에 마음을 쓰도록, 또한 그밖의 다른 것에도 이 동일한 원리들을 적용하도록 여러분들 각자를 설득해 보려고 했습니다. 그러면 이렇게 행동한 내가[그리고 여러분들 자신에 마음을 쓰도록 선동한 것에 대해 내가 받아야 할 대가는 무엇입니까? 그것은 당연히 처벌이나 징벌이 아닙니다; M. F.] 우리가 정의롭기를 원한다면 아테네의 여러분, 그것은 무엇인가 좋은 보상이어야 합니다."[22]

　　당분간은 이 문제에 집중하고 나는 여러분들에게 소크라테스가 본질적으로 중요한 서너 가지 사항을 주목하도록 간청하면서 타인들에게 자기 자신을 돌보도록 선동하는 사람으로 소개되는 이 구절을 알려드리는 바입니다. 첫째로, 타인들에게 자신을 돌보도록 선동하는 행위는 바로 소크라테스의 행위이지만, 그것은 신들이 소크라테스에게 위임한 일입니다. 이렇게 하면서 소크라테스는 명령을 수행하고 직무를 담당하며 신들이 그에게 부여한 위치를 점유하게(그는 taxis[23]라는 용어를 사용한다) 됩니다. 게다가 신들이 아테네인들을 돌보기 때문에 아테네인들에게 소크라테스를 보냈다는 사실과 아테네인들이 자기 자신들을 돌보기 위해 경우에 따라 다른 사람을 보낼 수도 있다는 사실을 한 구절을 통해 이해할 수 있었습니다.

　　둘째로, 여기서 조금 전 내가 언급한 구절들 가운데 마지막 구절에서 소크

---

22) 《소크라테스의 변명》, 36c-d, in Platon, 《전집》, t. I, M. Croiset 번역, 앞서 인용한 판본, p.165-166.

라테스가 타인들을 돌본다면 그것은 명백히 그가 자기 자신을 돌보지 않으면서 또는 어쨌든 타인들을 돌보기 위해 자기 자신에게 이해·이윤·이득이 되는 행위들로 간주되는 일련의 다른 행위들을 무시하면서입니다. 소크라테스는 타인들을 돌보기 위해 자신의 재산과 상당수의 시민적 특권들을 무시했으며, 모든 정치적 경력을 포기했고 공직이나 법관직을 탐하지도 않았습니다. 따라서 소크라테스가 선동하는 '자기 자신을 돌보기'(s'occuper de soi-même)와 자기를 돌본다는 사실 혹은 경우에 따라서 자기 자신을 희생한다는 사실이 소크라테스의 머릿속에 떠올리게 하는 바간의 문제가 제기됩니다. 즉 그것은 결과적으로 '자기 자신을 돌보기'의 문제에 있어서 스승의 위상입니다. 셋째로 나는 여기서 조금 전에 인용한 구절을 더 많이 인용하지 않았는데, 별로 중요한 것이 아니므로 다시 참조하시기 바랍니다. 즉 타자로 하여금 자신을 돌보도록 선동하는 행위 내에서 소크라테스는 자신이 동료 시민들을 각성시키는 자의 역할을 담당하고 있다고 말합니다.[24] 따라서 자기 배려는 최초의 각성 순간으로 간주될 수 있을 겁니다. 자기 배려는 잠에서 깨어나 눈을 뜨고 최초의 빛을 접하는 순간에 위치합니다. 바로 이것이 '자기 자신을 돌보기'의 문제에서 세번째로 중요한 점입니다. 마지막으로 내가 인용하지 않은 한 구절의 종반부에는 소크라테스와 등에의 유명한 비교가 있는데, 여기서 이 곤충은 동물들을 따라다니며 물고, 달리게 하고, 동요시킵니다.[25] 자기 배려는 인간의 신체 내에 이식되어야 하고 인간의 실존

---

23) 유명한 28d 구절의 암시: "아테네인들이여, 진정한 원리는 다음과 같습니다. 자신이 가장 영예스러운 것으로 선택을 했던 지도자에 의해 부여된 것이든 직무(taxê)를 담당하는 자는 누구나 그 위험이 어떠하든간에 명예를 실추시키기보다는 어떤 위험이나 죽음에도 아랑곳하지 말고 그 임무 수행을 단호히 지속해야 한다."(*id.*, p.155) 자기 직분에 대한 이렇게 단호한 자세를 에픽테토스는 탁월한 철학적 자세로 칭송했다. 예를 들면 에픽테토스가 차례로 taxis와 khôra를 사용하는 《어록》 I, 9, 24; III, 24, 36, 95를 참조할 것. 아니면 세네카의 《현자의 항구성 *La Constance du sage*》, XIX, 4의 "자연이 당신에게 부여한 위치(locum)를 잘 지키시오. 당신은 어떤 자리를 요구하는 겁니까? 인간의 자리입니다"(세네카, 《대담 *Dialogues*》, t. IV, R. Waltz 번역, Paris, Les Belles Lettres, 1927, p.60) 참조.

24) 소크라테스는 자신을 사형에 처할 경우 "아테네인들은 여생을 잠을 자며 보내게 될 것이다"(*Id.*, 31a, p.159)라고 예고한다.

25) "만약 나를 죽인다면 등에가 말(馬)을 자극하듯이 신들의 의지에 따라 여러분에게 들러붙어 자극하는 다른 사람을 쉽게 만나지 못할 겁니다."(*id.*, 30e, p.158)

내에 박혀야 하는 침이고 또한 동요, 운동의 원리이고 생애 내내 항구적으로 있어야 하는 배려의 원리입니다. 따라서 내 생각에 이 epimeleia heautou(자기 배려)의 문제는 문제의 중요성을 다소 약화시킨 gnôthi seauton(자기 인식)의 명성으로부터 좀 탈피할 필요가 있는 것 같습니다. 그리고 나중에 한 텍스트——《알키비아데스》——의 결론에서 더 자세히 이 문제를 설명하고 나면 epimeleia heautou(자기 배려)가 어떻게 '너 자신을 알라'의 틀·토대·기초가 되었는지를 여러분은 이해할 수 있을 겁니다. 따라서 소크라테스라는 인물에게 epimeleia heautou(자기 배려)는 중요합니다. 하지만 사람들은 일상적으로 절대적이 아니라 할지라도 적어도 특권적으로 소크라테스와 gnôthi seauton(자기 인식)을 연관시키고 있습니다. 소크라테스는 자기 배려의 인간이고 그렇게 남아 있을 겁니다. 또 후에 나온 일련의 텍스트들——스토아주의자들, 견유학파, 특히 에픽테토스[26]의 텍스트——내에서 소크라테스는 항시 본질적·근본적으로 길거리에서 젊은이들을 잡아 세우고 "여러분 자신을 배려해야 합니다"라고 말하는 자임을 알게 될 것입니다.

epimeleia heautou(자기 배려) 관념과 그것이 gnôthi seauton(자기 인식)과 맺는 관계와 관련한 세번째 요점은 단지 사유와 실존상에서 소크라테스라는 인물이 출현하는 오직 그 순간에만 이 epimeleia heautou(자기 배려) 관념이 자기 인식의 필요성을 수반하고 지탱하며 기초한 것이 아니라는 점입니다. 내 생각에 epimeleia heautou(자기 배려와 거기에 연관된 규율)는 그리스·헬레니즘·로마 문화의 전반에 걸쳐서 철학적 태도를 특징짓는 항구적 원리였습니다. 당연히 이 자기 배려 개념은 플라톤에게 중요성을 갖습니다. 에피쿠로스에게도 자기 배려 개념은 중요했는데, 그 이유는 모든 사람은 날마다 또 전 생애에 걸쳐 자기 자신의 영혼을 돌보아야 한다[27]고 말하며 그가

---

26) "소크라테스는 자신을 찾아온 모든 사람들에게 그들 자신을 배려하도록(epimeleisthai heautôn) 설득하는 데 성공하였을까?"(《어록》, III, 1, 19, p.8)

27) 이 말은 《메네세에게 보내는 서신 Lettre à Ménécée》에 있다. 보다 정확히 말해 텍스트에는 다음과 같이 씌어 있다. 즉 "영혼의 건강을 확보하는 데는 지나치게 이른 것도 지나치게 빠른 것도 없다. […] 그러므로 젊거나 늙거나 철학을 해야 한다."(에피쿠로스, 《서신과 격언 Lettres et Maximes》, M. Conche 번역, Villers-sur-Mer, Éd. de Mégard, 1977[이후로는 이 판본 참조], §122, p.217) 푸코가 《성의 역사 Histoire de la sexualité》 3권 《자기 배려 Le Souci de soi》(Paris, Gallimard, 1984)[이후로는 이 판본을 참조함]에서 재인용.

이 개념을 아주 빈번히 반복하기 때문입니다. 에피쿠로스는 '자기 돌보기' (s'occuper)를 표현하기 위해 다양한 의미를 갖는 동사 therapeuein[28]을 사용합니다. Therapeuein은 의학적 치료(일종의 영혼 치료술인데 이는 에피쿠로스학파에게 상당히 중요하다[29])를 지칭합니다. 그러나 therapeuein은 또한 하인이 주인에게 시중을 드는 것을 의미하기도 합니다. 그리고 이 동사는 규정에 따라 규칙적으로 신성이나 신성한 힘에 바치는 제사 의식과도 관련이 있습니다. 견유학파 사람들에게도 자기 배려는 대단히 중요합니다. 예를 들면 세네카의 《자선에 관하여》의 7권 서두 부분을 참조하기 바랍니다. 여기서 견유주의자 데메트리우스는 몇 가지 원리에 따라——중요하기 때문에 재검토하겠지만——상당 수의 자연 현상(예를 들면 지진의 기원, 폭우의 원인, 쌍둥이 탄생의 이유)을 성찰하는 데 마음을 쓰는 것이 얼마나 무용한가를 설명하고, 오히려 시선을 자신과 관련된 직접적인 사실들에 돌려야 할 필요가 있으며, 또 자신이 처신하고 행하는 바를 통제하는 데 필요한 여러 규칙들에 시선을 돌릴 필요가 있다고 설파합니다.[30] 스토아주의자들에게 있어서도 말할 필요 없이 epimeleia heautou(자기 배려) 개념은 당연히 중요합니다. 세네카에게 이 개념은 cura sui 개념과 더불어 중요성을 갖습니다. 그리고 에픽테토스에게 자기 배려 개념은 《어록》 전반에 걸쳐 등장합니다. 이것들에

---

28) 사실 그리스 텍스트에는 'to kata psukhên hugiainon'이라고 씌어져 있다. 에피쿠로스에게 있어서 therapeuein 동사는 〈바티칸 금언 Sentences Vaticanes〉 55에서 한번 확인될 뿐이다. 즉 "잃어버린 것에 감사하며 기억을 통해 또 발생한 일을 미완성으로 만들기가 불가능하다는 것을 앎으로써 불행을 치유할(therapeuteon) 필요가 있다."(《서신과 격언》, p.260-261)

29) 이 테마 전체는 "인간의 병을 전혀 치료하지 않는 철학자의 담론은 공허하다. 신체의 질병을 몰아내지 못하는 의학이 아무짝에도 쓸모없듯이 영혼의 병을 몰아내지 못하면 철학 또한 무용하다"(221 Us.)라는 에피쿠로스의 말을 무게 중심으로 설정한다(A. -J. Voelke 번역, in 《영혼 치료로서의 철학 La Philosophie comme thérapie de l'âme》, Paris, Éd., du Cerf, 1993, p.36 참조; 같은 책에 실린 논문 〈영혼의 건강과 이성의 행복. 에피쿠로스주의에서 철학의 치료적 기능 Santé de l'âme et bonheur de la raison. La fonction thérapeutique de la philosophie dans l'épicurisme〉과 〈영혼에 대한 공허하고 혼탁한 의견들: 에피쿠로스의 치료 행위 Opinions vides et troubles de l'âme: la médication épicurienne〉 참조).

30) 세네카, 《자선에 관하여》, t. II, VII, I, 3-7, F. Préchac 번역, Paris, Les Belles Lettres, 1927, p.75-77. 이 텍스트는 2월 10일 강의 후반부에서 긴 점검의 대상이 될 것이다.

대해서는 더 길게 논의해야 하겠습니다. 그러나 단순히 철학자들에게만 이 epimeleia heautou 개념이 중요했던 것은 아닙니다. 엄밀하고 충만한 의미에서 철학적 삶에 접근하기 위한 조건으로서 단지 자기 자신을 돌보아야 하는 것만은 아닙니다. 어떻게 이 자기 배려의 원칙이 일반적으로 도덕적 합리성의 원칙에 실제적으로 따르기를 원하는 자의 능동적 생활 형식 내에서 합리적 행동의 원리가 되어 버렸는지를 해명해 보도록 하겠습니다. 자기 배려에 대한 선동은 헬레니즘·로마의 긴 여름을 거치면서 아주 폭넓게 확산되어 총체적 문화 현상이 되어 버렸습니다.[31] 이같은 총체적 문화 현상——자기 배려의 선동과 그 일반 원리의 수용——이 헬레니즘·로마 사회에 고유한 총체적 문화 현상이 되게 하고(어쨌든 엘리트 계층에게), 또 그와 동시에 그것이 사유에 있어서 하나의 사건이 되게 한 결과를 초래한 역사를 올해 강의에서 설명하고 논의해 보고자 합니다.[32] 한정된 폭을 갖는 한 문화 현상이 실제적으로 근대적 주체의 존재 양식에까지 관여하는 결정적 계기를 이루는 순간을 사유의 역사 내에서 포착하는 바로 이 일이 모든 사유의 역사가 도전해야 할 핵심 사항이라고 생각합니다.

한마디 더 덧붙인다면 이 자기 배려 개념이 지극히 명백한 방식으로 소크라테스라는 인물로부터 출현해서 고대철학 전반과 초기 기독교를 관통하고 있다면 여러분은 이 epimeleia(배려) 개념을 기독교에서, 어느 정도는 기독교의 윤곽을 구축한 알렉산드리아 학파의 영성 내에서도 재발견할 수 있습니다. 어쨌든간에 필론(그의 《명상 생활에 관하여》[33]를 참조하시오)에게서 여러분은 특수한 의미를 갖는 epimeleia 개념을 재발견하게 될 것이고, 플로티노

---

31) 자기 수양(culture de soi) 개념의 개념화에 대해서는 2월 3일 강의 전반부 참조.

32) 푸코의 사건 개념에 관해서는 《말해진 바와 씌어진 바》, II, nº 84, p.136 참조. 이 개념의 니체적 뿌리와 관련해서는 II, nº 102, p.260, 기원적인 것에 대한 데리다의 형이상학에 반한 사유에서 사건이 갖는 논쟁적 가치에 대해서는 IV, nº 278, p.23, 역사적 지식의 '사건화'(événementialisation)와 계획, 특히 사유사의 특이성 원칙과 관련해서는 nº 341, p.580을 참조.

33) "일곱번째 날을 지극히 성스러운 성대한 축제의 날로 간주하며 이날을 특별한 날로 조장했다. 이날 그들은 영혼 치료를 하고 난 후(tês psukhês epimeleian) 기름으로 몸을 문지른다."(알렉산드리아의 필론, 《명상 생활에 관하여 De Vita contemplativa》, 477M, P. Miquel 번역, Paris, Éd. du Cerf, 1963, §36, p.105)

스의 《엔네아데스》 II[34]에서 발견하게 될 것입니다. 그리고 특히 올림포스의 메토디오[35]와 성 바질레이오스[36]와 같은 기독교 금욕주의 내에서 재발견하게 됩니다. 또 니사의 그레고리우스의 《모세의 생애》,[37] 《성가 중의 성가》,[38] 《지복론》[39] 등에서도 발견할 수 있고, 《순결론》[40] 내에서 이 모든 배려 개념

34) "그래서 우리는 그것에 잘 준비되어 있을 것이기 때문에 우리의 본성과 노력에 힘 입어(epimeleias) 그것[우주의 영혼]과 동일한 대상들을 명상할 것이다."(플로티노스의 《엔네아데스 Enneads》, II, 9, 18, E. Bréhier 번역, Paris, Les Belles Lettres, 1924, p.138)

35) "덕은 인간이 그것에 전념하면(ex epimeleias prosginomênen) 습득되고 발전되는 것 이라고 가르치며 법은 운명을 제거한다."(올림포스의 메토디오, 《향연 Le Banquet》, 172c, V. -H. Debidour 번역, Paris, Éd. du Cerf, 1963, §226, p.255)

36) "Hote toinun hê agan hautê tou sômatos epimeleia autô te alusitelês tô sômati, kai pros tên psukhên empodion esti; to ge hupopeptôkenai toutô kai therapeuein mania saphês."(신체에 대한 지나친 배려가 신체 자체에도 무용하고, 또 영혼에 해가 되는 순간부터 신체에 예속되어 애착을 갖는 것은 명백한 광기처럼 보인다[미간행 번역])(성 바질레이오스, 《세속적인 책들의 유용성에 대한 담론 Sermo de legendis libris gentilium》, p.584d in 《그리스 교부저작전집 Patrologie grecque》, t. 31, éd. J.-P. Migne, SEU Petit-Montrouge, 1857)

37) "이제 그[모세]는 오랜 몰두(makras epimeleias)와 하늘의 빛을 통해 영혼의 덕에서 한 단계 더 높은 차원으로 상승했다. 반대로 그것은 자신의 형제의 이름으로 그가 하는 행복하고 평화로운 만남이다. […] 신이 인간의 본성에 주는 도움은 […] 우리가 향상과 열중(epimeleias)을 통해 하늘의 생활과 친숙해질 때만 […] 나타난다."(니사의 그레고리우스, 《모세의 생애 La Vie de Moïse》 혹은 《덕과 관련한 완성에 관한 논고 Traité de la perfection en matière de la vertu》, 337c-d, J. Daniélou 번역, Paris, Éd. du Cerf, 1965 §43-44, p.130-131과 또 '길고 진지한 연구,' 엄격성(toiautês kai tosautês epimeleias)을 제시하는 341b의 §55, p.138을 참조할 것)

38) "지금 현재 스승과 사랑으로 하나되어 이 동일한 은총으로 나는 되돌아왔다. 배려 (epimeleias)와 주의로 내 안에 있는 신성을 향한 열정을 굳건히 보존해 주시는 내 약혼자의 친구인 그대여, 이 은총이 지닌 질서 정연한 바를 강화시켜 주소서."(니사의 그레고리우스, 《성가 중의 성가 Le Cantique des Cantiques》, C. Bouchet 번역, Éd. Migne, Paris, 1990, p.106)

39) "Ei oun apokluseias palin di'epimeleias biou ton epiplasthenta tê kardia sou rupon, analampsei soi to theoeidês kallos(반대로 네 생을 배려하면서 마음속에 널리 퍼져 있는 오류 를 정화하면 신성한 아름다움이 내 안에 충만하리라[미간행 번역])."(니사의 그레고리우스, 《지복론 De Beatitudinibus》, Oratio VI, in 《그리스 교부저작전집》, t. 44, p.1272a)

40) 니사의 그레고리우스, 《순결론 Traité de la virginité》, M. Aubineau 번역, Paris, Éd. du Cerf, 1996. 같은 책에서 푸코가 자기 배려를 설명하기 위해 자주 인용하는(1982 년 강연, in 《말해진 바와 씌어진 바》, IV, n° 363, p.787) 잃어버린 드라크마 우화(300c-301c, XII, p.411-417) 참조. 즉 "오물은 육신의 더러워진 자국을 의미한다고 생각한다. 요컨대 자신의 생에 대한 '배려(epimeleia)'를 통해 그것을 청소하고 치우게 되면 그 대상 은 백일하에 드러난다."(301c, XII, 3, p.415)

을 재발견할 수 있습니다. 특히 XIII편은 제목이 〈자기 배려는 결혼의 초극으로부터 시작함〉[41]입니다. 니사의 그레고리우스에게는 결혼의 초극(독신)이 금욕 생활의 최초 형식이자 최초의 활동임을 감안할 때 자기 배려의 최초 형식과 결혼 초극의 동일시는 어떻게 자기 배려가 기독교 금욕주의의 모태가 되었는지를 잘 보여줍니다. 젊은이들을 붙잡아 세우고 자기 자신을 돌보라고 설교하는 소크라테스 이래로 자기 배려와 더불어 금욕 생활을 시작하게 한 기독교 금욕주의에 이르기까지 우리는 epimeleia heautou(자기 배려)의 긴 역사와 만나게 됩니다.

이 기간 동안에 epimeleia heautou 개념이 확장되고 또 그 의미들이 배가되었으며 변화된 것은 자명한 사실입니다. 말하자면 올해 강의의 목적이 이 모든 것들을 명확히 밝혀내는 데 있기 때문에(지금 내가 언급하는 바는 순수 도식, 단순한 예비적인 일별에 지나지 않는다) epimeleia heautou(자기 배려)에서 다음과 같은 점들이 있음을 유념할 필요가 있습니다.

— 첫째로 사물을 고려하는 방식, 세상에서 처신하는 방식, 행동하는 방식, 타인과의 관계를 설정하는 방식과 같은 일반적인 태도의 테마가 있습니다. Epimeleia heautou는 자기 자신과 타인 그리고 세계에 대한 태도입니다.

— 둘째로 epimeleia heautou는 또한 주의 시선의 일정한 형식입니다. 자기 자신을 배려한다는 것은 자신의 시선을 변화시킨다는 것을 내포하고 있고, 말하자면 시선을 외부로부터 '내부'로 이동시키는 것을 내포하고 있습니다. 이 외부라는 말에 대한 논의를 유보하고(이 말은 많은 문제를 제기시킨다) 시선을 외부와 타인 그리고 세계 등으로부터 '자기 자신(soi-même)'에게로 돌릴 필요가 있다고 말해둡시다. 자기 배려는 우리가 생각하는 바와 사유 내에서 발생하는 사건에 주의를 기울이는 일정한 방식을 내포합니다. 여기서 훈련과 명상을 동시에 의미하는 meletê와 epimeleia(배려)의 유연 관계가 있습니다.[42] 여기서 이 모든 것들은 해명을 필요로 합니다.

— 셋째로 epimeleia 개념은 단순하게 이 자기에 대한 일반적 태도나 자기

---

41) 푸코는 1984년 1월 한 인터뷰에서 니사의 그레고리우스의 이 논고(303c-305c, XIII, p.423-431)에서 자기 배려는 "핵심적으로 모든 속세의 인연을 끊는 것으로 규정되고, 그것은 자기애적인 모든 것, 세속적인 자기에 대한 애착을 포기하는 것"이라고 분명히 말한다(《말해진 바와 씌어진 바》, IV, nº 356, p.716).

자신에게 되돌려진 주의의 형식만을 의미하지 않습니다. epimeleia는 또한 항시 자신에게 가하는 다수의 행위를 지칭합니다. 이 행동들을 통해 인간은 자신을 변형하고 정화하며 변형하고 변모시킵니다. 바로 여기로부터 일련의 실천들이 기인합니다. 그리고 이 실천들은 대체적으로 서구 문화사 · 철학사 · 도덕사 · 정신사 내에서 아주 긴 생명력을 가지고 지속되었던 훈련들이기도 합니다. 예를 들면 그것은 명상의 테크닉,[43] 과거에 대한 기억술, 의식 점검의 테크닉[44]입니다. 또 이러한 테크닉이 정신에 제기될 경우 그것은 심상(心象)들의 점검 기술이기도 합니다.[45]

일찍이 기원전 5세기부터 이 자기 배려 테마와 함께 철학적 표현 방식과 개념이 탄생해 기원후 4-5세기에 이르기까지 그리스 · 헬레니즘 · 로마 시대의 모든 철학뿐만 아니라 기독교의 신앙 생활까지 관통합니다. 결국 epimeleia heautou(자기 배려) 개념과 함께 표상의 역사, 개념의 역사, 이론의 역사에서 뿐만 아니라 심지어는 주체성(subjectivité)의 역사 또는 주체성 실천의 역사에서 자기 배려 개념을 극도로 중요한 현상이 되게 한 존재 방식 · 태도 · 성찰 형식 · 실천을 규정하는 자료집이 구축됩니다. 어쨌든간에 epimeleia heautou 개념에 입각해 1천 년(기원전 5세기부터 기원후 5세기까지)에 걸친 오랜 변화 전체를 적어도 연구 가설로서 재검토할 수 있습니다. 요컨대 우리는 그리스인들에게서 탄생한 철학적 태도의 최초 형식들을 기독교 금욕주의 최초의 형식들로 이끌어 가는 1천 년의 변혁을 이 epimeleia heautou에 입각해 재검토할 수 있습니다. 철학적 수련으로부터 기독교 금욕주의에 이르기까지 1천 년의 변형과 변환이 있었고, 그 중에서 자기 배려는 중요한 길잡이들 가운데 하나임이 틀림없습니다. 어쨌든 겸손히 말해서 자기 배려는 가능한 중심 맥락들 가운데 하나라고 말할 수 있습니다.

---

42) Meletê의 의미와 관련해서는 3월 3일 강의 후반부와 3월 17일 강의 전반부를 참조할 것.

43) 명상의 테크닉과 관련해서는(특히 죽음의 명상에 대해서는) 2월 27일 강의 후반부, 3월 3일 강의 전반부, 3월 24일 강의 후반부를 참조할 것.

44) 의식 점검과 관련해서는 3월 24일 강의 후반부 참조.

45) 특히 마르쿠스 아우렐리우스 심상들의 검열 기술과 카시아누스의 관념 점검 테크닉의 비교에 대해서는 2월 24일 강의 전반부를 참조할 것.

하지만 일반적 논지에 대한 설명을 마치기 전에 다음과 같은 질문을 던지고자 합니다: 그럼에도 불구하고 서구 사상과 철학이 자신의 철학사를 수정하는 방식상에서 무엇 때문에 epimeleia heautou(자기 배려)를 무시한 것일까요? '너 자신을 알라'에 그렇게 많은 특권과 가치와 강도를 부여한 것은 무엇 때문일까요? 또 사료와 텍스트를 살펴보면 gnôthi seauton(자기 인식)의 원리를 지탱하는 극도로 풍요롭고 밀도 있는 일련의 개념, 실천, 존재 방식, 실존의 형식 등의 근간을 이루었던 자기 배려(le souci de soi) 개념이 어둠 속에 방치된 것은 무엇 때문일까요? 사람들은 왜 자기 배려를 희생시켜 gnôthi seauton(자기 인식)에 특권을 부여하는 것일까요? 여기서 내가 스케치하려 하는 바는 많은 의문 부호와 생략 기호를 갖는 가설임이 틀림없습니다.

일차적인 접근에서 또 완전히 피상적인 방식으로 사태의 본질은 건드리지 못한다 할지라도 자기 배려가 우리를 동요시키는 무엇인가를 가지고 있다는 점을 유념할 필요가 있습니다. 사실 여러 텍스트, 다양한 형태의 철학, 상이한 형태의 수련, 철학적이거나 영적인 실천을 통해 자기 배려의 원칙이 '자기 자신을 돌보기'(s'occuper de soi-même), '자기 자신을 배려하기'(prendre soin de soi), '자기 자신으로 되돌아가기'(se retirer en soi-même), '자기 자신에 은거하기'(faire retraite en soi-même), '자기 자신에게서 즐거움을 발견하기'(trouver son plaisir en soi-même), '오직 자기 자신 안에서만 쾌락을 추구하기'(ne chercher d'autres volupté qu'en soi), '자기 자신과 더불어 지내기'(rester en compagnie de soi-même), '자기 자신과 친구가 되기'(être ami avec soi-même), '성체 속에 있는 것처럼 자기 자신 안에 있기'(être en soi comme dans une forteresse), '자신을 치료하기'(se soigner), '자기 자신을 경배하기'(se rendre un culte à soi-même), '자기 자신을 존중하기'(se respecter soi-même) 등과 같은 일련의 표현 속에서 형성되고 만들어졌습니다. 하지만 이 모든 표현·격언·규칙에 긍정적인 가치를 부여하고 이것들을 도덕의 토대로 만들고 우리(오늘날의 우리)를 벗어나는 일정한 하나의 전통(아마도 다수의 전통)이 있음을 알 수 있습니다. 자기 자신을 고무하고 경배하며, 자기 자신으로 회귀하고 자기 자신에 봉사하라는 이 모든 권고들은 우리 귀에는 어떻게 들리는 것일까요? 그것은 윤리적 단절의 의지, 허세, 위협, 일종의 도덕적 댄디즘, 초극 불가능한 미학적·개인적인 단계의 단언—

도발로 들릴 수도 있을 것입니다.[46] 아니면 집단적 모럴을 자신을 위해 손수 지탱시킬 수 없고 또 이러한 집단적 모럴(예를 들면 도시국가의 집단적 모럴)의 붕괴에 직면해 이제 자기 자신만을 돌볼 수밖에 없는 개인의 퇴행에 대한 다소 우울하고 슬픈 표현으로 들릴 수도 있을 것입니다.[47] 따라서 이 모든 표현들이 우리에게 즉각적으로 불러일으키는 이러한 함의들과 일차적인 효과들은 이같은 격언들이 긍정적 가치를 갖는 것으로 생각하지 못하게 만듭니다. 하지만 그것이 소크라테스가 되었건 니사의 그레고리우스가 되었건 간에 내가 논의하는 모든 고대의 사유에서 '자기 자신을 돌보기'(s'occuper de soi-même)는 항시 결코 부정적인 것이 아니라 긍정적인 의미를 갖습니다. '자기 자신을 돌보기'라는 정언적 명령에 입각해 서구가 가져왔던 가장

---

46) '도덕적 댄디즘'에서 보들레르(《말해진 바와 씌어진 바》, IV, nº 339, p.568-571에서 '근대성의 태도'와 보들레르의 êthos에 관한 푸코의 글 참조)에 대한 참조를 발견할 수 있고, 또 '미학적 단계'에서는 키에르케고르의 3단계(미학적 · 윤리적 · 종교적 단계)에 대한 명백한 암시가 발견된다. 왜냐하면 (유랑하는 유대인과 파우스트, 돈 후안에 의해 구현되는) 미학적 영역은 무한한 탐색 속에서 쾌락의 일시적 원자로서의 찰나들을 고갈시키는 개인의 영역이기 때문이다(아이러니가 윤리로의 이행을 허용한다). 자신에게 은밀하고도 결정적인 중요성을 갖고 있었음에도 불구하고 실제적으로 직접 인용을 하지 않았다 해도 푸코는 키에르케고르의 대단한 독자였다.

47) 헬레니즘 · 로마 시대 철학자의 이같은 논지는 새로운 사회 · 정치적 환경에서 자신의 도덕적 · 정치적 행위를 자유롭게 펼칠 수 있는 수단을 발견할 수 없었고(마치 그리스 도시국가가 항시 그 요소였기라도 하듯이), 또 은거의 해결책을 자기 자신 안에서 발견하기 때문에 이러한 논지는 철학사의 topos 혹은 의심할 수 없는 자명성이 되었다(Bréhier와 Festugière 등이 공유한다). 20세기 후반 동안 금석학에 관한 논고들과 국제적인 청중을 가진 유명한 학자 Louis Robert의 강의(《금석학과 고대 그리스 Opera minora selecta' Épigraphie et antiquités grecques》, Amsterdam Hakkert, 1989, t. VI, p.715)는 지나치게 비대해진 세계 속에 실종되고 폴리스를 상실한 그리스의 이러한 전망을 구태의연하게 만들었다(이 지적은 전적으로 P. Veyne의 것이다). 헬레니즘 시대 폴리스의 소멸에 대한 논지는 여러 사람들에 의해 맹렬한 비판을 받았고 푸코는 《자기 배려》(3장 〈자기와 타자〉, p.101-117와 〈정치적 작용〉, p.55-57 참조)에서 이론을 제기한다. 우선 푸코는 헬레니즘 시대 제정 속에서 폴리스의 정치적 틀의 붕괴를 주장하는 논지를 반박하고(p.101-103) 나서 자기 배려는 근본적으로 개인주의적인 방식이 아니라 함께 사는 방식으로 정의되는 것을 증명하는 것이 중요했다("자기 배려는[…] 사회적 관계의 강화로 보인다"(p.69), P. Hadot, 《고대철학이란 무엇인가? Qu'est-ce que la philosophie antique?》, Paris, Gallimard, 1995, p.146-147)는 그리스 폴리스의 쇠퇴에 대한 편견의 근원을 1912년 G. Murray의 저작(《그리스 종교의 4단계 Four Stages of Greek Religion》, New York, Columbia University Press)으로까지 거슬러 올라간다.

엄격하고 혹독하며 엄정한 도덕들이 구축되었다는 것이 또 하나의 역설이라고 할 수 있습니다. 그리고 이 점과 관련해 이같은 도덕의 책임을 기독교에 넘기기보다는 기원 직전의 시기와 기원후 초기의 모럴(스토아주의 모럴, 견유주의 모럴, 일정 정도까지는 에피쿠로스주의의 모럴)에 훨씬 더 책임을 돌려야 한다는 말을 강조하고 싶습니다(그런 이유 때문에 지난해에 강의를 했습니다). 따라서 우리에게는 이기주의나 자성(自省)을 의미하지만 수세기 동안 극도로 엄격한 도덕과 관련해 긍정적이고 원형의 역할을 하는 자기 배려 권고의 역설이 존재합니다. 또 자기 배려가 다소 어둠 속에 방치된 방식을 설명하기 위해 환기시켜야 할 필요가 있는 또 다른 역설은 '자기 자신을 돌보기' 원칙으로부터 결과되는 지극히 엄격한 모럴과 그 엄격한 규칙들을 우리가 반복했다는 점입니다. 왜냐하면 실제로 이 규칙들은 기독교나 비기독교적인 근대의 모럴에서 등장하고 재등장하기 때문입니다. 하지만 이 출현과 재출현은 전혀 다른 환경에서 행해집니다. 그것이 자기 포기의 의무라는 기독교의 형식하에서건 타자에 대한 근대적인 의무의 형식하에서건——그것이 타자이건, 공동체이건, 계급이건, 조국 등이건간에——우리는 계율의 구조상에서 동일한 것으로 재발견되는 이 엄격한 규칙들을 보편적인 비이기주의 윤리의 맥락 내에 재적응시켰고 순서를 바꾸어 전이시켜 놓았습니다. 따라서 이 모든 테마와 도덕적 엄격성의 계율을 기독교와 근대의 세계는 비이기주의 도덕에 기초하고 있지만 이것들은 자기 자신을 돌볼 의무를 강력한 특징으로 하는 환경 내부에서 탄생했습니다. 이러한 모든 역설들 때문에 자기 배려는 다소 경시되었을 수 있고, 또 역사가들의 관심으로부터 멀어지게 만든 이유들 가운데 하나라고 생각합니다.

하지만 도덕의 역사가 갖는 역설들보다 훨씬 더 본질적인 이유가 하나 있다고 생각합니다. 그것은 진실과 진실의 역사에 관련된 문제와 연관이 있습니다. 대략 1천 년 동안 고대문화에서 이 원칙이 담당했던 역할이 상실되고 망각된 가장 본질적으로 보여지는 이유를 '데카르트의 순간'——이 표현이 적절하지 않고 순전히 상투적인 자격을 갖는다는 것을 잘 알고 있지만——이라 부르도록 하겠습니다. 내가 보기에 다시 한번 많은 괄호를 갖는 이 '데카르트의 순간'은 두 가지 방식으로 작동했습니다. '데카르트의 순간'은 철학적으로 gnôthi seauton(너 자신을 알라)을 복권시키고, 반면에 epimeleia heautou(자기 배려)를 실격시키는 두 가지 방식으로 작동했습니다.

첫째로 데카르트의 이 순간은 철학적으로 gnôthi seauton(너 자신을 알라)을 복권시켰습니다. 사실 여기서 사태는 대단히 단순하고 《제1철학에 관한 성찰》[48]에서 파악할 수 있는 데카르트의 절차는 철학적 절차의 기원과 출발점에 나타나는 바 그 차제인 의식, 다시 말해서 제로 의식에 어떤 의심 없이 [···*] 주어지는 자명성——자명성을 구축합니다. 따라서 데카르트의 절차가 주거하는 곳은 적어도 의식의 형식으로서의 자기 인식입니다. 게다가 주체의 실존의 자명성을 존재에 접근하기 위한 원칙으로(자명성을 체험하는 형식이 아니라 주체로서의 내 실존을 의심할 수 없는 형식으로) 설정하면서 자기 인식은 '너 자신을 알라'를 진실에의 근본적인 접근 통로로 만들어 버렸습니다. 물론 소크라테스의 gnôthi seauton과 데카르트의 절차 간에는 엄청난 차이가 있습니다. 하지만 여러분들은 데카르트의 절차에 입각해 철학적 절차를 기초하는 순간인 gnôthi seauton의 원칙이 17세기 이후로 다수의 철학적 절차와 실천에서 용인된 이유를 이해할 수 있습니다. 하지만 결과적으로 데카르트의 절차가 상당히 쉽게 파악할 수 있는 이유로 gnôthi seauton을 복권시켰지만 그와 동시에 자기 배려 원칙을 실격시키고 근대철학의 사유의 장으로부터 배제하는 데 엄청난 기여를 했습니다.

이것과 다소 거리를 두도록 합시다. 참된 것과 거짓된 것에 대해 질의하는 게 아니라 참된 것과 거짓된 것을 존재하게 만드는 바에 대해 질의하고, 또 참된 것과 거짓된 것을 판단할 수 있다거나 그렇지 못하게 만드는 바에 대해 물음을 던지는 사유의 형식을 '철학'이라 명명하도록 합시다. 이것을 '철학'이라 명명한다면 진실에 접근하기 위해 주체가 자기 자신에게 필요한 변형을 가하는 탐구·실천·경험 전반을 '영성'(spiritualité)이라 부를 수 있을 겁니다. 따라서 인식이 아니라 주체, 심지어는 주체의 존재가 진실에 접근하기 위해 치러야 하는 대가를 구성하는 정화, 자기 수련, 포기, 시선의 변환, 생활의 변화 등과 같은 탐구, 그리고 실천, 경험 전반을 '영성'(spiritualité)이

---

48) 데카르트, 《제1철학에 관한 성찰 *Méditations de Prima Philosophia*》(1641), in *Œuvres*, Paris, Gallimard/〈Bibliothèque de la Pléiade〉, 1952.

* "노력이 무엇이던간에···"만이 들릴 뿐이다.

라 부르도록 합시다. 적어도 서구에 등장하는 바 그대로의 영성은 세 가지 특징을 갖는다고 말할 수 있습니다.

우선 영성은 진실이 충만한 권리로 주체에게 결코 주어지는 게 아니라는 것을 가정합니다. 주체는 그 자체로는 진실에 접근할 수 있는 권리와 능력을 갖고 있지 않다고 영성은 전제합니다. 영성은 주체가 주체이고 이러저러한 주체의 구조를 가지고 있기 때문에 기초될 수 있고 정당화될 수 있는 단순한 인식 행위를 통해 주체에게 진실이 주어지지 않는다고 전제합니다. 진실에 도달할 권리를 갖기 위해서는 주체가 자기 자신을 변화시키고 변형하며 이동하고 어느 정도와 한도까지는 현재의 자기 자신과는 다르게 될 필요가 있다는 점을 전제합니다. 진실은 주체의 존재 자체를 내기에 거는 대가로만 주체에게 부여됩니다. 왜냐하면 주체는 그 자체로서 진실의 능력을 갖고 있지 못하기 때문입니다. 이 표현들은 여기서 영성을 정의하기 위한 가장 단순하지만 가장 근본적인 표현입니다. 이것은 다음과 같은 결과를 야기시킵니다. 즉 이같은 관점에서 주체의 개심이나 변형 없이는 진실이 존재할 수 없습니다. 이러한 주체의 개심과 변형은——이것이 영성의 두번째 중요한 양상이다——상이한 형태하에서 행해질 수 있습니다. 말하자면 아주 거칠게 말해서(여기서 이것은 아주 도식적인 비약인데) 이 개심은 주체를 현재의 신분이나 상황으로부터 벗어나게 하는 활동(주체 자체의 상승 운동, 역으로 진실이 주체에게 와서 그를 개명하는 활동)의 형태로 이루어질 수 있습니다. 여기서도 지극히 관행적으로 이 운동을 그 진행 방향에 입각해 erôs(사랑) 활동이라 부르도록 합시다. 그리고 진실에 접근하기 위해서 주체가 자기 자신을 변형시킬 수 있고 변형해야 하는 또 다른 중요한 형식은 작업입니다. 그것은 자기가 자기 자신에게 가하는 작업, 자기가 자기 자신에게 가하는 공들이는 작업, 자기 수련(askêsis)이라는 장기간의 노력 속에서 자신이 그 책임을 지는 자기에 의한 자기 자신의 점진적 변환입니다. Erôs와 askêsis는 서구의 영성에서 결국 진실이 가능한 주체가 되기 위해서 자신을 변형시키는 방식을 만들어 내는 두 주요 형식이라고 생각합니다. 영성의 두번째 특성은 여기에 있습니다.

영성은 진실에의 접근이 시작되었을 때 진실에 도달하기 위해 행해진 영적인 절차들의 결과이지만 동시에 그 이상의 다른 것에 상당하는 효과, 즉 주체로의 진실의 '귀환'이라 부를 수 있는 효과를 발생시킵니다. 영성에 있어서 진실은 주체의 인식 행위에 보상을 하고 또 이 인식 행위를 수행하기 위해 단순히 주어지는 것이 아닙니다. 진실은 주체를 개명시켜 주는 것입니다. 진실은 주체에게 지고의 복락을 부여합니다. 진실은 주체에게 영혼의 평정을 가져다 줍니다. 요컨대 진실과 진실에의 접근에는 주체 자체, 즉 주체의 존재를 완결시키는 무엇인가가 있습니다. 간략히 말해 영성에 있어서 인식 행위는 개인이 아니라 주체 존재 내에서 주체 자신에 의해 준비되고 함께하며 이중화되고 완수되지 않는다면 그 자체만으로 결코 진실에 접근할 수 없다고 나는 생각합니다.

내가 지금까지 논의한 모든 것들에 대해 엄청난 반론이 존재할 수 있고 또 후에 재론해야 할 엄청난 예외인 영적 인식(gnose)이 분명히 존재합니다.[49] 하지만 영적 인식과 모든 영지주의(靈智主義) 운동은 인식 행위에 지나친 부담을 지우고 또 실질적으로 진실에의 접근에서 인식 행위에 지상권을 부여합니다. 영지주의자들은 인식 행위에 영적 행위의 모든 조건과 구조를 과중하게 부과합니다. 요컨대 영적 인식은 영적 경험의 모든 조건·형식·효과를 인식 행위 내에 옮겨 바꾸어 놓는 경향이 있습니다. 도식적으로 말해서 고대라 칭할 수 있는 전시대에 걸쳐, 또 아주 상이했던 방식들에 입각해 '진실에 어떻게 접근할 것인가?'라는 철학적 문제와 영성의 실천(진실에의 접근을 가능하게 해주는 주체의 존재에 필요한 변형) 같은 두 문제와 테마는 결코 서로 분리된 것이 아니었습니다. 양자는 피타고라스주의자들에게도 명

---

49) 영지주의(gnosticisme)는 초기 기독교 시대에 발달한 비의적(秘義的)인 철학-종교적인 유파를 대표한다. 극도로 모호하고 파악하기 어려우며 정의하기 곤란한 이 유파는 교부들과 플라톤주의의 영향을 받는 철학에 의해 동시에 거부되었다. '영적 인식'(gnose)(그리스어로 gnôsis: 인식)은 거기에 접근하는 자에게 구원을 주는 비의적인 인식을 의미하고, 또 입문자에게는 자신의 기원과 목적지에 대한 앎과 은밀한 해석학적 전통에 의해 간파되는 상위 세계의 비밀과 신비(하늘나라 여행의 약속을 수반하는)를 대표한다. 구원적·입문적·상징적 지식이라는 뜻에서 '영적 인식'은 성서에 입각한 유대-기독교적인 사색의 방대한 총체를 포함하고 있다. 그래서 '영지주의' 운동은 초자연적인 인식의 계시를 통해 영혼의 해방과 나쁜 우주의 힘의 제압을 약속한다. 문학적 맥락에서의 언급에 대해서는 《말해진 바와 씌어진 바》, I, n° 21, p.326 참조. A. I. Davidson이 편집자에게 말한 것처럼 푸코는 H.-Ch. Puech이 이 주제와 관련해 한 연구를 잘 알고 있었다(《마니교에 대하여와 다른 시론들 Sur le manichéisme et Autres Essais》, Paris, Flammarion, 1979 참조).

백히 분리된 것이 아니었고, 소크라테스와 플라톤에 있어서도 분리된 것이 아니었습니다. 요컨대 epimeleia heautou (자기 배려)는 정확히 영성의 조건 전반, 진실에 접근하기 위해서 필요한 자기 변형의 총체를 지시합니다. 따라서 고대 전반(피타고라스주의자, 플라톤, 스토아주의자에 있어서)에 걸쳐 철학의 테마(어떻게 진리에 도달할 것인가?)와 영성의 문제(진실에 도달하기 위해 주체의 존재 내에 어떤 변형을 가해야 하는가?)는 결코 분리된 것이 아니었습니다. 물론 예외는 있습니다. 중요하고 근본적인 예외는 고대에서 유일한 철학자였기 때문에 '절대적인' 철학자[50]라 불리는 자의 예외입니다. 철학자들 중의 철학자인 그에게 영성의 문제는 거의 중요하지 않았습니다. 근대적 의미에서 철학의 창시자라고 인정할 수 있는 그는 아리스토텔레스입니다. 하지만 익히 알고 있듯이 아리스토텔레스는 고대의 정점이 아니라 고대의 예외입니다.

몇 세기를 건너뛰면 이제 근대로 접어든다고 말할 수 있는데(내가 의미하는 바는 진실의 역사가 근대로 접어들었다는 것입니다) 이때 진실에의 접근을 허용하는 것, 주체가 진실에 접근할 수 있는 조건이 오직 인식이 되어 버린다고 말할 수 있습니다. 바로 이 시점에서 데카르트가 문제시된다거나 그가 이와 같은 일을 한 최초의 사람이자 발명가라는 의미가 아니라 내가 '데카르트의 순간'이라고 명명한 바가 정착되고 또 의미를 갖게 되는 것 같습니다. 진실의 역사에서 근대 시기는 오로지 인식만이 진실의 접근을 허용하는 것이 되는 순간에 시작됩니다. 달리 말해서 철학자에게 어떤 다른 것도 요청되지 않고 자신의 주체 존재를 변형시키라는 요청을 전혀 받지 않고 철학자(혹은 학자나 단순히 진실을 추구하는 사람)는 자기 자신 안에서, 또 오로지 인식 행위만을 통해서 진실을 확인할 수 있고, 또 진실에 접근할 수 있습니다. 이는 진실이 무조건적으로 획득된다는 것을 의미하지는 않습니다. 그러나 이 조건은 두 부류에 속하고 이제 그 중 어떤 것도 영성에 귀속되지 않습니다. 한편으로 철학자가 진실에 접근하기 위해 따라야 하는 인식 행위의 내적인 조건과 규칙, 요컨대 형식적이고 객관적인 조건, 형식적인 방법의 규

---

50) 성 토마스 아퀴나스는 자신의 주석에서 아리스토텔레스를 '절대적' 철학자라고 지칭하였다.

칙, 특히 인식해야 할 대상의[51] 구조가 있습니다. 그러나 아무튼간에 주체가 진실에 접근할 수 있는 조건은 내부로부터 규정됩니다. 다른 한편으로는 외적인 조건이 있는데 그것은 "진실을 인식하기 위해서는 미쳐서는 안 된다"(데카르트 순간의 중요성)[52]와 같은 조건입니다. 문화적인 조건도 있습니다. 요컨대 진실에 접근하기 위해서는 학문을 했어야 하고, 교육을 받으며 일정한 과학적 합의에 들어가야 합니다. 도덕적 조건도 있습니다. 진실을 인식하기 위해서는 노력을 해야 하고 자기의 세계를 속이려 해서는 안 되며 제정적이거나 직업적·신분적인 이해는 납득할 만한 방식으로 공평무사한 탐구의 규범과 결합되어야 합니다. 보시다시피 이 모든 것들에서 전자는 인식에 내재하는 조건이고, 후자는 인식 행위의 밖에 있는 조건들이지만 주체의 존재와는 연관이 없습니다. 요컨대 이 조건들은 구체적인 실존 속에 있는 개인과 관련되지, 있는 그대로의 주체의 구조와는 연관이 없습니다. 이 순간부터(다시 말해서 "아무튼 주체는 그 자체로서 진실의 능력이 있다"고 말하는 순간부터——인식에 내재하고 개인의 외부에 있는* 이 두 조건을 전제로 하여) 주체의 존재가 진실에 접근을 필요할 때 다시 문제시되지 않는 순간부터 주

---

51) 이어 오는 지식의 조건들의 분류에서 콜레주 드 프랑스 취임 강연(《담론의 질서 L'Ordre du discours》, Paris Gallimard, 1971)에서 푸코가 '담론들의 한정 절차'라 부른 바의 반향과 같은 것을 발견할 수 있다. 하지만 1970년에 근본적인 요소는 무명의 하얀 지면과 같은 담론의 요소였던 반면에 여기서 모든 것은 '주체'와 '진실'의 연관 관계를 중심으로 체계화된다.

52) 푸코가 《광기의 역사》에서 《제1철학에 관한 성찰》에 할애하는 유명한 분석을 반향으로 확인할 수 있다. 데카르트는 의심하는 훈련 속에서 광기의 현기증을 의심할 이유로서 마주치지만 선험적으로 광기를 배제해 버렸을 수 있고, 광기보다는 꿈의 모호한 온화함을 선호하면서 광기의 광포한 목소리에 귀기울이기를 거부했을 수 있다. 요컨대 "광기는 화의하는 주체에 의해 배제되었다."(《광기의 역사》, Paris, Gallimard/〈Tel〉, 1972, p.57) 데리다는 데카르트 코기토의 핵심이 악령(malin génie)의 가설에 근거하여 '총체적 광기'의 위험을 받아들이는 것임을 설명하면서(p.81-82) 곧 이 논지를 반박한다(1963년 3월 4일 철학 콜레주에서 행한 강연의 재수록인 〈코기토와 광기의 역사 Cogito et Histoire de la folie〉, in 《글쓰기와 차이 L'Écriture et la Différence》, Paris, Éd. du Seuil, 1967, p.51-97). 이러한 비판에 일침을 당한 푸코는 몇 년 후에 정합적인 엄격한 텍스트 설명을 통해 존재론적 토론의 수준에서 전문가들의 논쟁을 불러일으켰다(《내 신체, 이 종이, 이 불 Mon corps, ce papier ce feu》과 〈데리다에게 보내는 답변 Réponse à Derrida〉, in 《말해진 바와 씌어진 바》, II, n° 102, p.245-267과 n° 104, p.281-296). 비록 이런 식으로 데카르트의 《형이상학적 성찰 Méditations métaphysiques》과 관련한 '푸코-데리다 논쟁'이라 불리는 바가 발생했다.

체성과 진실이 맺는 관계의 역사는 다른 시대로 접어들었다고 생각됩니다. 인식 이외에는 다른 어떤 조건도 갖지 않는 진실에의 접근은 그 보상과 완결로서 인식의 무한한 여정만을 발견할 뿐이라는 것이, 그 결과 혹은 또 다른 양상입니다. 주체가 자기 자신에 대해 알고 있고 또 자신의 존재를 경유해 가로지르고 변형시키는 진실의 '회귀 효과'를 통한 주체의 계명 지점, 완결 지점, 변형의 순간은 이제 더 이상 존재하지 않게 됩니다. 이제 진실에의 접근이 거기에 도달하기 위해 치른 노력·희생·대가를 성취와 보상으로서 주체 내에서 완결시킨다고는 생각할 수 없게 됩니다. 인식은 끝을 알 수 없고 진보의 무한한 차원으로 나아갑니다. 그 혜택 또한 역사 속에서 설정된 인식의 누적에 의해서만, 아니면 발견을 위해 애쓰고 나서 결국 진실을 발견하고 난 뒤에 결국 획득할 수 있는 사회적·심리적 혜택을 통해서만 평가될 수 있는 진보의 무한한 차원으로 접어듭니다. 이제 진실은 그 자체로서 주체를 구원할 수 있는 능력이 없습니다. 주체는 그 자체로서 진실의 능력이 없으나 진실은 그 자체로서 주체를 변형시키고 구할 수 있다고 전제하는 실천의 형식을 영성이라고 정의할 수 있다면, 주체와 진실이 맺는 관계의 근대는 주체는 그 자체로 진실의 능력이 있지만 진실은 그 자체로 주체를 구원할 수 없다고 우리가 가정하는 순간 시작됩니다. 잠시 휴식을 취하도록 하지요. 5분 휴식 후 강의를 재개하도록 하겠습니다.

---

* 수고(푸코가 콜레주 드 프랑스에서 이 강의를 하기 위해 근간으로 사용한 기록된 메모를 수고라는 용어로 부르도록 하겠다)는 이 표현을 인식의 밖에 있는, 다시 말해서 개별적인 조건으로 이해할 수 있게 해준다.

1982년 1월 6일 강의

후반부

영성이 요구하는 사항들의 분쟁적 현존: 데카르트 이전의 과학과 신학; 고전철학과 근대철학: 마르크시즘과 정신분석학 — 스파르타의 한 격언 분석: 신분적 특권으로서의 자기 배려 — 플라톤의 《알키비아데스》 — 알키비아데스의 정치적 주장과 소크라테스의 개입 — 젊은 스파르타인들과 페르시아 군주들의 교육과 비교한 알키비아데스의 교육 — 《알키비아데스》에서 최초의 자기 배려 요청의 출현 맥락: 정치적 주장; 교육의 결함; 비판적 나이; 정치적 지식의 부재 — 한정되지 않은 자기의 속성과 그 정치적 함의

내 선의의 결심과 잘 짜인 시간표에도 불구하고 기대했던 것과는 달리 첫 시간에 할 말을 다 끝마치지 못해서 한두마디 부연하고자 합니다. 철학과 영성에 대해, 또 자기 배려 개념이 점차적으로 철학적 사유와 관심으로부터 배제된 이유에 대해 몇 마디 덧붙이고자 합니다. 나는 조금 전에 인식의 독자적인 전개가 되어 버린 진실 접근과 주체와 주체 존재 자체의 변형 요청 사이의 연결고리가 결정적으로 끊어진 순간(내가 '순간'이라고 말할 때 어떤 시점에 그것을 위치 설정하거나, 단일한 인물 주변에서 그것을 개별화하려는 것은 결단코 아니다)이 있었다고 말했습니다.* 내가 "그것이 결정적으로 단절되었다"라고 말할 때, 마치 단칼에 내치는 것처럼 이 관계들이 갑작스럽게 절단되었다고 말하는 것은 아닙니다.

---

* 보다 정확히 푸코의 수고는 "데카르트가 인식을 위해서는 철학만으로 충분하다고 말할 때, 또 인식이 한계가 있다면 이 한계는 전적으로 인식 주체의 구조 내에, 다시 말해서 인식을 허용하는 바 내에 있다고 말하면서 데카르트를 보완했을 때" 이 관계가 결정적으로 단절되었다고 적어 넣는다.

먼저 이 사실을 앞쪽에서부터 고찰해 봅시다. 단절은 갑작스럽게 이루어 진 것이 아닙니다. 그것은 데카르트가 자명성의 규칙이나 코기토(cogito)를 발견했을 때 이루어진 것이 아닙니다. 아주 오래전부터 이 작업은 한편으로 오직 인식 주체를 통해 시행되는 진실 접근과, 다른 한편으로 스스로를 변형 시키고 진실로부터 계명과 변모를 기대하며 주체가 자기 자신에 가하는 작 업의 영적인 필요성을 서로 분리시키기 위해 진행되었습니다. 오래전부터 분리가 진행되었고 어떤 부분은 위의 두 요소들 사이에 위치하게 됩니다. 이 부분을 과학에서 찾을 필요가 있을까요? 전혀 그렇지 않습니다. 그것을 신학으로부터 찾을 필요가 있습니다. 신학(이 신학은——내가 조금 전에 언 급한 바를 참조하시오——아리스토텔레스를 토대로 해 성 토마스 아퀴나스와 스콜라철학과 더불어 서구의 성찰 속에 자리잡는다)은 기독교에 입각해 보편 적 신앙을 기초하는 합리적 성찰을 자기 자신에게 부과하고 동시에 보편적 인식 주체의 원리를 기초합니다. 여기서 인식 주체는 신에게서 자신의 모델, 완결 지점, 최상의 완벽성을 발견하고, 그와 동시에 창조자와 그 모델을 발 견합니다. 모든 것을 다 아는 신과 신앙을 통해 인식할 수 있는 능력이 있 는 주체의 일치는 서구의 사유——혹은 주요 성찰 형식들——특히 철학적 사유를 그 당시까지 항시 그들을 따라다니던 영성의 조건들——그 중 **epimeleia heautou**는 가장 보편적 표명이었다——로부터 분리시키고 해방 시킵니다. 5세기말부터(성 아우구스티누스부터) 17세기까지를 관통하는 기 독교의 주요 분쟁을 이해할 필요가 있습니다. 12세기 내내 그것은 영성과 과학 간의 분쟁이 아니었습니다. 그것은 영성과 신학 간의 분쟁이었습니 다. 그것이 영성과 과학 간의 분쟁이 아니었음을 증명하는 가장 좋은 예는 모든 영적 인식의 수련의 개화와 모든 비교적(秘敎的) 지식들의 발달, 주체 존재 내에서의 심층적 변형 없이 지식은 존재할 수 없다——《파우스트》는 이런 방식으로 재해석되어야 한다는 한에서 아주 흥미롭다[1]——는 관념에 서 찾을 수 있을 것입니다. 그렇기 때문에 예를 들면 주체가 자신의 존재를 변형시키는 대가로만 획득될 수 있다고 생각된 연금술과 방대한 지식의 주 요 부분들은 과학과 영성 간에 구성적·구조적 대립이 존재하지 않았음을

---

1) 푸코는 2월 24일 강의 후반부에서 더 자세히 파우스트 신화를 분석할 것이다.

잘 증명합니다. 대립은 신학적 사유와 영적 요청 간에 발생했습니다. 따라서 단절은 근대과학의 출현과 더불어 갑작스럽게 일어난 것이 아닙니다. 요컨대 분리는 신학의 주변에서 그 기원과 전개를 찾을 필요가 있는 완만한 절차였습니다.

지극히 임의적으로 내가 '데카르트의 순간'을 환기시킬 때, 이것을 단절이 이루어지고 또 결정적으로 이루어진 것으로 생각할 필요는 없습니다. 반대로 영성의 조건과 진실에 이르기 위한 여정과 방법의 문제 간에 17세기는 어떻게 문제를 제기했는지를 이해하는 것이 훨씬 중요합니다. 수많은 접촉면들이 있었고, 수많은 질문 형식들이 존재했었습니다. 16세기말과 17세기 초를 특징짓는 흥미로운 개념 '오성의 개혁'을 취해 봅시다. 보다 정확히 스피노자의 《오성의 개혁》의 처음 아홉 구절[2]을 취해 봅시다. 거기서 아주 명백히 스피노자는 진실 접근의 문제가 공표에 있어서도 어떻게 일련의 주체 존재 문제와 긴밀히 연관되어 있는지를 보여줍니다. 요컨대 내 주체 존재 자체를 어떻게 변형시켜야 하는가? 진실에 접근하기 위해 나는 주체 존재에 어떤 조건들을 부과해야 하는 것일까? 그리고 어떤 한도 내에서 이 진실 접근이 내가 찾고 있는 바, 즉 지고의 선을 줄 것인가? 이것은 분명히 영성의 문제이고 17세기에 오성 개혁 테마는 인식철학과 자기 자신이 주체의 존재를 변형시키는 작업 간의 밀접한 관계의 특성을 이루고 있습니다. 이 문제를 뒤쪽에서 취해 보면, 즉 이 문제를 칸트에 입각해 제기해 보면 영성의 구조들이 철학적 성찰과 심지어는 지식으로부터 사라진 것이 아님을 알 수 있습니다. 지금 자세한 설명을 하지는 않더라도 몇 가지 점을 간략히 지적해 보고자 합니다. 헤겔·셸링·쇼펜하우어·니체, 《유럽 학문의 위기와 선험적 현상학》[3]의 저자 후설·하이데거[4] 등 19세기 철학 전반을 재검토해 보면 영

---

2) B. Spinoza, 《지성정화론 Tractatus de intellectus emendatione》, in Benedicti de Spinoza Opera quotquot reperta sunt, éd. J. Van Volten & J. P. N. Land, La Haye, 1882-1884(《오성의 개혁 Réfome de l'entendement》, in 《스피노자 전집 Œuvres de Spinoza》, Paris, C. Appuhn 번역, 1904).

3) E. Husserl, Die Krisis der europäischen Wissenschaften und die transzendentale Phänomenologie; 1936 Belgrade, Philosophia(《유럽 학문의 위기와 선험적 현상학 La Crise des sciences européennes et la Phénomenologie transcendantale》, G. Granel 번역, Paris, Gallimard, 1976).

성이 아무리 신뢰성을 잃고, 비판적으로 고찰되며 반면에 헤겔에 있어서는 찬양되기까지 했다 해도, 인식——인식 행위——은 영성의 요청과 연관되어 있었습니다. 이 모든 철학에서 영성의 일정한 구조가 인식, 인식 행위, 인식 행위의 조건, 그 결과를 주체 존재의 변형과 연관시키려고 시도합니다. 결국 헤겔의 《정신현상학》[5]은 바로 그런 의미에 다름 아닙니다. 그리고 19세기 철학사 전반은 데카르트 이후로, 아무튼 17세기 철학 이래로 영성의 구조들로부터 해방되기를 원했던 철학의 내부에서 영성의 구조들을 재성찰하기 위해 가한 일종의 압력이라고 볼 수 있습니다. 바로 그렇기 때문에 모든 '고전' 철학——데카르트 · 라이프니츠 등과 이 전통을 주창하는 모든 사람들——과 적어도 함축적으로 가장 오래된 영성의 문제를 제기하고 자기 배려의 고심을 무언중에 발견하는 19세기 철학간에는 심층적인 적대성이 존재합니다.

하지만 순수 지식의 장에서도 이같은 영성 구조의 재출현과 중압감은 아주 현저했습니다. 모든 과학자들이 주장하듯이 사이비 과학은 접근 가능하기 위해 주체의 변형을 요구하고, 또 그 발전의 결과 주체의 계명을 약속하기 때문에 사이비 과학이고 영성의 구조에서 (모든 과학자들은 이 점을 잘 알고 있다) 사이비 과학을 식별할 수 있다 해도, 과학에 속하지도 않고 과학 구조와 동일시할 필요가 없는 형태의 지식 내에서도 아주 명백히 우리는 영성의 요청을 발견할 수 있습니다. 물론 자세한 설명은 필요하지 않습니다. 마르크시즘이나 정신분석학과 같은 지식을 생각해 봅시다. 이것들을 종교와 동일시하는 것은 명백한 오류입니다. 그렇게 하는 것은 무의미하며 아무짝에도 소용이 없습니다. 반면에 마르크시즘이나 정신분석학을 숙고해 보면, 서로 다른 이유에서이긴 하지만 상대적으로 같은 효과를 가지면서 양자에서 주체 존재의 문제(진실에 접근하기 위해 주체 존재가 되어야 하는 바)와 주체가 진실에 접근한다는 사실 때문에 주체의 변형될 수 있는 부분에 대한 문

---

4) 푸코는 같은 시기에 이 전통을 자신이 계승자라고 주장하고, 또 '근대' 철학의 전통으로 인정한다(《말해진 바와 씌어진 바》, *op. cit.*, IV, n° 351, p.687-688과 n° 364, p.813-814 참조).

5) G. W. F. Hegel, *Phänomenologie des Geisteses*, Wurtzbourg, Anton Goebhardt, 1807 (《정신현상학 *Phénoménologie de l'Esprit*》, J. Hyppolite 번역, Paris, Aubier-Montaigne, 1941).

제라는 이 두 문제는 영성 특유의 문제이고, 우리는 이를 정신분석과 마르크시즘의 지식의 중심부와 원리 그리고 귀결점에서 발견할 수 있습니다. 하지만 정신분석학과 마르크시즘이 영성의 형식이라는 말은 아닙니다. 정신분석학과 마르크시즘의 지식 내에서 epimeleia heautou라는 유구하고 근원적인 문제·물음·요구, 즉 진실 접근의 조건인 영성의 문제가 재발견된다는 말입니다. 정신분석학과 마르크시즘이라는 두 유형의 지식 모두가 이 관점을 명확하고 용기 있게 숙고하지 않았습니다. 사람들은 정신분석학과 마르크시즘이라는 지식 형식이 갖는 고유한 영성의 조건들을 다수의 사회 형식들 속에 은폐시키려고 시도했습니다. 계급의 위치, 당의 효과, 단체, 학교에의 소속, 입문, 분석자의 양성 등과 같은 관념은 우리에게 진실 접근을 위한 주체 형성 조건을 참조케 하지만 우리는 이것들을 사회적인 용어와 조직의 용어로 사유합니다. 우리는 실존과 영성, 그리고 그 요구 사항의 역사적 측면에서 이 관념들을 사유하지 않습니다. 게다가 이와 동시에 '주체와 진실'의 문제를 단체·학교·당·계급 등과 같은 것에의 소속 문제로 몰아가기 때문에 결국 주체와 진실 간의 관계의 망각을 당연히 대가로 치르게 됩니다.* 그리고 라캉이 분석한 바의 핵심이자 힘은 바로 다음과 같습니다. 즉 라캉은 프로이트 이래로 정신분석학 문제의 중심을 주체와 진실의 문제로 이동시킨 유일한 사람입니다.[6] 다시 말해서 라캉은 그것이 소크라테스나 니사의 그레고리우스의 것이 되었건 또 양자를 매개하는 자들의 것이 되었던 간에 이들의 역사적 영성의 전통과는 완전히 다른 용어로, 분석적 지식의 용어로 영성의 문제를 역사적으로 제기하려고 시도했습니다. 즉 주체가 진실을 말하기 위해 치러야 할 대가의 문제와 주체가 자신에 대한 진실을 말하였기 때문에, 말할 수 있기 때문에 그가 받는 영향의 문제가 그것입니다. 이 문제를 다시 출현시키면서 라캉은 정신분석학 내에 가장 보편적 영성 형식이었던 epimeleia heautou라는 가장 유구한 전통·문제·근심을 부활시킵니다. 정신분석학적 용어 내에서, 즉 인식의 결과 내에서 영성과 epimeleia heautou의 관점에서 볼 때 인식의 용어로 제기될 수 없는 주체와 진실과의

---

* 주체-진실의 관계와 관련해 푸코의 수고는 결코 이 문제가 "역사적으로 사유되지 않았다"는 사실이 '정신분석학에서 실증주의나 심리중심주의'를 야기시켰다고 명시한다.

관계의 문제를 제기할 수 있을까요? 이것은 분명히 문제입니다만 내가 해결할 문제는 아니라고 생각합니다.

그 점에 대해 내가 이야기하고자 한 바는 이렇습니다. 자 이제 보다 단순한 수련으로 넘어가 봅시다. 텍스트로 다시 돌아가 봅시다. 나는 환기한 바 있는 자기 배려라는 개념, 그 실천, 그 규칙들의 역사 전반을 다시 연구할 의도는 전혀 없습니다. 내가 연대기적으로 무분별하지 않고 또 시간표를 잘 지킬 수 있는 한에서 올해에는 철학적 성찰에서 epimeleia heautou가 출현하는 시기인 소크라테스-플라톤 시기, 다음으로 기원후 1-2세기에 위치시킬 수 있는 자기 양성과 자기 배려의 황금기, 그리고 고대 이교문명의 철학적 자기 수련으로부터 기독교 금욕주의로 넘어가는 이행기인 4-5세기 이렇게 세 시기를 따로 떼어내어 다루어 보고자 합니다.[7]

첫번째 시기는 소크라테스-플라톤 시기입니다. 그리고 내가 주로 참조하고자 하는 텍스트는 자기 배려의 분석, 이론에 대한 텍스트인데, 그것은 《알키비아데스》라는 제목의 대화편 후반부입니다. 여기서 자기 배려에 대한 긴

---

6) 라캉에 의한 주체 문제의 재개와 관련해서는 《말해진 바와 씌어진 바》, III, n° 235, p.590 그리고 IV, n° 299, p.204-205 또 n° 330, p.435 참조. 이같은 방향으로 나아가는 라캉의 텍스트와 관련해서는 〈정신분석학에서 파롤과 랑그의 기능과 영역 Fonction et champ de la parole et du langage en psychanalyse〉(1953), in Écrits, Paris, Le Seuil, 1966, p.237-322; 〈프로이트의 무의식에서 주체의 전복과 욕망의 변증법 Subversion du sujet et dialectique du désir dans l'inconscient freudien〉(1960), ibid., p.793-827; 〈과학과 진실 La Science et la vérité〉(1965), ibid., p.855-877; 〈결국 문제인 주체에 대하여 Du sujet enfin la question〉(1966), ibid., p.229-236; 《세미나 I: 프로이트의 기술적인 글들 Le Séminaire I: Les Écrits techniques de Freud》(1953-1954), Paris, Le Seuil, 1975, p.287-299; 《세미나 II: 프로이트 이론과 정신분석학 기술에서 자아 Le Séminaire II: Le Moi dans la théorie de Freud et dans la technique de la psychanalyse》(1954-1955), Paris, Le Seuil, 1978; 《세미나 XI: 정신분석학의 네 가지 근본 개념 Le Séminaire XI: Les Quatre concepts fondamentaux de la psychanalyse》(1964), Paris, Le Seuil, 1973, p.31-41, 125-135; 〈정신분석의 대상에 대한 철학과 학생들의 질문에 대한 답변 Réponse à des étudiants en philosophie sur l'objet de la psychanalyse〉, Cahiers pour l'analyse, 3, 1966, p.5-13; 〈안다고 생각하는 주체의 경멸 La Méprise du sujet supposé savoir〉, Scillicet, 1, Paris, Le Seuil, 1968, p.31-41; 《세미나 XX: 앙코르: Le Séminaire XX: Encore》(1973), Paris, Le Seuil, 1975, p.83-91; 〈징후 Le Symptôme〉, Scilicet, 6/7, Paris, Le Seuil, 1976, p.42-52 참조(J. Lagrange와 M. Bertani로부터 이 참고 문헌 작성의 도움을 받았다).

7) 이 세번째 시기는 1982년과 다음해 강의에서 연구되지 않는다.

이론이 전개됩니다. 이 텍스트를 독서하기 전에 두 가지 사실을 상기시키고자 합니다. 먼저 철학적 성찰에서 소크라테스와 더불어, 특히 《알키비아데스》에서 자기 배려 개념이 출현하는 것이 사실이기는 하지만 이 '자기 돌보기'——우리가 많은 것을 기대하는 규칙과 긍정적 명령——라는 원리는 애초부터 또 그리스 문화 전반을 통해 철학자를 위한 명령, 즉 길 가는 젊은이들에게 호소하는 한 철학자가 그들을 불러 세우는 행위가 아니었습니다. 그것은 지식인의 태도도 아니었으며 지나치게 성급한 젊은이들에게 늙은 현자가 주는 조언도 아니었습니다. "자기 자신을 돌보아야 한다"는 단언과 원리는 그리스 문화의 오래된 금언이었습니다. 그것은 특히 스파르타의 금언이었습니다. 뒤늦게 쓰여지긴 했어도——왜냐하면 그것이 플루타르코스의 것이기 때문에——조상 대대로 전해지고 수세기 전부터 회자되던 텍스트에서 플루타르코스는 어느 날 질문을 받은 스파르타인 알렉산드리데스의 말을 인용합니다. "당신들, 스파르타인들은 좀 이상합니다. 토지를 소유하고 있고 영토가 방대하면서도 왜 당신들은 스스로 당신들의 토지를 경작하지 않는 겁니까? 왜 토지 경작을 노예들에게 맡기는 겁니까?" 알렉산드리데스가 대답하기를 "간단히 말해서 그것은 우리 스스로를 돌보기 위해서입니다."[8] 여기서 스파르타인이 "우리는 우리 스스로를 돌보아야 하므로 우리 땅을 돌볼 필요가 없다"고 말할 때 문제가 되는 것은 분명 철학이 아닙니다. 철학과 주지주의를 극히 긍정적 가치로 여기지 않은 이들에게 자기 배려는 정치적 특권과 관련된 생활 형식의 단언이었습니다. "우리가 노예를 소유하고 있고 토지를 우리 손으로 경작하지 않으며, 이 모든 물질적 배려를 타인들에게 맡기는 이유는 우리 자신을 배려하기 위해서이다." 연대성을 갖는 스파르타 귀족 계급의 정치적·사회적·경제적 특권은 다음과 같은 형식으로 현시됩니다. "우리는 우리 자신을 돌보아야 한다. 그리고 그렇게 하기 위해 우리는 우리의 노동을 타인에게 위임한다." 따라서 '자기를 돌본다'는 것은

---

8) "누군가가 왜 그들은 밭일을 직접 하지 않고 노예들에게 맡기냐고 물었다(kai ouk autoi epimelountai). '왜냐하면 우리가 노예를 산 이유는 그들을 돌보기 위함이 아니라 우리 자신을 돌보기 위해서이다'라고 그들은 대답한다."(《라코니아의 금언》, 217a in 플루타르코스, 《윤리론집 Œuvres morales》, t. III, F. Fuhrmann 번역, Paris, Les Belles Lettres, 1988, p.171-172) 《자기 배려》, op. cit., p.58에서 이 예의 반복을 참조.

비철학적인 일상의 원리——이 점은 epimeleia heautou의 역사 내에서 줄곧 발견되는 문제이다——였지만 특히 여기서는 정치적·사회적·경제적 특권과 연관된 원리였다는 것을 알 수 있습니다.

소크라테스가 epimeleia heautou 문제를 재검토해 언어로 표현할 때 그는 이 문제를 전통에 입각해 재론합니다. 그리고 《알키비아데스》의 자기 배려에 관한 최초의 중대한 이론에서부터 스파르타에 대한 언급이 출현하는 것을 알 수 있습니다. 자, 그러면 《알키비아데스》로 넘어가 봅시다. 거의 해결된 판본의 진본에 관한 문제가 아니라 아주 복잡한 연대 추정의 문제들을 오늘 아니면 다음 번에 재론하도록 하겠습니다.[9] 하지만 이 문제들이 점차적으로 나타나는 것을 알기 위해서는 텍스트를 더 잘 연구할 필요가 있습니다. 신속히 《알키비아데스》의 대화 초반부를 간단히 검토하고 넘어가겠습니다. 대화 초반부에서 소크라테스는 알키비아데스에게 접근하여 그의 다른 연인들과는 달리 자신은 이제까지 결코 그에게 접근한 적이 없었고, 오늘에서야 그에게 다가가 말을 걸 결심을 했다는 점을 알키비아데스에게 강조한다는 점을 간단히 지적하고자 합니다. 또 소크라테스는 자신이 그에게 접근하는 이유는 알키비아데스가 사려 깊은 데가 있기 때문이라고 말합니다.[10] 알키비아데스가 사려 깊고, 그래서 사람들이 그에게 호메르스와 관련된 그리스 교육의 해묵은 문제,[11] 즉 "오늘 죽거나 아니면 무미건조한 생을 계속할 것인가를 선택해야 하는 상황에서 너는 어떤 편을 선호하니?"라고 물을 때 알키비아데스는 "내가 이미 소유하고 있는 바 이상의 아무것도 얻을 수 없는 생을 영위하기보다는 차라리 오늘 죽겠다"라고 답합니다. 바로 이런 이유 때문에 소크라테스는 알키비아데스에게 접근해 말을 걸었습니다.

---

9) 이 문제는 1월 13일 강의 후반부에서 검토될 것이다.

10) 이 모든 논지의 전개는 텍스트의 초반부, 즉 103a에서 105e(《알키비아데스》, in Platon, 《전집》, t. I, M. Croiset 번역, Paris, Les Belles Lettres, 1920[이후로 이 판본 참조], p.60-63).

11) 푸코는 여기서 아킬레우스의 이중적 운명을 생각한다. 즉 "내 어머니이신 은족(銀足)의 테티스는 일찍이 내 앞에서 죽음으로 이르는 두 갈래길이 열려 있다고 말했다. 만약 내가 이곳에 남아서 트로이와 싸움을 하면 내 이름은 영원히 남을지 모르지만 나는 고향으로 돌아가지 못할 것이요, 그러나 내가 사랑하는 고향으로 돌아간다면 오래도록 살기는 하겠지만 내 이름은 명예는 죽을 것이라고."(《일리아드 Iliad》, IX장, 410-416행, P. Mazon 번역, Paris, Les Belles Lettres, 1937, p.67)

알키비아데스가 이미 가지고 있는 것은 무엇이고, 또 무엇과 관련해 그는 다른 것을 원하는 것일까요? 알키비아데스의 가족과 관련해 도시국가에서의 그의 위상, 조상의 특권들은 알키비아데스를 다른 사람들보다 상위에 위치시킵니다. 텍스트에 의하면 알키비아데스의 가족은 "아테네에서 가장 잘나가는 집안들 가운데 하나"입니다.[12] 아버지——유파트리다이——쪽으로 그는 많은 친분과 친구 재력과 권세가 있는 사람들을 가지고 있었고, 어머니——알크메오니다이[13]——쪽도 마찬가지였습니다. 게다가 부모는 작고 했지만 범상치 않은 페리클레스가 그의 후원자였습니다. 페리클레스는 아테네와 그리스 또 심지어는 여러 야만국가에서까지[14] 그가 원하는 바는 무엇이든 다 할 수 있는 자였습니다. 게다가 알키비아데스는 굉장한 부자였습니다. 다른 한편 알키비아데스는 용모가 수려했고 이는 만인이 인정하는 사실이었습니다. 그의 뒤를 수많은 연인들이 따라다녔고 그 숫자는 굉장히 많았으며, 그래서 그는 자신의 아름다움을 자랑스러워했고 너무 오만한 나머지 모든 연인들에 퇴짜를 놓았습니다. 소크라테스만이 그를 추종하는 데 몰두한 유일한 사람이었습니다. 그는 왜 유일한 사람이었을까요? 그 이유는 알키비아데스가 모든 연인들에게 퇴짜를 놓은 나머지 나이를 먹게 되었기 때문입니다. 내가 작년 강의에서 언급한 소년들의 비판의 나이가 온 겁니다. 이때부터는 실제로 소년들을 사랑할 수 없게 됩니다.[15] 하지만 소크라테스는 알키비아데스에게 계속 관심을 갖습니다. 그는 알키비아데스에서 관심을 표명하고, 처음으로 그에게 말을 건네기로 결심을 합니다. 무슨 이유에서일까요? 앞서 말했듯이 그 이유는 소크라테스가 생각하기에 알키비아데스는 자신의 전 생애를 통해 친분·가족·부를 이용하려는 의지와 다

---

12) 《알키비아데스》, 104a(p.60).

13) 알키비아데스는 아버지 클레이니아스(Kleinias) 쪽으로, 예부터 아테네를 정치적으로 지배하던 귀족 대지주 가계인 '유파트리다이'('훌륭한 아버지를 가진 자') 유파의 일원이었다. 클리니아스의 부인(메가클레스의 딸)은 고전기 그리스에서 정치적으로 가장 결정적인 역할을 한 알크메오니다이가에 속한다.

14) 《알키비아데스》, 104a(p.61).

15) 소년들의 비판의 나이에 관한 문제를 푸코는 aphrodisia의 윤리적 이해의 구조화(사회-성의 동형성 원칙과 행동 원칙)와 이런 틀 내에서 명문가의 젊은 소년들의 사랑에 의해 제기된 문제에 할애된 1981년 1월 28일 강의에서 접근하고 있다.

른 무엇인가를 염두에 두고 있었기 때문입니다. 그의 아름다움도 시드는 중입니다. 알키비아데스는 자신의 아름다움만으로 만족하려 하지 않습니다. 그는 백성 쪽으로 관심을 돌려 도시국가 아테네의 운명을 담당하려 하고, 타인들을 통치하려고 생각합니다. 요컨대 그는 자신의 특권적 지위, 신분적 특권을 정치적 활동, 타인들에 대한 실제적인 통치로 변환시키려 하는 자입니다. 그리고 이러한 의도가 구체화됨에 따라, 자신의 아름다움을 이용한다거나 아니면 타인들이 자신의 아름다움을 이용하는 걸 거부하고 난 후, 이제 알키비아데스가 타자들의 통치(즉 erôs 이후: polis, 도시국가) 쪽으로 방향을 돌리는 순간, 바로 이 순간에 소크라테스는 이제 알키비아데스에게 말을 걸 수 있도록 영감을 주는 신의 목소리를 듣습니다. 알키비아데스는 할 일이 있습니다. 그는 신분적 특권을 타인에 대한 통치로 변형시켜야 합니다. 바로 이 순간에 자기 배려가 탄생한다는 것은 《알키비아데스》에서 분명한 사실입니다. 크세노폰이 소크라테스에 대해 한 말에서도 동일한 사실이 발견됩니다. 예를 들면 《기억할 만한 일들》 3편에서 크세노폰은 소크라테스와 젊은 샤르미데스의 대화를 인용합니다.[16] 샤르미데스 역시 정치에 입문하는 알키비아데스보다는 약간 나이가 많은 젊은이입니다. 샤르미데스는 평의회에 참석해 자신의 의견을 피력할 정도로 정치에 충분히 앞서 있었습니다. 샤르미데스는 자신의 의견을 피력하였고, 그의 의견들은 경청되었는데 이는 그의 의견들이 지혜로웠기 때문입니다. 하지만 그는 소심했습니다. 소심했기 때문에 소위원회에서 사람들이 토의할 때 그의 의견을 만인이 경청한다는 것을 알아봐야 아무 소용이 없었습니다. 그는 공중 앞에서 발언을 과감히 할 수가 없었습니다. 바로 이 점에 대해 소크라테스는 다음과 같이 말합니다. "아무튼 너 자신에게 좀 주의를 기울일 필요가 있다. 너의 정신을 니 자신에게 집중하고 너 자신의 장점들을 의식함으로써 정치 생활에 참여할 수 있을 것이다." 그러나 소크라테스는 epimeleisthai heautou 혹은 epimelei sautou와 같은 표현을 사용하지 않고 Noûn Prosekhei,[17] 즉 정신을 너 자신에

---

16) 크세노폰, 《기억할 만한 일들》, III, VII, 인용된 판본, p.363-365.

17) 정확히 그리스어 텍스트는 "alla diateinou mallon pros to seautô prosekhein"(크세노폰, 《기억할 만한 일들》, VII, 9. éd. E. C. Mackant, Londres, Loeb Classical Library, 1923, p.216)이라 적혀 있다.

게 집중하라는 표현을 사용합니다. 그러나 역전된 것 외에는 상황은 마찬가지입니다. 즉 지혜가 있음에도 불구하고 공적인 정치 생활에 입문할 수 없는 샤르미데스를 격려해야 할 필요가 있는 반면에 알키비아데스는 정치계에 들어가기만을 바라고, 또 자신의 신분적 특권을 실제적인 정치 행위로 변환시키기만을 바라는 허세를 부리는 젊은이입니다.

하지만——내가 좀 자세히 연구하고자 하는 대화 부분이 여기서 시작된다——소크라테스는 도시국가를 지배하고 지배할 수 있기 위해서는 두 종류의 적과 대면해야 한다고 요청합니다.[18] 한편으로는 나만이 아테네를 통치하려는 유일한 사람이 아니기 때문에 아테네에서 나의 적을 만나게 됩니다. 그리고 아테네를 통치하게 되면 나는 스파르타, 페르시아제국 등과 같은 아테네의 적들을 만나게 됩니다. 소크라테스는 스파르타인과 페르시아인들이 아테네인들보다 우월한 점을 지적합니다. "먼저 부의 측면에서 네가 아무리 부자라 해도 너의 부를 페르시아 왕의 재산에 비할 수 있겠는가? 교육의 측면에서 네가 받은 교육을 스파르타인이나 페르시아인이 받은 교육에 비교할 수 있겠는가?"라고 소크라테스는 말합니다. 스파르타의 교육이 모델 자격은 아니더라도 수준 높은 준거로 소개됩니다. 스파르타식 교육은 훌륭한 품행, 영혼의 위대성, 용기, 인내력 등 젊은이들에게 훈련·승리·명예 등의 취향을 심어 주는 교육입니다. 페르시아 교육의 장점은 대단합니다. 페르시아 교육은 왕을 대상으로 합니다. 여기서 젊은 군주는 어린 시절부터——이해가 가능한 나이 때부터——네 명의 선생들의 보살핌을 받습니다. 첫번째는 지혜(sophia)의 선생이고, 두번째는 정의(dikaiosunê)의 선생, 세번째는 절제(sôphrosunê)의 선생, 네번째는 용기(andreia)의 선생입니다. 《알키비아데스》의 연대와 관련해 지적해야 할 첫번째 문제는 다음과 같습니다. 즉 스파르타에 대한 열광과 관심은 소크라테스의 대화 이후 플라톤의 대화편에 항시 나타납니다. 이와는 달리 페르시아에 대한 관심은 뒤늦은 시기에 플라톤과 플라톤주의자들의 텍스트에서 나타나는 요소들입니다. [···*] 그러

---

18) 이 구절 전체는 《알키비아데스》, 119a-124b(p.86-93)에 있다.

  * "···후기 플라톤주의에서, 아무튼 플라톤주의의 후반기에서··· 발견할 수 있다"만이 들린다.

나 스파르타가 되었든 페르시아가 되었든 간에 이들의 교육과 비교해 알키비아데스는 어떤 교육을 받았을까요? "너에게 발생한 일들을 상기해 보자. 부모님이 돌아가신 후 너는 페리클레스에게 맡겨졌다. 페리클레스는 아테네, 그리스, 그리고 다른 여러 야만국가에서 무엇이든지 할 수 있는 능력이 있었다. 하지만 그는 자식 교육을 시킬 능력이 없었다. 결과적으로 너는 운이 좋지 않았다. 결국 그에게서 진지한 교육을 기대할 수 없었다. 또 다른 한편으로 너의 후견인 페리클레스는 무지로 가득 찬 늙은 노예(트라키의 조퓌로스)에게 맡겨서 너는 아무것도 배울 수가 없었다"라고 소크라테스는 말합니다. 이런 조건하에서 약간의 비교를 할 필요가 있다고 소크라테스는 알키비아데스에게 말합니다. 즉 "너는 정치계에 입문하여 아테네의 운명을 짊어지려 하지만 너는 너의 적들과 동일한 부를 소유하고 있지 않다. 특히 너는 그들과 같은 교육을 받지 못했다. 너 자신을 좀 성찰할 필요가 있고 너 자신을 좀 알 필요가 있다. 바로 여기서 (델포이의 원칙과 명백히 연관된)[19] gnôthi seauton이라는 개념과 원칙이 나타나는 것을 볼 수 있습니다. 그러나 자기 배려 개념에 앞선 gnôthi seauton의 출현이 미약한 형식하에서 이루어졌다는 사실은 흥미롭습니다. 단순히 신중성의 충고가 문제시되었습니다. 그것은 이후에 출현하게 되는 자기 인식 개념과는 거리가 멉니다. 여기서 소크라테스는 알키비아데스에게 조금 자신을 성찰해 보고 자기 자신으로 돌아가 스스로를 적들과 비교해 볼 것을 요청합니다. 그것은 네가 대면하려는 적 앞에서 너 자신이 어떤 상태에 있는지를 좀 돌아보면, 그 결과 너의 열세를 알게 되리라는 신중성의 충고입니다.

그리고 이 열등성은 다음과 같습니다. 알키비아데스가 부자가 아니고 교육을 받지 않았을 뿐만 아니라 이 두 결점(부와 교육)을 보충할 수 없습니다. 이는 별다른 열세 없이 적들과 대면할 수 있게 해주는 유일한 수단인 앎, tekhnê[20]가 그에게 없다는 말입니다. 알키비아데스는 애초의 열세를 상보해 줄 수 있는 tekhnê가 없습니다. 그리고 이를 통해 소크라테스는 알키비아데

---

19) "자 순진한 아이야, 나를 믿고 델포이 신전에 각인된 '너 자신을 알라'라는 말을 믿거라."(《알키비아데스》, 124b, p.92)

20) 《알키비아데스》, 125d(p.95).

스에게 그가 아테네의 운명을 짊어지고, 적어도 자신의 적들과 동등한 입장에서 대적할 수 있는 tekhnê가 없음을 증명해 보입니다. 소크라테스는 알키비아데스에게 "아테네를 잘 통치한다는 것은 무엇을 의미하는가? 무엇을 통해 그것을 확인할 수 있는가?" 등과 같이 장황한 질문을 합니다. 이에 대해 알키비아데스는 "시민들간의 화합이 지배적일 때 국가는 잘 통치된다"고 결론을 내립니다.[21] 소크라테스는 알키비아데스에게 "화합이란 무엇인가? 그것은 무엇으로 구성되어 있는가?"라고 되묻자 알키비아데스는 대답을 하지 못하고 절망하며 다음과 같이 말합니다. "나는 내가 무슨 말을 하고 있는지 모르겠다. 솔직히 스스로 자각하지 못하고 수치스러운 무지 상태에서 오랜 세월을 보낸 것 같다."[22] 여기에 대해 소크라테스는 다음과 같이 응수합니다: "걱정하지 말게, 수치스러운 무지 속에 있다는 것과, 무슨 말을 하고 있는지 모른다는 사실을 50세에 깨달았다면 그것을 치유하기는 매우 어려울 것이다. 왜냐하면 자기 배려를 한다는 것(epimelêthênai sautou: 너 자신을 배려하기)이 어렵기 때문에. 하지만 너는 그것을 깨달을 적정한 나이에 있다."[23] 철학적 담론에서 최초로 출현한——《알키비아데스》의 연대 추정은 좀 유보하고——이 '자기 자신을 배려하기' '자신을 배려의 대상으로 취하기'에 잠시 주목해 봅시다.

첫째로, 자기 배려의 필요성은 권력 행사와 연관되어 있습니다. 이는 이미 스파르타의 알렉산드리데스의 표명에서 확인된 바입니다. 즉 "우리는 우리 자신을 돌보기 위해 토지를 노예에게 맡긴다"가 그것입니다. 여기서 '자기 자신을 돌보기'는 권력의 신분적 환경의 결과입니다. 반대로 여기서 자기 배려의 문제는 신분적 특권의 양태로 나타나지는 않습니다. 자기 배려는 알키비아데스의 특권(부유하고 전통적인 대가족)과 같은 신분적 특권에서 한정된 정치 행위, 아테네의 실제적 통치로 넘어가기 위한 조건으로 등장합니다. 그러나 '자기 자신을 돌보기'는 타인들에게 정치 권력을 행사하려는 개인의 의지에 내포되어 있고 또 거기로부터 연역됩니다. 자기 자신을 배려하

---

21) 《알키비아데스》, 126c(p.97).

22) 《알키비아데스》, 127d(p.99).

23) 《알키비아데스》, 127e(p.99).

지 않으면 타자들을 잘 지배할 수 없고 자신의 특권들을 타인들에 가하는 정치 행위로 변환시킬 수 없으며, 합리적 행위로 변환시킬 수도 없습니다. 따라서 자기 배려의 출현 지점은 특권과 정치적 행위 사이에 놓이게 됩니다.

둘째로 자기 배려 개념과 자기 배려의 필요성이 알키비아데스의 교육 결함과 연관되어 있음을 알 수 있습니다. 이는 아테네의 교육이 두 측면에서 불충분함을 보여줍니다. 먼저 순수 교수법상의 문제인데, 알키비아데스의 선생은 아무짝에도 소용이 없습니다. 그는 무지한 노예였습니다. 반면에 교육은 정치 경력을 추구하는 젊은 귀족 자녀를 집안의 노예에게 맡기기에는 너무 진지한 것이었습니다. 아주 명백히 표현된 비판은 아니지만 대화의 전반부 전체에 퍼져 있는 비판이 있는데 그것은 소년에 대한 사랑, 즉 남성들의 erôs에 대한 비판입니다. 이 사랑은 알키비아데스를 위해 본래의 기능을 발휘하지 못했습니다. 왜냐하면 그의 육체만을 원하는 남자들이 알키비아데스를 따라다녔고 그들은 알키비아데스를 돌보려 하지 않았으며, 결론적으로 알키비아데스가 자기 자신을 배려하도록 독려하지 않았습니다. 이 테마는 조금 뒤쪽에서 다시 등장합니다. 그들이 알키비아데스 자체에 관심을 기울이지 않았고, 또 알키비아데스가 자기 자신을 돌볼 수 있게 하기 위해 그에게 관심을 갖지 않았다는 최상의 증거는 다음과 같습니다. 그가 싱싱한 젊음을 막 잃어버리자 그들은 그가 원하는 바를 마음대로 하게 방치하며 그를 버렸습니다. 따라서 자기 배려의 필요성은 정치적 기도뿐만 아니라 교육의 결함 내에서 나타납니다.

두번째 특성과 직접적으로 연관되고 중요한 세번째 특성은 알키비아데스가 50세였다면 더 이상 개선의 여지가 없다는 사실임을 여러분은 알 수 있습니다. 50세는 자기 배려를 할 나이가 아닙니다. 교육자의 휘하에서 벗어나 정치 활동을 하는 시기에 접어든 비판적 나이에 자기 배려를 배워야 합니다. 《알키비아데스》는 어느 정도 모순적이어서 결국 소크라테스가 판사들 앞에서 자신을 변호하는 《소크라테스의 변명》과 관련하여 문제를 발생시킵니다: "하지만 아테네에서 내가 행한 일은 중요한 일이었다. 이 일은 신이 내게 부여한 일이고, 그래서 나는 거리에 앉아 시민이건 아니건 간에 노소를 막론하고 모든 사람들을 불러 세워 자기 자신을 돌볼 것을 설파했다."[24] 여기서 epimeleia heautou는 실존 전반의 기능으로 나타나는 반면에 《알키비아데스》에서는 젊은이의 교육에 있어 필요한 한 시기로 등장합니다. 에피쿠로스철학·스토아철학과 더불어 자기 배려가 모든 개인의 실존 전반에 걸친 항구적인 과제가 되어 버렸을 때 이는 굉장히 중요한 문제가 되었고, 거대한 논쟁들 가운데 하나가 되었으며, 자기 배려의 중대한 변환점이 되었습니다. 그러나 소크라테스-플라톤 형식 내에서 자기 배려는 오히려 행위였고 젊은이들과 스승 간에, 그들과 연인들 간에 혹은 그들과 스승-연인 간에 필요한 행위였습니다. 바로 이것이 자기 배려의 세번째 특징입니다.

넷째로 자기 배려의 필요성은 알키비아데스가 정치적 계획을 공표하는 순간이 아니라 그가 무지함을 깨닫는 순간 긴급한 것으로 드러납니다. 그는 무엇을 모르고 있는 것일까요? 그는 자신이 배려해야 할 대상 자체와 그 특성을 모르고 있습니다. 그는 자신이 아테네를 돌보려고 한다는 사실을 잘 알고 있습니다. 그의 신분에 의거해 그렇게 하는 것은 근거가 있습니다. 하지만 그는 그것을 어떻게 돌보아야 하는지를 모르고 있었습니다. 그는 그의 정치 활동이 어떤 목적으로 이루어진 것인지를 모르고 있었습니다. 즉 그는 시민들의 화합과 복락이 무엇으로 이루어진 것인지를 모르고 있었습니다. 그는 무엇이 훌륭한 다스림의 대상인지 몰랐고, 그렇기 때문에 자기를 배려해야 합니다.

이런 맥락에서 서로 긴밀히 연관된 두 종류의 문제가 발생합니다. 자기 자신을 배려해야 하지만 다음과 같은 질문이 제기됩니다. 즉 자기를 배려해야 한다고 주장할 때 우리가 배려해야 할 이 자기는 무엇일까요? 《알키비아데스》는 아주 뒤늦은 시기에 인간성에 대하여[25]라는 부제를 갖게 됩니다. 이 대화편의 종반부를 살펴보면 소크라테스가 제기하고 해결하려는 문제는 "너 자신을 돌보아야 한다. 그러나 너는 인간, 남자다. 따라서 질문은

---

24) 《소크라테스의 변명》, 30a, M. Croiset 번역, 인용된 판본, p.157.

25) 다오게네스 라에르티오스의 주장(《유명한 철학자들의 삶, 학설, 정언 *Vies doctrine et sentences de philosophes illustres*》, Ⅲ, 57-62, M.-O. Goulet-Cazé 번역·감수, Paris, Le Livre de Poche, 1999, p.430-433)에 따르면 Thrasylle(기원후 1세기 티베리우스의 천문학자이자 네로 왕실의 철학자)의 목록은 플라톤의 대화편들을 4부작으로 나누었고, 소크라테스의 대화 상대자로 가장 빈번히 등장하는 사람의 이름을 따 첫 제목을 정했으며 부제는 주제를 따 제목을 정했다고 한다──하지만 이런 방식으로 대화편들을 지칭하는 방식은 플라톤에게로 거슬러 올라갈 수도 있다.

남자란 무엇인가?"와 같은 것이 아닙니다. 소크라테스가 제기한 문제는 위의 것보다 더 정밀하고 난해하며 중요합니다. 그것은 "너 자신을 돌보아야 한다. 그러나 돌보아야 할 것이 너 자신이기 때문에 이 자기라는 것은 무엇인가(auto to auto[26])?"가 됩니다. 따라서 이 문제는 보편적 인간성에 대한 문제가 아니라——왜냐하면 이 용어는 그리스 텍스트에 존재하지 않기 때문에——오늘날 우리가 주체의 문제라고 부르는 바입니다. 이 주체는 도대체 무엇일까요? 숙고된 행위가 지향해야 하는 주체라는 이 지점은 무엇일까요? 개인이 자기 자신으로 되돌아가는 행위란 무엇일까요? 자기란 도대체 무엇일까요? 이것이 소크라테스가 던지는 첫번째 질문입니다.

해결해야 할 두번째 문제는 다음과 같습니다. 즉 우리가 자기 배려를 적절히 전개하고 또 진지하게 여길 경우 어떻게 이 자기 배려는 알키비아데스를 그가 원하는 바 쪽으로 인도할 수 있을까요? 달리 말해서 어떻게 타인을 통치하기 위해 알키비아데스가 알아야 할 tekhnê, 즉 잘 다스릴 수 있게 해주는 기술을 습득할 수 있게 해줄 수 있을까요? 요컨대 대화 후반부의 관건은 다음과 같습니다. 즉 '자기 자신을 배려하다'(se soucier de soi-même)라는 표현에서 훌륭한 통치에 필요한 지식을 함축하고 열며 거기에 접근할 수 있게 해주는 그런 규정을 '자기'에게 부여하는 것이 필요하다고 할 수 있습니다. 따라서 대화의 관건은 내가 다스려야 할 타자들을 적절히 배려하기 위해 내가 배려해야 할 자기가 무엇인지를 아는 일입니다. 배려 대상인 자기로부터 타자 통치로서의 통치에 대한 앎에 이르는 원이 대화 종반부의 핵심을 이룹니다. 바로 이 물음이 고대철학에서 epimeleia heautou 문제의 일차적 출현을 결과시켰습니다. 감사합니다, 다음주에도 오전 9시 15분에 시작하도록 하지요. 다음 시간에 《알키비아데스》 대화편의 독서를 끝내도록 하겠습니다.

---

26) 이 표현은 《알키비아데스》, 129b(p.102)에서 발견된다.

1982년 1월 13일 강의

전반부

소크라테스의 자기 배려 정언 명령의 탄생 맥락: 훌륭한 가문 젊은이들의 정치적 능력; 아테네 학교 교육 및 성교육의 한계; 무지한 사실에 대한 무지 ─ 고대 그리스에 있어서 자기 변형의 실천 ─ 피타고라스주의에서 꿈의 준비와 단련의 기술 ─ 플라톤의 《파이돈》에서 자기 테크닉들(techni-ques de soi) ─ 헬레니즘 시대 철학에서 자기 테크닉의 중요성 ─ 《알키비아데스》에 나타난 배려 대상인 자기 존재의 문제 ─ 자기를 영혼으로서 설정하기 ─ 영혼을 행위 주체로서 설정하기 ─ 양생술(la diététique), 가정관리술(l'écono-mique), 연애술(l'érotique)과 연관 속에서 본 자기 배려 ─ 배려의 스승의 필요성

지난번 강의에서 우리는 플라톤의 대화 《알키비아데스》의 독서를 시작했습니다. 진본성의 문제가 아니라 해도 의문의 여지 없이 적어도 연대 추정에서 문제를 거론하지 않고서──물론 후에 재검토할 필요가 있지만──《알키비아데스》에 대한 독서를 시작하고자 합니다. 우리는 자기 배려(heautou epimeleisthai)라는 표현의 출현에 관심을 집중했고, 올해는 이 자기 배려의 외연과 그 변화에 대한 연구를 해보고자 합니다. 자기 배려라는 표현이 나타나게 된 맥락을 여러분들은 잘 알고 있습니다. 그것은 플라톤 초기 모든 대화편들──소위 소크라테스의 대화라고 불리는 대화편들──에서 지극히 일상적인 정치·사회적 맥락입니다. 그것은 신분상 도시국가와 그 시민들에게 일정한 권력을 행사하게 되어 있는 엘리트인 젊은 귀족 계급의 환경과 작은 세계입니다. 그들은 어린 시절부터 타인들, 도시국가 내의 경쟁자들, 또 도시국가 외부의 적들을 제압하려는 야심을 가진 젊은이들입니

다. 요컨대 그들은 자신감에 넘치는 능동적 · 권위적 정치를 지향하는 젊은 이들입니다. 그러나 문제는 그들의 태생적 신분, 귀족 사회에의 소속, 부——알키비아데스의 경우가 그러했다——또 이렇게 그들에게 애초부터 부여된 권위가 그들로 하여금 적절하게 통치할 수 있는 능력을 동시에 부여하는지를 아는 일이었습니다. 따라서 그것은 '일인자들'의 신분과 통치 능력 간의 관계가 문제시되는 세계였습니다. 다시 말해서 그것은 타인을 통치해야 함에 따라 자기 배려가 문제시되는 세계였습니다. 바로 이것이 첫번째 범위, 이 맥락의 첫번째 요소였습니다.

이와 관련된 두번째 요소는 바로 교육의 문제입니다. 그것은 소크라테스의 두 대화에서 아주 친숙하게 등장하는 두 형태의 교육에 대한 비판입니다. 그것은 집단적 규율에 근거한 연속적인 엄격성을 갖는 스파르타 교육과 비교하여 가장 큰 결점을 갖는 아테네 교육의 실제에 대한 비판입니다. 또한 아테네의 교육은 동양의 페르시아의 지혜와 비교되었습니다. 이 비교는 플라톤의 초기 대화편에서는 훨씬 이례적이고 덜 빈번하지만 후기 플라톤 텍스트의 특징을 이룹니다. 여기서도 젊은 군주들에게 필요한 4대 스승을 할당해 4대 덕목을 가르치는 페르시아의 교육에 비해 아테네의 교육은 상당한 취약점을 보입니다. 바로 이 점이 아테네 교육에 대한 비판의 한 측면을 이룹니다. 이 비판의 또 다른 한 측면은 성인 남성과 소년들 간에 일어나고 전개되는 사랑의 방식에 대한 비판입니다. 아테네에서 소년들에 대한 사랑은 그 사랑에 정당성과 토대를 제공할 수 있는 교육 과업을 영예롭게 수행할 수가 없었습니다.[1] 성인 남성들은 청소년의 젊음이 한창일 때까지만 그들을 따라다녔습니다. 그러나 유년기로부터 이미 벗어나 학교 선생들의 권고와 교육으로부터 벗어난 중요한 시기에 있는 젊은이들은 정치의 실천이라는 새로운 일을 위해 자신을 수련하는 데 안내자가 필요했지만, 성인 남성들은 이들을 방치했고 교육을 스승들로부터 결코 받지 못합니다. 결과적으로 교육과 사랑의 측면에서의 이중적 결핍 때문에 그들은 자기 배려가 필요했습니다. 이번에는 '자기 자신을 돌보기'(epimeleia heautou)의 문제는 '타자

---

1) 교육으로서의 소년애에 관해서는 H.-I. Marou의 《고대교육사 Histoire de l'éducation dans l'Antiquité》, Paris, Éd. Du Seuil, 1948의 1부 3장의 상세한 설명을 참조.

를 다스리기'(gouverner les autres)의 문제와 연관되는 것이 아니라 '다스림을 받기'(être gouverné)의 문제와 연관됩니다. 솔직히 말해서 이 두 문제는 서로 연결되어 있습니다. 즉 타자를 다스리기 위해서는 자기를 돌보아야 하고, 또 젊은이들은 충분하고 적절하게 다스림을 받지 못했기 때문에 자기 자신을 돌보아야 합니다. '다스리기'(gouverner) 와 '다스림을 받기'(être gouverné) '자기 자신을 돌보기'(s'occuper de soi)는 3,4세기에 이르는 기독교 교회의 사제 권력 구축 시기에 이르기까지 길고 복잡한 역사를 갖는 한 계열을 형성합니다.[2]

'너 자신을 돌보아라'(occupe-toi de toi-même)라는 명령적 정언이 출현한 맥락의 세번째 요소는——이것 역시도 소크라테스의 대화편에 빈번히 등장하는 바인데——바로 무지(無知)입니다. 여기서 무지는 알아야 할 사물들에 대한 무지와 이 사물들을 모르고 있다는 사실을 모르고 있다는 의미에서의 자기의 무지를 동시에 포괄합니다. 알키비아데스는 소크라테스의 질문에 쉽게 답할 수 있으리라 생각했고, 훌륭한 통치가 무엇인지를 쉽게 정의할 수 있으리라고 생각했습니다. 게다가 그는 훌륭한 통치를 시민들 사이의 화합을 확보하는 것으로 지적하면서 정의할 수 있다고 생각했었습니다. 그러나 그는 자신이 모르고, 또 자신이 모른다는 사실조차도 모르고 있음을 드러내며 화합이 무엇인지조차 알지 못합니다. 이 세 문제——정치 권력의 행사·교육, 무지함을 모르는 무지——는 소크라테스 대화편들의 친숙한 배경을 형성합니다.

우리의 주관심사가 바로 무지에 있기 때문에 《알키비아데스》의 127e에서 이 텍스트의 전개 가운데 무엇인가 특이한 바가 '자기 자신을 배려하라'(se soucier de soi-même)는 정언을 출현시킨다는 점을 지적하고 싶습니다. 이 텍스트의 전개는 단순합니다. 위에서 언급한 일반적 맥락 내에서 이 전개는

---

2) 푸코는 기독교 교회에 의한(히브리 목자의 테마의 반복-변형으로서의) '목자 권력 (pouvoir pastoral)'의 정착을 1978년도 콜레주 드 프랑스 강의(2월 22일 강의)에서 처음으로 기술한다. 목자 권력의 통합적 완성은 1979년의 한 강연(〈전체와 일자 Omnes et singulatim〉, in《말해진 바와 씌어진 바》*op, cit*., Ⅳ, n° 291, p.145-147)에서 발견된다. 또 푸코는 다시 한번 보다 정밀하고 심화된 방식으로, 하지만 '목자 권력'이라는 용어보다는 주체와 '진실 행위'(acte de vérité)를 잇는 관계라는 용어를 사용하여 1980년 강의에서 지도자-피지도자 관계의 구조를 연구하게 될 것이다(이 강의의 요약은 같은 책, n° 289, 125-129).

이미 소모되었습니다. 즉 소크라테스는 알키비아데스가 화합이 무엇인지를 모른다는 사실과 올바르게 통치하는 것이 무엇인지 모르고 있는 사실조차 모르고 있었다는 사실을 증명해 보였습니다. 따라서 소크라테스는 이 사실을 알키비아데스에게 증명해 보이자 곧 알키비아데스는 절망합니다. 그리고 소크라테스는 알키비아데스에게 다음과 같이 말하며 위로합니다: "괜찮아. 당황하지 말아라. 너는 50세가 아니야. 너는 젊어. 따라서 너는 시간이 있어"라고. 그런데 무슨 시간이 있단 말일까요? 이 점에서 우리는 예상된 대답——프로타고라스가 할 대답[3]——을 다음과 같이 예상할 수 있습니다. "너는 무지하나 젊다. 너는 50세가 아니므로 배울 시간이 있다. 도시국가를 어떻게 다스려야 하는지, 네 경쟁자들을 어떻게 제압해야 하는지, 백성들을 어떻게 설득해야 하는지, 권력을 행사하는 데 필요한 웅변술을 어떻게 습득해야 하는지 배울 시간이 있다." 그러나 이것이 소크라테스가 말하는 바가 아닙니다. 소크라테스는 다음과 같이 말합니다: "너는 무지하다. 하지만 너는 젊기 때문에 시간이 있다. 그러나 배울 시간이 아니라 너 자신을 돌볼 시간이 있다." 이같은 추론의 예상 가능하고 일상적인 결과인 '배움'과 '자기 배려' 정언 간의 격차에서, 또 수련을 의미하는 교육과 자기 수양(culture de soi)이라 불리고 독일 사람들이 Selbstbildung[4]이라 명명한 바를 중심으로 하는 paideia라는 또 다른 형식의 수련(이 점에 대해 후에 자세히 논의하기로 하자) 간의 격차, 상호 작용, 근접성 내에서 고대 세계의 철학과 영성 간의 작용과 관련된 다수의 문제들이 발생합니다.

사전에 한마디 덧붙이겠습니다. '자기 배려'라는 언표가 《알키비아데스》

---

3) 아브데라에서 기원전 5세기 초엽에 태어난 프로타고라스는 5세기 중엽에 아테네에서 저명한 소피스트였고, 여기서 페리클레스와 강고한 업무 관계를 유지했다. 플라톤은 그의 이름을 딴 대화에 프로타고라스를 등장시키고, 이 대화에서 소피스트 프로타고라스는 덕을 교육의 대상으로 삼을 수 있는 자신의 자질을 주장하고 이 교육에 대해 수강료를 요구한다. 그러나 이어서 오는 푸코의 묘사——설득과 지배를 위한 수사학적 기술과 관련한——고르기아스와 동일한 이름을 갖는 대화편에서 고르기아스의 응수(452e)를 연상시킨다.

4) Bildung은 교육 · 수련 · 양성(Selbstbildung: 자기 양성)을 의미한다. 이 개념은 특히 Bildungsroman(모델이 괴테의 《빌헬름 마이스터의 성장의 해》인 성장 소설) 범주를 통해 확산되었다.

와 더불어 플라톤의 텍스트에서 출현한다고 나는 말했습니다. 하지만 이 대화편의 연대 문제는 다시 제기되어야 합니다. 바로 이 대화편에서——이 점에 대해 나중에 자세히 논의하기로 하겠습니다——자기 배려가 무엇인가에 대한 질문이 명백히 제기됩니다. 이 체계적 질문은 '자기'(soi)란 무엇인가와 '배려'(souci)란 무엇인가라는 두 측면으로 나뉩니다: 이것은 최초의 자기 배려 이론이고 또 플라톤의 모든 텍스트 중에서 유일한 총괄적 자기 배려 이론이라고 할 수 있습니다. 이것은 epimeleia heautou의 최초의 이론적 출현이라고 할 수 있습니다. 그러나 끝까지 유념하고 잊지 말아야 할 것은 플라톤과 소크라테스보다 훨씬 앞서는 유구한 실천과 행동 방식, 자기 배려의 초석을 구축한 다양한 유형의 경험 양식들이 이 자기 배려의 요청과 실천——자기 배려를 내포한 모든 실천들——의 근간이라는 사실입니다. 주체의 방식을 변형·변모시키면서 주체에 자격을 부여하는 실천들 없이 진리에 도달할 수 없다는 사실이 다소 예식화된 무수한 절차들을 발생시킨 전철학적 테마입니다. 플라톤, 《알키비아데스》, 소크라테스보다 훨씬 앞서 특수한 인식이 되었건, 진리에 대한 총괄적 접근이 되었건 간에 앎과 연관된 자기 테크놀로지가 존재했었습니다.[5] 진리에 접근하기 위해 자기 테크놀로지를 사용해야 한다는 관념은 도식적으로 내가 열거하고 상기시킨 다수의 실천들이 고대 그리스와 일련의 문명들에서 나타나는 바입니다.[6] 우선 정화의 예식이 있습니다. 먼저 정화하지 않고서는 신에 접근할 수가 없고 공여를 실천할 수 없으며, 신탁을 들을 수도 이해할 수도 없고 모호하긴 해도 해독 가능한 기호를 인간에게 부여하기 때문에 계시를 하는 꿈의 혜택을 볼 수도 없습니다. 신과의 접촉뿐만 아니라 신이 말하는 진실된 바와의 접촉에 필요하며 선행되어야 하는 정화는 고대 그리스·헬레니즘·로마 시대에 이르는 유구한 시간 속에서 일상적으로 잘 알려지고 입증된 테마입니다. 정화 없이

---

5) 탐구해야 할 특수한 역사적 영역으로서의 '자기 테크놀로지'(technologie de soi)(혹은 '자기 테크닉'(technique de so)) 개념과 관련해서는 《말해진 바와 씌어진 바》, IV, n° 344, p.627 참조. 상징적 작용으로 환원 불가능한 주체화 절차로서의 '자기 테크놀로지'에 대해서는 같은 책, p.628을 참조하고 '자기 테크놀로지'의 정의와 관련해서는 같은 책, n° 338, p.545의 "인간이 자신의 행동 규칙들을 스스로 정하고 자신의 고유한 존재 내에서 자신을 변화시키고 변모시키며 자신의 생을 작품으로 만들려고 하는 숙고된 자발적인 실천"을 참조할 것.

는 신이 소유한 진리와 관계를 맺을 수 없습니다. 영혼을 집중시키는 다른 테크닉도 존재합니다(나는 이것을 다소 임의적으로 인용하겠고 체계적 연구는 하지 않겠습니다). 영혼은 유동적인 무엇입니다. 영혼과 숨결은 동요될 수 있고 외부가 포획할 수 있는 무엇입니다. 영혼, 숨결, 즉 pneuma가 분산되는 것을 피해야 합니다. 영혼이 외부의 위험에 노출되는 것을 피해야 합니다. 외부의 무엇이나 누군가가 영혼에 영향을 주지 못하게 해야 합니다. 임종하는 순간에 영혼이 분산되는 것을 방지해야 합니다. 따라서 이 영혼과 pneuma 가 전생애 동안 지속되며 지탱될 수 있도록 해주고, 임종의 순간에 분산되지 않게 해주는 견고성과 실존의 양태를 부여하기 위해 영혼과 숨결을 한데 모아야 합니다. 자기 테크놀로지에 속하는 또 다른 기술과 절차는 은거의 테크닉(technique de la retraite)입니다. 이 테크닉에 붙여진 이름이 있는데 그것은 서구 영성에서 상당한 수명을 갖게 될 anakhôrêsis(anachorèse)라는 용어입니다. 고대의 자기 테크닉상에서 은둔은 우리가 현재 위치한 세계로부터 떨어져 나와 잠시 떠나는——그러나 움직이지 않고 떠나는——방식입니

---

6) 고대 그리스에 있어서 자기 테크닉의 역사는 1980년대 푸코의 연구 이전에 이미 폭넓게 시도되었다. 이 역사는 오랫동안 엠페도클레스가 피타고라스에 대해 쓴 텍스의 주해를 구 무게 중심으로 삼고 있었다. 여기서 피타고라스는 그 누구보다도 모든 종류의 지혜로운 저작에서의 대가이고 엄청난 지식의 보고를 획득한 흔치 않은 지식인으로 소개된다(포르피리오스, 《피타고라스의 생애 Vie de Pythagore》, E. des Places 번역, Pairs, Les Belles Lettres, 1982, §30, p.50). 먼저 L. Gernet(《고대 그리스 인류학 Anthropologie de la Grèce antique》, Paris, Maspero, 1968, p.252)가, 다음으로는 J.-P. Vernant(《그리스인들에게 있어서 신화와 사유 Mythe et pensée chez les Grecs》, Paris, Maspero, 1965, t. I, p.114)가 저승을 여행하기 위해 육체로부터 해방된 영혼의 집중을 가능케 하는 호흡 통제를 목적으로 하는 영적인 테크닉에 대한 아주 명백한 언급을 발견한다. M. Détienne는 《고대 그리스에서 진리의 스승들 Maîtres de la vérité dans la Grèce archaïque》, Paris, Maspero, 1967, p.132-133에서 역시 이 테크닉을 논의하고 있다(동일 저자의 《고대 피타고라스주의에서 다이모니온 개념 La Notion de daïmôn dans le pythagorisme ancien》, Paris, Les Belles Lettres, 1963, p.75-89 또한 참조). 하지만 E. R. Dodds는 이들보다 앞서(1959년) 《그리스인들과 비합리적인 것 Les Grecs et l'Irrationnel》(《그리스의 샤먼과 청교도주의의 기원 Les chamans grecs et les origines du puritanisme》이라는 제목의 장, Paris, Flammarion, 1977, p.139-160)에서 논의한다. 이후 H. Joly(《플라톤주의의 전복 로고스-에피스테메-폴리스 Le Renversement platonicien Logos-Epistemê-Polis》, Paris, Vrin, 1974)는 플라톤의 담론과 소크라테스의 제스처에서 이러한 영적인 실천의 재출현을 연구할 것이고 우리는 P. Hadot가 이 자기 테크닉을 얼마나 고대철학의 핵심적인 해석의 틀로 삼는지를 잘 알고 있다(《영적인 수련과 고대철학 Exercices spiritueles et Philosophie antique》, Paris, Études augustiniennes, 1981 참조).

다. 즉 그것은 외부 세계와 접촉을 끊고, 격한 감정을 느끼지 않으며 자기 주변에서 일어나는 일들에 의해 동요되지 않고 마치 눈으로 보지 않는 것처럼 행동하며 사실상 눈앞에 있는 것을 실제로 보지 않는 실천입니다. 그것은 가시적 부재의 테크닉입니다. 우리는 항시 여기에 있고 타인들의 눈에 띄입니다. 하지만 우리는 부재하고 다른 곳에 있습니다. 단순히 예만을 들겠지만 네번째 예는 영혼의 집중과 자기 내부로의 은둔(anakhôrêsis)과 연관된 인내력 훈련입니다. 이 실천은 고통스럽고 견디기 힘든 시련들을 참아 낼 수 있게 해주거나 주어지는 유혹들에 저항할 수 있게 해줍니다.

이 모든 수련들과 또 그밖에도 다른 수련들이 고대 그리스 문명 내에 실존했었습니다. 오랫동안 그 흔적들을 발견할 수 있습니다. 게다가 그들 중 대다수는 금욕주의의 구성 요소들과 함께 이미 영적 · 종교적 운동과 피타고라스주의와 같은 철학적 운동 내에 통합되었습니다. 피타고라스주의에서 자기 테크놀로지를 구성하는 요소들의 두 예를 들어 보겠습니다.[7] 이 예를 드는 이유는 이들이 아주 긴 수명을 갖게 되며 1,2세기 로마 시대까지도 확인되기 때문이고, 또 그 사이에 다른 철학 학파들 내에 보급되었기 때문입니다. 예를 들면 꿈의 정화적인 준비가 있습니다. 피타고라스주의자들에게는 잠자는 동안 꿈꾸는 행위는 죽음을 넘어선 불멸의 세계이자 진리의 세계인 신의 세계와 접촉하는 일이기 때문에 꿈을 준비해야 합니다.[8] 따라서 잠자기 전에 영혼을 정화하여 영혼이 신의 세계와 접촉할 수 있도록 하고, 그 의미와 메시지 그리고 다소 모호한 형식하에 표현된 진리를 이해할 수 있게 해주는 다수의 예식적 실천들에 몰두해야 합니다. 여러 정화 기술이 있는데 그 가운데 몇몇은 다음과 같습니다. 음악을 듣고 향수 냄새를 맡으며 의식의 점검을 실시합니다.[9] 자신이 보낸 하루 전반을 재검토하여 저지른

---

7) 초기 피타고라스주의 단체들의 조직과 그들의 영적인 실천은 포르피리오스나 3-4 세기의 《피타고라스의 생애》나 잠빌리코스(Jambilkhos)의 글을 통해 우리에게 전해졌다 (플라톤은 《국가》의 600a-b에서 피타고라스의 생활 방식을 형식적으로 찬양한다). W. Burkert, 《지식과 과학. 피타고라스, 필로라우스, 플라톤에 대한 연구 *Weisheit und Wissenschaft. Studien zu Pythagoras, Philolaus, und Platon*》, Nuremberg, H. Karl, 1962(Edwin L. Milnar 영역본: 《고대 피타고라스주의에서 지식과 과학 *Lore and Science in Ancient Pythagoreanism*》, Cambridge, Mass., Harvard University Press, 1972; 저자에 의해 교정된 판본임).

과오들을 상기하여 기억 행위 자체를 통해 그것들을 제거하고 정화하는 이러한 실천의 아버지는 바로 피타고라스입니다.[10] 그가 이러한 정화 실천의 최초의 주창자였는지의 여부는 그리 중요하지 않습니다. 정화는 피타고라스의 중요한 실천이고 우리는 그것이 어떻게 보급되었는지 잘 알고 있습니다. 자기 테크놀로지들의 수많은 예들 가운데 피타고라스주의자들에게서 발견할 수 있는 자기 기술의 다른 한 예인 단련 테크닉을 들어봅시다. 자기 주변에 유혹적 가치를 갖는 상황을 조성합니다. 그러고 나서 저항할 수 있는지를 확인하기 위해 자신을 시험합니다. 이 실천도 아주 오래된 것이지요. 이 실천은 아주 오랫동안 지속되었고 아주 뒤늦은 시기에도 확인됩니다. 플루타르코스의 한 텍스트(1세기 후반에서 2세기초)를 예로 들어 보겠습니다. 《소크라테스의 다이몬》의 대화에서 플루타르코스는 피타고라스주의의 대변인임이 틀림없는 한 대화자에게 다음과 같은 작은 수련을 이야기합니다. 이 수련은 허기지게 하는 길고, 고통스럽고, 피곤한 일련의 신체 운동을 아침에 수행하는 것으로 시작됩니다. 이 운동이 끝나면 호사스러운 식탁에 먹음직스러운 음식들과 함께 극도로 풍요로운 식사를 준비시킵니다. 명상자들은 식탁 앞에 정렬해 놓은 음식들을 바라보며 명상을 행합니다. 그러고 나서 노예들을 불러 차려 놓은 음식들을 먹게 합니다. 명상자들은 노예들처럼 극히 간소한 식사로 만족해야 합니다.[11] 이 모든 것들이 이후에 어떻게 발전되었는지 나중에 재검토하기로 합시다.[12]

---

8) 푸코는 여기서 원시 피타고라스주의 단체를 참조한다. 즉 "감각으로 인간들을 치료할 생각을 하고 그들에게 아름다운 형식과 형상을 보여주며 아름다운 멜로디와 리듬을 들려주면서 그[피타고라스]는 교육을 음악과 일정한 리듬과 멜로디로 시작하게 했다. 이에 힘입어 그는 인간들의 성격과 정념상에서의 병들을 치료할 수 있었으며 애초 영혼의 소질들을 회복시켰고, 또 신체와 육체의 병들을 통제하거나 몰아낼 수 있는 수단들을 발명해 냈다. […] 저녁에 동료들이 수면을 준비할 때 그는 아름다운 꿈으로 가득 차고 때로는 예언적이 꿈으로 가득 찬 평온한 수면을 그들로 하여금 취하게 함으로써 하루 동안의 그들의 고민과 동요를 제거하고 동요된 영혼을 정화시켰다(잠빌리코스, 《피타고라스의 생애 Vie de Pythagore》, L. Brisson & A. -Ph. Segonds 번역, Paris, Les Belles Lettres, 1996, §64-65, p.36-37). 원시 피타고라스주의 단체에서 꿈의 중요성에 대해서는 M. Détienne의 《고대 피타고라스주의에서 다이몬 개념 La Notion de daïmôn dans le pythagorisme ancien》, op. cit., p.44-45와 3월 24일 강의 후반부 참조.

9) 1월 27일 강의 후반부와 3월 24일 강의 후반부 참조.

10) 피타고라스주의자의 저녁 점검에 대해서는 3월 24일 강의 후반부를 참조할 것.

이 점을 지적한 이유는 플라톤의 철학적 사유 내에서 epimeleia heautou 개념이 출현하기 이전에 보편적이자 특수한 방식으로 피타고라스주의자들 사이에서 자기 배려에 속하는 일련의 기술들을 확인할 수 있다는 사실을 말하기 위해서였습니다. 자기 테크닉의 일반적 맥락 내에서 설령 플라톤이 자기 배려를 인식과 자기 인식의 형식으로 유도하는 것이 사실일지라 해도——바로 이 점을 내가 증명해 보려 한다——자기 테크닉의 무수한 흔적들이 발견된다는 사실을 유념할 필요가 있습니다. 예를 들면 우리는 자신을 모으고 집중하는 영혼의 집중 테크닉을 아주 명백한 방식으로 확인할 수 있습니다. 예를 들면 《파이돈》에서 신체의 모든 점들로부터 벗어나 영혼을 자기 자신 안으로 집중시키고 모으며 자기 자신 안에 거주시키는 데 익숙해지게 만들어야 한다고 씌어 있습니다.[13] 또 철학자는 당연히 "영혼을 돌보아야 합니다."[14] [···*] 또 플라톤은 《파이돈》에서 고립과 자기 자신 안으로의 은둔, anakhôrêsis, 즉 자기 내 은둔은 본질적으로 부동성 내에서 나타난다는 것을 확인할 수 있습니다.[15] 이것은 영혼의 부동성과 신체의 부동성입니다. 요컨대 그것은 저항하는 신체의 부동성이고 자기 자신에 고정되어 있으며, 자신의 중심에 고정되어 있어서 결코 자기 자신으로부터 분리되지 않고 요지부동하는 영혼의 부동성입니다. 바로 이것이 《향연》에서 환기된 소크라테스

11) 《소크라테스의 다이몬》, 585a in 플루타르코스, 《도덕 전집》, t. VIII, J. Hani 번역, Paris, Les Belles Lettres, 1980, p.95(푸코는 1982년 10월 버몬트대학 강연 in 《말해진 바와 씌어진 바》, IV n° 363, p.801에서 이 예를 다시 든다. 《자기 배려》, op. cit., p.75도 참조).

12) 시련 테크닉에 대한 검토는 3월 17일 강의 전반부에서 전개된다.

13) "신체의 각 지점으로부터 벗어나면서 영혼을 가능한 한 최대로 신체로부터 떼어내어 자기 자신으로 되돌려 놓고 자기 자신에 집중하게 만들어야" 한다(《파이돈》, 67c, in 플라톤, 《전집》, t. IV-1, L. Robin 번역, Paris, Les Belles Lettres, 1926, p.19). 수고에서 푸코는 이 테크닉들이 "영혼을 소멸하게 만드는 분산에 반해" 작동한다고 명시하고 영혼의 탈결합에 대해 세베스가 표현한 공포와 관련된 《파이돈》의 또 다른 한 구절(70a)을 참조한다(id., p.24).

14) "철학의 조건인 영혼들을 돌보고 나면 철학은 온화하게 영혼들이 옳다고 인정한다."(《파이돈》, 83a, p.44)

* "그리고 [···] 영혼의 안내와 치료로서의 철학, 영혼을 자기 자신에 모으고, 규합하며 집중시키는 테크닉을 철학적 실천 내에 통합하는 것"만이라는 표현만이 들릴 뿐이다.

15) "[철학은] 그들에게[=영혼에게] 필요한 경우를 제외하고 그것들을[감각의 소여들]로부터 벗어나도록(anakhôrein) 설득하면서 영혼들을 해방시킨다."(ibid.)

의 이미지입니다. 소크라테스는 전쟁 기간 동안 부동하면서 홀로 곧게 있을 수 있었고 눈 속에 발을 담그고 부동한 채로 있을 수 있었으며, 자신의 주변에서 발생하는 일들을 초연하면서 지낼 수 있었던 능력이 있었습니다.[16] 플라톤도 유혹에 대한 인고와 저항의 실천을 상기시킵니다. 그것은 《향연》에서 알키비아데스 곁에 누워 자신의 욕망을 절제하는 소크라테스의 모습이기도 합니다.[17]

게다가 플라톤 사유 내에 이 자기 테크닉의 보급은 헬레니즘 시대와 로마 시대의 중요한 자기 수련이 되는 테크닉상의 변형·재활성화·구성·재구성의 시작이었다고 생각합니다. 물론 이 테크닉들은 신플라톤주의자들과 신피타고라스주의자들에게서도 발견되며 이것은 명백한 사실입니다. 그러나 이 테크닉들은 에피쿠로스주의자들에게서도 발견됩니다. 스토아주의자들에게서도 이것들은 순서가 바뀌어 달리 변형되고 재구성되어 나타납니다. 이 점은 후에 살펴보기로 합시다. 그러나 예를 들어 사유의 부동성, 즉 어떠한 동요에도 흔들리지 않는―――로마 스토아주의의 용어를 빌리면 외적인 동요에 흔들리지 않으며 securitas(안전)를 확보하고 내적인 동요에 흔들리지 않으며 tranquillitas(평정)를 얻는다[18]―――사유의 부동성에 대한 테마를 생각해 보면, 이 사유의 부동성은 앞에서 언급한 자기 테크놀로지 내에서

---

16) 여기서 푸코는 알키비아데스가 《향연》에서 말하는 두 광경을 함께 섞는다. 첫번째 광경은 겨울의 혹한에도 아랑곳하지 않는 소크라테스의 모습이다. 즉 "반대로 그는 이 경우에도 과거에 즐겨 입던 외투 외에는 아무것도 걸치지 않고 밖으로 나갔고, 또 맨발로 신발을 신은 다른 사람들보다도 더 편안하게 얼음 위를 걸어다녔다."(《향연》, in 플라톤, 《전집》, t. IV-2, L. Robin 번역, Paris, Les Belles Lettres, 1929, p.86); 첫 광경 바로 뒤에 오는 두번째 장면은 낮이나 밤이나 꼼짝하지 않고 명상에 잠겨 있는 소크라테스의 모습이다.(id. p.87-88)

17) 《향연》의 217d-219d의 구절이 문제시된다.(p.81-82)

18) 이 두 용어는 세네카에게서 재발견된다. 그는 이 두 상태에서(영혼의 magnitudo 혹은 영혼의 위대성과 더불어) 철학적 삶의 완성을 본다. 예를 들면 "행복이란 무엇인가? 그것은 평화의 상태, 계속되는 평정의 상태(securitas et perpetua tranquillitas)이다"(《루킬리우스에게 보내는 서신 Lettres à Lucilius》, t. IV, XIV편, 서신 92, 3, 인용된 판본, p.51) 참조. 세네카에 있어서 이러한 상태의 중요성과 한정에 관해서는 I. Hadot, 《세네카와 그리스·로마의 평정 관리의 전통 Seneca und die griechisch-römische Tradition der Seelenleitung》, Berlin, De Gruyter, 1969, p.126-137 참조. 외부를 향한 보호 장구인 securitas와 구별되는 내적인 평정을 의미하는 tranquillitas는 데모크리토스(euthumia)로부터 영향을 받은 듯한 세네카의 개념적 혁신이다.

의 치환과 재고안인 것이 명백합니다. 은둔 개념이 그 예입니다. 개인을 자기 자신 안에 은둔하게 하고, 그 결과 외부 세계와 단절하게 만드는 이미 anakhôrêsis라 명명된 이 은둔을 우리는 로마 스토아주의 내에서 재발견할 수 있습니다. 차후에 설명하겠지만 마르쿠스 아우렐리우스에게서 분명히 anakhôrêsis eis heauton(자기 내 은둔, 자기로 향하는 은둔)의 테마를 갖는 긴 구절을 발견할 수 있습니다.[19] 또 스토아주의자들에게서도 심상들의 정화, 즉 '환상'(phantasiai)이 나타남에 따라 순수한 심상과 불순한 심상을 식별하고, 받아들일 수 있는 심상과 버려야 할 심상을 식별·검증하는 실천을 발견할 수 있습니다. 이 모든 것들의 배면에는 전이와 재구성을 확인할 수 있는 중요한 순간들과 함께 연속적인 발전의 방향에서 해석할 수 있는 수형도를 발견할 수 있습니다. 플라톤, 즉 플라톤 시대는 특히 《알키비아데스》에서 플라톤과 소크라테스보다 훨씬 이전에 존재했던 오래된 이 모든 자기 테크놀로지가 점차적으로 재구성된 시기들 가운데 한 시기를 증거하고 있습니다. 유구한 자기 테크놀로지들은 플라톤에 있어서, 《알키비아데스》에 있어서, 혹은 소크라테스와 플라톤 사이의 어딘가에서 심층적으로 재구성되었습니다. 아무튼 철학적 사유에서 '자기 배려' 문제는 완전히 다른 수준과 다른 목적에서, 다른 형식과 함께 이미 우리가 논의한 이 자기 테크닉에서 발견할 수 있는 요소들을 다시 취합니다.

따라서 철학적으로 일차적인 출현에 대해, 하지만 이 모든 것들의 기술적 연속성에 대해 이 정도 논의하고 《알키비아데스》, 특히 자기 배려를 해야 한다고 하는 127e 구절을 재검토해 봅시다. 자기를 배려해야 합니다. 하지만 소크라테스가 "자기 자신을 배려해야 한다"라고 말하자마자 어떤 의심이 그를 엄습합니다. 바로 이 점 때문에 나는 이 텍스트를 고집하는 것입니다. 요컨대 그는 잠시 멈추었다가 "자기 자신을 배려하는 것은 참 좋은 일이지만 실수할 위험이 있다. 자기 자신을 돌보아야 할 때 무엇을 해야 할지 잘 모를 수 있는 위험이 있고, 또 맹목적으로 '자기 배려'의 원리에 복종하는 대신에 ti esti to hautou epimeleisthai(자기 배려는 무엇인가?)라고 물어야 할 필

---

19) 마르쿠스 아우렐리우스, 《명상록 Pensées》, IV, 3, A. I. Trannoy 번역, Paris, Les Belles Lettres, 1925[이후로 이 판본 참조], p.27-29.

요가 있다"라고 말합니다.[20] 소크라테스에 따르면 결국 사람들은 자기 신발을 배려해야 하는 것이 무엇인지를 잘 압니다. 신발을 배려하는 테크닉이 있고, 그것은 구두장이의 테크닉입니다. 그리고 구두장이는 그 기술을 완벽하게 배려할 수 있습니다. 또 사람들은 발을 배려하는 것이 무엇인지를 완벽하게 알 수 있습니다. 의사(혹은 체육교사)는 이와 관련해 조언을 할 수 있고, 그는 이 분야의 전문가입니다. 그런데 '자기 배려'에 대해서는 누가 정확히 알고 있을까요? 그리고 《알키비아데스》는 이 두 질문에 근거해 아주 자연스럽게 두 부분으로 나누어집니다. 먼저 '자기 배려'의 명령적 정언에서 배려해야 할 대상, 즉 이 자기는 무엇일까요? 둘째로, '자기 배려'에서 배려가 있습니다. 자기 배려를 해야 한다면 그것은 타자와 도시국가를 통치해야 하는 것이 이 대화의 관건이기 때문에 이 배려는 어떤 형식을 취해야 하고 또 이 배려는 무엇으로 이루어졌을까요? 자기 배려는 타자를 동시에 잘 통치하게 해주는 기술(tekhnê, 수완)이어야 합니다. 요컨대 연이은 두 질문(자기는 무엇인가? 배려는 무엇인가?)에서 중요한 것은 동일한 하나의 질문에 대한 해답입니다. 즉 자기와 자기 배려로부터 타자를 통치하는 데 필요한 지식이 도출될 수 있도록 자기와 자기 배려를 규정해야 한다는 말입니다. 바로 이것이 127e부터 시작되는 《알키비아데스》 후반부의 핵심 문제입니다. 차근차근 이 점을 살펴봅시다. 먼저 첫번째 질문 "배려해야 할 이 자기는 무엇인가?"를 살펴보고, 다음으로는 두번째 질문 epimeleia, 즉 배려는 무엇으로 이루어졌는지를 검토해 봅시다.

첫번째 질문이 어떤 방식으로 제기되었는지를 바로 살펴봅시다. 왜냐하면 첫번째 질문 "자기란 무엇인가?"와 관련해 델포이의 신탁의 언급, 즉 신탁을 받는 여사제가 언급한 '너 자신을 알라(gnônai heauton)'[21]가 다시 나타나기 때문에 이 질문은 의미심장하게 제기됩니다. 신탁의 언급, 델포이 신탁을 들으러 오는 자에게 부과되는 권고가 두번째로 이 텍스트에 나타납니다. 이 격언은 소크라테스가 알키비아데스와 대화하면서 그에게 "그래 좋아. 네가 아

---

20) 여기서 푸코는 127e에서 129a(플라톤, 《알키비아데스》, M. Croiset 번역, 앞서 인용한 판본, p.99-102)에 이르는 논리 전개를 참조하고 있다.
21) "자기 자신을 인식하는 것(gnônai heauton)은 단지 쉬운 일인가? 또 피토 신전에 이 격언을 설치한 자는 최초로 사람이었던가?"(《알키비아데스》, 129a, p.102)

테네를 지배하려고 하지. 아테네에서 너의 경쟁자들을 제압하려고 하지. 너는 또한 스파르타인들과 페르시아인들과 싸우려 하지. 그런데 너는 충분히 강건하고 역량이 있으며 부를 소유하고 있고, 특히 거기에 필요한 충분한 교육을 받았다고 생각하니?"라고 말할 때 처음으로 등장했었습니다. 그리고 알키비아데스가 여기에 대해 확실히 긍정적인 답변을 할 수 없기 때문에──혹은 여기에 대해 긍정적인 대답을 해야 할지 부정적인 대답을 해야 할지 주저하기 때문에──소크라테스는 그에게 "자, 좀 유의하여 너의 상태에 대해, 또 네가 어떤 교육을 받았는지를 숙고해 보고, 네 자신에 대해 알려고 해라(여기서 분명히 gnôthi seauton에 대한 언급이 있다)"[22]라고 말합니다. 그런데 지난번 내가 분석한 글에 등장하는 이 최초의 언표는 일시적이고 약한 언급이었습니다. Gnôthi seauton은 여기서 알키비아데스가 도시국가를 통치해야 할 때 자신의 상태와 그가 할 수 있는 일과 그를 기다리고 있는 가공할 만한 과업을 보다 진지하게 생각하도록 유도하는 데 단순히 사용되었습니다. 이번 글에서는 완전히 다른 방식과 다른 수준에서 gnôthi seauton이 등장합니다. 이제 여기서는 우리가 우리 스스로를 배려해야만 한다는 사실을 알고 있습니다. epimeleia heautou라는 표현에서 heautou는 무엇일까요? gnonai heauton이 필요하다고 텍스트는 말하고 있습니다. 이 두번째 용례, 이 두번째 델포이 신탁에 대한 언급을 잘 이해할 필요가 있습니다. 여기서 소크라테스는 "자, 너는 너 자신의 상태, 너의 능력, 너의 영혼, 너의 정념을 알아야 한다. 네가 유한한지 영원한지를 알아야 한다"라고 말하는 것이 결코 아닙니다. 그것은 일종의 방법론적이고 형식적이지만 이 운동 전반에 걸쳐 전적으로 중요한 질문입니다. 즉 heauton이 무엇인지를 알 필요가 있다는 말입니다. 따라서 "내가 어떤 종류의 동물에 속하고, 어떤 속성을 가지고 있고, 어떻게 구성되어 있는가"는 알 필요가 없다는 말이지요. 중요한 것은 "이 관계는 무엇이며, 재귀대명사 heauton(자기)은 무엇을 지시하며, 주체의 측면이나 대상의 측면에서 동일한 이 요소는 무엇인지" 알아야 합니다. 나는 나 자신을 돌보아야 합니다. 즉 내 자신을 돌보아야 할 자는 나이며, 그

---

22) "자, 순진한 아이야, 내 말을 믿고 델포이 신전에 씌어진 '너 자신을 알라'는 말을 믿어라."(《알키비아데스》, 124b, p.92)

러고 나서 나와 동일한 무엇을 돌보아야 하고, '~을 배려하는' 주체와 동일한 무엇을 돌보아야 한다는 말입니다. 그것은 대상으로서의 나 자신입니다. 게다가 《알키비아데스》의 후반부는 auto to auto가 무엇인지를 알 필요가 있다고 분명히 명시합니다.[23] 배려 전반에 걸쳐 동일한 이 요소는 무엇일까요? 즉 배려의 주체, 배려의 대상, 이것은 도대체 무엇일까요? 결국 이것은 재귀동사 '자기 자신을 돌보기'(s'occuper de soi-même)에 의해 지시된 바가 무엇인지에 대한 방법론적 의문입니다. 바로 이 점이 "자기 자신을 알아야 한다"라는 정언적 명령의 두번째 참조입니다. 그런데 이것은 소크라테스가 알키비아데스에게 "너의 잘못된 교육과 무능력에 대해 좀 생각해 보아라"라고 말할 때의 신중성에 대한 충고와는 완전히 다릅니다. 이 heauton은 무엇일까요? 아니면 heauton을 통해 무엇을 언급하려는 것일까요? 바로 답변으로 넘어가 봅시다. 이 문제에 대한 답변은 플라톤의 대화에서 누차 주어졌고 대답은 'psukhês epimelêteon'(자신의 영혼을 돌보아야 한다)이며[24] 여기에 대해서는 다시 논의하기로 하겠습니다. 이렇게 《알키비아데스》는 다른 텍스트에서 발견되는 일련의 다른 표현들을 재규합합니다. 예를 들면 《소크라테스의 변명》에서 소크라테스가 아테네 시민들과 그가 만나는 모든 사람들에게 영혼이 최상의 상태가 되도록 영혼(psukhê)을 돌보도록 선동한다고 말할 때[25] 그렇고, 또 《크라틸로스》에서 헤라클레이토스의 보편적 유출설과 관련하여 단순히 "therapeuein hauton kai tên psukhên"(자기 자신과 자신의 영혼에 대한 배려)만을 이 표현에 부여해서는 안 된다고 할 때 heauton/psukhê(자기/영혼)가 쌍을 이루는 것은 명백한 사실입니다.[26] 뿐만 아니라 《파이돈》에서 "만약 영혼이 불멸한다면(epimeleias deitai)[27] 영혼은 돌볼 필요가 있고 헌신과 배려를 필요로 한다"라는 구절은 잘 알려져 있습니다. 《알키비아데스》가 "배

---

23) 《알키비아데스》, 129b(p.102).

24) 《알키비아데스》, 132c(p.108).

25) 《알키비아데스》, 29e(p.157).

26) "아마도 자기와 자신의 영혼을 이름과 그 작명자의 보살핌에 전적인 신뢰 속에 일임하는 것이 대단히 현명한 처사인 것 같다."(hauton kai tên hauton psukhên therapeuein), (《크라틸로스》, 440c, in 플라톤, 《전집》, t. V-2, L. Méridier 번역, Paris, Les Belles Letters, 1931, p.137)

27) 《파이돈》, 18c(p.85).

려해야 할 자기는 무엇인가?——그것은 영혼이다"라는 언표에 도달할 때 플라톤의 다른 많은 텍스트에서 재발견되는 테마들을 재규합합니다. 하지만 heauton에 대한 이같은 정의에 도달하는 방식, 여기서 영혼이 해석되는 방식은 다른 텍스트에서 발견되는 것과는 상이합니다. 《알키비아데스》에서 "배려해야 할 바는 자신의 영혼이다"라고 하는 순간부터 그것은 《국가》에서 언급된 바와 거의 유사합니다. 《알키비아데스》는 《국가》의 역전된 형식일 수 있습니다. 《국가》에서 대화자들은 정의가 무엇인지를 자문하면서, 정의로운 개인이 무엇인지를 자문하면서 해답을 찾을 수 없게 되었고, 또 개인에게 각인된 작은 정의를 거치지 않고 정의가 무엇인지를 해독하기 위해 도시국가의 큰 정의를 참조합니다. "개인의 영혼에 있어서 정의가 무엇인지를 알고 싶다. 그러기 위해 도시국가에서 정의가 무엇인지를 살펴보자."[28] 여기서 우리는 《알키비아데스》도 동일한 절차이지만 역전된 절차라고 생각할 수도 있습니다. 즉 《알키비아데스》의 대화자들은 정의로운 통치가 무엇인가를 알려고 하면서, 도시국가에서 화합이 무엇인지를 알려고 하면서 영혼이 무엇인지에 대해 질문을 던지고, 개인의 영혼에서 도시국가의 analogon 과 모델을 발견하게 된다고 추측할 수 있습니다. 영혼의 위계와 기능은 결국 통치 기술과 관련한 이 문제를 우리에게 해명해 줄 수도 있을 겁니다.

하지만 《알키비아데스》에서는 이러한 일이 전혀 발생하지 않습니다. 소크라테스와 알키비아데스가 토론을 통해 어떻게(자명하지만 그와 동시에 역설적으로) 자기를 영혼으로 규정하기에 이르렀는지를 이해할 필요가 있습니다. 아주 의미심장하게도 "내 자신이란 무엇인가?"라는 질문에서 "나는 내 영혼이다"라는 대답으로 귀결되는 이 분석과 운동은 다음과 같이 요약될 수 있

---

28) "멀리서 시력이 좋지 않은 사람들에게 작은 문자들로 씌어진 글을 읽게 하면 그들 중 한 사람이 같은 글이 어딘가 다른 곳의 다른 자리에 더 큰 문자로 씌어 있다는 것을 알아차렸다면 내 생각에 그들은 그것을 다행스러운 발견이라고 생각해서 우선 큰 문자들을 읽고 다음에는 작은 문자들이 같은지 다른지를 살펴볼 것이다. [⋯] 정의는 더 큰 범주에 더 큰 것으로 있어서 발견하기가 더욱 쉬울 수 있다. 그러니 자네들이 원한다면 우선 나라 안에서 그것이 어떤 속성을 가졌는지를 검토해 보도록 하자. 그리고 나서 작은 형상들 내에서 더욱 큰 것과의 유사성을 발견하기 위해 개인에게서 정의의 속성을 연구해 보도록 하자."(《국가》, 제2권, 368d와 369a, in 플라톤, 《전집》, t. VI, E. Chambry 번역, Paris, Les Belles Lettres, 1932, p.64-65)

는 일련의 질문들로 시작됩니다.[29] 즉 우리가 "소크라테스가 알키비아데스에게 말한다"라고 말할 때 이것이 의미하는 바는 무엇일까요? 대답은 주어졌습니다. 즉 소크라테스는 언어를 사용합니다. 동시에 이 단순한 예는 아주 의미심장합니다. 제기된 질문은 주체의 문제입니다. "소크라테스가 알키비아데스에게 말한다"가 무엇을 의미하느냐고 소크라테스가 말합니다. 달리 말해서 알키비아데스에 대한 소크라테스의 말과 같은 언어 행위를 환기시킬 때 우리가 가정하는 주체는 무엇이냐고 소크라테스가 되묻습니다. 결과적으로 언어 행위에서 행위의 주체와 그 행위 자체를 구축하고 그것을 실행 가능하게 하는 요소들의 총체(단어·소리 등)를 구분하는 선을 긋는 것이 중요합니다. 요컨대 환원 불가능성 속에서 주체를 출현시키는 것이 문제시됩니다. 그리고 소크라테스의 대화가 행위와 주체 간에 긋는 이 선은 다수의 사례에 이용되고 적용되었습니다. 이 쉽고도 자명한 사례들은 행위에서 주체와 그가 행위에 사용하는 모든 도구들과 수단들을 구별 가능하게 해줍니다. 그래서 예를 들면 신발 제조 기술에서 절단용 칼과 같은 연장과 이 연장을 사용하는 주체가 있다는 사실을 확증하기는 쉽습니다. 음악에서는 악기(치타)가 있고 연주자가 있습니다. 연주자는 악기를 사용하는 자입니다. 이는 '도구적 매개'와 같은 행위가 문제시될 때 도구적 행위가 아니라 신체 자체에서 발생하는 행위가 문제시될 때도 이렇게 단순하게 보이는 바는 역시 유효합니다. 예를 들어 무엇인가를 조작하기 위해 손을 움직일 때 우리가 하는 일은 무엇일까요? 먼저 손이 있고, 그러고 나서 이 손을 사용하는 사람이 있습니다. 손을 사용하는 주체가 있습니다. 무엇인가를 바라볼 때 우리는 어떻게 합니까? 우리는 눈을 사용합니다. 다시 말해서 눈을 사용하는 요체가 있습니다. 일반적으로 신체가 무슨 일을 할 때 신체를 사용하는 요체가 있다는 말입니다. 그런데 신체를 사용하는 이 요체는 무엇일까요? 명백히 그것은 신체 그 자체가 아닙니다. 신체는 자기 자신을 사용할 수 없습니다. 신체를 사용하는 자가 육체와 영혼의 합성물로 이해되는 인간이라고 말할 수 있을까요? 전혀 그렇지 않습니다. 왜냐하면 영혼의 곁에 있다 할지라도 단순한 구성 성분과 보조자의 자격으로도 신체는 신체를 사용할 수 없기

---

29) 《알키비아데스》 129b에서 130c에 걸치는 구절(p.102-104)이 문제시된다.

때문입니다. 그렇다면 실제적으로 신체, 신체의 부분들, 신체의 기관들, 결론적으로 도구들을 이용할 수 있는 유일한 요체는 무엇이며, 언어를 사용할 수 있는 요체는 무엇일까요? 그것은 영혼이며 영혼일 수밖에 없습니다. 우리는 이렇게 영혼에 도달하게 됩니다. 그러나 'se servir de: 사용하다' ('사용하다'의 의미에 대한 문제는 잠시 후 재검토하기로 하겠습니다)를 중심으로 한 괴상한 추론을 거쳐 우리가 도달한 이 영혼은 예를 들어 《파이돈》[30]에서처럼 육체에 포로가 되어 있고, 또 해방시켜야 할 영혼과는 하등의 관계가 없습니다. 그것은 《파이드로스》[31]에서처럼 적절한 방향으로 이끌어 가야 할 날개 달린 한 쌍의 말과 같은 영혼과는 무관합니다. 그것은 《국가》에서처럼[32] 심급의 위계에 따라 건축되었고 조화롭게 만들 필요가 있는 영혼이 아닙니다. 그것은 오로지 행위 주체로서의 영혼입니다. 즉 그것은 신체, 신체의 기관, 신체의 도구들을 사용한다는 한에서 영혼입니다. 여기서 내가 사용한 프랑스어 동사 se servir(사용하다)는 그리스어에서 아주 중요하고 많은 의미를 갖는 그리스어 동사 khrêsthai을 번역한 것이고 그 실사는 khrêsis입니다. 이 두 단어는 굉장히 난해하고 그 역사적 생명은 길고 중요했습니다. Khrêsthai (khraômai; 나는 사용한다)는 사물 혹은 나와의 여러 유형의 관계들을 지시합니다. 물론 khraômai는 '내가 사용한다' '내가 이용한다' ('내가 도구나 연장을 사용한다') 등과 같은 의미를 갖습니다. 그러나 khraômai는 행동이나 내가 갖는 태도를 지시하기도 합니다. 예를 들면 ubriskhôs khraômai라는 표현의 의미는 '난폭하게 행동하다'를 의미합니다(마치 user de violence라고 말할 때 user는 사용의 의미를 갖지 않고 '폭력적으로 행동하다'의 의미를 갖는 것처럼). 따라서 khraômai는 어떤 태도이기도 합니다. Khrêsthai는 또한 타인과의 일정한 유형의 관계를 지시하기도 합니다. 예를 들어 theois khrêsthai(se servir des dieux)라고 말할 때, 이는 신을 어떤 목적을 위해 이용한다는 의미가 아닙니다. 그것은 인간이 신과 한결같은 관계를 유지한다라는 것을 의미합니

---

30) 《파이돈》, 64c-65a(p.13-14).

31) 《파이드로스》, 246a-d, in 플라톤, 《전집》 t. IV-3, L. Robin 번역, Paris, Les Belles Lettres, 1926, p.35-36.

32) 《국가》, IV편, 443d-e, in 플라톤, 《전집》, t. VII-1, E. Chambry 번역, Paris, Les Belles Lettres, 1934, p.44.

다. 즉 그것은 신을 경배하고, 숭배하며, 신과 더불어 자신이 해야 할 바를 행하는 것을 의미합니다. Hippô khrêsthai(se servir d'un cheval)라는 표현은 자신이 원하는 바를 하기 위해 말을 타는 것을 의미하지 않습니다. 이 표현이 의미하는 바는 적절히 말을 다루어 수레에 연결하기나 기병대와 관련된 기술 규칙들에 따라 말[馬]을 사용하는 것을 의미합니다. Khrêsthai와 khraômai는 또 자기에 대한 일정한 태도를 지시합니다. Epithumiais khrêsthai라는 표현은 "se servir de ses passions pour quelque chose: 무엇을 위해 자신의 정념을 사용하기"를 의미하는 것이 아니라 "s'abandonner à sa passion: 자신의 정념에 열중하기"를 의미합니다. Orgê Khrêsthai는 "se servir de la colère: 분노를 이용하기"를 의미하는 것이 아니라 "s'abandonner à la colère: 분노에 사로잡히기" "se comporter avec colère: 분격한 행동을 하다"를 의미합니다. 따라서 플라톤(혹은 소크라테스)이 '자기 배려'라는 표현에서 heauton(자기)이 무엇인지 또 자기를 통해 지시된 바가 무엇인지를 찾아내기 위해 Khrêsthai/khrêsis 개념을 사용할 때 그들은 영혼과 여타 세계 혹은 신체가 맺는 관계를 지칭하려 한 것이 아니라 주체를 에워싼 바, 즉 주체가 운용할 수 있는 대상, 자신이 관계를 맺는 타자, 자신의 신체, 그리고 최종적으로 자신과 관련하여 점유하는 독특한 초월적 위치를 지시하려고 했습니다. 플라톤이 배려해야 할 자기를 찾기 위해 khrêsis 개념을 사용했을 때 그가 발견한 것은 실체로서의 영혼(l'âme-substance)이 결코 아니라 주체로서의 영혼(l'âme-sujet)입니다. Khrêsis 개념은 자기 배려와 그 형식의 역사 전반에 걸쳐 발견됩니다.* 이 개념은 스토아주의자들에게 중요합니다. Khrêsis 개념은 에픽테토스의 자기 배려 실천 이론의 중심에 놓입니다.[33] 즉 자기 배려는 우리가 다수의 '무엇인가의 주체'인 한에서 자기 배려입니다. 요컨대 우리가 기제적 행위의 주체, 타자와의 관계의 주체, 일반적 행동과 태도의 주체, 자기와의 관계에서의 주체인 한에서 자기 배려일 수 있다는 말입니다. 도구를 사용하

---

* 푸코의 수고는 "khrêsis가 아리스토텔레스에게서 재발견된다"고 명시하고 있다.

33) 표상의 활용(khrêsis tôn phantasiôn)은 에픽테토스에게 있어서 중심적이다. 에픽테토스는 인간과 신성의 유사함을 증거하는 이 소질을 최고의 선, 추구해야 할 목표, 자유의 본질적인 토대로 생각하였다(주요 텍스트는 I, 3, 4; I, 12, 34; I, 20, 5, 15; II, 8, 4; III, 3, 1; III, 22, 20; III, 24, 69이다).

고, 태도를 취하고, 관계를 가질 수 있는 주체인 한에서 우리는 자기 배려를
해야 합니다. 우리가 khrêsis의 주체(행위의 주체, 행동의 주체, 관계의 주체,
태도의 주체 등과 같이 이 말이 갖는 모든 다의성과 더불어)라는 이것이 문제
입니다. 이것은 주체에 해당하는 영혼이지 실체인 영혼이 아닙니다. "자기란
무엇인가, 자기를 배려해야 한다고 말할 때 어떤 의미를 부여해야 하는가?"
에 대해 《알키비아데스》가 전개시킨 바는 바로 이 지점에 귀착하게 됩니다.

논지 전개의 체제 내에서 부수적이고 상대적으로 지협적으로 간주되지만
역사적으로 아주 중요하고 《알키비아데스》의 필연적 귀결의 역할을 하는 세
가지 작은 성찰들을 이 귀착점에서 주목할 필요가 있습니다. 사실 주체인 영
혼을 목표로 하는 순간부터 자기 배려는 적어도 외관상 자기 배려로 간주
될 수 있는 세 유형의 다른 활동들——의사 · 가장 · 연인——과 아주 명확
하게 구분됩니다.[34] 먼저 의술을 아는 의사가 진단을 내릴 줄 알고, 약을 처
방할 줄 알며 환자들을 치유할 줄 알고, 또 자신이 아프기 때문에 이 모든
것들을 자기 자신에게 적용할 경우 이것을 자기 배려라고 할 수 있지 않을
까요? 전혀 그렇지 않습니다. 왜냐하면 의사가 자신을 검진하고 진단하며
다이어트를 할 경우 그가 배려하는 것은 우리가 지금까지 논의한 의미에서
의 자기 배려, 즉 영혼-주체인 자기에 대한 배려가 아니기 때문입니다. 의
사는 자신의 신체, 즉 자신이 사용하는 바를 돌봅니다. 그가 배려하는 것은
자신의 신체이지 자기 자신이 아닙니다. 따라서 자기 자신에게 자신의 지식
을 적용하는 의사의 tekhnê와 개인에게 자신을 돌볼 수 있게 해주는 tekhnê,
즉 주체인 자신의 영혼을 돌보게 해주는 기술간에는 차이가 있을 수밖에 없
습니다. 이것이 첫번째 구분입니다. 두번째 구분은 가정관리술과 관련이 있
습니다. 가문의 훌륭한 아버지, 훌륭한 가장, 훌륭한 호주가 자신의 재산과
부를 관리하고 자신이 소유한 바를 번창하게 하려고 노력하며, 가족을 배려
할 경우 이것을 자기 배려라고 할 수 있지 않을까요? 여기서도 대답은 부정
적입니다. 그는 자기가 소유한 바를 돌볼 뿐이지 자기 자신을 돌보지는 않
습니다. 마지막으로 알키비아데스를 추종하는 자들이 알키비아데스 자신을
돌본다고 할 수 있을까요? 그들의 행동과 행실이 증명하듯이 그들이 돌보는

---

34) 이러한 활동들은 《알키비아데스》의 131a-132b(p.105-107)에서 검토된다.

것은 알키비아데스가 아닙니다. 그들은 단지 알키비아데스의 육체와 육체의 아름다움만을 배려할 뿐입니다. 왜냐하면 알키비아데스가 나이가 들었을 때 그가 더 이상 욕망의 대상이 아닌 순간에 그들은 그를 버리기 때문입니다. 알키비아데스를 배려하는 것은 엄격한 의미에서 그의 육체를 배려하는 것이 아니라 행위의 주체, 자신의 육체와 적성, 능력을 사용하는 주체로서 그의 영혼을 배려하는 것을 의미합니다. 소크라테스가 알키비아데스에게 말을 건네기 위해 그가 나이 들기를 기다리고, 그의 가장 화려한 청춘이 지나가기를 기다렸다는 사실은 다른 연인 및 알키비아데스 추종자들과는 달리 소크라테스가 배려한 것이 알키비아데스 그 자체, 그의 영혼, 행위 주체로서의 그의 영혼이었음을 증명합니다. 보다 정확히 말해서 소크라테스는 알키비아데스가 자기 자신을 배려하는 방식을 배려한 것입니다.

바로 이 점이 epimeleia heautou에서 스승의 위치를 규정하며, 이 점을 유념할 필요가 있습니다. 왜냐하면 자기 배려는 앞으로 보게 되겠지만 실제로 스승이라는 타인과의 관계를 거쳐야 하기 때문입니다.[35] 스승의 위치를 결정하는 것은 그의 배려 대상이 그가 인도하는 자가 자기 자신에 대해 갖는 배려라는 사실에 있습니다. 의사나 가장과는 달리 그는 육체나 재산을 배려하지 않습니다. 교수와는 달리 그는 자신이 인도하는 자에게 적성과 능력·화술·타자들을 제압하는 방법을 가르치려고 고심하지 않습니다. 스승은 주체가 자기 자신에 대해 하는 배려를 배려하는 자이고, 제자를 사랑하는 가운데 제자가 자기 자신을 배려할 수 있게 만드는 자입니다. 공평무사한 방식으로 소년을 사랑하는 스승은 소년이 주체의 자격으로 자기 자신에게 해야 하는 배려의 원리이자 모델의 역할을 합니다. 내가 의학·가장·연인과 관련해 세 종류의 작은 성찰을 주장하고 《알키비아데스》의 체제 내에서 특히 과도기적 성격을 갖는 이 사소한 세 가지 이행을 강조한 이유는 이 성찰들이 후에 자기 배려와 그 테크닉의 역사에 있어서 엄청난 중요성을 갖는 문제들을 환기시키기 때문입니다.

첫째로 자기 배려와 의학, 자기 배려와 신체의 배려, 자기 배려와 양생술의 관계의 문제가 규칙적으로 제기된다는 점을 이해할 필요가 있습니다. 즉

---

35) 1월 27일 강의 전반부 참조.

자기 배려와 양생술의 관계가 문제로 제기됩니다.《알키비아데스》에서 플라톤이 양생술과 자기 배려를 구분하는 철저한 속성상의 차이를 현시한 반면 자기 배려와 양생술의 역사에서 우리가 분석하게 될 수많은 이유에서 양자는 더욱더 착종되어 헬레니즘 시대와 1,2세기의 로마 시대에 자기 배려의 주된 형식들 가운데 하나는 양생술 내에서 발견됩니다. 아무튼 신체와 영혼 실존의 보편적 체제로서의 양생술은 자기 배려의 주된 형식들 가운데 하나가 됩니다. 둘째로, 자기 배려와 가장 · 남편 · 자식 · 소유주 · 노예의 주인 등과 같은 사적인 의무인 사회 활동간의 관계 문제가 규칙적으로 제기됩니다——그리스 사유 내에서 이 문제들은 '가정관리술'(l'économique)이라는 이름하에 규합됩니다. 자기 배려는 이 의무의 총체와 양립 가능한 것일까요? 이것은 본질적인 문제가 됩니다. 여기에 대한 답변은 상이한 철학 학파들 내에서 동일한 방식으로 주어지지 않을 것입니다. 대체적으로 에피쿠로스주의자들은 가능한 한 가정관리술의 의무와 자기 배려의 요청을 분리시키려는 경향이 있습니다. 반대로 스토아주의자들은 양자를 연루시키려고 하는 경향이 있고, 가정관리술과 자기 배려를 가능한 한 견고하게 연결시키려고 노력합니다. 마지막으로 수세기에 걸쳐 자기 배려와 애정 관계의 문제가 제기됩니다. 타자와의 관계에서 또 타자와의 관계 속에서만 형성될 수 있는 자기 배려는 애정 관계를 거쳐야만 하는 것일까요? 바로 이 지점에서 우리는 그리스 · 헬레니즘 문명 · 로마 문명의 규모에서 점차적으로 자기 배려와 연애술(l'érotique)을 분리시키는 긴 작업이 진행됩니다. 또 이 작업은 자기 배려가 이 문화의 주요한 테마 중 하나가 되어감에 따라 연애술(l'érotique)을 개별적이고, 의심스럽고, 우려스러우며, 심지어는 처벌할 수 있는 실천 쪽에 방치합니다. 따라서 연애술(l'érotique)과 자기 배려는 단절됩니다. 스토아주의자들과 에피쿠로스주의자들은 자기 배려와 경제 간의 관계 문제에 대한 상반된 해결책을 제시합니다. 이와는 반대로 양생술과 자기 배려 간에는 상호 연루가 존재합니다. 이것이 변화의 세 주요 선들입니다.[36] [⋯*]

---

36) 이러한 3등분(의학 · 가정관리술 · 연애술)이《쾌락의 활용》과《자기 배려》의 구조적 측면을 부여합니다(《말해진 바와 씌어진 바》, IV, n° 326, p.385 참조).
* "⋯그리고 자기 배려와 의학, 가정관리, 사적인 이해, 연애술간의 관계 문제들⋯" 만이 들릴 뿐이다.

1982년 1월 13일 강의

후반부

《알키비아데스》에서 자기 배려의 자기 인식으로의 한정: 플라톤 저서에서 두 격언의 각축 — 눈의 은유: 시각의 원리와 신성의 요소 — 대화의 결론: 정의의 배려 — 《알키비아데스》의 진본성 문제와 플라톤주의와의 관계 — 《알키비아데스》의 자기 배려와 청년의 정치 행위, 교육, 연애술(l'érotique)과의 관계 — 플라톤주의에서 자기 배려의 운명에 대한 《알키비아데스》의 예견 — 플라톤주의의 역설

다른 강의실이 여러분을 위해 마련되었습니까? 그래요? 거기에 계시는 분들은 다른 강의실에 들어올 수 없기 때문에 거기 계시는 겁니까? 아니면 그곳에 있는 것이 좋기 때문에 거기에 있는 겁니까? 조건이 이렇게 열악한 것을 유감으로 생각합니다.[1] 내가 어떻게 할 수가 없군요. 되도록 여러분들이 불편하지 않게 해보겠습니다. 자, 지난번 자기 기술을 언급하면서, 또 플라톤의 epimeleia heautou(자기 배려)에 대한 성찰에 앞서는 이 자기 테크닉을 이야기하면서 한 가지 사실, 즉 플라톤 철학에 입각해 이 문제들을 접근하는 하나의 중요하고 희귀한 연구 저서가 있다는 사실을 언급하지 않았다는 사실이 뇌리를 스치고 지나가는군요. 그 책은 앙리 졸리가 쓴 《로고스-에피스테메-폴리스의 플라톤주의적 역전》라 불리는 책입니다. 이 책에서 그는 '샤머니즘적 구조'에서 기인하는 자기 배려의 선재성에 10여 쪽을 할애하고 있습니다——이 말에 대해 조금 논의할 필요는 있지만 중요한 것은 아닙니다.[2]

---

1) 콜레주 드 프랑스는 청중에게 푸코가 강의하던 주 강의실 외에 마이크 시스템을 통해 푸코의 육성이 전달되는 두번째 강의실을 운용했다.

그는 상당수의 이 테크닉들(호흡 기술, 신체 기술 등)이 고대 그리스 문화에 앞서 존재했다고 주장합니다. 이 책을 참조해 보시기 바랍니다.[3] 아무튼 이 책은 내게 아이디어를 제공했고, 조금 전에 언급하지 않은 것은 오류였습니다. 여기서 세번째 지적도 방법에 대한 것입니다. 이 두 시간 강의의 방법에 대해서는 불만족스러운 것이 없습니다. 여러분들이 이 방식에 대해 어떻게 생각할지는 모르지만, 이 방법은 보다 천천히 강의를 진행하게 해줍니다. 분명히 나는 적어도 강의의 후반부를 여러분과 토론하고 질문과 그에 상당하는 것에 답하는 데 할애하고 싶습니다. 그와 동시에 나는 그것에 대해 회의적이라고 고백할 수밖에 없습니다. 왜냐하면 이렇게 많은 청중 앞에서 토론한다는 것은 어려운 일이기 때문이지요. 잘 모르겠습니다. 여러분들이 그것이 가능하다는 느낌이 들고, 그것을 진지하게 행할 수 있다는 생각이 들면 강의의 일부에서 질문에 답변해 보도록 하지요. 나중에 말씀해 주십시오. 그리스적인 방식으로 진행하지요. 제비뽑기를 해서 매번 2,30명을 뽑아 그들에게 작은 세미나를 하도록 하지요. 자 이제 《알키비아데스》 독서를 종결짓도록 하지요. 《알키비아데스》는 내가 올해 강의할 바의 일종의 서론임을 다시 한번 더 밝혀둡니다. 왜냐하면 중요한 문제인 플라톤의 자기 배려 문제를 모든 차원에서 재검토하는 것이 내 계획이 아니기 때문이고, 설령 오직 《알키비아데스》 내에서만 이 자기 배려의 문제의 완벽한 이론이 존재한다 해도 《알키비아데스》에서만 이 문제가 나타나는 것은 아니기 때문입니다. 나는 이 자기 배려의 연속적인 역사를 소크라테스-플라톤의 언표에서 시작해 기독교에 이르기까지 복원할 의도는 없습니다. 《알키비아데스》의 독서는 말하자면 서론, 고전철학 내에서의 한 기준점입니다. 이 다음에는 헬레니즘 시대와 로마 시대(제정 시대)의 철학으로 넘어가려 합니다. 따라서 《알키비아데스》는 단순한 기준점입니다. 이제 《알키비아데스》의 독서를 종

---

2) 샤머니즘에 대한 엄격한 정의——근본적으로 수렵 문명에 연관된 사회적 현상(《고대철학이란 무엇인가?》, *op. cit.*, p.279)——의 이름으로 P. Hadot는 여기서 샤머니즘을 논의하기를 거부한다.

3) Henri Joly, 《로고스-에피스테메-폴리스의 플라톤주의적 역전 *Le Renversement platonicien Logos-Epistemê-Polis*》, *op. cit.*, 3장: 〈인식의 의고주의와 청교도주의〉, p.64-70: '인식의 순수성' 참조.

결하고 나서 몇 가지 문제들과 이 텍스트의 특성들을 살펴보고자 합니다. 이 가운데 몇 가지 특성들은 후에 재발견되며 자기 배려의 문제를 제기할 수 있게 해줍니다. 따라서 《알키비아데스》의 후반부가 다루었던 첫번째 문제는 "배려해야 할 자기는 무엇인가?"였습니다.

후반부의 두번째 문제──그 전체가 단순하고, 명확하며 동시에 알기 쉬운 방식으로 구조화되었다──는 "이 배려는 무엇으로 이루어졌는가?"입니다. 이 문제에 대한 답은 즉각적으로 주어집니다. 이 문제에 대해서는 배려해야 할 대상이 영혼임을 khrêsthai/khrêsis에 입각해 포착하는 경우에서처럼 미묘하고 의심스러운 방식을 따를 필요는 없습니다. 자기 배려는 무엇을 하는 데 목적이 있습니까? 다름이 아니라 그것은 자기를 인식하는 데 있습니다. 바로 이 점에서 《알키비아데스》에서 세번째로 gnôthi seauton(너 자신을 알라)라는 델포이의 격언에[4] 대한 언급을 발견할 수 있습니다. 그러나 이 세번째 참조는 처음의 두 언급과는 완전히 다른 가치와 의미를 갖습니다. 기억나겠지만 첫번째 언급은 신중성에 대한 단순한 조언이었습니다. 그것은 "알키비아데스여, 너는 큰 야심을 가지고 있지만 너 자신의 상태에 대해 좀 주의를 기울여라. 너는 그 야심들을 영예롭게 할 수 있다고 생각하느냐?"였습니다. 이 첫번째 언급은 epimeleia heautou의 입문적 언급이었습니다. 즉 자기 자신을 조금 돌아봄으로써, 자신의 부족한 점들을 파악하면서 알키비아데스는 자기 자신에 대한 배려의 자극을 받았습니다.[5] Gnôthi seauton의 두번째 언급은 자기 배려의 권고가 있고 난 직후에 방법론적 형태의 질문으로 행해질 때 발생합니다. 즉 문제는 "배려해야 할 이 heauton(자기)이 무엇이며, 무엇을 의미하며, 무엇을 참조하는가?"입니다. 이제 gnôthi seauton의 세번째 언급은 '자기 자신을 돌보기'(s'occuper de soi)[6]가 무엇을 하는 데 그 목적이 있는지 자문할 때 발생합니다. 그래서 이번에는 gnôthi seauton은 현란하고 완벽하게 등장합니다. 즉 자기 배려는 자기 인식에 있어야 한다는 말입니다. 이는 가장 완전한 의미에서의 gnôthi seauton입니다. 바로 이 지점

---

4) 《알키비아데스》, 124b(인용된 판본, p.92)와 1월 6일 강의 후반부 참조.

5) 《알키비아데스》, 129a(p.102)와 이 강의 전반부 참조.

6) "신들을 통해 지금 우리가 상기하고 있는 델포이의 이 엄정한 격언을 우리는 확실히 이해한 것일까?"(《알키비아데스》, 132c, p.108)

에서 《알키비아데스》의 결정적 한순간이 있습니다. 이 순간은 플라톤주의의 구축의 순간이고, 또 이는 유구한 자기 테크닉과 자기 배려의 역사에서 핵심적인 에피소드가 구축되는 순간입니다. 또 이 순간은 고대 그리스·헬레니즘·로마 시대의 문명을 관통해 육중하고 엄청난 효과를 발휘하는 순간이기도 합니다. 보다 정확히 말해서 지난번에 언급하였듯이 '너 자신을 알라'에 단순하게 귀속되지 않고 사유 자체에 대한 사유의 집중, 자기 자신의 중심으로의 영혼의 밀착, 자기 자신 안으로의 은둔, 인고와 같은 실천들에 대한 수많은 암시들이 《향연》《파이돈》과 같은 텍스트들에서 발견됩니다. 즉 자기 인식과 단순히 동일시될 수 없는 많은 자기 배려 방식들이 존재했습니다. 자기 배려와 관련한 플라톤 사유의 모든 운동은 사실상 선재하는 오래된 수많은 실천들을 포섭하고 재통합해 그것들을 질서화하고 gnôthi seauton의 대원리에 종속시킵니다. 자기 자신을 인식하기 위해 자기를 되돌아보아야 한다는 말입니다. 자기 자신을 인식하기 위해 우리를 기만하는 감각으로부터 벗어나야 합니다. 자기 자신을 인식하기 위해 모든 외부 사건들에 포획되도록 방치하지 않는 부동의 견고성 내에 영혼을 설정해야 합니다. 자기 자신을 인식하기 위해 또 자기 자신을 인식함에 따라 이 모든 것들이 행해져야 하고 행해질 수 있어야 합니다. 따라서 '자기 인식'을 중심으로 모든 기술들의 총체적 재구성이 이루어집니다. 아무튼 《알키비아데스》에서 모든 선행하는 자기 테크닉들이 환기되고 있고, 자기 배려의 공간이 열리자마자 자기가 영혼으로 규정되자마자 이렇게 열린 모든 공간이 gnôthi seauton으로 덮인다고 말할 수 있습니다. 그것은 자기 배려를 통해 열린 공간에 가해진 gnôthi seauton의 일격이라고 말할 수 있습니다. '일격'(coup de force)이라고 말할 때, 이는 분명히 은유적입니다. 지난번에 나는 gnôthi seauton(자기 인식)과 자기 배려 간의 긴 역사적 범위를 갖는 이 어려운 문제들을 ——사실상 올해 강의에서 내가 논의하려는 것이 바로 이것이다——상기시켰습니다. 그리고 근대철학은——웃기지 않더라도 좀 희화하기 위해 '데카르트의 순간'이라고 내가 명명한 바 내에서 포착하려 했던 이유들 때문에——이처럼 gnôthi seauton을 강조했고, 결과적으로 epimeleia heautou(자기 배려) 문제를 망각하고 어둠에 방치하며 소외시켜 버리게 되었다고 생각합니다. 따라서 올해 강의를 통해 나는 오랫동안 gnôthi seauton(자기 인식)

에 부여된 특권과 관련하여 자기 배려를 재출현시키려고 합니다. 자기 배려를 다시 출현시키면서 내가 말하고자 하는 바는 gnôthi seauton(자기 인식)이 전혀 존재하지 않았다거나, 중요성이 없다거나, 부차적인 역할을 했다는 것이 결코 아닙니다. 사실 내가 주장하고자 하는 바는——거기에는 좋은 예가 있다——gnôthi seauton(자기 인식)과 epimeleia heautou(자기 배려)의 착종입니다. 《알키비아데스》 전반에 걸쳐 이 두 개념들이 착종되어 있음을 볼수 있을 겁니다. 알키비아데스에게 자기 자신을 좀 돌아보도록 요청하면서 소크라테스는 "그래, 나 자신을 배려해야 할 필요가 있다"라는 말을 하도록 그를 유도했습니다. 그리고 소크라테스가 이 원리를 제안하고 알키비아데스가 그것을 납득하는 순간 또다시 문제가 제기됩니다. "배려해야 할 자기를 잘 알 필요가 있다." 그러고 나서 이제 세번째로 배려가 무엇으로 이루어졌는가를 살피는 순간 gnôthi seauton(자기 인식)을 재발견하게 됩니다. gnôthi seauton(자기 인식)과 epimeleia heautou(자기 배려)의 상호 호출, 역동적 착종이 목격됩니다. 이 역동적 착종과 상호 호출은 플라톤의 특징이라고 생각합니다. 물론 서로 다른 균형을 갖고 상이한 관계를 가지며 상이한 강세를 갖지만 이 착종은 그리스·헬레니즘·로마 시대의 사유의 역사에서 재발견됩니다. 또 우리는 다양한 사유들 내에서 상이하게 되어 버릴 자기 인식과 자기 배려의 순간들의 분포도 재발견하게 됩니다. 그러나 여기서 가장 중요한 것은 바로 이 착종이며 한 요소가 다른 한 요소를 위해 간과되어서는 안 된다고 생각합니다.

《알키비아데스》로 되돌아가, gnôthi seauton(자기 인식)의 세번째 재출현——여기서 자기 배려는 자기 인식이다——에 대해 검토해 보도록 합시다. 문제는 물론 "어떻게 자기를 인식할 것인가? 인식은 무엇으로 이루어진 것일까?"입니다. 바로 여기서 우리는 플라톤의 다른 대화편들, 특히 플라톤의 후기 대화편들에서 반향을 갖는 잘 알려지고 빈번히 사용되는 눈의 은유와 관련된 구절을 발견하게 됩니다.[7] 어떻게 영혼이——왜냐하면 이제 영혼이 자기 스스로를 인식해야 하기 때문에——자기 자신을 인식할 수 있는지를 알기 위해 눈의 예를 취해 봅시다. 눈이 자기 스스로를 볼 경우, 그

---

7) 《알키비아데스》의 마지막 논지 전개 중 하나가 발견되는 132d-133c, (p.108) 참조.

것은 어떤 방식과 조건하에서일까요? 눈이 거울을 통해 자기에게 보내진 이미지를 지각하는 경우입니다. 그러나 거울은 자신을 보려는 눈을 위한 유일한 반영의 표면은 아닙니다. 결국 어떤 사람의 눈이 타인의 눈에서 자기 자신을 보려고 할 경우, 하나의 눈이 자기와 절대적으로 유사한 다른 눈에서 자기 자신을 보려고 할 경우, 그가 타자의 눈에서 보는 것은 무엇일까요? 그가 보는 것은 자기 자신입니다. 따라서 속성의 같음은 한 개인이 자신의 상태를 보기 위한 조건입니다. 속성의 같음은 개인이 자기 자신을 확인하고 자신의 상태를 인식하는 반영의 표면입니다. 둘째로, 눈이 이렇게 타자의 눈에서 자신을 지각할 때, 그것은 일반적인 눈에서 눈이 자기 자신을 보는 것일까요? 아니면 동공이라는 눈의 특수한 요소 내에서——동공 내에서 동공을 통해 시각 행위가 수행된다——자기 자신을 보는 것일까요? 사실 눈은 눈 속에서 자기 자신을 보지 않습니다. 눈은 시각의 원리 속에서 자신을 봅니다. 다시 말해서 눈에게 자기 자신을 볼 수 있게 해주는 시각 행위는 또 다른 시각 행위, 즉 타자의 눈에서 우리가 발견할 수 있는 시각 행위 내에서만 수행될 수 있습니다. 잘 알려진 이 비유가 영혼에 적용되면 어떻게 될까요? 영혼은 자신의 시선을 자신과 동일한 속성을 갖는 한 요소로 향하는 한에서만 자신을 볼 수 있습니다. 그리고 엄밀히 말해서 영혼과 동일한 속성의 요소를 응시하면서 자신의 시선을 영혼의 속성을 만들어 내는 동일한 원리, 즉 to phronein, to eidenai(사유와 지식)[8]로 돌리고 적용하는 한에서만 자기를 볼 수 있습니다. 사유와 지식을 보장하는 요소로 향할 때 영혼은 자기 자신을 볼 수 있습니다. 그런데 이 요소는 무엇일까요? 그것은 신성한 요소입니다. 따라서 영혼은 신성 쪽으로 향할 때 자기 자신을 파악할 수 있습니다. 그런데 여기서 기술적(技術的)인 하나의 문제가 발생합니다. 물론 나는 이 문제를 해결할 능력이 없습니다. 하지만 차후로 보게 되겠지만 이 문제는 사상사에서 갖는 반향 때문에 의미심장합니다. 다음 구절의 진본 여부에 많은 이의가 제기되었습니다. 그 구절은 소크라테스의 응수로 시작됩니다 "진정한 거울은 눈의 거울보다 훨씬 맑고 밝은 것처럼, 신(ho theos)은 우리 영혼의 최상 부분보다 훨씬 맑고 밝다." 알키비아데스는 "그런 것

---

8) 《알키비아데스》, 133c(p.109).

같소, 소크라테스"라고 대답합니다.[9] 그순간 소크라테스는 "그러므로 응시해야 할 것은 신이다. 영혼의 자질을 평가하려고 하는 자에게 신은 인간적인 것들의 최상의 거울이다. 신 속에서 우리는 우리 자신을 가장 잘 보고 인식할 수 있다"라고 말합니다. 여기에 대해 알키비아데스는 "그래요"라고 답한다. 이 구절에서 최상의 거울은 눈 자체보다도 훨씬 맑고 밝은 거울입니다. 마찬가지로 거울이 우리 눈보다 더 밝을 때 더 잘 볼 수 있는 것처럼, 영혼을 우리 영혼과 비슷하고 같은 광도를 갖는 영혼 내에서 바라다보기보다는 우리 영혼보다 더욱 밝고 맑은 요소, 즉 신 안에서 들여다볼 때 더 잘 볼 수 있습니다. 이 구절은 유세비우스의 텍스트 《복음의 실종》[10]에서만 인용된 채로 발견돼서 신플라톤주의나 기독교, 혹은 플라톤주의적 기독교 전통에 의해 유입된 것이 아니냐는 의혹을 받고 있습니다. 아무튼 이 텍스트가 플라톤의 텍스트이든 아니든 간에, 뒤늦은 시기에 첨가된 것이든 첨가되지 않은 것이든 간에, 플라톤 철학으로 간주되는 것과 관련해 극단에 놓이는 구절이라 할지라도 이 구절들과는 별개로, 또 그것들을 삭제한다 해도 텍스트의 전반적 운동은 명백합니다. 그리고 이 운동은 신성의 인식을 자기 인식의 조건으로 만듭니다. 이 구절들을 삭제하고 대화의 나머지 부분들을 우리가 진본이라고 대충 확신하는 상태로 내버려둔다 해도 자신을 배려하기 위해서는 자기를 인식해야 하고, 자기를 인식하기 위해서는 자기와 동일한 요소 내에서 자기를 응시해야 하는 원리는 변함이 없습니다. 즉 이 요소 내에서 지식과 인식의 원리인 바를 응시해야 합니다. 그리고 지식과 인식의 이 원리 자체는 신성한 요소입니다. 따라서 자기 자신을 확인하기 위해서는 신성한 요소 내에서 자기 자신을 응시해야 합니다. 요컨대 자기 자신을 확인하기 위해서는 신성을 인식해야 합니다.

그래서 이것에 입각해 우리는 텍스트 후반부를 전개되는 그대로 연역할 수 있다고 생각합니다. 신성의 인식으로 나아가며 우리 자신에 대해 우리가 갖는 중대한 배려 내에서 우리가 우리 자신을 인식하게 되는 이 활동은, 영

---

9) *Ibid*(p.110).

10) Eusèbe de Césarée의 텍스트 《복음의 실종 *Demonstratio evangelica*》, XI편, 27장, G. Faverelle 번역, Paris, Éd. du Cerf, 1982, p.178-191.

혼으로 하여금 지혜에 도달하게 해줍니다. 영혼이 신성과 접촉하는 순간, 영혼이 신성을 파악할 때, 영혼이 신성이라는 사유와 인식의 원리를 사유하고 인식할 줄 알게 될 때 영혼은 지혜(sôphrosunê)를 갖게 됩니다. sôphrosunê를 갖추게 되는 그순간 영혼은 이승 세계로 방향을 돌릴 수 있습니다. 영혼은 선과 악, 진실과 거짓을 구별하게 됩니다. 영혼은 그순간 적절하게 처신할 수 있게 되고, 또 적절히 처신할 줄 알게 되면 영혼은 도시국가를 지배할 수 있게 됩니다. 다소 긴 이 텍스트를 간략하게 요약하고 135e 구절에 있는 흥미로운 성찰인 끝에서 두번째 대화로 바로 넘어가도록 하겠습니다.

이제 우리는 다시 내려왔습니다. 그리고 우리는 신성의 인식이고 지혜의 인식이며 적절한 처신의 규칙인 자기 인식에 근거해 사람들이 통치할 수 있다는 것과 또 이같은 상승과 하강 운동을 하는 자가 도시국가를 지배할 수 있는 자질을 갖춘 통치자임을 압니다. 그래서 알키비아데스는 약속을 합니다. 긴급히 자기 자신을 배려하도록 자극을 받는 대화의 종반부에서 알키비아데스는 무슨 약속을 합니까? 알키비아데스는 소크라테스에게 무슨 약속을 합니까? 그는 소크라테스에게 다음과 같이 말합니다――이것은 끝에서 두번째 대화입니다. 그의 마지막 말은 소크라테스의 성찰 뒤에 옵니다. "아무튼 지금부터 epimelesthai를 행할――자기 자신에……'전념하고' '배려하고'――결심을 했습니다." 그런데 배려의 대상은 자기 자신일까요? 아닙니다. 그것은 '정의'(dikaiosunês)[11]였습니다. 아무튼 적어도 대화 전체와 또 아무튼 대화 진행의 후반부 전체가 자기 배려, 자기 배려의 필요성과 관련되었다는 점에 비추어 볼 때 이것은 역설이 아닐 수 없습니다. 결국 대화가 끝나는 순간 설복을 당한 알키비아데스는 정의를 배려하겠다고 약속합니다. 하지만 보시다시피 차이는 존재하지 않습니다. 알키비아데스에게 자기 배려를 하라고 설득하는 것, 알키비아데스를 위해 그가 배려해야 할 바를 영혼으로 규정하는 것, 알키비아데스에게 영혼 배려 방법을 설명하는 것, 즉 신성으로 시선을 던짐으로써 그 안에 있는 지혜의 원리를 발견하게 만드는 것, 이 모든 것은 대화의 수확이었고, 또 대화 활동의 결과였습니다. 그래

---

11) 푸코는 '지혜' 대신에 '정의'를 말하려 하지 않는 한 아마도 도처에서 sôphrosunê (dikaiosunê가 아니라)를 말하려고 하였던 것 같다.

서 그가 자기 자신 쪽을 바라볼 경우 거기서 그는 신성을 발견하고, 또 거기서 결과적으로 지혜(dikaiosunê)의 본질마저 발견할 수 있으며, 역으로 그가 지혜의 본질 쪽을 응시할 때 신성한 요소를 동시에 발견할 수 있습니다. 왜냐하면 신성한 것은 그 자신의 상태를 동일한 것의 요소 내에서 반영하기 때문에 그는 신성한 요소 내에서 자기 자신을 인식하고 확인합니다. 결과적으로 자기 자신이나 정의를 배려하는 것은 동일한 것이고 대화 활동 전체는 "나는 어떻게 훌륭한 통치자가 될 수 있을까?"라는 질문에서 출발해 알키비아데스를 '너 자신을 돌보아라'(occupe-toi de toi-même)라는 명령적 정언으로 유도하는 데 있습니다. 그리고 '너 자신을 돌보아라' 라는 명령적 정언이 무엇이고 무엇이어야 하는지, 즉 이 정언에 부여해야 할 의미가 무엇인지를 설명하며 알키비아데스는 자기 배려가 정의의 배려임을 깨닫게 됩니다. 대화의 종반부에 알키비아데스가 약속하는 것은 바로 이것입니다. 《알키비아데스》는 이렇게 전개됩니다.

이 점에 입각해 이제 보다 일반적인 몇 가지 성찰을 할 수 있습니다. 나는 어떤 구절의 진본성 여부와 또 한때, 몇몇 사람들이 진본이 아니라고 생각한 《알키비아데스》 자체의 문제를 누차 반복해 환기시킨 바 있기 때문에 그 대화와 그것이 발생시키는 문제에 대해 좀 논의하여 봅시다. 오늘날 어떤 학자도 《알키비아데스》에 대해 더 이상 진본성 문제를 제기하지는 않고 있습니다.[12] 그러나 그 연대 추정에 대해서는 여전히 상당한 문제가 제기되고 있습니다. 이 점에 대해 레이몽 베유가 《문헌 정보》지에 게재한 좋은 논문이 있습니다.[13] 이 논문에서 그는 《알키비아데스》와 그 저작 연도 문제들을 자

---

12) 《알키비아데스》의 진본성 여부에 관한 논쟁은 《알키비아데스》를 아카데미 회원이 저술한 교재로 생각한 독일 학자 Schleiermacher에 의해 19세기 초반에 시작되었고, 이후 논쟁은 부단히 지속되었다. 푸코가 알고 있을 수도 있는 프랑스의 주요 주석자들(M. Croiset · L. Robin · V. Goldschmidt · R. Weil)은 그 진본성을 인정했다. 하지만 수많은 영미 학자들과 독일 학자들은 푸코의 시대에도 여전히 진본성을 의심하고 있었다. 오늘날 L. Brisson · J. Brunschwig · M. Dixsaut와 같은 탁월한 프랑스 전문가들은 다시금 그 진본성에 문제를 제기한다. 반면에 J. F. Pradeau와 같은 사람들은 단호히 진본성을 옹호한다. 이 문제에 대한 완결된 점검과 여러 입장들의 도표와 관련해서는 장 프랑수아 프라도의 《알키비아데스》, Paris, Garnier-Flammarion, 1999, p.24-29와 219-220 역자 서문과 부록 1을 참조할 것.

세하게 종합적으로 검토합니다. 확실히 《알키비아데스》의 많은 요소들은 초기 저작을 지시하고 있습니다. 대화 전반부의 소크라테스적 요소들은 제기된 문제들의 유형에 비추어 볼 때 자명합니다. 통치하려는 젊은 귀족들의 문제, 교육 부족의 문제, 남성의 사랑이 담당해야 하는 역할의 문제, 답보 상태의 질문들을 수반하는 대화 방식 등에 관련된 문제들을 나는 이미 앞에서 언급했습니다. 이 모든 문제들은 소크라테스 대화의 전경인 사회정치적 전경과 동시에 결론이 없는 회의적 방식을 지시하고 있습니다. 그러나 다른 한편으로 《알키비아데스》에서는 보다 뒤늦은 연대를 암시하는 많은 요소들, 내가 판단할 수 없는 상당수의 외적인 요소들이 발견됩니다. 나는 이 점들을 레이몽 베유의 논문에서 직접 차용합니다. 예를 들어 "알다시피 너는 강적을 만날 것이다. 스파르타인들은 너보다 훨씬 부자이다"라고 소크라테스가 알키비아데스에게 말하는 대목의 어떤 순간에 스파르타의 부에 대한 암시가 있습니다. 아테네보다 더 큰 스파르타의 부에 대한 언급은 펠로폰네소스 전쟁 이후에 또 확실히 플라톤 초기 대화편들과 동시대가 아닌 스파르타의 경제 발전 이후 시기에서만 의미가 있습니다. 다소 외적인 두번째 요소는 페르시아에 대한 관심입니다. 플라톤이 하는 페르시아에 대한 언급은 아주 뒤늦은 시기에 나타납니다. 초기 대화편들에는 페르시아에 대한 다른 증언들이 부재합니다. 그러나 연대 문제와 관련해서 나의 관심을 끄는 것은 《알키비아데스》의 대화 내적인 고찰입니다. 한편으로, 통치·정의에 대한 질문과 도시국가 안에서 행복이 무엇인지에 대한 질문 같은 소크라테스적인 방식 내에서 대화가 시작된다는 사실입니다. 그리고 이 모든 대화는 해결책 없는 질문, 아무튼 구체적 답변이 없는 대화로 끝납니다. 그러나 오랜 답보 상태 이후 신성의 재확인으로서의 자기 인식이 갑작스럽게 출현합니다. 정의를 이론의 여지가 없는 자명성으로 설정하는 이 분석은 초기 대화의 양식에 속하지 않습니다. 그리고 다수의 다른 요소들이 있습니다. 페르시아에서 차용한 4덕론은 구축된 플라톤주의 내에서의 4덕론입니다. 신의 거울 속에서 자신을 바라보는 영혼을 거울에 비유한 것은 후기 플라톤주의

---

13) Raymond Weil, 〈플라톤 저작에서 《알키비아데스 I》의 위치〉, in 《문헌 정보 *Information littéraire*》, 16, 1964, p.74-84.

의 것입니다. 신체 속에 갇힌 실체로서가 아니라 krêsis의 동인, 혹은 주체로서의 영혼 관념은 아리스토텔레스에서 발견되는 요소이고, 그것이 초기의 것이라고 한다면 플라톤주의의 놀랄만한 어조 변화로 생각될 수 있습니다. 요컨대 《알키비아데스》는 연대적으로 이상한 점이 있으며, 플라톤 작품 전체를 가로지르고 있는 듯합니다. 초기의 양식과 참조가 부인할 수 없을 정도로 현존하고 있고, 다른 한편 구축된 플라톤주의의 테마와 형식이 분명히 현존합니다. 여러 사람들의 가설에 따르면——그것은 아마도 레이몽 베유가 신중하게 제기하는 가설일 것이다——《알키비아데스》는 플라톤의 노년의 어떤 시기에, 아마도 그의 사후에 다시 씌어진 텍스트라는 것입니다. 즉 《알키비아데스》 내에는 두 요소가 합쳐져 있는 것 같고, 두 층의 텍스트가 합쳐져 있는 듯하며, 두 층이 서로 경합하다 통합된 듯하다는 가설이 있습니다. 아무튼 이 가설들에 대해 논하는 것은 내 능력을 벗어나고 내 주제와는 관계가 없습니다. 내가 《알키비아데스》에 대해 관심을 갖고 또 그것에 매료되는 이유는, 사실상 소크라테스적인 질문에서 시작해 후기 플라톤적인 것과 비슷한 요소들로 보여지는 것들에 이르기까지 플라톤 철학 절차의 전반적 노선을 《알키비아데스》에서 발견할 수 있기 때문입니다. 결과적으로 유세비우스가 인용한 날조된 글의 현존과 삽입은 사실 《알키비아데스》의 거대한 운동 내부에서 부자연스러운 것은 결코 아닙니다. 이 운동 속에서 변화의 역정 속에 있는 플라톤주의가 삽입된 글의 모든 요소들 내에 현존하지는 않는다 할지라도, 적어도 그 변화 곡선의 핵심적인 요소들을 지시하고 있습니다.

게다가 이 거대한 변화의 도정에 입각해 우리는 플라톤주의적 epimeleia heautou 문제가 아니라 그리스·헬레니즘·로마 시대의 epimeleia heautou 개념과 그 실천, 그리고 그 철학적 구축의 순수 역사의 문제를 잘 제기할 수 있는 요소들을 따로 떼어낼 수 있을 것입니다. 한편으로 《알키비아데스》에서 정치 활동, 교육, 소년들의 연애술(l'érotique)에 관한 상당수의 질문들이 나타납니다. 이 질문들은 그 표현 형식이나 제안된 해결 방안에 비추어 볼 때 소크라테스-플라톤의 사유에 속하지만 그리스-로마 역사의 연속성 속에서, 또 2-3세기에 이르기까지 좀 색다른 표현 형식 및 해결책과 더불어 나타나기도 합니다.

첫째로 정치 행위와 관련해 《알키비아데스》에서 소크라테스가 하라는 자기 배려는 타자들을 다스리려고 하는 사람들에게 제안된 명령적 정언이며 "어떻게 잘 다스릴 수 있을까?"에 대한 해답입니다. 자기 배려는 통치자들의 특권이고 통치를 해야 하기 때문에 그것은 동시에 통치자들의 의무이기도 합니다. 자기 배려 정언이 보편화되는 방식과 그것이 '만인'을 위한 정언이 되는 방식을 살펴보는 것은 참 흥미로운 일입니다. 여기서 나는 '만인'을 괄호에 넣었습니다. 이 정언의 보편화──다음 시간에 이에 대해 설명하겠습니다──가 존재하지만 이것은 극히 부분적인 보편화였고, 그래서 우리는 보편화의 두 제한 사항을 고려해야 합니다. 첫째로 자기 자신을 배려하기 위해서는 그럴 시간과 능력, 그리고 교양이 필요합니다. 그것은 엘리트 집단의 행위였습니다. 그리고 스토아주의자들이 만인들에게 자기 자신을 돌보라고 권고할 때에도 그것은 교양적·경제적 사회적 능력을 갖춘 자들만을 위한 것이었습니다. 이 일반화의 두번째 제한 원칙은 자기 배려는 일상 생활에 함몰되어 있는 다수의 군중들(hoi polloi)[14]과는 다른 어떤 개인을 만들어 내는 효과와 의미와 목적을 갖게 됩니다. 따라서 '자기 자신을 돌보아라'라는 원칙을 적용한 결과에 내포된 윤리적 분할이 있음을 알 수 있습니다. 그리고 도덕적인 엘리트와 자기 자신을 구원할 수 있는 자들만이 실제적으로 [이 분할──두번째 분할──]을 수행할 수 있습니다. 이 두 분할의 교차──교양 있는 엘리트의 사실적 분할과 자기 배려 실천을 통해 그 결과로 획득되는 분할──는 보다 뒤늦은 시기에 철학자들이 주장하고, 표현하며 부르짖는 자기 배려의 일반화에 상당한 제한 사항을 구성하게 됩니다.

둘째로, 소크라테스와 플라톤에게 자기 배려는 교육의 문제와 직접적으로 연관되어 있었습니다. 불충분한 교육 때문에 자기 배려가 필요합니다. 그러나 우리는 보편성에 기초하지 않고 나이에 근거한 두번째 변화를 목격할 수 있습니다. 젊었을 때 자기 자신을 돌보아야 하는 것이 아닙니다. 또 아테네 교육이 불충분하기 때문에 자기 배려를 해야 하는 것도 아닙니다. 모

---

14) 이 표현은 문자 그대로 '여럿의' 혹은 '다수의'라는 의미를 지니며, 플라톤 이후로는 능력 있고 박식한 엘리트에 대립되는 대다수의 사람들(이 표현의 모범적인 예에 대해서는 《크리톤》, 44b-49c에서 소크라테스가 윤리적 선택에 있어서 지배적 여론은 아무런 가치가 없다는 점을 증명하는 구절을 참조할 것)이다.

든 교육이 자기 배려를 확보해 줄 수 없기 때문에 자기 배려를 해야 합니다. 평생에 걸쳐 자기 배려를 해야 합니다. 그리고 자기 배려의 결정적으로 핵심적인 나이는 성년에 있습니다. 청년기를 마치고 성인이 되는 시기에만, 사회 생활에 입문하는 시기에만 자기 배려를 해야 하는 것이 결코 아니라 자기 배려를 필요로 하는 특권화된 연령층은 장년기의 전개가 될 것입니다. 결과적으로 자기 배려가 준비시키는 바는 이제 젊은이의 경우가 그러했던 것처럼 시민 생활과 성년으로의 입문이 아닙니다. 젊은이들은 시민이 되거나 사람들이 필요로 하는 수뇌가 되기 위해 자기 배려를 하지 않게 됩니다. 성인도 자기 배려를 해야 합니다. 그런데 무엇을 위해서일까요? 바로 노년을 준비하기 위해서입니다. 생이 완수되고 중단되는 나이에 접어들어 생의 완결을 준비하기 위해 자기 배려를 해야 합니다. 노년의 준비로서의 자기 배려는 교육을 대체하던 자기 배려로부터 떨어져 나옵니다.

끝으로——앞에서 여러분에게 언급했으므로 다시 재론하지 않으려고 합니다——자기 배려는 남성의 연애술(l'érotique)과 관련됩니다. 플라톤에게 이 관계는 차츰차츰 분리되어 남성의 연애술(l'érotique)은 헬레니즘 시대와 로마 시대의 자기 테크닉, 자기 수련에서 사라져 버립니다. 물론 예외는 있습니다. 페르스의 풍자시를 읽어보면 스승 코르누투스는 페르스의 연인으로 등장합니다.[15] 마르쿠스 아우렐리우스와 프론토 간의 서신을 읽어보면 그들은 연인으로 등장합니다. 따라서 이것은 아주 어려운 문제입니다.[16]

이 테마들(연애술(l'érotique)과의 관계, 교육과의 관계, 정치와의 관계)은 자기 배려의 역사를 구성하는 일련의 변화들과 함께 계속 현존했습니다. 《알키비아데스》는 문제 제기를 통해 자기 배려의 긴 역사를 열고 있고, 동시에 이 문제에 수반된 플라톤주의적이거나 신플라톤주의적 해결이 무엇인지를 잘 보여주고 있습니다. 이런 맥락에서 《알키비아데스》는 보편적 자기 배려

---

15) 여기서 문제시되는 것은 다섯번째 풍자시이다. 푸코는 여기서 특히 36-37행과 40-41을 염두하고 있다. "나는 너를 위해 내 자신을 남겨 놓았다. 내 부드러운 세월을 소크라테스적인 너의 가슴에 모으는 것은 바로 너다. 코르누투스여 [···] 사실 나는 너와 더불어 세월을 상기할 수 있었다. 나는 햇볕이 내리쬐는 긴 하루를 보냈고 밤이 시작될 때 우리의 향연을 생각했다."(페르스, 《풍자시 Satires》, A. Cartault 번역, Paris, Les Belles Lettres, 1920, p.43)

16) 이 서신에 관해서는 1월 27일 강의 후반부 참조.

의 역사를 증거하는 것이 아니라, 엄밀히 플라톤적인 자기 배려 형식을 증거하고 있습니다. 자기 배려가 그 형식과 완결을 유일하지는 않더라도, 적어도 그 절대적으로 지고한 형식인 자기 인식에서 찾고 있다는 것이 플라톤주의적·신플라톤주의적 전통에서 자기 배려를 특징짓습니다. 둘째로 자기 배려의 주요하고도 지고한 형식인 자기 인식이 진리에 접근할 수 있게 해준다는 사실이 플라톤주의와 신플라톤주의적 경향의 특징일 것입니다. 끝으로 진실 접근이 자기 자신 안에 있는 신성을 재확인할 수 있게 해준다는 점이 플라톤주의와 신플라톤주의적 자기 배려의 세번째 특징입니다. 자기 인식, 신성의 인식, 자기 안에서 신성의 재확인, 바로 이것이 플라톤주의와 신플라톤주의의 토대를 이루는 형식입니다. 이러한 요소들은 신피타고라스주의와 뒤에 오는 신플라톤주의 운동 간에 있을 수 있었던 상호 간섭에도 불구하고 에피쿠로스주의, 스토아주의, 피타고라스주의의 [자기 배려] 형식에서는 발견되지 않습니다——아무튼 플라톤주의와 신플라톤주의의 형식들에서처럼 이 요소들이 분포되거나 구성되지는 않았습니다.

아무튼 이 점에 입각해 고대 사상사에서 뿐만 아니라 적어도 17세기까지의 유럽 사상사에서 중대한 '플라톤주의의 역설'을 발견할 수 있다고 생각합니다. 역설은 다음과 같습니다. 즉 한편으로 플라톤주의는 신성을 자기 자신 안에서 확인하는 행위인 자기 인식에 의해서만 인식과 진실 접근을 이해하고 있었다는 점에서 다양한 영성 운동의 주요 근원이 되었습니다. 이 순간부터 플라톤주의에서 인식과 진실 접근은 자기 자신과 신성과 관계를 맺는 영혼의 영성 운동을 통해서만 진행될 수 있었습니다. 즉 그것은 신성과의 관계인데, 그것은 영혼이 자기 자신과 관계를 맺고 있기 때문이고, 그것은 자기와의 관계인데 그것은 영혼이 신성과 관계를 맺고 있기 때문입니다. 즉 신성인 자기와의 관계와 자기인 신성과의 관계라는 이 자기와 신성에 대한 이같은 조건이 진실 접근의 플라톤주의적 조건이었습니다. 따라서 우리는 어떻게 플라톤주의가 일련의 영성 운동의 요인·토대·분위기·전경이 되어 버렸는지와 또 왜 이 운동의 한복판과 정점에 그노시스 운동이 있었는지를 이해할 수 있습니다. 그러나 이와 동시에 왜 플라톤주의가 소위 '합리성' 발달의 지속적인 환경일 수 있었는지를 알 수 있습니다. 마치 동일한 수준에 있는 두 사물처럼 영성과 합리성 간에 대립되는 의미가 없었기 때문에 플라톤주의는 영성을 요구하지 않는 순수 인식을 발전시키는 데 결정적인 환경을 제공했습니다. 왜냐하면 플라톤주의의 핵심은 진실에 접근하기 위해 자기가 자기에게 가하는 모든 작업, 모든 배려가 자기 인식, 즉 진실의 인식에 있다는 사실을 증명하려는 시도이기 때문입니다. 이런 맥락에서 자기 인식과 진실의 인식(인식 행위, 일반적으로 인식의 여정과 방식)은 영성이 요구하는 사항들을 자기 안에 흡수하여 제거해 버립니다. 그 결과 플라톤주의는 고대 문화와 유럽 문화 전반에 걸쳐 이중적 역할을 하게 됩니다. 즉 플라톤주의는 진실 접근을 위해 필요한 영성 조건들을 부단히 다시 제기함과 동시에 인식, 자기 인식, 신성 인식, 본질 인식 속에서 영성이 요청하는 바를 제거시킵니다. 바로 이 점이 《알키비아데스》와 이 텍스트가 여는 역사적 관점과 관련해 내가 논의하려 한 바입니다. 다음 시간에는 epimeleia heautou의 문제가 다른 시대, 즉 1-2세기의 에피쿠로스주의와 스토아주의에서 어떻게 나타나는지를 살펴보도록 하겠습니다.

1982년 1월 20일 강의

전반부

《알키비아데스》에서 기원후 1,2세기에 이르기까지의 자기 배려의 일반적 변화 — Epimeleia를 중심으로 한 어휘 연구 — 대표적인 표현들 — 자기 배려의 일반화: 실존 전반과의 공통된 외연을 갖는 자기 배려 — 텍스트 독서: 에피쿠로스 · 무소니우스 루푸스 · 세네카 · 에픽테토스 · 알렉산드리아의 필론 — 자기 배려 일반화의 윤리적 결과: 교육적이고 교정적인 축으로서의 자기 배려; 의학적 행위와 철학적 행위의 근접성(공통 개념: 치료적 목표)

오늘은 연대기적인 기준을 지난번 선택했었던 것과는 다른 것을 택해, 대충 기원후 1,2세기에 위치해 보고자 합니다. 말하자면 정치적인 기준에 비추어 볼 때는 아우구스투스 혹은 율리우스-클라디우스 왕조의 성립으로부터 안토니우스[1] 왕조 말엽에 이르는 시기를, 철학적 기준에 비추어서 볼 때 무소니우스 루푸스와 더불어 개화한 로마 스토아주의 시대부터 마르쿠스 아우렐리우스까지, 즉 기독교의 보급 직전과 테르툴리아누스와 알렉산드리아의 클레멘스[2]와 같은 초기 그리스도교 대사상가들의 출현 직전의 시대를 다루어 보고자 합니다. 바로 이 시대를 선택하고자 한 이유는 이 시대야말로 자기 배려 역사상에서 진정한 황금기이고, 자기 배려가 개념의 수준에

---

1) 율리우스 옥타비아누스는 기원전 27년에 새로운 권력 분할[프린키파투스, 원수정]을 추진한다. 그는 기원후 14년에 사망하였는데 클라우디우스 가문의 양자 티베리우스에게 권력을 계승하고 율리우스-클라우디우스 왕조의 시조가 되었으며, 이 왕조는 68년에 네로 왕이 죽을 때까지 군림한다. 안토니우스 왕조는 플라비우스 왕조를 계승해 96년에서 192년까지(코모두스의 죽음) 군림했고 트라야누스 · 하드리아누스 · 마르쿠스 아우렐리우스의 통치로 대표된다. 푸코가 선택한 이 시대는 역사가들이 초기 제정 시대로 지칭하는 시기를 포괄한다.

서나, 실천의 수준에서나 제도의 수준에서도 널리 확산된 시대이기 때문입니다. 이 황금기를 간략하게 특징짓는다면 그것은 무엇일까요?

《알키비아데스》에서 자기 배려의 존재 이유와 형식을 동시에 결정하는 세 가지 조건들이 있었음을 기억하실 겁니다. 그 첫번째 조건은 자기 배려의 적용의 장과 관련이 있습니다. 즉 그것은 누가 자신을 배려해야 하는가의 문제입니다. 《알키비아데스》는 이 점에 대해 자기를 돌보아야 할 자들은 권력을 행사하게 되어 있는 젊은 귀족층이라고 명시했었습니다. 《알키비아데스》에서 이것은 명백합니다. 그러나 플라톤의 다른 저작들 속에서, 소크라테스의 다른 대화들 속에서 이러한 사실이 확인된다는 것은 결코 아니고, 이 텍스트에서 알키비아데스는 위상으로 볼 때 언젠가 도시국가를 통치해야 하며, 이런 부류의 사람들이 자기 자신을 돌보아야 합니다. 두번째 조건은 명백히 첫번째 조건과 연관되어 있는데 그것은 자기 배려가 하나의 목적과 분명한 정당화를 갖는다는 것을 말합니다. 즉 정해진 권력을 훌륭하고 합리적으로 덕망 있게 행사하는 방식으로 자신을 돌보는 것이 문제가 됩니다. 세번째 조건은 대화의 종반부에 나타나는데 그것은 자기 배려의 주된 형식이 자기 인식이 된다는 것입니다. 즉 자기를 배려하는 것은 자기를 인식하는 것입니다. 하지만 여기서도 도식적·대략적으로 검토해 보면 이 세 조건들이 1,2세기에 오면 사라지게 된다고 말할 수 있습니다. 이 조건들이 사라졌다는 것을 통해 내가 말하고자 하고, 또 결정적으로 강조하고자 하는 바는 이 조건들이 그 시대에 사라졌다거나, 로마제정의 설정기인 이 시대에 자

---

2) 스토베(Stobée)가 《선문집 *Florilège*》에서 보존하여 우리에게 전해진 도덕 강론의 저자 무소니우스 루푸스는 플라비우스 왕조 군림 초기에 로마의 교육을 지배했고 견유주의자로 살았으며, 토스카나 출신의 로마 기사였다. 그의 가르침을 받은 에픽테토스는 그에 대한 생생한 기억을 간직하고 있었으며 이를 《어록》에서 환기하고 있다. 그는 특히 구체적 실존의 실천(어떻게 먹고, 입고, 잘 것인가)에 근거한 설교로 유명하다. 푸코는 《성의 역사》(《자기 배려》, *op. cit.*, p.177-180, 187-188, 197-198, 201-202)에서 결혼에 관한 무소니우스 루푸스의 저주를 폭넓게 원용한다. 121년에 태어난 마르쿠스 아우렐리우스는 138년에 하드리아누스를 계승한다. 그의 《명상록》은 만년에(적어도 170년대부터) 씌어진 것으로 추정된다. 그는 180년에 죽는다. 테르툴리아누스(155-225년경)의 최초의 대작 《변증(護敎書) *Apologeticum*》은 197년에 씌어졌다. 마지막으로 알렉산드리아의 클레멘스 (150-220년경)는 그의 지도서(3부작 《권고 *Protreptikos*》《교사(敎師) *Paidagogos*》《잡록 *Stromateis*》)을 3세기 초반에 저술하였다.

기 배려가 단번에 갑작스럽게 새로운 형식을 갖게 만든 갑작스럽고 급진적인 사건이 발생했다는 것은 결코 아닙니다. 사실상 우리가 플라톤 작품 내부에서 이미 감지할 수 있었던 오랜 변혁을 통해 《알키비아데스》에서 자기 배려에 제기된 상이한 조건들이 결국에는 사라져 버렸습니다. 따라서 이러한 변혁은 플라톤에서 감지될 수 있고, 그것은 헬레니즘 시대 전반에 걸쳐 수행되었으며, 그 중 상당 부분이 생활의 기술(l'art de vivre)로 제시된 견유주의 · 에피쿠로스주의 · 스토아주의와 같은 철학의 영향하에서 이루어졌습니다. 어쨌든 내가 위치하고자 하는 이 시대에 《알키비아데스》에서 자기 배려의 필연성을 특징지었던 세 한정(혹은 조건)은 사라집니다. 아무튼 언뜻보기에 이 조건들은 사라진 듯합니다.

첫번째로 자기 배려는 신분과 관계없이 만인에게 항시 부과되는 보편적이고 무조건적인 원칙, 정언적 명령이 되어 버렸습니다. 두번째로 자기 배려의 존재 이유는 이제 더 이상 타인을 통치하는 데 있는 특수한 행위 때문이 아닙니다. 자기 배려의 최종적 목적은 도시국가라는 특수하고 특권화된 대상이 아닌 듯합니다. 이제 사람들이 자기 배려를 하는 이유는 자기 자신을 위해서이고, 자기 자신을 목적으로 갖습니다. 한 가지 더 부언한다면 《알키비아데스》 분석에서 자기——여기에 대해서도 《알키비아데스》는 명백했습니다. 왜냐하면 누차 반복해서 이 텍스트는 배려해야 할 대상은 무엇인지, 내가 배려해야 할 이 나는 도대체 무엇인지에 대해 문제 제기를 했기 때문에——는 배려 대상으로 아주 명확히 잘 정의되었었고, 또 이 대상의 속성에 대해 자문할 필요가 있었습니다. 그러나 대상이 아니었던 자기 배려의 목적은 다른 데 있었습니다. 그것은 도시국가였습니다. 물론 통치자가 도시국가의 구성원임을 고려한다면 어떤 면에서는 그도 역시 자기 배려의 목적이고, 또 통치자는 자기 자신과 도시국가를 구하기 위해 품위 있게 통치에 전념해야 한다는 생각이 고대의 많은 텍스트들에서 발견됩니다. 그러나 알키비아데스 유의 자기 배려에는 약간 복잡한 구조가 있는데 이 구조 속에서 배려의 대상은 분명 자기였지만 목적은 도시국가였고, 거기서 자기는 재발견되지만 그것은 자기가 도시국가의 한 요소인 한에서였습니다. 도시국가가 자기와 자기가 맺는 관계를 매개하였고, 또 자기를 대상임과 동시에 목적으로 만들었습니다. 하지만 자기는 도시국가의 매개가 있었기에 목적이 될 수 있었습니다. 이제 로마제정의 황금기에 개화한 신고전주의적 문화 내에서 발달된 자기 배려와 그 형식에서 자기는 배려의 대상이자 목적으로 등장합니다. 이제 자기 배려는 도시국가를 위해 하는 것이 아니라 자기 자신을 위해 하는 것입니다. 게다가 성찰된 형식은 대상과의 관계——대상으로서의 자기 배려——뿐만 아니라 목적과의 관계도 구조화합니다. 그것은 일종의 자기 관계의 자목적성(自目的性)이라고 말할 수 있습니다. 이것은 다음 강의에서 밝혀 보고자 하는 두번째 특질입니다. 끝으로 세번째 특질은 자기 배려가 자기 인식이라는 유일한 형식 내에서 결정될 수 없다는 점입니다. 이는 자기 인식의 정언적 명령 또는 형식이 완전히 사라진다는 말은 확실히 아닙니다. 간략히 말해서 이는 자기 인식 형식이 완화되고 우리가 확인한 보다 방대한 총체 속에 편입·통합된다는 말입니다. 이 총체에 대해서는 어휘들의 몇몇 요소들을 지적하면서 몇몇 유형의 표현들을 찾아내어 대략적으로 파악해 볼 수 있습니다.

먼저 플라톤의 《알키비아데스》부터 니사의 그레고리우스에 이르기까지 다시 한번 발견되는 'epimelesthai heautou'(자기를 배려하기, 자기에 대해 고심하기, 자기에 대해 우려하기)는 중요한 한 의미를 지니고 있습니다. 즉 epimeleisthai는 단순히 정신의 태도, 일정한 형식의 주의, 어떤 사물을 잊지 않으려는 태도만을 지시하고 있지 않습니다. 이 말의 어원은 meletan, meletê, meletai 등과 같은 일련의 단어를 가리킵니다. Meletan은 종종 동사 gumnazein[3]과 짝을 이루어 사용되는데, '수련하다' '단련하다' 라는 의미를 갖습니다. meletai는 체육 훈련, 군사 훈련과 같이 훈련을 의미합니다. Epimeleisthai는 정신적 태도보다는 훨씬 행동의 형식, 응용적이고 규칙화된 경계 행위의 의미를 갖습니다. 예를 들어 크세노폰은 소위 유지-농부인 지주들의 모든 활동들을 논의하기 위해 《가정관리론》에서 그들의 생활을 기술하며 epimeleiai에 대해 논하고 자신의 신체를 유지시키기 때문에 유지-농부의 활동들이 지주인 자신에게 이롭고, 이 활동이 부를 가져다 주기 때문에 가족에게도 이롭다고 말합니다.[4] 따라서 meletan, meletê, epimelesthai,

---

3) 사유상의 훈련으로서의 meletan과 현실에서의 훈련으로서의 goumnazein이라는 구분보다 더 강한 개념적 구분과 관련해서는 3월 3일 강의 후반부 참조.

epimeleia 등과 같은 일련의 용어들은 일군의 실천들을 지시합니다. 그리고 4세기 기독교도들의 어휘 가운데 epimeleia가 아주 빈번히 금욕적 수련의 의미를 갖는다는 것을 보게 될 것입니다. 따라서 epimeleia/epimeleisthai가 행동의 형식들을 지시한다는 사실을 결코 잊어서는 안 됩니다. 또 이 근원적이고 핵심적인 어휘의 주변에서 우리는 철학적 문학이나 심지어는 순전히 문학적인 텍스트 내에서도 단순히 인식 활동에 국한된 영역을 광범위하게 넘어서는 일군의 어휘들과 표현들을 쉽게 확인할 수 있습니다. 말하자면 우리는 여기서 네 개의 표현군을 발견할 수 있습니다.

첫번째 군은 인식 행위를 가리키며 자기가 자기 자신에게 기울이는 주의·시선·지각과 연관되어 있습니다. 즉 그것은 자기 자신에게 주의하기(prosekhein ton noûn),[5] 자기 자신에게 시선을 돌리기(예를 들면 플루타르코스는 외부 정원 쪽의 덧창을 닫고 시선을 집 안 내부와 자기 자신으로 향해야 할 필요성에 대해 분석하였습니다),[6] 자기 자신을 점검하기(자기 자신을 점검해야 한다: skepteon sauton)[7] 등의 형식을 갖습니다. 그러나 자기 배려와 관련해 단순히 시선의 변환이나 자기 자신에게 필요한 주의만이 아니라, 말하자면 자기 자신을 중심으로 움직이고 자신을 통제하며 자기 자신으로 회귀하도록 유도하는 실존 전반의 운동에 필요한 배려와 관련된 어휘들이 있습니다. 자기 자신으로 회귀하기는 잘 알려진 convertere와 metanoia이며, 이에

---

4) "가장 부유한 사람들은 농업 없이는 지낼 수 없다. 네가 알다시피 농사를 돌봄(epimeleia)은 즐거움의 원천이며 가문을 성장시키는 수단이고 자유인이 하기에 적합한 모든 것들을 신체가 훈련하게 하는 수단이다."(크세노폰, 《가정관리론》: P. Chantraine 번역, Paris, Les Belles Lettres, 1949, V-1, p.51)

5) 이와 관련한 플라톤의 모범적 용례를 참조할 것. 요컨대 "더 주의하여 너 자신을 다시 점검해 보도록 할 필요가 있다(mallon prosekhôn ton noun kai eis seauton apoblepsas)."(《샤르미데스 Charmide》, 160d, A. Croiset 번역, in Platon, 《전집》, t. II, Paris, Les Belles Lettres, 1921, p.61); "무엇보다도 우선해서 우리 자신을 생각해 보아야 할 필요가 있다(prosekteon ton noun hêmin autoîs)."(《메논》, 96d, A. Croiset 번역, in Platon, 《전집》, t. III-2, Paris, Les Belles Lettres, 1923, p.274)

6) 《호기심에 대하여 De la curiosité》, 515e(in 플루타르코스, 《도덕전집》, t. VII-1, J. Dumortier & J. Defradas 번역, Paris, Les Belles Lettres, 1975, p.266-267). 푸코는 이 구절을 보다 상세히 2월 10일 강의 전반부에서 분석한다.

7) 자기 자신으로 향하는 이 동일한 시선의 테마와 관련해서는 같은 강의 전반부를 참조할 것.

대해서는 다시 논의하기로 합시다.[8] Se retirer en soi(자기 자신으로 되돌아가기), faire retraite en soi(자기 자신으로 후퇴하기), descendre au plus profond de soi-même(자기 자신의 가장 깊은 곳으로 내려가기) 등과 같은 일련의 표현들이 있습니다.[9] 피신처, 요새화된 성채, 벽으로 보호되는 요새와 같은 자기 자신 내에 거처를 정하고 거주한다거나 자기 자신의 주변에 다시 모이거나 자기 자신에 정신을 집중시키는 것을 목적으로 하는 행동 및 태도와 관련된 표현들이 있습니다.[10] 세번째 표현군은 자기 자신에 대한 특수한 행동거지와 관련이 있습니다. 어떤 표현들은 의학 용어의 직접적인 영향을 받고 있습니다. 즉 자신을 치료하고 치유하며 자신의 몸의 일부를 절개하여 종양을 제거해야 합니다.[11] 또 법률적 유형의 자기 배려에 관한 표현들도 있습니다. 즉 세네카가 루킬리우스에게 보내는 첫번째 서신에서처럼 '자기 자신을 주장해야' 합니다.[12] 다시 말해서 법률적 주장을 하고, 자신이 갖는 권리를 유효하게 해야 하며 빚과 의무에 시달리며 예속 상태에 있는 자기 자신에 대해 자기 권리를 주장해야 한다는 말입니다. 결국 자기 자신으로부터 해방되고 자기 자신을 넘어서는 것이 필요합니다. 또 자기 자신에 대한 종교적인 유형의 표현들도 있습니다. 즉 자기 스스로를 경배해야 하고 존중하며 자

---

8) 전향과 metanoia의 그리스적이고 기독교적 의미와 관련해서는 같은 강의 전반부를 참조할 것.

9) 은거(anakhôrêsis)와 관련해서는 1월 12일 강의 전반부와 2월 10일 강의 전반부를 참조할 것.

10) "자기 자신으로 은거해 자신이 원하지 않는 바를 행하지 않는 것으로 자족할 경우 너의 내면의 안내자는 난공불락의 상태가 된다는 것을 명심하라. […] 그것은 성채이자 정념으로부터 해방된 지성이다. 이제 난공불락의 상태가 되기 위해 인간이 후퇴할 수 있는 이보다 더 강한 입장을 가질 수 없다(마르쿠스 아우렐리우스, 《명상록》, VIII, 48, 인용된 판본, p.93); "철학은 운명이 무수한 수단으로 타격을 가하나 결코 길을 낼 수 없는 난공불락의 성벽을 우리 주위에 건립한다. 외부 사물들로부터 떨어져 나와 자신이 만든 성채 내에서 자신을 방어하는 영혼은 난공불락의 상태를 유지한다."(세네카, 《루킬리우스에게 보내는 서신》, t. III, X편, 서신 82, 5, 인용된 판본, p.102) 이와 동일한 이미지가 에픽테토스에게서도 발견되지만(《어록》, IV, 1, 86) 이는 내면의 성채를 허무는 것이 문제시되기 때문에 역전된 이미지이다.

11) 에픽테토스와 세네카를 참조하는 《자기 배려》, p.69-74 참조.

12) 세네카가 루킬리우스에게 보내는 서신의 첫 문장 'vindica te tibi' 참조(《루킬리우스에게 보내는 서신》, t. I, p.3).

신 앞에서 부끄러움을 느낄 줄 알아야 합니다.[13] 마지막으로 네번째 표현군이 있는데, 그것은 자기와의 일정한 유형의 항구적 관계를 지시하는데, 여기서 중요한 것은 자제와 지고성(자신의 주인)과 감각의 관계(자신으로부터 즐거움을 얻어내기, 자기 자신으로부터 환희를 느끼기, 자족하기 등)입니다.[14]

이렇게 이 시대에 표현되고 나타나서 전개된 일련의 모든 표현들은 단순한 인식 행위를 넘어서고 있고 자기 실천을 중시합니다. 나는 이렇게 말하고 나서 자기 배려의 급부상, 아무튼 자기 배려의 변형(자기 배려가 독자적이고 자목적이며, 형식상 다수의 실천으로 변형된 것), 이것들을 보다 정밀하게 연구하기 위해 오늘은 두 축, 두 차원에서 행해지는 자기 배려의 보편화 과정을 분석해 보고자 합니다. 한편으로는 개인 생활의 차원에서 일반화가 있습니다. 어떻게 자기 배려가 개인 생활과 외연을 함께하는 것이며, 또 개인 생활과 외연을 공유하게 되었을까요? 이것이 내가 오늘 강의 전반부에서 설명하고자 하는 바입니다. 그리고 후반부에서는 나중에 논의하겠지만, 그것을 제한하는 것들이 무엇이든지간에 자기 배려를 모든 개인들에게 확산되게 만든 일반화 과정을 분석하려 합니다. 따라서 먼저 자기 배려의 개인 생활에로의 확장, 혹은 생활의 기술(잘 알려진 tekhnê tou biou)과 자기 배려의 공통 외연이 있고 플라톤 이후, 특히 후기 플라톤주의 운동 내에서 이 삶의 기술은 철학의 근본적인 정의가 됩니다. 자기 배려는 생활과 공통의 외연을 갖게 됩니다.

항시 《알키비아데스》를 역사적 기준과 그 모든 과정들의 이해를 위한 열쇠로 삼을 때, 《알키비아데스》에서 자기 배려는 실존의 어떤 순간과 분명한 계기에 필요한 것으로 나타납니다. 그 순간, 그 계기는 그리스어로 한 사건에 대한 특수한 추측을 의미하는 kairos가[15] 아닙니다. 그것을 그리스인들은 hora라 불렀고, 이는 자신을 돌보아야 하는 실존의 순간, 계절을 의미합니다. 이 실존의 계절은 교육, 연애술(l'érotique), 정치에 대한 비판의 나이, 즉 젊은이가 교육자의 지배와 욕망의 대상 사이에 놓이게 되는 것을 중단해야 하

---

13) 여기서는 마르쿠스 아우렐리우스가 '의견 개진의 소질을 경배하라' (tên hupolêptikên dunamin sebe) 혹은 "네 자신 안에 있는 가장 탁월한 부분을 존중하라(tima)" (《명상록》, V, 21, p.49)라는 사유를 특히 염두에 둘 필요가 있다(《명상록》, III, 9, p.23).
14) 세네카가 루킬리우스에게 보내는 서신 23, 3-6과 72, 4 참조.

는 시기임과 동시에 사회 생활에 입문해 능동적인 권력을 행사해야 하는 시기입니다.[16] 모든 사회에 있어서 청년의 사회입문, 소위 '성인'으로의 이행은 분명히 문제를 발생시키고, 대부분의 사회는 이 어렵고 위험한 이행을 강력히 예식화했습니다. 흥미로운 것은 그리스에서, 아무튼 아테네에서는——왜냐하면 스파르타에서는 상황이 달랐기 때문에——청소년이 사회에 입문할 즈음에[17] 필요한 규칙화되고 효과적인 강력한 이행(移行) 제도를 갖추지 못했다는 사실에 의해 고통을 받고 많은 불만이 토로되었던 것 같습니다. 청년기에서 성년기로의 이행을 확고히 할 수 없고, 사회입문을 제도화하며 계율화할 수 없는 아테네 교육에 대한 비판은 그리스 철학의 특징들 가운데 하나라고 생각됩니다. 바로 이런 점들 때문에——이 문제와 관련해 바로 이런 제도적 허점 속에서, 교육의 결함 내에서, 청년기말과 사회 생활 입문기에 정치적으로 연애적으로 혼란한 이 시기에——철학적 담론 혹은 적어도 철학적 담론의 소크라테스-플라톤적 형식이 형성되었습니다. 내가 누차 언급한 이 점은 재론하지 맙시다.[18]

한 가지 확실한 것은 플라톤 이후 지금 내가 논의하고 있는 시대에(기원후 1,2세기) 이르기까지 청소년기말이라는 인생의 이 시점, 즉 격동하는 비판적 단계에서 자기 배려의 필요성이 단언되는 것은 아니라는 사실입니다.

---

15) 일차적인 의미가 공간적이었던(그것은 궁수에게 있어서 목표물이 있는 정확한 지점을 의미했다) Kairos는 고전기 문화 내에서 시간의 질적인 사열, 다시 말해서 적당한 순간, 좋은 기회를 의미한다(M. Trédé, 《'카이로스': ~에 대하여와 기회. 기원전 4세기말의 이 어휘와 개념 'Kairos' : l'à-propos et l'occasion. Le mot et la notion d'Homère à la fin du IVᵉ siècle avant J. C.》, Paris, Klincksieck, 1992).

16) 1월 6일 강의 후반부 참조.

17) 기원전 4세기말에 가서야 아테네는 병역 의무와 유사한 것, 아무튼 성년의 시민이 되기 이전의 지도를 시행했다. 이 이전에 아테네는 성인으로의 이행을 체계화하는 강력한 교육을 갖추지 못했었다. 반면에 스파르타는 지속적이고 규칙화된 군사 훈련의 구조를 항시 가지고 있었다. H.-I. Marrou, 《고대 교육사 L'Histoire de l'éducation dans l'Antiquité》 참조. 아테네의 군사 교육과 관련해서는 특히 P. Vidal-Naquet, 〈검은 사냥꾼과 아테네 군사 교육의 기원 Le Chasseur noir et l'origine de l'éphébie athénienne〉(1968) 참조. 이 논고는 《검은 사냥꾼 Le Chasseur noir》, Paris, La Découverte, 1938, p.157-174에 증보되어 재수록됨.

18) 《쾌락의 활용》 5장에서 푸코가 전개시킨 논지 참조. 이 논지는 콜레주 드 프랑스 강의의 대상이었다(1981년 1월 28일 강의).

이제부터 자기 배려는 청소년기와 성년기 사이의 시기에 발생하는 교육적 위기에 단순히 관련된 정언적 명령이 아닙니다. 자기 배려는 인생 전반에 걸쳐 지속되어야 할 항구적인 의무 사항이 됩니다. 1,2세기에 와서야 이것들이 단언된 것은 결코 아니었습니다. 에피쿠로스가 메네세에게 보내는 서신의 서두에서 "젊을 때 철학하는 것을 주저해서는 안 되고, 또 나이가 들어서 철학하는 것을 게을리해서는 안 된다. 자신의 영혼을 돌보는 일에는 이른 것도 늦은 것도 있을 수 없다. 철학을 아직 시작할 때가 아니라고 말하는 자나 철학을 할 때가 더 이상 아니라고 말하는 자는 행복에 아직 도달할 때가 아니라고 말한다거나 행복에 더 이상 도달할 때가 아니라고 말하는 자와 같다. 따라서 젊을 때나 나이가 들어서나 사람은 철학을 해야 하며, 후자의 경우 [나이가 들어서는; M. F.] 신과의 접촉을 통해, 또 지난 날들을 회고하며 회춘하기 위해 철학을 하고, 전자의 경우 [젊을 때는; M. F.] 어리더라도 노인들과 마찬가지로 미래 앞에서 확고해지기 위해 철학을 해야 한다"[19]고 말하고 있습니다. 사실 이 텍스트는 대단히 밀도가 있으며, 보다 정밀하게 검토해야 할 일련의 요소들을 간직하고 있습니다. 그 중 몇 가지를 언급해 보고자 합니다. 먼저 '철학하기'와 '자기 자신의 영혼을 배려하기'의 동일시가 있습니다. 다음으로는 철학 행위에 제안된 목표는 행복에 도달하는 것입니다. 마지막으로 이 자기 배려 행위를 젊던 늙던 전 생애에 걸쳐 실천해야한다는 점입니다. 하지만 철학 행위는 서로 다른 두 기능과 함께 실천해야합니다. 즉 젊은이의 경우는 생을 스스로 준비하는 것——에피쿠로스주의자들과 스토아주의자들 모두에게 핵심적인 이 praskheuê는 후에 재검토하기로 합시다[20]——자기를 무장하는 것, 실존을 위한 장비를 갖추는 것이 중요합니다. 다른 한편으로 노인의 경우 철학하는 것은 회춘하는 것입니다. 다시 말해서 철학 행위는 시간을 되돌리기, 아무튼 시간으로부터 벗어나는 것입니다. 그리고 그것은 에피쿠로스주의자들의 경우에는 과거 순간들의 회고에 해당하는 기억 행위에 의해 가능합니다. 이 모든 것이 자기 배려의 실

19) 《에피쿠로스가 메네세에게》, in 디오게네스 라에르티오스, 《유명한 철학자들의 삶, 학설, 정언 *Vie, doctrines et sentences des philosophes illustres*》, t. II, R. Genaille 번역, Paris Garnier-Flammarion, 1965, p.258.

20) 2월 24일 강의 후반부 참조.

천과 활동의 핵심을 이룹니다. 에피쿠로스 텍스트의 다른 요소들에 대해서는 다음에 재검토하기로 하겠습니다. 에피쿠로스에게 철학은 항시 수행해야 하는 것이고, 그것은 항시 자신을 배려하는 행위입니다.

이제 스토아주의자들의 텍스트를 검토해 보아도 상황은 마찬가지입니다. 무수한 텍스트들 가운데 무소니우스 루푸스의 텍스트를 간단히 인용해 보겠습니다. 그는 "스스로를 부단히 치료하면서(aei therapeuontes) 사람들은 자신을 구제할 수 있다"[21]고 말합니다. 따라서 자기 배려는 평생의 일입니다. 이 시대에 자기 배려와 자기 실천이 어떻게 행해졌는가를 보게 되면 그것이 평생의 일임을 알 수 있을 겁니다. 또 그것은 성인의 일이고, 무게 중심과 특권화된 시간적 축이 청소년기가 아니라 중년이 되어 버린다고 말할 수 있습니다. 아무튼 이제 전경은 기원전 4,5세기의 아테네에서 권력 행사에 대한 야심과 열망을 품은 젊은이들이 아니라, 젊은이, 장년기의 성인들, 노인들로 이루어진 작은 세계로 들어가게 됩니다. 이 소우주에서 각자는 서로에게서 기초를 배우고, 서로 격려하며, 개별적이든 집단적이든 자기 실천에 정진합니다.

간단히 몇 가지 예를 들어 봅시다. 개인적 실천 내에서 세네카와 세레누스의 관계를 생각해 보면 《영혼의 평정에 관하여》의 서두에서 세네카에게 자문을 구하는 세레누스는 그에게 편지를 보내 자기 영혼의 상태를 묘사하며, 세네카에게 조언과 진단을 부탁하고, 자기 영혼의 의사 역할을 해주기를 부탁합니다.[22] 세네카가 《지혜의 불변성에 관하여》와 《여가에 관하여》[23]를 헌사한 세레누스는 도대체 어떤 인물이었을까요?[24] 그는 분명 알키비아

---

21) "실라야 우리가 기억하고 있는 무소니우스의 훌륭한 격언들 가운데 다음과 같은 것이 있다. 즉 '행복하게 살고 싶으면'(bioun tous sôzesthai mellontas) 부단히 자기 자신을 치료해야 한다."(to dein aei therapeuome-nous)

22) 세네카 대화의 일차적 전개가 문제시된다(《영혼의 평정에 관하여》, I, 1-18, in 《대화》, t. IV, R. Waltz 역, 상기한 판본, p.71-75).

23) 이 세 논고(《지혜의 불변성에 관하여》《영혼의 평정에 관하여》《여가에 관하여》)는 전통적으로 세레누스의 (세네카의 영향하에서) 에피쿠로스주의에서 스토아주의로의 개종을 대표했다. 하지만 폴 벤은 세네카의 《어록》《루킬리우스에게 보내는 서신》(Paris, Robert Laffont, 1993, p.375-376)의 서문에서 이 논고의 연대를 62-65년으로 추정한다. 이는 62년에 사망한 세레누스에게 헌사되었다는 주장을 일축한다. 세레누스는 62년에 버섯 요리에 의해 독살되었고 세네카는 루킬리우스에게 보내는 서신 62-65에서 애도한다.

데스와 같은 청년이 아니었습니다. 세레누스는 로마에 와서 정치가와 궁신 경력을 시작한 지방 출신 젊은이(세네카와 먼 친척이 되는 유지의 가문)였습니다. 그는 자신의 첩들을 네로에게 소개하기도 했습니다. 하지만 이것은 중요하지 않습니다.[25] 바로 이 시기에 접어들어――따라서 이미 나이가 지긋이 들고, 선택을 해 경력을 쌓은――세레누스는 세네카에게 호소하게 됩니다. 항시 이런 식의 개인적 관계 내에서, 또 항시 세네카의 주변에서 루킬리우스를 취해 봅시다. 세네카가 62세가 되어 전념한 긴 서신과 《자연의 의문들》은 루킬리우스에게 헌정되었습니다. 그렇다면 루킬리우스는 누구일까요?――그는 세네카보다 10세 정도 나이가 어린 사람입니다.[26] 그러나 좀 생각해 보면 세네카가 은퇴하여 서신과 《자연의 의문들》을 쓰기 시작했을 때 60세였습니다.[27] 따라서 대체로 루킬리우스는 약 50세 정도 됩니다. 어쨌든 이 서신을 쓸 당시에 세네카는 시칠리아의 지사였습니다. 그리고 세

24) 세레누스와 세네카의 관계에 대해서는 푸코가 《자기 배려》(p.64와 69)에서 말하는 바 외에도 P. Grimal의 고전적인 저작(《세네카 혹은 로마제국의 의식 *Sénèque ou la Conscience de l'Empire*》, Paris, Les Belles Lettres, 1979)에서 이들의 관계에 할애된 부분(특히 세레누스의 이력과 소위 그의 에피쿠로스주의에 대한 p.13-14, 26-28과 특히 287-292)을 상기할 필요가 있다. 세레누스는 세네카의 친척이었던 것으로 추측되며(세레누스는 세네카와 같은 성을 가지고 있었다) 자신의 이력상에서 세네카의 도움을 받은 것으로 (기사인 그는 기원후 50년경에 경비사령관직을 역임했다) 추정된다. 그는 기원후 62년에 독이 든 버섯 음식을 먹고 독살되었고 세네카는 루킬리우스에게 보내는 서신 63, 14에서 그의 죽음을 애도했다.

25) 네로 왕자와의 사랑을 세레누스가 숨겨 준 악테가 문제시된다. "[네로]는 어머니에게 복종하기를 중단하고 세네카의 손아귀에 들어가기 시작했다. 세네카의 친척 중 한 사람인 아나에우스 세레누스는 해방된 노예인 악테를 사랑하는 척하면서 네로 왕자가 악테에게 한 선물들이 자신의 너그러움으로 비쳐질 수 있도록 자신의 이름을 빌려주기까지 했다."(타키투스, 《연대기 *Annales*》, XIII, 13, P. Grimal 번역, Paris, Gallimard, 1990, p.310)

26) 세네카와 루킬리우스의 관계에 대해서는 P. Grimal(《세네카…》, 상기한 판본, p.13과 92-93)을 참조하고, L. Delatte의 논고 〈세네카의 친구 루킬리우스〉, 《고전 연구》 IV, 1935, p.367-545; 《자기 배려》, p.64와 69 참조.

27) 《자연의 의문들》의 연대에 관해서 기본이 되는 글은 이 저서의 Belles Lettres 출판사 판본(t. I, Paris, 1929)에 P. Oltramare가 단 서문이다. 이 텍스트에서 P. Oltramare는 《자연의 의문들》의 집필 연도들 61년에서 64년 사이(오히려 63년말과 65년초 사이)로 잡고 있다. 이는 "《자연의 의문들》이 《루킬리우스에게 보내는 서신》의 주요 부분보다 앞선다"는 결론으로 귀결된다.(p.vii) 루킬리우스에게 보내는 편지의 연대 추정은 《세네카…》에서 P. Grimal이 상세하고 장황하게 논한다(p.219-224. 특히 보록: 《루킬리우스에게 보내는 서신》 연대기, 자연 I *Les Lettres à Lucilius*, Chronologie, Nature〉, p.441-456 참조).

네카의 서신은 루킬리우스를 이론화되지 않고 허술한 에피쿠로스주의에서 엄격한 스토아주의로 개종시키기 위한 것이었습니다. 그런데 세네카의 경우는 매우 특수하다고 생각될 수도 있습니다. 한편으로는 순전히 개인적인 실천이 문제시되고, 다른 한편으로는 고위 정치관료가 문제시되며, 결국 그는 젊은이들에게 호소하며 그들에게 교훈을 줄 수 있는 시간과 여가와 마음이 없었다는 말입니다.

그러나 세네카와는 달리 직업 교사였던 에픽테토스는 실제로 'école'이라 불리는 학원을 열어 제자를 거느리고 있었습니다. 학원에는 많은 학생들이 있었습니다. 제자들 가운데 에픽테토스 학원의 교육적 기능은 아리우스가 기록한 《어록》의 여러 군데에서 언급됩니다.[28] 예를 들면 에픽테토스는 자신들이 훌륭한 철학 학원에서 교육을 받으러 간다고 가족들을 믿게 만들지만 돌아가면 오직 중요한 요직들만 차지하려고 하는 젊은이들을 비판합니다. 또 열의로 가득 차 학원에 오지만, 얼마 안 되어 그들에게 탁월할 수 있도록 가르치지 않고 도덕적 측면에서 지나친 것들을 요구하는 교육에 환멸을 느끼고 학원을 떠나는 학생들에 대한 비판도 있습니다. 젊은이들에게 심부름을 보낼 때 도시에서 처신해야 하는 방법과 규율들도 발견됩니다. 이는 나약한 젊은이들이 문제였다고 지적하고 있을 뿐만 아니라 또 학원이 규율이 엄격한 기숙사에서 그들을 굳건하게 만들고 있었다는 점을 지적하는 것 같습니다. 에픽테토스가 젊은이들에게 호소하는 것은 분명 사실입니다. 그러나 다른 한편으로 젊은이의 교육과 함께 에픽테토스의 학원에서 성인들에게 개방된 서비스도 발견할 수 있습니다. 사실 에픽테토스의 학원에 성인들이 하루 단위로, 며칠 단위로, 상당한 시간 동안 그의 가르침을 경청하러 왔습니다. 《어록》을 통해 환기된 사회적 전경 내에서 예를 들면 세무감독관이 지나갑니다. 그는 에피쿠로스주의자이고, 에픽테토스를 찾아와 자

---

28) 비튀니아의 귀족 가문에서 태어난 플라비우스 아리아누스(89-166년경)는 니코폴리스에서 에픽테토스를 스승으로 삼는다. 그는 스승의 어록을 충실히 받아 기록하는 데 몰두한다(에픽테토스의 구두 교육의 유일한 증언인 《어록》 참조). 심플리키우스에 따르면 아리우스는 에픽테토스의 가장 뛰어난 어록의 입문서 역할을 하는 《제요》의 저자이다. 이후 크세노폰과 같은 사람이 되고 싶어했던 그는 아테네에 명사로 정착하기 이전에 하드리아누스 황제 치하에서 집정관이 된다.

문을 부탁하며 그에게 여러 질문들을 합니다. 로마로 발령이 난 한 사람이 있었습니다. 그는 소아시아에서 로마를 향해 가다가 에픽테토스에게 가서 어떻게 자신의 임무를 최상으로 수행할 수 있는지를 묻습니다. 자신의 젊은 제자들에게 도시의 유지들을 찾아가 보도록 충고하고, "당신들은 어떻게 살고 있습니까?" "그것이 진정으로 당신들을 배려하는 것일까요?"와 같은 질문들로 그들을 동요시키기를 원했기 때문에 에픽테토스는 이같은 고객을, 아무튼 성인 대화자들을 등한시하지 않았습니다. [29]

견유학파 웅변가들은 축제 때 길모퉁이에서 성인과 젊은이로 구성된 일반 대중에게 연설을 했습니다. 이런 대중 연설의 장르 가운데 푸루사의 디온의[30] 위대한 텍스트가 있고, 그 중 상당 부분은 고행, 자기 내 은둔, ana-khôrêsis eis heauton[31] 등과 같은 문제들에 할애되어 있습니다.

성인이 자기 실천에의 삽입 문제와 관련해 마지막 예를 들어 보겠습니다. 약간 수수께끼 같고 잘 알려지지 않았기는 했어도 유대인 고행자 그룹들(Thérapeute)이라는 중요한 그룹이 있습니다. 그들의 정체와 하는 일에 대해서는 뒤에 재검토하기로 합시다. 어쨌든 그들은 알렉산드리아 근처의 수도 집단이고, 그들 목표들 가운데 하나가 영혼을 배려하기, 요컨대 epimeleia tês psukhê입니다. 그러나 필론은 《명상 생활에 관하여》에서 유대인 고행자 그룹에 대해 다음과 같이 언급합니다. "불멸성과 행복한 생애에 대한 그들의 열망은 그들로 하여금 유한한 생을 이미 마친 것으로 생각하게 만들었다. 그들은 유산을 자식들과 가까운 사람들에게 맡긴다. 일부러 그들은 미리 상

---

29) 푸코는 1월 27일 강의 전반부, 텍스트의 체계적 분석의 틀에서 이 예들을 재론한다.

30) 푸루사의 가장 영향력 있는 집안들 가운데 한 집안에서 태어난 언변이 탁월한 '크리소스토무스'라 불리는 푸루사의 디온(40-120)은 도미티아누스 황제 치하에서 유배를 가기 전인 베스파시아누수 황제 치하에서(Von Arnim에 따르면 테미스티우스로 이어지는 소피스트 시대라고 함) 탁월한 웅변술사직을 시작했다. 그는 이 도시 저 도시를 유랑하며 오늘날 우리에게 전해오는 장문의 강론을 통해 동시대인들에게 도덕을 설파하는 견유주의적 생활 방식을 택했다. 《고대철학자 사전》, R. Goulet 감수, t. II, Paris, CNRS Éditions, 1994, p.841-856에서 Paolo Desideri가 디온에 대해 한 설명 참조.

31) 스무번째 담론 《은거에 관하여 Peri anakhôrêseôs》(in 디온 크리소스토무스, 《담론》, t. II, J. W. Cohoon 번역, London, Loeb Classical Library, 1959, p.246-269) 참조. 이 담론은 푸코의 강의록에서 심화 연구의 대상이 된다. 푸코는 디온의 이 담론에서 인간이 행하는 바를 항구적으로 설명하라는 요청에 부합하는 속세 밖으로의 은거 개념을 본다.

속을 한다. 가족이 없는 사람들은 배우자와 친구들에게 유산을 남긴다."[32] 우리는 여기서 《알키비아데스》와는 완전히 다르고 역전된 전경을 보게 됩니다. 《알키비아데스》에서 부모에 의해 충분히 양육되지 않은 알키비아데스는 자신의 후견인 페리클레스를 통해 자기 배려를 하게 됩니다. 젊은 알키비아데스가 소크라테스에게 이 점과 관련하여 질문들을 던졌고, 또 아무튼 소크라테스가 자신을 붙잡아 세우도록 내버려두었습니다. 그러나 이제 그들은 이미 아이가 있고, 가정을 갖고, 유한한 생명을 끝마쳤다고 생각하며 영혼을 돌보러 가는 사람들입니다. 사람들은 생의 시작에서가 아니라 끝에서 영혼을 돌봅니다. 말하자면 자기 실천의 무게 중심은 이제 장년으로의 이행기라기보다는 장년 자체에 있습니다.

루키아노스의 텍스트에서 마지막 확증을 취해 봅시다. 루키아노스는 2세기 말에 우리의 주제와 관련해 흥미로운 일련의 풍자시를 썼습니다. 이 텍스트는 프랑스어로 번역되어 《경매에 붙여진 철학》[33]이라는 제목으로 출간되었습니다. 그런데 사실 이 제목은 상이한 철학자들이 사람들에게 인생 시장[34](달리 말해 생활 방식)들을 제안하는 것과는 아주 다른 의미를 지닙니다. 그들은 시장에 생활 방식들을 진열하고, 각자는 제자들을 모집하며 자신의 생활 방식을 팔려고 합니다. 이 텍스트 이외에도 《헤르모티무스》가 있는데, 여기서는 두 개인 간의 대화가 아이러니하게 펼쳐집니다.[35] 이 대화는 정말 흥미로운데, 이 대화를 뉴욕의 정신분석에 대한 우디 앨런의 영화를 보듯이 읽을 필요가 있습니다. 이런 식으로 루키아노스 철학에서 사람들과 그들의 스승간의 관계와 개인들이 자기 배려를 통한 행복의 추구와 맺는 관계를 설명합니다. 헤르모티무스는 거리를 산보하며 스승에게서 배운 교훈들을 웅얼거립니다. 리키누스가 접근해 무엇을 하고 있느냐고 묻습니다. 상세히 기

---

32) 알렉산드리아의 필론, 《명상 생활에 관하여》, 473M, P. Miquel 번역, 앞서 인용한 판본, §13, p.87.

33) 루키아노스, 《경매에 붙여진 철학 *La Philosophie à l'encan*》, Th. Beaupère 번역, Paris, Les Belles Lettres, 1967.

34) 'Biôn prasis' : 생활 방식, 종류, 양식의 시장.

35) 최근 프랑스어 번역판 루키아노스, 《헤르모티무스 *Hermotime*》, J.-P. Dumont 번역, Paris, PUF, 1993 참조(그리스어 원본은 Lucian, *Hermotime Works*, t. IV, K. Kilburn 번역, Cambridge, Loeb Classical Library, 1959, p.65*sq*).

억이 나지 않지만 그리 중요한 것은 아니고, 아무튼 그는 스승의 집에서 나오는 중이거나 아니면 그리로 가고 있는 중이라고 답합니다.[36] 리키누스는 헤르모티무스에게 언제부터 스승의 집에 갔었느냐고 묻습니다. 그는 대답하기를 벌써 20년 전부터라고 대답합니다. 돈은 내느냐고 묻자 헤르모티무스는 그렇다고 대답합니다. 철학, 삶의 기술, 행복의 수련이 언제 끝나느냐는 물음에 헤르모티무스는 곧 끝날 거라고 말하며 20년 안에 끝마칠 수 있다고 대답합니다. 이 텍스트의 조금 뒤쪽에 가면 헤르모티무스는 40세에 철학을 하기 시작했고, 20년째 철학의 스승과 만나고 있고, 따라서 60세에 정확히 여정의 정중앙에 위치하게 됩니다. 이 텍스트와 다른 철학적 텍스트들의 상관 관계를 연구하고 참조 체계를 설정한 적이 있는지 없는지는 잘 기억이 나지 않습니다만 피타고라스주의자들이 인생을 네 부분으로 나누어 첫 20년간 사람들은 유아기이고, 20세에서 40세 동안에 인간은 청소년기이며, 40세에서 60세 사이의 인간은 청년기, 60세 이후부터 인간은 노년기였던 것을 상기할 필요가 있습니다.[37] 보시다시피 헤르모티무스의 나이는 60세입니다. 그는 젊은 시절 20년 동안 이미 철학을 배웠고, 그에게는 이제 20년 밖에는 남지 않았는데, 이 동안에도 그는 철학을 계속하려고 합니다. 회의주의자이며 헤르모티무스와 자기 실천에 대해 아이러니한 시선을 던지는 중심 인물인 리키우스는 헤르모티무스가 철학을 40세에 시작한 것을 알아채고 다음과 같이 말합니다 "그것 참 괜찮은 것 같다. 나는 40세인데 내가 내 자신의 수양을 시작해야 하는 바로 그 순간이군. 내 안내자가 되어 주고 내 손을 잡고 나를 인도해 주렴."[38]

---

36) 그는 스승의 집으로 가고 있는 중이었다. "이 책과 빠른 걸음이 증명하듯이 너는 서둘러 스승의 집으로 가고 있는 중인 것 같구나."(《헤르모티무스》, 프랑스어 번역판, 앞서 인용한 판본, p.11)

37) "이렇게 그[피타고라스]는 인간의 삶을 유아기 20년, 청소년기 20년, 청년기 20년, 노년기 20년으로 나누었다(《피타고라스》, in 디오게네스 라에르티오스, 《유명한 철학자들의 삶, 학설, 정언》, VIII, 10, M.-O. Goulet-Cazé 감수 및 번역, 앞서 인용한 판본, p.948).

38) "헤르모티무스, 걱정하지 마라. 내가 철학을 시작했을 때 나도 너처럼 40세에 접어들고 있었어. 리키우스: 헤르모티무스, 거참 좋은 일이군. 나의 안내자와 지도자가 되어 주렴."(《헤르모티무스》, 프랑스어 번역판, p.25) 같은 이 텍스트에 관해서는 《자기 배려》, p.64-65.

청소년기에서 장년기, 장년기 종반부로 중심을 이동하면서 중요한 몇 가지 결과들이 발생합니다. 먼저 자기 배려가 성인의 활동이 되어 버린 순간 그 비판적 기능은 더욱 강조됩니다. 자기 실천은 교정적 기능과 교육적 역할을 합니다. 달리 말해 자기 실천은 자기 자신, 자신의 문화적 환경, 타인들이 영위하는 삶에 대한 점차적인 비판 행위가 됩니다. 그러나 이것은 자기 실천이 비판적 기능만을 갖는다는 말은 결코 아닙니다. 교육적 요소가 여전히 존재하지만 그것은 본질적으로 비판의 실천과 연관되게 됩니다. 말하자면 《알키비아데스》와 다른 소크라테스의 대화에서 자기 배려의 필요성은 개인들이 처해 있는 무지 상태를 그 참조 범주로 했습니다. 알키비아데스는 자기가 행하려 하는 바——즉 도시국가를 잘 통치하기 위해 어떻게 해야 하는지——에 대해 무지하였고, 그는 자신이 모르고 있다는 사실도 모르고 있었습니다. 그리고 여기서 교육이 비판된 것은 알키비아데스에게 그가 배운 바가 하나도 없음을 일깨우기 위함이었고, 또 그가 배웠다고 생각하는 바가 바람에 불과함을 일깨우기 위함이었습니다. 반면 헬레니즘 시대와 로마 시대에 발전되는 자기 실천에는 본질적으로 개인의 준비와 연관된 교육적 측면이 있습니다. 그러나 이 준비는 직업이나 사회 활동의 형식을 갖는 준비가 아닙니다. 즉 그것은 《알키비아데스》에서처럼 훌륭한 통치자가 되기 위해 개인을 교육하는 것이 중요한 게 아니라, 이 모든 직업의 특화와는 무관하게 발생할 수 있는 모든 사고·불행·불운·몰락 등을 품위 있게 견뎌낼 수 있도록 개인을 교육하는 것이 중요합니다. 결과적으로 일종의 보호메커니즘을 설립하는 것이 문제가 됩니다. 어떤 특수한 활동에 연관된 기술적이고 전문적인 지식을 주입하는 것은 중요하지 않습니다. 외부 세계에 대해 또 발생할 수 있는 모든 사고들과 사건들로부터 개인을 보호하는 이 교육, 이 보호 기반을 그리스인들은 paraskheuê라 불렀고, 세네카는 이것을 라틴어로 instructio로 번역하였습니다.[39] Instructio는 사건들에 직면한 개인들의 기반이며, 그것은 한정된 직업적 목표에 따르는 교육이 아닙니다. 따라서 1,2세기 자기 배려의 교육적 측면은 이렇습니다.

---

39) 이 용례에 관해서는 루킬리우스에게 보내는 서신 24, 5와 61, 4 그리고 109, 8 끝으로 포시도니우스의 인용문으로 시작되는 113, 28 참조.

그러나 교육적 측면은 교정적 측면과 분리될 수 없고, 이 교정 기능은 차츰차츰 중요성을 갖게 됩니다. 자기 실천은 《알키비아데스》에서처럼 단순히 무지에 가해지는 것이 아닙니다. 자기 실천은 실수·악습·의존 등에 가해지게 됩니다. 따라서 자기 실천은 교육-지식보다는 교정-자유에 가깝습니다. 바로 교정-자유의 축 내에서 자기 실천이 전개됩니다. 예를 들면 쉰번째 서신에서 세네카는 다음과 같이 말합니다 "악은 외부로부터(extrinsecus) 우리에게 부과된 것이 아니라 우리 내부에 있다.(intra nos est) 더 나아가 'in visceribus ipsis sedet' (악은 우리의 내장 속에 있다).[40] [···*] 자기 실천을 통해 우리 내부에 있는 악을 추방하고, 정화하고, 지배하고 또 악으로부터 해방될 수 있도록 정진해야 한다. 물론 이 악을 아직 인간이 어리고 유순한 시절에, 또 악이 아직 고착되지 않은 시기에 공격을 하면 자기를 교정하기가 훨씬 수월하다." 하지만 자기 실천은 수정을 해야 하지 교육을 해야 하는 것은 아닙니다. 결국 중요한 것은 이미 존재하는 악을 수정하는 데 있습니다. 젊을 때 먼저 스스로를 치료해야 합니다. 그리고 의사는 병의 초기에 왕진을 가면 병의 말기에 왕진을 갈 때보다 훨씬 더 병을 성공적으로 치유할 수 있을 겁니다.[41] 하지만 인간이 젊은 시절에 치료를 받지 못했다 해도 항시 치료를 받을 수 있습니다. 상황이 어려워졌다 해도 자기 교정과 원래 그렇게 되어야 하지만, 단 한번도 그렇게 되어 본 적이 없는 자기 본래 상태의 회복을 위해 우리 스스로를 재건할 수 있는 수단이 존재합니다.[42] 단 한번도 되어 본 적이 없는 자기가 되기가 바로 이 자기 실천의 가장 핵심적인 요소 중 하나이고 또 중심 테마이기도 합니다. 세네카는 물리적 신체로 간주되는 것들에 대

---

40) "우리는 왜 오류를 범하는가? 우리의 병은 밖에서 오는 것이 아니다(non est extrinsecus malum nostrum). 병은 안에 있다. 병은 우리의 내장에 자리잡고 있다(in visceribus ipsis sedet). 우리가 간신히 건강에 도달할 수밖에 없는 이유는 우리가 아플 줄 모르기 때문이다."(《루킬리우스에게 보내는 서신》, t. II, V편, 서신 50, 4, p.34)

  * 이 지점에 대해 수고에는 단지 "스승을 찾을 필요가 있다"라는 표현만이 있다.

41) "의사는 [···] 악이 초기 상태에 있다면 그다지 할 일이 많지 않다. 부드럽고 어린 영혼은 자신에게 제시될 이성의 길을 온순하게 따라갈 것이다."(id., 50, 4, p.35)

42) "제공해야 할 노력이 있어야 한다.(laborandum est) 그리고 내가 말했듯이 나쁜 성향들이 영혼을 굳어지게 만들기 이전에 우리의 영혼을 수양하고 재건하기 시작한다면 진실로 이 노력 자체는 대단한 것이 아니다. 영혼이 굳어진다 해도 나는 절망하지 않는다. 집요한 노력과 품위 있고 지적인 열망이 승리하는 것은 당연하다."(id., 50, 5-6, p.35)

해 다음과 같이 말합니다. "안쪽으로 휘어진 두꺼운 대들보는 다시 세울 수 있다. 게다가 유연한 인간의 정신도 재건이 가능하다.[43] 훌륭한 영혼(bona mens)은 나쁜 영혼(mala mens), 즉 영혼의 오류 이전에 오지 않는다.[44] 영혼의 훌륭함은 항시 영혼의 오류 다음에 온다." 세네카는 praeoccupati를 쉰번째 서한에서 항시 사용합니다. 우리가 선을 행하려 하는 순간에도 우리는 항시 무엇인가에 의해 점유되어 있습니다.[45] 그리고 세네카는 거기서 견유학파의 어휘에서 중요성을 갖는 표현을 발견합니다. 그는 "virtutes discere, vitia dediscere"(덕들을 배우는 것은 악을 잊는 것이다)[46]이 잊기 개념은 견유학파의 중심 개념이었습니다.[47] 젊은 시절 자기 실천이 시작되었다고 해도 자연을 모델로 삼는──그러나 나이가 어떻든간에 인간에게 결코 주어지지 않은 자연──자기 개혁은 시작되어야 한다는 이 관념은 이미 받은 교육, 습관 환경의 정화처럼 보입니다. 먼저 어린 시절에 있을 수 있었던 모

43) "단단한 나뭇가지들이 아무리 휘었다 할지라도 곧게 되돌릴 수 있다. 열은 안으로 굽은 대들보를 곧은 선으로 되돌려 놓으며, 우리는 그것을 필요에 맞게 만들기 위해 그 자연적인 구조를 변화시킨다. 그 어떤 액체보다도 유연한 본질인 영혼은 얼마나 쉽게 자신의 형태를 수용하는가! 영혼은 일정한 방식으로 구축된 한줌의 바람과 다르단 말인가? 하지만 너는 바람이 탁월하게 유연하며, 유연한 만큼이나 섬세하다는 것을 확증한다." (*id.*, 50, 6, p.35)

44) "지혜는 비이성에 앞서 그 누구에게도 찾아오지 않는다(ad neminem ante bona mens venit quam mala)."(*id.*, 50, 7, p.36)

45) "우리 모두는 적들을 자기 자리에 가지고 있다."(omnes praeocupati sumus)(*idid.*)

46) *Ibid.*

47) 푸코는 여기서 디오게네스 라에르티오스가 말하는 안티스테네스에 대한 인용문을 참조하고 있다. "가장 필수 불가결한 인식이 무엇이냐고 사람들이 그에게 물었을 때 그는 "망각을 피할 수 있는 인식"이라고 답했다(to periairein ton apomanthanein)."(《유명한 철학자들의 삶, 학설, 정언》, VI, 7, p.686) 아주 일찍이 유용한 인식과 무용한 인식의 구분에 익숙해지면서 사람들은 후에 잊어야 하기 때문에 후자를 배우는 것을 피한다. 하지만 보다 일반적으로 견유주의의 생활 방식인 kata phusin은 paideia의 습관들과 다른 내용들을 잊는 것을 전제로 한다(자연과 법의 대립에 대해서는 《유명한 철학자들의 삶, 학설, 정언》, VI, 11과 70-71, p.689와 p.737-738의 안티스테네스와 디오게네스의 주장을 참조할 것). 이 동일한 주제에 관해 M.-O. Goulet-Cazé가 설명하듯이 "전형적으로 티스테네스적인 영웅인 시루스가 첫번째 답을 가져온다: '가장 필요한 인식은 악을 잊게 하는 인식이다.'" (《견유주의의 고행. 디오게네스 라에르티오스 VI, 70-71에 대한 주석 *Ascèse cynique. Un commentaire de Diogène Laërce VI 70-71*》, Paris, Vrain, 1986, p.143; Stobée II의 인용문, 31, 34) 세네카는 dediscere에 대해 논의한다. "네 눈이 잊게 하여라(sine dediscere oculos thuos)."(《루킬리우스에게 보내는 서신》, t. II, VII편, 서신 69, 2 p.146)

든 것을 정화해야 합니다. 이것이 바로 어린이의 정신을 삐딱하게 만드는 유모의 일차적 교육에 대한 비판입니다. 키케로의 《투스쿨라나룸 담론》을 살펴보면 "우리가 태어나 가족의 성원이 되는 순간, 판단력의 위협을 받는 잘못된 환경에 위치하게 된다. 그 결과 우리는 유모의 젖과 함께 오류를 빨고 있다"[48]라고 말하고 있습니다. 이렇게 키케로는 유년기와 그 조건들을 비판하고 있고, 가정 환경을 교육적 효과만이 아니라 가정이 전승하는 모든 가치들——오늘날 우리는 이를 '가족 이데올로기'라 부른다——과 더불어 비판합니다. 나는 여기서 "너 자신을 안전한 곳에 위치시키고, 너 자신과 만나도록 노력해라. 너희 부모가 이와는 다른 것을 너에게 바라는 것을 나는 잘 알고 있다. 뿐만 아니라 나는 네 가족이 네게 염원하는 바와 다른 바를 너에게 염원한다. 네 부모들이 네게 풍요롭기를 염원하는 바에 대해 너 그렇게 경멸하기를 나는 네게 염원한다."[49] 결국 자기 배려는 가정에 의해 부과된 모든 가치 체계를 재검토해야 합니다. 셋째로 초등교육 담당자의 교육 체계에 대한, 특히 수사학 선생들에 대한 비판이 있습니다. 여기서 우리는 한편으로는 철학 교육, [다른 한편으로는] 수사학 교육 간의 중대한 분쟁과 만나게 됩니다——너무 잘 알려진 바이기 때문에 다시 강조하지는 않겠습니다.* 예를 들면 에픽테토스의 글에서 수사학을 배우러 온 어린 제자의 모습을 묘사한 대목이 있습니다.[50] 여기서 어린 제자의 외적인 용모는 흥미롭습니다. 왜냐하면 그의 용모는 철학적 자기 실천과 수사학 교육 간의 분쟁의 초점을 잘 보여주기 때문입니다. 어린 수사학 제자는 잔뜩 치장을 하고 화장을 하고 머리에 장식을 하고 나타나 수사학이 장식, 유혹의 교육임을 잘 보여줍니다. 자기 자신을 돌보는 것이 문제가 아니라 타인들의 환심을 사

---

48) 키케로, 《투스쿨라나룸 담론》, t. II, III, I, 2, J. Humbert 번역, Paris, Les Belles Lettres, 1931, p.3.

49) 루킬리우스에게 보내는 서신 32가 문제시된다. 푸코는 여기서 《철학자 세네카 전집》, éd. M. Nisard, Paris, Fimin Didot, 1869[이후로는 이 판본 참조], p.583에 재수록된 옛 번역본(Pintrel이 번역하고 La Fontaine이 교정한 판본)을 사용하고 있다.

* 수고에서 푸코는 무소니우스에 대한 공격으로 수사학자의 이력을 시작해 철학에 대한 찬미와 철학자로 생을 마무리하는 프루사의 디온의 역설적인 예를 들면서 이 분쟁을 설명한다.

50) 에픽테토스, 《어록》, III, 1, 앞서 인용한 판본, p.5-12.

는 게 관건입니다. 에픽테토스는 제자의 치장을 지적하며 자기 배려가 그의 치장과 같은 것인지에 대해 문제를 제기합니다. "그래 좋다. 너는 치장을 잘했고, 그래서 너 자신을 돌본다고 생각했지. 그런데 좀 생각해 보거라. 자기 자신을 돌본다는 것이 무엇이지?" 여기서 우리는 당대의 독자들이나 청자들이 확인 가능한 명백한 유비 관계를 확인할 수 있습니다. 이는 《알키비아데스》에 의해 제기된 문제의 반복입니다. 즉 너 자신을 돌보아야 하는데 너는 그것을 어떻게 수행할 수 있으며, "네 자신은 도대체 무엇이란 말인가?"라는 질문에 "그것은 내 영혼을 돌보는 것이지, 육체를 돌보는 것이 아니다"와 같은 답이 다시 내려집니다. 따라서 청소년기말에서 성년으로 자기 배려의 시간적 이동이 발생시킨 첫번째 결과는 자기 실천의 비판적 기능입니다.

두번째 결과는 자기 실천과 의학의 근접입니다.[51] 이제 자기 실천은 결코 실존한 적은 없었지만 자연이 그 원리를 지시하는 상태를 수정 · 보완 · 회복하는 것을 일차적인 목적으로 하는 순간부터 우리는 의학의 형식과 유사한 형태의 실천에 근접하게 됩니다. 철학이 의학과 가까워진 것은 내가 논의하는 시기인 1,2세기에 와서 이루어진 것만은 아닙니다. 이미 플라톤에게서 이러한 조짐들은 명백히 나타납니다.[52] 게다가 후기 플라톤주의에 오면 이는 더욱 명확해집니다. 에피쿠로스에게 진실되게 철학하는 것(ontôs philosophein)은 진리를 통해 치료하고 치유하기(kat'alêtheian hugiainein)를 의

---

51) 《자기 배려》, p.69-74 참조.

52) 의학과 철학의 상보 관계를 기초하는 텍스트는 분명히 히포크라테스의 자료체에 속하는 《고대의 의학 Ancienne Médecine》이다. "어떤 의사와 학자는 인간이 무엇인지를 알지 못하고서는 의학을 이해할 수 없으며, 병자를 제대로 치료하고자 하는 자는 과학을 이미 배웠어야 하고 의사와 학자가 취하는 담론은 철학과 일치하는 방향으로 나아간다."(A.-J. Festugière 번역, Paris, Klincksieck, 1948, p.17-18) 플라톤에 있어서, 더 일반적으로 고대 그리스 문화에 있어서 이 관계에 관한 연구와 관련해서 푸코는 W. Jaeger의 《파이데이아 Paideia》(vol. III, Oxford, Basil Blackwell)에서 〈paideia로서의 그리스 의학 Greek Medecine as Paideia〉이라는 장; R. Joly, 〈플라톤과 의학 Platon et la médecine〉, Bulletin de l'Association Guillaume Budé, p.435-451; P.-M. Schuhl, 〈플라톤과 의학〉, Revue des études grecques, 83, 1960, p.73-79; J. Jouanna, 〈히포크라테스 총서와 플라톤〉, REG 90, 1977, p.15-28을 읽었을 수 있다. 최근의 통합과 관련해서는 B. Vitrac, 《히포크라테스 시대의 의학과 철학 Médecine et Philosophie au temps d'Hippocrate》, Saint-Denis, Presse universitaire de Vincennes, 1989 참조.

미했습니다. [53] 그리고 특히 포시도니우스[54]부터 스토아주의자들에게 의학과 철학의 관계──보다 정확히 말해서 철학적 실천과 의학적 실천의 동일시 ──는 극명해집니다. 사람들은 아플 때 의사를 부르는 것처럼 철학자를 부른다고 말합니다. [55] 플루타르코스는 의학과 철학을 mia khôra(같은 지역, 같은 나라)[56]라고 했습니다. 그렇습니다.* 유구하고 전통적이며 잘 구축되어

53) "철학을 하는 척해서는 안 되고 진지하게 철학을 할 필요가 있다.(ontôs philosophein) 왜냐하면 우리는 건강한 것처럼 보일 필요가 있는 게 아니라 진정으로 건강해야 할 필요가 있기 때문이다(kat'alêthein hugiainein)."(에피쿠로스, 바티칸 금언 54, in 《서신과 금언 Lettres et Maximes》, 앞서 인용한 판본, p.260-261)

54) 갈레누스가 De Placitis Hipocratis et Platonis에서 포시도시우스에 있어서 hêgemonikon 기능(영혼의 핵심부)에 대해 설명하는 글이 이 점에 관한 핵심적인 텍스트로 남아 있다(《포시도니우스, I, 단편들 Posidonius, I, The Fragments》, L. Edelstein & I. G. Kidd 편집, Cambridge, Cambridge University Press, 1972 참조). 크리시포스에 반대하여 포시도니우스는 영혼의 (화를 잘내고 정욕을 탐하는) 비합리적 기능들의 상대적인 자율성을 주장한다. 따라서 정념을 제어하기 위해서는 곧은 판단 이상의 것이 필요하다. 정념은 신체와 신체의 평형과 연관되어 있다. 요컨대 정념을 와해시키기 위해서는 사유의 교정만이 아니라 치료술과 양생술 또한 필요하다. A. J. Voelke의 글(《스토아주의의 의지 관념 L'Idée de volonté dans le stoïcisme, Paris, PUF, 1973, p.121-130)과 포시도니우스가 플라톤의 도덕적 현실주의로 회귀하는 것을 찬양하는 E. R. Dodds의 글(《그리스인과 비합리적인 것 Les Grecs et l'Irrationel》, 앞서 인용한 책, p.236-237) 참조. 포시도니우스에 대한 보다 일반적인 설명에 대해서는 M. Laffranque, 《아파메아의 포세이도니오스 Poseidonios d'Aphamée》, Paris, PUF, 1964 참조, 특히 〈인류학 L'anthropologie〉이라는 장(p.369-448) 참조.

55) 무소니우스의 저작에서 이러한 논지는 발견되지 않지만 아마도 푸코가 푸루사의 디온의 XXVII번째 담론을 염두에 두고 있다고 추정할 수 있다. "대부분의 인간들은 의사와 마찬가지로 철학자들을 혐오한다. 사람들은 심각한 병에 걸렸을 때만 약품을 사는 것과 마찬가지로 대단히 불행하지 않는 한 철학을 간과한다. 부유한 사람은 수입과 방대한 영지를 소유하고 있다. […] 그가 재산이나 건강을 잃으면 철학에 훨씬 더 쉽게 귀를 기울이게 될 것이다. 그리고 지금 자신의 아내나 아들 또는 형제를 잃을 경우 그는 철학자를 불로오게 하고 그에게 호소할 것이다."(Constant Martha, 《로마제국 시대의 도덕주의자들》, Paris, Hachette, 1881, p.244)

56) "또한 건강과 관련된 문제들을 논의하는 철학자들이 경계를 넘어선다고 비난해서는 안 되지만 모든 경계를 소거한 이후에 논쟁에서 기분 좋은 것과 필요한 것을 동시에 추구하면서 만인에게 공통되는 유일한 영야에서 저명해지려고 생각하지 않는다면 비난해야 할 것이다."(《건강에 관한 계율 Préceptes de santé》, 122e, in 플루타르코스, 《도덕 작품집》, t. II, J. Defradas, J. Hani & R. Klaerr 번역, 앞서 인용한 판본, p.101)

* 수고는 (세네카의 쉰번째 편지를 근거점으로 삼으며) 다음과 같이 첨언한다. 즉 "우리가 아픈지를 모르기 때문에 치료는 더욱 어렵다."

항시 반복되던 의학과 자기 배려의 유비적 관계는 다양한 방식으로 표현되었습니다.

우선 이 관계는 의학과 철학의 개념틀의 동일성으로 표현되었습니다. 그 표현의 중심에 에피쿠로스주의자들과 스토아주의자들이 공통으로 사용하는 pathos 개념이 있는데, 이는 정념과 병으로 인식되었으며 양자로부터 일련의 무수한 유비가 발생합니다. 유비에 대해서 스토아주의자들은 가장 장황하고 또 그 어떤 다른 주의자들보다도 체계적입니다. 스토아주의자들은 정념의 변화를 병의 변화와 동일시해 기술합니다. 제1단계는[57] 스토아주의자들이 euemptôsia(proclivitas)라 부른 바, 다시 말해서 병으로 향하는 구축의 단계가 있습니다. 제2단계에서 엄밀한 의미에서의 pathos, 즉 비이성적 영혼의 운동이 있고 이를 키케로는 라틴어로 perturbatio로, 세네카는 affectus라 번역하였습니다. 제3단계는 pathos 이후 엄밀히 말해 만성적인 병의 상태, 즉 hexis로 이행하는 단계인 nosêma 단계가 있고 이를 세네카는 morbus라 명명합니다. 끝으로 제4단계는 arrôstêma, 즉 이러저러한 방식으로 나타나지만 개인을 항구적으로 병든 상태로 유지시키는 만성적 병의 상태가 오고, 키케로는 이를 aegrotatio로 번역했습니다. 마지막은 악(kakia)의 단계이고, 키케로는 이를 aegrotatio inveterat라 명명하고, 세네카는 vitium malum(pestis)[58]이라 명명했으며, 이 단계에 이르면 인간은 자신을 사로잡는 정념 속에서 완전히 부서지고 실종된다고 말합니다. 이렇게 유비 체계가 존재하며, 이는

---

57) 여기서 푸코는 I. Hadot가 《세네카와 그리스·로마의 영혼 배려의 전통 *Seneca und die griechisch-römische Tradition der Seelenleitung*》, *op. cit.*, 제2부 §2, 〈영혼의 병의 단계 Die Grade der seelischen Krankheiten〉, p.145에서 작성한 도표를 그대로 차용할 뿐이다. 푸코는 《자기 배려》, p.70에서도 이와 동일한 구분을 하고 있다. I. Hadot가 그리스의 질병분류학의 번역을 발견하기 위해 사용한 주요 텍스트는 《투스쿨라나룸 담론》(IV, 10, 23, 27, 29)와 《루킬리우스에게 보내는 서신》(75와 94)이다. 하지만 이 구절은 당대에 J. Pigeaud, 《영혼의 병. 고대의 의학·철학적 전통에서 영혼과 신체의 관계에 관한 연구 *La Maladie de l'âme. Étude sur la relation de l'âme et du corps dans la tradition médico-philosophique antique*》, Paris, Les Belles Lettres, 1981의 출간으로부터 영감을 받은 것 같다.

58) "그것들[자연적인 성향들]은 부패(pestis)가 궁극적으로 그곳으로 침투하고 죽음의 타격을 가하지 않는 한 다시금 강화된다. 철학이 전력을 다해 거기에 정진한다 해도 수업을 통해 자연적 성향을 부활시킬 수 없다(세네카, 《루킬리우스에게 보내는 서신》), t. IV, XV편, 서신 94, 31, p.75).

잘 알려진 사실이기에 간략히 언급하고 넘어가겠습니다.

　더욱 의미심장한 바는 철학이 규정하는 자기 실천이 의학적 수술로 인식된다는 사실입니다. 그리고 그 중심에서 우리는 therapeuein 개념을 발견할 수 있습니다. 그리스어로 therapeuein은 세 가지 의미가 있습니다. 먼저 치료를 위한 의료 행위라는 뜻이 있는가 하면, 주인의 명령에 따르는 집사의 활동을 의미하기도 합니다. 끝으로 therapeuein에는 경배하다라는 의미가 있습니다. 그래서 therapeuein heauton[59]은 자기를 치료하고 자기 자신의 충실한 종복이 되기, 자기를 경배하기라는 뜻을 동시에 갖고 있습니다. 여기에도 일련의 편차들이 있는데, 그 몇몇에 대해서는 다시 논의하도록 하겠습니다.

　하지만 일정한 시기에 알렉산드리아 근처에 은거하여 공동체를 구축한 사람들의 단체인 치료사(Thérapeute)단체를 문제로 다루고 있는 알렉산드라아 필론의 《명상 생활에 관하여》의 중요한 구절들을 예로 들어 봅시다. 이 단체의 규율에 대해서는 차후에 논의하도록 하겠습니다. 아무튼 서두부터 필론은 이들이 자신들을 치료사(Thérapeute)로 자칭했다는 점을 지적합니다. 필론은 왜 이들이 치료사라고 자칭했느냐고 묻습니다. 이는 의사가 신체를 치료하듯이 자신은 영혼을 치유하기 때문이라고 합니다. 의사들의 실천이 iatrikê[60]인 것처럼 그들의 실천을 therapeutikê라고 필론은 말합니다. 여기서 필론은 모두는 아닐지라도 그리스의 몇몇 저자들처럼 thérapeutique와 iatrique를 구분합니다. 그들은 형용사 iatrikê(iatrique한 실천은 신체에 적용된다)를 의사의 치료술에 할당하고 있고, 이 의사의 치료술에 비해 thérapeutique는 훨씬 더 영적이고 덜 신체적인 넓은 의미에서의 치료 형식입니다. 그들이 치료사들이라 불리는 이유는 그들이 영혼을 치료하고 절대적 존재

---

　59) 여기서 중요한 참조는 마르쿠스 아우렐리우스이다. 그는 내면의 영(靈)에 대해 "신실한 경배를 해야 한다"(gnêsiôs therapeuein)고 말한다. 이 경배(therapeia)는 모든 정념으로부터 영혼을 지키기 위한 것이다(《명상록》, II, 13, 앞서 인용한 판본, p.14). 에픽테토스에서도 heauton therapeuein(자기 경배)이라는 표현(《어록》, I, 19, 5, p.72)이 발견된다.
　60) "이들 철학자들의 선택은 그들이 갖는 명칭을 통해 두드러지게 나타난다. Thérapeutes(therapeutai)와 thérapeutrides(therapeutrides) 그들의 참된 명칭이다. 왜냐하면 우선 그들이 하는 치료술(paroson iatrikên)은 도시국가들에서 성행하는 치료술보다 우월하다──후자는 신체만을 치료하지만 전자는 영혼도 치료한다."(필론, 《명상 생활에 관하여》, 471M, §2, p.79)

(l'Être)를 경배하기(to on: therapeuousi to on) 때문이라고 필론은 말합니다. 그들은 절대 존재와 영혼을 돌봅니다. 이 두 가지 일을 동시에 하며, 또 영혼의 돌봄과 존재의 돌봄의 상관 관계 속에서 그들은 자신들을 'Thérapeute'[61]라 자칭했습니다. 알렉산드리아의 필론의 이 모든 테마들은 대단히 중요하기 때문에 그 점에 대해서는 차후에 다시 논의하도록 하겠습니다. 치료사단체의 실천과 같이 지극히 명백하게 종교적인 실천에서 나타나는 영혼의 실천과 의학 간의 아주 긴밀한 상호 관계를 간단히 지적하고자 합니다. 점차적으로 지지되고 극명해지는 철학과 의학, 영혼의 실천과 인체 의학의 상호 관계에서 세 요소를 지적할 수 있습니다. 또 내가 지적하는 이유는 이 요소들이 실천과 연관이 있기 때문입니다.

첫째로 자기 배려를 실천하기 위해 연합한 사람들의 단체나 철학 학파는 영혼의 진료소와 같은 것을 실제적으로 구축한다는 관념이 등장한다는 사실을 알 수 있습니다. 그곳은 자기 자신을 위해 혹은 친구를 보내는 곳입니다. 사람들은 자신이 앓고 있는 병과 정념을 치료하기 위해 잠시 이곳에 옵니다. 이것은 정확히 에픽테토스가 자신의 학원에 대해 말하는 바입니다. 그는 자신의 학원을 영혼의 병원, 진료소로 생각합니다. 오늘날 우리가 철학이라고 말할 수 있는 바와 대화하는 법, 삼단논법 등의 기술만을 배우러 학원에 왔다고[62] 에픽테토스가 자신의 제자를 비난하는 《어록》 21, 2편을 살펴보십시오. "너희들은 그 이유에서 학원에 왔지, 너희들을 돌보면서 스스로를 치료하기(therapeuthêsomenoi)[63] 위해 오지 않았어. 너희들은 이를 위해 여기 오지 않았어. 하지만 너희들이 해야 할 일은 바로 그것이야. 너희들이 여기에 온 것은 너희들 자신을 치료하기 위해 왔다는 사실을 상기하기 바란다. 따라서 삼단논법을 배우기 전에 너희들의 상처를 치료하고, 체액의 유출을 정지시키고 정신을 안정시켜라."[64] 아니면 《어록》의 3편 스물세

---

61) "[그들이 치료사라 불린다면] 그것은 그들이 자연과 신성한 법 그리고 선보다 우위에 있는 절대 존재에 대한 경배(therapeuousi to on)에 부응하는 교육을 받았기 때문이다(id., 472M, §2, p.81).

62) 에픽테토스, 《어록》, II, 21, 12-22(p.93-95).

63) Id., §15(p.94).

64) Id., §22(p.95).

번째 대화에서 에픽테토스는 다음과 같이 명시적으로 말합니다. "철학 학원은 무엇인가? 그것은 iatreion, 즉 진료소이다. 철학 학원을 나서면서 기쁨을 취하지 말아야 하고 아팠어야 한다. 왜냐하면 여러분들은 건강하기 때문에 철학 학원에 온 것이 아니기 때문이다. 어떤 사람은 어깨가 탈골되어 학원에 오고, 또 어떤 사람은 종기 때문에, 또 어떤 사람은 염증 때문에, 또 어떤 사람은 머리가 아파서 학원에 온다."[65]

　아주 긴급하게 녹음기에 문제가 발생한 것 같군요. 그래서 강의를 잠시 중단해야 할 것 같습니다. 의학에 대해 좀더 이야기할 것이 있습니다. 강의 후반부에서 다시 논의하도록 하지요. 그리고 노년의 문제에 대해 좀 언급하고 나서 자기 배려 정언의 보편화에 대해 논의하도록 하겠습니다.

---

65) 《어록》, III, 23, 30(p.92). 이 텍스트는 《자기 배려》, p.71에서 다시 논의됨.

1982년 1월 20일 강의

후반부

노년의 특권(긍정적 목표와 실존의 이상 지점) ― 보편적 소명으로의 자기 배려 원리의 보편화와 파당적 현상의 결합 ― 관련된 사회적 범위: 민중의 문화적 환경에서 로마의 귀족적인 우정의 네트워크까지 ― 두 다른 예: 에피쿠로스학파와 치료사단체 ― 법 패러다임의 거부 ― 호소의 보편성과 선택의 희귀성 같은 이중 분절의 구조적 원리 ― 구원의 형식

자기 실천이 청소년 말기로부터 성년기와 성년 생활로 시간적 이동을 한 것으로부터 나는 두 결과를 끌어내려고 시도했습니다. 자기 실천의 비판적 기능과 관련이 있는 전자는 교육적 기능을 이중화하여 덮고 있습니다. 두번째 결과는 다른 주변적 결과를 수반하는 의학과의 유사성입니다. 이 부분은 아직 언급하지 않았으나, 다시 논의하도록 하겠습니다. 플라톤에 있어서 신체의 기술은 영혼의 기술과 아무튼 아주 명백히 구분되었습니다. 《알키비아데스》에서는 바로 이런 분석 혹은 구분에 입각해 영혼이 배려의 대상으로 특수화되었다는 것을 기억하실 겁니다. 반면에 이후에 신체는 재통합됩니다. 아주 명백한 방식으로 에피쿠로스주의자들에게 지극히 자명한 이유로 인해, 또 영혼의 긴장/신체의 건강 문제를 긴밀히 연결되는 것으로 생각하는[1] 스토아주의자들에게 신체가 배려의 대상으로서 떠오르는 것을 볼 수 있고, 그 결과 자기를 돌본다는 것은 자신의 영혼과 신체를 동시에 돌보는 일이 됩니다. 벌써 조금은 건강염려증적인 세네카의 서신[2]에서 이 점은 명백합니다. 그래서 이 건강염려증은 마르쿠스 아우렐리우스, 프론토,[3] 아에리우스 아리스티데스[4]와 같은 사람들에게서 명백히 나타납니다. 이 점도 다시 논의하도록 하지요. 그리고 이것은 내 생각에 의학과 자기 배려의 상

호 근접이 발생시킨 한 결과이며, 우리는 자기 배려의 중심에 놓이게 될 정신과 신체의 착종과 직면하게 될 것입니다.

결국 시간적 이동의 세번째 결과는 분명히 노년이 갖는 새로운 중요성과 가치입니다. 물론 노년은 고대 문화에서 전통적이고 공인된 가치를 지니지만 그것은 일종의 제한되고, 보정적이며 부분적인 가치입니다. 노년은 지혜이지만 쇠약이기도 합니다. 노년은 획득된 경험이지만 일상 생활에서 혹은 정치 생활에서 능동적일 수 없는 상태이기도 합니다. 노년은 조언을 할 수 있게 하지만 타자에 의존하는 허약한 상태이기도 합니다. 요컨대 노인은 젊은이들에게 조언을 할 수 있지만 도시국가를 방어하고, 결과적으로 노인들을 보호하는 자들은 그래도 젊은이들이며, 또 젊은이들이 노인들을 부양하기 위해 일합니다. 따라서 노년에 대해서는 전통적으로 모호하고 제한된 가치가 부여되었습니다. 대충 요약해 보면 그리스의 전통적 문화에서 노년은 분명 영예로운 것이었지만, 바람직한 것은 아니었던 것 같습니다. 성욕으로부터[5] 해방되었기 때문에 결국 늙는 것을 기뻐하던 소포클레스의 유명한 구절을 인용하고, 또 유구하게 인용한다 할지라도 사람들은 늙기를 갈망할 수는 없습니다. 그러나 사람들이 소포클레스를 인용할 때 그것은 분명 예외

---

1) 스토베토스가 말하는 바가 그 예다. 즉 "신체의 힘이 신경계 내에서 충분한 긴장(tonos)인 것과 마찬가지로 영혼의 힘은 판단과 행위에 있어서 영혼의 충분한 긴장이다. (*Florilegium*, II, 564) 스토아주의와 그 일원론적 범주("tonos는 존재를 전체적으로 통일시키는 내적 긴장이다," p.90)에서 긴장(tonos)에 대한 문제 제기와 관련해 핵심적인 참고 문헌은 E. Bréhier가 《크리시포스와 고대의 스토아주의 *Chrysippe et l'ancien stoïcisme*》에서 한 고전적인 분석 이후에 J. Voelk의 저서 《스토아주의에서 의지의 관념 *L'Idée de volonté dnans le stoïcisme*》은 핵심적인 참고 문헌으로 남아 있다.

2) 서신 55, 57, 58과 관련해 푸코는 다음과 같이 적고 있다. "세네카의 서신은 건강과 식이요법 그리고 신체와 영혼 사이에 순환할 수 있는 모든 동요에 주어지는 관심의 예들을 제공하는 것 같다."(《자기 배려》, *op.cit.*, p.73)

3) 마르쿠스 코르넬리우스 프론토(100-166)는 누미디아 출생으로 143년에 집정관이 되고 마르쿠스 아우렐리우스의 수사학 선생이었다는 사실로 특히 유명해졌다. 그는 훌륭한 웅변가였던 것 같다. 하지만 그것을 평가할 만한 자료는 그가 미래의 황제에게 보낸 서신만이 남아 있을 뿐이다. 서신은 139년에서 166년(프론톤의 작고)까지 지속된다. 이 서신에 대한 푸코의 분석과 관련해서는 1월 27일 강의 후반부를 참조할 것.

4) 아에리우스 아리스티데스는 자신의 질병과 그 치료에 할애한 6편의 《신성한 담론 *Discours Sacré*》의 저자이다(A.-J. Festugière 번역, Paris, Macula, 1986). 푸코의 《자기 배려》, p.73 참조.

적으로 인용하는 것입니다. 즉 소포클레스는 늙기를 희망하던 자이거나 성으로부터의 해방감 때문에 늙은 것에 대해 만족해하는 자입니다. 그리고 소포클레스의 이 말은 이후에도 분명 많이 사용될 것입니다. 그러나 이제는 자기 배려가 인생 전반에 걸쳐, 그러나 특히 성년에 실천되어야 하므로, 즉 자기 배려가 모든 차원을 지배하고 성년기 전반 내내 효력을 갖게 되는 순간부터 자기 배려의 최고 도달 지점과 형식 그리고 그 보상의 순간은 노년에 주어지게 됩니다. 기독교와 내세의 약속과 함께 물론 다른 체계가 존재합니다. 이 점에 대해서는 다시 논의하겠지만 기독교 체제 내에서도 죽음의 문제와 직면하여 노년이 긍정적 시기, 완결의 시기를 구축하게 되고, 개인을 따라다니거나 개인이 평생 따라야만 했던 이 긴 실천의 최고 정점을 구축하게 된다는 점을 잘 이해할 필요가 있습니다. 모든 육체적 욕망으로부터 해방되고 이제는 단념한 정치적 욕망으로부터 해방되어 모든 경험을 했기 때문에 노인은 자기 자신에 대해 지고한 자, 자신에 대해 전적으로 만족할 수 있는 자입니다. 노인은 이 역사와 자기 실천의 형식 내에서 규정됩니다. 즉 그는 결국 이제는 불가능한 육체적 쾌락이나 포기한 야망의 쾌락과 같은 다른 어떤 쾌락이나 만족을 결코 기대하지 않고 자기 자신에게서 완전한 기쁨을 얻을 수 있는 자, 자신에게 만족할 수 있는 자, 모든 즐거움과 만족을 자기 내부에 설정하는 자입니다. 따라서 노인은 자기 자신을 향유하는 자이고, 또 길고 긴 자기 실천을 통해 잘 준비되었다면 노년의 도달점은 세네카가 말하듯이 자아가 자기 자신에 도달하는 지점, 자기가 자기를 만나는 지점이며, 또 자기가 자기 자신에게 완숙하고 완결된 지배 및 만족의 관계를 설정하는 지점이기도 합니다.

결과적으로 노년이 이처럼 바람직한 지점이라면, 노년이 단순히 인생의 종말로 간주되어서는 안 되고, 또 생명이 소진되는 단계로 생각되어서는 안

---

5) 케팔로스가 노년의 결함에 대해 질문을 받는 플라톤의 《국가》 초반부 참조. "나는 전혀 다른 형편에 있는 여러 사람들을 만났는데 그 중에서도 특히 소포클레스가 있었다. 시인 소포클레스에게 어떤 사람이 이렇게 물을 때 나도 그 자리에 있었다. 그는 이렇게 말했다 '어떤가 소포클레스, 성생활의 즐거움은? 아직도 여자와 관계할 수 있겠나?' 라고 하니까 그가 말하기를 '그런 소리 말게. 마치 거칠고 사나운 사람의 손아귀에서 도망친 것처럼 거기서 벗어난 것이 얼마나 기쁜지 모르겠네.'"(플라톤, 《국가》 1권 329b-c in 플라톤, 《전집》, t. VI, E. Chambry 번역, 앞서 인용한 판본, p.6).

된다는 사실을 이해할 필요가 있습니다. 이것이 첫번째 결과입니다. 역으로 노년은 실존의 긍정적 목표로 생각되어야 합니다. 적극적으로 노년을 향해 나아가야지, 어느 날 노년과의 대면을 마지못해 받아들여서는 안 된다는 말이지요. 인생 전반은 자신의 고유한 형식 및 가치를 갖는 노년에 집중되어야 합니다. 이 노년의 주제와 관련해서는 대단히 중요하고 특징적인 세네카의 서신이 있습니다. 이 서신은 실존의 각각의 시기에 특수한 생활 방식을 선택하는 자들이라고 세네카가 말하는 자들에 대해 가해지는 다소 부차적인 듯하고 아무튼 수수께끼 같은 비판으로 시작한다는 점에서 특징적이라 할 수 있습니다.[6] 이 비판을 통해 세네카는 그리스와 로마의 윤리 내에서 극히 전통적이고도 중요했던 테마, 즉 인생은 상이한 시기들로 절단되고, 각 시기에 특수한 삶의 방식이 부응해야 한다는 테마를 참조합니다. 그러나 상이한 학파들에 따라, 상이한 우주론적-인류학적 성찰에 따라 이 분할은 다릅니다. 앞에서 나는 유년기·청소년기·청년기·노년기 등과 같은 피타고라스주의자들의 분할을 인용했습니다. 다른 분할 방식도 존재합니다. 그러나 흥미로운 것은, 한편으로 이 상이한 단계들에 부여된 중요성인데, 이는 상이한 단계에서 특수한 삶의 형식에 부여된 중요성입니다. [다른 한편으로는] 윤리적 관점에서 개인이 선택하던 삶의 방식, 즉 개인이 자신의 실존을 영위하는 방식과 개인이 처해 있는 연령대와의 적절한 상관 관계에 부여된 중요성입니다. 청년은 청년답게 살아야 하고, 성인은 성인답게 살아야 하며, 노인은 노인답게 살아야 합니다. 하지만 세네카는 아마도 이같은 유의 전통적 분할을 생각하며 "나는 자신들의 삶을 부분들로 분할하고 인생

---

6) 이어지는 설명 전체에서 푸코는 세네카의 두 텍스트를 섞는다. 우선 《영혼의 평정에 관하여》의 대화 내용인 "여기에 잠을 이루지 못하는 사람처럼 엎치락뒤치락하며 피로가 수면을 가져다 줄 때까지 계속해서 모든 자세를 시도해보는 자들을 여기에 포함시키시오. 요컨대 자신들의 실존의 접시를 무수히 변형시키고 난 후에 그들은 결국 성급한 변화가 아니라 노년이 그들을 사로잡게 되는 그런 위치에 결국 머물게 된다"(《영혼의 평정에 관하여》, II, 6, R. Waltz 번역, 인용된 판본, p.76)와, 다음으로는 서신 32에서 "아이 인생은 너무 짧다! 그리고 우리는 인생을 계속해서 다시 시작하고 또 다시 시작하며 우리의 경박함으로 인해 인생을 재촉하자."(《루킬리우스에게 보내는 서신》 1권 4편, 서한 32, 2 앞서 인용한 판본, p.142) 그리고 "매일 자신의 삶을 새로운 토대 위에 세우는 사람들의 경박함이 갖는 참을 수 없는 바를 너는 이해할 것이다"(같은 책, 2편 서한 13, 16, p.51)와 서한 23, 9를 섞는다.

의 각 시기에 있을 때마다 동일한 생활 방식을 유지하지 않는 사람들과 동의할 수 없다"고 말합니다. 그리고 세네카는 이 분할을 일종의 역동적 통일성, 즉 노년으로 적극적으로 향하는 연속적 운동의 통일성으로 대체할 것을 제안하고 상당수의 독특한 표현들을 사용합니다. 그래서 "마치 당신이 추적을 당하는 것처럼 행동하십시오. 서둘러서 살아야 합니다. 인생 전반에 걸쳐 뒤에서 당신을 추격하는 사람들과 적들이 있다는 것을 느낄 필요가 있다"고 그는 말합니다.[7] 적들은 사건과 인생의 권태입니다. 적들은 당신이 젊고 성년기에 있는 한, 당신이 무엇인가를 기대하고 쾌락에 집착하는 한, 권능이나 금전을 탐하는 한, 이 사고들이 당신에게 발생시킬 수도 있는 정념과 동요입니다. 여기서 그것은 모두가 당신을 추격하는 적들입니다. 당신은 추격하는 적들 앞에서 도망가야 하고, 또 가능한 한 가장 신속히 도주해야 합니다. 당신에게 확실한 은신처를 제공할 장소로 서둘러 가십시오. 그리고 당신에게 확실한 은신처를 제공하는 이곳은 바로 노년입니다. 다시 말해서 노년은 생의 애매모호한 종말이 아니라 생의 집중점, 지향해야 할 긍정적인 중심점인 것 같습니다. 세네카의 표현에는 있지 않고, 세네카가 한 말을 다소 극단으로 몰고 가는 표현을 사용한다면 이제 '늙기 위해 살아야 할' 필요가 있다고 말할 수 있습니다. 노년에서 평정을 찾을 수 있기 때문에, 안식처를 찾을 수 있기 때문에, 자기 만족을 찾을 수 있기 때문에 늙기 위해 살 필요가 있습니다.

두번째 결과는 지향해야 할 노년이 본래 시간적 노년, 즉 대개 고대인들이 60세에 나타난다고 인정한 연령적 노년이라는 점입니다. 뿐만 아니라 세네카는 60세 즈음에 은퇴하였고 자기 자신을 전적으로 향유하려고 결심하였습니다. 그러나 그것은 단순히 60세라는 연령적 노년만은 아니었습니다. 그것은 이상적 노년, 자기 스스로 만드는 노년, 단련시키는 노년입니다. 자신의 생과 관련해 그것을 이미 완수한 것처럼 살 수 있는 그런 상태에 놓여야 할 필요가 있습니다. 바로 이 점이 노년에 관한 새로운 윤리의 중

---

7) "내 소중한 루킬리우스여, 서둘러라. 등 뒤에 적이 있었다면, 도주자들을 추격하는 기병대가 접근하는 것 같은 의혹이 생긴다면 속도를 배가해야 된다고 생각해라. 너는 추격당하는 상태에 있다. 자 서두르자!"(*id.*, 32, 3 p.142)

점입니다. 우리가 젊던, 성년기에 있던, 한창 활동력이 있는 시기에 있건 간에 우리는 매 순간 우리가 행하는 모든 것과 관련해서, 우리의 모든 상태와 관련해서 이미 노년에 접어들어 생을 완수한 것 같은 사람의 태도, 행동, 초연함, 완결감을 가져야 할 필요가 있습니다. 자신의 생에 대해 더 이상 어떤 것도 더 기대하지 말고 살아야 하며, 또 노인이 인생에 더 이상 아무것도 더 바라지 않는 자인 것처럼, 우리가 젊더라도 인생에 대해 아무것도 기대하지 말아야 합니다. 죽음이 오기 전에 삶을 마무리해야 합니다. 이 표현은 항시 세네카의 서신 32에 있는 'consummare vitam ante mortem' 입니다. 죽음 이전에 생을 마무리할 필요가 있고, 죽음의 순간이 오기 이전에 생을 완수할 필요가 있으며, 자기 자신에 대해 완전한 포만 상태에 도달할 필요가 있습니다. 'Summa tui satietas,' 즉 너의 완벽한 포만 상태[8] 세네카는 루킬리우스가 이 지점을 지향해 서둘러 가기를 원했습니다. 늙기 위해 인생을 조직해야 하고, 노년을 향해 서둘러 가야 하며, 젊다고 해도 자신을 늙게 만들어야 한다는 이 생각은 중요한 일련의 문제들과 관련되며 이 점은 다시 논의하도록 하겠습니다. 물론 이것은 우선적으로 죽음의 연습과 관련된 문제(죽음의 실천으로서의 죽음의 명상), 즉 마지막 날처럼 자신의 생을 살기[9]의 문제입니다. 그것은 자기와의 관계에서 가질 수 있는 만족과 기쁨 같은 문제입니다. 그것은 노년과 불멸성 간의 관계라는 아주 중요한 문제입니다. 결국 여기서 우리는 실마리를 풀어야 할[10] 일련의 문제의 한복판에 위치하게 됩니다. 바로 이 점이 자기 배려의 시간적 이동을 특징짓는 몇 가지 특성과 결과입니다. 요컨대 《알키비아데스》에서 청년기의 절박함으로부터 기원후 1,2세기의 성년기로의 시간적 이동, 혹은 성년기와 실제적이거나 이상적인 노년의 분기점에서 발생한 결과가 이것입니다.

오늘 내가 접근하고자 하는 두번째 문제는 시간적 확장이나 시간적 이동이 아니라 양적인 확장입니다. 사실상 내가 논의하고 있는 이 시대에 자기 자신을 돌본다는 것은 어떤 특정한 개인들에게 국한되고 한정된 목적에 종

---

8) *id.*, 32, 4(p.143).
9) 3월 24일 강의 후반부 참조.
10) 스토아주의자들에게 있어서, 특히 세네카에 있어서 영혼의 불멸적 혹은 비불멸적 속성에 대한 검토는 3월 17일 강의 후반부를 참조할 것.

속된 권고가 더 이상 아니며, 더구나 오래전부터 아니었습니다. 요컨대 사람들은 더 이상 "네가 타자를 지배하려거든 너 자신을 돌보아라"와 같이 소크라테스가 알키비아데스에게 한 말을 이야기하지 않습니다. 이제 사람들은 "너 자신을 돌보아라. 그것이 전부다"라고 말합니다. "너 자신을 돌보아라. 그것이 전부다"는 자기 배려가 만인에 관계되고 부과되는 보편적 원리처럼 보인다는 말입니다. 내가 제기하고 싶은 질문은 역사적이고 동시에 방법론적인 질문인데 그것은 다음과 같습니다. 즉 이제 자기 배려가 일종의 보편적 윤리적 법을 구축한다고 말할 수 있을까요? 내가 즉각적으로 아니라고 대답할 것을 예상할 정도로 여러분들께서는 나를 잘 알고 계십니다. 이 모든 것(아무튼 일부)의 방법론적 내기를 내가 보여주려 하는데 이는 다음과 같습니다. 즉 중세에 전개된 서구 문화의 점증적인 법제화와 같은 이후의 역사적 과정에 사로잡히면 안 됩니다. 이것은 우리로 하여금 법과 법의 형식을 인간 실천의 질서 내에서 모든 규칙의 일반적 원리로 간주하는 법제화입니다. 반면에 내가 여러분에게 보여주고자 하는 바는 바로 법 자체가 에피소드나 일시적 형식처럼 자기에 대한 주체의 테크닉과 테크놀로지의 역사라는 훨씬 더 보편적인 역사에 속한다는 사실입니다. 여기서 테크닉과 테크놀로지는 법의 형식으로부터 독립되어 있고, 법보다 우선적입니다. 법은 자기와 관련한 주체의 테크놀로지의 가능한 한 양태입니다. 아니면 더 정확히 말해서 법은 오늘날 우리가 주체와 관련을 맺는 것과 같은 서구의 주체가 그 과정에서 구축된 오랜 역사의 한 양태에 지나지 않습니다. 내가 제기한 질문으로 다시 돌아가봅시다. 헬레니즘과 로마 문화에서 자기 배려는 일종의 보편적 법으로 간주될 수 있을까요?

우선 이 보편화가 발생했다 할지라도, 또 '너 자신을 돌보아라'는 표현을 보편적인 법으로 표현했다 해도 그것은 물론 전적으로 허구적입니다. 왜냐하면 사실상 자기를 돌보라는 이러한 정언적 명령은 아주 제한된 소수의 개인들에 의해 사용되었기 때문이지요. 지난번인가, 지지난번 강의에서 언급한 스파르타인의 격언을 기억하실 겁니다. 요컨대 자기 자신을 돌보기 위해 토지의 경작을 노예에게 맡깁니다.[11] 자기 자신을 돌본다는 것은 분명 엘리

---

11) 이 격언의 분석과 관련해서는 1월 6일 강의 후반부 참조.

트의 특권입니다. 그것은 스파르타인들에게 의해 단언된 특권이었지만, 그것은 또한 아주 뒤늦은 시기, 즉 착수하여 좀더 명확히 해명할 필요가 있는 여가 개념(skholê 혹은 otium)[12]의 상관적 요소로 자기 배려 개념이 출현하는 내 관심을 사로잡는 시기에 그렇게 단언된 엘리트의 특권이기도 합니다. 자기 앞에, 자기 주변에 skholê 혹은 otium(이는 오늘날 우리가 이해하는 바의 의미에서 여가가 아니며, 이 점에 대해서는 차후에 논의하도록 하겠습니다)의 호사를——이 표현을 용서하시기 바랍니다——스스로에게 제공할 수 있는 그런 삶을 영위할 수 없다면 자기 자신을 돌볼 수가 없습니다. 아무튼 어떤 특수한 형태의 삶, 또 그 특수성 내에서 다른 모든 삶들과 구별되는 특수한 삶의 방식이 자기 배려의 실제적 조건으로 간주될 것입니다. 따라서 고대의 그리스-로마 문화에서 자기 배려는 개인이 취하는 삶의 방식이 어떠하든간에 모든 개인에게 유효한 보편적 법칙으로 실제적으로 생각되고, 제기되고, 주장된 적은 결코 없었습니다. 자기 배려는 생활 방식의 선택, 다시 말해서 이러한 방식의 생활을 선택한 자와 그렇지 않은 자들 간의 분할을 내포합니다. 그러나 자기 배려가 무조건적이고 자목적적이라 해도 보편적 법칙과 동일시될 수는 없습니다. 즉 그리스·헬레니즘·로마 문화에서 자기 배려는 항상 실천과 제도 그리고 완전히 서로 구별되고, 종종 서로간에 폐쇄적이고, 대체로 서로간의 배제를 내포하던 집단들 내부에서 구체화되었습니다. 자기 배려는 실천이나 협회·동지 관계·학파·종파 등의 조직화와 관련이 있습니다. 그리고 '종파'라는 말을 좀 남용하며, 오히려 그리스어에서 발견되는 일반적 의미를 부여하면서 가족·부족·무리·인종 등을 의미하던 **그노스**(genos)라는 말이 예를 들어 에피쿠로스주의자들과 스토아주의자들이 규합하는 개인들 전체를 지시하기 위해 사용되었다는 것을 여러분들은 알게 됩니다. 평상시보다 더 넓은 의미에서 프랑스 단어 '섹트(secte)'를 취해 보면 고대의 문화에서 자기 배려는 원리로서 일반화되었지만, 그것은 항시 파당적 현상과 연결되면서 그렇게 된 것이라 생각됩니다.

---

12) J.-M. André, 《로마 시대 도덕적·지성적 생활에 있어서 여가, 기원에서 아우구스투스 시대까지 *L'Otium dans la vie morale et intellectuelle romaine, des origines à l'époque augustéenne*》, Paris, PUF, 1966 참조.

범위의 광범위함을 쉽게 보여주고 지적하는 단순한 지표의 자격으로 자기 배려가 귀족 사회에서만 발견된다고 생각해서는 안 됩니다. 경제적 · 사회적 · 정치적으로 가장 부유하고 특권을 부여받은 자들만이 자기 배려를 실천할 수 있는 것은 아닙니다. 우리는 자기 배려가 주민들 내에 광범위하게 확산되는 것을 목격합니다. 그리고 최하위의 계급과 노예를 제외하고——여기에 대해서도 분명히 정정해야 할 바가 있다——이 주민들은 19세기까지 유럽에 알려진 주민들과 비교해 가장 교양 있는 자들이었습니다. 이 주민들 내부에서 자기 배려가 출현하고, 결코 특권 계층이 아닌 계층 내에서 자기 배려가 조직된다고 말할 수 있습니다. 한 극단에서, 비특권적 계급 내에서 종종 예식화된 절차를 갖는 한정된 종교 예식 주변에서 조직되고, 제도화된 일반적인 종교단체들의 실존과 연관된 자기 실천이 발견됩니다. 게다가 이 종교적 · 예식적 속성은 가장 복잡하고 박식한 형태의 개인적인 수양이나 이론적 탐구를 덜 필요로 하게 했습니다. 종교적이고 예식적인 틀이 자기에 의한 자기의 탐색 · 분석 · 고안과 같은 개인적이거나 사적인 작업을 다소간 면제해 주었습니다. 예를 들면 이시스(Isis)[13] 숭배에서 여기에 참석하는 모든 사람들에게 엄격한 절식과 성적인 금욕, 죄의 고백, 고해성사 등이 부과되었습니다.

물론 이 주민들의 또 다른 극단에서 복잡하고, 정교화되고, 교양 있는 실천이 발견되며, 이 실천은 분명히 개인적인 선택과 교양 있는 여가 생활 그리고 이론적 탐구와 훨씬 더 밀접하게 연관되어 있습니다. 하지만 그렇다고 해서 이 실천들이 고립되었다는 것은 결코 아닙니다. 이 실천들은 소위 '유

---

13) 플루타르코스의 저서에서 완결된 이야기가 발견되는데, 이 전설에 의하면 이집트의 여신 이시스는 오시리스의 갈가리 찢긴 시체 조각들을 모은 것으로 잘 알려져 있다. (《이시스와 오시리스 Isisi et Osiris》in 플루타르코스, 《도덕 작품집》, t. V-2, C. Froidefond 번역, Paris, Les Belles Lettres, 1988) 기원후 초기에 그녀에 대한 숭배(그녀는 영악하고 동시에 헌신적인 아내이자 자식을 애지중지하는 모범적 어머니이다)는 강력히 확산되며, 로마 황제들이 열광하고(그래서 칼리굴라는 로마에 이시스 사원을 건축하게 하였다), 그노시스 신봉자들의 철학적-비교적(秘敎的) 실체가 될 정도로 대중적 성공을 거둔다. 이시스 의식(儀式)에서의 금욕과 고백에 대하여는 F. Cumont, 《로마의 이교에서 동양의 종교들 Les Religions orientales dans le paganisme romain》, Paris, Les Belles Lettres, 1989, p.113 참조 (이 참조는 Paul Veyne에게서 빌려온 것이다).

행'이라고 할 수 있는 운동에 속합니다. 또한 이 실천들은 분명한 종교 예식적 조직이 아니라 해도 적어도 우정[14]의 네트워크인 이미 사회적으로 존재하는 네트워크에 근거하고 있습니다. 그리스 문화에서 일정한 형식을 갖고 있던 이 우정은 로마 사회와 문화에서 훨씬 더 강하고, 훨씬 더 위계화된 형식을 갖게 됩니다. 로마 사회에서 우정은 의식(儀式)과 의무의 총체를 통해 개인들을 서로 잇는 위계였습니다. 우정은 각각의 개인들이 다른 개인들과 비교해서 정확히 동일한 위치를 갖지 않는 총체였습니다. 우정은 일반적으로 한 사람을 중심으로 했고, 어떤 사람들은 이 중심 인물과 더 친분이 있었으며, 다른 사람들은 그와 덜 가까웠습니다. 일정한 정도의 친분으로부터 또 다른 정도의 친분으로 옮겨가기 위해서는 함축적이고 동시에 구체적인 일련의 조건이 있었습니다. 심지어는 혹자에게 다른 사람과의 우정에 있어서 그가 나아졌다고 지시하는 의식과 몸짓 그리고 문구마저도 존재했었습니다. 조금 전 내가 언급하였듯이 종교 공동체 밖에서 자기 실천의 중요한 근간 가운데 하나인 사회적이고 부분적으로 제도화된 네트워크가 존재했습니다. 자기 실천과 영혼의 배려는 개인적이고 상호 개인적 형태 내에서 이러한 현상들에 근거했습니다. 나는 세네카 · 루킬리우스 · 세레누스 등에 대해 누차 언급하였습니다. 그들은 모두 이런 부류에 속합니다. 나이가 어린 시골 친척으로 야심에 가득 차 로마에 상경해 네로의 궁정에 들어가려고 시도하는 세레누스는 삼촌 혹은 먼 친척인 세네카를 만납니다. 세네카는 자신이 연장자이고 이미 중요한 위치에 있기 때문에 세레누스에 대해 책임이 있습니다. 그래서 세레누스는 궁정에 들어가게 되고, 또 거의 제도화된 우정 관계 내에서 세네카가 조언을 하게 되며, 또 세레누스가 세네카에 조언을 구하게 됩니다. 그리고 세네카가 준 도움들——네로의 주변에서 세레누스를 도왔고, 또 그를 궁정에서 도왔으며, 아마도 제정적인 도움도 주었습니다——가운데 소위 '영혼의 도움'[15] 또한 주었습니다. 세레누스는 말합니다. "나는 어떤 철학에 매달려야 될지 모르겠다. 나는 심기가 불편하고 내가 충분히 스토아주의자인지 아닌지를 잘 모르겠고, 배워야 할지 아닐지를 잘 모르겠

---

14) 미셸 푸코, 《자기 배려》, p.68.
15) 미셸 푸코, 《자기 배려》, p.69.

다." 이 모든 질문들은 내가 누구에게 말을 걸어야 하고 이 직위를 지원해야 하는지, 아니면 다른 직위를 지원해야 하는가를 묻는 것과 동일한 유형의 질문입니다. 그래서 세네카는 이 모든 것들에 대해 조언을 합니다. 영혼의 도움은 문화 공동체 내부에서 발전하므로 우정의 네트워크에 통합됩니다.

그래서 두 큰 축이 있습니다. 한편으로는 더 대중적이고, 더 종교적이며, 더 문화적이고 이론적으로는 덜 세련된 축이 있고, 다른 한편으로는 더 개인적이고, 더 교양이 있으며, 최고 특권층과 더 친숙한 연관이 있는 영혼의 배려, 자기 배려, 자기 실천의 축이 있습니다. 하지만 이 두 축을 지적하면서 나는 오직 두 계층, 요컨대 대중적이고 세련되지 않은 계층과 박식하고, 교양 있고, 우정 있는 계층만이 존재한다고 말하려는 것은 물론 아닙니다. 실제로 사태는 대단히 복잡합니다.[16] 이러한 복잡성의 예를 들어 보겠습니다. 에피쿠로스주의단체들을 예로 들 수 있는데, 이 단체들은 종교적이지는 않았지만 애초에 적어도 그리스에서는 장인, 소상인, 부유하지 않은 농부로 이루어진 대부분 대중적인 공동체들이었습니다. 그리고 이들 단체들은 플라톤주의나 아리스토텔레스주의 단체들의 귀족 정치에 반대하는 민주 정치의 선택을 대표했으며 대중적이었음에도 불구하고 이론적이고 철학적인 성찰을, 아무튼 중요한 교의의 습득을 내포하고 있었습니다. 그럼에도 불구하고 이 동일한 에피쿠로스주의는 이탈리아에서, 특히 나폴리[17]에서 마에케나스와 아우구스투스[18]의 궁정을 중심으로 놀랄 만큼 복잡하고 현학적인 서클의 탄생을 막지는 못했습니다.

---

16) 철학 학파들의 생활과 사회적 조직과 관련해서는 Carlo Natali, 〈지식의 환경과 학파 Lieux et École de savoir〉 in 《그리스의 지식 Le savoir grec》, s. dir. J. Brinschwig & G. Lloyd, Paris, Flammarion, 1996, p.229-248 참조. 또 피에르 아도(Pierre Hadot), 《고대철학이란 무엇인가? Qu'est-ce que la philosophie antique?》, op. cit., p.154-158에서 일반적인 지적을 참조 바람.

17) 기원전 30년대에 아우구스투스의 궁정에서 호라티우스 · 베르길리우스 · 프로페르티우스 등을 규합하는 마에케나스 서클에 대해서는 J.-M. André, 《마에케나스 영적인 전기 시론 Mécène. Essai de biographie spirituelle》, Paris, Les Belles Lettres, 1967 참조.

18) 캄파니의 로마 에피쿠로스주의, 특히 가다라의 필로데모스와 루키아노스 칼푸르니우스 피소 카에소니우스를 중심으로 한 에피쿠로스주의에 대해서는 이 분야의 전문가의 중요한 저서, M. Gigante, 《필로데모스의 서재와 로마의 에피쿠로스주의 La Bibliothèque de Philodème et l'épicurisme romain》, Paris, Les Belles Lettres, 1987 참조.

그러나 자기 배려의 이 모든 제도적 차원의 복잡성과 다양성을 보여주는 또 다른 예가 있습니다. 그것은 알렉산드리아의 필론이 《명상 생활에 관하여》에서 기술하는 유명한 유대인 고행자단체(Thérapeutes)입니다. 이 단체는 대단히 수수께끼적인데, 그 이유는 실제로 알렉산드리아의 필론만이 이 단체를 언급하고 있고 유대인 고행자들에 대한 함축적인 언급으로 생각할 수 있는 몇몇 텍스트 외에 실제로 오늘날 남아 있는 텍스트 속에서 필론만이 유대인 고행자들을 언급할 따름입니다. 그래서 어떤 사람들은 유대인 고행자단체가 존재하지 않았다고 추측했고, 또 필론이 기술한 유대인 고행자단체는 존재해야 할 공동체에 대한 이상적이고 유토피아적인 기술이라고 추측하기도 했습니다. 오늘날의 비평은——나는 이 점과 관련해 전문가가 아닙니다——이 단체가 정말로 존재했다[19]고 추측하는 듯합니다. 왜냐하면 결국 많은 사실 확인이 그들의 실존 가능성을 더 높였기 때문이지요. 하지만 이미 언급하였듯이 이 유대인 고행자단체는 알렉산드리아 부근에 은거한 일군의 사람들이었고, 보다 뒤늦은 시기의 은둔 수도자의 실천처럼[20] 사막에 은거한 사람들이 아니라 공동체 공간과 더불어 각자가 작은 방에 주거하는 일종의 교외의 작은 동산에 모여 사는 사람들이었습니다. 이 유대인 고행자단체에는 세 개의 중심축과 세 차원이 있었습니다. 한편으로 이들이 종교단체라는 점을 명확히 보여주는 현저히 종교적이고 예식적인 실천들이 있었습니다. 요컨대 하루에 두 차례의 기도가 있었고, 일주일에 한 번 회합이 있어 연령순으로 착석해 각자가 예의 바른 태도를[21] 취해야 했습니다. [⋯*] 그리고 다른 한편으로는 지적이고 이론적인 앎의 작업에 대한 현저한 강조

---

19) 보통 세 시기로 비판을 구분한다(《명상 생활에 관하여》의 프랑스어 번역본에 단 F. Daumas의 서문과 R. Radice, 《알렉산드리아의 필론 *Filone di Alessandria*》, Naples, Bibliopolis, 1983의 대단히 완벽한 참고 문헌 참조). 요컨대 세자레의 유세비우스에서 3세기 B. de Montfaucon에 이르는 고대에는 유대인 고행자단체를 기독교 공동체와 동일시했다. 19세기 근대에는 Renan과 P. Lagrange와 함께 필론의 기술을 이상적인 그림으로 생각하였고, 결국 현대 비평은 사실 확인을 통해 유대인 고행자단체의 실존을 확인하고 에세네파 신도들과 연관이 있다는 사실에 동의한다.

20) 1980년 3월 19일 강의에서 푸코는 카시아누스의 기독교에서 철학적이고 이교도적인 영혼 지도 기술의 반복이라는 중요한 논지를 사막으로 이전하기에 앞서 수도사의 수련에 관해 제기되었던 문제에 입각해 구축한다.

가 있습니다. 자기 배려의 측면에서는 애초부터 유대인 고행자단체는 "쾌락·욕망·슬픔·공포·탐욕·우둔·부당, 그리고 한없이 무한한 정념"[22]에 의해 야기된 병을 치료하기 위해 자신이 있던 곳을 떠납니다. 이들이 유대인 고행자단체였고 그들은 자신을 치료하게 됩니다. 두번째로 또 다른 언급이 있는데, 거기에 따르면 그들이 우선적으로 추구했던 바는 그들이 모든 덕의 기초[23]로 생각한 egkrateia(자기 제어)였다는 것입니다. 끝으로 이 텍스트는 여기서 어휘상 대단히 중요합니다. 즉 그들이 회동을 갖는 매주 일요일에는 일상적 활동인 epimeleia tês psukhê[24]에 신체의 배려를 추가하였습니다. epimeleia tês psukhê는 물론 영혼의 배려이며 그들은 거기에 나날이 정진해야 합니다. 그리고 이 영혼 배려와 동시에 지식에 대한 강조가 목격됩니다. 필론과 그들이 말하듯이 그들의 목표는 명확히 보는[25] 법을 배우는 데 있었습니다. 그리고 명확히 본다는 것은 신을 명상하기 위해 충분히 명확한 시선을 갖는 일이었습니다. 과학에 대한 사랑이 지극하여 그들은 3일 동안, 또 어떤 사람들의 경우에는 6일 동안 완전히 식음을 잊는 경우가 있었다[26]고 필론은 말합니다. 그들은 성서를 읽으며 우의적 철학, 다시 말해서 텍스트의 해석[27]에 몰두합니다. 그리고 그들은 아마도 그들 종파의 주창자들이라 여겨지는 저자들의 텍스트도 독서했으나 필론은 그들에 대한 정보를 전혀 제공하고 있지 않습니다. 그들의 지식과의 관계, 즉 연구 활동은 대단히 강했고 연구에 대한 그들의 배려는 대단히 강해서——그래서 자기 배려에 있어

---

21) "손을 옷 속에 집어넣고, 오른손은 가슴과 턱 사이에 위치시키고 왼팔은 그 측면 위에 늘어뜨린다."(필론, 《명상 생활에 관하여》, 476M, P. Miquel 번역, 앞서 인용된 판본, §30, p.99-101)

* '다시 말해서… 자기 배려' 밖에는 들리지 않는다.

22) *Id.*, 471M, §2(p.81).

23) "자기 통제(egkrateian)에 기초해 그들은 다른 영혼의 덕을 구축한다."(*Id.*, 476M, §34, p.103)

24) "일요일을 극히 성스러운 날로 생각하며 그들은 그날에 특별한 예우를 베풀었다. 그날 영혼의 배려가 끝나고 나서(tên tês psukhês epimeleian) 그들은 그들의 신체에 기름을 발랐다."(*Id.*, 477M, §36, p.105)

25) "유대인 고행자 무리는 지속적인 노력으로 명확히 보려 했고 절대적 존재에 대한 명상에 몰두했다."(*Id.*, 473M, §10, p.85)

26) *Id.*, 476M, §35(p.103-104).

27) *Id.*, 475M, §28(p.97-98).

서 중대한 테마가 거기서 발견되며, 나는 그 점을 이미 환기시켰다고 생각합니다——수면중에도 그들의 꿈은 "신성한 철학의 독트린을 주장했을"[28] 정도였습니다. 진실과 개인 간의 관계의 기준이고 개인의 순수성과 진실의 현현 간에 존재하는 관계의 기준인 수면과 꿈은 여기서 그 한 예를 갖습니다 (피타고라스주의자들[29]과 관련해서도 나는 그 예를 이미 인용한 것 같습니다).

  내가 여러분에게 이 예를 드는 이유는 이 단체가 명백히 종교적 단체이기 때문입니다. 이 단체에 속하는 개인들의 사회적 출신에 관한 정보는 전혀 없습니다. 그것이 귀족 또는 특권층이라고 가정할 이유는 결코 없습니다. 그러나 보시다시피 지식·명상·학습·독서·우의적 해석 등의 차원은 모두가 대단히 괄목할 만한 수준이었습니다. 따라서 자기 배려는 항시 한정되고 서로 구분되는 단체들 내부에서 종교 예식적인 것, 치료적인 것——내가 말한 의미에서——지식과 이론의 접목을 통해 구체화되지만 단체에 따라, 환경에 따라, 사례에 따라 가변적인 관계가 문제시된다고 생각할 필요가 있습니다. 아무튼 이러한 분할 내에서, 아니 차라리 이러한 종파와 단체 내에서 자기 배려가 출현합니다. 말하자면 보편적인 것과 같은 부류와 형태 내에서 자기 배려를 할 수 없다는 말이지요. 단순히 인간 존재 그 자체 때문에, 또 아무리 중요하다 할지라도 우리가 인간 공동체에 단순히 속한다는 사실 때문에 자기 배려가 출현해서 실천될 수 있는 것은 아닙니다. 자기 배려는 제한되고 구별되는 단체 내에서 행해질 수 있었습니다.

  바로 여기서 우리는 중요한 것과 만나게 됩니다. 대부분의 단체들이 절대적으로 도시국가와 사회 내에서 일반적으로 존재하는 신분의 차이를 나름대로 강조하고 반복하기를 거부했다는 사실을 상기할 필요가 있습니다. 바로 그것이 그 단체들의 존재 이유 가운데 하나였고, 또 헬레니즘·로마 사회에서 성공할 수 있었던 이유 중의 하나였습니다. 예를 들어 《알키비아데스》에서 자기 배려는 알키비아데스가 통치를 담당하게 되어 있는 신분의 차이 내에 편입되었으며, 말하자면 문제 제기되지 않고 물려받은 신분 때문에 알키비아데스는 자기 자신을 배려해야 했습니다. 내가 언급하는 대부분의

---

28) *Id.*, §26(p.97).
29) 1월 12일 강의 전반부와 3월 24일 강의 후반부를 참조.

단체들 내에서 빈자와 부자의 구분, 출신이 화려한 자와 출신이 불투명한 자의 구분, 정치 권력을 행사하는 자와 은둔자의 구분은 용인되지 않았습니다. 상당수의 문제가 제기될 수 있는 피타고라스주의자들을[30] 제외한 대다수의 단체들에서 노예와 자유인의 대립은 적어도 이론적으로는 용인되지 않았던 것 같습니다. 이 점과 관련된 스토아주의자와 에피쿠로스주의자의 텍스트는 무수히 많고, 또 자유인이 자기가 사로잡혀 있는[31] 모든 악덕과 정념 그리고 의존성으로부터 해방되지 못한다면 노예는 자유인보다 훨씬 더 자유로울 수 있다는 말을 되풀이하고 있습니다. 결론적으로 신분의 차이가 없기 때문에 개인들은 모두가 자기 실천을 '할 수 있는 능력'이 있습니다. 출신이나 신분을 이유로 어떤 개인에 대한 **선험적** 자격 박탈은 있을 수 없습니다. 하지만 다른 한편으로는 만인이 원칙적으로 자기 실천에 접근이 가능하다면 그것은 너무도 보편적인 것이어서 결과적으로 극소수의 사람들만이 실제적으로 자기 자신을 돌볼 수 있다는 말이 됩니다. 용기 부족, 역량 부족, 인내력 부족, 즉 자기 배려 과업의 중요성을 파악할 수 있는 능력의 부족, 그것을 잘 수행할 수 있는 능력의 부족이 대다수 사람들이 처한 운명입니다. 자기 배려의 원칙(epimeleisthai heautou의 의무)은 도처에서 만인에게 반복하여 설파될 수 있을 것입니다. 하지만 경청력·이해력·실천력은 빈약했을 겁니다. 경청력이 약하고, 또 극소수의 사람들만이 경청할 수 있는 능력이 있기 때문에 자기 배려의 원칙은 도처에서 반복하여 설파될 필요가 있었습니다. 이 점과 관련된 에픽테토스의 흥미로운 텍스트가 있습니다. 에픽테토스는 새롭게 gnôthi seauton(델포이 신전의 명령적 정언)을 환기시키며 "이 정언과 함께 발생하는 일을 보아라. 이 정언은 문명화된 세계의 심장부에서 돌벽에 새겨지고, 표식되고 각인되었다(에픽테토스는 oikoumenê라는

---

30) 피타고라스주의 사회의 정치 조직과 그 귀족주의적인 경향에 대해서는 A. Delatte 가 《피타고라스주의의 정치에 대한 시론 Essai sur la politique pythagoricienne》(1992), Genève, Slatkine Reprints, 1979, p.3-34에 있는 〈피타고라스주의 사회의 정치 조직 L'organisation politique de la société pythagoricienne〉이라는 장의 고전적이고 정밀한 설명을 참조하시오.

31) 에픽테토스의 《어록》에 나오는 결정적인 텍스트(IV편 1장 전부와 특히 더 이상 노예이지 않기 위해 총독 앞에서 해방되는 것만으로도 충분치 않다는 것을 증명하는 II편, I, 22-28)과 《제요》(XIV), 또 현자의 자유에 관해서는 에피쿠로스의 〈바티칸 금언〉 66-77 참조.

용어를 사용합니다) 다시 말해서 자기 인식은 그리스어를 읽고, 쓰고, 말하는 교양 있는 세계의 중심부에 위치합니다. 거기에 씌어져 있으므로 만인이 그것을 oikoumenê(문명)의 한복판에서 볼 수 있습니다. 하지만 법적인 자격이 있는 인간 공동체의 지리적 중심에 신이 설치한 자기 인식은 알려지지도 이해되지도 않았다"라고 말합니다. 이 보편적 법칙으로부터 소크라테스의 본보기로 넘어가면서 에픽테토스는 다음과 같이 말합니다. "소크라테스를 보아라. 그럼에도 불구하고 그의 말을 경청하고 자기 자신을 배려하게 될 사람을 발견하기 위해 소크라테스는 얼마나 많은 젊은이들을 불러 세워야 했을까? 소크라테스는 자신에게 온 모든 사람들이 자기 배려를 할 수 있게 만드는 데 성공했을까? 자기 배려를 하게 된 사람은 1천 명 가운데 한 명도 안 되었다."[32] 우리는 에픽테토스의 이 단언에서 자기 인식의 정언이 만인에게 주어졌지만 극소수가 그것을 경청할 수 있는 능력을 갖춘 사람들이었다는 사실을 알 수 있습니다. 그리고 이것은 선두에 있는 자와 그렇지 않은 자, 엘리트와 대중, 가장 탁월한 자와 대중 간을 구분하는 고대 문화에서 아주 중요하고 결정적인 분할 형식이었습니다. 그리고 이것은 선두에 있는 소수자인 oi prôtoi와 다수의 평범한 자인 oi pôlloi를 분할하는 형식이었습니다. 이 분할의 축은 고대 그리스 · 헬레니즘 · 로마 문화 내에서 엘리트, 즉 특권이 문제로 제기되지 않았던 특권 계층과 여타의 사람들을 구분시켜주는 축이었습니다. 이제 또다시 탁월한 자와 그렇지 않은 자들의 대립을 발견하게 되지만, 이는 위계적인 분할이 아니라 자기의 능력을 갖춘 자와 그렇지 않은 자의 실행적 분할입니다. 개인의 사회적 신분이 사전에 출신에 입각해 대중과 범상한 사람과 그를 대립시키는 차이를 더 이상 규정하지 않습니다. 자기와의 관계, 자기와의 관계의 양태와 유형, 배려의 대상으로 자기를 고안하는 방법이 소수의 뛰어난 자들과 다수의 범인(凡人)들을 분할

---

32) "그런데 그는 왜 아폴론이지? 그는 왜 신탁을 내리는 걸까? 그는 왜 자신을 선지자와 진리의 원천 그리고 문명화된 세계에 거주하는 모든 사람들과의 만나게 하는 장소에 거처를 정한 것일까? 또 아무도 이해하지 못하는데 '너 자신을 알라'라는 정언은 왜 신전 위에 각인된 것일까? 소크라테스는 자기에게 다가온 모든 사람들에게 자기 자신을 배려할 것을 설득하는 데 성공한 것일까? 성공한 사람은 1천 명 가운데 한 사람도 안 된다."(《어록》, III, 1, 18-19, 앞서 인용한 판본 p.8)

하게 됩니다. 결국 자기 자신을 돌볼 수 있는 자가 소수의 탁월한 자들이기 때문에 자기 배려의 호소는 만인에게 행해집니다. 그리고 여기서 우리는 만인을 향해 설파되지만 극소수의 사람들에게만 들리고, 극소수 사람들의 복락을 확보하는 중대한 보편적 형식의 목소리가 인정되었다는 사실을 알게 됩니다. 이 목소리의 형식은 서구 문화 내에서 엄청난 중요성을 갖게 됩니다. 이 형식은 엄밀히 말해서 발명된 것이 아니라고 말할 필요가 있습니다. 사실 내가 언급한 모든 종교단체들과 적어도 몇몇 단체에서는 이 자기 배려 원칙이 만인에게 호소되었지만 극소수의 사람들만이 진정한 제관(祭官)[33]이었습니다.

만인에게 호소되지만 오직 소수만이 들을 수 있는 이 목소리의 형식은 신의 계시·신앙·성서·은총 등의 문제 주변에서 재분절되어 기독교의 중심부에서 다시 나타납니다. 그러나 중요한 것은 내가 오늘 강조하고 싶은 것도 바로 이것인데, 그것은 서구에서 자기의 문제와 자기와의 관계의 문제가 이미 두 요소(호소의 보편성과 구원의 희소성)를 갖는 이 형식 내에서 문제화되었다는 사실입니다. 달리 말해 서구에서 자기와의 관계, 자기가 자기 자신에게 가하는 노력, 자기에 의한 자기의 발견은 사실 소수의 특정한 사람들만이 이해할 수밖에 없는 호소의 보편성으로부터 그 누구도 처음부터 배제되지는 않았던 구원의 희귀성으로 가는 유일한 통로로 생각되었고 또 전개되었습니다. 소수에게만 들리는 이 보편적 원칙과 **선험적으로** 누구도 배제되지 않은 희귀한 구원 간의 놀이야말로 기독교의 신학적·영적·사회적·정치적인 대부분의 문제의 핵심에 놓이게 됩니다. 그러나 목소리의 형식은 자기 기술(technologie du soi) 내에서 지극히 명확하게 분절되어 있다는 것을 알 수 있으며, 나아가 그리스·헬레니즘·로마의 문명은 기원후 1,2세기에 괄목할 만한 차원을 갖게 된 자기 수양을 탄생시켰다고 말할 수 있습니다(왜냐하면 단순한 자기 기술이 더 이상 논의의 대상이 되어서는 안 되기 때문에). 서구 문화에서 지극히 근본적이라고 할 수 있는 이 목소리의 형

---

33) 소수의 선택받은 자들과 관련한 오르페우스 통과의례에 대한 암시. "바쿠스의 지팡이를 들고 있는 자들은 많은데 제관들은 적구나."(플라톤, 《파이돈》, 69c, L. Robin 번역, 앞서 인용한 판본, p.23)

식은 호소의 보편성임과 동시에 구원의 희소성의 형태로 자기 수양 내에서 나타나는 것을 알 수 있습니다. 게다가 '자기 자신을 구하다'와 '자기 구원을 행하다'를 의미하는 이 구원 개념은 이 모든 것들 가운데 가장 중심에 놓입니다. 바로 그 지점에 도달하기 때문에 아직 언급하지는 않았지만 청년기의 자기 배려로부터 늙기 위한 자기 배려로의 연대기적인 이동은 자기 배려의 목표와 목적이 무엇인지를 알아야 하는 문제를 야기시킵니다. 어디에서 구원이 가능한 것일까요? 아시다시피 의학과 자기 실천의 관계는 '자기 구원하기와 자기 구원을 행하기'의 문제로 회부됩니다. 즉 건강한 상태에 있는 것, 병마로부터 벗어나기, 죽음으로 인도됨과 동시에 죽음으로부터 구원된다는 것은 무엇을 말하는 것일까요? 이 모든 문제는 그 형식이 내가 조금 전에 인용한 에픽테토스의 텍스트에서처럼 명확히 규정된 구원의 테마로 귀결됨을 볼 수 있습니다. 보편적 호소에 답해야 하는 구원, 그러나 사실상 소수에게 예정된 구원이 문제입니다.

다음 시간에는 이 자기 수양의 또 다른 양상, 즉 '자기 자신을 양성하기' '자기 자신을 배려하기'가 플라톤주의에서 발견되는 바와는 아주 다른 관계의 형식, 앎의 대상으로서, 인식의 대상으로서 자기 자신의 구축을 어떤 방식으로 만들어 내는지를 논의해 보도록 하겠습니다.

1982년 1월 27일 강의

전반부

1,2세기 자기 배려 실천의 일반적 특성에 대한 환기 — 타자의 문제: 플라톤 대화에서 세 유형의 숙달 — 헬레니즘·로마 시대: 주체화의 숙달 — 세네카의 stultitia 분석 — 주체화의 스승인 철학자상 — 헬레니즘 시대의 제도적 형식: 에피쿠로스 학원과 스토아주의 모임 — 로마의 제도적 형식: 실존에 대한 사적인 조언자

적어도 고대에 있어서, 그리고 예를 들면 서구문명에서 이후 16세기 혹은 19세기에 일어날 수 있었던 일에 대해 편견을 배제하고 자기 실천의 가장 특징적인 요소들로 보여지는 몇몇 요소들을 기술해 보고자 합니다. 따라서 기원후 1,2세기 동안 이 자기 실천이 띠었던 특질들을 기술해 보고자 합니다.

지난번에 지적한 첫번째 특징은 자기 실천을 생활의 기술(teckhnê tou biou)에 통합하여 상호 연루시키는 데 있었습니다. 이 통합은 자기 배려를 더 이상 생활의 기술의 선행 조건이 아니게 만들었습니다. 자기 실천은 더 이상 교육자의 교육과 장년 생활 간의 분기점이 아니었고, 무게 중심을 성년에서 발견하며 반대로 실존 전반을 가로지르는 요청 사항이었으며, 이는 명백히 자기 실천과 관련해 상당히 많은 결과들을 발생시켰습니다. 첫째로, 교육적이기보다는 훨씬 더 비판적인 기능이 그것입니다. 즉 훈육하는 것보다는 교정하는 것이 더 중요합니다. 여기로부터 의학과 더 밀접한 유연 관계가 도출되며, 이는 교육으로부터 자기 실천을 해방시키는 것이었습니다. [···*] 결

---

* 녹취록에서는 "비록 paideia가 [···] 그것은 개인적인 경험 [···] 결국 수양은"만이 들릴 뿐이다.

국 자기 실천과 노후, 자기 실천과 생활 간에 특권적 관계가 설정되는데, 이는 자기 실천이 생애와 일체가 되거나 생애 자체에 융합되기 때문입니다. 따라서 자기 실천의 목표는 노년의 준비이고, 노년의 준비는 실존의 특권적 순간으로 사료되며, 주체 완성의 이상적인 지점으로 나타납니다. 주체가 되기 위해서는 늙어야 합니다.

헬레니즘 시대와 로마 시대에 표명되는 자기 실천의 두번째 특성을 파악하기 위해 기원후 1,2세기를 취하는 이유는 내가 기술하고자 하는 이 모든 현상들과 이들 현상들의 출현이 이 시기에 있었기 때문이 아닙니다. 이 시기가 헬레니즘 시대 전반에 걸쳐 아주 완만했던 변혁의 정점을 이룬다는 점을 고려해 1,2세기를 취한 것입니다. 따라서 두번째 특질은 자기 배려가 무조건적인 원칙으로 표명된다는 사실에 있습니다. '무조건적인 원리'란 이 원리가 신분과 같은 선천적 조건이나 기술적·직업적·사회적 목적이 전혀 없이 만인에게 적용 가능하며, 만인에 의해 실천 가능한 규칙으로 제시된다는 것을 의미합니다. 내가 신분상 정치를 하게 되어 있기 때문에, 또 훌륭하게 타인들을 통치하기 위해 자기 자신을 배려해야 한다는 관념은 더 이상 나타나지 않게 되며, 어쨌든 상당히 후퇴하게 됩니다(보다 세부적인 부분은 재검토하기로 합시다). 따라서 자기 실천은 무조건적인 실천이지만, 사실 배제적 형식하에서 운용됩니다. 사실 소수의 사람들만이 이 자기 실천에 접근할 수 있었습니다. 아무튼 소수의 사람들만이 자기라는 궁극적 도달 지점까지 자기 실천을 행할 수 있었습니다. 그리고 자기 실천의 목적은 자기(le soi)였습니다. 자기 실천은 만인과 관계하지만 실제로 자기를 가질 능력을 갖춘 사람은 소수였습니다. 그리고 무조건성과 관련한 두 종류의 배제 또는 희소화 형식은 폐쇄된 집단에의 귀속——일반적으로 종교 운동의 경우가 그러했다——이나 otium, skholê, 즉 교양 있는 여가를 실천할 수 있는 능력이었습니다. 이는 경제·사회적 형태의 격리를 대표합니다. 이 두 큰 형식에 입각해 사람들은 소수의 개인들만이 자기 실천을 통해 주체의 충만한 위상에 도달할 수 있도록 기제들을 한정하거나 부여했습니다. 게다가 이 두 원리는 순수한 상태에서 표현되고 작동된 것이 아니라, 항시 둘간의 조합 속에서 작동했습니다. 실제적으로 종교단체들은 항시 어떤 문화적 행위와 연루되었고——때로는 치료사(Thérapeutes)단체처럼 아주 고도의 문화 행위와 연루되었다——또 역으로 교양을 통한 사회적 선별에서 피타고라스주의자들처럼 다소 강도를 갖는 종교성을 지닌 단체를 구성하는 요소들이 발견됩니다. 아무튼 자기와의 관계는 이제 자기 실천의 목적처럼 여겨진다고 말할수 있습니다. 이 목표는 생의 궁극적 목표이지만 동시에 희귀한 실존의 형식입니다. 그것은 만인에 있어서 생의 궁극적 목표이지만 소수만을 위한 희귀한 실존의 형식입니다. 즉 우리는 여기서 구원이라는 역사를 관통하는 대범주를 발견합니다. 구원의 이 빈 형식은 고대문화의 내부에서 종교 운동과상응하며, 상관 관계 속에서 출현하고 있습니다. 이 관계를 보다 명확히 규정할 필요가 있습니다. 하지만 이 구원의 빈 형식이 독자적이고 자목적적으로 탄생한다는 점과, 그것이 단순히 사유나 종교적 경험 현상이나 양태가 아니라는 점을 언급할 필요가 있습니다. 이 구원의 빈 형식에 고대의 문화와철학, 그리고 사유가 어떤 내용을 부여하는지를 이해할 필요가 있습니다.

그러나 그에 앞서 구원의 형식과 거기에 부여해야 할 내용 간의 매개자인타자의 문제, 타자와의 관계의 문제라는 선행적 문제를 제기하려고 합니다. 오늘은 이 문제, 즉 지난번 분석을 시도한 이 형식과 다음번에 분석하려고하는 내용 간의 필요 불가결한 매개자인 타자의 문제에 주의를 집중하고자합니다. 자기 실천이 규정하는 형식이 실제적으로 그 대상인 자기에 도달하고, 또 자기로 채우기 위해 타자는 필요 불가결합니다. 자기 실천이 목적하는 바에 도달하기 위해서는 타자가 꼭 필요합니다. 이것이 보편적 양식입니다. 이 점을 좀 분석해 봅시다. 준거점으로 《알키비아데스》나 더 일반적으로소크라테스와 플라톤의 대화를 택해 보도록 합시다. 이 대화에 등장하는 상이한 등장 인물들——긍정적으로 평가되던 부정적으로 평가되던 그것은 중요하지 않다——을 통해 세 유형의 숙달, 다시 말해서 세 종류의 타자와의관계가 젊은이의 교육을 위해 필요 불가결하다는 사실을 알 수 있습니다. 첫째로 모범의 숙달이 있습니다. 둘째로 가장 어린 자에게 전승되며 제안되는행동의 모델이 있고, 이는 교육에 꼭 필요합니다. 모범은 전통에 의해 전승될 수 있습니다. 모범은 영웅·민담·서사시를 통해 알아야 할 위인들입니다. 모범의 숙달은 유명한 연장자들, 도시국가에서 명성을 떨치는 노인들의 현존을 통해 확보됩니다. 모범의 습득은 보다 가깝게는 젊은 청년의 주위에서 그에게 행동의 모델을 제공하는——아무튼 그에게 모델을 부여해야만 하는——성인 연인들을 통해서도 확보됩니다. 두번째 유형의 숙달은 수행 능력의 숙달, 요컨대 가장 어린 자에게 단순히 지식·원칙·소질·수완을 전승시킬 수 있는 능력의 숙달입니다. 마지막으로 셋째 유형의 숙달은 대화를 통해 수행되는 소크라테스의 숙달, 즉 곤경과 발견의 달련입니다. 주목해야 할 점은 이 세 종류의 숙달은 각기 무지와 기억의 놀이에 기초하고 있다는 점입니다. 숙달에서 문제는 "어떻게 젊은이를 무지로부터 해방시킬 것인가?"입니다. 젊은이는 생활 속에서 공경할 수 있는 모범을 목전에 필요로 합니다. 훌륭하게 살 수 있게 해주는 기술·수완·원칙·지식의 획득이 그에게 필요합니다. 그는 자신이 모르고 있다는 사실을 알 필요가 있고——바로 이 무지의 자각이 소크라테스적 숙달의 사례에서 결과된다——그와 동시에 그가 알기보다는 모르고 있다는 사실을 더 잘 알 필요가 있습니다. 이 세 종류의 숙달은 무지에 작용합니다. 또 모델을 상기하며 수완을 상기하고 배우고 숙달하는 것이 문제시되고, 또 결여된 지식은 기억 속에서 쉽게 재발견할 수 있다는 것을 깨닫는 것이 중요하며, 결과적으로 모른다는 것을 몰랐다는 것도 사실이지만 알고 있다는 사실을 모르고 있었다는 것도 사실임을 깨닫는 것이 관건이기 때문에 숙달은 기억에서도 작용합니다. 세 범주의 숙달의 차이는 중요하지 않습니다. 소크라테스적인 숙달이 다른 두 숙달과 관련해 갖는 특수성·특이성의 주요한 역할은 넘어가도록 합시다. 무지로부터 앎으로 나아가게 해주는 것이 기억이고 무지는 자기 자신으로부터 벗어날 수 없으므로 문제가 되는 것은 항시 무지와 기억이며 이는 소크라테스의 숙달과 나머지 두 숙달이 갖는 공통점입니다. 무지는 알고 있음을 모르고 있다는 것을 증명하는 것, 결과적으로 지식이 무지 자체로부터 어느 정도까지는 벗어날 수 있다는 점을 증명하는 것이 소크라테스의 임무임에 비추어 볼 때 그의 숙련은 흥미롭습니다. 그러나 소크라테스의 실존 및 그의 질문의 필요성은 무지로부터 벗어나는 일이 타자 없이는 이루어질 수 없다는 것을 증명합니다.

내가 나중에 분석하려고 하는 헬레니즘 시대와 로마제정 초기의 자기 실천에서 타자와의 관계는 앞에서 언급한 고전기에서도 역시 필요한 것이었습니다. 이같은 타자의 필요성은 어느 정도 무지의 사실에서 기인하고 있습니다. 그러나 타자의 필요성은 지난번에 언급한 다른 요소들, 즉 주체는 본질적으로 모른다기보다는 교육을 잘못 받고 왜곡되어 있으며 악습에 젖어 있다는 사실에서 기인합니다. 결과적으로 주체는 무지를 대체하는 지식을 지향해야 하는 게 아닙니다. 타자의 필요성은 개인이 애초에 태어나는 순간에도, 세네카가 말하듯이 어머니의 배 속에 있을 때조차도, 도덕적으로 곧은 행위와 도덕적으로 유효한 주체를 특징짓는 합리적인 의지적 관계를 자연과 맺어 본 적이 없다는 사실에서 기인합니다.[1] 결과적으로 주체는 무지를 대체하는 앎을 지향해서는 안 됩니다. 개인은 생활의 어떤 순간에도 결코 인식하지 못했던 주체의 위상을 향해 나아가야 합니다. 그는 비주체를 자기와의 충만한 관계에 의해 규정된 주체의 위상으로 대체해야 합니다. 그는 자신을 주체로 구축해야 하며, 바로 여기에 타자가 개입해야 합니다. 우리는 자기 실천의 모든 역사에서, 보다 일반적으로 말해 서구 주체성의 역사에서 아주 중요한 테마를 바로 이 지점에서 발견하게 됩니다. 이제 스승은 더 이상 기억의 스승이 아닙니다. 그는 타자가 모르고 있는 바를 알면서 그것을 그에게 알려 주는 사람이 아닙니다. 그는 타인이 모르고 있다는 사실을 알면서 그가 알고 있지 못하는 바를 어떻게 자신이 알고 있는지를 그에게 증명해 보이는 자도 아닙니다. 스승은 이러한 놀이에 관여하지 않습니다. 스승은 이제 개인의 개혁과 개인이 주체로서 자신을 구축하는 일을 지도하는 자입니다. 그는 개인과 그의 주체적인 구축과의 관계를 매개하는 자가 됩니다. 좌우지간 1,2세기 철학자들과 의식점검자들의 모든 주장들은 이 사실을 증언합니다. 아주 흥미로운 바를 말하고 있는 무소니우스의 단장(斷章)들을 예로 들어 봅시다(그것은 Hense 출판사의 무소니우스의 《저작들》 중 단장 23입니다): "인식 또는 기술(tekhnai)에 속하는 바를 배우는 것이 문제시될 때 우리는 항시 훈련과 스승이 필요하다"고 그는 말합니다. 그러나 우리는 이 영역(인식·과학·기술)에서 나쁜 습관을 얻는 것이 아닙니다. 단지 우리는 무지합니다. 이러한 무지의 위상 때문에 우리에게는 수련과 스승이 필요합니다. "나쁜 습관들을 버리고 hexis, 즉 개인의 존재 방식을 변형시키며, 스스로를 교정할 필요가 있을 때 더욱더 스승이 필요하다"고 그는 말합니다.[2]

---

1) 악덕의 일차적 속성에 대해서는 세네카가 루킬리우스에게 보내는 서신 50, 7과 90, 44 그리고 75, 16을 참조할 것.

일례로 세네카가 루킬리우스에게 보내는 쉰두번째 서신 서두의 짤막한 구절을 취해 보겠습니다. 이 편지의 서두에서 세네카는 간략하게 사유의 동요, 사람들이 보통 자연적으로 처하게 되는 우유부단을 토로합니다. 그리고 그는 다음과 같이 말합니다: "사유의 동요, 우유부단은 stultitia라고 불리는 것이다.[3] Stultitia는 아무 결정도 내리지 못하고 아무것에도 만족하지 못하는 것을 말한다. 그러나 스스로 이 상태에서 벗어날(sortir: emergere) 수 있을 만큼 충분히 건강한 사람은 아무도 없다. 누군가가 그를 도와주어야 한다. 누군가가 그를 밖으로 끌어내야 한다: oportet aliquis educat."[4] 이 구절에는

---

2) 무소니우스의 단장(短章) 23은 존재하지 않고 푸코는 여기서 단장 II, 3을 참조하는 것 같다. 하지만 무소니우스의 주장은 푸코가 옮겨 놓은 것과 정확히 일치하지 않는다. 무소니우스에게는 덕을 향하는 자연적 성향의 보편성이 문제시된다. 보편성은 '다른 기술들'(allas tekhnas)과 비교해서 확증된다. 요컨대 다른 기술에서는 전문가만이 오류로 인해 비난받지만, 반면에 도덕의 완결은 오직 철학자에게만 요구되는 것이 아니라 만인에게 요구된다. "요즘 병자의 치료에서는 오직 의사만이 오류가 없기를 요구하며 하프의 연주에서는 연주자에게만 오류가 없기를 요구하고, 배의 키와 관련해서는 오직 조타수만이 오류가 없기를 요구한다. 하지만 삶의 기술(en de tô biô)에서 사람들은 유일하게 덕을 돌보는 철학자만이 오류가 없기를 요구하는 게 아니라 만인에게 공히 오류가 없기를 요구한다."(《고대의 두 설교자, 텔레스와 무소니우스 Deux prédicateurs dans l'Antiquité, Télès et Musonius》, A.-J. Festiguère 편역, Paris, Vrin, 1978, p.54) 여기서 무소니우스는 덕의 스승의 필요성을 언급하기보다는 덕에 대한 성향의 자연성을 밝히기 위해 예로서 스승이 없어도 된다는 주장을 한다. "왜 문예, 음악, 격투 기술이 문제시될 때 배우지 않고서는(mê mathôn) 그 누구도 안다고 말할 수 없고, 그 누구도 자신이 배운 학교의 선생 이름을 명명하지 않고서는 이 기술들을 소유하고 있다고(ekhein tas tekhnas) 주장할 수 없는 반면 덕이 문제시될 때는 만인이 그것을 소유하고 있다고 공공연히 주장하는 것일까요?"(Id., p.55) 이와 같은 도덕 개념의 선천적인 성격의 테마뿐만 아니라 기술적 역량의 습득을 에픽테토스에게서 재발견할 수 있다는 점을 주목할 필요가 있다(에픽테토스, 《어록》, II, 11, 1-6 참조).

3) 세네카, 《루킬리우스에게 보내는 서신》, t. II, V편, 서신 52, 인용된 판본, p.41-46.

4) "루킬리우스여, 우리가 어떤 방향으로 향할 때 이와 다른 방향으로 우리를 이끌며 우리가 피하고자 하는 쪽으로 우리를 몰고 가는 이 유동체를 어떻게 지칭할 수 있을까? 우리로 하여금 결코 아무것도 원하지 못하게 막는 우리 영혼에 대항하는 자는 누구인가? 우리는 여러 결심들 속에서 부유한다. 우리는 자유롭고 절대적이며 영원히 부동하는 의지로 욕망하지 않는다. '그것은 항구적인 것이라고는 전혀 없고 그 무엇도 장시간 만족시킬 수 없는 비이성(stultitia)이다'라고 너는 답한다. 그런데 어떻게 그리고 언제 이 포획에서 우리를 해방시킬 수 있는 걸까? 그 누구도 홀로 억지로 파도 위로 떠오르려고 해서는 안 된다(nemo per se satis valet ut emergat). 누군가가 그에게 손을 내밀어(oportet manum aliquis porrigat) 물가로 끌어주어야 한다(aliquis educat)."(Id., lettre 52, 1-2, p.41-42)

유념해야 할 두 요소가 있습니다. 먼저 이같은 스승의 필요성, 혹은 도움의 필요성에서 문제가 되는 것은 양호하거나 그렇지 않은 건강이고, 따라서 사실상 중요한 것은 수정·교정·개선입니다. 벗어나야 하는 이같은 병적인 상태는 무엇입니까? 답은 이미 주어졌습니다. 그것은 바로 stultitia입니다. Stultitia에 대한 묘사는 포시도니우스 이래로 스토아철학의 일종의 일반적 논거입니다.[5] 아무튼 세네카의 저서에서 stultitia의 묘사는 누차 발견됩니다. 그것은 세네카의 쉰두번째 서신의 서두에서 환기되고 있고,《영혼의 평정에 관하여》의 서두에서 특히 잘 묘사되어 있습니다.[6] 잘 아시다시피 세레누스가 세네카에게 상담을 요청했을 때, 세네카는 "너에게 적절한 진단을 내리겠고, 너의 현 상태가 어떤지를 말해 주겠다. 그러나 너의 현 상태를 너에게 이해시키기 위해 먼저 인간이 처할 수 있는 최악의 상태, 즉 철학의 여정과 자기 실천을 아직 시작하지 않은 상태에 대한 설명을 하고자 한다."[7] 자기를 아직 배려하고 있지 않은 경우 사람은 stultitia의 상태에 있습니다. 자기 실천은 따라서——말하자면 일차적 물질로——stultitia와 관련되고, 그 목적은 이것으로부터 벗어나는 것입니다. 그렇다면 stultitia는 무엇일까요? Stultus는 자기 배려가 없는 사람입니다. Stultus를 어떻게 특징지을 수 있을까요? 특히《영혼의 평정에 관하여》초반부를 참조하면서[8] 우리는 다음과 같이 말할 수 있습니다. Stultus는 우선 모든 바람, 즉 외부 세계로 열린 자입니다. 즉 그는 정신 속에 외부 세계가 그에게 제공할 수 있는 모든 표상들이 들어오도록 방치하는 자입니다. 그는 이 표상들을 검증 없이 그것들이 표상하는 바를 분석할 줄 모른 채 받아들입니다. 이 표상들을 자신의 정신——정념·욕망·야망·사유의 습관·환상 등——과 섞이도록 방치함을 고려할 때

---

5) 포시도니우스에 대해서는 1월 20일 강의 주 54)(supra, p.102) 참조(포시도니우스부터 hêgemonikon의 비합리적인 기능은 합리적 기능으로 환원이 불가능하게 된다).

6) 세네카,《영혼의 평정에 관하여》I(세레누스가 묘사한 세네카의 상태), R. Waltz 번역, 앞서 인용한 판본, p.71-75.

7) 이러한 묘사는 제II장 6-15에서 발견된다(id., p.76-79).

8) 여기서 푸코는《영혼의 평정에 관하여》를 통해서만 stultitia의 상태를 쓴다기보다는 세네카 작품 전체를 통해 stultitia에 대한 주요 분석의 통합을 시도한다. 푸코가 인용한 두 텍스트 외에도 루킬리우스에게 보내는 서신 1, 3(시간 속에서의 분산), 9, 22(자기의 쇠약), 13, 16(부단히 자기 자신으로 향하는 생의 분산), 37, 4(정념에 흔들리기)를 참조할 것.

stultus는 외부 세계로 열려 있습니다. 그 결과 그는 외부의 표상의 바람에 열린 자이고, 또 한번 들어오면 그 표상들의 내용과 그와 섞이게 되는 주체적인 요소들을 구분, 즉 discriminatio를 할 수 없게 됩니다.[9] 이것이 stultus의 첫번째 특성입니다. 다른 한편으로 stultus는 첫째 특성의 결과로 시간 속에 분산된 자입니다. 즉 그는 복수의 외부 세계로 열려 있을 뿐만 아니라 시간 속에 분산되어 있습니다. stultus는 아무것도 기억하지 못하며 자신의 생을 흐르도록 방치하는 자이고, 기억할 가치가 있는 바를 다시 기억하면서 생을 통일성 쪽으로 다시 유도하는 자가 아니고, 또 자신의 주의와 의지를 명시적이고 확정된 목표 방향으로 이끌어 가는 자도 아닙니다. 결과적으로 그의 생과 실존은 기억이나 의지 없이 흐릅니다. 그는 생을 흐르도록 방치하고, 끊임없이 견해를 바꿉니다. 결과적으로 그의 생과 실존은 기억도, 의지도 없이 흐릅니다. 그렇기 때문에 stultus에게는 생활 방식의 부단한 변화가 있습니다. 지난번 세네카의 텍스트에서 내가 환기한 바를 기억하실 겁니다: "사실 나이와 함께 생활 방식을 바꾸어 청소년기에 어떤 생활 방식을 갖고, 성년이 되어 다른 생활 방식을, 노년이 되어 또 다른 생활 방식을 갖는 것처럼 해악적인 것이 없다."[10] 사실 노년 속에서 자기의 완성이라는 목표로 가장 신속하게 자신의 생을 지향시켜야 합니다. 요컨대 노년이 인생을 단일한 통일성 쪽으로 지향시키기 때문에 "서둘러 늙읍시다"라고 세네카는 말합니다. stultus는 이와는 정반대입니다. stultus는 자기의 노년을 생각하지 않는 자이며, 노년의 자기 완성에 집중되어야 하는 생의 시간성을 생각하지 않는 자입니다. 그는 끊임없이 생활 방식을 바꾸는 자입니다. 나이에 따라 상이한 생활 방식을 선택하는 것보다 더 최악의 상태로서 세네카는 나날이 생활 방식을 바꾸며 일순간도 노년에 대한 생각 없이 노년을 맞이하는 사람들을 환기시킵니다. 중요한 이 구절은 《영혼의 평정에 관하여》의 서두에서 발견됩니다.[11] 그래서 이 외부 세계와 시간 속에서의 분산에서 기인하는 이 표상들에 노출된 결과——결과이자 원리——는 stultus가 품위 있게 욕망을 할

---

9) Discriminatio라는 용어는 푸코가 1980년 3월 26일 카시아누스에 할애한 강의에서 분석의 대상이다. 요컨대 이 용어는 의식 점검의 범주에서 시험 후에 표상의 분리 작업을 지칭한다(이 테크닉의 설명에 대해서는 2월 24일 강의 전반부 참조).
10) 루킬리우스에게 보내는 서신 32를 분석하는 1월 20일 강의 후반부 참조.

수 없다는 사실입니다. 품위 있게 욕망한다는 것은 무엇일까요? 세네카의 쉰두번째 서신의 서두는 stultus의 의지와 stultia에서 벗어난 자의 의지가 무엇인지를 잘 말해 주고 있습니다. Stultus의 의지는 자유롭지 않은 의지입니다. 그것은 절대적 의지가 아닙니다. 그것은 꾸준히 욕망하지 않는 의지입니다. 자유롭게 욕망한다는 것은 무엇일까요? 그것은 욕망하는 바가 어떤 사건이나 어떤 표상, 어떤 성향에 의해 결정됨이 없이 욕망하는 것을 의미합니다. 자유롭게 욕망한다는 것은 어떤 한정 없이 욕망하는 것입니다. 그러나 stultus는 외부에서 오는 것에 의해 결정됨과 동시에 내부에서 오는 것에 의해 한정됩니다. 둘째로, 품위 있게 욕망하기는 절대적으로(absolute) 욕망하는 것입니다.[12] 다시 말해서 stultus는 동시에 여러 가지 것들을 욕망하며, 또 이것들은 서로 모순적이지 않고도 상충됩니다. 그는 여러 가지 것들 가운데 하나만을 절대로 욕망하지 않습니다. Stultus는 무엇인가를 욕망하지만 그와 동시에 그것을 후회합니다. 그 결과 stultus는 영광을 갈망하지만 평온하고 관능적 삶 등을 영위하지 못한 것을 후회하는 자입니다. 셋째로 stultus는 욕망하지만 무기력 속에서 욕망하며 게으름 속에서 욕망하고 그의 의지는 부단히 끊기고 목표를 바꿉니다. 그는 지속적으로 욕망하지 않습니다. 자유로이 욕망한다는 것은 절대적으로 욕망하는 것이고, 항시 욕망하는 것입니다. 바로 이 점이 stultitia와 대립되는 상태를 특징짓습니다. 그리고 stultitia는 제한되고 상대적이며 단편적이고 변덕스러운 의지를 말합니다.

그렇다면 자유롭고 절대적이며 항구적인 의지의 대상은 무엇일까요? 외부의 무엇에 의해서도 제한됨이 없이 의지가 지향해야 하는 대상은 무엇일까요? 의지가 다른 것에 개의치 않고 절대적으로 지향하는 대상은 무엇일까요? 상황이 어떻든지간에 시간과 계기에 맞추어 변화시킬 필요 없이 의지가

---

11) 제3장에서 "나이를 많이 먹은 노인이 자신의 나이를 들먹이지 않고서 오래 살았다는 것을 증명할 수 없는 일이 참으로 많구나!"(세네카, 《영혼의 평정에 관하여》III, 8, p.81)라는 아테네오도레스의 인용구가 발견된다. 푸코는 "잠을 자지 못하는 사람처럼 엎치락 뒤치락하며 피로가 휴식을 취하게 만들 때까지 계속해서 모든 자세를 취하려고 하는 자들을 여기에 추가해라. 요컨대 실존의 자세를 무수히 바꾸고 난 후에 변화의 성마름이 아니라 노년이 그들을 엄습하게 되는 그러한 위치에 결국 머물게 된다"(id., II, 6, p.76)라는 제2장의 한 구절을 또한 인용한다.

12) Supra, 주 4), 세네카의 인용문 참조.

항시 욕망할 수 있는 대상은 무엇일까요? 외적인 제한들에 개의치 않고 우리가 자유롭게 욕망할 수 있는 유일한 대상 그것은 명백히 자기입니다. 절대적으로, 즉 다른 무엇과도 관계를 설정하지 않고 우리가 욕망할 수 있는 바는 무엇일까요? 그것은 자기입니다. 세네카의 묘사에서——지나치게 확대 적용하지 않고——끌어낼 수 있는 stultus의 정의는 무엇일까요? Stultus는 본질적으로 욕망하지 않는 자이고, 자기 자신을 욕망하지 않는 자이며, 의지가 자기라는 유일한 대상을 자유롭고, 절대적으로, 항구적으로 원하지 않는 자입니다. Stultitia에서는 의지가 단속되어 있고, 상호 귀속이 절단되어 있으며, 이것이 stultitia의 특징이고, 이것이야말로 stultitia의 가장 명백한 효과이자 가장 심층적인 근원입니다. Stultitia로부터 벗어나는 것, 그것은 바로 자기를 욕망할 수 있도록 하는 것, 스스로가 자기를 욕망하도록 하는 것, 자기를 자유롭고, 절대적이고, 항구적으로 욕망할 수 있는 유일한 대상으로 지향하도록 만드는 것입니다. 그렇지만 stultitia는 이 대상을 욕망할 수 없습니다. 왜냐하면 그것을 원치 않는 것이 stultitia의 특징이기 때문입니다.

자기와의 무관계로 정의됨에 비추어 볼 때 stultitia로부터 벗어난다는 것은 개인의 힘으로 이루어질 수 있는 것이 아닙니다. 의지를 집중시킬 수 있고, 자기를 대상, 자유롭고, 절대적이고, 항구적인 의지의 목표로 내놓을 수 있는 자기 구축은 타자의 매개를 통해서만 행해질 수 있습니다. stultus한 개인과 sapiens한 개인 사이에는 타자가 필요합니다. 아니면 자기 자신을 욕망하지 않는 개인과 자기 자신과 지배 관계, 소유 관계, 쾌락 관계——이것은 sapientia의 목표 가운데 하나이다——에 도달한 자 사이에는 타자의 개입이 필요합니다. 왜냐하면 stultitia를 특징짓는 의지는 구조적으로 자기 배려를 원하지 않기 때문입니다. 결과적으로 자기 배려는 타자의 현전·삽입·개입을 필요로 합니다. 바로 이것이 서신 52 서두의 소구절에서 내가 끌어내려 한 첫번째 요소입니다.

Stultitia의 정의와 그것이 의지와 맺는 관계 이외에 내가 끌어내려고 한 두번째 요소는 타자의 필요성입니다. 그러나 서신 52의 소구절에서 명확히 정의되지 않은 타자는 전통적 의미에서 진리와 원리를 가르치는 교육자는 분명 아닙니다. 그가 기억의 스승이 아니라는 것은 분명합니다. 세네카의 서신 52는 그 행위가 무엇인지에 대해서는 언급하고 있지 않지만, 그 행위를 특징짓기 위해 사용하거나 암시적으로 그 행위를 지시하기 위해 사용하는 표현들은 대단히 독특합니다. porrigere manum과 oportet educat 같은 표현이 있습니다.[13] 약간의 문법 설명을 양해하시기 바랍니다. Educat는 명령법입니다. 따라서 educare가 아니라 educere, 즉 손을 내밀다(tendre la main), 거기로부터 끌어내다(sortir de là), 그 밖으로 데리고 나가다 (conduire hors de là)의 뜻을 갖습니다. 따라서 그것은 훈육이나 전통적 의미에서의 교육 행위, 이론적 지식이나 수완의 전승이 아닙니다. 그것은 도움을 받아야 할 개인, 그가 처해 있는 상태, 신분, 생활 방식, 존재 방식으로부터 그를 끌어내기 위해 가해질 행위입니다. 그것은 주체 자체의 존재 방식에 가해지는 행위이지, 무지를 대체할 수 있는 지식의 단순한 전승이 아닙니다.

따라서 제기되는 문제는 다음과 같습니다. 자신을 주체로 구축하는 데 필요한 타자의 행위는 무엇일까요? 어떻게 이 타자의 행동은 필수 불가결한 요소로 자기 배려에 편입될 수 있을까요? 내민 손은 무엇이며, 단순한 교육과는 다르고 또 교육 이상의 것인 이 '끌어내기'(éduction)는 무엇일까요? 즉각적으로 등장하는 매개자, 주체가 자기와의 관계 구축에 등장하는 이 행위자를 여러분은 잘 알고 있습니다. 그는 자기 생각대로 나타나며 소란스럽게 등장하여 자신만이 이 매개 역할을 담당할 수 있고 stultitia에서 sapientia로 이행시킬 수 있다고 선언합니다. 그는 오직 자신만이 개인으로 하여금 자기 자신을 욕망할 수 있게——결국에는 개인이 자기에 도달할 수 있게, 자기에게 지고성을 행사할 수 있게, 이 관계 내에서 충만한 행복을 발견할 수 있게——만들 수 있는 자라고 주장합니다. 이렇게 등장하는 실행자는 물론 철학자입니다. 철학자는 바로 이런 실행자입니다. 그리고 이 점은 모든 철학 사조에서 발견되는 관념입니다. 에피쿠로스주의자들에게서도 이 관념은 발견됩니다. 에피쿠로스 자신은 철학자만이 타인을 지도할 수 있다고 말했습니다.[14] 스토아주의자에게서도 마찬가지입니다. "철학자는 인간의 속성에 일치하는 사물과 관련해 만인의 hêgemôn(인도자)이다"[15]라고 무소니우

13) 세네카, 《루킬리우스에게 보내는 서신》, t. Ⅱ, Ⅴ편, 서신 52, 2(p.42).

14) 푸코는 여기서 에피쿠로스 자신의 예보다는 에피쿠로스학파의 위계화된 조직을 환기하려 한다(이 점에 대해서는 하단에서 논의된 필로데모스의 단장들에 관한 De Witt와 Gigante의 논쟁을 참조할 것).

스는 말했습니다. 그리고 철학에 적대적이었으나 철학으로 개종하고, 견유주의적 삶을 영위하며, 사유에 있어서 견유주의철학의 상당수 특질들을 보여주고 있는 푸루사의 디온과 함께 극단으로 가봅시다. 그는 1세기와 2세기의 전환기에 "철학자들 주변에서 사람들은 적절한 행위에 대한 조언을 얻을 수 있다. 철학자에게 상담함으로써 사람들은 결혼을 해야 할 것인지 아닌지, 정치에 참여해야 할 것인지 아닌지, 왕정이나 민주정, 아니면 다른 형태의 정체를 설립해야 할 것인지 아닌지의 여부를 결정할 수 있다"고 말했습니다.[16] 철학자에게 자기를 이끌어 가는 방법을 물어야 하며, 또 철학자들은 자기를 이끌어 가는 방법뿐만 아니라 다른 사람들을 이끌어 가는 방법을 말하고 있습니다. 왜냐하면 철학자들은 도시국가에서 어떤 체제를 택해야 할지, 즉 절대 왕정이 바람직한 것인지 민주정이 나은 것인지를 말하고 있기 때문입니다. 따라서 철학자는 사람들을 지배할 수 있는 유일한 자로서, 사람들을 통치하는 자들을 통치할 수 있는 유일한 자로서, 또 모든 차원에서 통치의 보편적 실천을 정립할 수 있는 유일한 자로 소란스럽게 등장합니다. 이 시대에 발생하고 드러나는 철학과 수사학 간의 분쟁의 핵심은 여기에 있다고 생각됩니다.[17] 수사학은 분석과 수단의 목록입니다. 그것을 통해 사람들은 타인에게 담론을 수단으로 사용해 행위를 할 수 있었습니다. 철학은 적절히 자신을 배려하거나 타인을 돌보기 위해 사람들이 운용할 수 있고, 타인이 자유롭게 사용할 수 있는 원리와 실천의 총체입니다. 그러나 철학자

---

15) 단장 XIV: "hêgemon tois ahthrôpois esti tôn kata phusin anthrôpô prosêkontôn." (C. Musonius Rufus, *Reliquiae*, 앞서 인용한 판본(O. Hense), p.71)

16) 푸루사의 디온에서 조언자로서의 철학자상과 관련해서는 논설 22: 《평화와 전쟁에 관하여》(*Discourses*, t. II, J. W. Cohoon 번역, 앞서 인용한 판본, p.296-298)와 논설 67: 《철학자에 관하여》(*id.*, t. V, p.162-173)과 논설 49(*id.*, t. IV, p.294-308) 참조.

17) *Leben und Werke des Dio von Prusa. Mit einer Einleitung. Sophistik Rhetorik, Philosophie in ihrem Kampf um die Jugendbildung*, Berlin, 1898에서 오래되었지만 중요한 H. Von Arnim의 상세한 설명을 참조할 것. 로마 시대에 제기된 철학과 수사학의 관계의 문제는 A. Michel의 논문 《키케로에 있어서 수사학과 철학 *Rhétorique et philosophie chez Cicéron*》, Paris, PUF, 1960의 대상이 되었다. 또 Pierre Hadot의 〈고대의 철학, 변증술, 수사학 Philosophie, dialectique et rhétorique〉, *Studia Philosophica*, 39, 1980, p.139-166 참조. 수사학에 대한 정밀하고 일반적인 설명과 관련해서는 F. Desbordes의 《고대의 수사학 *La Rhétorique antique*》, Paris, Hachette Supérieur, 1996 참조.

와 철학은 자기 자신의 현존과 개인의 자기 실천의 구축·전개·조직을 어떻게 구체적이고 실천적으로 연결시킬 수 있을까요? 철학은 도구로서 무엇을 제시할까요? 어떤 제도적 매개를 통해 철학은 철학자가 그의 실존·실천·담론, 그리고 그가 하게 될 조언 내에서 그를 경청하는 자들에게 그들 자신을 단련하고, 자신을 배려하며, 종국에는 그들에게 제안된 이 자기라는 목표에 도달할 수 있게 할 수 있다고 주장하는 것일까요?

간단히 살펴보면 제도는 크게 두 형식이 있습니다. 그것은 헬레니즘적 유형의 형식과 로마적 유형의 형식입니다. 헬레니즘적 형식은 당연히 학파 skholê입니다. 학파는 개인들의 공동체적 삶을 전제하면서 폐쇄적 특성을 가질 수 있습니다. 예를 들면 피타고라스학파가 이 경우이고,[18] 에피쿠로스학파도 마찬가지 경우입니다. 에피쿠로스학파와 피타고라스학파의 경우, 영적 지도는 대단히 중요한 역할을 했습니다. 많은 주석가들——그 중 특히 디위트는 에피쿠로스학파에 할애한 일련의 논문에서[19]——은 에피쿠로스학파가 극히 복잡하고 엄격한 위계질서에 입각해 조직되었으며 일련의 개인들이 존재했고, 그 중 제일인자는 현자였으며 유일한 현자는 지도자를 결코 필요로 하지 않았다고 주장합니다. 에피쿠로스 자신은 신성한 자(theios anêr)였고, 그의 특이성——어떤 예외도 없는 특이성——은 그만이 비지혜로부터 독자적으로 벗어날 수 있었으며 홀로 그 경지에 도달할 수 있었습니다. 그러나 sophos(현자) 외에 다른 모든 사람들은 지도자를 필요로 했으며, 또 디위트는 philosophoi, philologoi, kathêgêttai, sunêtheis, kataskeuazomenoi[20] 등과 같은 하나의 위계를 제시했습니다. 이들은 학파 내에서 특수한 위치와 기

<hr>

18) 피타고라스주의자들의 공동체적 삶에 대해서는 Jamblique(《피타고라스의 생애》, L. Brisson & A.-Ph. Segondes 번역, 인용된 판본 §71-110, p.40-63)와 디오게네스 라에르티코스(《저명한 철학자들의 생애와 교의》, VIII, 10, s. dir. M.-O. Goulet-Cazé 번역, 인용된 판본, p.949)의 설명과 1월 13일 강의 전반부, p.60-61 주 6-8)(특히 피타고라스주의 학파의 삶에 대해서는 주 7))참조.

19) N. W. De Witt의 《에피쿠로스와 그의 철학 Epicurus and his philosophy》, Minneapolis, University of Minnesota Press, 1954(2ᵉ éd edition, Westport, Conn., 1973)에 재수록된 논고들.

20) N. W. De Witt, 〈에피쿠로스주의단체의 조직과 절차 Organisation and procedure in Epicurean groups〉, Classical Philology, 31, 1936, p.205 sq; Epicurus에 재수록됨.

능을 갖고 있었고, 각자의 위치와 가치에 따라 이들은 지도 실천에서 특수한 역할(어떤 사람들은 아주 폭넓은 그룹들만을 지도했고, 또 어떤 사람들은 개별적 지도만을 할 수 있는 권리를 가지고 있었으며, 충분히 교육을 받은 시기에 이 개인들을 그들이 찾던 행복 쪽으로 인도할 수 있는 권리를 가지고 있었습니다)을 담당했습니다. 사실 디위트와 같은 사람들이 제안한 위계는 실제와 정확하게 일치하지는 않습니다. 이들의 논지에 대해 가한 일련의 비판이 있습니다. 원하신다면 그리스와 로마의 에피쿠로스주의에 관한 기욤뷔데학회의 학술대회 논문집[21]을 참조하시기 바랍니다.

따라서 디위트가 제시한 폐쇄되고, 극히 제도화된 구조는 확실한 것은 아닙니다. 에피쿠로스학파의 의식 지도 실천에서 몇 가지 사실을 유념할 필요가 있습니다. 첫째로, 필로데모스[22](로마에서 생활한 에피쿠로스주의자이고, 루시우스 피소의 고문이었으며, 지금은 불행하게도 몇몇 단편만 남아 있는 Parrhêsia라는 제목의 텍스트를 쓴 사람)에 의해 씌어진 텍스트에서 확인되는 바입니다. 이 텍스트에 대해서는 후에 재론하도록 하겠습니다. 필로데모스는 에피쿠로스학파 내에서 각자가 hêgemôn, 즉 자신의 지도를 담당하는 인도자·지도자가 꼭 필요했음을 잘 보여주고 있습니다. 둘째로, 여전히 필로데모스의 텍스트에 따르면 이 개별적 지도는 두 원리에 따라 체계화되었습니다. 이 개별적 지도는 두 파트너들 사이에, 즉 지도자와 지도를 받는 자 사이에 강도 있는 애착 관계, 즉 우정 관계 없이는 이루어질 수 없다는 사실입니다. 그리고 이 지도는 일정한 '말하는 방식,' 말하자면 parrhêsia로 명명된 '말의 윤리' ——여기에 대해서는 다음 시간에 논의하겠습니다——를 전

---

21) *Association Guillaume Baudé, Actes du VIIIᵉ congrès, Paris, 5-10 avril 1968*, Paris, Les Belles Lettres, 1970 참조. De Witt가 주장한 위계질서에 대한 Gigante의 비판 (p.215-217)을 참조할 것.

22) 중동 출신의 그리스인 가다라의 필로데모스는 먼저 아테네로 가 사이다의 제논 주변에 머물렀고, 이후 루시우스 피소의 저택이고 또 그 도서관에 에피쿠로스주의자들의 중요한 다수의 텍스트들이 소장되어 있는 오늘날 '파피리'(Papyri)라 불리는 에르콜라노에 있는 빌라에 완전히 정착하기 이전인 기원전 60년경에 로마로 가서 카이사르의 장인이자 기원전 58년에 집정관을 지낸 칼푸르니우스 피소 카에소니우스의 친구가 된다(이 관계에 대해서는 Gigante의 《필로데모스의 도서관과 로마의 에피쿠로스주의 *La Bibliothèque de Philodème et l'épicurisme romain*》, *op. cit.*, chap. V).

제하고 있습니다.[23] Parrhêsia는 마음 열기이고, 두 파트너가 자신들이 생각하는 바를 전혀 숨기지 않고 솔직하게 서로 이야기해야 할 필요성이 있었기 때문입니다. 아직 고안중인 개념이지만 확실한 것은 이 개념이 에피쿠로스주의자들에게는 우정과 더불어 지도의 중요한 윤리적 원리들 가운데 하나였다는 사실입니다. 세네카의 텍스트에 입각해 보면 한 가지 더 확실한 것이 있습니다. 아까 주해한 동일한 쉰두번째 서신에서 내가 분석한 구절 바로 다음에 오는 구절은 에피쿠로스주의자들을 참조하고 있습니다. 에피쿠로스주의자들에게는 두 범주의 개인들이 있다고 세네카는 말합니다. 즉 첫번째 범주의 개인들은 사람들이 제안한 인도와 관련해 내적인 어려움을 전혀 갖지 않기 때문에 인도하기에 충분한 개인들입니다. 두번째 범주의 개인들은 천성의 교활함 때문에 강압적으로 구출해야 하고, 자신들의 현 상태 밖으로 밀어내야 하는 사람들입니다. 그리고 에피쿠로스주의자들에게 있어서 이두 범주의 제자들간에는 어떤 가치나 질의 차이가 없었고――전자는 후자에 비해 어떤 우월성도 갖고 있지 않고 후자보다 앞선 서열에 위치하지 않았습니다――그것은 본질적으로 기술적인 차이였다고 세네카는 말합니다. 즉 전자와 후자를 동일한 방식으로 지도할 수는 없지만, 지도가 완수되면 그들의 덕은 동일한 유형의 덕이고 동일한 수준의 덕이라는 말입니다.[24]

스토아주의자들에 있어서는 의식 지도 실천이 다소 폐쇄되고 공동체 생활을 영위하는 단체의 실존과 덜 연관되어 있었습니다. 그리고 특히 우정의 요청은 덜 명확해 보입니다. 아리에누스가 기록한 에픽테토스의 텍스트를 통해 니코폴리스에 있었던 에픽테토스 학원을 짐작해 볼 수 있습니다.[25] 우선 그곳은 진정한 공동 생활의 장소가 아니라, 단순히 아주 빈번하고 엄격한 회동의 장소였던 것 같습니다. 제2편의 여덟번째 대화에는 도시에 심부

---

23) (kathêgêtês라 불리는) 지도의 필요성에 관해서는 3월 10일 강의 전반부에서 필로데모스의 《파르헤지아에 관하여 *Peri parrhêsias*》에 대한 푸코의 분석 참조.

24) "에피쿠로스가 말하기를 어떤 사람들은 아무의 도움도 받지 않고 스스로 진리에 도달했다. 그들은 혼자서 성공했다. 왜냐하면 추진력이 그들 자신에서 나왔고, 자신의 수단으로 자기를 만들어 냈기 때문에 에피쿠로스는 그 누구보다도 이들을 칭찬한다. 어떤 사람들은 도움이 필요하다고 에피쿠로스는 말한다. 요컨대 그들은 누군가가 자신들 앞으로 나아가지 않으면 전진할 수 없지만 누군가를 따라갈 수는 있는 사람이라고 에피쿠로스는 말한다."(세네카, 《루킬리우스에게 보내는 서신》, II권, V편, 서신 52, 3, p.42)

름을 보내는 제자들에 대한 언급이 있습니다. 이는 생활의 미분화에도 불구하고 일종의 기숙사 형식이 있었음을 암시합니다.[26] 제자들은 하루 온종일 도시의 일정한 장소에 머물러야 할 의무가 있었습니다. 하지만 이 장소는 일상 생활과 쉽게 소통할 수 있는 장소는 아니었습니다. 학원에는 여러 범주의 제자들이 있었습니다. 먼저 정규 학생들이 있습니다. 정규 학생은 다시 두 범주의 제자들로 구분됩니다. 정치 생활, 시민 생활에 입문하기 전에 교육을 보충하기 위해 학원에 오는 제자들이 있었습니다. [···*] [에픽테토스는] 이들이 임무를 수행해야 하는 시기, 황제에게 소개되어야 하는 시기, 아첨과 진솔함을 구별해야 하는 순간, 비난에 대응하는 순간들을 환기합니다. 따라서 이 제자들은 사회 생활에 입문하기 전에 연수하러 오는 학생들입니다. 이 제자들은 제2편 열네번째 대화에 등장합니다. 이 대화에서 아들을 에픽테토스 앞에 데리고 오는 한 로마인이 등장합니다. 그리고 에픽테토스는 지체 없이 자신이 철학을 어떻게 생각하며, 철학자의 임무가 무엇이고 철학 교육이 무엇인지를 설명합니다.[27] 그는 로마인 아버지에게 그가 아들에게 할 교육에 대해 설명을 합니다. 따라서 그는 연수 온 제자입니다. 게다가 정규 제자들이 있는데 이들은 학교에서 교육과 교양을 보충하기 위해서가 아니라 철학자가 되기 위해 온 제자들입니다. 제3편의 스물두번째 대화는 이 범주에 속하는 제자들과 관련되어 있습니다. 거기서 한 제자 gnôrimoi(에픽테토스의 제자들)는 질문을 던집니다. 아니 오히려 그는 견유주의적 생활을 하려는 욕망을 강조합니다.[28] 다시 말해서 그는 철학에 헌신하려는 욕망을

---

25) 50년경에 푸루지아 태생이고 에파프로디투스의 노예(포악한 주인 네로에게서 해방된 그는 《어록》에 자주 등장한다)였으며, 무소니우스 루푸스의 옛 제자였던 에픽테토스는 노예에서 해방되자 철학자들을 이탈리아에서 내쫓는 황제 도미티아누스에게서 90년대 초반에 추방령을 받기 전까지 로마에 철학 학원을 개설한다. 이후로 그는 그리스의 도시 니코폴리스에 정착해 새로운 학원을 설립한다. 그는 하드리아누스 황제의 새로운 총애에도 불구하고 작고할 때(125-130쯤)까지 여기에 머문다.

26) "그런데 심부름 때문에 젊은이를 학교 밖으로 내보낼 경우(epi tinas praxeis) 우리는 왜 그가 잘못 행동할까 봐 우려하는 것일까?"(에픽테토스, 《어록》, II, 8, 15, 인용된 판본, p.31)

* 녹취록에는 "말하자면 [···] 부자 젊은이들과 같은···"만이 들릴 뿐이다.

27) "어느 날 한 로마인이 자신의 아들을 데리고 에픽테토스의 강의를 들으러 왔다. '이것이 내가 가르치는 방식이야' 라고 에픽테토스가 말했다."(id., 14, 1, p.54)

피력합니다. 견유주의는 이같이 극단적이고 전사적(戰士的)인 철학 형식으로 이루어져 있습니다. 다시 말해서 견유주의는 철학자의 옷을 입고 이 도시저 도시를 떠돌며 사람들을 불러내어 연설을 하며, 독설을 퍼부으며, 교육하고, 대중의 철학적 태만을 동요시키는 데 있습니다. 그리고 한 제자의 이같은 욕망에 관하여 에픽테토스는 견유주의적인 삶의 초상을 묘사합니다. 이 초상에서 견유주의적인 삶은 극히 긍정적으로 묘사되어 있고, 그와 동시에 이 초상은 그 어려움과 필연적인 금욕주의를 보여줍니다.

그러나 명백히 미래의 전문 철학자에 대한 다른 언급도 있습니다. 이렇게 에픽테토스의 학교는 철학자들을 위한 일종의 사범대학교로 소개되고 있으며, 여기서 그들은 그들이 어떻게 해야 할지에 대해 설명을 듣습니다. 제2편의 스물여섯번째 대화는 대단히 흥미롭습니다. 그것은 2부로 분할된 작은 장입니다. 여기서 에픽테토스가 자주 암시하는 약간 변형된 낡은 소크라테스의 논지가 다시 언급됩니다. 즉 사람이 악을 행하면 그것은 추론의 오류, 즉 지적인 오류를 범하는 것이라는 언급이 그것입니다.[29] 그리고 사람이 악을 행할 때 거기에는 makhê, 즉 악을 범하는 자에게는 전투·싸움이 있다고 에픽테토스는 말합니다.[30] 그리고 이 싸움은 다음과 같습니다. 한편으로 악을 행하는 자는 모든 사람과 똑같이 실리를 추구합니다. 그러나 그는 그가 행하는 바가 실은 실리와는 거리가 멀고 해롭다는 것을 알지 못합니다. 예를 들면 도둑은 모든 사람과 절대적으로 같습니다. 그는 실리를 추구합니다. 그러나 그는 도둑질이 자신에게 해롭다는 것을 모릅니다. 그래서 한 개인이 전술한 실수를 범할 때, 그것은 그가 진실되지 않은 것을 진실로 생각하기 때문이며, 또 그에게 pikra anagkê, 쓸쓸한 필연성, 즉 자신이 진실하다고 믿는 바를 포기해야 한다는 쓸쓸한 필연성을 납득시킬 필요가 있다고 에픽테토스는 말합니다———이 표현은 대단히 흥미롭고 또 강조할 필요가

---

28) "견유주의자의 공언에 경도된 듯한 한 제자(gnôrimôn)가 에픽테토스에게 묻기를 '견유주의자는 어떤 유형의 인간입니까? 그의 공언을 어떻게 생각해야 합니까?'"(《어록》, III, 22, 1, p.70)

29) 예를 들면 《어록》, I, 28, 4-9와 II, 22, 36을 참조할 것. 요컨대 "그는 길을 잘못든 무지한 자를 대하듯이 관대하고 관용적이며 온화하고 너그러울 것이다."(p.101)

30) "모든 오류는 모순을 내포한다(makhên periekhei)."(《어록》, II, 26, 1, p.117)

있습니다.[31] 그리고 이 쓸쓸한 필연성을 어떻게 출현시킬 수 있을까요? 아니면 이 필연성을 어떻게 실수를 범하고 착각에 빠져 있는 자에게 받아들이게 할 수 있을까요? 사실상 그가 자신이 원하지 않는 바를 행하고 있으며, 자신이 원하는 바를 행하지 않고 있다는 사실을 보여줄 필요가 있습니다. 그는 자신이 원하지 않는 바를 행합니다. 다시 말해서 그는 무언가 해로운 일을 합니다. 그리고 그는 그가 원하는 바를 하지 않고 있습니다. 다시 말해서 그는 자신이 한다고 생각했던 실리적인 일을 하고 있지 않습니다. 그리고 이러한 makhê, 즉 의지 없이 행하는 바와 원하지만은 행하지 않는 바 간의 싸움 속에서 타자에게, 자신이 지도하는 자에게 이 투쟁이 무엇인지를 납득시킬 수 있는 자를 에픽테토스는 deinos logô(담론의 기술에 강하고 능숙한 자)라고 불렀습니다. 그는 protreptikos와 elegktikos입니다. 이것은 절대적으로 기술적(技術的)인 용어들입니다. Protreptikos는 정신을 올바른 방향으로 향하게 할 수 있는 교육을 행할 수 있는 자입니다. 다른 한편 그는 elegktikos, 즉 오류에서 진실을 끌어내어 오류를 논박하여 참된 명제로 바꾸게 해주는 토론 기술, 지적인 토론에 능한 자입니다.[32] 이것을 할 수 있는 능력이 있는 개인, 결국 교육자의 전형적인 자질인 이 두 자질을 갖춘 자——보다 정확히 말해서 논박하며 타자의 정신을 바꾸어 놓는 철학자의 두 주요 자질——는 오류를 범하는 자의 태도를 변화시킬 수 있습니다. 왜냐하면 영혼은 마치 저울과 같아서 이쪽저쪽으로 기울기 때문이라고 에픽테토스는 말합니다. 원하든 원치 않든 간에 영혼은 자신이 깨닫는 진리에 따라 기웁니다. 그리고 이렇게 타자의 정신 속에서 전개되는 싸움(makhê)을 조정할 수 있고, 충분한 담론 기술로 타자가 믿는 진실을 논박하며 정신을 올바른 방향으로 이끄는 행위의 능력이 있는 바로 그 순간에 그는 진정한 철학자입니다. 요컨대 그는 올바르게 타자를 지도할 수 있게 됩니다. 반대로 여기에 도달하지 못하는 경우, 자신이 지도하는 자에게 잘못이 있다고 생각해서는 안 됩

---

31) "오류를 자각하는 사람에게 가혹한 필연성(pikra angkê)이 오류를 포기하게 만들지만 이러한 필연성이 나타나지 않는 한 그는 오류를 진실로 생각한다."(id., 26, 3, p.117)

32) "그러므로 그는 추론하는 데 능하며(deinos en logô) 이와 동시에 논박하고 (protreptikos) 설득할(elegktikos) 줄 알며 오류의 원인인 모순을 각자에게 증명할 수 있는 자이다."(id., 26, 4, p.117)

니다. 자기 자신에게 문제가 있다는 말입니다. 자기 자신을 힐책해야지, 자신이 설득시키지 못한 사람을 비판해서는 안 됩니다.[33] 이것은 장차 교육자가 되거나 의식을 지도하게 될 자에게 관련된 교육 지표의 아주 작고 아름다운 모범이라고 할 수 있습니다. 따라서 첫번째 범주의 제자들은 연수를 하는 제자들입니다.

두번째로, 철학자가 되기 위해 학원에 있는 제자들이 있습니다. 그리고 물론 아리에누스의 《대화편》의 상이한 장면에 흥미로운 역할을 담당하는 여행자들이 있습니다. 예를 들면 제1편의 열한번째 대화에서 에픽테토스의 강의실로 가는 공직을 담당하고 인근 도시의 유지로 보이는 사람이 등장합니다. 그리고 그는 집안 문제를 가지고 있었습니다. 그의 딸이 병에 걸렸습니다. 이 경우와 관련해 에픽테토스는 가족 관계의 가치와 의미를 그에게 설명합니다. 동시에 에픽테토스는 자신이 통제할 수 없거나 지배할 수 없는 것에 연연할 필요가 없고, 사물들에 대해 자신이 갖는 표상에 몰두할 필요가 있다고 설명합니다. 왜냐하면 실제적으로 통제하고 지배할 수 있는 것이 그것이고, 사용할(khrêstai)[34] 수 있는 것이 그것이기 때문이지요. 그리고 대화는 다음과 같은 개념으로 종결됩니다. 즉 이렇게 표상들을 점검하기 위해서는 skholastikos가 되어야 한다(달리 말해 학원에 가야 한다)는 것이 그것입니다.[35] 이는 생활이 안정되고, 공직을 갖고 있고, 가족이 있는 그에게 에픽테토스는 철학 연수를 하기 위해 학원에 올 것을 권유합니다. 제2편의 네번째 대화에서 간통을 범하고 난 뒤에, 여성들은 본성상 저속하고, 그래서 자신이 행한 바는 진정으로 간통이 아니라고 주장하는 한 philologos——거기서 수사학 편에 있는 자들의 모든 표상들은 이 대화에서 대단히 중요하다

---

33) "왜냐하면 그[소크라테스]는 합리적인 영혼을 동요시키는 것이 무엇인지를 알고 있었다. 저울과 유사한 영혼은 원하든 원치 않든 간에 기운다. 영혼의 주요 부분에 모순을 보여주면 그것을 단념할 것이다. 하지만 네가 모순을 보여주지 못하면 네가 설득하지 못한 자보다는 네 자신을 힐책해야 한다."(*id.*, 26. 7, p.118)

34) "네가 이 점을 잘 이해한다면 이후 마음속에 담아둘 게 전혀 없을 것이다. 자연에 부합하는 것의 기준을 인식하는 법을 익혀 그것을 각각의 특수한 경우를 판단하기 위해 활용하는 것만이 네가 전념해야 할 유일한 것이다."(《어록》, I, 11, 14-15, p.46)

35) "알다시피 너는 학생이 되어야 하며(skholastikon se dei genesthai), 또 네 자신의 선택을 점검해 보고자 한다면 만인이 조소하는 동물이 되어야 한다."(*id.*, 11, 39, p.49)

──가 등장합니다. 그리고 전자──자신의 병든 딸에 대해 자연적 애착을 느껴 그 결과 그는 skholastikos가 될 권리를 얻는다──와는 달리 간통한 philologos는 쫓겨나고 학원에 더 이상 나타날 수 없게 됩니다.[36] 사업 문제 때문에 학교에 와서 에픽테토스에게 그들의 사업에 대해 자문을 구합니다. 어떤 경우 에픽테토스는 이런 실용적 상담 요청을 질문의 관점을 바꾸어 "나는 거기에 답할 필요가 없고, 나는 구두수선하러 온 구두장이가 아니다. 내게 상담을 원한다면 내가 담당할 수 있는 것에 대해 질문을 해야 할 필요가 있다. 다시 말해서 인생, 실존의 선택, 표상들과 관련된 질문을 던질 필요가 있다"라고 말하며 변형시킵니다. 바로 이것이 제3편의 아홉번째 대화에서 발견되는 바입니다.[37] 순전히 철학적인 비판들도 있습니다. 예를 들면 제3편의 일곱번째 대화에서 에피쿠로스주의자인 도시의 세무감독관이 등장합니다. 세무감독관처럼 사회적 의무를 실천하면서도 에피쿠로스주의자들이 거부한다는 사회적 의무들에 대해 에픽테토스는 그에게 질문을 던집니다.[38] 그리고 이 모순에 입각해 에피쿠로스주의 전반에 비판을 가합니다. 따라서 에픽테토스를 중심으로 명백히 단언된 학교 형식 내에서 일련의 다양한 지도 형식, 지도술의 표현, 지도의 다양한 방식들이 발견됩니다.

에픽테토스가 가장 발전된 모범을 보여주는 헬레니즘적이고 교육적인 이 형식에 맞서 내가 로마적이라고 부르는 형식이 존재합니다. 로마 형식은 사적인 고문의 형식입니다. 명백히 이 형식이 학원의 구조에서 직접 파생하지 않고, 로마의 전형적인 고객 관계에, 즉 서로 사회적 위상이 불평등하기 때문에 두 개인간에 불균형한 서비스의 교환을 함축하는 준계약적 의존 관계

---

36) "우리가 너에게 무엇을 해주길 바라니? 네가 거처할 장소는 없다."(《어록》, II, 4, 7, p.17)

37) "어떤 사람이 소송을 하기 위해 로마에 왔다. […] 그는 에픽테토스 집으로 들어왔다. […] '이 문제를 좀 도와주게──그 문제와 관련해 나는 너에게 줄 방책이 전혀 없네. 그런 의도로 나를 찾아왔다면 그것은 철학자를 찾아온 것이 아니라 채소장수나 구두장이를 찾아온 것과 다름 아니네──그러면 철학자들은 무엇을 위한 방책을 준비하지?──요컨대 무슨 일이 일어나더라도 우리 영혼의 주부(主部)를 자연과 부합할 수 있게 유지하고 인도하는 것이 그것이네.'"(《어록》, III, 9, 1-11, p.34-35)

38) "너는 제국의 도시에 살고 있다. 그러므로 너는 임무를 수행해야 하고 정의에 입각해 판단해야 한다. […] 이런 행동 방식과 일치하는 원칙을 찾도록 해라."(id., 7, 20-22, p.29-30)

에 통합됨을 고려할 때 고문(顧問) 형식은 로마적입니다. 이런 점에서 사적인 고문은 학원과는 거의 반대의 방식을 대표합니다. 학원에는 철학자가 있고 사람들은 그를 찾아와서 간곡히 그에게 청원합니다. 반대로 사적인 고문 방식에서는 거대한 귀족 가문이 있고, 가장이 있고, 중요한 정치 책임자가 있고, 그들이 자기 집에 철학자의 방문을 받거나 그를 자기 집에 거주하게 하며 그를 고문으로 활용했습니다. 거기에 관한 수십 가지의 예들이 공화정 시대와 제정 시대 로마에서 많이 발견됩니다. 앞쪽에서 루키아노스 피소 주위에서 중요한 역할을 한 에피쿠로스주의자 필로데모스에 대해 논의했습니다.[39] 아우구스투스 측근에서 중요한 역할을 담당한 아테노도루스가 있습니다.[40] 후에 트라제아 파에투스 그리고 헬비디우스 프리스쿠스[41] 측근에서 정치적으로 중요한 역할을 담당한 견유주의자 데메트리우스가 있습니다.[42] 여기에 대해서는 후에 재검토합시다. 예를 들면 데메트리우스는 인생의 많은 부분을 트라제아 파에투스와 동행했습니다. 그리고 트라제아 파에투스가 부득이 자살을 할 수밖에 없었을 때, 그는 당대의 많은 사람들이 그러했듯이 장엄하게 자살 무대를 연출하였습니다. 그는 자기 주변에 측근들과 가족들을 불러모았습니다. 그리고 그는 차츰차츰 모든 사람들을 쫓아 버렸고 죽음이 임박한 순간에 유일하게 그와 함께 있었던 자, 유일하게 그의 곁에 남겨둔 사람은 바로 데메트리우스였습니다. 그리고 독약이 효력을 발휘하

---

39) 3월 10일 강의 전반부 참조.

40) 소요학파 철학자(그는 로데즈에서 포시도니우스의 가르침을 받았다고 한다) 타루수스의 아테노도루스(기원전 85-30년. 페르가메네스의 도서관에 오랫동안 수장을 지낸 또 다른 타루수스의 아테노도루스와 구별하기 위해 일반적으로 그는 '산도노스의 아들'이라 불린다)는 옥타비아누스(그가 아우구스투스가 되기 전에)의 스승이었다. P. Grimal, 〈아우구스투스와 아테노도루스 Auguste et Athénodore〉, *Revue des études anciennes*, 47, 1945, p.261-273; 48, 1946, p.62-79(*Rome, la littérature et l'histoire*)(École française de Rome, Palais Farnèse, 1986, p.1147-1176에 재수록됨) 참조. 이 강의의 후반부에 동일한 이 예에 대한 보다 상세한 재론 참조.

41) 코린토스 출신의 데메트리우스는 세네카와 트라제아 파에투스의 친구였고 한때는 절대군주제에 반대한 연설로 유명했었다(칼리굴라는 헛되이 돈으로 그와 화해해 보려고 시도했다. 이 이야기와 관련해서는 세네카의 《자선에 관하여》, VII, 11 참조). 트라제아가 죽은 후 그는 그리스에 은둔하였지만 베스파시아누스 치하 시절에 로마로 되돌아온다. 베스파시아누스는 71년경 다른 사람들과 함께 데메트리우스를 로마에서 추방한다(《고대철학자 사전》, t. I, 앞서 인용된 판본, p.622-623에서 M. Billerbeck의 해설 참조).

여 의식을 잃기 시작하는 순간, 그가 시선을 돌려 마지막으로 바라다본 인물이 바로 데메트리우스였습니다. 물론 트라제아 파에투스와 데메트리우스가 나눈 마지막 대화는 죽음·불멸·회생·영혼 불멸 등이었습니다.[43] 이는 소크라테스의 죽음의 재현이지만 트라제아 파에투스는 제자들 무리에 둘러싸여 죽음을 맞이한 것이 아니라, 단지 자신의 고문(顧問)과 함께 죽음을 맞습니다. 이 고문 역할은 스승의 역할도 아니고, 절친한 친구의 역할도 아닙니다. 그는 일정한 환경 내에서 견해를 피력하는 실존의 고문이라고 말할 수 있습니다. 그는 자신의 주인, 거의 고용인이자 친구이지만 자신의 상급자인 친구를 인도하고 기초를 가르칩니다. 그는 주인에게 특수한 실존의 형식의 토대를 가르칩니다. 왜냐하면 일반적으로 사람들은 철학자가 아니기 때문이지요. 사람들은 스토아주의자이거나, 에피쿠로스주의자, 아리스토텔레스주의자 등일 수밖에 없습니다. 이 고문(顧問)은 또한 한 클럽을 위한 문화적 동인입니다. 그는 클럽에 이론적 지식들과 실존의 실천적 도식들을 소개하고, 또 정치적 선택을 소개합니다. 특히 그는 제정 초기에 군주제 형태의 전제주의와 개화되고 완화된 군주제, 공화정의 주장 등과 같은 중대한 선택을 도입했습니다——이 모든 것들은 고문 역할을 맡은 철학자들에 의해 만들어진 토론의 중대한 대상들 가운데 하나였고, 또 그들의 선택이기도 합니다. 그래서 철학자들은 도처에서 1세기 중엽을 특징짓는 정치 생활·대토론·대분쟁·살해·처형·반란들과 연루되게 됩니다. 하지만 3

---

42) 트라제아 파에투스는 파도바 출신이고 원로원에 56년에서 63년까지 있었으며 많은 영향력을 행사했다. 그는 스토아주의의 영적인 기치하에서(그는 유티카의 카토의 생애에 대해 글을 썼다) 공화주의 진영의 연맹을 결성했다. 66년 네로 치하에서 동맥을 끊어 자살한다. 그의 사위 헬비디우스 프리스쿠스는 51년 로마 군단의 보좌관이었고 56년에는 호민관을 지냈다. 66년 장인의 사형 선고 때문에 헬비디우스 프리스쿠스는 로마를 떠나야 했다. 갈바 황제 치하에서 유배에서 돌아온 그는 비판적인 태도를 다시 취하고 공화정의 장점을 찬양한다. 이후 74년에 베스파시아누스 황제에 의해 유배되어 사형을 언도받아 뒤늦은 황제의 명령 취소에도 불구하고 처형당했다. 이같은 불행한 반체제인사들에 관해서는 디온 카시우스의 《로마사 *Histoire romaine*》, E. Gros 번역, Paris, Didot frères, 1867, 166권(12장과 13장, p.302-307)과 67권(13장, p.370-373)와 타키투스의 《연대기》(XVI권)를 참조할 것. 에픽테토스는 이 두 위인을 덕과 용기의 모델로 소개하고 있음을 잊어서는 안 된다(《어록》, I, 2, 19와 IV, 1, 123). 《자기 배려》, *op. cit.*, p.68 참조.
43) 타키투스의 《연대기》 XVI권 34-35장, P. Grimal 번역, 앞서 인용한 판본의 고전적인 이야기를 참조할 것.

세기말 위기가 재개되자 보다 약한 역할을 하기는 하지만 철학자들은 다시 등장합니다.[44] 따라서 철학자라는 인물이 전개되고, 철학자의 중요성이 더욱 강화됨에 따라 그는 또한 환원 불가능한 독특한 그의 기능, 즉 일상 생활과 정치 생활의 밖에 있던 그의 독특한 기능을 점차적으로 잃어가는 것을 볼 수 있습니다. 역으로 그는 조언과 의견 내에 통합됩니다. 철학자의 활동은 개인에게 제기되는 본질적 문제들과 복잡하게 뒤얽히게 됩니다. 그 결과 철학자의 직업은 중요성을 더욱 확보함에 따라 탈전문화됩니다.* 자신을 위한 고문을 필요로 하면 할수록 자기 실천에서 타자에 대한 의존은 더욱 필요하게 됩니다. 결과적으로 철학의 필요성이 주장되면 될수록 순수 철학적 기능은 더욱 약화되고, 또 더욱 철학자는 플라톤이나 아리스토텔레스가 제안할 수 있었던 보편적 모델들이 아니라 신중에 대한 조언, 상황적 조언을 하는 실존의 고문──전부이자 아무것도 아닌 바, 즉 특수한 생활, 가족의 행동, 정치 생활에 등에 대한 고문──으로 여겨질 것입니다. 이것은 앞에서 내가 말하려 한 바로 귀착됩니다. 즉 의식 지도 실천은 철학자들의 직업의 장을 넘어서 개인들간의 사회적 관계 형식이 됩니다. 5분간 휴식하고 강의를 재개하도록 합시다.

---

44) 로마에서 철학자와 권력자들과의 관계(탄압과 아첨), 정치철학과 관련된 이데올로기의 구축은 오래전부터 수많은 출판의 대상이 되었고, 특히 공화주의와 원로원주의를 표방하는 반대파의 구축을 야기시킨 스토아주의와 관련해서 많은 출판이 있었다. 예를 들어 I. Hadot, 〈그라쿠스주의자들의 시대에 스토아주의의 전통과 정치 사상 Tradition stoïcienne et idées politiques au temps des Gracques〉, *Revues des études latines*, 48, 1970, p.133-179; J. Gagé, 〈세라피스주의의 선전과 플라비아누스계 황제들의(스토아주의와 견유주의) 철학자들과의 투쟁 La propagande sérapiste et la lutte des empereurs flaviens avec les philosophes(Stoïciens et Cyniques)〉, *Revue philosophique*, 149, 1959-1, p.73-100; L. Jerphagnon, 《로마 황제 치하에서 생활과 철학 Vivre et Philosopher sous les Césars》, Toulouse, Privat, 1980, J.-M. André, 《로마의 철학 La philosophie à Rome》, Paris, PUF, 1977; A. Michel, 《로마의 정치철학, 아우구스투스에서 마르쿠스 아우렐리우스까지 La philosophie politique à Rome, d'Auguste à Marc Aurèle》, Paris, Armand Colin, 1969; 그리고 특히 R. MacMullen, 《로마 체제의 적들 Enemies of Roman Order》, Cambridge, Mass., Harvard University Press, 1966을 참조할 것.

* 수고에서 푸코는 묘사하는 형식이 결코 순수한 것이 아니라는 점을 명시하고 나서 데모낙스와 아폴로니오스와의 관계와 무소니우스 루푸스와 루벨리우스 플라우투스와의 관계를 예로 든다.

1982년 1월 27일 강의

후반부

기원후 1,2세기의 직업 철학자와 그의 정치적 선택 — 플리니우스의 《서한집》에서의 반-견유학파주의자 유프라테스 — 사회적 실천으로서의 학원 밖 철학: 세네카 — 프론토와 마르쿠스 아우렐리우스 간의 서신: 실존의 지도에서 양생술, 가정관리술, 연애술의 체계화 — 의식 점검

죄송합니다. 나는 두 시간이 주어지면 내가 말하고자 하는 바를 말하기에 충분하므로 능장을 부리지 않을 거라고 다소 교만하고 막연하게 생각했습니다. 그러나 능장을 부리는 것은 내 실존의 방식인 것 같습니다. 아무 소용이 없네요. 내가 정했던 시간표와 연대순을 지키지 못했습니다. 할 수 없지요. 여기서는 몇몇 텍스트에 의거해서 자기 배려가 명령, 규칙이었고 또 철학과 철학자들 그리고 철학적 제도와 더불어 특권화된 관계를 갖는 행위 방식이 된 것에 대해 좀 논의를 해보고자 합니다. 물론 철학자들이 자기 실천의 규칙들을 보급했으며, 그 개념들과 방법들 또한 보급했고 모델들을 제안하기까지 합니다. 대개의 경우 출간되어 보급되고, 또 자기 실천의 안내서로 쓰인 텍스트들의 기원에는 철학자들이 있습니다. 이 점은 결코 부인할 수 없습니다. 하지만 한 가지 사항은 강조할 필요가 있습니다. 즉 이 자기 실천이 보급됨에 따라 소크라테스 이후부터 늘 상당한 불신을 가지고 대하며, 또 상당한 부정적인 반응을 야기한 직업 철학자의 형상은 점차적으로 모호해집니다. 요컨대 직업 철학자는 물론 웅변술사들의 비판의 대상——이는 기원후 2세기에 제2의 소피스트의 논법[1]이라 불리는 바의 발전 이후 이 현상은 더욱 분명해진다——이 되고, 또 정치적인 이유로 불신의 대상이 됩니다. 우선 이들 또는 저들에게 유리한 선택을 하기 때문에 그들은 불신의

대상이었습니다. 예를 들면 로마제정 초기에 신-공화주의 경향이 있었는데, 여기서 스토아학파와 아마도 견유학파도 중요한 역할[2]을 했습니다. 따라서 그런 이유로 일련의 저항이 발생합니다. 그러나 일반적으로 자기 자신을 돌볼 것을 설파하고, 요청하며, 주장하는 직업 철학자들의 실존은 상당수의 정치적 문제를 발생시키지 않을 수 없었고 그것에 대한 아주 의미심장한 논의가 있었습니다. 특히 제정 초기 아우구스투스의 주변에서도 자기 테크닉으로 소개되고, 또 사람들에게 자기 자신을 돌보도록 청유하는 철학이 유용한지의 여부를 알기 위한 문제들이 제기되었습니다. 마에케나스와 여가에

---

1) 제2의 소피스트 논법은 필로스트라토스(3세기초)의 《소피스트들의 일생 Vies des sophistes》에서 그 문화적 실존이 나타난다. 플라톤의 중요한 묘사 이후 소피스트들은 늘 이 도시 저 도시를 방랑하며 지혜의 교훈을 유포하는 웅변술사이자 교수들이었다. 그러나 비교는 역시 중단된다. 왜냐하면 '제2의' 소피스트들은 아테네에 모여들기보다는 분산되었고, 또 부유한 개인들의 저택보다는 극장과 강당에 모습을 드러낸다. 게다가 "제2의 소피스트 논법은 그 어떤 장르보다도 그리스 문화와 로마의 권력 간에 역사적 절충을 구현하고 있다, 왜냐하면 "현장에서 지역의 총독과 더불어 발생할 수 있는 분쟁들을 진정시키려고 시도하며 도시국가에 로마인들의 염원에 부응하는 화합을 설교하기" 때문이다 (《그리스 문학사》, S. Saïde 감수, Paris, PUF, 1997). 철학과 관련한 콤플렉스는 역전된다는 점을 주목할 필요가 있다. 아에리우스 아리스티데스는 《변증서 Dissertations》에서 플라톤이 《고르기아스》에서 한 웅변술에 대한 비난을 거부하고, 수사학자의 모든 형식적 수련의 상부에 웅변술을 위치시킨다. 웅변술의 우월성은 용인되고 주장되었으며, 또 철학이 불필요하고 불확실한 놀이로 간주된다. G. Bowersock, 《로마제국 시대의 그리스 소피스트들 The Greek Sophists in the Roman Empire》, Oxford, Clarendon Press, 1969와 G. Anderson, 《제2의 소피스트 논법: 로마 제국의 문화 현상 The second Sophistic: A Cultural Phenomenon in the Roman Empire》, London, Routledge, 1993과 B. Cassin, 《소피스트 효과 L'Effet sophistique》, Paris, Gallimard, 1995(이 저서에서는 제2소피스트 논법과 그리스 소설의 탄생 간에 설정되는 관계를 참조)를 참조하시오.

2) "또한 특히 카이사르와 같은 사람들이 경계하는 이들이 바로 웅변술사가 아니었던가? 요컨대 철학자들은 그들에게 더 의심이 가는 사람들이었고, 또 그들은 철학자들을 제국의 진정한 적으로 생각하였다. 티베리우스 시대부터 일종의 그들에 반하는 설득이 조직되었고 이는 안토니우스와 같은 사람들에 이르기까지 부단히 계속되었다. 철학자들은 개별적으로 공격을 당하기도 하고 집단적으로 타격을 받기도 했다. 네로와 베스파시아누스 그리고 도미니티우스 치하에서 철학자들은 로마와 이탈리아에서 추방당했다. 무엇 때문에 그들은 이러한 혹독함을 당해야 했을까? 그들은 새로운 체제에 불만을 품고 과거의 체제를 아쉬워하는 것으로 간주되었다. 그들은 가장 단호한 공화주의자들을 모델로 삼았다고 비난받았다(G. Boissier, 《카이사르 치하의 야당 L'Opposition sous les Césars》, Paris, Hachette, 1885, p.97). 카이사르와 스토아주의적 공화주의와의 대립에 관해서는 위의 책 p.143 각주 44) 참조.

관한 흥미로운 두 연구서[3]를 출간한 장 마리 앙드레는 몇 가지 가설을 내세
웠습니다. 그의 논의를 따라가 보면 아우구스투스 주변에는 각자의 태도 변
화와 함께 상이한 경향들이 존재했던 것 같습니다. "꼭 그래야 할 경우, 그
렇게 하기를 원할 경우, 부득이한 상황일 때에만 정치에 참여하지만, 하지
만 가장 신속하게 정치에서 손을 떼시오"라고 말하는 아테노도로스는 아주
명백한 탈정치적 노선을 대표하였던 것 같습니다. 그리고 적어도 어떤 순간
에 아우구스투스는 이같은 탈정치화에 호의적이었던 적이 있는 것 같습니
다. 반대로 마에케나스와 그의 주변에 있던 에피쿠로스주의자들은 군주의
주변에서 군주를 위한 정치 활동과 필요한 교양 있는 여가 활동 간의 평형
을 찾으려 하는 운동을 대표하게 되는 것 같습니다. 권력의 핵심이 군주의
손아귀에 있고, 공화정에서 발견되는 정치 투쟁이 있을 수 없고 모든 것이
질서 속에 있지만 제국을 돌보아야 했던 황제 통치[4] 관념은 그들(정치 활동
을 경계하던 마에케나스와 에피쿠로스주의자들)에게 가장 적합한 형식이었
습니다. 요컨대 정치 질서와 황제의 통치에 의해 평화가 확보되는 범주 내
에서 도시국가와 제국의 일, 정치적인 일들을 돌볼 수 있고, 그리고 그와 병
행해서 자기 자신을 돌볼 수 있는 충분한 여가를 가질 수 있다는 말입니다.
거기에는 철학자의 직업 활동에 대한 일련의 흥미로운 논의가 있습니다. 이
후에 '자기 활동/정치 활동'[5]에 대한 이 문제에 대해 더 길게 다시 논의하
도록 하겠습니다. 철학자에 대한 적대감과 경계심에 대해서는 한 텍스트를
참조하시기 바랍니다. 나는 여러 텍스트를 인용할 생각이었습니다. 루키아
노스의 텍스트를 인용할 수도 있었습니다. 하지만 지난번에 그것에 대해 언
급한 바가 있습니다. 거기서 철학자는 돈을 탐하는 자, 행복을 약속하며 막

3) J.-M. André, 《로마의 여가에 관한 연구 Recherches sur l'Otium romain》, Paris, Les
Belles Lettres, 1962와 《마에케나스. 영적인 전기 시론 Mécène. Essai de biographie
spirituelle》, 인용된 판본.

4) 아우구스투스부터 시작되는 로마의 새로운 권력 조직으로서의 황제 통치에 대해서
는 J. Béranger, 《황제 통치의 이데올로기적 양태에 관한 연구 Recherches sur les aspects
idéologiques du Principat》, Bâle, F. Reinhardt, 1953.

5) 푸코는 이 문제에 대해 접근할 시간이 없었고 '사회 관계'라 명명된 준비 서류철에
서 플루타르크, 푸루사의 디온, 티르의 막시무스를 참조한 자기 배려/시민의 의무의 관
계에 대한 연구가 발견될 뿐이다.

대한 양의 돈을 요구하는 자, 시장에서 생활 방식을 파는 자, 자신이 완벽하고 철학의 정상에 도달했다고 주장하면서 동시에 고리대금업을 하며 자신의 적들과 싸우고 격분하는 등 자신이 소유하고 있다고 주장하는[6] 어떤 덕도 갖추지 못한 자로 풍자되어 있습니다.

내가 보기에 매우 의미심장하고 잘 알려진 텍스트이지만, 그 해석에 대해서 좀 검토할 필요가 있는 또 다른 텍스트에 주의를 기울이고자 합니다. 그것은 플리니우스의 《서한집》[7] 1권의 열번째 편지에 나오는 유프라테스[8]에게 할애된 유명한 구절입니다. 유프라테스는 중요한 스토아주의 철학자이고 여러 텍스트에 누차 반복해 등장합니다. 필로스트라토스의 《타이안의 아폴로니오스의 생애》에서 아폴로니오스와 유프라테스의 대단히 이상하고 흥미로운 대결이 있습니다. 그리고 군주와 그의 자문인 철학자에 대한 문제를 다시 논의하도록 하겠습니다.[9] 아무튼 플리니우스의 이 편지에서 유프라테스라는 중요한 철학적 인물에 대해 다음과 같이 씌어 있습니다. 유프라테스는 시리아에 살고 있었고 플리니우스는 'adulescentulus militarem,' 즉 "아주 젊었을 때, 정확히 말해 군복무를 할 때가 아니라 군사적 임무를 담당하던 시절에" 유프라테스를 만났다고 합니다. 따라서 그는 젊었지만 그렇다고 해서 어린아이나 학교 수학기의 청소년은 아니었습니다. 이 텍스트에서 플

6) 1월 20일 강의 전반부에 소개된 대화록 《매수된 철학자들 Philosophes à l'encan》(Th. Beaupère 번역, 상기한 출판사) 참조.

7) 플리니우스, 《서한집》 t. I A.-M. Guillemin, Paris, Les Belles Lettres, 1927[이후 이 텍스트에 대한 참조], I편, 열번째 편지, p.21-23. 상기한 출판사의 《자기 배려》, p.63에 있는 이 텍스트에 대한 분석 참조.

8) 기원후 1세기의 스토아주의 철학자인 티르의 유프라테스는 무소니우스 루푸스의 제자였다. 필로스트라토스는 그를 의심스러운 공화주의자, 대단한 아첨꾼, 천박한 이해타산자로 거의 호감이 가지 않는 인물로 소개한다. 그는 기원후 70년대에 베스파시아누스가 철학자들을 로마 밖으로 추방시킬 때 귀향을 떠났다. 아풀레이우스는 마침내 99세의 나이에 자살했다. 이전에도 그는 아드리아누스 황제에게 자살을 허용해 줄 것을 요청한 바가 있다.

9) 필로스트라토스, 《타이안의 아폴로니오스의 생애》, in 《그리스 · 라틴 소설 Romans grecs et latins》, éd. P. Grimal, Paris, Gallimard/〈Bibliothèque de la Pléiade〉, 1963(두 사람의 대결에 관해서는 V권, 33-38장, p.1198-1208 참조. 여기서 스토아주의의 교의에 동의하는 유프라테스는 자연적인 내재성만을 인도자로 인정하며 민주주의와 정치적 자유의 옹호자가 되지만 반면에 플라톤학파에 속하는 타이안의 아폴로니오스는 초감각적 교훈을 상기하며 제정 체제에 동의하고 제정을 재산 및 안전의 보증인으로 여긴다).

리니우스는 그와 사귀었고, 아주 내밀하게 사귀었다는 사실을 알 수 있습니다. 'Penitus et domi inspexi,' 즉 나는 그를 보았고, 그를 응시할 수 있었고, 철저히(penitus) 집에서(domi) 살펴볼 수 있었다. 따라서 플리니우스는 그와 실존을 공유했거나 적어도 인생의 상당한 시기를 그와 함께하게 만든 친분을 가지고 있었습니다. 셋째로 그들 사이에는 강도 있는 애정 관계가 있었습니다. 왜냐하면 'Amari ab eo laboravi, etsi non erat laborandum' [10]이라고 씌어 있기 때문입니다. 즉 "사랑받기 위해 일할 필요는 없었지만 나는 그에게 사랑받기 위해 일했다"라고 씌어 있기 때문입니다. 플리니우스가 유프라테스를 사랑했다는 사실을 언급조차 하지 않는 것은 대단히 흥미롭습니다. 이는 대단히 흥미로운데 그 이유는 우리가 상당수의 사실들과 대조할 수 있는 전형적으로 로마적인 한 개념을 발견하기 때문입니다. 특히 세네카의 《자선에 관하여》에는 우정 관계 내에서는 서로 도움을 주고받아야 하지만 우정을 나누고 싶은 자에게 사랑받기 위해 해야 할 일이 있다고 씌어 있습니다. 그리고 이 노력은 내가 우정[11]을 나누고자 하는 자의 친교 서클 내에서 각자에게 정해진 상대적인 위치에 따라 승인된 상당수의 규칙을 적용시키면서 여러 단계에 따라 전개됩니다. 달리 말해서 우정은 개인과 개인의 관계가 아니며, 에피쿠로스주의자들의 방식처럼 두 개인의 직접적인 소통이 아니었습니다. 한 사람을 중심축으로 하지만 그의 주변에 여러 사람들이 각기 자신의 위치를 점유하고 있고, 이 위치는 각자의 노력에 의해 변화하는 그런 우정의 구조를 여기서 발견할 수 있습니다. 그런데 이 노력은 플리니우스가 수업에 전념하고 유프라테스의 교육·모델·모범·충고를 받아들이는 데 갖는 열의라고 생각할 필요가 있습니다. 실제적으로 로마의 우정과 유사한 형식 내에서는 각자가 서로에게 하는 상당수의 봉사가 중요했습니다. 아시다시피 요컨대 플리니우스는 연애적인 우정의 형태를 결코 취하지 않는 우정 쪽으로 나아갔습니다(내가 이런 표현을 하는 것은 당대의 경

---

10) 플리니우스, 《서한집》 t. I, 서한 10, 2(p.21).

11) 세네카, 《자선에 관하여》, II, XV, 1-2와 XVIII, 3-5 참조(동일한 주제에 관하여서는 키케로, 《우정에 관하여 Laelius de Amicitia》, XVIII, 63 참조) 로마의 미묘한 심성에 대해서는 폴 벤의 《자선에 관하여》의 시론 서문(세네카, 《대화》 《루킬리우스에게 보내는 서신》, 앞서 인용한 판본, p.391-403) 참조.

험과는 결코 일치하지 않는 현대적 용어를 사용해야 하기 때문입니다). 소크라테스와 그의 제자들 사이에서 있을 수도 있는 erôs나 에피쿠로스주의자들의 우정에서 있을 수도 있는 erôs와는 하등의 관계가 없는, 아무튼 대단히 다른 그런 우정이었습니다. 유프라테스라는 인물에 대해서도 《타아안의 아폴로니오스의 생애》는 대단히 흥미롭습니다. 이 텍스트가 유프라테스에 대해 하는 묘사는 색다르지 않고 또 무미건조하기 때문에 진부하고 역겹기까지 하다고 말할 수도 있을 겁니다. 하지만 자세히 들여다보면 그 요소들은 대단히 흥미롭습니다.[12] 유프라테스는 아주 건장한 풍채를 가진 사람이었다고 합니다. 그 유명한 철학자의 턱수염을 갖고 있었고 의복은 대단히 청결하였다고 합니다. 그는 수려하고 호감이 가며 설득력 있는 언변을 갖추었다고 합니다. 게다가 그의 말이 너무도 설득력이 있던 나머지 사람들은 한번 설득을 당하면 설득당한 것을 유감으로 여겼는데, 그 이유는 한번 더 설득당하면서 그의 말을 한번 더 듣기를 원했기 때문이라고 합니다. 또 시각의 폭 넓음 때문에 그는 플라톤을 연상시켰고 그는 사람을 대하는 데 있어서 대단히 너그러웠다고 합니다. 특히 그는 과오를 범한 사람, 바람직한 도덕적 상태에 있지 않은 사람을 혹독하게 대하지 않고 대단히 관용적이고 너그러웠다(liberalitas)고 합니다. 재판을 하고, 도시의 문물을 다스리는 것——요컨대 로마 당국을 대표하는 자나 지방 유지의 일을 담당하는 것——은 곧 철학을 실천하는 것이라고 제자들에게 부단히 설교하는 것이 유프라테스 교육의 특징이라고 말할 수 있습니다.[13] 그런데 유프라테스에 대한 다소 역겹고 무미건조한 인물 묘사에서 다음과 같은 사실을 유념할 필요가 있습니다. 한편으로는 대단히 강조되고 과장된 예찬이 그것입니다. 물론 플리니우스는 철학자가 아니며 철학에 대해서는 아마도 유프라테스에게서 빌려온 듯한 애매모호하게 스토아주의적인 피상적 지식만을 갖고 있었다는 점을 유념할 필요가 있습니다. 철학자가 아니었던 플리니우스는 유프라테스를 대단하다고 찬양하고 그의 모든 성품을 미화시키며 강도 있는 애정 관계를 맺을

---

12) 푸코는 이날 강의 이후 전반에 걸쳐 플리니우스가 5-8 단락에서 한 묘사를 요약한다.(《서한집》, p.22)

13) "공무를 수행하는 것은 철학에 속하며, 가장 훌륭한 철학에 속한다."(*id.*, §10, p.23)

수 있는 예외적인 인물로 변화시켜 버립니다. 게다가 돈에 대한 언급은 있었는지 없었는지 모를 정도로 완전히 빠져 있습니다. 아무튼 유프라테스라는 인물을 통해 사람들은 철학과 가장 좋은 관계를 맺게 됩니다. 하지만 어떤 성격과 묘사의 특질을 통해 이같은 격찬이 행해졌는지를 우리가 보게 되면, 그것이 전통적으로 직업 철학자를 특징짓는 특질들을 체계적으로 소거하며 행해졌다는 사실을 파악하게 될 겁니다. 잘 다듬어진 수염과 청결한 의복은 더부룩한 수염을 하고, 불결한 의복을 걸치고 거리를 헤매는 직업 철학자들과 극명하게 대립됩니다. 즉 견유학파 철학자는 철학의 극단 지점이고 동시에 사람들의 눈에는 철학의 부정적 모델이었습니다. 유프라테스가 얼마나 언변이 좋은지, 얼마나 화려한 언어를 구사하는지, 설득력이 탁월한 나머지 한번 설득을 당하면 더 이상 설득당할 필요가 없음에도 불구하고 사람들이 그의 말을 계속해서 더 듣고 싶었다는 사실을 역설하며 플리니우스는 무엇을 보여주려 했을까요? 그것은 유프라테스가 사람들을 설득하여 그들의 영혼을 변화시키는 것만을 유일한 목표로 삼으며, 혹독하고 거친 언어를 구사하는 철학자와는 달리 철학자이자 웅변가이며 수사학적 담론이 갖는 독특한 쾌락을 […] 철학적 실천 내에 […] 통합시킬 줄 아는 그런 철학자임을 보여주려 한 것이 아닐까요? 따라서 그것은 웅변술사와 철학자의 그 유명한 분할을 소거시키는 행위였습니다. 그리고 셋째로, 자기에게 다가오는 모든 사람들을 동요시킨다거나, 혹독하게 대한다거나 하지 않고 너그럽고 관대하게 대하면서 유프라테스는 에픽테토스의 다소 공격적인 역할이나 더욱이(a fortiori) 개인의 실존 방식을 뒤흔들고 동요시키고 또 잡아당기고 밀어서 다른 실존 양태를 취하도록 종용하는 임무를 맡았던 견유주의 철학자의 역할을 담당하고 있지 않습니다. 특히 법정에서 판결을 내리고 도시의 문물을 관리하는 것이 철학하는 것이라고 말하면서 보시다시피 독특한 철학적 삶의 소거와 정치 활동과 관련한 철학의 후퇴가 문제로 부각됩니다. 유프라테스는 철학적 실천과 정치 활동을 분리하지 않습니다. 따라서 내가 보기에 유프라테스에 대한 플리니우스의 이 유명한 텍스트에서 철학의 가치 고양은 중동의 한 저명한 철학자에 대해 젊은 로마의 귀족인 플리니우스가 자신의 젊은 시절의 스승에 대해 가졌던 매력을 이렇게 현시하며 하는 일종의 존경심을 가리키지 않습니다. 그렇지 않습니다. 이 예찬은 모든 요소 및 개념들을 감안해 이해되어야 할 것입니다. 그것은 말하자면 철학을 존재 방식, 행동 방식, 가치 및 기술의 총체로 환원하면서 이루어지는 가치 고양입니다. 이는 전통적인 철학의 가치와 기술이 아니라 유구한 로마의 관용, 웅변술의 실천, 정치적 책임 등이 출현하는 로마 문화 전반의 가치 체제와 기술입니다. 사실 플리니우스는 철학만을 하는 전통적인 철학자상을 탈전문화시키면서 유프라테스를 찬양합니다. 그는 유프라테스를 일종의 사회화된 지혜의 위대한 대가로 등장시킵니다.

《타이안의 아폴로니오스의 생애》는 하나의 장을 여는데, 나는 그 세부 내용까지 추적할 의도는 없지만 거기서는 내가 논의하는 1,2세기 시대의 가장 전형적인 특질이 문제시된다고 생각합니다. 즉 철학의 이름하에 자기 실천의 근엄성을 주장하는 제도 · 단체 · 개인을 넘어서서 자기 실천이 사회적 실천이 되었다는 겁니다. 자기 실천은 엄격히 말해서 철학을 직업으로 삼는 전문가가 아닌 개인들 사이에서 발전되기 시작했습니다. 철학 학원이나 철학 직종 밖에서 자기 실천이 행해지고 보급되는 경향이 있었고, 또 자기 실천을 개인들의 관계 방식으로 변화시키는 경향이 있었습니다. 이러한 현상은 타인들에 의해 개인이 통제되는 원리, 개인이 타자에게서 그 근거점과 매개 요소를 발견하게 될 자기와 자기의 관계 형성 · 발전 · 수립의 원리로 자기 실천을 변화시키면서 이루어졌습니다. 그런데 여기서 타자는 철학 코스를 거쳐 가야 하고 철학적 개념을 갖추어야 함에도 불구하고 반드시 전문 철학자일 필요는 없었습니다. 달리 말해서 스승이라는 인물과 그의 기능이 여기서 문제라고 생각합니다. 소피스트 · 소크라테스 · 플라톤의 시대에도 타자는 독특함 속에서 자신의 능력이나 소피스트적 수완에 의지하는 스승이거나 소크라테스처럼 신성하고 영감을 받은 자(theios anêr)의 소명에 근거한 스승이었거나 플라톤의 경우처럼 이미 지혜에 도달했다는 사실에 근거하는 스승이었습니다. 그런데 이 스승은 엄밀히 말해 사라지고 있다고 할 수는 없지만, 사회적 실천이기도 한 자기 실천에 의해 침식당하고, 포위당하고, 도전받게 됩니다. 자기 실천은 사회적 실천과 연관되게 됩니다. 요컨대 자기와 자기의 관계 구축은 명백하게 자기와 타자와의 관계에 접속되게 됩니다.

일련의 세네카의 대화 상대자들을 그 예로 들 수 있습니다. 이러한 관점에서 볼 때 세네카는 대단히 흥미로운 인물입니다. 세네카는 당대에 '직업'

이라는 말이 갖는 가장 넓은 의미에서 직업 철학자였다고 말할 수 있습니다. 그는 유배당했던 시절에 철학에 관한 논설들을 집필하며 경력을 쌓기 시작했습니다. 사르데냐 유배로부터 로마로 되돌아와 네로의 스승, 아무튼 철학자의 자격으로 고문이 되었습니다. 하지만 에픽테토스나 유프라테스가 담당했던 것과 같은 의미에서의 철학교수와 세네카를 비교할 수는 없습니다. 그는 정치 활동과 행정 활동을 했습니다. 그와 대화하고, 그에게서 조언을 받고, 또 그의 의식 지도를 받은 사람들이 누구인지를 살펴보면 그들은 세네카가 또 다른 관계를 지속적으로 맺었던 사람들이라는 것을 알 수 있습니다. 그것은 친척 관계일 수도 있습니다. 요컨대 그는 유배를 가게 되었을 때 어머니 헬비아에게 위로의 편지를 씁니다. 그가 폴리비오스에게 위로를 호소할 때, 폴리비오스는 그에게 모호하고 멀리 있는 일종의 보호자이며, 세네카는 유배로부터 돌아오기 위해[14] 그의 우정과 보호를 간청합니다. 세네카가 그의 논설——《영혼의 평정에 관하여》와 아마도 《여가에 관하여》 그리고 세번째 논설[15]이 있다——을 헌정하게 되고, 또 위해서 글을 쓴 세레누스는[16] 스페인 출신으로 궁정에서 경력을 쌓으며 네로 황제의 절친한 측근이 되고 있던 세네카의 먼 친척입니다. 이처럼 반은 친척 관계, 반은 인기 전술에 입각해 세네카는 세레누스에게 호소하고, 그의 요청을 경청하며, 그에게 조언을 하게 됩니다. 세네카보다 나이는 다소 어렸지만 이미 고위 행정직을 맡은 루킬리우스로 말하자면, 그는 일종의 친구 혹은 아마도 고객일 수 있고, 이전에 세네카가 보호하던 사람일 수도 있으며, 아무튼 그와 충분히 가깝고, 또 의식 지도라고 하는 직업적 관계와는 완전히 다른 유형의 관계를 유지하는 사람이었습니다.[17] 동일한 사실을 플루타르코스에게서도 증

---

14) 《헬비아에 대한 위로 Consolation à Helvia》, 《폴리비우스에 대한 위로 Consolation à Polybius》, in 세네카, 《대화 Dialogues》, t III, R. Waltz 번역, Paris, Les Belles Lettres, 1923.

15) 세레누스와 세네카의 관계에 대해서는 1월 20일 강의 전반부 p.99 편집자주 24)를 참조할 것.

16) 《지혜의 불변성에 관하여》, in 세네카, 《대화》, t. IV, 앞서 인용한 판본, p.36-60가 문제시된다.

17) 루킬리우스와 세네카의 관계에 관해서는 1월 20일 강의 전반부 p.126의 편집자주 26)을 참조할 것.

명해 낼 수 있습니다. 플루타르코스는 누군가를 지도하려고 개입해 조언을
할 때마다, 실은 사교 관계나 신분 관계 또는 정치적 관계를 변조시켜 이용
했을 뿐입니다.[18] 그는 의식 지도를 목적으로 하는 자신의 활동을 바로 이
같은 관계에 접속하고 접합시킵니다. 따라서 세네카와 플루타르코스는 타
인을 지도하기 위해 직업 철학자의 자격으로 개입하는 것이 아닙니다. 그
들이 이러저러한 사람들과 맺는 사회적 관계(우정·환심사기·보호 등)가 영
혼의 봉사라는 임무와 또 타자가 자기 자신을 적절히 이끌어 나갈 수 있게
해주는 일련의 간섭과 조언의 토대를 세울 수 있는 가능성의 차원으로——
동시에 과업과 의무로——포함하는 개입입니다. 바로 이 지점에서 마침내
내가 좀더 자세히 다루어보려고 하는 마지막 텍스트와 만나게 됩니다. 왜냐
하면 이 텍스트가 자기 실천의 역사에서 아주 흥미롭고 중요하다고 생각되
기 때문이지요. 왜냐하면 자기 실천과 관련한 대부분의 텍스트는 지도자와
조언자의 일방으로부터 오기 때문입니다. 그리고 결과적으로 지도자가 조
언을 하고 그래서 권고적인 텍스트가 문제시되기 때문에 그들의 조언은 무
익하고 공허하며 실제적으로 사람들의 행동과 경험 속에 각인되지 않는 권
고였고, 또 내용 없고 실제적으로 적용할 수 없는 규칙이었으며 요컨대 사
람들의 일상 생활에 영향을 미칠 수 없는 일상 생활의 도덕적 규칙 내에서
철학적 사유를 구축하는 일정한 방식이었다고 가정할 수 있고, 또 그렇게
생각할 충분한 근거가 있다고 생각합니다. 세네카의 《영혼의 평정에 관하
여》의 초반부에 세레누스의 고백이 있는데 그는 세네카에게 조언을 구하게
되고, 또 그에게 자신의 영혼의 상태를 설명합니다.[19] 어떤 사람이 자기 자

---

18) 카에로네아의 부유하고 교양 있는 가정에서 태어난(46년경) 플루타르코스는 문화
적 여행(아테네·에페수스·스미르나·알렉산드리아)을 통해 배움의 길로 접어들었고, 여
행으로부터 철학적·수사학적·과학적인 놀라운 지식을 끌어낸다. 그는 (베스파시아누
스와 도미니티우스 치하 때) 큰 성공을 거둔 강연회를 개최하기 위해 두 번씩이나 로마에
갔으며, 이 성공의 결과 그는 유명한 인식 지도자가 되었다. 그는 90년대에 고향으로 돌
아와 철학을 가르쳤고 또 그 작품의 핵심이 되는 바를 집필한다. 그의 논설들의 서문들
은 그의 대화 상대자들이 가족·이웃과 같은 측근들이거나 로마와 그리스의 고관들이었
음을 보여준다.

19) 이 논고의 1장은 이 설명으로 꽉 차 있다(세네카, 《영혼의 평정에 관하여》, R. Waltz
번역, 앞에서 인용한 판본, p.71-75). 푸코가 세네카의 답변을 분석한 부분은 이 강의의 전
반부 참조.

신에 대해 한 경험, 그리고 결과적으로 가능한 지도자의 시각을 통해 자기 자신을 성찰하는 방식에 대한 증언이 거기에 있습니다. 그러나 이 텍스트는 세네카의 논설에 등장합니다. 이 부분을 세레누스가 쓴 것이라 해도, 또 상당 부분이 정말로 세네카에 의해 다시 씌어진 것이 아니라 해도(사실 그럴 가능성이 가장 높지만) 그것은 《영혼의 평정에 관하여》의 부분을 이룬다고 말할 수 있습니다. 결국 이 텍스트는 세네카의 놀이에 속하며 지도를 받는 자편에서 일어나는 바의 증언으로 간주하기가 상당히 힘들고 또 그러기에는 너무 간접적입니다.

하지만 프론토와 마르쿠스 아우렐리우스의 서신 교환과 같이 다른 측면을 보여주는 몇몇 자료들이 있습니다.[20] [...*] 프론토와 마르쿠스 아우렐리우스 간의 서신 교환이 왜 출간되지 않았는지를——프랑스에서는 그것에 실제적으로 접근이 불가능하다. [...]——생각해 보면, 우리는 그것이 아주 이상하다는 것을 쉽게 알 수 있습니다. 여러분이 이 텍스트에 관심이 있다면 다행하게도 Loeb 출판사의 영어판 시리즈에서 프론토와 마르쿠스 아우렐리우스의 서신 교환이 있으니 읽어보시기 바랍니다.[21] 프론토는 마르쿠스 아우렐리우스의 스승입니다——이 점에 유념해야 합니다.[22] 그러나 그는 철학 선생이 아니라 웅변술 선생입니다. 프론토는 웅변가였습니다. 그리고 《명상록》의 1편에서 마르쿠스 아우렐리우스가 이러저러한 것들을 빚지고 있고, 자기 삶의 모델들이 되었으며, 자신의 행동 및 그 원리를 구성하는 상당수의 요소들을 살아 생전에 가져다 준 사람들에 대한 환기가 있음을 우리는 알고 있습니다. 그 가운데 프론토에 대한 아주 짧은 구절이 하나 있습니다. 여기에는 황제의 권력이 아니라 황제의 인물됨[23]에 대한 작은 이론이기도 한 안토니우스에 관한 잘 알려진 극히 인상적이고 아름다운 일련의 묘사

20) 《자기 배려》, p.73 참조.
* 녹음테이프에서 "이 자료들은 완벽하게 어떤 방식으로 [...] 프랑스어 번역본, 그리고 프론토와 마르쿠스 아우렐리우스와의 대화인"만이 들린다.
21) 《마르쿠스 코르넬리우스 프론토와 아우렐리우스 안토니우스의 서신 교환 The Correspondence of Marcus Cornelius Fronto with Aulelius Antonius》, C. R. Haines 번역, London, Loeb Classical Library, 1919-1920.
22) 프론토에 관해서는 1월 20일 강의 후반부 p.142 주 3) 참조.
23) 마르쿠스 아우렐리우스, 《명상록》, I, 16(p. 5-7) 《자기 배려》, p.111 참조.

가 있습니다. 따라서 안토니우스에 대한 장황한 언급이 있고 나서 프론토에 대한 아주 사소한 언급, 간략한 환기가 있으며, 그에 대해 아우렐리우스는 "프론토 덕분에 나는 권력 행사가 얼마나 많은 위선을 야기시키는지를 이해하게 되었고, 또 우리의 귀족제 내에서 '감성을 갖기'가[24] 얼마나 불가능한지를 알게 되었다"라고 말합니다. 이 두 요소는 프론토가 위선과 아첨 등과 대립되는 정직한 존재를 보여줍니다. 그것은 parrhêsia 개념인데 나중에 다시 논의하도록 하겠습니다. 그리고 다른 한편으로는 감성인데, 이것은 마르쿠스 아우렐리우스와 프론토가 그들의 관계를 전개시키는 데 토대가 됩니다. 한편의 서신을 인용해 보겠습니다. 이는 마르쿠스 아우렐리우스의 서신들 가운데 제7편 마르쿠스 아우렐리우스가 프론토에게 보내는 서신 6입니다. 그는 다음과 같이 씁니다[25]: "우리는 건강히 잘지내. 진정된 것 같았지만 여전한 약간의 오한 때문에 잠을 설쳤어. 그래서 오후 11시부터 오전 3시까지 일부는 카토의 《농업론》을 읽는 데 할애하고, 일부는 글을 쓰는 데 할애하였어. 다행히도 어제보다는 좀 적게 글을 썼어. 그리고 나서 아버지에게 문안 인사를 한 뒤, 꿀물을 목젖까지 삼킨 다음에 실제로 목을 가글하기(gargarisé)보다는 다시 물을 뱉어내어 목을 진정시켰어. 노비우스와 다른 사람들의 용례에 따라 이 'gargarisé'라는 말을 나는 감히 사용한다. 그러나 목이 회복되자마자 나는 아버지 곁으로 갔어. 아버지가 주제하는 신에 바치는 희생 의식에 참여하고 나서 식사를 하러 갔지. 내가 무엇을 먹었는지 알아? 다른 사람들이 굴, 양파, 기름진 정어리를 먹는 것을 보면서 나는 소량의 빵을 먹었어. 그리고 나서 우리는 포도를 수확하기 시작했어. 우리 모두 땀을 많이 흘리고 마음껏 외쳤어.[26] 6시에 우리는 귀가했어. 약간 공부를 했지만 별다른 결실은 없었어. 그리고 나서 침대 위에 앉아 계시던 어머니와

---

24) "프론토에 대하여: 폭군이 어느 정도의 욕망, 이중성, 위선을 가질 수 있는지를 관찰할 수 있었고 또 거의 항시 우리나라에서 귀족이라 불리는 자들은 감성이 없음을 관찰하였다."(마르쿠스 아우렐리우스, 《명상록》, I, 11, p.3)

25) 푸코는 여기서 A. Cassan의 낡은 번역을 그대로 따르고 있다(《마르쿠스 아우렐리우스와 프론토 간의 미간행 서신 Lettres inédites de Marc Aurèle et de Fronton》, Paris, A. Levasseur, 1830, t. I, IV권, 서신 VI, p.249-251).

26) 푸코는 여기서 마지막 구절을 방치한다: "어떤 저자가 말하듯이 우리는 포도 수확에서 살아남은 몇몇 사람들을 철망에 내걸게 내버려두었다."(id., p.251)

많은 담소를 나누었지. [⋯][27] 이렇게 담소하는 동안, 또 우리 둘 중 누가 당신들 중 한 사람을 더 사랑하느냐를 놓고 논쟁을 벌이는 동안[다시 말해서 마르쿠스 아우렐리우스가 프론토를 자신의 어머니가 프론토의 딸로 추정되는 그라티아를 사랑하는 것보다 훨씬 더 사랑하는지의 여부를 놓고 벌이는 논쟁; M. F.] 원반 소리가 울려 퍼지며 아버지가 목욕탕에 들어가신 것을 알렸어. 그래서 우리는 포도 압착실 속에서 목욕을 한 후 저녁 식사를 했어. 압착실 속에서 목욕했다는 말이 아니라 목욕을 한 후에 압착실 속에서 식사를 했다는 말이지. 그리고 우리는 마을 사람들의 행복한 대화를 귀담아 들었어. 귀가하여 잠자기 위해 모로 돌아눕기 전에 나는 내가 한 일을 펼쳐 늘어놓으며(menum pensum expliquo) 달콤한 스승에게 나의 하루를 보고한다(diei rationem meo suavissimo magistro reddo). 내 건강, 신체적 행복과 맞바꾸어 당신을 욕망하고 싶고, 또 그렇게 하고 있지 못한 것에 대해 더없이 유감스럽게 생각해. 나의 사랑, 나의 관능(meus amor mea voluptas) 프론토 건강 조심해. 사랑해."[28] 편지는 이렇습니다. 이미 언급하였듯이 이 편지와 관련해 한편으로는 프론토가 철학의 스승이 아니라는 사실을 상기할 필요가 있습니다. 그는 편지에서 'gargarisé'라는 단어의 용례에 대한 사소한 지적이 이를 암시하듯이 직업 철학자가 아니라, philologos(웅변술 교사) 입니다. 따라서 이 편지는 의식 지도와 관련된 직업적 기술적 관계에 놓여서는 안 됩니다. 사실 이 편지의 근간은 아시다시피 중요한 역할을 담당하고 있는 우정, 애정, 부드러운 사랑입니다. 이 편지에서 이 역할은 대단히 모호해 보입니다. 게다가 서로 헤어졌을 때 둘 다 서운해하며 목에 입맞춤한다는[29] 표현을 서로에게 하기 때문에 프론토에 대한 사랑, 그들 서로간의 사랑이 끊임없이 문제가 되는 다른 편지에서도 이 역할은 해석이 난해한 채로 남아 있습니다. 당시에 마르쿠스 아우렐리우스는 18세 내지는 20세였던 것 같고,

---

27) 푸코는 마르쿠스 아우렐리우스와 그의 어머니 간에 시작된 대화의 초반부를 읽지 않았다: "'이 시간에 나의 프론토는 무엇을 하고 있을까?' 라고 내가 말했다. 이에 '나의 그라티아는 무엇을 하고 있을까?' 라고 어머니가 말했다. '그녀는 누구야?' 라고 내가 반문했다. '꾀꼬리처럼 귀여운 우리의 어린 그라티아 말이야?'"

28) 실제로 이 편지의 마지막 구절은 다음과 같다: "너와 나는 어떤 관계이지? 나는 부재하는 자를 사랑해(Quid mihi tecum est? amo absentem)."

프론토는 그보다 약간 나이가 많았다는 것을 상기할 필요가 있습니다. '애정' 관계에 대해 성적인 속성이 있는지 없는지, 또 그 속성이 무엇인지를 알려고 질문을 하는 것은 부적절하다고(역사적으로 완전히 부적절하다고) 생각됩니다. 결과적으로 그것은 많은 것들을 내포하는 애정과 사랑의 관계입니다. 그리고 내포된 것들은 강도 있는 애정의 반복적 단언인 '내 사랑, 내 관능'에 입각해 언급되거나 해명되거나 분석될 수 있는 것이 아니라는 사실을 유념할 필요가 있습니다. 하지만 철학적·기술적 관계가 아니라 스승과의 애정 관계의 토대를 살펴보면, 이 편지가 어떻게 이루어졌는가를 살펴보면 깨어나서부터 잠자리에 들기까지의 하루 일을 세심하게 언급하는 이야기가 문제된다는 것을 알 수 있습니다. 요컨대 그것은 하루의 이야기를 통한 자기 이야기입니다. 이렇게 기술된 하루의 요소들은 무엇이며, 자기 이야기를 하고, 그것을 프론토에게 토로하기 위해 마르쿠스 아우렐리우스가 변별적이라고 생각한 요소들은 무엇일까요? 아주 도식적으로, 하지만 사실을 왜곡함이 없이 이 편지에서 언급된 모든 것들을 세 범주에 집어넣을 수 있다고 생각합니다.

우선 건강과 양생술에 대한 세부 사항이 있습니다. 그것은 약간의 오한과 약의 복용으로 시작됩니다. 그런데 "아이구 어제 밤잠을 잘자지 못하고 오한이 좀 들었어"라고 말한다거나 "오늘 아침에 잘 일어나지 못했고 구토를 좀 했고 오한이 들었어"라고 말할 때 이러한 지적들은 세네카의 서신에서도 누차 반복되어 나타납니다. 따라서 오한이나 먹은 약품(그는 목을 세척하고 꿀물을 마셨다)의 언급은 전형적인 묘사입니다. 그것은 일반적으로 수면에 대한 언급입니다. 예를 들면 '모로 누워 자기'는 당대에 중요한 의학적-윤리적 계율이었다는 사실에 주목할 필요가 있습니다. 반듯이 누워[등을 바

---

29) 로마제국 시절에 입맞춤을 포함한 남자들간의 포옹은 일상적이었다는 사실을 명확히 할 필요가 있다. 게다가 포옹은 위계적 가치를 지니고 있었다. 평민은 귀족의 손에만 입맞춤을 할 수 있었고, 귀족들간에만 입술이나 가슴에 입맞춤을 할 수 있었다. 이러한 사실은 위의 구절에서 마르쿠스 아우렐리우스와 그의 스승 간에 위계적 우월성이 소거되었다는 것을 의미한다. L. Friedländer, *Sittengeschicht Roms*, Leipzig, 1919, t. I, p.93-94 와 A. Alföldi, *Die Monarchische Repräsentation im römischen Kaiserreiche*, Darmstad, Wissenchaftliche Buchgesellschaft, 1980, p.27, 41-42, 64(주해자는 이 지적을 폴 벤으로부터 받았다).

닥에 대고] 자는 것은 성애의 이미지에 노출되는 것이고 모로 누워 자는 것은 순결한 취침의 약속입니다. 음식에 대한 묘사가 있습니다. 즉 그는 다른 사람들이 이러저러한 것을 먹는 동안 빵 이외에는 먹지 않았습니다. 목욕과 훈련에 대한 묘사가 있습니다. 수면 · 기상 · 양식 · 목욕 · 훈련, 그리고 의약품 복용, 바로 이것들은 히포크라테스 이래로 의학요법과 양생술을 특징짓는 요소들입니다.[30]

  다음으로 마르쿠스 아우렐리우스는 가사와 종교적 임무를 보고합니다. 그는 아버지 곁으로 가서 신에게 바치는 희생 의식에 참여하고 어머니와 담소를 나눕니다. 그의 가사일에 농사일을 첨가할 수 있습니다. 마르쿠스 아우렐리우스가 묘사하는 것은 농부의 생활입니다. 그리고 이 농부의 생활은 상당수의 모델들과 직접적인 연관이 있다는 것을 이해할 필요가 있습니다. 그 중 하나는 인용된 것이고, 다른 하나는 함축적입니다. 언급된 모델은 카토의 《농업론》입니다.[31] 카토는 농업에 관한 책을 썼고, 씌어진 시대에 이 책은 최대의 번영과 최고의 윤리적 훈련, 또 그와 동시에 도시의 최대의 번영을 위해 아마도 로마의 농경 지주인 자가 취해야 하는 행동이 무엇인지를 지적하는 가사 경제에 관한 책이었습니다. 이 모델의 배면에서 카토 텍스트 자체의 모델이 된 것, 즉 크세노폰의 《가정관리론》을 생각할 필요가 있습니다.[32] 크세노폰은 5세기와 6세기에 아티카의 농촌 귀족의 생활이 어떠해야 하는지를 이 책에서 말하고 있습니다. 하지만 이 모델들은 여기서 대단히 중요합니다. 물론 제국을 담당하게 될 안토니우스의 양자인 마르쿠스 아우렐리우스는 이러한 생활을 영위해야 할 필요가 없었습니다. 시골 귀족의 삶은 그의 정상적인 삶이 아니었습니다. 하지만 농경 생활, 일종의 농경 생활의 현장 실습은 정확히 말해서 바캉스가 아니라 일상 생활에서 일종의 정치-윤리적 지표를 갖기 위해 삶 속에서 준비해야 될 순간이었습니다——공화정 말기 이래와 제정 초기 이후 이는 명백했습니다. 실제로 우리는 농촌 생활에서 인생에 가장 기초적이고 기본적으로 필요한 것들에 가장 가까이

---

30) 푸코가 《자기 배려》, p.124-132에서 히포크라테스의 《식이요법론 *Du régime*》을 분석한 부분 참조.

  31) 카토, 《농업론》, R. Goujard 번역, Paris, Les Belles Lettres, 1975.

  32) 크세노폰, 《가정관리론》, P. Chantraine 번역, 앞서 인용한 판본.

접근할 수 있고, 또 모델이 될 수 있는 수세기 이전의 고풍스러운 삶에 가장 근접할 수 있습니다. 농경 생활에서 교양 있는 otium(여가)을 누릴 수 있는 가능성이 있습니다. 다시 말해서 사람들은 신체적인 훈련을 [또한] 합니다. 요컨대 마르쿠스 아우렐리우스는 포도 수확을 하고, 포도 수확은 그로 하여금 많은 땀을 흘리게 하고 또 마음껏 외치게 해주며, 그래서 양생술에 속하는 훈련임을 알 수 있습니다. 따라서 그는 신체적 요소들을 수반하고 또 그에게 충분히 독서하고 글을 쓸 수 있는 시간을 허용하는 otium(여가) 생활을 영위합니다. 따라서 농촌 실습은 크세노폰이나 카토의 오래된 모델의 재활성화입니다. 사회적·윤리적·정치적 모델이 훈련의 자격으로 재활성화됩니다. 이것은 타인과 함께하는 일종의 은거이지만, 이는 자기 자신을 위해, 자신을 보다 잘 형성하기 위해, 자기 자신에 대한 작업을 진척시키기 위해, 자기 자신에 도달하기 위해서 하는 은거 생활입니다. 바로 이것이 크세노폰이 사용하는 의미에서 가정관리 생활, 다시 말해서 가족 관계, 주변 사람들과 자기 자신의 가족·재산·노예 등을 돌보아야 하는 가장 활동의 양상입니다. 이 모든 전경들이 개인의 훈련을 목적으로 재활용되었습니다.

이 편지에 언급된 마지막 요소는 사랑과 관련된 것입니다. 사랑에 관한 대화에서 "무엇이 진정한 사랑인가?"[33]와 같은 전통적인 문제가 더 이상 중요한 것이 아니기 때문에 여기서는 아주 이상한 문제가 논의됩니다. 아시다시피 "남성에 대한 사랑이냐, 아니면 여성에 대한 사랑이냐?"와 "성적인 에너지 소모를 하느냐 안 하느냐?"와 같은 친숙한 네 요소를 작동시키는 진정한 사랑에 대한 이 전통적 문제는 이제 제기되지 않습니다. 두 남자(프론토와 마르쿠스 아우렐리우스)의 사랑——그 속성에 대해서 논하기를 원하는 것은 완전히 몽환적이다——과 두 여자의 사랑(마르쿠스 아우렐리우스의 어머니와 그라티아)의 강도·가치·형식을 비교하는 아주 이상한 일종의 개인적 질문이 문제입니다.

신체, 측근과 가정 그리고 사랑, 즉 양생술(la diététique)·가정관리술(l'économique)·연애술(l'érotique)이 문제입니다. 이것들은 당대에 자기 실천

---

33) 토대가 되는 텍스트로서 플라톤의 《향연》을 암시한다. 《쾌락의 활용》, p.251-269의 〈진정한 사랑 Le véritable amour〉이라는 장을 참조할 것.

이 항구적인 상호 참조를 통해 구체화되는 주요 세 영역이었습니다. 사람들이 농경 생활을 실천하며 수확을 하게 되는 것은 생활 태도와 양생술의 배려를 통해서였습니다. 다시 말해서 가정관리로 넘어간다는 말이지요. 또 가족 관계 내에서, 다시 말해서 가정관리를 규정하는 관계 내에서 사람들은 사랑의 문제와 마주치게 됩니다. 한편으로 이 세 영역이 실존합니다. 즉 양생술에서 가정관리술로, 가정관리술에서 연애술로 이어지는 세 영역간의 관계와 현저하고도 강한 상호 참조가 존재합니다. 다른 한편으로는 이 세 요소들이 《알키비아데스》의 구절 속에서 우리가 이미 마주친 것들이라는 점을 상기할 필요가 있습니다. 배려해야 할 자기가 무엇이었는지를 소크라테스가 어느 순간에 규정하는 데 성공한 것을 기억하고 있지요. 그리고 소크라테스는 배려해야 했던 자기가 바로 영혼이었다는 것을 보여주었습니다. 그러나 이 정의에 입각해 소크라테스는 만약 돌보아야 할 바가 영혼이라면 자기 배려는 신체의 배려도 아니고 재산의 배려도 아니며 적어도 알키비아데스를 따라다니는 사람들이 생각하는 것과 같은 사랑의 배려는 더더욱 아니라고 말합니다. 다시 말해서 플라톤의 《알키비아데스》에서 행해진 소크라테스의 개입에서 자기 배려는 신체의 배려, 즉 양생술과 재산의 배려, 즉 가정관리술과 완전히 구분되며, 또 사랑의 배려, 즉 연애술에 대한 배려와 구별됩니다, 그러나 이제 이 세 영역(양생술·가정관리술·연애술)은 성찰의 표면의 자격으로, 즉 내가 나 자신의 실존의 규칙이자 목표인 자기 실천을 체험하고 훈련하고 발전시킬 수 있는 기회의 자격으로 재통합됩니다. 양생술·가정관리술·연애술은 자기 실천의 적용 영역으로 등장합니다.

바로 이 점이 이 편지의 내용으로부터 끌어낼 수 있는 바라고 생각됩니다. 하지만 마르쿠스 아우렐리우스가 "귀가하여 잠자기 위해 모로 돌아눕기 전에 나는 내가 한 일을 펼쳐 늘어놓으며 달콤한 스승에게 나의 하루를 보고한다. 내 건강, 신체적 행복과 맞바꾸어 당신을 욕망하고 싶고, 또 그렇게 하고 있지 못한 것에 대해 더없이 유감스럽게 생각해"라고 말할 때 이것은 도대체 무엇일까요? 마르쿠스 아우렐리우스는 귀가하여 잠을 자게 될 것이고, 그리고 '모로 눕기 전에,' 다시 말해서 수면 자세를 취하기 전에 그는 "자기가 한 일을 펼쳐 늘어놓습니다." 이는 명백히 세네카가 묘사한 바 대로의 의식 점검입니다. 두 텍스트(세네카의 《분노에 관하여》와 마르쿠스 아우렐리우스의 《명상록》는 놀라울 정도로 서로 비슷합니다. 여러분들이 기억하겠지만 세네카는 다음과 같이 말합니다. "매일 저녁 나는 등불을 끄고 집사람이 조용해졌을 때 내 자신에 대해 묵상을 하고 나의 하루를 점검해 본다(세네카는 '점검해 보다'[34]라는 동일한 표현을 사용합니다)." 그리고 또 다른 텍스트에서——불행하게도 어제 저녁 출전을 되찾으려 했지만 그러지 못했는데 할 수 없지요——세네카는 이따금씩 자신의 삶과 지난 과거[35]의 volumen(두루마리)를 자기 앞에 펼쳐 놓을 필요성을 환기합니다. 과업, 즉 자신이 해야 했던 일과 그것을 수행한 방식, 바로 이것을 마르쿠스 아우렐리우스는 이같은 상기를 통해 행하는 바입니다. 그는 과업을 펼쳐 놓고, 자신이 해야 했던 일들이 적혀 있던 책, 그러나 설령 그럴 수 있다 해도 그가 실제로 쓰는 책이라기보다는 기억에 해당하는 책을 펼쳐 놓습니다. 아무튼 이것은 그리 중요한 게 아닙니다. 기억과 같은 것이든, 독서에 해당하는 것이든 간에 핵심적인 바는 지나간 하루의 재점검, 즉 하루를 마치고 잠자리에 드는 순간에 의무적으로 해야 했던 재점검, 또 자신이 본래 해야 했던 바와 자신이 실제로 한 일, 그 일을 하는 데 본래 사용해야 했던 방식과 그것을 하기 위해 실제로 사용한 방식에 대한 결산을 가능케 하는 재점검입니다. 그리고 그는 이 재점검을 해명합니다. 그런데 이것을 누구에게 해명하지요? 마르쿠스 아우렐리우스의 편지에서는 바로 '부드러운 스승'에게 합니다. 우리는 여기서 의식 점검의 기본 원리의 정확한 번역을 볼 수 있습니다. 그런데 이 편지는 무엇일까요? 다음날 아침에 씌어진 이 편지는 마르쿠스 아우렐리우스가 지난 밤 잠들기 전에 한 바입니다. 그는 자기가 보낸 하루의 volumen(두루마리)을 펼쳤습니다. 그는 다음날 아침 프론토에게 편지를 쓰며 그렇게 합니다. 그래서 여기서 우리는 의식 지도가 이미 어떤 시기 이후부터 극히 당연하고 자연스러운 경험이 되고 있었고, 또 그렇게 되어 버린 방식에 관한 흥미로운 예를 발견하게 됩니다. 강도 있는 애정 관계를 맺

---

34) 《분노에 관하여》, III, XXXVI in 세네카, 《대화》, t. I, A. Bourgery 번역, Paris, Les Belles Lettres, 1922, p.102-103 참조. 동일한 텍스트에 대한 더 진척된 연구를 위해서는 1982년 3월 24일 강의 후반부와 1982년 10월 버몬트대학에서 한 세미나 〈자기 테크놀로지 Technologie de soi〉(《말해진 바와 씌어진 바》, IV, n° 363, p.797-799) 참조.

35) 출전을 찾을 수 없다. 세네카의 어떤 텍스트도 이 묘사에 일치하는 바가 없다.

고 있는 소중한 친구에게 자기 반성을 토로합니다. 그를 자기의 의식 지도자로 삼고, 또 그는 단지 친구이기 때문에 철학자 자격이 있던 없던 관계 없이——그리고 여기서 그는 철학자가 아닙니다——그를 의식 지도자로 취하는 것은 극히 자연스러운 일이었습니다. 그는 자기 자신에 대해, 자신이 보낸 하루, 자신이 한 일, 자신이 취한 여가 생활에 대해 누군가에게 그것을 해명하는 사람의 태도, 입장을 취하고 또 하루를 누군가에게 설명하고, 제공하고 해독시키게 하는 하루를 사는 사람의 태도나 입장을 취합니다. 그는 누구일까요? 나중에 논의하겠지만 그는 판사·형사·스승일 겁니다. 다른 것들을 여러분에게 말하고 싶었는데 불행하게도 시간이 없군요. 즉 자기 실천의 발전을 통해, 자기 실천이 일종의 사회적 실천——철학의 스승과 제자 간의 관계 내에서가 아니라 개인과 개인의 보편적 관계——이 됨을 통해 아주 새롭고 중요한 것이 발전하게 되는데, 그것이 바로 일반적인 언어나 담론의 윤리가 아닌 타자와 맺는 언어 관계의 윤리입니다. 타자와 맺는 언어 관계의 새로운 윤리가 parrhêsia라는 근본적인 개념에 의해 지시됩니다. '정직성'이라고 번역되는 parrhêsia는 놀이의 규칙이고, 의식 지도의 실천에서 사람들이 타자와 가져야 하는 언어 행동의 원칙입니다. 다음번에는 의식 지도에 있어서 타자와의 언어적 관계가 어떤 형식하에서 기술화되어 가는지를 살펴보기에 앞서 이 parrhêsia를 먼저 설명하도록 하겠습니다.

1982년 2월 3일 강의

전반부

《알키비아데스》에 대한 신플라톤주의적 주석: 프로클로스와 올림피오도루스 — 정치적인 것과 정화적(淨化的)인 것의 신플라톤주의적 분리 — 플라톤에 있어서 자기 배려와 타자 배려의 관계에 대한 연구: 목적, 상호성, 본질적인 내포 — 1세기와 2세기의 상황: 자기의 자목적화(auto-finalisation du soi) — 결과: 개종의 원리에 따르는 철학적 삶의 기술, 자기 수양의 발전 — 구원 관념의 종교적 의미 — Sôtêria와 salus의 의미

지난번 강의에서 자기 실천과 주체의 테크놀로지에서 매우 중요한 개념, 즉 대충 정직성, 마음의 개방, 사유의 개방 등으로 이해할 수 있는 parrhêsia 개념에 대한 분석은 시간이 없어서 중단된 채로 내버려두었습니다. 이 문제를 좀 재론하며 강의를 시작하려 했지만 여러 이유로 차후에 1세기와 2세기의 철학·실천·문화 내에서 상당수의 자기 기술(技術)을 논의할 때, 특히 경청과 스승-제자 관계의 문제를 논의할 때 이 문제를 재검토하기로 하겠습니다. 파르헤지아의 문제는 그때 가서 다시 논의하도록 하지요. 그런데 누군가가 나에게 질문을 했지요. 아마도 서로 만나는 기회가 많지 않아서인지 불행히도 질문은 빈번하지 않습니다. 질문이 있었고 나는 거기에 답하려고 합니다. 왜냐하면 그 질문은 오늘 강의의 서론으로 제격이기 때문이지요.

질문은 간단히 다음과 같습니다: 왜 주석자들이 보기에 플라톤의 저작에서 일반적으로 그다지 큰 중요성이 없는 《알키비아데스》의 대화편을 택했습니까? 플라톤을 논의하기 위해서 뿐만 아니라 결국에는 고대철학의 주요한 부분을 조망하기 위해 왜 이 대화를 지표로 삼는 것입니까? 나는 예전부터 《알키비아데스》의 문제와 이 작품이 고대의 사유에서 점유하고 있는 위치에

대해 아주 명확한 해명을 하는 두세 텍스트를 언급하려고 했었습니다. 따라서 나는 우회를 하려 합니다. 파르헤지아를 지금 논의하고 신플라톤주의 주석자들을 나중에 논의하는 대신에 곧바로 《알키비아데스》에 대한 신플라톤주의 주석들의 문제를 언급하고자 합니다. 아시다시피 고대의 문화·사유·철학에서 대체적으로 2세기부터 신플라톤주의가 대대적으로 회귀한 이후에 상당수의 문제들이 제기되었고, 그 중에서도 특히 플라톤 저작의 체계화 문제가 제기되었습니다. 간단히 말해 그것은 플라톤 저작의 편집 문제였습니다. 플라톤의 저작 내에서 철학의 문제들이 적합한 위치에서, 또 자체 내에 봉인됨과 동시에 교육과 교수법에서 활용 가능한 전체를 구축하는 방식으로 계기적(繼起的)으로 접근이 가능할 수 있는 형식과 질서하에서 편집하는 것이 문제였습니다. 그래서 플라톤 저작을 분류하는 문제는 여러 주석자들, 그 중에서도 특히 프로클로스와 올림피오도루스[1]가 착수했습니다. 그런데 이 두 주석자는 내가 출발점으로 취했던 《알키비아데스》의 대화에 부여해야 할 위상에 대해, 모두가 이 대화편을 플라톤 저작의 선두에 놓아야하고, 또 이 대화를 통해 플라톤이나 플라톤주의의 연구와 일반적인 철학 연구에 착수해야 한다는 생각에 동의합니다. 사실 프로클로스와 올림피오도루스는 세 가지 원칙에 입각해 《알키비아데스》에 일차적인 위치, 시작의 위치를 부여하고, 소위 플라톤 철학의 도입부에 위치시킵니다. 첫째로 그들이 보기에 《알키비아데스》는 플라톤 철학의 요약입니다. 둘째로 《알키비아데스》는 철학적 실천의 일차적인 조건으로 철학 내에 처음으로 엄숙하게 gnôthi seauton(자기 인식)을 도입합니다. 셋째로 프로클로스와 올림피오도루스는 《알키비아데스》에서 정치적인 것과 정화적(淨化的)인 것 간의 분리가 처음으로 발생하는 것을 봅니다. 이 점을 좀 재검토해 봅시다. 아무튼 A. J. 페스튀기에르가 신플라톤주의자들의 플라톤 저작 분류에 관한 중요한 논고를 쓰지 않았다면, 또 그가 플라톤의 저작들 가운데서 주요한 텍스트를

---

1) 프로클로스(412-485)는 비잔티온의 법관 집안에서 태어났고, 플루타르크에 의해 플라톤 철학으로 개종되고 아테네 학교의 새로운 지도자가 된다. 엄격한 스승으로서 그는 죽는 날까지 거기서 강의를 하였으며 수많은 저서를 집필했고, 그 중에 《플라톤 신학 *Théologie platonicienne*》이 있다. 5세기 신플라톤주의 철학자인 올림피오도루스는 알렉산드리아 학교를 이끌었으며 플라톤과 아리스토텔레스에 대한 수많은 주석을 집필하였다.

발췌하지 않았다면 나는 이런 말을 여러분에게 할 수 없었다는 점을 알려 드립니다. 그 논고가 어디에 게재되었는지 모르겠으나 아무튼 《고대 그리스 철학 연구》[2]에서 발견할 수 있을 겁니다. 거기서 인용된 일련의 텍스트를 발견할 수 있습니다.

플라톤 저작의 분류에 관한 5세기 프로클로스[3]의 텍스트는 다음과 같이 말하고 있습니다. "이 대화[《알키비아데스》를 논의하며 그가 말한다; M. F.]는 우리 자신에 대한 인식이 그러한 것처럼 모든 철학의 원리[arkhêhapasês philosophias: 철학의 시초, 원리; M. F.]이다[우리 자신에 대한 인식──gnôthi seauton──이 철학을 시작할 수 있는 조건인 것과 마찬가지로 《알키비아데스》는 철학의 원리이다; M. F.]. 그렇기 때문에 처음으로 우리 자신에게로 회귀함으로써 우리에게 모습을 드러내는 모든 철학의 보편적이고 총체적이며 유일하고 동일한 개요를 모델로서 이 대화에 담기 위해 수많은 논리적 성찰이 《알키비아데스》에 분산되어 있고, 또 전통의 자격으로 누설되어 있으며, 행복에 관한 우리의 탐색에 기여하는 수많은 도덕적 성찰이 이 대화편에 자세히 해명되어 있고, 자연에 관한 연구나 심지어는 신성한 존재들과 관련된 진실로 우리를 인도하기에 적합한 수많은 교의들이 거기에 간결하게 요약되어 있다."[4] 이 텍스트는 대단히 흥미로운데, 우선 그 이유는 헬레니즘 시대와 제정기 그리고 고대 후반기 동안의 교육 및 철학의 보급과 상응하며 뒤늦게 도입된 결코 플라톤주의에서 볼 수 없는 구분이 발견되기 때문입니다. 논리적 성찰, 도덕적 성찰, 자연의 교의, 신성한 존재와 관련된 진실과 같은 구분을 보십시오. 철학은 논리 · 도덕 · 자연에 관한 연구, 신학 혹은 신성한 것에 대한 담론과 같은 근본적인 4요소 사이에 분배됩니다. 따라서 프로클로스는 이 4요소가 《알키비아데스》에 사실상 분산되어 있고, 또 현존함과 동시에 은밀히 감추어져 있지만 모든 요소들은 그것들의 원리가 되는

---

2) A. J. Festiguière, 〈5,6세기에 있어서 플라톤 대화의 독서 순서 L'ordre de lecture des dialogues de Platon aux Vᵉ/VIᵉ siècles〉, in 《고대 그리스 철학 연구 Études de philosophie grecque》, Paris, Vrin, 1971, p.535-550(첫 출간: Museum Helveticum, 26-4, 1969)이 문제가 된다.

3) 푸코는 여기서 A. J. Festiguière가 제안한 해석을 그대로 따른다.

4) id., p.540.

바, 즉 자기로의 회귀에 입각해 존재한다고 가정합니다. 이같은 철학의 개
요는 우리 자신에로의 최초의 회귀를 통해 우리에게 모습을 드러냅니다. 우
리 자신으로 돌아갑시다. 우리 자신이 누구인지 의식합시다. 그러면 이 회
귀를 통해 철학적 사유가 무엇이어야 하는지를 알기 시작할 것입니다. "바
로 그렇기 때문에[프로클로스가 말하기를; M. F.] 신성한 잠블리코스는 그가
보기에 플라톤 철학 전반이 담겨 있는 10편의 대화 가운데 선두의 자리를
《알키비아데스》에 부여했다고 생각된다[결과적으로 프로클로스에 앞서서, 또
플라톤 저작의 분류 문제에 앞서서 《알키비아데스》가 플라톤의 대화편 가운데
첫번째 것이라는 사실, 아무튼 플라톤 대화편의 선두에 놓아야 할 대화편임을
지적한 잠블리코스의 소실된 텍스트5)에 대한 참조; M. F.]."6)

또 다른 주석에서 올림피오도루스는 《알키비아데스》에 대해 다음과 같이
말합니다. "[《알키비아데스》; M. F.]의 서열과 관련하여 플라톤의 모든 대화
편들 가운데 선두에 위치시켜야 한다고 말할 필요가 있다. 《파이드로스》에
서 플라톤이 언급하듯이 사람들이 여타의 모든 것들을 알려고 갈망하는데 자
기 자신을 모른다는 것은 부조리한 일이다. 둘째로 소크라테스적으로 소크
라테스의 교의에 접근할 필요가 있다. 하지만 '너 자신을 알라' 라는 명령적
정언을 통해 소크라테스가 철학으로 나아갔다고 한다. 게다가 이 대화가 신
전의 입구와 유사하다고 생각할 필요가 있다. 그리고 신전의 입구가 안채에
앞서는 것과 마찬가지로 《알키비아데스》를 플라톤 입구에 《파르메니데스》
를 신전의 안채에 비교할 필요가 있다."7) 보시다시피 올림피오도루스는 《알
키비아데스》를 플라톤 철학의 입구로, 《파르메니데스》를 심장부로 만들어
버립니다. 그리고 올림피오도루스는 지극히 명시적으로 《알키비아데스》에
서 공식화된 '너 자신을 알라' 를 모든 철학적 지식의 토대일 뿐만 아니라 철
학하고자 하는 사람의 실천의 모델로 만들어 버립니다. "소크라테스적으로

---

5) 잠블리코스(240-325년경)는 시리아 칼키스의 영향력 있는 왕족 집안에서 태어나 소
아시아에서 강의하였다(그는 시리아에 아파메이아 학교를 세웠다고 한다). 그는 주술적 차
원을 갖는 신플라톤주의를 창시하고, 플라톤 대화편의 권위적인 독서의 영적인 질서를
수정했다.

6) A. J. Festiguière, 〈5,6세기에 있어서 플라톤 대화의 독서 순서〉.

7) *Id.* p.540-541.

소크라테스의 실천에 접근할 필요가 있다." 다시 말해서 소크라테스와 플라톤의 철학에 입문하기 위해서는 자기 자신을 재생산해야 한다고 그는 단언합니다. 자기 인식의 형태하에서 자기 자신에게 가하는 작업을 통해 철학적 지식에 입문할 수 있다는 말입니다. 이를 통해 내가 논의하려 했고, 또 논의의 직접적인 도입부로 쓰일 수 있는 세번째 요소에 이르게 됩니다. 요컨대 그것은 정치적인 것과 정화적(淨化的)인 것의 구분의 문제입니다. 올림피오도로스는 《알키비아데스》에 대한 동일한 주석에서 다음과 같이 말합니다. "왜냐하면 이 대화[《알키비아데스》; M. F.]의 목적이 자기 자신을 육체나 외부의 대상을 통해서가 아니라──실제로 제목은 《알키비아데스 혹은 인간의 본성에 대하여》이다[이는 올림피오도로스의 시대에 이미 분명히 플라톤주의적이지 않은 이 제목이 《알키비아데스》에 추가되었다; M. F.]──영혼을 통해서 자기 자신을 인식하는 것이기 때문에, 그리고 이 영혼은 식물적인 것도 아니고 비합리적인 것도 아니며 합리적인 것이기 때문에, 또 이 영혼에 입각해 자기 자신을 인식한다는 것은 정화적 · 이론적 · 신학적 · 주술적으로 행위하는 한에서가 결코 아니라, 정치적으로 행위하는 한에서의 자기 인식이기 때문이다."[8] 그리고 더 나아가(이번에는 《고르기아스》의 주석에서 이다) 그는 이렇게 말합니다. "동시에 후속 대화편들이 등장한다. 《알키비아데스》에서 우리가 영혼이며, 영혼은 합리적이라는 것을 배우고 나서 정치적 덕과 정화를 실천해야 한다. 따라서 우선 정치적인 것에 대해 알아야 할 필요가 있기 때문에 이 대화편(《고르기아스》)을 저 대화편(《알키비아데스》) 다음에 설명하고, 그리고 《알키비아데스》 다음에는 정화의 덕을 가지고 있는 《파이돈》을 설명하는 것이다."[9] 그러므로 gnôthi seauton(자기 인식) 전통의 역사 전반을 통해, 결과적으로 플라톤주의의 전통을 통해서, 또 고대 사유 내에서 《알키비아데스》의 역사 전반에 걸쳐서 중요한 점이 여기서 발견되는데 그것은 다음과 같습니다. 즉 《알키비아데스》에서 '너 자신을 알라'의 원리를 제기하면서 우리는 정치적 요소(다시 말해서 개인에게 적절한 시민과 통치자가 될 수 있게 해주는 여러 원칙과 규칙을 도입한다는 한에서의

---

8) *Id.*, p.541.

9) *Ibid.*

'자기 인식')와 다른 한편으로 상당수의 실천들에 호소하게 되는데 그것을 통해 주체는 자기 자신을 정화해야 하고, 또 그 절차들을 통해 자신의 본성 안에서 신성한 요소와 접촉하고 그것을 자기 안에서 인식할 수 있어야 합니다. 따라서 《알키비아데스》는 이러한 분기점에 놓입니다. 플라톤의 대화편에 대해 제안하는 분류 체계나 순서 내에서 올림피오도루스는 《알키비아데스》를 출발점에 위치시킵니다. 한편으로 정치적인 방향에서 《고르기아스》는 《알키비아데스》 다음에 오고, 다른 한편으로 자기 정화의 측면에서는 《파이돈》이 《알키비아데스》 다음에 옵니다. 따라서 올림피오도루스에 따른 계열은 정치적 계보의 측면에서는 《알키비아데스》——《고르기아스》의 계열이 있고, 정화적 측면에서는 《알키비아데스》——《파이돈》의 계열이 있습니다.

이 요소들을 다시 정리해 봅시다. 여러분이 아시다시피, 우선 신플라톤주의의 전통에서 자기 인식의 형식에 자기 배려가 병합되며 철학의 기초로서의 '자기 인식'이 특권을 갖게 됩니다. 그래서 첫째로 자기 배려의 탁월한 형식인 '자기 인식'의 특권이 있고, 다음으로는 이 '자기 인식'이 정치에 유입하는 테마가 있으며, 그리고 '자기 인식'이 정화에 도입하는 테마가 있습니다. 끝으로 넷째로는 정치적인 바와 정화적인 바 사이에서 여러 문제들이 제기된다는 사실입니다. 신플라톤주의적인 전통에서는 정화적인 것과 정치적인 것의 관계는 일정한 문제를 발생시킵니다. 내가 잠시 후 설명하겠지만 플라톤에 있어서는 정화의 절차와 정치적 절차 사이에 구조상의 차이가 없는 반면에, 신플라톤주의의 전통에서는 이 두 경향이 분리되었고, 또 정치적 목적을 갖는 '자기 인식'의 용례와 정화적 목적을 갖는 '자기 인식'의 용례——혹은 정치적 목적을 갖는 자기 배려의 용례와 정화적 목적을 갖는 자기 배려의 용례——는 이제 더 이상 일치하지 않으며 선택해야 할 갈림길을 구축합니다. 바로 이것이 그리스의 철학적 전통들 가운데 한 전통인 플라톤주의와 신플라톤주의에서 《알키비아데스》의 위치를 다시 설정하는 방식이며, 또 《알키비아데스》에 입문적이고 근본적인 중요성을 부여하는 방식입니다. 그러면 동일하지는 않지만 플라톤주의의 전통 내에서 동일시되었던 '자기 배려'와 '자기 인식'의 문제로 되돌아가보고, 또 플라톤에게 동일시되었으나 플라톤주의 전통과 신플라톤주의 전통에서는 동일시되지 않은 '정화'와 '정치'의 문제로 되돌아가봅시다.

첫 강의에서 《알키비아데스》에 관해 언급했던 몇 가지 점들을 여러분에게 상기시키고자 합니다. 이 대화에서 알키비아데스가 자기 자신을 배려해야 했던 것을 보여주는 것이 문제가 되었음을 기억하실 겁니다. 그리고 '왜'라는 질문이 갖는 두 방향에서 알키비아데스가 왜 자기 자신을 배려해야 했는지 알 수 있지요? 그 이유는 그가 도시국가를 위한 선이 무엇인지를 몰랐고, 또 그와 동시에 시민들의 화합이 어디에 있는지를 몰랐기 때문입니다. 다른 한편으로 적절히 도시국가를 통치하고 시민들을 돌보기 위해서입니다. 따라서 그는 타자를 돌보기 위해서 자신을 돌보아야 합니다. 기억하시겠지만 대화의 종반부에 알키비아데스가 자기 자신을 돌볼 것(epimeleisthai)을 약속한다고 내가 지적한 바 있습니다. 그는 소크라테스의 말이었던 바를 반복합니다. 그가 말하기를 "물론이죠. 나는 돌볼 겁니다. 그런데 무엇을 돌보지?" 그는 "나 자신을 돌보려고 한다"고 말하지 않고, "나는 dikaiosunê(정의)를 배려할 것이다"라고 말합니다. 플라톤에서 이 배려 개념은 이중적인 적용의 장, 즉 영혼과 도시국가[10]라는 적용의 장을 갖는 개념이라는 점을 다시 상기시킬 필요는 없을 겁니다. 알키비아데스가 소크라테스의 교훈에 따라 약속을 지키려고 정의를 배려하려 할 때, 한편으로 그는 자신의 영혼, 영혼의 내적 위계, 질서, 그리고 영혼의 부분들간에 유지되어야 하는 복종 관계를 배려해야 할 겁니다. 그리고 동시에 바로 이런 사실 때문에 도시국가를 배려할 줄 알게 되며, 또 도시국가의 법과 politeia(정체)를 수호할 수 있게 되며, 시민들 사이의 올바른 관계를 적절하게 조화롭게 만들 수 있습니다. 따라서 《알키비아데스》 전반에 걸쳐 자기 배려는 타자에 대한 배려와 관련해 명백히 도구적입니다. 《알키비아데스》에서 한정된 관계가 무엇이든 지간에 부정적이라 할 수 있는 또 다른 이미지에서, 보다 뒤에 나타나고 이미 퇴색해 버린 알키비아데스의 이미지, 즉 《향연》에서의 알키비아데스 속에서 그 증거를 발견할 수 있을 겁니다. 토론 참석자들 한가운데 이미 약간 늙은 듯하지만 만취한 상태로 알키비아데스가 불쑥 나타납니다. 그는 소크라테스에 대한 찬사를 늘어놓으며 그가 소크라테스의 교훈에 매료되었음에

---

10) 《알키비아데스》와 《국가》에서 영혼과 도시국가 간의 유비 관계에 관해서는 1월 13일 강의 전반부와 이하 p.94, 각주 28) 《국가》의 인용문 참조.

도 불구하고 그것을 경청하지 않았던 것을 한탄하고 후회합니다. 그리고 그는 다음과 같이 말합니다: "내가 결여하고 있는 모든 것들에도 불구하고 나는 내 자신을 계속 돌보지 않고 아테네인들의 일만을 돌보았다."[11] 이 구절은 《알키비아데스》 자체의 주제를 명백히 반영합니다. 그는 《알키비아데스》에서 dikaiosunê(정의)를 배려의 중심에 놓고 시민들을 돌보기 위해 자기 자신에 대한 배려를 하겠다고 약속했었습니다. 그런데 결국 그는 자기 자신을 돌보지 않고 시민들을 돌보았습니다. 따라서 그는 dikaiosunê가 무엇인지 모릅니다. 알키비아데스의 모든 드라마와 재앙은 《알키비아데스》에서의 약속과 《향연》의 만취 간의 사소한 간극에 있습니다.

일반적으로 플라톤에 있어서 자기 배려와 타자 배려는 세 방식으로 설정된다고 말할 수 있습니다. 내가 조금 전에 논의하던 바로 되돌아가면 플라톤에 있어서 자기 인식은 '너 자신을 배려하라'라는 근본적이고 보편적인 정언적 명령의 한 양태·요소·형식——중요하지만 단지 하나의 형식——입니다. 신플라톤주의는 이 관계를 역전시킵니다. 하지만 반대로 플라톤에게 정화적인 것과 정치적인 것은 서로 구별되지 않습니다. 혹은 차라리 그것은 정화적이고 동시에 정치적인 동일한 절차라고 할 수 있습니다. 이는 세 가지 방식에서 그러합니다. 왜냐하면 자기 자신을 돌보면서——조금 전 내가 언급한 바가 그것입니다——타자를 돌볼 수 있게 되기 때문입니다. 말하자면 자기 배려와 타자의 배려 간에는 목적 관계가 존재합니다. 타인들을 돌보기 위해 나 자신을 돌본다는 말이지요. 나는 내 자신에 대하여 신플라톤주의자들이 말하는 katharsis라고 명명한 바를 실천할 것이고, 또 바로 내가 정치적 주체가 되기 위해 이 카타르시스의 기술을 실천합니다. 여기서 정치적 주체는 정치가 무엇인지를 알고, 그래서 통치할 줄 아는 자로 이해해야 합니다. 그래서 첫번째 관계는 목적 관계입니다. 두번째 관계는 상호성 관계입니다. 왜냐하면 내 자신을 돌보면서 신플라톤주의적 의미에서의 정화를 실천하면서 나는 내가 염원하는 바대로 내가 통치하는 도시국가에

---

11) "수많은 것들을 내가 결여하고 있음에도 불구하고 오히려 아테네의 일들에 참견하기 위해 내 자신을 계속적으로 배려하지 않았음을(eti emautou men amelô) 내 자신에게 고백하지 않을 수 없다."(플라톤, 《향연》, 216a, L. Robin 번역, 앞서 인용한 판본, p.78-79)

선을 행할 수 있다면——결과적으로 내 자신을 돌보면서 동료 시민들에게 그들의 구원, 번영, 그리고 도시국가의 승리를 확보할 수 있다면——역으로 내가 공고히 하는 만인의 번영, 도시국가의 구원, 승리를 내가 도시국가라는 공동체에 속하는 한에서 활용할 수 있습니다. 자기 배려는 도시국가의 구원에서 그 보상과 보증을 발견합니다. 도시국가가 구원됨에 따라, 또 자기 자신을 돌보며 도시국가가 자기 자신을 구하게 만들면서 자기 자신도 구원됩니다. 여러분은 이러한 순환성이 《국가》의 전반에 걸쳐 전개되었음을 발견할 수 있을 겁니다. 목적성과 순환성 다음에 오는 세번째 관계는 본질적 내포 관계라 불리는 바입니다. 자기 자신을 돌보면서, '자기 정화'(이는 플라톤주의 용어가 아니라 신플라톤주의 용어이다)를 실천하면서 영혼은 자기 자신인 바와 자신이 아는 바 혹은 오히려 자신이 항시 알고 있던 바를 동시에 발견합니다. 그리고 영혼은 자신의 존재와 자신의 앎을 동시에 발견합니다. 영혼은 자기 자신인 바를 발견하며, 또 자신이 기억의 형태로 명상한 바를 발견합니다. 영혼은 이렇게 기억 행위 속에서 다시 엄정하게 도시국가의 질서를 기초하는 제 진실에 대한 명상에까지 이르게 됩니다. 따라서 보시다시피 플라톤에게는 신플라톤주의자들이 정화적인 것과 정치적인 것으로 명명하게 될 바를 견고히 연결시키고 고정하는 세 방식이 있습니다. 첫째로 정치적 tekhnê(기술)(나로 하여금 타자를 돌보도록 해주는 정치적 tekhnê(기술)를 적절히 알고 인식하기 위해 나 자신을 돌보아야 한다) 내에서 목적 관계가 있습니다. 둘째로 도시국가의 형태 내에서 상호성의 관계가 존재합니다. 왜냐하면 나는 나 자신을 구하면서 도시국가를 구하고, 또 국가를 구하면서 나 자신을 구하기 때문입니다. 셋째로 상기의 형식 내에 내포 관계가 존재합니다. 바로 이것이 플라톤에 의해 설정되어 분리하기가 아주 어려운 자기 배려와 타자 배려의 대략적인 관계입니다.

하지만 이제 내가 기준으로 삼은 1세기와 2세기에 위치하게 되면 양자의 분리는 아주 폭넓게 진행됩니다. 타자에 대한 배려가 궁극적 목표를 구축한다거나 자기 배려에 더 큰 가치를 부여하게 해주는 지표가 되지 않고 자기——결과적으로 자기 테크닉, 그리고 플라톤이 자기 배려로 지시하는 모든 자기 실천——가 차츰차츰 자족적 목표가 되어 떨어져 나온다는 것은 자기 실천의 역사와 아마도 고대의 문화사 내에서 가장 중요한 현상들 가운데 하나라고 생각합니다. 첫째로 배려되는 자기는 여러 요소들 가운데 한 요소가 아니며, 그것이 여러 요소들 가운데 하나인 것처럼 보여도, 잠시 후 보게 되겠지만 특수한 인식의 한 형식으로부터 결과되는 것입니다. 배려해야 하는 자기는 그 자체로서는 연결점이 이제는 더 이상 아닙니다. 그것은 중개자도 아닙니다. 그것은 도시국가나 타자와 같은 다른 것으로 향하는 중간단계적 요소도 아닙니다. 자기는 배려의 유일하고 궁극적인 목표가 됩니다. 그래서 결국에 이 자기 배려의 실천은 결코 타자에 대한 배려의 예비적이고 입문적인 실천으로 생각될 수 없습니다. 그것은 오직 자기 자신에 집중된 행위이고, 그 귀결과 완수 그리고 만족을 오직 자기 내에서, 즉 자기 자신에게 가해진 행위 자체 내에서 찾습니다. 사람들은 자기 자신을 위해 자기 배려를 하고, 또 자기 배려 내에서 이 배려는 그 보상을 찾습니다. 자기 배려 내에서 자기는 배려의 대상이 되며, 배려의 목적이 됩니다. 배려의 대상인 자기에 대한 절대화(이 표현을 용서하시기 바랍니다)가 존재하고, 또 동시에 소위 자기 배려에서 자기에 의한 자기의 자목적화(auto-finalisation)가 존재합니다. 한마디로 말해서 플라톤에 있어서 도시국가, 타자, politeia, dikaiosunê의 문제로 명백히 시작되었던 자기 배려는 적어도 외관상 1세기와 2세기에 자기 안에 갇히는 것처럼 보입니다. 내가 언급한 바가 참이기도 하고 거짓이기도 하기 때문에 이제 상세히 분석할 필요가 있는 자기 배려 현상의 일반적인 추이는 이러합니다. 말하자면 바로 이 점이 일정 수준과 각도 그리고 일정 유형의 비약을 통해서 참으로 드러납니다. 아무튼 신플라톤주의자들이 정치적인 것과 관련해 정화적인 것이라 부른 바의 분리는 중요한 현상이라고 생각합니다. 이 현상은 두세 가지 이유 때문에 중요합니다.

첫번째 이유는 철학 자체에 있어서 이 현상이 중요하다는 것입니다. 적어도 견유학파——후기 소크라테스주의자·견유주의자·에피쿠로스주의자·스토아주의자 등——이후로 철학은 더욱더 자신의 정의(定義)와 무게 중심을 찾으려고 노력했고 tekhnê tou biou, 즉 숙고된 삶의 기술 혹은 절차, 삶의 기술을 중심으로 목표를 고정하였습니다. 그러나 자기가 배려의 대상이고, 또 그래야 하는 것으로 단언됨에 따라——지난번 강의에서 자기는 삶의 전반을 관통해야 했으며, 또 인간으로 하여금 자기 생의 완결 지점으로 유도하여야 했다는 사실을 여러분에게 보여주려고 시도한 점을 기억하시지요——생활의 기술(tekhnê tou biou)과 자기 배려 간에——아니면 보다 축약적으로 말해서 생활의 기술과 자기 기술 간에는——더욱 동일시가 현저해집니다. "적절히 살기 위해서는 어떻게 해야 하는가?"의 문제는 tekhnê tou biou의 문제입니다. 이 문제("적절히 살기 위해서는 어떻게 해야 하는가?")는 "자기가 당위적인 자기가 되고 또 그렇게 존속하기 위해서는 어떻게 해야 할 것인가?"의 문제와 더욱더 동일시될 것이고, 또 이 후자의 문제에 흡수되게 됩니다. 이는 분명히 여러 결과를 발생시킵니다. 우선 헬레니즘과 로마 시대에 진리에 대한 사유인 철학이 더욱더 현저하게 주체에 의한 자기 존재 방식의 변형인 영성에 점차적으로 흡수되어 버립니다. 물론 이것은 정화의 테마를 수반합니다. 그렇지 않으면 이번과 다음번 강의에 논의하게 될 회심(metanoia)이라는 근본적인 문제의 출현과 발전을 수반합니다. 점차적으로 tekhnê tou biou(삶의 기술)은 "진실에 접근이 가능하기 위해 나는 자아를 어떻게 변형시켜야 하는가?"의 문제를 중심으로 선회합니다. 그 결과 3세기와 4세기에 금욕주의와 수도원 제도 같은 가장 엄격한 형식하에서 발전하게 될 때 기독교의 영성은 내가 여러분들에게 앞서 지적한 바 있는 초기의 자기 배려 운동이 있고 난 후 완전히 회심과 metanoia 테마에 의해 지배되던 고대철학과 이교도철학의 아주 자연스러운 완수로 설명될 수 있다는 것을 이해할 수 있습니다. 금욕 생활과 수도원 생활은 진정한 철학이고 수도원은 진정한 철학학교가 됩니다. 그러나 진정한 철학은 자기 자신의 테크닉이 되어 버린 tekhnê tou biou의 노선 내에 위치합니다.*

그러나 길고 총체적인 범위의 이같은 변화를 넘어서서 자기 배려에서 자기의 자목적화(auto-finalisation)는 단순히 철학 안에서만 결과를 발생시킨 것은 아닙니다. 우리는 문헌뿐만 아니라 역사와 상이한 사료를 통해, 확인된 실천들을 통해 그 결과들을 쉽게 포착할 수 있습니다. 이러한 자기의 자목적화(auto-finalisation)는 일련의 실천과 일련의 생활 양식, 개인이 자기 자

---

* 이 점과 관련해 수고(手稿)는 다음과 같이 명시한다: " 여기로부터 결국 서구철학은 그 역사 전반에 걸쳐 '주체는 진실에 접근하기 위해 어떤 방식으로, 어떤 대가로, 어떤 절차에 따라 자신의 존재 방식을 변화시켜야 하는가?' 의 문제로부터 '어떻게 그리고 어떤 조건하에서 진리를 사유할 수 있을까?'라는 문제가 완만히 이탈해 가는 과정으로 이해될 수 있다."

신에 대해 하는 경험의 방식, 즉 보편적이지는 않지만 아주 광범위하게 확산되었던 경험의 방식과 연관된 보다 더 광범위한 결과를 발생시켰습니다. 사람들은 내가 사용하게 될 용어와 마주치면서, 그 용어에 많은 아이러니한 괄호를 치면서 헬레니즘 시대와 로마 시대부터 자기 '수양'의 진정한 전개가 나타난다고 말할 수 있다고 생각합니다. 나는 이 '수양'이라는 용어를 모호한 의미에서 사용하기를 원치 않고 또 문화를 여러 조건하에서 논의할 수 있다고 생각합니다. 우선 상호간에 최소한의 동위 관계, 종속 관계, 위계 관계가 있는 가치들이 있을 때 우리는 수양을 논의할 수 있습니다. 두번째로 이 가치들이 보편적이지만 소수자만이 접근 가능한 것으로 주어진다는 조건하에서 수양에 대한 논의를 할 수 있습니다. 수양을 논의하기 위한 세번째 조건은 이 가치들에 접근하기 위해서 여러 가지 정확하고 규칙화된 행동들이 개인에게 요구된다는 사실입니다. 노력과 희생과 같이 규칙화된 행동들 이상의 것들이 필요합니다. 세심히 고안되어 높은 가치를 인정받아 전승되고 교육되며, 또 개념·이론·관념들과 같은 지식의 장 전반에 연관된 다소 규칙화된 여러 절차와 기술에 의해 이러한 가치에의 접근이 좌우된다는 것이 수양을 논의하기 위한 네번째 조건입니다. 따라서 만인이 접근 가능하지만 선별 및 배제 메커니즘의 계기가 되는 가치들의 위계적 조직을 수양으로 명명한다는 한에서, 또 이러한 가치들의 위계적인 조직이 인생 전반에 집중되는 규칙화되고 고되며 희생적인 행동들을 개인에게 요청한다는 사실을 수양으로 명명한다는 한에서, 그리고 규칙화되고 성찰된 제기술과 지식을 구축하는 요소들의 총체를 통해서만 이 가치의 장을 조직할 수 있고, 또 그 가치들에 접근할 수 있다는 사실을 수양이라 명명한다는 이러한 조건들하에서 우리는 헬레니즘 시대와 로마 시대에 진정으로 자기 수양이 있었다고 말할 수 있습니다. 자기(soi)가 실제적으로 고대 헬레니즘 세계의 전통적 가치의 장을 조직하고 재조직했던 것 같습니다. 기억하시겠지만——지난번 강의에서 나는 그 점을 설명하려고 시도했습니다——자기는 보편적 가치로 등장하지만 사실상 소수의 사람들만이 접근 가능합니다. 까다롭고 희생적이며 규칙화된 다수의 행실들을 갖추어야만 자기에 접근할 수 있습니다. 이 점은 다시 논의하기로 하지요. 자기 접근은 상대적으로 잘 구축되고 성찰된 다수의 테크닉 및 절차와 연관되어 있고, 아무튼 자기 접근을 실제적으로 지식의 방식에 통합시키는 이론적 영역 및 개념 그리고 관념의 총체에 연관되어 있습니다. 이 모든 것을 통해 우리는 헬레니즘 시대부터 자기 수양이 발전했다고 말할 수 있습니다. 그리고 주체성의 역사, 즉 주체와 진실이 맺는 관계의 역사를 자기 수양의 틀 속에 삽입하지 않고서는 기독교 내에서——초기 기독교와 중세의 기독교 내에서——그리고 르네상스 시대와 17세기에 일련의 변모와 변형을 겪게 될 주체성의 역사를 결코 기술할 수 없을 것입니다.

지금까지 나는 이 자기 수양, 즉 자기 실천이 어떻게 형성되었는지에 대해 설명했습니다. 지금부터는 행실들의 요구 사항과 그와 연관된 기술적 이론적 장과 더불어 조직된 가치의 장인 자기 수양이 무엇인지에 대하여 물음을 던지며 보다 일반적인 문제를 다시 다루어 보도록 하겠습니다. 자기 수양에서 대단히 중요한 한 요소라고 생각되기 때문에 먼저 논의해야 할 문제는 구원 개념입니다. 구원이라는 용어는 지극히 전통적인 용어입니다. 이 용어는 플라톤에게서 발견할 수 있고, 정확히 말해서 자기 배려와 타자에 대한 배려에 관한 문제에 연관되어 나타납니다. 타자를 구원하기 위해 먼저 자기 자신을 구원해야 합니다. 이 구원 개념은 적어도 플라톤에 있어서 아주 특수하고 강도 있는 기술적 의미를 지닙니다. 반대로 이 개념이 기원후 1세기와 2세기에 이르러서는 그 외연과 적용 영역이 무한히 확장되지만, 지극히 특수한 가치와 구조를 갖게 된다는 사실을 알 수 있습니다. 바로 이 점에 대해 논의를 해볼까 합니다. 회고적인 방식으로——다시 말해서 상당 부분 기독교를 통해 형성된 틀이나 도식을 통해——이 구원 개념을 취해 본다면 우리는 분명히 이 개념을 구축하는 것으로 간주할 수 있는 상당수의 요소들과 구원 관념을 연계시킬 수 있습니다. 먼저 보통 우리에게 구원은 이분법적 체계에 편입됩니다. 구원은 생과 사, 유한성과 불멸성, 이승과 저승의 사이에 놓입니다. 구원은 죽음으로부터 생명으로, 유한성으로부터 불멸성으로, 이승에서 저승으로 이행시킵니다. 또 다른 경우에 구원은 악으로부터 선으로, 불결한 세계로부터 순결한 세계로 이행하게 합니다. 따라서 구원은 항시 경계에 있으며 이행의 시행자입니다. 둘째로 우리에게 구원은 세계의 사건들의 시간적 근간에 위치하거나 신의 시간성, 즉 영원성과 같이 다른 시간성에 위치할 수 있는 사건의 극적인 속성(dramaticité)과 연관되어 있습니다. 아무튼 이 구원에서는 역사적이고 메타 역사적인 사건들이 사용됩니다. 요컨대 위반·과오·원죄·타락이 구원을 필연화합니다. 이와는 반대로 개종, 참회, 예수의 강생 등과 같이 여전히 개인적이고 역사적이거나 메타 역사적인 사건들이 구원을 조직하고 가능하게 만듭니다. 따라서 구원은 사건의 극적인 속성과 연관이 있습니다. 구원을 논할 때 우리는 구원을 추구하는 주체가 자기 구원의 동인이자 수행자이지만 항시 극히 가변적이고 정의하기 어려운 역할을 담당하는 타자를 필요로 하는 그런 복잡한 활동을 늘 생각하게 됩니다. 아무튼 여기서 자기 스스로가 자기를 구원하는 행위와 타자가 자기를 구원하는 행위 간의 작용에서 상당수의 이론과 분석의 침전 지점이 있다는 것은 잘 알려진 사실입니다. 그 결과 세 요소——이원성, 사건의 극적인 속성, 두 항을 갖는 활동——를 통해 우리는 구원을 항시 종교적인 관념으로 간주하는 것 같습니다. 그래서 우리는 종교들 가운데 구원을 갖는 종교와 구원을 갖지 않는 종교를 구분하는 습관까지 갖게 될 정도이고 또 헬레니즘 시대, 로마 시대, 고대 말기에 구원의 테마와 만나게 될 경우 우리는 거기서 항시 종교적 사유의 영향을 볼 정도입니다. 중요한 역할을 담당했고 또 그것이 오래 지속되었던 피타고라스주의자들에게 있어서, 또 그리스의 철학적 사유 전반에 걸쳐 구원 개념은 중요했습니다.[12] 그러나 내가 강조하고 싶고, 또 내가 말하고자 하는 바 가운데 핵심적이라 할 수 있는 것은, 그 기원이 무엇이든간에 헬레니즘 시대와 로마 시대의 종교적 테마로부터 강화된 바가 무엇이든간에 이 구원 개념은 실제적으로, 또 이질적이지 않게 철학의 장 내에서 철학적 개념으로 기능한다는 사실입니다. 구원은 철학적 실천과 철학적 삶의 목표가 되어 버렸고 목표로 여겨집니다.

여러 사실을 환기할 필요가 있습니다. Sôzein 동사나 실사인 sôtêria(구원)는 그리스어에서 여러 의미를 갖습니다. Sozêin(구원하다)은 우선 위협하는 위험으로부터 벗어나기를 의미합니다. 그래서 예를 들면 난파로부터 벗어나기, 패배를 모면하기, 병으로부터 벗어나기*라고 말할 수 있습니다. Sozêin은 또한 두번째 큰 의미군인 유지하다, 보호하다, 사물이 원래의 상태를 유

---

12) 피타고라스주의자들에 있어서, 또 특히 기억 훈련과 구원 간의 관계에 대해서는 M. Détienne, 《고대 그리스 시대에 있어서 진실의 스승들 *Les Maîtres de vérité dans la Grèce archaïque*》(1967) Paris, La Découverte, 1990, p.128-129 참조.

지할 수 있도록 해주는 보호 상태를 유지하다 등을 의미합니다. 이 주제와 관련해 플라톤의 《크라틸로스》의 흥미로운 구절이 있는데, 여기서 플라톤은 피타고라스주의자들이 신체를 영혼을 감금하는 감옥이나 무덤으로 간주하지 않고 hina sôzêtai(영혼이 보호되기 위한) peribolon tês psukhês(영혼의 울타리)로 간주한다고 말합니다.[13] 이것이 Sozêin의 두번째 중요한 의미입니다. 세번째로 두번째 의미와 가깝지만 보다 도덕적인 의미에서 sozêin은 순결성, 명예, 경우에 따라서는 기억과 같은 것을 보존하다·보호하다라는 의미를 갖습니다. Sôtêria mnêmês(기억을 간직하다)[14]는 플루타르코스에게서 발견할 수 있는 표현입니다. 그러나 에픽테토스에게서는 예를 들면 신중성의 유지[15]라는 표현이 발견됩니다. 네번째 의미는 법률적 의미입니다. 예를 들어 변호사(아무튼 타자를 위해 말하는 사람)가 누구를 구하는 것은 명백히 가해진 고소로부터 그를 벗어나게 하는 것입니다. 동시에 그것은 그의 혐의를 벗기는 일이며 그가 결백함을 증명하는 것입니다. 다섯번째로 sôzesthai(수동형)는 이전의 상태 그대로 존속하고 유지된다라는 의미를 갖습니다. 예를 들면 포도주는 변질됨이 없이 신선한 상태로 보존된다, 유지된다라고 말합니다. 혹은 푸루사의 디온은 전제군주가 유지될 수 있는 방식, 요컨대 그가 권력을 시간상에서 유지하고 지탱할 수 있는 방법을 연구하였습니다. [...][16]

---

* 수고는 플루타르코스에게서 한 예를 취한다: "마음을 아프게 하면서 우정을 파괴해서는 안 되며 자신이 전념하는 바를 구하고 보존하는 약과 같은 날카로운 담론에 호소하여야 한다(all'ôs pharmakô tô daknonti khrêsthai sôzonti kai phulanttonti to therapeuomenon)." 《친구의 아첨을 구별하는 방법》, 55c, in 플루타르코스, 《윤리론집》, t. I-2, A. Philippon 번역, Paris, Les Belles Lettres, 1989, §11, p.98)

13) "[오르페우스교도들에게는] 영혼은 저지른 죄의 대가를 치른다. 보호받기 위해서는 (hina sôzêtai) 영혼은 울타리(peribolon)로서 감옥을 상징하는 신체를 갖는다."(플라톤 《크라틸로스》, 400c, L. Méridier 번역, 인용된 판본, p.76)

14) "[...] 경청하고 질문하며 작가들을 벗어나 사람들의 기억 속에 보존되어(sôtêria mnêmês) 더 생생한 권위를 가지고 있는 모든 세부 사항들을 수집하기 위해서는 무엇보다도 우선적으로 '유명한 도시'에 살 필요가 있다."(《데모스테네스의 생 Vie de Démosthène》, 846d, in 플루타르코스,《영웅전 Vies》t. XII, R. Flancelière & E. Chambry 번역, Paris, Les Belles Lettres, 1976, 제2장, 1, p.17)

15) "만약 사람들이 이 구별적 요소를 보전한다면(sôzêtai) [...] 신중성·충실성·지성이 타락하게 내버려두지 않는다면 결국 인간이 보존되는(sôzetai) 것이다."(에픽테토스 《어록》, I, 인용된 판본, p.103)

혹은 그렇지 않으면 법이 느슨하지 않을 때에만 한 도시는 유지될(sothênai) 수 있고 보존될 수 있다[17]라고 말할 수 있습니다. 따라서 이전의 상태, 애초의 상태, 최초의 순수한 상태의 유지를 의미합니다. 여섯번째로 sôzein은 더욱 긍정적인 의미를 갖습니다. 그래서 sozêin은 선을 행하다라는 의미를 갖습니다. 그것은 복락을 확보하다, 사물·사람·집단의 적절한 상태를 확보하다라는 의미를 갖습니다. 예를 들면 플루타르코스는 《아폴로니오스에 대한 위로》에서 슬픈 일을 당했을 때 약해지거나 고독과 침묵 속에 빠진다거나 자신의 일을 게을리 해서는 안 된다고 말합니다. 이어서 epimeleia tou sômatos(신체에 대한 배려)를 확고히 해야 하고 sôtêria tôn sumbiountôn(자기와 함께 사는 자들의 '안녕')[18]을 확보해야 한다고 플루타르코스는 말합니다. 요컨대 여기서는 책임감 있고 결과적으로 가족을 존속시켜야 하고 가족의 신분, 적절한 상태, 행복 등을 계속 유지시켜야 하며 슬픔을 핑계로 이 모든 것을 저버릴 수 없는 가장인 아버지가 문제입니다. 푸루사의 디온은 《어록》 64에서 왕은 ho ta panta sôzôn[19]이라 말합니다. Sôzein을 말 그대로 구하다(sauver)라고 번역하면 위의 표현은 모든 것을 구하는 자를 의미합니다. 사실 왕은 그의 자혜를 만물에 베푸는 자입니다. 그는 국가 혹은 제국에서 복락의 원리입니다. 끝으로 아주 중요한 법률-정치적 표현인 라틴어 표현이 있는데 그것이 salus augusta입니다. 아우구스투스의 구원, 이것이 의미하는 바는 아우구스투스가 로마 제국을 구했다는 의미가 아니라, 그가 로마 제국 전체의 공동의 선과 복락의 원리라는 의미입니다. 따라서 그는 선의 원리입니다. 바로 이것이 동사 sôzein과 실사 sôtêria 주변에서 발견할 수 있는

---

16) 디온의 세번째 어록 《왕권에 관하여 *Sur la royauté*》: "Ei sôthêsetai tina khronon" in 디온 크리소스토모스, 《어록》, t. I, J. W. Cohoon 번역, 인용된 판본, p.130.

17) 〈어록 75 《법에 관하여》〉, in 디온 크리소스토모스, 《어록》, t. V, p.248("polin d'ouk eni sôthênai tou nomou luthentos").

18) "슬픔의 외적인 기호들은 버리고 우리의 신체를 돌볼(tês tou sômatos epimeleias) 생각을 하고 우리와 함께 사는 사람들의 안녕(tês tôn su, biountôn hêmin sôtêrias)을 확고히 할 생각을 하자."(《아폴로니오스에 대한 위로》, 118b, in 플루타르코스 《윤리론집》, t. II J. Defradas & R. Klaerr 번역, 인용된 판본, §32, p.80)

19) 〈어록 64〉에서 Sôzein 동사가 발견되지만 주어는 왕이 아니라 재산가이다. 재산가에 대해 푸루스의 디온은 훌륭한 배처럼 부호는 모든 승객들을 구한다: "pantas sôzei tous empleontas."(《어록》, t. V, p.48)

다수의 의미입니다.

이에 입각해 '자기 자신을 구원하기'(se sauver soi-même)는 의미의 측면에서 죽음으로부터 생명으로, 죽을 운명으로부터 불멸성으로, 악에서 선으로 실존을 변화시키게 해주는 사건의 극적인 속성에 상당하는 어떤 것으로 환원될 수 없습니다. 단순히 어떤 위험으로부터 벗어나는 것이 문제가 되는 게 아닙니다. Sôtêria와 sôzein은 훨씬 더 넓은 의미를 지니고 있습니다. '자기 자신을 구하기'는 위험으로부터 벗어나기, 신체의 감옥으로부터 벗어나기, 세계의 부패로부터 벗어나기와 같이 부정적 가치만을 단순히 갖는 것이 아닙니다. 자기 자신을 구하기는 긍정적인 가치를 갖습니다. 도시국가가 자신의 주변에 필요한 방어물·요새·성채를 설치하면서 스스로를 보호하듯이——peribolon tês psukhês hina sôzêtai[20](영혼이 보호되기 위한 울타리)로서의 신체 관념을 기억하지요——마찬가지로 실제로 유사시 자기 방어를 할 수 있도록 적절히 무장했을 때 영혼은 자신을 구제한다, 어떤 사람이 자신을 보호한다고 말할 수 있습니다. 자기 자신을 구제하는 자는 경계 상태, 저항 상태, 모든 공격과 습격을 물리칠 수 있게 해주는 자제와 자기에 대한 절대적 지배력 행사의 상태에 있는 자입니다. 마찬가지로 '자기 자신을 구제하기'는 지배나 노예 상태로부터 벗어나기, 위협받고 있는 억압으로부터 벗어나기, 권리를 회복하기, 자유와 독립성을 회복하기를 의미합니다. '자신을 구제하기'는 자기 주변에서 일어나는 사건들이 무엇이던간에 포도주가 보존되듯이 결코 변함없는 연속적인 상태 내에서 자신을 유지하기를 의미합니다. 마지막으로 '자기 자신을 구제하기'는 애초에는 소유하지 못했던 선들에 접근하기, 자기가 스스로 만들어 내고 또 자기 스스로가 그 실행자인 자비를 향유하기를 의미합니다. '자기를 구제하기'가 의미하는 바는 자기 자신에게 행복·평정·평안을 확보하는 것입니다. 그런데 이 '자기를 구제하기'가 긍정적인 의미를 갖고 부정적인 것으로부터 긍정적인 것으로 변화하게 만들 수 있는 사건의 극적인 속성과 연관되지 않는다 하더라도 다른 한편으로는 이 구원이라는 용어는 생활 이외의 다른 것을 지시하지 않습니다. 헬레니즘 시대와 로마 시대의 텍스트 내에서 발견되는 구원 개념

---

20) 위의 주 13) 플라톤의 《크라틸로스》 인용 참조.

에서 죽음이나 불멸성 또는 저승 세계와 같은 것에 대한 참조는 발견되지 않습니다. 극적인 사건이나 다른 실행자를 참조하면서 자기 자신을 구제하는 것이 아닙니다. 자기 자신을 구제하기는 평생에 걸쳐 전개되며, 그 유일한 실행자는 주체 자신입니다. 그리고 이 '자기 구제' 행위가 그 목표나 목적인 최종적인 결과에 이르게 된다면, 그 결과는 이 구원을 통해 불행이나 동요 등 사고와 외부적 사건에 의해 영혼 내에서 초래될 수 있는 모든 것들에 초연하게 된다는 점에 있습니다. 궁극적이었던 바, 즉 구원의 대상에 도달한 순간부터 우리는 자기 자신 외에는 아무것도 필요하지 않게 됩니다. 아타락시아(동요의 부재, 그 무엇에도 동요하지 않게 만드는 자기 제어)와 아우타르케이아(자기 외에는 아무것도 필요로 하지 않는 자족) 같은 두 주요 테마는 구원, 평생 동안 수행된 구원 행위가 그 보상을 받게 되는 두 형식입니다. 따라서 구원은 행위입니다. 그것은 주체가 자기 자신에게 가하는 항구적 행위입니다. 그리고 이 구원 행위는 주체가 외부의 동요에 초연하게 되었을 때, 자기 자신 외에는 어떤 다른 것도 필요없는 만족감을 자기 자신에게서 발견할 때, 주체는 자기와의 관계 속에서 보상을 받게 됩니다. 한마디로 말해서 구원은 자기로 폐쇄되는 세심하고 연속적이며 완수된 자기 관계의 형식이라고 말할 수 있습니다. 사람들은 자기 자신을 위해 자기를 구원하고, 자기에 의해 자기를 구원합니다. 오직 자기에 도달하기 위해 자기 자신을 구원합니다. 헬레니즘과 로마의 철학적 구원에서 자기는 구원의 동인·대상·수단·목적입니다. 우리는 플라톤에게서 발견되는 도시국가에 의해 매개되는 구원으로부터 아주 멀어지게 되었고, 또 이분법적 체계, 사건의 극적인 속성, 절대적 타자와 관계에 의거하며 기독교 내에서는 자기 포기[21]를 내포하는 종교적 구원과도 멀어지게 되었습니다. 구원에 의해 확보되는 것은 자기 접근이며, 이 자기 접근은 시간과 생의 내부에서 자기가 자기에게 가하는 작업과 분리 불가능하게 됩니다. 여기서 강의를 잠시 중단하겠습니다. 5분간 휴식합니다. 그리고 이제는 이 모든 일반적 논지들에도 불구하고 어떻게 자기 구원이 헬레니즘과 로마의 사유에서 타자의 구원 문제와 연결되어 있는지를 여러분에게 설명하도록 하겠습니다.

---

21) 2월 24일 강의 전반부 참조.

1982년 2월 3일 강의

후반부

청중으로부터 온 주체성과 진실에 관련된 질문들 — 자기에 대한 배려와 타자에 대한 배려: 관계의 역전 — 에피쿠로스주의의 우정 개념 — 공동체적 존재로서의 스토아주의의 인간 개념 — 군주의 그릇된 예외

시간의 운용에 대한 간단한 기술적인 문제가 있습니다. 대학이 방학인 다음주에 강의가 있느냐고 물어보셨지요. 강의를 하면 여러분들에게 곤란하겠습니까? 아무래도 상관없습니까? 나는 여러분이 질문할 내용이 있으면 하는 것이 좋을 것이라고 항시 생각했습니다. 이번 강의는 두 시간을 연달아 하기 때문에 세미나[1]의 형식을 좀더 띱니다. 결국 나는 일상적으로 강의에서는 정착되기가 좀 곤란한 일정 유형의 자료를 제시한다거나 참조하려고 합니다. 나는 이 강의를 세미나에 좀더 근접시키고자 합니다. 단지 세미나는 약간의 질의 답변이 있어야 하겠지요. 그러면 순전히 기술적인 질문이든 내가 강의하는 바의 방향에 대한 질문이든 간에 지금 질문 있는 분 있습니까?

[청중 속의 질문] 당신이 논의하는 바의 실행자로서 실제로 라캉의 개념들이 등장하는 것은 아닌지요?

— 내가 행하는 담론 내에서, 다시 말해 내가 논의하는 방식상에서 말입니까, 아니면 내가 논의하는 바 내에서 그렇다는 건가요?

---

1) 1982년 1월 6일 강의 전반부, p.39, 주 1) 참조.

— 분리가 불가능한데요.

— 어떤 의미에서는 그래요. 단지 내 답변은 전자의 경우나 후자의 경우 동일할 수가 없습니다. 왜냐하면 전자의 경우 내가 해야 할 답변은 내 자신을 배려하는 일입니다. 다시 말해서 나는 내가 행하는 바에 대해 자문해야 한다는 말이지요. 후자의 경우 라캉에게 질문하여 내가 《알키비아데스》로부터 성 아우구스티누스에 이르기까지 추적하려 시도하는 긴 계보 내에서 역사적으로 구축된 주체, 주체가 자신과 맺는 관계, 그리고 주체가 진실과 맺는 관계의 문제틀에 속하는 바가 실제로 무엇인지, 또 정신분석과 라캉의 정신분석의 장과 같은 실천과 개념의 장 내에서 무엇인지를 파악하는 것입니다. 그렇기 때문에 나는 다음과 같이 하기를 원합니다…….

— 주체는 배제하고 단지 라캉의 개념들만을 고려해 봅시다. 라캉 개념들의 기능에 대해서만 생각해 봅시다.

— 내 담론 내에서 말입니까?

— 네, 그렇습니다.

— 그렇다면 그렇게 말하는 것은 당신이라고 답해야 하겠네요. 내가 말하는 바 내에서 명백히 너무나 앞에 위치하기 때문에 내 생각의 뒤에 있다고도 할 수 없는 그러한 생각들은 내가 하고자 하는 바, 즉 헬레니즘과 로마 시대 이후 오늘날에 이르기까지 발전된 주체 실천의 총체를 가능한 한 정확히 분절된 역사의 장 내에 다시 위치시키려는 시도를 아무튼 잘 보여줍니다. 그리고 내가 주체와 진실을 연결시키고 규범화한 기술, 테크놀로지, 실천 등이라고 대략 명명한 바의 관점에서 주체와 진실이 맺는 관계의 역사를 재검토하지 않는다면, 역사의 상황이 어떠한지를 이해할 수 없으며, 구태여 이 용어를 사용한다면 여러 인간과학과 특히 정신분석학이 어떤 상황에 있는지를 잘 이해할 수 없을 거라고 생각합니다. 그래서 어떤 의미에서 나는 바로 이것을 논의하고 있습니다. 내가 그것에 접근하는 방식 가운데 라

강으로부터 비롯되는 바 또한 내가 말해야 될 성질의 것 같지는 않습니다. 나는 그렇게 말할 수가 없습니다.

— 예를 들면 당신이 '이것은 진실이다' 또 '이것은 동시에 진실이 아니다'라고 말할 때 여기서 '이것은 진실이 아니다'는 나중에 가서 경제적인 기능을 하지 않습니까?

— 무슨 말을 하려는 것입니까? [웃음]

— 말해진 바는 조금 전처럼 진실이 아니다라는 전제에서처럼 말해진 바와 아직 말해지지 않은 바, 혹은 영원히 말해지지 않을 바 간에 일종의 간극을 야기시키는 라캉적 개념의 함축적 기능이 있는 게 아닙니까?

— 우리는 라캉주의라고도 니체주의자라고도 말할 수 있습니다. 결국 놀이로서의 진실의 문제틀은 그런 종류의 담론으로 귀결됩니다. 말하자면 요즘——내가 의미하는 바는 20세기입니다——진실에 대해 문제 제기를 하는 사람들이 그리 많지 않았습니다. 주체와 진실은 어떤 상황에 있는지에 대해 문제를 제기한 사람들은 많지 않았습니다. 또 주체와 진실의 관계가 무엇인지, 진실의 주체가 무엇인지, 진실을 말하는 주체가 무엇인지에 대해 문제를 제기하는 사람들은 많지 않았습니다. 이런 질문을 던진 사람은 하이데거와 라캉 두 사람이었습니다. 이미 느끼겠지만 나는 이 모든 문제를 하이데거의 편에서, 하이데거에 입각해서 성찰하려고 시도했습니다. 그렇습니다. 그러나 이런 종류의 문제들을 제기할 때 라캉과 만나지 않을 수는 없습니다. 다른 질문 없습니까?

[푸코에게 쪽지가 전해진다.]

— 질문은 다음과 같다. 첫 강의에서 당신은 자기 배려와 데카르트 모델을 대립적으로 설정했습니다. 이후의 강의에서는 이러한 대립이 환기되지 않은 것 같은데, 왜 그렇습니까?

— 오늘 당신이 이 질문을 하는 것이 참 재미있네요. 왜냐하면 나는 정화적인 것 등과 관련해 오늘 그 문제를 재검토하려고 했었거든요. 그것은 내가 제기하고자 하는 문제는 근본적인 것이 틀림없습니다. 역사적이고 동시에 우리가 진실과 맺는 관계에 대한 문제이기도 한 문제가 플라톤 이후, 플라톤주의적 관점에서 모든 철학을 기초하는 《알키비아데스》 이후로 제기되었습니다. 그것은 다름 아닌 "어떤 대가를 치르고 나는 진실에 접근할 수 있을까?"입니다. 이 대가는 다음과 같은 질문의 형태로 주체 내부에 자리잡습니다. 즉 "내가 나 자신에 가해야 하는 작업은 무엇인가, 나는 나 자신을 무엇으로 만들어야 할 것인가, 진실에 접근하기 위해 나는 내 존재를 어떻게 변형시켜야 할 것인가?"가 그것입니다. 이것은 플라톤주의의 근본적인 테마였고, 또 피타고라스주의에서도 마찬가지였으며 고대철학을 연구할 때 항상 수수께끼 같은 아리스토텔레스를 예외로 뺀다면 고대철학의 근본적인 테마였던 것 같습니다. 주체가 주어진 원래의 상태로서는 진실에 접근할 수 없다는 것은 고대의 보편적 특성, 근본적 원리였습니다. 주체는 자기 자신으로 하여금 진실의 능력을 갖게 만드는 다수의 실천·변형·변모를 하지 않고서는 진실의 능력을 가질 수 없습니다. 이 테마는 근본적이라고 생각되며, 기독교는 고대에는 존재하지 않았던 새로운 요소, 즉 계시된 성서 내에서 성서와 신앙의 관계라는 여러 조건들 가운데 하나를 첨가하면서 쉽게 이 테마 속에 자리잡을 수 있었습니다. 그러나 이것 말고도 진실에 접근 가능하기 위해 유일하게 필요한 개종(conversion)은 고대철학 전반에서 발견됩니다. 자기의 존재 방식을 변화시키지 않고서는 진실에 접근할 수 없다는 말이지요. 데카르트가 준거가 되지만 그밖의 일련의 복잡한 변형의 영향을 받아 주어진 그대로의 주체가 진실에 접근이 가능하게 된 시기가 도래했다는 것이 내 생각입니다. 과학적 실천의 모델이 엄청난 역할을 한 것은 명백한 사실입니다. 요컨대 진실의 능력을 갖기 위해서 눈을 뜨고 정직하고 곧게 추론하는 것으로 충분하며, 또 자명성의 선을 결코 놓지 않고 꽉 쥐는 것으로 족합니다. 따라서 변형되어야 하는 것은 주체가 아닙니다. 인식(connaissance) 내에서 자신의 고유한 구조에 의해 열린 진실 접근을 위해 주체는 있는 그대로만으로도 충분합니다. 데카르트에게는 이런 점이 분명 있는 것 같습니다. 그리고 우리가 인식하지 못하는 바는 인식 주체의 구조 자체를 만들어 내며,

그래서 우리는 그것을 인식할 수 없다는 부가적인 나선의 회전이 칸트에게 있습니다. 결과적으로 당분간은 접근이 불가능하지만 결국에는 그로 하여금 무엇인가에 접근 가능하게 해주는 주체의 영적인(spirituelle) 변형의 관념은 몽상적이고 역설적이 되어 버립니다. 진실에 접근하기 위한 영적인 조건의 소거는 데카르트·칸트와 더불어 행해집니다. 데카르트와 칸트는 이 소거의 중대한 두 순간입니다.

— 나를 좀 놀라게 하는 바는 데카르트 이전에 아리스토텔레스의 일시적인 출현밖에는 없었다는 느낌입니다. 하지만 일종의 연속성이 존재한다고 생각하는데…….

— 아리스토텔레스가 있었습니다. 아마 첫 강의에서 나는 신학에[2] 대한 문제를 언급하였던 것 같습니다. 신학은 주체——합리적 주체의 자격으로, 또 오로지 합리적 주체의 자격으로——가 영성의 조건 없이도 신의 진실에 접근할 수 있게 해주는 합리적 구조를 갖는 일정한 유형의 인식입니다. 다음으로는 여러 경험과학(관찰과학 등)이 있었습니다. 제수학이 있었고 변화된 수많은 절차들이 있었습니다. 다시 말해서 일반적으로 이미 스콜라철학(성 아우구스티누스 등)은 고대철학 전반과 기독교 사상 전반에 놓여 있던 영성의 조건을 제거하기 위한 노력이었습니다. 내가 의미하려는 바를 이해할 수 있겠습니까?

— 역사 속에서 데카르트의 순간은 당신이 말하는 진실의 두 체제를 분리시켰는데(전자의 경우는 주체의 변형을 요구하고 후자의 경우에는 주체 홀로 진실에 접근이 가능하다). 두 경우에 있어서 동일한 주체가 문제가 되나요? 다시 말해서 순전히 인식에 속하는 진실, 또 주체 자신에게 작업을 유발시키는 진실은 동일한 진실에 속합니까…?

— 전혀 그렇지 않습니다. 존재했었던 모든 변형들 가운데 진리에 접근하

---

2) 1982년 1월 6일 강의 후반부 참조.

기 위한 영성의 조건이라고 내가 명명한 것과 관련된 변형이 있었기 때문에 당신이 전적으로 옳습니다. 둘째로 고유한 규칙과 기준을 갖는 인식의 형식을 취하는 진실 접근 개념 자체의 변형이 있었습니다. 끝으로 진실 개념 자체의 변형이 있었습니다. 아주 대략적으로 이해해 본다면 진실에 접근한다는 것은 자기 존재 자체에 접근한다는 것이고, 접근하는 존재 자체가 거기에 접근하는 자의 변형을 동시에 역작용으로 발생시키는 동인이 되는 접근입니다. 바로 이것이 플라톤의 원이고, 아무튼 신플라톤주의의 원입니다. 요컨대 내 자신을 인식함으로써 나는 진실이라는 존재에 접근하고, 그 진실은 나의 현존재를 변형시켜 나를 신과 동일시합니다. Homoiôsis tô theô[3](신성과의 동일시)가 거기에 있습니다. 무슨 말인지 알겠죠. 반면에 데카르트적 인식은 진실 접근으로 정의될 수 없고, 그것은 대상 영역의 인식입니다. 대상에 대한 인식 개념이 진실 접근 개념을 대체합니다. 나는 철학이 무엇이며 또 동시에 진실이 무엇이고, 또 동시에 주체와 진실의 관계가 무엇인지를 알기 위해 본질적이라고 생각되는 엄청난 변형을 진실 접근 개념에 위치시킵니다. 나는 올해 강의에서 '대상에 대한 인식'을 제쳐 놓고 '철학과 영성'이라는 축에 입각해 이 거대한 변형을 연구하려 합니다. 이제 강의를 계속해도 될까요? 그렇게 하지요.

바로 이렇게 구원의 개념이 헬레니즘 시대와 로마 시대의 사유 내에서 구축되었습니다. 이렇게 자기 내에서 완결을 추구하는 자기 관계의 목적으로 정의된 구원——자기 관계의 완결과 다를 바 없는 구원 관념——은 타자와의 관계에 관한 문제를 완전히 배제하게 되는 걸까요? '자기 구원'(salut de soi)과 '타자의 구원'(salut des autres)은 완전히 단절된 것일까요? 아니면 다시 한번 신플라톤주의의 용어를 빌려 말해서, 정치적인 것과 정화적인 것이 결정적으로 분리된 것일까요? 적어도 내가 여기서 연구하는 1세기와 2세기의 사유 형식 내에서는 분명히 그렇지 않습니다. 이후에는 아마도 달라질 겁니다. 아무튼 정화적인 것과 정치적인 것 간의 단절보다는 관계의 역전이 오히려 문제인 것 같습니다. 여러분들은 플라톤에게 있어서 도시국가의 구

---

3) 이 표현은 플라톤의 《테아이테토스》 176a-b에 나오고 '신성과의 동일시'를 의미하는 표현이다. 3월 17일 강의 전반부 이하 p.445, 주 7) 참조.

원이 결과로서 개인의 구원을 포함한다는 점을 기억하고 있겠죠. 아니면 사태를 더 정확히 말한다면——항시 총체적이고 도식적인 방식이긴 하지만——플라톤에 있어서는 타자를 돌보아야 할 필요가 있었기 때문에 자기 자신을 배려했습니다. 그리고 타자를 구했을 때 자기 자신을 동시에 구하는 것이 되지요. 하지만 이제 이 관계는 역전이 되는 것 같습니다. 요컨대 우리는 우리 자신이기 때문에, 또 우리 자신을 위해 자기를 배려해야 한다는 것이지요. 타인이 받는 혜택, 타인의 구원, 혹은 타자의 구원을 위해, 타자의 구원을 돕기 위해 그들을 배려하는 방식은 부가적인 호혜의 자격으로 등장하게 되며, 결과의 자격으로——아마도 필연적인 결과이지만 단순히 부가적인 결과의 자격으로——자기 자신에게 해야 하는 배려, 자기 자신의 구원을 위해 경주하는 의지와 전념으로부터 파생하게 될 것입니다. 타자의 구원은 집요하게 자기 자신에게 가하는 구원 행위와 활동에서 추가로 얻어지는 보상과 같습니다. 우리는 이같은 관계의 역전에 관한 다양한 방식의 설명을 발견할 수 있습니다. 두세 가지 분명한 예에 국한해서 나는 에피쿠로스주의의 우정에 대한 관념, 스토아주의 혹은 에픽테토스에 고유한 자기 관념과 자기가 타자와 맺는 관계에 대한 관념(자기에 대한 의무와 시민들에 대한 의무)을 취해 보겠습니다. 그리고 나서 시간이 남으면 마르쿠스 아우렐리우스에 있어서 제국 종사의 문제도 예로 취해 보겠습니다.

첫째로 에피쿠로스주의의 우정 개념을 취해 봅시다. 에피쿠로스주의의 우정 개념은 여러 문제를 발생시킵니다. 아주 이상하게도 이 문제는 우리의 우려인 도덕화의 우려를 드러내는 문제입니다. 사실 한편으로는 에피쿠로스가 우정을 찬양하지만, 다른 한편으로는 우정을 항시 유용성으로부터 파생시킨다는 것은 우리가 익히 잘 알고 있는 사실입니다. 그것은 유명한 〈바티칸 금언〉 23[4]에 있습니다. "모든 우정은 그 자체로 인해 바람직하다. 하지만 우정은 유익성으로부터 시작된다."[5] 결과적으로 에피쿠로스주의의 우정은 유용성에 불과한 것이 아닐까요? 달리 말해서 우정은 유익성에 의해

---

4) 〈바티칸 금언〉은 윤리적 성격을 지닌 여든한 개의 금언의 집성체가 바티칸의 필사본에서 발견되었기 때문에 이렇게 명명되었다. 〈주요 금언 Maximes Capitales〉은 애초부터 에피쿠로스가 구축한 것으로 여겨지는 중요한 어록 전체를 모았다.

5) 에피쿠로스, 〈바티칸 금언〉 23, in 《서신과 금언》, 앞서 인용한 판본, p.253.

지배되는 자기 배려일까요? 우정 개념을 유익성 개념과 의미를 중심으로 조사할 필요가 있다고 생각합니다. 에피쿠로스주의의 우정이 자기 배려의 한 형식과 다르지 않지만, 그래도 이 자기 배려가 유익성에 대한 배려가 아니라는 것을 보여줄 필요가 있습니다. 〈바티칸 금언〉 23을 다시 취해 봅시다. "모든 우정은 그 자체로서 바람직하다"; "di'heautên hairetê": "그 자체로서, 그 자체 때문에 선택되어야 한다"; "arkhên de eilêphen apo tês ôpheleias": "하지만[따라서 대립; M. F.] 우정은 그 시작점이 유용성에 있다." 따라서 우정이 바람직하다는 사실과 그러나 우정이 유용성에서 시작되었다는 사실 간에는 명백한 대립이 존재합니다. 마치 우정은 더 유익하면 할수록 덜 바람직한 것이기라도 한 것처럼 말입니다. 혹은 마치 우정의 유용성——하지만 우정의 시작이다——과 그 내적인 바람직성 간에는 배제의 관계가 있는 듯합니다. 이 텍스트가 의미하는 바를 해석하기는 그리 어렵지 않습니다. 유익성은 ôpheleia, 다시 말해서 행하는 바와 그것을 하는 이유 간의 외적인 관계를 지시합니다. 우정은 유용합니다. 예를 들어 내가 빚을 져서 금전적으로 도움을 받기를 원할 때 도움이 되기 때문에 우정은 유익합니다. 우정은 정치적 경력 등을 위해서도 유용할 수 있습니다. 우정은 바로 이렇게 유용성에서 시작된다고 에피쿠로스는 말합니다. 달리 말해서 사실상 우정은 인간들을 결속시키는 사회적 교류와 서비스 체제 내에 편입됩니다. 그러나 거기서 출발한다 해도——바로 여기에 대립이 존재한다——우정은 'hairetê di' heautên,' 즉 우정은 그 자체를 위해 선택되어야 한다는 말입니다. 그런데 왜 그 자체를 위해 선택되어야 하는 것일까요? 그 이유는 〈바티칸 금언〉 39에서 쉽게 발견할 수 있다고 생각합니다: "항시 유용한 것을 찾는 자는 친구가 아니고 우정에 전혀 유용한 것을 결부시키지 않는 자도 친구가 아니다. 왜냐하면 전자는 교환되는 바를 부당하게 거래하고, 후자는 미래의 좋은 희망을 저버리기 때문이다."[6] 다시 말해서 우정은 유용성을 제거를 통해서가 아니라 역으로 유용성과 유익성과는 다른 무엇간의 일정한 균형을 통해 그 자체로서 hairetê(바람직한) 것이 됩니다. 〈바티칸 금언〉 39는 항시 유용성을 찾고 오직 유용성만을 찾는 자는 친구가 아니라고 말합니다. 하지만 우정 관

---

6) 〈바티칸 금언〉 39, in 《서신과 금언》, p.257.

계의 유용성을 완전히 버린 사람이 친구라고 생각해서는 안 됩니다. 왜냐하면 유용성을 배제하는 그 순간, 우정 관계는 미래에 대한 건전한 희망을 버리는 것이기 때문입니다. 따라서 에피쿠로스주의의 우정에 관한 문제는 다음과 같습니다. 첫째로 우정은 유용성에서 탄생합니다. 둘째로 유용성과 우정의 바람직성간에는 대립이 있습니다. 셋째로 이같은 대립에도 불구하고 지속적으로 유용한 관계를 유지할 때만 우정은 바람직하다라는 사실이 있습니다. 그리고 유용성과 바람직성의 결합은 다음과 같은 곳에 있고, 또 다음과 같이 균형을 유지하는 데 있습니다. "인생 전반의 복락을 위해 지혜가 구할 수 있는 모든 재화들 중에서 가장 위대한 것은 우정을 얻는 것이다."[7] 그리고 〈바티칸 금언〉 34는 "우리는 친구로부터 오는 도움 가운데서 도움에 대한 확신과 같은 정도의 다른 도움을 받을 수 없다."[8] 다시 말해서 우정은 복락에 속하기 때문에 바람직합니다. 그런데 우정은 복락에 속하는데 그것은 어떤 makariotês(복락)입니까? 그것은 세계로부터 올 수 있는 고통에 대항해 우리가 가능한 한 보호받고, 또 그것으로부터 완전히 자유롭다는 것을 깨닫는 복락입니다. Makariotês는 세상이 우리에게 줄 수 있는 고통으로부터 자유롭다는 확신입니다. 고통으로부터의 자유는 다수의 것들에 의해 확보되는데, 그 중에 다음과 같은 것이 있습니다. 요컨대 친구가 있음으로써 우리는 실제적인 도움보다는 그 도움으로부터 가질 수 있는 확신과 신뢰를 얻습니다. 그 순간 우정에 대한 의식, 즉 우리가 친구에 둘러싸여 있고, 또 그 친구들이 우리가 그들에게 기울이는 우정에 화답하는 상호적 태도를 취한다는 것을 알고 있음, 바로 이것이 우리 행복을 보장하는 것들 가운데 한 요소를 이룹니다. 지혜는 영혼을 makariotês(복락) 속에——따라서 아타락시아에 의존하는, 다시 말해서 동요 없는 평정 속에——설정하기를 목표로 하기 때문에, 우리가 친구들과 이들의 우정에 부여하는 신뢰 속에서 아타락시아와 동요의 부재의 증표를 확보한다는 한에서 지혜는 친구들로 둘러싸입니다. 따라서 에피쿠로스주의의 우정 개념은 우정에서 자기 자신이나 자기의 행복만을 추구하는 원칙을 끝까지 고수하고 있음을 알 수 있습니다.

---

7) 〈주요 금언〉 27, in 《서신과 금언》, p.239.
8) 〈바티칸 금언〉 34, in 《서신과 금언》, p.257.

우정은 자기 배려에 부여된 형식들 가운데 하나에 불과합니다. 실제적으로 자기 배려를 하는 모든 사람은 친구를 사귑니다. 이 친구는 경우에 따라 유용성과 사회적 교류의 망 내부에 나타나기도 합니다. 우정의 기회인 유용성은 사라져서는 안 됩니다. 친구들간에 유용성을 끝까지 지탱할 필요가 있습니다. 그러나 이 유용성이 행복 내에서 일정한 역할을 할 수 있게 만드는 바는 우리가 친구들에게 부여하는 신뢰감과 그 상호성입니다. 우정을 지혜와 행복의 한 요소로 만드는 것은 바로 이 신뢰 행위의 상호성입니다. 따라서 우리는 유용성과 바람직성 간의 복잡한 관계, 우정의 상호성과 나에게 확보되는 행복과 평정의 특수성 사이의 복잡한 연관 관계를 볼 수 있습니다. 그리고 우정이 전적으로 자기 배려에 속하며, 또 자기 배려를 통해 친구를 가져야 한다는 것도 알 수 있습니다. 그러나 우리의 우정으로부터 얻는 유용성과 또 결과적으로 우리가 친구들에게 기울이는 우정으로부터 그들이 끌어내는 유용성은 자기 자신을 위한 우정의 추구 내에서 부가적인 것입니다. 이같은 상호 관계——타자를 위한 자신의 유익성과 자기를 위한 타자의 유익성——는 자기 구원과 자기 배려의 일반적 목적 내에 위치하고 있는 것을 볼 수 있습니다. 이는 플라톤에 있어서 타자를 위해 자신을 돌보아야 하고, 또 도시국가에 의해 형성된 공동체 내에서 타자가 나의 구원을 확보해 주는 것이라고 말하며, 내가 앞서 논의했던[9] 플라톤주의의 상호성이 역전된 형상입니다. 이제 에피쿠로스주의의 우정은 자기 배려 내에 머물고, 또 아타락시아와 복락을 보증하는 우정의 필연적인 상호성을 포함하게 됩니다. 바로 이것이 에피쿠로스주의의 우정입니다.

다음으로 자기 구원과 타자 구원의 관계의 역전에 관한 증거는 스토아주의의 공동체적 존재로서의 인간에 관한 개념에 있습니다.[10] 우리는 이 개념이 여러 텍스트에서 개진되는 것을 쉽게 발견할 수 있습니다. 에픽테토스를 예로 들어 보죠. 에픽테토스에 있어서 자기 배려와 타자 배려의 관계 개념은 두 수준에서 전개됩니다. 첫째로, 이 개념은 자연적 수준인데 그것은 섭

---

9) 이 강의의 전반부 p.208-209 참조.
10) 예를 들면 키케로(《의무론》, III, V)나 마르쿠스 아우렐리우스(《명상록》, V, 16과 VI, 54의 고전적인 텍스트) 참조.

리적인 관계 개념입니다. 세계의 질서는 동물이던 인간이던 상관 없이 모든 생명 존재들이 각자의 선을 추구하도록 조직되어 있다고 에픽테토스는 말합니다. 그러나 신의 섭리, 제우스, 신, 세계의 합리성 등은 이 생명 존재들 가운데 누군가가 자신의 선을 추구할 때마다 그와 동시에 의도하거나 추구하지 않아도 그로 하여금 타자를 위해 선을 행하게 합니다. 이 논지는 에픽테토스의 《어록》 1편 〈열아홉번째 대담〉에서 아주 명확히 표현되어 있습니다. 즉 "제우스 신은 공동의 유익을 유발시키지 않는 어떤 특수한 선도 얻을 수 없도록 합리적 동물의 본성을 장치해 놓았다. 따라서 panta hautou heneka poiein(자기 자신을 위해 전력을 다하는 것)[11]은 akoinônêton(반사회적인 것) 이 아니다." 따라서 자신을 위해 최선을 다하는 것은 비사회적이거나 반사회적인 것이 아닙니다. 이 텍스트는 제우스가 합리적 인간의 본성을 장치해 놓았다고 여러분은 내게 말할 수 있습니다. [···*] [그러나 보다 일반적으로 에픽테토스는] 유용한 것이나 각자에게 필요 불가결한 것에 대한 이기적인 추구와 타자를 위한 유익한 행위의 관계를 설정합니다. 둘째로, 다른 한편으로 이 관계는 엄밀한 의미에서 합리적인 존재와 인간 존재가 문제시될 때 그 순서가 바뀌게 됩니다. 그 순간 이 관계는 반성적 수준에 놓이게 됩니다. 아시다시피 에픽테토스에 따르면 동물은 자신들을 돌보았기 때문에 선을 추구하고 획득하는 것이 아니라고 합니다. 신의 섭리의 또 다른 양상들은 동물이 자기 자신에게 선을 행하면서 타자에게 선을 행하게 할 뿐만 아니라 자기 자신에게 선을 행하기 위해서 자신을 돌볼 필요가 없게 만들어 놓았습니다.[12] 동물들은 예를 들면 자신의 의복을 직조할 필요없게 해주는 털 등과 같은 상당수의 이점들을 갖추고 있었습니다. 이 점은 인간에 비해 동물이 갖는 장점과 관련된 진부한 생각입니다. 인간은 자기를 돌보아야 하는 일을 면제받을 수 있는 이같은 이점들을 갖고 있지 않았습니다. 반면에

---

11) 에픽테토스, 《어록》 I, 19, 13-15, 인용된 판본, p.74.

 * "이 점과 관련해 불행히도 참조문이 기억나지 않는군요. 다음번에 알려드리도록 하지요…"라는 부분밖에는 들리지 않는다.

12) "동물은 자기 자신을 위해서가 아니라 타자를 위해 소용되기 위해 존재한다. 모든 욕구와 더불어 그들을 창조했다면 그것은 결코 유리한 것이 아니었을 것이다. 우리가 우리 자신뿐만 아니라 우리의 양과 나귀들을 돌보아야 한다면 그것이 얼마나 골치 아픈 일인지 생각해 보게."(id., 16, 3, p.61) 3월 24일 강의 전반부에서 이 텍스트의 분석을 참조.

인간은 자기 자신을 자기 자신에게 의탁할 수밖에 없게 제우스가 만들어 놓은 사실을 알게 되었습니다. 제우스는 동물과 달리 인간을 자기 스스로에게 의탁하고——바로 이 점이 합리적 동물과 비합리적 동물의 근본적인 차이점 가운데 하나입니다——또 인간 스스로가 자기 자신을 돌보게 만들었습니다. 달리 말해서 인간은 합리적인 자신의 본성을 완성하고 동물과 자신을 대립시키는 차이를 완결하기 위해서는 자기 자신을 배려의 대상으로서 삼아야 한다는 말입니다. 배려의 대상으로 자기 자신을 취하며 인간은 자기 자신이 무엇이고 자기 자신이 아닌 사물이 무엇인지에 대해 물음을 던져야 합니다. 인간은 자기 자신에 속하는 바와 자기 자신에 속하지 않는 바에 대해 물음을 던져야 합니다. 결국 인간은 kathêkonta(임무)나 그 proêgmena(행위)[13]의 범주에 따라 해야 하거나 하지 말아야 할 일이 무엇인지에 대해 물음을 던져야 합니다. 그리고 결과적으로 자기 자신을 적절히 돌볼 줄 아는 자——다시 말해서 자기 자신에 속하는 바와 그렇지 않은 바가 무엇인지를 잘 분석하는 자——는 자기 자신을 잘 돌보아서 그 결과 자신의 표상에 어떤 것이 나타날 때 무엇을 해야 하고 무엇을 하지 말아야 하는지를 잘 알게 되고, 그와 동시에 그는 자신이 인간 공동체에 속한다는 한에서 자신의 임무를 잘 수행할 수 있습니다. 그는 아버지·아들·남편·시민 등의 임무를 잘 수행할 수 있고, 이는 바로 그가 자기 자신을 돌보기 때문입니다. 이 논지는 여러 번 에픽테토스에 의해 반복되었습니다. 《어록》 2편의 열네번째 대담을 살펴보면 자기 자신을 돌볼 줄 안 사람은 "고통과 공포와 불안으로부터 자유로우며 자식·아버지·형제·시민·남편·이웃·동료·주체·우두머리의 관계처럼 자연적인 관계와 획득된 관계의 질서를 관찰한다."[14] 《어록》 1편에 있는 흥미로운 대담을 참조하시기 바랍니다. 그것은 열한번째 대담인데 여기서 자기 배려/타자 배려 문제와 관련된 예가 문제입니다. 그

---

13) 키케로가 officia 즉 임무·직무·책무로 번역한 kathêkonta는 스토아주의 내에서 존재의 본성에 부합하고 그 본성을 완수하는 활동을 지시한다. Proêgmena는 도덕적 관점에서 절대적인 가치를 갖고 있지는 않지만 그 반대편에서 선호할 수 있는 행위를 가리킨다(이 개념들에 대해서는 키케로, 《선과 악의 목적에 관하여 Des fins des biens et des maux》 3, 6, 16권 in 《스토아주의자들 Les Stoïciens》, E. Bréhier 번역, Paris, Gallimard/ 〈Bibliothèque de la Pléiade〉, 1962, p.268-269와 281-282 참조).

14) 에픽테토스, 《어록》, II, 14(p.55).

것은 아주 구체적인 예입니다.[15] 그것은 딸이 아파서 근심이 있는 아버지의 이야기입니다. 딸이 중병에 걸려 아버지는 부리나케 도망을 쳐서 결국 타자들, 즉 여인들과 하인들에게 딸의 간병을 맡기고 자기 딸의 머리맡과 집을 떠나 버렸습니다. 그는 왜 그렇게 했을까요? 이기주의 때문일까요? 전혀 그렇지 않습니다. 반대로 그는 딸을 사랑했기 때문에 그렇게 했습니다. 그는 딸을 너무 사랑한 나머지 그녀의 병 때문에 감정의 동요가 일어남을 느꼈고, 그래서 딸을 배려하기 위해 그는 아픈 딸을 타자의 보살핌에 맡겼던 것입니다. 에픽테토스는 격렬하게 이같은 태도를 비판합니다. 그런데 그는 무엇을 주장하면서 이같은 태도를 비판합니까? 가족의 사랑은 자연적인―― 이 말의 규정적인 의미에서나 기술적인 의미에서―― 요소라고 주장하며 가족을 사랑하는 것은 자연적이라고 말합니다. 가족을 사랑하는 것은 당연한 것이기 때문에 한 가족 안에서 개인들의 관계를 지배하는 원칙들을 따르는 것은 합리적입니다. "너처럼 네 딸을 사랑하는 모든 사람들이 딸을 버려서 죽게 되었고 어머니도 하인도 남아 있지 않았다고 상상해 보자. 요컨대 너는 실수를 저질렀다. 너는 딸과의 관계가 자연에 속해 있고 규정되어 있다고 생각하기보다는―― 결과적으로 자연과 자연적 개인, 합리적 동물의 이성에 의해 너에게 규정된 명령에 따라 행동하기보다는―― 네 딸만을 돌보고 그녀만을 생각해, 그녀의 병에 의해 네 마음이 동하도록 내버려둔 결과 너는 그녀의 병에 의해 동요되었고, 또 그 광경을 참을 수 없었기에 떠나 버렸다. 너는 네 딸을 배려하기 위해 네 자신을 배려하는 것을 망각하는 오류를 범했다. 네가 너 자신을 돌보았다면, 너 자신을 합리적인 개인으로 생각했다면, 네 딸의 병과 관련해 정신에 떠오르는 표상들을 점검했다면 네 자신이 무엇인지, 네 딸이 무엇인지, 너와 네 딸 간에 설정되는 관계의 속성과 토대가 무엇인지를 점검해 보았다면 딸에 대한 정념과 애착에 의해 동요되도록 너를 방치하지 않았을 것이다. 너는 표상들 앞에서 수동적이지 않았을 것이다. 반대로 너는 가져야 할 올바른 태도가 무엇이었는지를 구별했을 것이다. 너는 딸의 병 앞에서 냉정을 유지하고 있었을 것이다. 다시 말해서

---

15) 《어록》, I, 11(p.44-49). 이 구절을 푸코가 처음으로 분석한 부분과 관련해서는 1월 27일 강의 전반부를 참조할 것.

너는 그녀를 돌보았을 것이다"라고 말하고 "너는 skholastikos, 다시 말해서 학교에 와서 네 의견을 체계적으로 시험하는 법을 배워야 할 필요가 있다. 그것은 한 시간이나 하루의 일이 아니라 긴 시간을 요하는 작업이다"[16]라고 결론짓습니다. 따라서 이 문제와 관련해 에픽테토스는 외관상 이기주의와 같은 이 아버지의 행동은 사실 존재 이유에 있어서 타자에 대한 변칙적 배려 혹은 불규칙한 고심을 갖는 행동임을 보여주고, 또 아버지가 적절히 실제적으로 자기 자신을 돌보았다면, 에픽테토스의 충고를 받아들여 학교에서 적절히 자기 자신을 배려하는 법을 배운다면, 첫째로 그는 자기 딸의 병 때문에 감정이 동하지 않았을 것이고, 둘째로 그녀를 간병하기 위해 머물렀을 것이라는 점을 설명합니다. 우리는 여기서 하나의 구체적인 예를 통해 실제로 타자를 배려할 수 있는 행동을 그 자체로서, 또 결과로서 생산하고 촉발시키는 것은 자기 배려임을 알 수 있습니다. 그러나 타자를 배려하면서 시작해 보세요. 그러면 모든 것이 헛수고가 됩니다.

자신의 존재 전반이 타자에게 향해져야만 하는 한 개인, 즉 군주가 존재하기 때문에 타자 배려가 자기 배려보다 강해야 하는 적어도 한 경우가 사회 내에 존재한다고 여러분들은 내게 말할 수도 있겠지요. 고대 그리스 도시국가에서 일어났던 것과는 대조적으로 로마 세계의 정치 공간에서 전적으로 타자들을 돌보아야 했던 전형적 유일한 정치인인 군주에게 자기 배려는 플라톤의 《알키비아데스》에서처럼 단순히 그가 타인에게 해야 하는 배려에 의해 명령되는 걸까요? 군주는 사회와 인간 존재들 가운데서 타자를 돌보아야 하고 돌볼 수 있다는 조건에서만 자기 자신을 배려해야 하는 유일한 사람은 아닐까요? 우리는 여기서 장차 자기 배려에 대한 우리의 연구에서 여러 차례 만나게 될 인물, 즉 군주를 만납니다. 이 군주는 역설적인 인물이고, 일련의 성찰 속에서 중심적인 인물이며, 비범하고 자기 존재 전반을 구축하는 권력을 타자에게 행사하며 보통 사람들과는 완전히 다른 유형의 자기 관계와 타자 관계를 원칙적으로 맺을 수 있는 인물입니다. 그것이 세네카의 《관

---

16) "네 의견을 점검할 생각이 있다면 너는 학생(skholastikon)이 되어 만인이 조소하는 이 동물이 될 필요가 있다는 걸 알겠지. 그것은 한 시간이나 하루에 될 일이 아니라는 것을 명심하거라."(*id.*, 11, 39-40, p.49)

용에 관하여》이든 디온의 군주제에 대한 담론이든 간에 상당수의 텍스트를 재검토할 기회가 있을 겁니다.[17] 그러나 자신이 황제여서 그가 '타자 배려'와 '자기 배려'를[18] 이해하던 방식이 거기에——실제로 군주였던 사람의 사례——구체적으로 드러나기 때문에 마르쿠스 아우렐리우스의 텍스트에 주의를 집중해 보고자 합니다. 잘 알다시피 마르쿠스 아우렐리우스의《명상록》——《명상록》이라 불리는 텍스트[19]——에서 황제의 권력 행사에 관한 직접적인 언급은 상대적으로 적습니다. 또 언급이 있다 할지라도 항시 그것은 일상 생활과 관련된 문제들이었습니다. 예를 들면 타자를 영접하는 방식, 아랫사람에게 말하는 방식, 청원하러 온 사람들과 관계 맺는 방식 등에 대한 장황하고 잘 알려진 논리 전개가 있습니다. 그리고 이 장황한 구절에서 마르쿠스 아우렐리우스에게는 군중의 특수한 임무를 강조하는 것은 문제가 되지 않습니다. 그러나 그는 타자들——아랫사람과 청탁자——에 대한 행동의 규칙으로서 군주와 평범한 사람과 절대적으로 공유할 수 있는 규칙들을 제안합니다. 마르쿠스 아우렐리우스처럼 군주가 되려는 자의 행동의 일반 원칙은 군주 임무의 특수성과 상당수의 직분, 특권, 임무와 관련된 모든 것을 자신의 행동으로부터 소거하는 데 있었습니다. 자신이 카이사르와 같은 자인 걸 잊을 필요가 있고, 또 스스로가 평범한 사람으로 행동하는 한에서만 그의 일과 임무를 수행할 수 있으며, 카이사르의 임무를 수행할 수 있을 것입니다. "자신을 완전히 카이사르와 같은 사람으로 착각한다거나 또 그러한 정신에 빠지지 않도록 조심해야 한다. 소박하고, 정직하며, 순수하

---

17) 사실 푸코는 이 점을 재검토하지 않았다. 하지만 필사본과 더불어 발견된 상당수의 텍스트는 군주의 일반적 정치의 틀 내에서 자기 배려와 타자 배려를 얼마나 연구했는지를 잘 보여준다. 이같은 성찰의 흔적은 《자기 배려》, 인용된 판본, p.109-110에서 발견된다.

18) 《자기 배려》, p.110-112.

19) 오늘날 우리가 《명상록》이라 부르는 바를 쓸 당시에 마르쿠스 아우렐리우스는 자기 자신에게만 한정되었던 이 메모들에 제목을 붙일 생각이 전혀 없었을 가능성은 대단히 높다. 게다가 일반적으로 고대에는 예를 들어 공식적인 낭독에 힘입어 책이 출간되지 않는 한 저자는 작품 이름을 붙이지 않는 것이 상례였다. 바티칸의 필사본은 황제의 작품에 어떤 제목도 부여하지 않고 있다. 황제의 저작의 어떤 발췌 모음집은 '자기 자신에 관련된 글' (ta kath'heauton) 혹은 '사적인 글' (editio princeps)과 같은 언급이 있다. Editio principes 는 '자기 자신을 위한 글' (ta eis heauton)이라는 제목을 제안한다.(P. Hadot, *La Citadelle intérieure*, Paris, Fayard, 1992, p.38)

고, 근엄하며, 자연스럽고, 정의를 사랑하며, 경건하고, 호의적이며, 자애로우며, 임무 수행에 있어서는 단호하여라."[20] 군주의 이같은 모범적 행실은 보통 사람의 일상적 행동의 요소들입니다. 마르쿠스 아우렐리우스가[21] 아침에 의식 점검을 하는 구절은 대단히 흥미롭습니다. 아시다시피 스토아주의와 피타고라스주의의 실천에서 의식 점검은 다시 논의하겠지만 두 형태와 두 시기를 갖습니다. 즉 한편으로 했어야 할 바를 척도로 하여 하루에 한 일들을 평가하기 위해 밤에 그것들을 기록하는 점검이 있습니다.[22] 다음으로는 아침 점검이 있는데 여기서는 반대로 해야 할 과업을 미리 준비합니다. 미래의 시간표를 점검하고 자신의 과업을 수행하기 위해 활용해야 할 필요가 있는 원칙들을 준비하고 재활성화시킵니다. 마르쿠스 아우렐리우스에게 아침 점검이 있습니다. 이 점검은 그가 다음과 같이 말하기 때문에 흥미롭습니다. "매일 아침 일어나면 나는 내가 할 일을 상기한다. 나는 모든 사람이 할 일이 있다고 상기한다. 무희는 아침에 훌륭한 무희가 되기 위해 해야 할 훈련을 생각해야 하고, 구두장이나 장인은 하루 동안 해야 할 여러 일들을 상기해야 한다(나는 아우렐리우스가 어떤 예를 들었는지는 알 수 없다).[23] 나 역시 그렇게 해야 되고, 또 내가 해야 할 일은 춤이나 장인의 일보다 더 중요한 까닭에 그렇게 해야 한다. 더 중요한 것은 사실이다. 그러나 속성의 차이나 특수성은 존재하지 않는다. 다른 모든 유형의 직업에 동일한 하중이 있을 뿐이며 단지 양적으로 부가적인 무게가 더 있을 뿐이다." 바로 여기서 이후 유럽의 군주제와 특히 16세기 군주제의 문제화 내에서 엄청난 중요성을 갖게 될 문제가 출현함을 볼 수 있습니다. 요컨대 그것은 직업으로서의, 다시 말해서 그 도덕적 구조나 근본 원리가 모든 직업 활동의 근본 원리가 되는 임무로서의 지고성의 문제입니다. 황제라는 관념――우두머리

---

20) 마르쿠스 아우렐리우스, 《명상록》, VI, 30, 인용된 판본, p.60.
21) 푸코는 《명상록》 5편의 첫 단락의 두 구절에 대한 분석에 몰두한다. "아침에 잠에서 깨어나기가 고통스러우면 인간답게 살기 위해 내가 일어나야 한다는 생각이 있어야 한다. 자기 직업을 사랑하는 다른 사람들은 자기 직업과 관련된 일에 씻지도, 먹지도 않고 매진한다. 세공인과 그의 기술, 무희와 그의 춤이 너의 소질이 못하다고 생각하는가?" (p.41-42)
22) 3월 24일 강의 후반부 참조.
23) 세공인의 예.

혹은 명령하는 자라는 관념──은 알다시피 임무를 부과할 뿐만 아니라 이 임무들이 자기의 임무에 대해 만인이 갖는 도덕적인 태도에 입각해 다루어지고 수행되고 실행되어야 합니다. 그리고 이러한 생각은 마르쿠스 아우렐리우스에 의해 명확히 표현됩니다. 제국과 공국은 직무와 직업이 됩니다. 그런데 그것은 왜 직무와 직업이 됩니까? 그 이유는 실존의 목적이기도 한 마르쿠스 아우렐리우스의 바로 일차적인 목표, 그가 지향해 나가야 하는 목표점은 황제가 아니라 자기 자신이기 때문입니다. 또 그가 자기 배려를 하고 부단히 자기 자신을 돌봄에 따라 그는 황제로서의 자기 자신에 대한 일련의 배려와 만나게 됩니다. 자기 자신을 배려하는 철학자가 철학자의 임무──그가 행해야 할 교육, 그가 수행해야 할 의식 지도 등──를 사유해야 하는 것처럼, 자기를 배려하는 구두장이가 배려 속에서 구두장이로서의 자기 임무가 무엇인가에 대해 생각해야 하는 것처럼 황제는 자기 자신을 배려해야 하기 때문에 황제는 자기 자신을 위한 자기라고 하는 보편적 목적에 속한다는 한에서 절대적으로 수행되어야 하는 임무와 만나게 될 것이고, 또 그것을 수행할 것입니다. 《명상록》 8편에는 "정직한 인간과 [인간]성이 요청하는 바가 되어야 한다는 점을 상기하며 일에 눈을 고정시키고 잘 관찰해 보라. 뒤돌아보지 말고 그것을 행하라"[24]라고 씌어 있습니다. 이 텍스트는 중요합니다. 아시다시피 '일에 시선을 고정시키기'가 이 텍스트의 요체입니다. 제국, 군주권은 특권이 아닙니다. 그것은 신분으로부터 결과되는 바가 아닙니다. 그것은 다른 일과 별다르지 않은 임무, 과업입니다. 둘째로 이 일은 관찰할 필요가 있습니다. 그러나──바로 여기서 이 일의 특수하고 독특한 바를 만나게 되는데──수행할 수 있는 모든 일 가운데서 제국은 오직 한 사람에 의해서만 임무 수행이 가능하기 때문에 황제의 일은 독특합니다. 따라서 다른 모든 일을 그 특성과 더불어 관찰하듯이 황제의 일을 관찰할 필요가 있다는 말입니다. 그래서 결국에는 황제의 임무에 대한 관찰은 우리가 항시 상기하는 무엇인가에 의해 연동되고 유도됩니다. 항시 환기되는 바는 무엇일까요? 훌륭한 왕이 되어야 하는 것일까요? 아닙니다. 인류를 구원해야 할까요? 아닙니다. 대중의 복락을 위해 헌신해야 할까요? 아닙니

---

24) 마르쿠스 아우렐리우스, 《명상록》, VIII, 5(p.84).

다. 항시 정직한 사람이어야 하고 자연이 요구하는 바를 상기할 필요가 있습니다. 황제의 경우에는 그의 특권과 특수한 사명이 아니라 자연——그가 만인과 공유하는 인간의 본성——에 의해 규정되는 도덕적인 정직성이 그의 행동의 토대를 이루어야 하며, 결과적으로 그가 타자를 배려하는 방식을 한정해야 합니다. 그리고 그는 시선을 뒤로 돌리지 않고 이 일을 수행해야 합니다. 다시 말해서 우리는 이 이미지를 재발견하게 될 것이며, 거기에 대해 종종 재론하게 되겠지만 도덕적으로 훌륭한 사람은 어떤 식으로도 우회해서는 안 되는 인생의 목표를 단번에 결정적으로 고정시킨 사람이라는 말입니다. 요컨대 그는 시선을 여기저기로 돌리지 않고, 인간의 행실이나 무용한 학문에 시선을 돌리지 않고 자신에게 중요하지 않은 세상의 모든 지식에 시선을 돌리지 않습니다. 그는 자기 행동의 기초를 발견하기 위해 자신의 뒤쪽으로 눈길을 돌려서도 안 됩니다. 자기 행동의 기초는 그의 목표입니다. 그의 목표는 무엇일까요? 그것은 자기 자신입니다. 따라서 자기 배려와 자기가 자기에게 하는 노력으로서의 자기와의 관계 내에서 황제는 자신에게 선을 행해야 하고, 또 타자를 위해 선을 행해야 합니다. 자기 자신을 배려하면서 필연적으로 그는 [타자]를 배려하게 될 것입니다. 자, 그렇습니다. 다음 시간에는 자기 전향과 자기 인식의 문제에 대해 논의하도록 하지요.

1982년 2월 10일 강의

전반부

교육과 정치 활동과 관련한 자기 배려의 이중적 변화에 대한 환기 — 자기의 자목적화(自目的化)에 대한 은유 — 실천적 도식의 발명: 자기로의 전향(la conversion à soi) — 플라톤의 epistrophê와 이것이 자기로의 전향과 맺는 관계 — 기독교의 metanoia와 이것이 자기로의 전향과 맺는 관계 — Metanoia의 고대 그리스적 의미 — 시선의 변환: 호기심 비판 — 신체 운동적인 집중

지금까지 나는 《알키비아데스》에서 우리가 포착할 수 있었던 자기 배려 테마가 진정한 자기 수양으로 나아가는 시기까지의 확장을 추적해 보려고 시도했습니다. 제정 초기에 자기 수양은 그 모든 차원들을 갖게 됩니다. 자기 배려 테마의 확장은 크게 두 방식으로 나타나며 바로 이 방식을 나는 지난 강의에서 보여주려고 시도했습니다. 우선 교육과 관련한 자기 배려의 변화가 있습니다. 다시 말해서 이제 자기 실천은 《알키비아데스》에서와 같이 교육을 보충하거나 교육에 필요 불가결하거나 교육을 대체할 수 있는 것으로 나타나지 않습니다. 이제 자기 실천은 청소년이 성년과 정치 활동에 입문하는 시기에 부과되는 계율이기보다는 실존 전반의 전개에 있어서 유효한 지상 명령입니다. 자기 실천은 생활의 기술(tekhnê tou biou)과 동일시되고 하나가 됩니다. 생활의 기술과 자기 기술은 동일한 것이며 동일하게 되며 아무튼 그렇게 되는 경향이 있습니다. 교육과 관련한 자기 배려의 변화는 이미 살펴본 두번째 결과를 발생시킵니다. 즉 이제 자기 실천은 특이하고 변증법적인 사랑 관계에 속하는 스승과 제자의 사소한 문제가 아닙니다. 이제 자기 실천은 다양한 사회 관계망과 섞이고 착종됩니다. 이 관계망 속

에서 엄격한 의미에서의 자기 제어는 여전히 존재하지만 많은 다른 관계 형식들도 함께 존재하게 됩니다. 두번째 변환은 정치 활동과 관련된 변환입니다. 《알키비아데스》에서 타인과 도시국가를 돌보기 위해서 자기 자신을 돌보아야 하는 게 문제였다는 것을 기억하실 겁니다. 그러나 이제는 자기 자신을 위해 자기를 돌보아야 하며, 타자와의 관계는 자신이 자기 자신과 맺는 관계 내에서 연역되며, 또 거기에 내포되어 있습니다. 마르쿠스 아우렐리우스는 제국을 적절히 돌보기 위해, 다시 말해서 인류를 잘 돌보기 위해 자기 자신을 돌본 것이 아니라, 우선적으로 또 궁극적으로 자기 자신을 적절히 돌봄으로써 인류를 적절히 보살필 수 있다는 것을 잘 알고 있었다는 점을 기억하시겠지요. 자기와의 관계 속에서 황제는 군주권 행사의 법칙과 원리를 발견합니다. 이제 사람들은 자기 자신을 위해 자기를 배려합니다. 이와 같은 자목적화——지난번 강의에서 나는 이 점을 밝혀 보고자 했습니다——속에서 구원 개념이 기초됩니다.

아시다시피 이제 이 모든 것들은 정확히 하나의 개념은 아니지만 임시적으로 일종의 중핵이라 부를 수 있는 바로 회부됩니다. 아마도 그것은 일군의 이미지라고 할 수도 있습니다. 이 이미지들은 여러분들이 이미 잘 알고 있습니다. 게다가 이 이미지들은 우리가 여러 번 마주친 적이 있습니다. 내가 두서없이 열거하는 것은 바로 이 이미지들입니다. 즉 자기 자신에게 몰두해야 합니다. 다시 말해서 우리 자신을 에워싸고 있는 사물들로부터 벗어나야 합니다. 우리의 주의·열의·열정을 촉발시킬 수 있는 모든 것과 우리 자신이 아닌 모든 것으로부터 우회할 필요가 있습니다. 우리 자신으로 돌아가기 위해 이 모든 것들로부터 벗어날 필요가 있습니다. 인생 전반에 걸쳐서 주의와 시선과 정신, 그리고 존재 전반을 자기 자신에게 향하게 할 필요가 있습니다. 우리 자신으로 되돌아가기 위해 우리 자신으로부터 벗어나는 모든 것으로부터 벗어나야 한다는 말이지요. 지금까지 내가 논의한 모든 분석의 기저에 있는 것이 바로 자기 자신을 향한 급선회라는 중요한 이미지였습니다. 게다가 자신으로의 급선회에 관한 문제와 연관된 일련의 이미지들이 있으며, 그 중에서 어떤 이미지들은 분석된 것도 있습니다. 특히 아주 의미심장한 이미지는 페스튀기에르가 아주 오래전에 연구한 바 있습니다. 그 이미지의 분석이나 도식을 고등사회과학원의 강의 요약집에서 발견할 수 있습니다. 그것은 팽이의 이미지와 관련된 이야기입니다.[1] 팽이는 자기 자신을 축으로 해서 돕니다. 하지만 우리는 팽이가 도는 것과는 다른 방식으로 우리 자신으로 선회해야 합니다. 그런데 팽이는 도대체 무엇입니까? 그것은 외부 운동의 자극을 받아 자기 자신을 축으로 해서 회전하는 무엇입니다. 다른 한편 팽이는 자신을 축으로 해서 돌며 자신의 주변 역할을 하는 상이한 방향과 요소를 갖는 상이한 형상들을 연이어 보여줍니다. 마지막으로 팽이는 외관상으로는 움직이지 않는 것처럼 보이지만 실제로는 항시 운동중에 있습니다. 하지만 팽이의 운동과 비교해 지혜는 외부 운동의 자극에 의한 무의지적인 운동을 초래하도록 자기 자신을 결코 방치하지 않는 데 있습니다. 반대로 자기 자신의 중심부에서 고정 지점과 부동 지점을 찾아야 합니다. 자기를 향해서 자기의 중심을 향해서 자기의 중심 내에서 자기의 목표를 고정시켜야 합니다. 그리고 우리가 해야 하는 운동은 결정적으로 부동하기 위해 이 중심으로 회귀하는 운동입니다.

이 모든 회귀의 이미지들——우리의 외부에 있는 바를 우회하여 자기 자신으로 회귀하는 이미지들——이 모든 것들은 다소 예견적으로 개종이라 부를 수 있는 무엇인가와 근접하게 됩니다. '전향'이라는 말로 번역될 수 있고 또 정당하게 번역되는 일련의 말들이 발견되는 것은 분명한 사실입니다. 예를 들면 '전향'으로 번역 가능한 epistrephein pros heauton(자기 자신으로 되돌아가기, 자기 자신으로 회귀하기)이라는 표현을 에픽테토스[2] · 마르쿠스

---

1) 〈영적인 동요에 대한 헬레니즘 시대의 표현 Une expression hellénistique de l'agitation spirituelle〉, 《고등사회과학원 연감 Annuaire des Hautes l'Études》, 1951, p.3-7(A.-J. Festugière, 《고대 이교도 문명의 연금술과 신비주의 Hermétisme et Mystique païenne》, Paris, Aubier-Montaigne, 1967, p.251-255에 다시 수록됨).

2) "당신들 내에서 어떤 좋은 태도도 없고, 당신들 자신에 대한 어떤 주의도 어떤 회귀도 없으며(out'epistrophê eph'hauton) 당신들 자신을 관찰하려는 어떤 배려도 없습니다."(에픽테토스, 《어록》 III, 16, 15, 인용된 판본, p.57) "당신 자신으로 되돌아가시오(epistrepsate autoi). 당신 자신 내부에 지니고 있는 선행 개념들을 이해하기 바랍니다."(id., 22, 39, p.75) "너의 강의와 연설을 들으며 누가 불안에 사로잡혔고, 자기 자신으로 회귀했는지 말해 다오. 아니면 누가 '철학자는 나를 감동시켰어. 더 이상 그렇게 행동하지 말아야지'라고 말하며 나가 버렸는지 말해 다오."(id., 23, 37, p.93) "그리고 나서 너의 자신으로 되돌아가 그 사건이 어떤 영역에 속하는지를 탐색하다 보면(epistrephês kata sauton) 너는 그것이 우리로부터 독립된 사물의 영역에 속하는 것을 상기하게 될 것이다."(id., 24, 106, p.110)

아우렐리우스[3] · 플로티노스[4]에게서 규칙적으로 나타납니다. 세네카에서 [se] convertere ad se(자기 자신으로 되돌아가기)[5]라는 표현이 발견됩니다. 자기 자신으로 되돌아가기, 다시 말해서 다시 한번 더 자기 자신으로 전향하기가 발견됩니다. 그런데 내가 지금 보여주려 하는 바는 이 모든 이미지들을 통해 우리는 전향의 극히 엄밀하고 '철저한'(construite) 개념과 관계를 갖는다는 점입니다. 그러나 그것은 엄격히 구축되었지만 전향이라는 '개념'이나 관념을 발생시키지 않은 일종의 행동 도식에 훨씬 더 가깝습니다. 아무튼 오늘은 바로 이 전향, 자기로의 회귀, 자기 자신으로의 선회에 대해 살펴보고자 합니다. 물론 그 이유는 아마도 이 전향이야말로 서구가 경험한 자기 테크놀로지들 가운데서 가장 중요한 것들 가운데 하나이기 때문입니다. 그러나 전향 개념을 종교, 특히 기독교적인 개종 내에서만 그 중요성을 가늠해 보고 측량하는 것은 옳지 않다고 생각합니다. 결국 전향 개념은 중요한 철학적 개념이기도 하며 철학과 철학적 실천 내에서 결정적 역할을 담당했습니다. 전향 개념은 도덕적인 부류의 일 내에서도 결정적인 중요성을 갖는 개념이기도 합니다. 그리고 전향 개념은 현란하고, 소위 극적인 방식으로 19세기부터 정치적 실천과 경험, 그리고 활동에 유입되었다는 사실을 유념할 필요가 있습니다. 언젠가 혁명적 주체성이라 불리는 바에 대한 역사를 연구할 필요가 있습니다. 그런데 거기서 중요한 것은 물론 가설이기는 하지만 소위 영국의 혁명이나 프랑스의 1789년 '혁명' 도중에 전향에 속하는 바는 결코 발생하지 않았다고 생각됩니다. 물론 자세히 검증해 봐야 하겠지만, 19세기부터 아마도 1830-1840년경 프랑스 혁명이라는 신화-역사적인 최초의 이 사건과 관련하여 '혁명으로의 전향'이라는 개인적이고 주관적인 경험의 도식을 규정하기 시작했다고 생각됩니다. 그리고 혁명으로의 전향의 기본 개념과 도식을 고려하지 않을 때, 우리는 19세기 전반에 걸쳐 혁명적 실천, 혁명적 개인, 혁명적 경험이 무엇이었는지를 알 수 없다고

---

3) "특히 네가 한 인간의 불충 또는 배은망덕을 힐책할 때 너 자신으로 되돌아가 보아라(eis heauton epistrephou)."(마르쿠스 아우렐리우스, 《명상록》, IX, 42, 인용된 판본, p.108)

4) 플로티노스, 《엔네아데스》, IV, 4, 2.

5) 전향과의 연루에 관해서는 《루킬리우스에게 보내는 서신》, 11, 8과 53, 11 그리고 94, 67을 참조할 것.

생각합니다. 따라서 문제는 가장 오래된 자기 테크놀로지에 속하는——고대까지 거슬러 올라가기 때문에 역사적으로 가장 두껍고 밀도가 있다고 할 수 있다——전향이라는 요소가 도입된 경위와 이 요소가 새로운 활동의 영역과 장(場)인 정치와 연결된 경위와 혁명의 선택과 혁명적 실천에 연관된 방식을 함께 이해하는 데 있습니다. 그리고 또한 이 전향 개념이 혁명주의적 정당이 있음으로 인해 점차적으로 유효하게 된——그리고 나서 흡수되고 동화되어 소거되는——방식을 이해할 필요가 있습니다. 그리고 전향 도식을 통한 혁명에의 참여로부터 당에의 가입을 통한 혁명에의 가담으로 어떻게 이행된 것인지를 이해할 필요가 있습니다. 알다시피 오늘날 우리의 일상 경험에서——아마도 무미건조할 수도 있겠지만 우리와 즉각적인 동시대인의 경험에서——사람들은 혁명의 포기 쪽으로만 전향을 합니다. 오늘날 위대한 전향자들은 혁명을 믿지 않는 사람들입니다. 이 점에 관한 역사를 연구할 필요가 있습니다. 내가 논의하는 시대인 기원후 1세기와 2세기에 전향 개념이 고안되고 변형되는 방식으로 되돌아가 봅시다. 따라서 극히 중요하며 또 지속적으로 존재했던 자기로의 전향의 이미지([se] convertere ad se)로 되돌아가 봅시다.

플라톤에게 전향의 테마가 아주 중요하게 전개되었기 때문에 기원후 1,2세기에도 전향이 당연히 새로운 것이 아니라는 점을 우선적으로 강조하고자 합니다. 우리는 플라톤에게서 epistrophê 개념의 형태를 갖는 전향 개념을 발견할 수 있습니다. 아주 도식적으로 말해서 플라톤의 epistrophê는 다음과 같은 특징을 갖습니다. 즉 그것은 우선적으로 외관[6]을 우회하는 전향입니다. 그리고 이 전향(conversion)의 요소는 무엇인가(외관)로부터 방향을 전환하는 것임을 알 수 있습니다. 둘째로 epistrophê는 자신의 무지를 깨닫고 자기 배려와 돌봄[7]을 결심하여 자기 자신으로 되돌아가는 것을 의미합니다. 셋째로 상기(réminiscence) 쪽으로 우리를 유도하는 이 자기로의 회귀에 입각해 우리의 본향, 즉 본질·진실·절대 존재[8]의 본향으로 되돌아갈 수 있습니다. '무엇으로부터 우회하기' '자기로 되돌아가기' '상기(相起)를 실증하기' '(존재론적) 본향으로 되돌아가기'——바로 이것들이 플라톤의 대략적 도식을 이루는 4요소입니다. 아무튼 플라톤의 epistrophê는 첫째로 이승 세계와 저승 세계의 근본적인 대립에 의해 작동됩니다. 둘째로 epistrophê는 감옥-신체, 무덤-신체[9]로 여겨지는 육체로부터의 영혼의 해방과 해탈에 의해 작동합니다. 셋째로 플라톤의 epistrophê는 인식의 특권에 의해 작동합니다. 자기 자신을 인식하는 것은 진실된 바를 인식하는 것입니다. 진실을 인식한다는 것은 자신을 해방시키는 것입니다. 그리고 인식의 근본 형식인 상기(相起) 행위 내에서 이 상이한 요소들이 서로 관계를 맺게 됩니다.

헬레니즘 시대와 로마 시대의 자기 수양의 중심에서 발견되는 이 '전향'(conversion)의 테마———다시 한번 이 개념을 괄호에 넣는데, 그 이유는 전향

---

6) "모든 영혼은 자기 내에 습득할 수 있는 자질과 거기에 사용되는 기관을 가지고 있고, 눈이 어둠에서 빛으로 향해 시선을 돌리려면(strephein) 신체 전체를 돌려야만 하는 것처럼 이 기관은 영혼과 더불어 존재와 존재의 가장 밝은 부분을 볼 수 있는 지탱력을 갖출 수 있을 때까지 소멸하는 사물들로부터 벗어날 줄 알아야 한다. 그리고 존재의 이 가장 밝은 부분을 우리는 선이라 부른다. [⋯] 교육이란 이 기관을 전환시켜 그렇게 함으로써 가장 쉽고 효율적인 방법을 찾는 기술이다. 이미 기관이 시각을 갖추고 있기 때문에 교육은 시각을 기관 내에 위치시키는 데 있지 않다. 그러나 기관이 잘못 돌려져 다른 곳을 보고 있기 때문에 교육은 신체의 방향 전환을 시행하는 행위라고 현재의 담론은 주지시킨다." (《국가》, VII, 518c-d, in Platon, 《전집》, t. VII-1, E. Chambry 번역, 인용된 판본, p.151) Epistrophê는 신플라톤주의에서 직접적이고 중심적인 개념적 가치를 갖는다(예를 들면 포르피리오스의 말 '유일한 구원은 신에로의 전향이다(monê sôtêria hê pros ton theon epistrophê)."(A Marcella, 289N, E. des Places 번역, Paris, Les Belles Lettres, 1982, § 24, p.120) 신플라톤주의에서 개종 개념은 인간학적인 중요성뿐만 아니라 존재론적인 중요성도 지닌다. 개종 개념은 존재론적 절차를 지시하는 영혼의 모험이라는 범주를 넘어선다. 신플라톤주의에서 한 존재는 자신의 원리 쪽으로 그를 '되돌리는' 운동 속에서만 자신의 정합성을 갖는다. P. Aubin, 《전향의 문제 Le Problème de la conversion》, Paris, Beauchesne, 1963과 A. D. Nock, 《개종: 알렉산더 대왕으로부터 히포의 아우구스티누스에 이르기까지의 종교상의 혁신 Conversion: The Old and New in Religion from Alexander the Great to Augustine of Hippo》, Oxford, Oxford University Press, 1933(1961²) 참조.

7) 1월 6일 강의 후반부에서 소크라테스가 알키비아데스에게 그의 무지함을 증명하며 그 자신을 돌보도록 권고하는 《알키비아데스》(127e)의 구절을 참조하시오.

8) 상기(相起)와 관련해서는 《파이드로스》, 249b-c의 "인간의 지성은 이데아라 불리는 바에 따라 다수의 감각들로부터 통일성으로 나아가고, 그 수집 행위가 성찰 행위가 되는 방향으로 행사되어야 한다. 하지만 이 행위는 우리 영혼이 신의 산보에 참여할 당시에 이미 본 대상들을 다시 기억하는 데(anamnêsis) 있다"(L. Robin 번역, 인용된 판본, p.42)와 《메논 Ménon》, 81d의 "자연 전반이 동질적이고, 영혼은 모든 것을 알고 있으므로 단 한번의 상기(인간이 지식이라 부르는 바)로 영혼이 모든 다른 것을 발견하는 것을 결코 막을 수 없다"(in 플라톤, 《전집》, t. III-2, A. Croiset 번역, Paris Les Belles Lettres, 1923, p.250-251)와 《파이돈》, 75e의 "'안다'라고 명명되는 바는 우리에게 속하는 지식을 재파악하는 데 있지 않은가? 그리고 이것에 '상기하다' (anamimnêskesthai)라는 이름을 부여하면서 정확한 명명을 한 것이 아닌가?"(L. Robin 번역, 상기한 판본, p.31)

이라는 이 용어를 구축되고, 자기 폐쇄적이고, 한정된 개념으로 여길 필요가 있다고 생각하지 않기 때문이다——는 플라톤의 epistrophê와는 완전히 다릅니다. 나는 epistrophê에 충실한 순전히 플라톤적인 경향들을 당연히 별개의 것으로 따로 떼어 놓았습니다. 헬레니즘 시대와 로마 시대의 자기 수양과 실천에서 발견되는 전향은 플라톤의 epistrophê에서처럼 이승 세계와 저승 세계의 대립의 축을 중심으로 작동하지 않습니다. 반대로 그것은 세계의 내재성 속에서 행해지는 회귀입니다. 하지만 그렇다고 해서 우리의 소관이 아닌 바와 우리의 소관인 바의 본질적인 대립이 존재하지 않는다는 말은 아닙니다. 하지만 플라톤의 epistrophê가 이승 세계로부터 저승 세계로, 하층부의 세계로부터 상층부의 세계로——우리를 이끌어 가는 운동 속에 있는 반면에, 이제 헬레니즘 시대와 로마 시대의 자기 수양에서 문제가 되는 전향은 우리의 소관이 아닌 바로부터 우리의 소관인 바 쪽으로 우리를 이동시킵니다.[10] 결국 우리가 지배할 수 있는 것에 도달하기 위해서는 내재성의 축을 중심으로 우리가 주인이 아닌 것으로부터 해방되는 것이 중요합니다. 이 전향이 육체로부터 해방되는 양상을 갖는 것이 아니라 오히려 자기와 자기의 완벽하고 완결적이며 적절한 관계 설정의 양상을 띤다는 점이 결론적으로 헬레니즘 시대와 로마 시대의 전향의 또 다른 특성으로 귀결된다는 사실입니다. 결국 전향은 내 신체의 휴지 상태에서 이루어지는 것이 아니라, 자기와 자기의 조응 속에서 이루어집니다. 바로 이 점이 플라톤의 전향과의 두번째 큰 차이입니다. 끝으로 세번째 큰 차이는 아무리 중요한 역

---

9) 플라톤에 있어서 육체-무덤의 테마는 신체를 의미하는 sôma와 무덤, 기호를 의미하는 sêma 간의 언어 유희로 소개된다. 이 테마는 《크라틸로스》, 400c와 《고르기아스》, 493a에서도 발견된다. "어느 날 나는 박식한 사람에게서 현재 우리의 삶은 죽음이요, 우리의 육체는 무덤이라는 말을 들었다"(in 플라톤, 《전집》, t. III-2, A. Croiset 번역, 앞서 인용한 판본, p.174-175); 《파이드로스》, 250c에는 "과거에 우리는 순수했고 현재 신체라는 이름하에 데리고 다니는 무덤이라는 낙인이 없었다"라는 말이 전한다(A. Croiset 번역, 앞서 인용한 판본, p.44). 이 테마에 관해서는 P. Courcelle, 〈신체-감옥에 대한 플라톤주의 전통과 기독교 전통 Tradition platonicienne et Tradition chrétienne du corps-prison〉, *Revue des études latines*, 1965, p.406-443과 〈신체-무덤 Le Corps-tombeau〉, *Revue des études anciennes*, 68, 1966, p.101-122.

10) 이같은 구분은 에픽테토스에게는 중요하며, 또 전쟁의 중추와 절대적인 나침반을 구축한다. 《제요》와 《어록》을 참조하고 그 중에서도 특히 I, 1과 III, 8을 참조할 것.

할을 한다 할지라도, 인식은 플라톤의 epistrophê에서처럼 결정적이고 근본적인 역할을 담당하지 못합니다. 플라톤의 epistrophê에서는 인식 · 상기 형식 내에서 인식이 전향의 핵심적이고 근본인 요소를 구축합니다. 그러나 이제 se convertere ad se(자기에로의 방향 전환)의 절차 내에서 인식보다는 연습 · 훈련 · 실천과 같은 askêsis(자기 수련)가 핵심적인 요소가 됩니다. 지금까지 논의한 모든 것은 대단히 도식적이기에 잠시 후에 더 자세히 연구할 필요가 있습니다. 하지만 이 전향의 테마의 위치를 설정하기 위해서는 플라톤의 epistrophê와 연관지어 분석할 필요가 있습니다.

둘째로 [헬레니즘 시대의 전향]을 이번에는 이전이 아니라 이후에 기독교 문화에서 나타나는 아주 구체적인 개종과 연관지어 위치 설정을 해보고자 합니다. 다시 말해서 3세기와 특히 4세기부터 기독교에서 발달하게 될 metanoia(개종) 개념과 관련지어 헬레니즘 시대 전향 개념의 위치를 설정해 보고자 합니다. 이 기독교의 개종 개념에 대해 기독교인들은 metanoia라는 용어를 사용하고, 이 개념은 플라톤의 epistrophê와 크게 다릅니다. Metanoia 라는 말이 두 가지 것을 의미한다는 것을 알아둘 필요가 있습니다. 즉 우선 metanoia는 고해성사를 의미하고, 또 사유와 정신의 급격한 변화를 의미하기도 합니다. 하지만――여기서도 나는 epistrophê에 관해 했던 것처럼 도식적으로 논의하겠는데――기독교의 metanoia는 다음과 같은 특성들을 보여줍니다.[11] 우선 기독교적인 개종은 갑작스러운 변화를 내포합니다. 갑작스럽다고 말할 때 그것은 개종이 일련의 사고 과정을 통해 오랫동안 준비될 수 없었다거나 준비될 수 없었다는 것을 의미하지는 않습니다. 그래도 준비가 있건 없건, 사고 과정이 있건 없건, 노력이 있건 없건, 고행이 있건 없건 간에 개종이 있기 위해서는 주체의 존재 방식을 동요시키고 단번에 변형시키는 역사적이고 동시에 메타 역사적인 단일하고 갑작스러운 사건이 필

---

11) 1980년 강의(2월 13, 20, 27일 강의)에서 푸코는 테르툴리아누스(155-225년)의 《고해성사에 관하여 De Poenitentia》를 핵심 기준점으로 취하며 paenitentia(metanoia의 라틴어 번역: 고해성사)의 테마를 분석한다. 플라톤에게서는 회심이 동일하고 단일한 운동을 통해 진실과 진실에 태생적으로 연결된 영혼의 진실을 인식하는 것을 기독교의 개종과 플라톤의 전향을 대립시키는 것이 관건이다. 테르툴리아누스는 고해성사에서 제도화된 진리에의 접근(신앙)과 해방시켜야 할 영혼의 어두운 진실(고해)을 분리시킨다.

요합니다. 둘째로 이 기독교적인 개종인 metanoia──갑작스럽고 극적이며 역사-메타 역사적 주체의 동요──내에는 한 유형의 존재에서 다른 유형의 존재로, 죽음으로부터 생명으로, 도덕성으로부터 부도덕성으로, 어둠으로부터 빛으로, 악마의 지배로부터 신의 지배로의 이행 등과 같은 것이 존재합니다. 끝으로 기독교의 개종에는 두 다른 요소로부터 결과되거나 두 다른 요소의 교차 지점에 있는 하나의 요소가 존재합니다. 다시 말해서 주체 내부에서 단절이 존재할 경우에만 개종이 있을 수 있습니다. 개종되는 자기는 자기 자신을 포기한 자기입니다. 자기 자신을 포기하고 버려서 자신의 존재나 존재 방식에 있어서나 자신의 습관이나 êthos에 있어서도 이전의 자기와는 하등의 관계가 없는 새로운 형태의 다른 자기 내에서 다시 태어나기, 바로 이것이 기독교 개종의 근본적인 요소들 가운데 하나입니다.

이러한 기독교의 개종과 관련해 내가 언급한 헬레니즘 시대와 로마 시대의 철학과 도덕, 그리고 자기 수양에서 이 자기로의 방향 전환(conversion ad se)[12](epistrophê pros heauton[13])가 어떻게 기술되고 있는지를 살펴보면, 그것이 기독교 개종의 절차들과는 완전히 다른 것들임을 알 수 있다고 나는 생각합니다. 첫째로 엄격히 말해 단절이 존재하지 않습니다. 이 점에 대해 보다 정확히 해야 할 필요가 있는데 나중에 그 점을 설명하도록 하겠습니다. 물론 자기와 자기 간의 단절, 자기의 갑작스럽고 철저한 변모와 변형과 같은 바를 지시하는 상당수의 표현들이 발견됩니다. 유일하게 세네카에게서만 fugere a se, 즉 자기 자신으로부터 도주하다, 자기 자신으로부터 벗어나다[14] 라는 표현이 발견됩니다. 마찬가지로 세네카의 루킬리우스에게 보내는 서한 IV에서도 흥미로운 표현들이 발견됩니다. "내가 현재 진보하고 있다고 느끼는 것은 굉장한 일이다. 그것은 단순한 emendatio(교정)가 아니다. 나는 나를 교정하는 것만으로 만족할 수 없고 내 자신이 변모하고 있다(transfigurari)[15] 는 느낌이 든다." 같은 편지의 좀 뒷부분에서 세네카는 자신의 변모(mutation

---

12) 《자기 배려》, 인용된 판본, p.82 참조.
13) 에픽테토스, 《어록》, III, 22, 39; I, 4, 18; III, 16, 15; III, 23, 37; III, 24, 106 참조.
14) 세네카의 《자연의 의문들》 III권의 서문에서 해방시켜야 할 자기 예속의 문제에 대한 분석인 푸코의 2월 17일 강의 후반부 참조.

mei)¹⁶⁾에 대해 논합니다. 하지만 위의 몇 가지 언급을 예외로 하면 단절이 일어난다 해도, 그것이 자기 내부에서 발생하지 않는다는 점이 헬레니즘과 로마 전향의 특징과 핵심입니다. 단절은 형상화된 죽음 이후 자기와 다른 모습으로 다시 태어나기 위해 자기 자신을 스스로 뿌리 뽑고 자신을 버리게 되는 자기 내에서의 분기가 아닙니다. 단절이 있다면——단절이 실제로 있다——그것은 자기 자신을 에워싸고 있는 바와 관련한 단절입니다. 자기 자신이 더 이상 예속적이고, 의존적이며, 강압을 받지 않기 위해 자기 자신의 주변에서 행해야 하는 단절입니다. 따라서 자기 자신과 관련한 단절이 아니라 여타의 것들과 관련한 단절로 지시되는 일련의 용어, 관념들이 있습니다. 도주(pheugein)¹⁷⁾와 은거(anakhôrêsis)를 지시하는 용어들이 있습니다. Anakhôrêsis는 적군 앞에서 후퇴하기(공격하는 적군으로부터 군대가 피하는 경우에 anakhôrei라 하고, 이는 군대의 퇴각을 의미한다)와 노예가 예속과 노예 신분으로부터 벗어나 탈주하여 시골(khôra)로 가는 것을 일컫는 anakhôrêsis 라는 두 의미가 있습니다. 문제가 되는 것은 바로 이 단절입니다. 앞으로 보게 되겠지만 세네카에 있어서(예를 들면 《자연의 의문들》¹⁸⁾ 제3부와 《루킬리우스에게 보내는 서신》 1,¹⁹⁾ 32,²⁰⁾ 8²¹⁾ 등에서) 자기 해방은 여타의 것들과 관련한 단절을 가리키는 많은 동의어와 표현들이 있습니다. 세네카의 흥미로

---

15) "루킬리우스, 내가 향상되고 있다는 느낌이 들어. 그러나 그것으로는 충분치 않아. 내 자신 안에서 변신이 진행되고 있어(intellego, Lucili, non emendari me tantum sed transfigurari)."(세네카, 《루킬리우스에게 보내는 서신》, t. I, I편, 서신 6, 1, éd. citée, p.16)

16) "아, 너에게 갑작스러운 내 변신의 결과를 알려 주고 싶다(tam subitam mutationem mei)."(id, 서신 6, 2, p.17)

17) "아직 당신이 이러한 자질[내 소관이 아닌 것에 대해 그것이 내게 아무것도 아니라고 선언하는 것]을 갖고 있지 않다면 당신의 낡은 습관을 버리고 위대한 사람이 되기 시작하려거든 속인들을 피하시오."(에픽테토스, 《어록》, III, 15, p.57)

18) 이 텍스트에 대한 분석과 관련해서는 2월 17일 강의 후반부 참조.

19) "친애하는 루킬리우스여, 너 자신에 대한 너의 권리를 주장하여라(vindica te tibi)." (세네카, 《루킬리우스에게 보내는 서신》, t. I, I편, 서신 1, p.3)

20) "그러므로 서둘러라, 친애하는 루킬리우스. 적이 등 뒤에 있다면, 도주자를 추적하는 기마대가 가까이 왔다고 의심이 되면 속도를 배가해야 한다고 생각해라. 너는 추격당하는 상황에 있어. 자 서둘러 도주해라(adcelera et evade)."(id., 서신 32, 3, p.142)

21) "나는 세상과 세상사로부터 은퇴한다(secessi non tantum ab hominibus, sed a rebus)." (id., 서신 8, 2, p.23)

운 은유를 알려드리겠는데, 이것은 대단히 잘 알려진 바이고, 또 팽이와 연관이 있지만 전술한 팽이의 회전과는 다른 의미를 갖는 은유입니다. 《루킬리우스에게 보내는 서신》 8에서 세네카는 철학이 주체를 자기 주변을 맴돌게 한다고, 다시 말해서 철학은 주인이 노예를 해방하는 행위를 하게 만든다고 말합니다. 주인이 예속으로부터 노예를 해방하는 것을 보여주고 현시하고 실행하기 위해 노예를 자기 주변을 돌게 하던 예식적(禮式的)인 제스처가 있었습니다. 세네카는 이 이미지를 다시 취해 철학은 주체로 하여금 자기 주변을 돌게 하지만,[22] 그것은 그를 해방하기 위함이라고 말합니다.[23] 따라서 이것은 자기 자신을 위한 단절, 자기 주변에서의 단절, 자기에게 유익한 단절이지, 자기 내부에서의 단절이 아닙니다.

헬레니즘 · 로마 시대의 전향에서 주시해야 할 바는 바로 자기라는 사실이, 뒤에 오게 될 기독교의 metanoia(개종)와 대립되는 전향(conversion)의 두 번째 중요한 테마입니다. 자기 자신을 목전에 두고 보아야 합니다. 여기로부터 'blepe se'(너 자신을 보아라: 이 표현은 마르쿠스 아우렐리우스에게서[24] 발견됩니다) 혹은 'observa te'(너 자신을 관찰하여라),[25] 'se respicere'(자기 자신에게 시선을 돌리다),[26] 'proskhein ton noun heauto'(자기 자신에게 정신

---

22) 에픽테토스는 진정한 해방이 객관적 해방에 속하기보다는 욕망의 포기에 있다는 것을 보여주기 위해 이 예식을 다시 취한다. 즉 "집정관 앞에서 자신의 노예를 돌게 하였을 때 주인은 아무 일도 하지 않았던 것일까? 이 예식의 대상이었던 자는 자유롭게 되지 않았던가?──그렇다고 해서 그가 영혼의 평정을 얻은 것은 아니다."(《어록》, II, 1, 26-27, p.8)

23) "내가 오늘 그[에피쿠로스]에게서 '너는 철학의 노예가 되거라, 그러면 진정한 자유를 얻을 것이다'라는 금언을 발견했다. 사실 철학에 복종하고 몰두하는 자는 버림을 받지 않는다. 해방은 즉각적으로 발생한다(statim circumagitur). 철학적 예속을 말하는 자는 분명히 자유를 말하는 자이다."(세네카, 《루킬리우스에게 보내는 서신》, t. I, 1권, 서신 8, 7, p.24)

24) 마르쿠스 아우렐리우스, 《명상록》, VII, 55와 VIII, 38.

25) "너의 생을 자세히 조사하고 사방을 샅샅이 뒤져 도처를 응시하라(excute te et varie scuretare et observa)"(세네카 《루킬리우스에게 보내는 서신》, t. I, II편, 서신 16, 2, p.64); "그래서 너를 점검하여라(observa te itaque)."(id., 서신 20, 3, p.82)

26) "바로 지금부터 나를 점검할 것이고, 가장 유익한 바들 가운데 한 실천에 입각해 내 하루를 점검할 것이다. 왜 우리는 이렇게 나쁜 것일까? 그 이유는 우리들 가운데 그 누구도 자신의 생에 대해 회고적 시선을 던지지 않기 때문이다(nemo vitam suam respicit)."(세네카, 《루킬리우스에게 보내는 서신》, t. III, X편, 서신 83, 2, p.110)

을 집중하다)[27] 등과 같은 일련의 표현들이 유래합니다. 따라서 자기를 목전에 둘 필요가 있습니다.

셋째로 목적지로 가는 것처럼 자기 자신을 향해 나아갈 필요가 있습니다. 이것은 단순한 눈의 활동이 아니라 자기 자신을 유일한 목표로 삼는 존재 전반의 활동입니다. 자기 자신을 향해 가는 것은 동시에 자기 자신으로의 회귀이기도 합니다. 즉 그것은 군대가 보호받을 수 있는 도시와 성체로 되돌아 가는 것처럼 배가 귀항하는 것과 같습니다. 여기에는 자기-성채[28]와 관련된 일련의 은유——결국 은신처가 되는 항구로서의 자기[29]——가 있고, 또 이 은유는 자기 자신을 향해 나아가는 이 운동이 동시에 자기로 회귀하는 운동임을 보여줍니다. 즉각적으로 정합적이지 않은 이 이미지들에는 문제가 하나 있습니다. 내 생각에 이 문제는——헬레니즘·로마 시대의 사유에서 자기가 사전에 이미 주어졌기 때문에 되돌아가야 할 곳인지, 아니면 자기는 정해진 목표이고 또 지혜에 도달하면 접근이 가능하게 되는 어떤 목표인지가 결코 분명치 않고 확정된 것이 아니라고 생각됨에 따라——전향 개념과 실천, 그리고 그 실천의 도식간의 긴장을 드러내는 문제입니다. 자기는 철학적 실천의 오랜 고행의 여정을 거쳐 도달하게 되는 지점일까요? 자기는 목전에 항시 간직해야 하고, 또 오직 지혜만이 허용할 수 있는 활동을 통해 도달할 수 있는 대상일까요? 이와 관련해 자기 실천에는 근본적으로 불확실하고 불안정한 요소가 있다고 생각합니다.

아무튼——그리고 여기서 전향(conversion)과 관련해 내가 강조하고 싶은 마지막 특성일 텐데——전향(conversion) 활동이 아니라, 적어도 그 도달 지점·완결 지점을 특징짓는 상당수의 관계를 되돌아가야 하거나 지향해야 하는 자기와 설정하는 것이 문제입니다. 자기와 자기가 맺는 이 관계는 행동의 형태를 취할 수도 있습니다. 자신을 보호하고, 방어하고, 무장하고, 자신이 필요한 장비를 갖추는[30] 것이 그 예라 할 수 있습니다. 자기와의 관계는 태

---

27) 1월 20일 강의 전반부 참조.

28) 같은 강의, p.121 이하 주 10) 참조.

29) "친애하는 폴리비우스여, 속된 것으로부터 벗어나라. 그리고 네 생활의 지속을 위해 요동쳤으니 이제 더 조용한 항구로 은거하거라."(《삶의 짧음에 관하여 De brievitate vitae》, XVIII, 1, in 세네카, 《대화편》, t. II, A. Bourgery 번역, Paris, Les Belles Lettres, 1923, p.74)

도의 형태를 취할 수도 있습니다. 자기 자신을 존중하고, 영예롭게 하기[31]가 그 예라 할 수 있습니다. 끝으로 이 관계는 상태의 형태를 취할 수도 있습니다. 예컨대 자기는 자기 자신의 주인이고, 자기 자신을 소유하며 자기 자신을 자기에게 귀속시킵니다.(법률적 관계[32]) 아니면 자기 자신에게서 즐거움과 희열과 쾌락[33]을 체험하는 경우가 그 예입니다. 여기서 전향은 자기로 향해 가는 활동, 자기로부터 시선을 떼지 않는 활동, 자신을 결정적인 목표로 고정시키는 활동, 그리고 궁극적으로는 자기에 도달한다거나 되돌아가는 행위로 규정됩니다. 개종(기독교 혹은 후기 기독교의 metanoia)이 자기 내에서의 단절과 변동의 형태를 가지며, 결과적으로는 타동-주체화(trans-subjectivation)라고 말할 수 있다면, 기원후 초기 철학에서 전향은 타동-주체화(trans-subjectivation)가 아닙니다. 전향은 주체 내에 본질적인 분할을 도입한다거나 각인하는 방식이 아닙니다. 전향은 타동-주체화(trans-subjectivation)라기보다는 능동-주체화(auto-subjectivation)라 부를 수 있는 길고도 연속적인 절차입니다. 자기 자신을 목적으로 고정시키면서 어떻게 자기와 자기 간에 적합하고 충만한 관계를 설정할 수 있을까요? 바로 이것이 전향에서 내기에 걸린 바입니다.

결과적으로 전향은 기독교의 metanoia(개종)와 거리가 멀다고 생각됩니다. 아무튼 metanoia라는 용어(고전기와 지금 논의하고 있는 시대의 문과 텍스트 내에서 발견된다)는 결코 개종의 의미를 갖고 있지 않았습니다. 우선 의견의 변화 관념을 지시하는 상당수의 용례들이 있습니다. 누군가에게 설득당할 경우 사람들은 그 순간에 metanoei(의견을 바꿉니다),[34] 또 후회·회한

---

30) 장비(paraskeuê)에 할애된 2월 24일 강의 후반부 참조.

31) therapeuein heauton(자기 치료)과 관련된 1월 20일 강의 전반부 참조.

32) 세네카(《루킬리우스에게 보내는 서신》 32와 75, 그리고 《삶의 짧음에 관하여》 V, 3)를 참조하는 《자기 배려》 p.82-83 참조.

33) 《자기 배려》, p.83-84 참조. 여기서 푸코는 세네카를 참조하면서 인간을 소외시키는 voluptas(쾌락)와 진정한 자기 gaudium 혹은 laetitia(희열)를 대립시킨다. 즉 "나는 네가 희열이 부족함이 없고 집안에 넘쳐 흐르기를 바란다. 희열은 네 자신 안에 있을 때 넘쳐 흐른다. [⋯] 희열은 네가 그것을 어디로부터 취할지를 알게 될 때 결코 고갈되지 않을 것이다. [⋯] 진정한 선 쪽으로 시선을 돌리거라. 네 자산에 대해(de tuo) 행복해 하여라. 그런데 이 자산은 무엇일까? 그것은 너 자신(te ipso)이고 너의 최상의 부분이다."(《루킬리우스에게 보내는 서신》, t. I, III편, 서신 23, 3-6, p.98-99)

을 느끼다라는 뜻의 metanoein 관념을 갖는 metanoia도 발견됩니다(이 용례는 투키디데스의 《펠로폰네소스 전쟁》 III편[35]에서 발견됩니다). 이 용례에서는 항시 부정적인 함의와 부정적 가치 평가가 존재합니다. 당대의 그리스 문학에서 metanoia는 긍정적인 의미는 전혀 없었고 항시 부정적인 의미만을 간직하고 있었습니다. 그래서 에픽테토스에게서 다음과 같은 바를 발견할 수 있습니다. 즉 머릿속에 있는 잘못된 판단들을 몰아내야 합니다. 왜 이 잘못된 판단을 몰아내야 할까요? 그 이유는 그렇게 하지 않으면 이 판단과 그 결과 때문에 자기 자신에게 힐책을 가해야 하고, 자기 자신과 싸워야 하며, 회개해야 하기(makhestai, basanizein 등과 같은 동사들이 사용됩니다) 때문입니다. 그리고 회개해야 합니다(metanoein).[36] 따라서 metanoein하지 않기 위해서는 그릇된 판단을 갖지 말아야 합니다. 뿐만 아니라 에픽테토스의 《제요(提要)》에서도 나중에 후회(metanoia)[37]를 유발시키는 그런 유의 쾌락에 사로잡히도록 자신을 방치해서는 안 된다는 언급이 발견됩니다. 마르쿠스 아우렐리우스에게서도 이 충고가 발견됩니다. 즉 "모든 행동에 대해 '우연히 나는 내가 한 행동을 후회해야 하지 않을까?[mê, metanoêsô ep'autê, 즉 그 행동에 대해 내가 후회하지 않을까?; M. F.]'라고 자문할 필요가 있다."[38] 따라서 후회는 피해야 할 바이며, 또 이 후회를 삼가해야 하기 때문에 하지 말아야 할 상당수의 일들과 거부해야 할 쾌락이 있습니다. 따라서 후회로서

---

34) 예를 들어 이런 의미에서 다음을 참조하시오. 즉 "수많은 사람들의 우두머리가 된 페르시아의 쿠로스라는 위인이 실존했다는 사실을 검토할 경우, 우리의 의견을 재검토하여 인간들을 지배하는 것이 불가능하다거나 어려운 일이 아니라는 사실을 그 일에 착수할 줄 알 경우에 인정하지 않을 수 없었다."(크세노폰, 《키로파이디아 *Cyropaedia*》, t. I, 1-3, M. Bizos & E. Delebecque 번역, Paris, Les Belles Lettres, 1971, p.2)

35) "하지만 내일부터 취해진 결단이 잔인하고 심각하다는 성찰과 함께 후회되기 시작했다(metanoia tis euthus en autois)."(투키디데스, 《펠로폰네소스 전쟁》, t. II-1, III편, XXXVI, 4, R. Weil & J. de Romilly 번역, Paris, Les Belles Lettres, 1967, p.22)

36) "그렇게 해서 그는 더 이상 자기 자신을 힐책하거나 자기 자신과 싸운다거나(makhomenos), 회개한다거나(metanoôn) 자기 자신을 우려할(basanizôn heauton) 필요가 없을 것이다."(에픽테토스, 《어록》 II, 22, 35, p.101)

37) "너는 회개하게 되고 너 자신을 힐책하게 된다(husteron metanoêseis kais autos seautô loidorêsê)."(에픽테토스, 《제요(提要)》, 34, E. Bréhier 번역, in 《스토아주의자들》, *op. cit.* p.1126)

38) 마르쿠스 아우렐리우스, 《명상록》, VIII, 2(p.83).

의 metanoina는 금해야 할 바입니다. 자기로의 방향 전환, 자기로의 회귀에 관한 주제에서 문제가 되는 바와 자기를 포기하며 자기로부터 거듭나고 주체의 완전한 전복을 통해 창립되는 개종은 동일시되어서는 안 된다는 것이 이 모든 것을 통해 내가 말하고자 하는 바입니다. 양자의 동일시가 문제가 아닙니다. 긍정적인 가치와 함께 자기 단절, 자기 개혁을 의미하는 metanoia 는 시기적으로 훨씬 뒤늦은 텍스트 내에서 발견될 것입니다. 내가 언급하는 텍스트는 3세기부터 혹은 적어도 고해성사의 주요 예식이 창시된 시점부터 metanoia에 긍정적 의미를 부여한 기독교 텍스트는 물론 아닙니다. 긍정적 의미를 가지고 주체의 자기 개혁을 지시하는 metanoia라는 용어가 철학 어휘에서 등장하는 것은 3,4세기경에 와서입니다. "metanoia는 arkhê tês philosophias(철학의 시작)라고 말하는 히에로클레스의 피타고라스주의적인 텍스트에서 이 점을 확인할 수 있습니다. 그것은 비합리적인 모든 행위와 담론으로부터의 phugê(도주)입니다. 그리고 그것은 후회 없는 삶의 최초의 준비입니다. 바로 여기에 일부 기독교인들이 만들어 낸 새로운 의미를 갖는 metanoia가 있습니다. 그것은 주체 존재의 변화, 동요 변형 그리고 후회[39] 없는 인생에 이르는 길을 의미하는 metanoia 관념입니다.

  결과적으로 연구하려는 영역 내에서 우리는 플라톤의 epistrophê와 기독교의 metanoia(새로운 의미를 갖는 metanoia) 사이에 위치하게 됩니다. 양자 모두는 기원후 1,2세기의 텍스트에 등장하고 환기되는 실천과 경험의 방식을 기술하기에 적합하지 않다고 생각됩니다. 전향(conversion) 분석과 관련해 epistrophê와 metanoia에서 내가 인용한 이 모든 준비와 예방은 피에르 아도가 약 20여 년 전에 쓴 중요한 텍스트[40]를 물론 참조한 것입니다. 피에르 아도는 세계철학자대회에서 epistrophê와 metanoia에 대해 지극히 근본적이고 중요한 분석을 하였고, 거기서 그는 epistrophê와 metanoia라는 두 종류의 중

---

39) "Hê de metanoia hautê philosophias arkhê ginetai kai tôn anoêtôn ergôn te kai logôn phugê kai tês ametamelêtou zôês hê prôtê paraskeuê"(Hierocles, *Aureum Pythagoreorum Carmen Commentarius*, XIV-10, éd. F. G. Koehler, Stuttgart, Teubner, 1974, p.66; R. Goulet 의 도움으로 이 인용구를 발견하였다). 1925년도의 판본(Paris, L'Artisan du livre)에서 M. Meunier는 다음과 같이 번역합니다. "따라서 회개는 철학의 시작이다. 또 무분별한 말이나 행동을 삼가는 것은 회개로부터 자유로운 삶을 준비하는 일차적인 조건이다."(p.187)

요한 전향의 모델이 서구철학에 존재한다고 단언했습니다. epistrophê는 영혼이 자신의 원천으로 귀환하는 것을 함의하는 전향 개념과 그 경험, 영혼이 존재의 완벽을 향해 회귀하는 운동, 영혼이 존재의 영원한 운동 내에 다시 위치하는 운동이라고 피에르 아도는 말하고 있습니다. epistrophê는 각성을 모델로 삼고 각성의 근본적인 방식으로서 anamnêsis(상기)를 취합니다. 눈을 뜨고, 빛을 발견하고 동시에 존재의 근원이기도 한 빛의 원천으로 되돌아갑니다. 바로 이것이 epistrophê입니다. metanoia는 다른 모델에 속하고 다른 도식을 따릅니다. 여기서는 정신의 동요, 철저한 혁신이 문제시되며, 그 중심에 자기 자신의 경험과 자기 자신에 의한 자기 자신의 포기인 죽음과 부활을 수반하는 주체 자신에 의한 자기의 재생산이 문제입니다. 피에르 아도는 epistrophê와 metanoia, 그리고 이들의 대립을 서구의 사상·영성·철학 내에서 항구적인 양극으로 만들어 버렸습니다. epistrophê와 metanoia의 이같은 대립은 전적으로 유효하다고 생각되며, 기독교 탄생 이후부터 존재해 오고 실천되며 경험되어 오는 개종에 대한 좋은 분석의 틀을 이룬다고 생각합니다. 그리고 한마디로 말해 오늘날 우리가 개종(conversion)이라 부르는 바에서 두 양태를 갖는 주체의 변형·변화 방식은 근본적인 두 형식을 구축한다고 생각합니다. 하지만 나는 다음과 같이 말하고 싶습니다. 우리가 이 사태를 통시적인 전개에 입각해 이해해 보고, 또 고대 내내 전향(conversion) 테마의 여정을 추적해 보면 이 두 모델이나 도식을 대략 플라톤 시대부터 기독교에 이르는 시기에 발생한 바를 이해할 수 있게 해주는 설명과 분석의 틀로 내세우기에는 어려움이 있다는 생각이 들 겁니다. 플라톤 혹은 피타고라스-플라톤적 개념인 epistrophê가 이미 플라톤의 텍스트에서(따라서 기원전 4세기에) 실제적으로 명백히 구축되었지만, 이후의 사유와 피타고라스와 플라톤의 경향 밖에서 심층적으로 변형되었다고 생각합니다. 에피쿠로스주의 사상, 견유주의 사상, 스토아주의 사상 등은 플라톤의 epistrophê

---

40) Pierre Hadot, 〈Epistrophè et metanoia〉, in *Actes du XI° congrès international de Philosophie, Bruxelles, 20-26 août 1953*, Louvain-Amsterdam, Nauwelaerts, 1953 vol. XII, p.31-36(《보편백과사전 *Encyclopedia Universalis*》의 〈Conversion〉이라는 논고에 재수록되었고 《영적인 수련과 고대철학 *Exercices spirituels et Philosophie antique*》, *op. cit.*, p.175-182의 초판에 다시 수록됨).

모델과는 다르게 전향 개념을 사유하려 시도했고, 또 그렇게 하는 데 성공했다고 생각합니다. 하지만 내가 논의하는 이 시기에, 다시 말해 헬레니즘·로마 시대에 자기 포기와 주체 존재의 갑작스럽고 극적인 동요를 중심으로 구축된 기독교적인 metanoia와는 다른 전향(conversion)의 도식이 존재했습니다. 따라서 나는 플라톤의 epistrophê와 기독교의 metanoia가 정착되기 이전의 시기에 주체가 자기 자신으로 전향하고 자기 자신으로 향해 나가며 자기 자신으로 회귀하도록 요청하는 활동이 어떻게 구축되었는지를 보다 정확히 연구해 보고자 합니다. 나는 epistrophê도 아니고 metanoia도 아닌 이 전향(conversion)을 두 방식으로 연구하고자 합니다.

우선 오늘은 시선의 전향(자기 자신으로의 귀환) 문제를 연구하고자 합니다. 전향의 일반적 테마 내에서 '자기 자신에게 시선을 돌리기'(tourner son regard vers soi-même)와 '자기 자신을 인식하기'(se connaître soi-même)가 어떻게 설정되었는지를 살펴보고자 합니다. 이 주제——자기 자신을 응시해야 하고, 자기 자신에게로 자기 자신의 시선을 돌려야 하며, 자기 자신으로부터 시선을 떠나게 해서는 안 되고, 자기 자신을 항시 목전에 두어야 한다——의 중요성에 비추어 볼 때 거기에는 무엇인가 '너 자신을 알라'(connais-toi toi-même)와 아주 유사한 바가 있는 듯합니다. 그리고 '너 자신에게 시선을 돌려라'(tourne les yeux vers toi)라는 […] 명령적 정언이 함축하고 있는 바는 주체의 자기 인식인 것 같습니다. 플루타르코스·에픽테토스·세네카 그리고 마르쿠스 아우렐리우스가 자기 자신을 점검해야 한다, 자기 자신을 응시해야 한다고 말할 때 어떤 종류의 앎이 문제가 될까요? 자기 자신을 인식의[…] [대상으로 구축하라는 요청이 문제시될까요? 그것은 '플라톤적인' 요청일까요? 그것은 "너의 정신 속에 유입될 수 있는 모든 이미지와 표상에 주의하라" "유혹의 기호와 흔적을 해독하기 위해 네 마음속에서 발생하는 모든 활동을 부단히 점검하라" "너의 정신 속에 들어온 것이 신이 보낸 것인지, 악마가 보낸 것인지 아니면 너 자신이 보낸 것인지를 규명하라" 등과 같은 여러 명령적 정언과 조언으로 해석될 수 있는 경계(警戒) 명령의 형식으로 후대의 기독교와 수도원 문학*] 내에서 발견되는 요청과 유사한 것일까요? 요컨

---

* 수고(手稿)에 입각한 복원.

대 수도원 생활에 즈음해서부터 플라톤적인 시선[41]과는 완전히 다른 자기 자신에 대해 던지는 일정 유형의 시선이 존재합니다. 그리고 던져야 할 질문은 다음과 같습니다. 에픽테토스 · 세네카 · 마르쿠스 아우렐리우스 등이 '너 자신을 응시하라'는 명령을 할 경우 플라톤주의적 시선——네 자신의 내부를 응시하여, 네 안에 있는 진실의 씨앗을 발견하라——이 문제가 될까요? 아니면 자기 자신 안에서 육욕의 흔적들을 찾아내고 자기의 의식의 비밀들(arcana conscientiae)을 들추어 내어 탐색하기 위해 자기 자신을 응시해야 할 필요가 있는 걸까요? 이 문제와 관련해서도 답은 전자도 후자도 아닙니다. 또 '자기 자신에게 시선을 돌려라'라는 명령은 '너 자신을 알라'와 구별되고, 또 '스스로 너 자신을 점검하라'라는 수도원의 신앙 생활과도 구별되는 특수한 의미를 갖고 있습니다. 그렇다면 플루타르코스 · 세네카 · 에픽테토스 · 마르쿠스 아우렐리우스 등과 같은 사람들의 텍스트에서 '자기 자신에게 시선을 돌리기'가 의미하는 바는 도대체 무엇일까요? '자기 자신에게 시선을 돌리기'가 의미하는 바를 이해하기 위해서는 "자기 자신에게 시선을 돌려야 한다는 명령을 받을 때 시선은 무엇으로부터 벗어나야 하는가?"라는 질문을 우선 던질 필요가 있습니다. 자기 자신에게 시선을 돌리기가 의미하는 바는 우선 타자들로부터 시선을 해방하는 것을 말합니다. 그 다음으로는 시선을 세계의 사물로부터 해방시키는 것을 의미합니다.

첫째로 자기 자신에게 시선을 돌린다는 것은 타자들로부터 시선을 해방하는 것을 의미합니다. 타자들로부터 시선을 해방하기란 우리로 하여금 타자에게 관심을 갖게 만드는 일상 생활의 동요나 호기심으로부터 시선을 해방시키는 것입니다. 모든 플루타르코스의 텍스트가 그러하듯이 이 점과 관련해 다소 진부하기는 해도 또 심층적으로 전개되지는 못하지만 타자와 관련된 시선의 해방이 의미하는 바에 대해 지극히 의미심장한 바를 시사하는 작은 텍스트가 있습니다. 그것은 《호기심에 관하여》라 불리는 플루타르코스의 텍스트이고, 여기서 우리는 두 흥미로운 은유를 발견할 수 있습니다. 텍

---

41) 기독교 내에서 의식의 비밀을 해독하는 테크닉의 설정에 대한 설명은 1980년 3월 26일 강의(콜레주 드 프랑스 종강)에서 언급되고 있고, 푸코는 이를 카시아누스의 의식 지도 행위(les pratiques de direction de conscience)에 근거하고 있다.

스트의 초반부에서 플루타르코스는 도시[42]에서 일어나는 일을 참조합니다. 그리고 말하기를 "과거에 도시들은 아주 우연히 가장 나쁜 환경에서 건축되었다. 그래서 도시를 통과하는 나쁜 바람과 좋지 않은 채광으로 인해 불편함이 지극히 많았다. 그래서 도시를 전적으로 이전할 것인가, 아니면 재조직하고, 재정비하고 '다시 방향 설정'(réorienter)해야 할 것인가 선택해야 할 시점이 있었다." 플루타르코스는 이를 지시하기 위해 정확히 strephein[43]이라는 표현을 사용합니다. 사람들은 집이 자기 자신을 중심으로 회전시키고, 집 방향을 다르게 설정하며 창문과 문을 다른 방식으로 열게 합니다. 아니면 바람이 도시와 주민을 더 이상 유해하고 위험하며 불쾌하게 강타하지 않도록 하기 위해 산을 부수고 벽을 건조할 수 있다고 플루타르코스는 말합니다. 둘째로 약간 후반부(515e)에서 플루타르코스는 집의 은유를 반복하면서, "집안의 창문들이 이웃집 쪽으로 향해서는 안 된다" "이웃집으로 향하는 창문들이 있다 해도 그것들을 조심스럽게 닫고 자신의 집에 있는 남자들의 거처나 여자들의 규방, 그리고 하인들이 있는 구역으로 향한 문들을 열어 거기에서 일어나는 일을 알 필요가 있으며, 또 그들을 감시할 필요가 있다"고 말합니다. 결국 이와 같은 일을 자기 자신에게 할 필요가 있다고 플루타르코스는 말합니다. 즉 타인에게서 일어나는 바를 응시할 것이 아니라, 자기 자신에게서 일어나는 바를 응시할 필요가 있다고 플루타르코스는 말합니다. 여기서 우리는 타자에 대한 인식이나 타자에 대한 불건전한 호기심을 자기 자신에 대한 좀 진지한 검토로 대체하는 것이 문제라는 최초의 느낌을 갖게 됩니다. 마르쿠스 아우렐리우스에게 있어서도 마찬가지인데, 그는 누차 반복해 "타인들에게 신경 쓰지 말고 자기 자신에게 신경 쓰는 것이 훨씬 낫다"라고 말합니다. 그래서 《명상록》의 II, 8에서 우리는 타자의 영혼[44]에서 일어나는 바에 대해 주의를 기울이지 않기 때문에 불행한 것이 결코 아니다라는 일반 원칙을 발견할 수 있습니다. 《명상록》의 III, 4에는 "타

---

42) 플루타르코스, 《호기심에 관하여 *De la curiosité*》, 515b-d, J. Dumortier & J. Defrados 번역, 앞서 인용한 판본, p.266-267.

43) "그래서 제푸로스에 노출된 우리 조국은 파르나소스로부터 오는 태양의 힘을 오후 내내 받았다. 조국은 카이에론에 의해 동쪽으로 재방향 설정되었다고 한다."(*id.*, 515b, p.266)

인이 행하는 바를 너로 하여금 상상하게 방치한 생의 부분을 사용하지 마시오"[45]라는 표현이 발견되며, IV, 18에서는 "이웃 사람이 말하고 행하고 생각한 바를 보지 않고 오직 자기 자신이 한 바(ti autos poiei)[46]를 응시할 때 비로소 우리는 여유를 가질 수 있다"라는 구절이 발견됩니다. 따라서 타자에게 일어나는 일을 보지 말고 자기 자신에게 주의를 기울일 필요가 있습니다.

하지만 이같은 시선의 전환이 정확히 무엇인지, 또 타자를 더 이상 생각하지 않을 때 자기 자신의 무엇을 응시해야 하는지를 살펴볼 필요가 있습니다. 우선 호기심이라는 말은 그리스어로 polupragmosunê이며, 이는 알려는 욕망이라기보다는 경거망동을 의미한다는 사실을 상기할 필요가 있습니다. 그것은 자신과 관계 없는 일에 연루됨을 의미합니다. 플루타르코스는 《호기심에 관하여》의 서두에서 호기심의 정확한 정의를 'philomateia allotriôn kakôn'[47]으로 정의했고 이는 타자의 병, 불행의 소식을 알려는 욕망과 그것으로부터 얻는 쾌감입니다. 그것은 타인이 잘 되어 가고 있지 않은 데에 대한 관심이고, 타자의 결점에 대한 관심입니다. 타자가 범하는 실수를 아는 쾌감입니다. 그렇기 때문에 플루타르코스는 이와 반대되는 권고를 합니다. 즉 "타인들의 과오에 신경 쓰지 말고, 너 자신의 결점과 과오, 즉 너의 hamartêmata[48]에 대해 신경 써라. 다시 말해서 너 자신 안에 있는 결점들을 응시해라." 하지만 실제로 플루타르코스의 텍스트의 논리 전개를 살펴보면, 타자로부터 자기에게로의 시선의 변환이 일어나는 방식이 결코 가능하고 필요한 인식의 대상인 자기[49]로 타자를 대체하는 데 목적이 있지 않다는 사실을 알 수 있습니다. 플루타르코스는 이 전환을 지시하는 용어를 분명 사용합니다. 요컨대 그는 예를 들어 변화를 의미하는 perispasmos 혹은 metholkê

---

44) "타자의 영혼에서 발생하는 바에 관심을 기울이지 않아 불행한 사람은 쉽게 발견할 수 없다. 자기 자신의 영혼에서 일어나는 일에 대해 관심을 기울이지 않는 사람은 숙명적으로 불행할 수 있다."(마르쿠스 아우렐리우스, 《명상록》, II, 8, p.12)

45) 《명상록》, III, 4(p.20). 문장의 끝은 다음과 같다. "공동체를 위해 네 스스로 어떤 목표를 제안하지 않는 한."

46) 《명상록》, IV, 18(p.31).

47) 플루타르코스, 《호기심에 관하여》, 515d, §1(p.267).

48) Id., 515d-e(p.267).

49) "이 호기심을 내부로 되돌리기 위해 외부로부터 벗어나게 해라."(ibid.)

를 사용합니다. 이 호기심의 변화는 무엇을 하는 데 있습니까? 타자의 병환이나 불행보다 더 유쾌한 것 쪽으로 trepein tên psukhên(영혼의 방향을 전환할) 필요가 있다고 플루타르코스는 말합니다.[50] 더 유쾌한 이것은 무엇일까요? 플루타르코스는 세 가지 예를 들고 그 영역들[51]을 지시합니다. 첫째로 자연의 비밀(aporrêta phuseôs)을 연구하는 것이 더 바람직합니다. 둘째로 아무리 추잡한 수많은 바를 읽거나 타인의 불행을 목격한다 할지라도 역사가들이 쓴 역사를 읽는 것이 더욱 바람직합니다. 이제 타인의 불행이 시간상으로 후퇴했기 때문에 그만큼 우리는 병적인 쾌락을 취하지 않습니다. 셋째로 농촌으로 은거하며 농촌에 있을 때 자기 자신 주변을 볼 수 있다는 위안을 하며 평온한 광경에서 즐거움을 취할 필요가 있습니다. 자연의 비밀, 역사의 독서, 라틴 사람들이 말하듯이 농촌에서의 교양 있는 여가(otium)로 호기심을 대체할 필요가 있습니다. 이 세 영역——자연의 비밀, 역사, 농촌 생활의 평온함——에 수련을 부가할 필요가 있습니다. 플루타르코스는 그가 제안하는 호기심에 반대하는 수련을 열거합니다. 우선 기억 훈련이 있습니다. 머릿속에 있는 바, 배운 바[52]를 부단히 상기하는 것, 이것은 적어도 피타고라스주의자들 이래로 고대 전반에 걸쳐 전통적이고 오래된 테마입니다. 여기서 플루타르코스는 격언적인 표현을 인용하는데 "자신의 금고를 열"[53] 필요가 있습니다. 즉 규칙적으로 하루 동안 암기한 바를 낭송하고 읽은 금언들을 상기해야 할 필요가 있습니다. 둘째로 여기저기를 쳐다보지 않

---

50) "도주하기 위한 수단은 무엇인가? 그것은 보다 정직하고 유쾌한 주제로 영혼의 방향을 기꺼이 전환하면서(trepsanti tên pshkhên) 행하는 이른바 호기심의 전환(perispasmos)과 전이(metholkhê)이다."(*id.*, 517c, §5, p.271)

51) *Id.*, 연이어 §5, 6과 8, 517c에서 519c(p.271-275) 참조.

52) "그들은 배우고 말해진 바 전부를 기억 속에 간직하고 보존해야 한다고 생각했다. 또 배울 수 있는 능력과 기억력이 할 수 있는 만큼 오랫동안 인식과 지식을 습득할 필요가 있다고 생각했다. 왜냐하면 이러한 능력에 힘입어 배워야 하고, 또 이 능력 내에 기억을 간직해야 하기 때문이다. 아무튼 그들은 기억을 중대하게 평가하고 기억 훈련과 배려에 엄청난 시간을 할애하였다는 것은 사실이다. [...] 피타고라스주의자들은 그들의 기억을 폭넓게 훈련하는 데 힘썼다. 왜냐하면 과학과 실험 지혜를 획득하는 데 기억력 이외의 최상의 것은 없기 때문이다."(Jamblique, 《피타고라스의 생애》, L. Brisson & A. -Ph. Segonds 번역, 인용된 판본, §164, p.92)

53) 플루타르코스, 《호기심에 관하여》, 520a, §10(p.276-277).

고 산책하는 훈련이 있습니다. 특히 사람들의 생애와 결혼 등에 관한 정보를 주는 무덤 위의 비문을 쳐다보기를 즐겨서는 안 된다고 플루타르코스는 말합니다. 요컨대 마치 좌우로 달리며 분산되기보다는 주인을 똑바로 따라오도록 교육받고 줄에 묶여 걸어가는 개처럼 앞을 보며 산책할 필요가 있다고 플루타르코스는 말합니다. 또 다른 훈련으로는 어떤 사건이 있은 후에 호기심이 발동할 경우, 호기심을 충족시키려고 해서는 안 된다고 플루타르코스는 말합니다. 다른 곳에서 플루타르코스는 알키비아데스가 곁에 누웠을 때 소크라테스가 이것을 극기했던 것과 마찬가지로 아주 탐스럽고 맛있는 음식을 눈앞에 놓고 그것을 참아내는 것[54]은 참 좋은 훈련이라고 말합니다. 그리고 예를 들어 우리가 편지를 받고 거기에 중요한 내용이 들어 있다고 가정할 때 그 편지를 개봉하기를 삼가고 가능한 한 최대한도로 오랫동안[55] 자기 곁에 그것을 놔둘 필요가 있다고 플루타르코스는 말합니다. 줄에 묶인 개처럼 존재하기, 바른 시선을 갖기, 오직 한 가지 목표와 목적만을 생각하기, 바로 이것이 플루타르코스가 환기하는 호기심에 반한(polupragmosunê에 저항하는) 훈련들입니다. 결과적으로 플루타르코스가 타인에게 발생하는 나쁜 일을 알려는 호기심과 욕망에 대해 비난하는 이유는 이 호기심 속에서 사람들이 자기 자신 내에서 일어나는 일을 등한시하기 때문이 아니라는 걸 알 수 있습니다. 그가 호기심에 대립시키는 바는 결과적으로 존재할 수 있는 모든 나쁜 일을 자기 자신 안에서 색출해 내도록 하는 정신 운동과 주목 운동이 아닐 것입니다. 과거의 약점과 결점, 오류들을 알아내는 일이 문제가 아닙니다. 타자에 대한 악의적이고 사악하며 적대적인 시선으로부터 해방되어야 한다면 그것은 자기 자신의 목적을 향해 나아가기 위해 관찰해야 하고 유지해야 하는 곧은 행보 내에서 자기 자신에 몰두할 수 있기 위해서입니다. 자기 자신에 몰두해야 합니다. 자기 자신을 해독하는 것이 문제가 아닙니다. 주체는 집중 훈련을 통해 자신의 모든 활동과 주의를 자신의 목적으로 이끄는 긴장을 향해 되돌려야 합니다. 주체를 인식의 장으로 열어 주

---

54) 플루타르코스, 《소크라테스의 다이몬》, 585a, J. Hani 번역, 인용된 판본; 이 텍스트의 최초의 분석과 관련해서는 1월 12일 강의 전반부 참조.

55) 《호기심에 관하여》, 522d, §15(p. 283).

체를 주해하고 해독하는 것이 문제가 아닙니다. 마찬가지로 마르쿠스 아우렐리우스에게서도 호기심(polupragmosunê)과 대립되는 것이 발견됩니다. 마르쿠스 아우렐리우스가 타인들에게서 일어나는 일을 쳐다보지도 관심을 기울이지도 말아야 한다고 말할 경우, 그것은 자신의 사유를 자신의 행동에 더 잘 집중시키기 위함이며 시선을 다른 곳에 돌리지 않고[56] 목적지로 달려가기 위해서입니다. 그는 그 이유가 무용하고 사악한 사유의 소용돌이에 의해 사로잡히지 않기 위해서라고 말합니다. 타자로부터 해방되어야 하는 이유는 내면의 안내자[57]의 말을 경청하기 위해서입니다.

내가 강조하지만, 타인에 대한 악의적인 호기심에 반해 요구되는 시선의 변화는 분석 · 해독 · 성찰의 대상으로 자기를 구축하는 결과를 발생시키지 않습니다. 그보다는 목적론적인 집중이 오히려 문제입니다. 주체가 자기 자신의 목적을 잘 바라다보는 것이 문제입니다. 목전에 가장 명철하게 자신이 지향하는 목표를 바라다보고, 말하자면 목표에 대한 명확한 의식과 이 목표에 도달하기 위해 향해야 할 바와 그 목표에 도달할 수 있는 가능성을 명확히 인식하는 것이 문제입니다. 자신의 노력을 항구적으로 의식할 필요가 있습니다. 인식의 대상, 의식과 무의식의 장으로 자기를 취하는 것이 문제가 아니라, 우리가 그것을 통해 목표로 향하는 이 집중에 대한 항구적이고 늘 각성된 의식이 문제입니다. 해독해야 할 지식의 대상이 아니라 우리가 의식 · 경계 · 주의할 대상은 목표와 자기 자신을 분리시키는 바, 즉 자기 자신과 목표를 분리시키는 거리입니다. 결과적으로 사유해야 하는 바는 물론 육상선수들이 하는 것과 같은 집중임을 알 수 있습니다. 우리는 달리기 훈련과 전투 준비를 생각할 필요가 있습니다. 궁사가 표적을 향해 활을 쏘는 몸짓을 생각할 필요가 있습니다. 그것은 예를 들어 일본인에게 극히 중요한 활

---

56) "악독한 성격에 주의를 기울이지 말고 다른 곳에 한눈 팔지 말며 목표를 따라 곧게 달려가라."(마르쿠스 아우렐리우스, 《명상록》, IV, 18, p.31) "밖으로부터 발생하는 사건들에 의해 주의가 산만해지도록 너를 방치하지 마라! 훌륭한 것들을 배울 수 있는 여유를 갖고 마음의 동요를 중단하라."(《명상록》, II, 7. p.12)

57) "[…] 어떤 사람이 행하는 바와 그 이유, 또 그가 말하는 바와 생각하는 바 그가 조합하는 계획 등과 이런 종류의 다른 고심들은 너 자신을 동요시키고 네 내면의 안내자를 무시하게 만든다. 따라서 관념의 사슬 속에서 일시적이고 공허한 바, 특히 경박함과 사악함이 지나가게 내버려두어야 한다."(《명상록》, III, 4, p.20)

쏘기 훈련과 더 가깝다고 말할 수 있습니다.[58] 수도원 생활에서 발견되는 자기 해석과 같은 것보다는 바로 이와 같은 점을 더 염두에 둘 필요가 있습니다. 자기 주변에 공(空)을 만들기, 모든 소음과 얼굴 그리고 자신을 둘러싸고 있는 모든 사람들에 의해 방해를 받거나 정신이 분산되는 것을 막는 행위가 바로 그것입니다. 자기 주변에 공(空)을 만들고, 목표나 오히려 자기 자신과 목표와의 관계에 대해 사유하는 행위가 그것입니다. 내가 향해 가고자 하는 곳이나 내가 도달하고자 하는 곳과 나 자신을 분리시키는 이 도정을 사유해야 합니다. 자기로부터 자기에 이르는 도정에 정신을 집중해야 합니다. 자기로부터 자기에 이르는 도정이 존재합니다. 또 자기와 자기 사이에 존재하는 바로 이 거리 때문에 자기와 자기 사이의 거리 내에 이 도정이 위치합니다. 바로 이것이 타자에게 향해졌었지만, 이제 인식의 대상으로서의 자기가 아니라 도달하기 위한 수단을 갖지만 반드시 거기에 도달해야 하는 행위 주체인 자기가 갖는 거리로 우리를 유도하는 시선의 변환의 테마와 대상이라고 생각합니다. 그리고 자기가 도달해야 할 그곳은 바로 자기 자신입니다.

바로 이것이 타자에게 향해진 시선과 [차별적으로] 자기 자신으로 향하는 시선 전환이 갖는 양태에 대해 내가 말할 수 있는 바입니다. 강의 후반부에서는 세계의 사물과 자연의 인식으로 향해진 시선과 대립하는 자기 자신에게 되돌려진 시선이 의미하는 바와 그것이 갖는 형태에 대해 설명해 보도록 하겠습니다. 그러면 잠시 휴식을 취하도록 하겠습니다.

---

58) 푸코가 E. Herrigel의 애독자였다는 사실을 환기할 필요가 있다. 이 저자와 관련해서는 《기마 궁술에 있어서의 선 *Le Zen dans l'art chevaleresque du tir à l'arc*》(1978), Paris, Dervy, 1986 참조(이 참조는 다니엘 드페르에게서 얻은 것임).

1982년 2월 10일 강의

후반부

일반적 이론의 틀: 진실 말하기(véridiction)와 주체화(subjectivation) — 견유주의자들에게 있어서 세계에 대한 앎과 자기 실천: 데메트리우스의 예 — 데메트리우스에 있어서 유용한 인식의 특징화 — 윤리시학적 앎 — 에피쿠로스의 생리학적 인식 — 에피쿠로스주의 생리학자의 parrhêsia(진실 말하기)

조금 전에 플루타르코스 · 마르쿠스 아우렐리우스에게 있어서 "자기 자신에게 시선을 되돌리기 위해 타자에 대한 시선으로부터 해방되기"가 의미하는 바가 무엇인지를 살펴보았습니다. 이제는 훨씬 더 중요하고, 보다 많은 논의를 발생시킨 문제, 즉 "자기 자신으로 시선을 돌리기 위해 세계의 사물에 대한 시선으로부터 벗어나기"가 의미하는 바가 무엇인지에 대한 질문을 해보고자 합니다. 여기서 그것은 어렵고 복잡한 문제이며, 또 내가 올해에 제기하려는——게다가 내가 상당 기간 전부터 제기하려던 질문입니다——문제이기 때문에 시간을 좀 지체하려고 합니다. 그 문제는 진실—말하기(la véridiction[1])와 주체의 실천 간에는 어떤 관계를 설정할 수 있고, 그 관계는 어떻게 고정되고 정의될 수 있을까입니다. 아니면 보다 일반적으로 어떻게 진실—말하기와 (자기와 타자를) 통치하기가 서로 연관되고 연결되는가입니다. 바로 이 문제를 수많은 양태와 형태하에서 고찰하고자 시도했고——그것이 광기 · 정신병 · 감옥 그리고 범죄 등과 관련해서든지간에——또 성과 관련해 내가 제기했던 문제에 입각해 보다 엄격하게 규정되며 내가 선택했

---

1) 이 개념과 관련해서는 《말해진 바와 씌어진 바》, 인용된 판본, IV, n° 330, p.445와 n° 345, p.632 참조.

던 영역과 관련해 약간 변화가 있었고, 또 역사적으로 더 오래된 고대 [시대를 소환하며] 다르게 표명해 보고자 합니다. 요컨대 아시다시피 주체의 진실-말하기와 통치 간의 관계에 대한 문제를 기독교 이전의 고대 사유 내에서 제기해 보고자 합니다. 나는 자기와 자기의 관계 내에서 어떻게 일정 유형의 자기 경험이 자기와 자기와의 관계 속에서 형성될 수 있었는지를 살펴보기 위해 이 문제를 자기와 자기가 맺는 관계의 구축 형태와 그 틀 내에서 제기하려 합니다. 그리고 이 자기 경험은 주체에 의한 주체의 서구적 경험과 타자에 대해 주체가 가질 수 있고, 또 행할 수 있는 서구적 경험을 특징 짓습니다. 따라서 바로 이러한 문제에 접근해 보고자 합니다. 그리고 사물에 대한 앎과 자기로의 회귀가 어떻게 연관되는가를 아는데 목적이 있는 이 문제는 내가 논의하려는 헬레니즘·로마 시대의 텍스트에 등장하고, 나무에 대한 인식과 사람에 대한 인식 중 어떤 것을 선택할 필요가 있냐고 소크라테스가 물으며, 《파이드로스》에서 환기시키는 아주 오래된 테마 주변에서 등장합니다. 그리고 소크라테스는 인간의 인식을 선택합니다.[2] 흥미롭고, 중요하며 결정적인 것은 세계와 자연의 비밀에 대한 인식이 아니라, 인간 자체[3]에 대한 인식이라고 연이어 단언하는 소크라테스주의자들의 주장에서 발견되는 테마입니다. 이 문제는 또한 견유학파·에피쿠로스학파·스토아학파와 같은 중요한 철학학파들 내에서 발견되는 테마입니다. 또 보다 명시적인 다수의 텍스트들이 존재함에 따라 나는 이 문제가 어떻게 제기되고 규정되었는지를 살펴보고자 합니다. 먼저 견유주의자들에 있어서 인간의 인식 문제가 어떻게 제기되고 정의되었는지를 살펴보고, 다음으로는 에피쿠로스주의 끝으로 스토아주의를 검토하고자 합니다.

---

2) 파이드로스가 자신은 아테네의 성벽을 넘어 모험해 본 적이 없다고 소크라테스에게 말하는 구절에서 소크라테스가 "농촌과 나무는 내게 아무것도 가르치지 않는 데 동의하지 않고 도시의 인간에 대해 가르친다."(플라톤, 《파이드로스》, 230d, L. Robin 번역, 인용된 판본, p.7).

3) 역사가들은 일반적으로 소크라테스와 동시대의 철학자들과 그의 직계 제자로 주장하는 친구들을 일상적으로 '소크라테스주의자'(socratique)라 지칭한다. 가장 잘 알려진 사람들 가운데 윤리학만을 간직하기 위해 논리학과 물리학을 버리게 될 안티스테네스(견유주의자 디오게네스의 스승)와 사는 즐거움의 원리만을 추구하기 위해 과학을 경멸하게 될 키레네의 아리스티포스를 들 수 있다.

먼저 지금 문제가 되는 시기인 헬레니즘·로마 시대에 다른 사람들이 우리에게 남겨 준 다수의 요소들과 간접적인 지표를 통해 알 수 있는 그런 견유주의자들을 검토하겠습니다. 자연에 대한 인식과 자기에 대한 인식(자기로의 회귀, 자기로의 방향 전환) 간의 관계와 관련된 문제에 대한 견유주의 운동 혹은 견유주의자들의 입장은 겉보기와는 달리 훨씬 복잡합니다. 예를 들면 디오게네스 라에르티오스를 상기할 필요가 있는데 그는 견유주의자 디오게네스의 삶에 대해 저술하며 디오게네스가 어떤 사람의[4] 자녀들의 가정교사 역을 맡았었다고 설명합니다. 견유주의자 디오게네스는 어린아이들에게 모든 과학을 가르쳤고, 과학에 대해 아이들이 알고 있는 바에 관심을 기울이는 교육을 하였으며, 평생에 걸쳐 있을 수 있는 모든 경우에 아이들이 잘 기억할 수 있도록 간결하고 일상적인 요약본을 그들에게 주었습니다. 따라서 견유주의자들의 과학적 인식의 거부에 대해서는 상당히 뉘앙스를 둘 필요가 있습니다. 이와는 반대로 내가 논의하는 시대——다시 말해서 로마제국 초기——에는 《자선에 관하여》의 VII편에서 세네카가 인용하고 있는 로마에 정착하여 귀족 사회[5]에 적응한 견유주의 철학자 데메트리우스의 다소 긴 텍스트가 있습니다. 그는 트라제아 파에투스의 절친한 친구이자 그의 자살을 철학적으로 조직한 증인인 데메트리우스입니다. 트라제아 파에투스가 자살할 때, 임종의 순간에 그는 데메트리우스를 자기 곁으로 부릅니다. 그는 모든 사람들을 내보내고 데메트리우스와 영혼의 불멸에 관한 대화를 시작했습니다. 이렇게 그는 소크라테스처럼 데메트리우스와 대화하다가 숨을 거둡니다.[6] 따라서 데메트리우스는 견유주의자이지만 교육받고 사

---

4) Xéniade의 자녀들이 문제가 된다. 디오게네스 라에르티오스는 다음과 같이 적고 있다. "이 아이들은 시인과 산문가의 많은 구절들과 심지어는 디오게네스의 글도 배웠다. 디오게네스는 아이들이 보다 쉽게 기억하게 하기 위해 각 과학들의 요약을 해주었다"(《유명한 철학자들의 삶, 학설, 정언》, t. II, R. Genaille 번역, 앞서 인용한 판본, p.17): 푸코는 여기서 Genaille은 자유롭고 종종 부정확한 번역에 속고 있는 듯하다. M.-O. Goulet-Cazé의 새 번역본(《유명한 철학자들의 삶과 학설》)에서는 "그 아이들은 시인들과 산문가의 많은 구절들과 심지어는 디오게네스의 저작을 암송했다. 디오게네스는 신속히 잘 암기하게 하는 방법을 사용해 그들을 훈련시켰다."(VI, 31, p.712)

5) 1월 27일 강의 전반부 p.179의 데메테리우스에 대한 주 41) 참조.

6) 이 광경과 그 등장 인물들, 역사적 참조 문헌과 관련해서는 같은 강의의 주 42)와 43) 참조.

회에 잘 적응한 훌륭한 견유주의자였습니다. 세네카는 종종 데메트리우스를 인용하고, 그를 항시 찬사와 존경심을 가지고 인용합니다. 데메트리우스는 마음속에 항시 육상선수의 이미지를 모델로 간직해야 한다는 말로 시작합니다. 다시 언급하겠지만——이 점을 좀 설명하겠습니다——이 테마는 지속적인 것이며 다른 어떤 학파보다도 특히 견유주의자들에게 더 중요한 역할과 가치를 가지는 것 같습니다.[7] 그러므로 훌륭한 운동선수가 되어야 합니다. 그런데 훌륭한 운동선수는 어떤 사람입니까? 훌륭한 운동선수는 유사시 필요할 수 있는 가능한 모든 몸짓이나 할 수 있는 모든 몸짓을 배운 자가 결코 아닙니다. 훌륭한 운동선수가 되기 위해서는 실전에서 실제로 사용할 수 있는 몸짓만을 아는 것으로 족합니다. 그리고 항시 이 몸짓들을 사용할 수 있고, 또 필요한 경우에 이 몸짓을 활용하기 위해서는 잘 인식한 이 몸짓들을 숙달시켜야 할 필요가 있습니다.[8]

우리는 이 모델에 입각해 유용성의 기준이 나타남을 알 수 있습니다. 인생의 실제 싸움에서 사용될 수 없고 전적으로 무용한 다소 곡예적인 몸짓과 같은 지식은 무시합시다. 결과적으로 다양한 투쟁에서 쉽게 동원 가능하고 활용 가능한 지식만을 유념합시다. 따라서 여기서도 지식의 내용과 관련해 외부 세계에 관한 불필요한 지식과 인간 생활에 직접 관련되는 유용한 지식 간의 구분이 있다고 생각됩니다. 사실 이 참조문과 모델을 통해 데메트리우스가 알 가치가 있는 것과 그렇지 않은 것을 어떻게 구분하는지를 이해할 필요가 있습니다. 그것은 무용한 지식/유용한 지식과 같은 내용의 단순한 차이일까요? 요컨대 무용한 쪽에는 세계와 세계의 사물에 대한 지식이 있고 유용한 쪽에는 인간과 인간의 실존에 대한 지식이 있는 걸까요? 텍스트를 살펴봅시다. 내가 인용하는 번역본은 낡은 것이지만 문제될 것은 없습니다. 세네카는 다음과 같이 말합니다. "너는 어떤 원인이 대양을 성나게

---

7) 2월 24일 강의 후반부 참조.

8) "위대한 검투사는 실전에서 사용하지 않는 모든 인물과 모든 잡는 방법을 완전히 다 알고 있는 사람이 아니라 그들 중 한두 가지를 성실히 연마하여 신중히 그것을 사용하려고 노리는 자이다. 왜냐하면 그가 적을 충분히 제압할 수 있다면 알고 있는 바의 양은 중요한 것이 아니기 때문이다. 따라서 우리가 고심하는 연구에서도 수많은 재미있는 개념들이 존재하지만 결정적인 개념은 소수이다."(세네카, 《자선에 관하여》, t. II, VII, 1, 4, F. Préhac 번역, 앞서 인용한 판본, p.76)

하는지 몰라도 되며, 또 그것을 침대에서 상기하지 않아도 되고, 왜 일곱번째 해가 항시 인간의 삶에 새로운 성격을 각인하는지[따라서 매 7년마다 인간은 새로운 실존의 단계, 새로운 성격과 접하며 결과적으로는 매 7년을 새로운 생활 방식에 적응시켜야 한다는 생각; M. F.], 왜 멀리서 볼 때 주랑(柱廊)의 가로는 균형을 유지하지 못하고, 양쪽 끝이 가까워져 폭이 좁아지고 기둥들이 마지막 간격에서 서로 접촉하게 되는지를 몰라도 되며, 왜 개념상 분리된 쌍둥이가 분만할 시 다시 만나게 되는지, 한 개념이 두 존재 내에 분유되는지, 아니면 이중적 개념이 존재하는지, 왜 동시에 태어났음에도 불구하고 쌍둥이의 운명은 그렇게 다른지, 그들의 탄생이 그렇게도 근접해 있음에도 불구하고 그들간에 일어나는 사건들은 왜 그렇게 엄청난 거리가 있는 것인지, 이 모든 것들에 대해 몰라도 된다. 우리가 알지 말아야 한다거나 무용한 사물들을 무시했다고 해서 잃을 바는 하나도 없다. 모호한 진실은 심연에 감추어져 있다. 그리고 우리는 자연을 사악하다고 원망할 수 없다. 왜냐하면 발견 자체 이외의 다른 결실을 가져다 주지 않는 사물들만이 발견하기 어렵기 때문이다. 자연은 우리를 더 나아지게 하거나 행복하게 해주는 바를 우리가 볼 수 있고 이해할 수 있는 범위[9] 내에 놔두었다." 그리고 이제 세네카는 무용했던 사물들과는 반대로 알아야 할 사물들을 열거합니다. "인간이 우연한 사건들에 대비했다면, 공포를 극복했다면, 또 열망 속에서 무한을 포용하지 않고 자기 내부에서 풍요로움을 찾는 방법을 배웠다면 인간에 대해 거의 겁낼 바가 없으며, 신에 대해 무서워할 바가 없다는 것을 확신하고 인간과 신에 대한 공포를 억제하면, 인생의 골칫거리이자 장식에 해당되는 잡다한 장신구들을 경멸하며 죽음이 결코 어떤 불행도 발생시키지 않으며 오히려 많은 불행들을 끝장낸다는 사실을 알게 되었다면, 자기의 영혼을 덕에 몰두하여 영혼이 덕을 부르는 도처에서 쉬운 길을 발견했다면, 자기 자신을 공동체 내에 살기 위해 태어난 사회적 존재로 바라본다면, 세계를 만인의 공동의 거처로 이해한다면, 자신의 의식을 신을 향해 열고 항

---

9) 푸코는 여기서 《철학자 세네카 전집 Œuvres complètes de Sénèque le philosophe》, 앞서 인용한 판본, 《자선에 관하여》 VII; 1; p.246(《자선에 관하여》는 M. Baillard가 번역하였다)라는 낡은 19세기의 세네카 판본을 사용한다.

시 공중(公衆) 앞에서 산다면 그는 폭풍우를 피해 한결같은 평온 속에 정착한 것이다. 그래서 그는 자기 안에 참으로 유용하며 필요한 과학을 집결시킨 것이다. 나머지는 여가의 오락에 지나지 않는다."[10]

　이것은 인식할 필요가 없는 사물과 인식할 필요가 있는 사물들에 대한 이중적 목록입니다. 인식이 불필요한 사물들 가운데 해일의 원인, 인생에 운을 부여하는 7년 주기의 리듬, 시각적 착각, 쌍둥이의 원인과 같은 별자리를 갖고 태어났지만 상이한 두 실존의 역설 등이 있습니다. 하지만 알아야 할 필요가 없는 이 모든 사물들은 먼 세계의 아득한 사물들이 아니라는 것을 알 수 있습니다. 물론 그럼에도 불구하고 결국에는 해일이 인간의 실존과 그리 멀리 있는 것이 아니라고 말할 수도 있을 것입니다. 그러나 사실상 이 모든 사물에서 문제가 되는 것은 건강, 생활 방식, 7년 주기의 리듬과 같이 인간의 실존에 직접적으로 관계되는 일입니다. 쌍둥이와 그 역설의 문제는 같은 별자리하에서 태어난 두 실존이 상이한 운명을 갖는 결과를 야기시킵니다. 그것은 운명의 문제이고 자유의 문제이며 세계 내에서 우리의 실존을 결정하지만 우리를 자유 상태에 내버려두는 바에 대한 문제입니다. 이 모든 문제들은 알 필요가 없는 사물의 목록으로 환기됩니다. 결과적으로 이것은 하늘과 땅, 자연의 비밀과 인간의 실존과 관련되는 사물과 같이 가까운 것과 먼 것의 대립과 같은 부류의 문제가 아닙니다. 사실 알 필요가 없는 사물의 목록을 특징짓고 그들의 공통적 특성을 구축하는 바는 그것이 인간의 실존과 관계가 없다는 것은 아닌 듯합니다. 그것들은 인간의 실존에 관여하고 아주 긴밀히 관여합니다. 그들의 공통 속성인 바와 그들을 무용한 것으로 만드는 바는 원인에 입각한 지식임을 알 수 있습니다. 쌍둥이의 원인, 7년 주기 리듬의 원인, 시각적 착각의 원인, 해일의 원인, 바로 이런 것들은 알 필요가 없습니다. 왜냐하면 자연은 바로 이같은 원인들의 결과를 이용해 진정한 원인을 감추었기 때문입니다. 그리고 데메트리우스는 자연이 어떤 식으로든간에 인간의 실존과 지식에 중요할 수 있다고 생각했다면 그것들은 드러내보여주었을 것이고, 또 가시화했을 거라고 생각합니다. 자연이 이 원인들을 감추었다면 그것은 위반과 같은 것과 원인을 아는 데 넘어서는 안 되

---

10) *Ibid*.

는 금기가 있기 때문이 아닙니다. 그것은 단순히 자연이 사물의 원인을 인식하는 것은 무용하다는 것을 보여주었기 때문입니다. 그렇다고 해서 이 사물들을 인식하고 고려하는 것이 무용하다는 것을 의미하지는 않습니다. 우리가 원한다면 이 원인들을 알 수 있습니다. 일정한 한도 내에서 우리는 이 원인들을 인식할 수 있고, 바로 이 점이 "정신을 강화하기보다는 장식하는 사변 속에서 몇 차례 방황하는 것은 이미 은신처로 후퇴한 영혼에게는 허용된다"라고 말하는 텍스트의 말미에 삽입됩니다. 이 구절은 중간에 언급되었고 내가 이미 인용한 바와 근접시킬 필요가 있습니다. 즉 이같은 사물의 발견은 발견 이상의 다른 결실을 갖지 않습니다. 이 사물들은 숨겨져 있습니다. 그것들은 알 필요가 없기 때문에 숨겨져 있습니다. 그것들을 알 필요가 없다는 것은 그것에 대한 앎이 금지되어 있다는 의미가 아니라 그것을 알기 원한다면 오직 in tutum retracto,[11] 즉 지혜가 제공하는 안전한 지대로 영혼이 은둔한 상태에서 기분전환의 자격으로 또 단지 발견 그 자체에 존재하는 쾌락을 발견하기 위해, 그 원인을 단지 부수적으로 찾으려 할 경우 알 필요가 있는 것이라는 말이지요. 결과적으로 그것은 교양의 즐거움, 부가적인 즐거움, 불필요하고 장식적인 즐거움입니다. 자연은 우리의 실존과 직접 연관된 이 모든 사물을 원인의 수준에서 조사하거나 탐구해서는 안 된다는 것을 보여주면서 바로 이 점을 우리에게 알려 주었습니다. 교양적 지식, 장식적 지식과 같이 원인에 입각한 지식을 데메트리우스는 고발하고 비판하며 거부합니다.

  이것과 맞서서 알아야 할 필요가 있는 사물들은 무엇일까요? 그것은 인간에 대해 겁낼 바가 거의 없고, 신들을 전혀 무서워할 필요가 없으며, 죽음은 결코 어떤 병도 발생시키지 않고, 덕에 이르는 길을 발견하기가 쉬우며, 인간은 공동체를 위해 태어난 사회적 존재라고 생각할 필요가 있다는 사실입니다. 결국 그것은 바로 세계가 만인이 이 공동체를 구축하기 위해 모이는 공통의 거처라는 사실을 아는 것입니다. 갖추어야 할 이같은 일련의 지식은 기독교 신앙 생활에서 arcana conscientiae(인식의 비밀)[12]라 불리는 바에

---

11) 라틴어 텍스트에는 정확히 'in tutum retracto animo'(*ibid.*)(안식처로 이미 은둔한 영혼)라 씌어 있다.

속하는 것이 아닙니다. 알다시피 데메트리우스는 외부 사물에 대한 인식을 무시하고 네 자신이 누구인지를 정확히 알도록 노력하라고 말하지 않습니다. 그는 의식 점검을 수행하라고 말하지 않습니다. 그는 영혼의 이론을 제안하지도 않고 인간의 본성이 무엇인지에 대해 설명하지도 않습니다. 그는 내용의 수준에서 동일한 바를 말합니다. 즉 그는 신들과 일반적인 세계와 타자들에 대해 논의합니다. 그가 논의하는 바는 이런 것들이지 개별적인 개인이 아닙니다. 그는 외부 사물을 향해 있는 시선을 내부 세계로 돌릴 것을 요청하지 않습니다. 그는 자연으로 돌려진 시선을 의식이나 자기 자신 혹은 영혼의 심층부로 돌릴 것을 요청하지 않습니다. 그는 자연의 비밀을 의식의 비밀로 대체할 것을 원치 않습니다. 세계만이 문제이며, 우리를 에워싸고 있는 바만이 오직 문제일 뿐입니다. 그런데 이것들을 단지 다른 방식으로 알 필요가 있습니다. 데메트리우스는 다른 방식의 앎을 말하고 있습니다. 그리고 그가 불필요하다고 주장하는 원인에 의한 앎과 누구는 무엇인가와 같은 또 다른 앎의 방식을 대립시킵니다. 우리는 누구는 무엇인가와 같은 앎의 방식을 간단히 말해 관계적 앎이라고 말할 수 있는데, 그 이유는 이제 신들과 여타의 인간들 우주와 세계 등을 고찰할 때 설명해야 할 바는, 한편으로는 신들, 인간들, 세계, 세계의 사물이고, 다른 한편으로는 우리와의 관계이기 때문입니다. 우리 자신을 이 모든 관계들의 항구적이고 반복되는 사항으로 만들면서, 세계의 사물과 신들과 그리고 인간들에게 시선을 돌릴 필요가 있다는 말입니다. 앎은 만물과 자기 자신의 관계의 장 내에서 펼쳐질 수 있고 펼쳐져야만 합니다. 데메트리우스가 유효화하는 이 앎의 일차적 특징은 바로 관계적 앎이라고 생각됩니다.

그것은 또한 즉시 명령으로 옮겨 적을 수 있는——게다가 데메트리우스의 텍스트에서 즉각적으로 명령으로 기술된——특성을 갖는 앎입니다. 인간은 다른 인간들과 신들을 겁낼 필요가 없고, 장식과 장신구——인생의 우환과 장식——를 경멸할 필요——"죽음은 어떤 불행도 유발시키지 않으며 많은 불행들을 끝장낸다"는 사실을 숙지하는 것이 중요하다고 말합니다. 다시 말해서 그것은 진리의 원리로서 설정되고 공식화되면서 동시에 거리와

---

12) 1980년 3월 26일 강의 참조.

매개 없이 연대적으로 명령으로 주어지는 지식입니다. 그것은 명령적 확인입니다. 그것은 두 가지 의미에서 원리입니다. 즉 그것은 다른 언표들이 거기로부터 연역되는 근원적 진리의 언표라는 의미에서 원리이고, 또 아무튼 간에 따라야 할 행동의 명령적 정언의 언표라는 의미에서 원리입니다. 여기서 문제가 되는 것은 정언 명령적 진리들입니다. 따라서 인식해야 할 바는 바로 주체와 주체를 둘러싸고 있는 모든 것과의 관계들입니다. 진리로 주어진 바가 곧바로 계율로 이해될 수 있는 그런 방식이 알아야 할 바, 아니 차라리 알아야 할 방식입니다.

결국 그것은 소유하자마자, 획득하자마자 주체의 존재 방식을 변형시키는 그러한 지식입니다. 왜냐하면 바로 이 앎을 통해 우리는 더 나아질 수 있다고 그가 말하기 때문이지요. 바로 이 앎 덕분에 나는 자신을 타자보다 더 존중하며 폭풍우로부터 벗어나 영구적인 평정 속에 자신을 정착시킬 수 있습니다. In solido et sereno stare,[13] 즉 견고하고 평온한 환경 속에 자리잡을 수 있다는 말이지요. 이 지식들은 우리를 beati[14] 즉 행복하게 합니다. 바로 이런 점에서 이 인식들은 '교양의 장식'과 대립됩니다. 교양의 장식은 완벽하게 진실된 바일 수는 있어도 주체의 존재 방식을 전혀 변형시키지 못합니다. 결과적으로 데메트리우스가 거부하는 무용한 지식은 그 내용을 통해 정의되는 것이 아닙니다. 이제 무용한 지식은 타자들과 관련하여 정의할 수 있는 이중적 속성을 지닌, 아니 오히려 이중적인 결함을 지닌 인과적인 지식의 방식으로 규정됩니다. 요컨대 그것은 첫째로 명령적 정언으로 변형 불가능한 지식이고, 정언적 관여성을 결여하고 있는 지식입니다. 둘째로 그것은 알게 되는 경우 주체의 존재 방식에 영향을 미치지 못하는 앎입니다. 이와는 반대로 세상 만물(신·kosmos(우주·타자 등))을 우리 자신과의 관계 속에서 성찰하여 그 결과 그것들을 명령적 정언으로 전사(傳寫)할 수 있는 그런 앎의 방식이 유효한 바로 인정될 것입니다. 또 그 명령적 정언들이 우리 자신의 존재를 변형시킬 수 있습니다. 이러한 규정들은 그것들을 알게 되는

---

13) "폭풍우로부터 벗어나 그는 영속적인 평온 속에 정착했다(in solido ac sereno stetit)." (《자선에 관하여》, VII, 1, p.246)

14) "우리를 향상시키고 행복하게 만드는 모든 것(meliores beatosque)을 자연은 우리의 목전에, 우리의 사정거리에 놓아두었습니다."(ibid.)

주체의 상태를 변화시킬 것입니다.

우리는 여기서 다른 철학학파들에서도 재발견되는 지식과 진리에 관한 윤리의 일반적 특질인 바에 관한 가장 명확하고 분명한 특징화 하나를 발견합니다. 요컨대 배격된 바, 구별점, 설정된 경계는 이번에도 세계의 사물과 인간성에 속하는 바의 구분과 관련되지 않습니다. 그것은 신·세계·인간에 대해 알고 인식하는 방식상에서의 구분이며 이것은 자연에 대해서도 효력을 갖게 됩니다. 내가 의미하려는 바는 이 구분이 행위하는 방식, 즉 주체의 êthos에 영향을 미치게 된다는 것입니다. 그리스인들은 플루타르코스와 시라쿠자의 디오누시오스에게서도 발견되는 아주 흥미로운 어휘를 가지고 있었습니다. 이 어휘는 실사·동사·형용사의 형태로 발견됩니다. 그것은 êthopoiein, êthopoiia, êthopoios와 같은 일련의 표현과 어휘들입니다. Êthopoiein은 에토스, 즉 한 개인의 존재 방식, 실존의 방식을 만들기, 생산하기, 변형시키기를 의미합니다. Êthopoios는 개인의 존재 방식을 변형시킬 수 있는 자질과 같은 것을 의미합니다.[15] 여기에 플루타르코스에서 발견되는 의미, 즉 êthos를 만들기, êthos를 형성하기(êthopoiein) 에토스를 형성할 수 있는 능력(êthopoios), 에토스의 형성(êthopoiia)과 같은 의미를 유지해 봅시다. 지식의 영역에 도입된 구분과 분할은 이번에도 인식의 어떤 내용은 무익하고 다른 내용은 유익하다고 표식하는 구분이 아닙니다. 요컨대 구분은 '윤리시학적'(éthopoétique) 특성을 가리키는 것이지 지식의 특성을 가리키는 것이 아닙니다. 지식과 인식이 하나의 형태를 가질 경우, 인식이 êthos를 생산할 수 있도록 작동할 경우 그것은 유익합니다. 그리고 세계에 대한 앎은 전적으로 유익합니다. 즉 그것은 êthos를 생산해 낼 수 있고, 타자에 대한 앎과 신에 대한 앎도 생산해 낼 수 있습니다. 바로 여기에 인간에게 유익한 앎이어야 하는 바가 나타나고, 형성되며 특징지어집니다. 결과적으로 무익한

---

15) 할리카르나소스의 성 드니에게서 생활 습관의 묘사라는 의미에서의 êthopoiia라는 용어가 발견된다. 요컨대 "나는 리시아스에서 일반적으로 생활 습관의 묘사(hêtopoiian)라 불리는 고결한 자질을 인정한다."(《리시아스 Lysias》, in 《고대의 웅변술사들 Les Orateurs antiques》, G. Aujac 번역, Paris, Les Belles Lettres, 1978, §8, p.81) 하지만 플루타르코스에서는 실천적 의미가 존재한다. 즉 "도덕의 미는 […] 오직 모방만을 통해 그것을 명상하는 자의 생활 습관을 결코 형성하지 않는다."(《페리클레스》, 153b, in 플루타르코스, 《전기 Vies》, t. III, 2, 4, R. Flacelière & E: Chambry 번역, Paris, Les Belles Lettres, 1964, p.15)

인식에 대한 비판은 자기 자신과 자신의 내면에 대한 인식과 같이 다른 내용을 갖는 다른 인식의 유효화와 관련되는 것이 아닙니다. 그것은 외부 사물에 대한 인식의 다른 기능과 관련됩니다. 따라서 자기 인식은 적어도 이 수준에서는 의식의 비밀에 대한 해독이나 이후 기독교에서 발달하게 될 자기 해석이 되어 가고 있는 것이 결코 아닙니다. 유익한 앎, 즉 그 속에서 인간의 실존이 문제시되는 앎은 단정적이고 동시에 정언 명령적인 관계적인 앎의 방식이며, 주체의 존재 방식에 변화를 발생시킬 수 있는 앎의 방식입니다. 데메트리우스의 텍스트에서 지극히 명시적인 이것은 다른 철학학파 내에서, 특히 에피쿠로스주의자들과 피타고라스주의자들에게서 다른 방식으로 발견할 수 있는 바입니다.

이번에는 에피쿠로스주의자들의 텍스트를 좀 읽어보고자 합니다. 데메트리우스의 증명이나 분석은 이번에도 본질적으로 인식해야 할 사물의 목록이라기보다는 두 종류의 앎을 규정하는 특성들의 목록을 구분하고 대립시키는 데 그 목적이 있었습니다. 한편으로는 교양이 있는데 할 일이 전혀 없는 사람의 교양을 특징짓는 장식적 목록이 있고, 다른 한편으로는 아직 자아를 연마해야 하고 그것을 자기 생의 목표로 설정하는 자의 인식 방식이 있습니다. 말하자면 이것은 경험적인 목록입니다. 이와 반대로 에피쿠로스주의자들에게는 지식과 지식의 작동 방식을 포괄한다는 점에서, 또 그것이 '윤리시학적'이라는 점에서, 다시 말해 그것이 êthos를 부여하고 형성한다는 점에서 대단히 중요한 한 개념이 있습니다. 그것은 phusiologia라는 개념입니다. 에피쿠로스주의자들의 텍스트에서 자연에 대한 앎(그것이 유효하다는 한에서 자연에 대한 앎)은 일관되게 phusiologia(말하자면 생리학)로 명명됩니다. phusiologia는 무엇일까요? 〈바티칸 금언〉──마흔다섯번째 단락──에 phusiologia를 명백히 정의하는 구절이 발견됩니다. 이번에도 역시 phusiologia는 다른 분야들과 대립되는 지식의 한 분야가 아닙니다. 요컨대 그것은 자기 실천을 위해 철학적으로 관여적이라는 한에서 자연에 대한 앎의 방식입니다. 텍스트에는 다음과 같이 적혀 있습니다. "자연에 대한 연구(phusiologia)는 허풍선이나 말의 기술자나 대중의 선망이 되는 것으로 판단되는 교양을 자랑하는 자를 육성하지 않는다. phusiologia는 자존심이 있고 독립적이며 요행으로부터 온 재산이 아니라 자기 고유의 재산을 자랑스럽게 여기는 자를 양성한다."[16] 이 구절을 재검토해 봅시다. phusiologia는 허풍선이, 말의 기술자――이 점에 대해서는 재론하도록 하겠습니다――대중이 선망하는 교양(paideia)을 자랑스럽게 늘어놓는 자를 양성하지 않습니다. 그들은 요행이나 사물들(pragmata)로부터 온 바가 아니라 자기 자신에게 속하는 고유한 재산을 자랑스럽게 여기는 자존심 강하고 독립적인(autarkeis) 사람들입니다.

이 텍스트는 고전적인 대립에 근거하고 있습니다. [그 첫째 항은] 교양적 지식――이를 위해 에피쿠로스는 paideia라는 용어를 사용합니다――즉 목적이 영광이나 사람들로부터 명성을 얻기 위한 과시를 목적으로 하는 일종의 허풍적인 교양입니다. 이 허풍적인 앎은 허풍선이(kompous), 즉 아무 근거도 없는 명성을 타인들로부터 얻어내려고 하는 자의 앎입니다. ergastikoi는 장인(匠人), 노동자인데 그는 자기 자신을 위해 일하기보다는, 물건을 팔아 이윤을 취하기 위해 일하는 자입니다. 그렇다면 ergastikoi의 작업의 대상이 되는 바는 무엇일까요? 그것은 phônê, 즉 소리를 낸다는 한에서의 말(parole)이지 로고스 혹은 이성은 아닙니다. 말하자면 그는 '말꾼' (faiseurs des mots)입니다. 그는 팔아먹기 위해 말을 만들어 내는 자, 말의 청각성과 연관된 다수의 효과를 팔아먹기 위해 만들어 내는 자이지, 자기 자신을 위해 로고스, 즉 담론의 합리적인 골격의 수준에서 작업하는 자가 아닙니다. 따라서 타인들 곁에서 허풍을 떨기 위해 이용하는 것, 말소리를 만들어 내는 장인의 대상이 되는 바로 정의할 수 있는 paideia가 있습니다. 대중은 바로 이런 자들을 선호하고, 대중 앞에서 그들은 허풍을 떱니다. 텍스트의 이 부분이 알려진 에피쿠로스의 텍스트들 내에서 여러 반향을 일으킵니다. 헬라디(그리스)를 위해서가 아니라 자기 자신을 위해 철학을 해야 한다고[17] 에피쿠로스가 말할 때 그는 오직 자기 자신만을 목적으로 삼는 진정한 자기 실천 행위를 지적합니다. 그리고 그는 참된 자기 실천 행위와 이같은 자기 실천을 하는 척하지만 사실은 오직 한 가지 일만을 생각하는 자들,

---

16) 에피쿠로스, 〈금언 45〉, in 《서신과 금언》, 앞서 인용한 판본, p.259.

17) "늙어가면서 너는 내가 충고하는 바대로 되었다. 그리고 너는 너를 위해 철학 하는 것과 그리스(Helladi)를 위해 철학하는 것이 무엇인지를 구분할 수 있게 되었다."(에피쿠로스, 금언 76, in 《서신과 금언》, p.267)

즉 무엇인가를 배우고 그것을 현시할 때 그리스가 자신들을 찬양하게 하려는 목적 외에는 다른 것을 생각하지 않는 자를 대립시킵니다. 바로 이 모든 것들이 paideia라는 용어가 지시하고 있는 바입니다.[18] 하지만 그리스에서 paideia는 긍정적인 함의를 가지고 사용되기도 했습니다. Paideia, 그것은 자유인에게 필요한 일종의 일반 교양입니다. 에피쿠로스는 대중들의 찬양을 받으려는 것만을 목표로 해 말을 만들어 내는 자들이 단순히 고안된 허풍선이의 교양이라 할 수 있는 paideia를 거부합니다.

에피쿠로스는 이렇게 비판받는 paideia와 무엇을 대립시킬까요? 그는 paideia와 phusiologia를 대립시킵니다. Phusiologia는 paideia와 다른 것입니다. Phusiologia는 어떤 점에서 paideia와 구별될까요? 첫째로 과장되고 일관성 없는 허풍선이를 만들어 내는 대신에 phusiologia는 무엇을 하는 것일까요? Phusiologia는 paraskeuei, 즉 준비시킵니다. Paraskeuê라는 어휘에 대해서는 내가 이미 언급한 바 있고 여기서 재론할 필요가 있습니다.[19] Paraskeuê는 주체와 영혼이 마주칠 수 있는 모든 인생의 상황들에 대해 필요 충분적으로 적절히 대비할 수 있는 설비, 준비를 말합니다. Paraskeuê는 외부 세계로부터 올 수 있는 모든 동요와 유혹에 저항할 수 있게 해주는 바입니다. Paraskeuê는 자기의 목표에 도달할 수 있게 해주고, 이 목표에 고정되어 그무엇에 의해서도 동요되지 않는 상태로 있게 해줄 수 있는 무엇입니다. Phusiologia는 paraskeuein, 즉 영혼이 하는 전투와 그것의 목표, 그리고 승리를 위해 필요한 장비를 마련하는 행위입니다. Phusiologia는 paideia와 대립됩니다.

번역문을 다시 읽어보면 이러한 준비를 제공하면서 phusiologia는 "자긍심이 강하고 독립적이며 자기 자신 고유의 재산에 자부심을 느끼며 요행으로부터 오는 재산에는 자부심을 느끼지 않는 사람들"을 만들어 내는 결과를

---

18) Paideia 개념에 대해서는 W. Jaeger의 고전적인 저작인 《파이데이아. 그리스인의 교육 Paideia. La formation de l'homme grec》, Paris, 1964(특히 소크라테스와 플라톤에 있어서 파이데이아 개념의 연구에 할애된 1955년 베를린에서 출간된 제2권은 프랑스어로 번역되지 않았다)와 H.-I. Marrou, 《고대 교육의 역사 Histoire de l'éducation dans l'Antiquité》, op. cit., 참조.

19) 2월 24일 강의 후반부 참조.

발생시킵니다. 이 어휘들을 재검토하면 자긍심이 강함은 sabaroi라는 어휘가 의미하는 바입니다. 이 어휘는 다소 희귀하며 역동적이고 생기 있지만, 그렇기 때문에 제동을 가하거나 제압하기 어려운 말[馬]과 같은 동물에 적용되어 사용되었습니다. 이 어휘는 우선 부정적으로 phusiologia의 도움을 받아 겁을 먹지 않게 된 개인의 상태를 명백히 지시하고 있습니다. 그는 신에 대한 두려움에 굴복하지 않는 자이고 에피쿠로스는 여기에 많은 중요성을 부여합니다. 하지만 여기서 문제가 되는 것은 공포의 제거 이상의 것입니다. phusiologia는 개인에게 과감성과 용기를 주며, 또 그에게 부과되는 무수한 신앙에 맞설 수 있게 해줄 뿐만 아니라 생명의 위협과 맞설 수 있게 해주고, 그를 지배하는 권위와 맞설 수 있는 일종의 대담성을 갖게 해줍니다. phusiologia는 공포의 부재·과감성·완고성·굳건함을 이를 배우는 사람들에게 제공합니다.

둘째로 이러한 개인은 autarkies가 됩니다. 여기서 우리는 잘 알려진 autarkeia 개념을 재발견합니다. 다시 말해서 이 개인은 오직 자기 자신에게만 의존합니다. 그는 contenti, 즉 자기 자신과 더불어 만족하고, 자기 자신에 만족합니다. 그러나 그것은 오늘날 우리가 일반적으로 이해하는 "자기 자신에 만족하는"(content de soi) 것이 아닙니다. 그것은 부정적 의미와 긍정적 의미를 갖는 자기 만족입니다. 다시 말해서 개인은 자기 자신 이외의 다른 무엇이 필요하지 않습니다. 하지만 그와 동시에 개인은 상당수의 가능성들을 발견하는데, 그 중 특히 자기 자신과의 충만한 관계 속에서 쾌락과 관능을 체험할 수 있는 가능성을 발견합니다.

마지막으로 phusiologia의 셋째 효과는 개인이 요행으로부터 얻어지는 재산이 아니라, 자기 고유의 재산에 대해 자랑스럽게 생각하게 해줍니다. 다시 말해서 스토아주의자들과 에피쿠로스주의자들 모두가 중요한 것으로 생각하는 이 유명한 가지치기와 분할은 실존에 있어서 근본적인 것입니다. 매 순간 그리고 매 사물 앞에서 그것이 자기 자신에게 속하는 것인지를 자문하고 생각해야 합니다.[20] 그리고 모든 긍지와 만족, 타자와 관련한 자기 자신의 긍정은 자기 자신에게 속하는 바를 식별 능력에서 찾아야 합니다. 또 자

---

20) 이 강의의 전반부와 p.243의 주 10) 참조.

기 자신에게 속하는 바에 대해서 총체적이고 절대적이며 무제한의 제어를 행사해야 합니다. 따라서 에피쿠로스의 텍스트에 등장하는 phusiologia는 지식의 한 분야가 아닙니다. Phusiologia는 인간 행실의 원리로 사용될 수 있고, 인간의 자유를 작동시키는 기준의 역할을 하며 또 (자연 앞에서 신과 세계의 사물에 대하여 습득한 바 앞에서 공포와 불안에 가득 차 있던) 주체를 자유로운 주체로, 즉 자기 자신 안에서 불변하고 완벽히 평온한 관능의 가능성과 원천을 발견하게 되는 주체로 변형시킨다는 한에서 그것은 자연, 즉 phusis에 대한 앎입니다.

Phusiologia에 대한 이 동일한 정의는 〈바티칸 금언〉 29에서도 발견됩니다. 그 내용은 다음과 같습니다. "나로서는 기성의 의견에 동의하며 다수로부터 오는 수많은 찬사를 수집하기보다는 비록 아무도 나를 이해하지 못한다 해도 자연을 연구하는 자의 언어의 자유를 활용하며 만인에게 유용한 바를 예언적으로 말하기를 선호한다."[21] 이 구절에 대해 설명할 시간이 많지 않아 중요하다고 생각되는 두세 가지 점을 상기시키고자 합니다. 알다시피 에피쿠로스는 "나는 언어의 자유를 활용한다"고 말했습니다. 그것은 그리스 어로 parrhêsia인데 나는 이 문제를 재론할 필요가 있다고 여러분에게 이미 말한 적이 있습니다. 파르헤지아는 솔직함, 말의 자유가 아니라 스승 자신이 알고 있는 진실된 바들 가운데서 제자를 변화시키는 작업을 위해 유용하고 효율적인 바를 적절히 활용할 수 있게 해주는 테크닉을 의미합니다. parrhêsia는 일종의 특질이며 더 나아가 의사와 환자, 스승과 제자의 관계 내에서 사용되는 테크닉입니다. 말하자면 그것은 참된 인식의 장에서 주체의 변형, 변모 향상에 관여적인 인식을 활용할 수 있게 만드는 놀이의 자유입니다. 이 parrhêsia의 틀 속에서 에피쿠로스는 생리학자의 자격으로, 다시 말해서 자연을 아는 자로서 그러나 이 자연에 대한 인식을 주체에게 유용한 범위 내에서만 활용하는 자로서 말의 자유를 이용하면서 다음과 같이 주장합니다. "나는 기성의 의견들에 동의하기보다는 만인에게 유용한 바를 예언적으로 말하기를 더 선호한다." 그리스어로 '유용한 바를 예언적으로 말하기'는 khrêsmodein입니다. 이 말은 중요합니다. 여기서 에피쿠로스는 신

---

21) 에피쿠로스, 〈금언 29〉, in 《서신과 금언》, p.255.

탁을 참조하면서 참된 바와 행해야 할 바를 동시에 말하는 일정 유형의 담론을, 즉 진실을 드러냄과 동시에 명령하는 담론을 지시하고 있습니다. 그리고 그는 "생리학자의 자유 내에서 parrhêsia를 통해 생리학을 활용하면서 나는 만인이 동의하고 만인이 이해하지만 주체의 존재를 전혀 변화시킬 수 없는——왜냐하면 그것은 만인이 받아들이는 것이기 때문에——기성의 의견을 따르기보다는 비록 모호하다 할지라도 진실된 바를 말함과 동시에 해야 할 바를 명령하는 신탁의 언어에 근접하기를 더 좋아한다"라고 말합니다. 진실을 이해할 수 있는 사람들에게만 예언적으로 주체의 존재 방식을 그 자체로서 변화시킬 능력이 있는 자연의 진실을 말하는 것, 바로 이것이 생리학자의 기술과 자유인 것입니다. 그것은 예언적 표현과 유사한 테크닉입니다. 주체의 변형을 목적으로 한다는 한에서 그것은 또한 의학과 유사한 기술입니다.

바로 이것이 phusiologia입니다. 그리고 결과적으로 여기서도 왜 유용한 지식과 무용한 지식이 그 내용을 통해 구분되지 않고 지식의 형식이 아닌 생리학적 형식에 의해 구분되는가를 알 수 있습니다. 에피쿠로스의 단편들(〈헤로도토스에게 보내는 서신〉과 〈피토클레스에게 보내는 서신〉)을 조합한 이 텍스트의 서문은 바로 이 점을 잘 보여주고 있습니다. 이 텍스트는 이론 물리학 텍스트이고 거기서는 기상, 세계의 구성, 원자, 그들의 운동 등이 문제가 됩니다. 그러나 이 텍스트는 명확하고 분명한 주장들로 시작됩니다. 〈헤로도토스에게 보내는 서신〉의 서두는 다음과 같습니다. "나는 phusiologia 내에서 부단한 활동을 권고하며 이같은 활동을 통해 나는 인생에 있어서 가장 완벽한 평정을 확보할 수 있다."[22] 〈피토클레스에게 보내는 서신〉의 서두에서도 마찬가지입니다. 즉 "천상의 현상들에 대한 인식이 아타락시아와 굳건한 확신 이외의 다른 목적이 없음을 납득할 필요가 있다. 우리 인생은 비이성이나 공허한 의견을 필요로 하지 않으며 동요 없는 변혁을 필요로 한다."[23] 기상에 대한 인식, 세계의 사물에 대한 인식, 천상과 지상에 관한 인식, 물리학에 대한 가장 사색적인 인식은 거부되지 않았으며, 그와는 거

---

22) 에피쿠로스, 〈헤로도토스에게 보내는 서신〉, §37, in 《서신과 금언》, p.99.
23) 에피쿠로스, 〈피토클레스에게 보내는 서신〉, §85-86, in 《서신과 금언》, p.191.

리가 멉니다. 그러나 이러한 인식들은 phusiologia 내에서 등장하고 변형됩니다. 그 결과 세계에 대한 앎은 주체가 자기 자신에게 가하는 작업 내에서 주체에 의한 자기 변형에 관여적이고 실제적이며 유효한 것이 됩니다. 바로 그렇기 때문에 사물에 대한 앎과 자기 자신에 대한 앎의 대립이 에피쿠로스주의자들과 견유주의자들에게는 자연에 대한 앎과 인간 존재에 대한 앎의 대립으로 결코 해석될 수 없습니다. 그들이 설정한 대립과 그들이 행한 여러 지식의 자격 박탈은 단순히 이 앎의 양태에 근거하고 있습니다. 현자나 그 제자에게 요청되는 바와 또 그들에게 유효하고 수용 가능한 앎이 근거해야 하는 바, 그것은 자기 자신에 근거한 앎이 아니며 영혼이나 자기를 앎의 대상으로 삼는 지식이 아닙니다. 그것은 사물과 세계 그리고 신과 인간에 근거한 앎이지만 주체의 존재를 변화시키는 효과와 기능을 담당하는 앎입니다. 이 진실 혹은 진리가 주체에게 충격을 주어야 할 필요가 있습니다. 주체가 참된 담론의 대상이 되는 것이 문제가 아닙니다. 바로 이 점이 두드러진 차이점입니다. 바로 이 점을 파악할 필요가 있으며, 또 고대의 자기 실천과 이것이 자연과 세계에 대한 앎과 연결되는 방식상에서 이후에 등장하게 될 의식의 자기 해독이나 주체의 자기 해석과 같은 것들이 결코 등장할 수 없었던 이유는 바로 여기에 있습니다. 그러면 다음 번에는 스토아주의자들에게 있어서 '자기 인식과 자연에 대한 인식'을 논의하도록 하겠습니다.

1982년 2월 17일 강의

전반부

자기 배려의 완결된 형식인 자기로의 전향 — 항해의 은유 — 통치성의 모델인 항해술 — 정치와 법률적 주체에 반하는 통치성과 자기와의 관계 — 자기 인식의 원칙이 부재하는 자기로의 전향 — 내밀한 두 모델: 플라톤의 상기(想起)와 기독교의 주해 — 숨겨진 모델: 헬레니즘적인 자기로의 전향 — 스토아주의 사상에 있어서 세계 인식과 자기 인식 — 세네카의 예: 《루킬리우스에게 보내는 서신》에서의 교양 비평; 《자연의 의문들》에서 시선의 운동

나는 우선 자기 배려——《알키비아데스》에서 그 최초의 이론적·체계적 공식화를 발견할 수 있는 오래된 자기 배려——가 어떻게 교육과의 특권적 관계로부터 해방되었는지, 정치적 목적으로부터 해방되었는지 또 결과적으로 자기 배려가 애초에 《알키비아데스》에서 나타나게 되었던 조건들로부터 해방되었는지, 요컨대 소크라테스-플라톤의 조건들로부터 해방되었는지를 보여주었습니다. 따라서 자기 배려는 일반적이고 무조건적인 원칙의 형태를 취했습니다. 이것이 의미하는 바는 '자기를 배려하기'가 실존의 일정한 순간에 유효한 명령이 더 이상 아니며, 또 청년기에서 성년기로의 이행 단계에서 유효한 명령이 더 이상 아니라는 것을 의미합니다. '자기를 배려하기'는 생과 공통의 외연을 갖는 규칙입니다. 둘째로 자기 배려는 사회에서 어떤 특수한 신분을 획득하는 것과 무관합니다. 실존 전반에 걸쳐 그 자체로 배려해야 할 자기인 주체의 존재 전반이 문제입니다. 요컨대 우리는 오래된 정언 '자기 자신을 배려하기'에 새로운 내용을 부여하게 될 새로운 개념에 도달하게 되는데, 이 개념은 내가 지난번 강의에서 해명하기 시작한 자

기로의 전향입니다. 주체 전반은 자기 자신에게로 전향하여야 하고, 또 자기 자신에게 몰두해야 할 필요가 있습니다. 즉 그것은 그리스어로 eph' heauton epistrephein,[1] eis heauton anakhôrein,[2] ad se recurrere,[3] ad se redire,[4] in se recedere,[5] se reducere in tutum[6](자신으로 되돌아가기, 자신으로 돌아오기, 자기 자신으로 귀환하기 등)입니다. 여기서 라틴어와 그리스어로 된 일련의 표현들이 발견되며 이 표현들은 적어도 핵심적인 두 구성 성분 때문에 유념할 필요가 있습니다. 첫째로 이 모든 표현들 내에서 자기 자신과 관계된 주체의 실제적 운동이 있습니다. 말하자면 '솔직한' 자기 배려 관념에서처럼 자기 자신에게 주의를 기울이거나 시선을 자기 자신에게 돌리기, 자기 자신과 관련해 각성되고 용의주도한 상태에 있기가 단순히 문제시되는 것은 아닙니다. 주체가 자기 자신과 관련해 실제적으로 이동하는 것——그 속성에 대해서는 따져볼 필요가 있습니다——이 실제로 문제입니다. 주체는 자기 자신인 바로 나아가야 합니다. 이동·여정·노력·운동, 이 모든 것은 자기로의

---

1) "여러분 가운데 한 사람은 외부 사물들로부터 우회하여 노력을 자기 자신에게 집중한다(tên proairesin epestraptai tên hautou)"(에픽테토스, 《어록》, I, 4, 인용된 판본, p.19); "여러분 자신으로 되돌아오시오(epistrepsate autoi eph'heautous)"(《어록》, III, 22, 39, p.75); "그러고 나서 네 자신으로 되돌아와(epistrephês kata sauton) 그 사건이 어떤 영역에 속하는 것인지를 탐구하게 되면 곧 그 사건이 너와는 별개의 사물에 속하는 것인지를 상기하게 될 것이다."(id., 24, 106, p.110).

2) "사람들은 농촌·바닷가·산으로의 은거를 추구한다. 너 또한 이런 부류의 것들을 극도로 갈망하는 습관이 있다. 하지만 선택의 매 순간마다 자기 자신으로 은거할(eis heauton anakhôrein) 수 있기 때문에 이 모든 것은 정신의 대단한 단순성을 특징지을 뿐이다."(마르쿠스 아우렐리우스, 《명상록》, IV, 3, 인용된 판본, p.27)

3) "악덕이 도처에서 위협하고 포위하고 있으며, 또 진실된 바를 파악하기 위해 시각을 회복시키거나 눈을 들 수 없게 만든다. 눈은 정념 속에 침수되어 처박혀 있다. 결코 눈이 자기 자신으로 되돌아갈 수 없게(numquam illis recurrere ad se licet) 된다."(세네카, 《생의 짧음에 관하여》 II, 3, A. Bourgery 번역, 인용된 판본, p.49)

4) 세네카의 《루킬리우스에게 보내는 서신》, 15, 5 참조.

5) "자기 자신으로 많이 후퇴해야 한다(in se recedendum est)"(세네카 《영혼의 평정에 관하여》, XVIII, 3, in 《대화》, t. IV, R. Waltz 번역, 앞서 인용한 판본, p.103); "덕은 비록 도처에서 후퇴하여 자기 자신으로 후퇴했다 할지라도(in se recessit) 위대하다."(세네카 《루킬리우스에게 보내는 서신》, t. III, VIII권, 서신 74, 29, 앞서 인용한 판본 p.46)

6) "하지만 주체가 우리 안에 있는 만큼 그에게 위험뿐만 아니라 불편함도 주지 말도록 하자. 부단히 공포의 대상을 물리칠 수 있는 수단을 생각하며 안전한 장소로 후퇴하자(in tutum nos redcamus)."(《루킬리우스에게 보내는 서신》, t. I, II권, 서신 14, 3, p.53)

전향에서 유념해야 할 사항입니다. 자기로 되돌아가기가 의미하는 바는 무엇일까요? 무엇인가 아직 주어지지 않은 바——왜냐하면 이것은 기껏해야 생의 종국에 약속된 바이기 때문에——를 위해 시행해야 하는 이 후퇴·순환·귀환은 무엇일까요? 이동과 회귀——자기 자신을 향한 주체의 이동, 자기 자신에로의 회귀——는 해명해야 할 두 요소입니다. 다소 지협적인 개념의 자격으로 이 자기로의 전향과 회귀에 대한 의미심장하고 또 재검토해야 할 필요가 있는 은유가 있다고 생각합니다.

　그것은 여러 요소들을 가지고 있는 항해의 은유입니다. [첫째로] 한 점에서 다른 한 점으로의 이동을 의미하는 도정 관념이 있습니다. 둘째로 항해의 은유는 이 이동이 일정한 목표를 지향하며 목표를 갖는다는 사실을 내포합니다. 이 목표와 목적은 모든 것과 관련한 항구, 안식처입니다. 이 동일한 항해의 관념 내에서 지향되는 항구가 모항(母港)·고향·조국이 있는 항구라는 테마를 우리는 발견할 수 있습니다. 자기를 향한 도정은 항시 오디세이아적입니다. 모항으로 귀환하기 위해, 또 이 안전한 곳에 도달하기를 간절히 바란다는 것은 도정 자체가 위험하기 때문이라는 것이 항해의 은유에서 발견할 수 있는 네번째 관념입니다. 우리는 도정 전반에 걸쳐 여정 자체를 위태롭게 하거나 심지어는 길을 잃게 만들 수 있는 예측 불가능한 위험과 마주치게 됩니다. 결과적으로 이 도정은 알려졌든 잘 알려지지 않았든 간에 수많은 위험을 거쳐 여러분을 복락의 장소로 유도하는 여정입니다. 마지막으로 이 동일한 항해의 관념 내에서 복락의 항구로 향하는 이 도정은 잘 수행되고 또 그 목표 지점에 도달하기 위해서는 일정한 앎과 테크닉, 수완을 전재하고 있다는 점을 상기할 필요가 있습니다. 그것은 이론적임과 동시에 기술적인 복합적인 앎입니다. 그것은 추측적인 앎이고 동시에 조종술과 극히 근접한 앎입니다.

　첫째로 의술, 둘째로 정치적 통치, 셋째로 자기 자신의 통솔과 통치[7]라는 항해술 모델과 규칙적으로 연관된 세 유형의 기술이 발견되기 때문에 실존에 필요한 이론적이고 동시에 실천적인 수완, 기술로서의 항해술 관념은 중요하며 또 더 자세히 분석할 필요가 있다고 생각합니다. 이 세 유형의 활동 (치료하기, 타자를 통솔하기, 자기 자신을 통치하기)은 그리스·헬레니즘·로마 문학에서 아주 규칙적으로 항해술과 연관되어 있습니다. 이 항해의 이미지는 그리스인과 로마인이 그 안에서 분명한 유연 관계를 확인하게 되는 일정 유형의 이미지와 실천을 구체화합니다. 그리고 그들은 이를 위해 tekhnê(보편적 원리 · 관념 · 개념에 입각한 실천의 기술과 그 숙고된 체계)를 설립하려고 했습니다. 요컨대 군주는 타자들을 지배해야 하는 한에서 자신을 지배해야 하고, 도시국가의 병, 시민의 병, 자신의 병을 치유해야 합니다. 군주는 자신의 병을 치유하면서 도시국가를 통치하듯이 자기 자신을 지배합니다. 결국 여기서 우리는 동일한 유형의 지식, 동일한 유형의 행위, 동일한 유형의 추론적 인식에 속하는 그리스와 로마의 정신에 있는 일련의 관념들을 볼 수 있습니다. 그리고 정확히 국가 이성을 중심으로 한 새로운 통치 기술의 정의가 자기 통치/의학/타자의 통치를 철저하게 구분하게 되는 16세기에 이르기까지도 이 항해의 은유의 역사는 실제적으로 재발견됩니다. 게다가 이 항해의 이미지는 통치 행위[8]와 무관하게 남아 있던 것이 아니었습니다. 요컨대 소위 이교도 시대말과 기독교 시대 초기에 출현하는 이 자기 실천에서 자기는 목적으로 간주되고 불확실하고 잠정적으로는 순환적인 인생

---

7) 배의 조종과 관리를 담당하는 자를 의미하는 그리스어 kubernêtês가 라틴어로 gubernator가 된 것을 상기할 수 있다(《고대 그리스 · 로마 사전》, E. Saglio 감수, t. II-2, Paris, Hachette, 1926, p.1673-1674의 〈goubernator〉 참조). 또 의술과 항해술의 비교는 플라톤에 있어서 매우 빈번하다(《알키비아데스》, 125e-126a; 《고르기아스》, 511d-512d; 《국가》, 332d-e, 341c-d, 360e, 389c, 341c-d, 360e, 389c와 489b 등). 그러나 《폴리티코스》의 긴 구절에서 의술과 항해술 그리고 정치적 통치술의 연결이 시행된다(푸코는 1978년 2월 15일 콜레주 드 프랑스 강의에서 목자의 통치성과 대립되는 도시국가의 통치성을 규정하기 위해 바로 이 대화를 연구한다). 그러나 항해사와 의사의 관계에 관련된 참조 텍스트는 히포크라테스의 《고대 의학 L'Ancienne Médecine》에 남아 있다. 즉 "항해사에게 발생하는 동일한 일들이 의사에게 발생하는 것 같다. 항해사가 평온한 시기에 항해를 하게 될 경우, 실수를 하더라도 잘 드러나지 않는다."(A.-J. Festiguiè 번역, 인용된 판본, p.7). 이러한 유비는 퀸틸리아누스에게서도 발견된다. "마찬가지로, 사실상 항해사는 자신의 배를 손상시키지 않고 귀항하기를 바란다. 폭풍우에 쓸려나간다 해도 여전히 그는 항해사이며 '내가 키를 똑바로 잡고 있을 수 있기를 바란다는 익숙한 말을 반복할 것이다. 의사 또한 환자를 치료하려고 한다. 그러나 병의 위중함이나 환자의 과도함 혹은 다른 상황이 그의 치료를 성공적으로 수행하지 못하게 방해한다 해도 그가 모든 점에서 규칙에 따라 행동했다면 그는 의학의 목적으로부터 벗어나는 것이 아니다."(《변사가의 육성 Institution oratoire》, t. II, II편, 17, 24-25, J. Cousin 번역, Paris, Les Belles Lettres, 1976, p.95)

8) 근대의 국가 이성의 분석에 대해서는 1978년 3월 8일과 15일의 콜레주 드 프랑스 강의와 《말해진 바와 씌어진 바》, 인용된 판본, III권 nº 255, p.720-721, 그리고 같은 책 IV권, nº 291, p.150-153 참조.

의 위험한 여정의 종착지로 드러나게 됩니다.

이 자기로의 회귀의 정언적 형상이 갖는 역사적 중요성과, 특히 그것이 서구 문화에서 갖는 특이성을 이해할 필요가 있다고 생각합니다. 그 이유는 명백하고 자명하게 자기 회귀의 정언적 테마를 우리가 발견할 수 있다 해도 두 가지 점을 잊지 말아야 하기 때문입니다. 첫째로 기독교에서 자기 회귀 테마의 모호한 거부를 기독교 영성의 중심축으로 설정한다는 것입니다. 기독교의 금욕주의는 다른 생·빛·진실·구원[9]에 도달하기 위해서는 자기 자신을 포기해야 한다는 것을 근본 원리로 설정하고 있습니다. 자기 자신을 포기하지 않고는 자신을 구원할 수 없다는 말이지요. 자기 포기를 근본적인 조건으로 삼는 기독교의 자기 구원 추구 행위는 모호하고 난해합니다. 이 점은 후에 다시 논의할 필요가 있습니다. 하지만 이 자기 포기는 기독교 금욕주의의 근본 축들 가운데 하나입니다. 또 신속으로 함몰하며 자기 형식에서 정체성·개인성·주체성을 잃어버리는 자기의 테마와 신과의 특권적이고 직접적인 관계가 기독교 신비주의를 지배하고 관통합니다. 둘째로 자기로의 회귀의 테마는 16세기부터 '근대' 문화 내에서 빈번히 등장하는 테마였다는 점을 주목할 필요가 있습니다. 하지만 이 자기로의 회귀의 테마가 고대 헬레니즘·로마에서처럼 총체적이고 연속적인 방식으로 조직된 것이 결코 아니라 실은 단편적이고 파편적인 방식으로 재구성되었다는 점에 놀라지 않을 수 없습니다. 오늘날 자기로의 회귀의 테마는 고대 헬레니즘·로마 시대처럼 결코 지배적이지 않습니다. 물론 내가 언급하는 고대 그리스·라틴 저자들의 자기 윤리와 자기 미학을 참조하는 16세기의 자기 미학과 자기 윤리가 있습니다.[10] 이 점과 관련해 자기 윤리와 자기 미학을 복원하는 시도로서 몽테뉴를 재독서할 필요가 있습니다.[11] 그리고 19세기의 사상사를 다소 이런 관점에서 재검토할 수 있다고 생각합니다. 그러면 사태는 아마도 더 복

---

9) 자기 진실의 생산이 자기 포기──오직 나 자신을 포기하기 위해서만 나 자신의 진실을 생산한다──와 연결된 기독교의 주체화 도식을 연구하는 1980년 3월 26일 콜레주 드 프랑스 강의 참조.

10) 예술 작품으로서의 인생(실존의 미학)이라는 테마에 관해서는 3월 17일 강의 전반부와 이하 p.449 주 14) 참조.

11) 《말해진 바와 씌어진 바》, IV, n° 326, p.410에서 같은 의미의 진술 참조.

잡하고 애매모호하며 모순적이게 될 겁니다. 하지만 19세기 사유의 중요한 부분을 자기 윤리와 자기 미학을 복원하기 위한 힘든 일련의 시도로 재해석할 수 있을 겁니다. 슈티르너·쇼펜하우어·니체·댄디즘·보들레르·무정부주의·무정부주의적 사유 등을 예로 들어 보면 각자 서로 분명히 상이한 일련의 시도이지만 자기 미학과 자기 윤리를 구축하고 복원하는 것이 가능한지에 대한 물음으로 집중됩니다. 어떤 대가를 치르고, 어떤 조건하에서 자기 미학과 자기 윤리가 가능할까요? 아니면 결국에는 쇼펜하우어의 경우에서처럼 자기 윤리와 자기 미학은 자기에 대한 체계적인 거부 내에서 역전되는 것은 아닐까요? 결국 여기에는 하나의 질문과 제기될 수 있는 일련의 문제들이 있는 것 같습니다. 하지만 자기로 돌아가기, 자기를 해방시키기, 자기 자신이 되기, 진정하게 되기 등과 같이 오늘날 우리의 담론에 부단히 떠도는 대단히 친숙한 표현들에 부여된 의미 혹은 차라리 거의 전적인 의미 부재를 살펴본다면, 오늘날 사용된 이 표현들 각각에 의미가 부재한다는 사실을 보면은 자기 윤리를 복원하기 위한 노력이 그리 자랑스러운 게 아니라는 것이라는 점을 지적하고자 합니다. 그리고 아마도 자기 윤리를 복원하기 위한 이러한 일련의 시도와 다소 중단되고 엉켜 버린 일련의 노력, 그리고 어떤 내용도 부여하지 않은 채 우리로 하여금 이 자기 윤리를 부단히 참조하게 만드는 활동에는 무엇인가 의심해 보아야 할 바가 있는 것 같으며, 그것은 자기와 자기의 관계 내에서가 아니라면, 종국에는 정치 권력에 대한 저항의 일차적이고 궁극적인 지점이 없다는 것이 사실이라면 자기 윤리를 구축하는 것이 시급하고 근본적이며 정치적으로 필요 불가결한 임무인 반면 오늘날 자기 윤리를 구축하는 것이 불가능하다고 하는 바에 대한 의심일 것입니다.

달리 말해서 내가 말하고자 하는 바는 다음과 같습니다. 즉 보다 일반적인 통치성——단순히 정치적인 의미가 아니라 보다 넓은 의미에서 권력 관계의 전략적 장으로 이해되는 통치성——의 문제에 정치 권력의 문제를 재설정하면서 정치 권력의 문제를 다루게 된다면, 그래서 통치성을 권력 관계가 갖는 유동성·변형 가능성·역전 가능성[12] 내에서 권력 관계의 전략적 장으

---

12) 법률적 모델에 대립되는 전략적 관점에서의 권력 분석에 대해서는 《말해진 바와 씌어진 바》, **III**, n° 169. p.33과 n° 218, p.418-428 참조.

로 이해한다면 통치성 관념에 대한 성찰은 반드시 자기와 자기의 관계에 의해 정의되는 주체의 요소를 이론적으로나 실천적으로 거치지 않을 수 없을 겁니다. 제도로서의 정치 권력에 관한 이론은 일상적으로 법적인 주체의 법률적 개념을 참조하는 반면에[13] 통치성에 대한 분석——다시 말해서 역전 가능한 관계의 총체로서의 권력에 대한 분석——은 자기와 자기의 관계에 의해 규정된 주체의 윤리를 참조해야만 합니다. 이는 단지 내가 이전에 여러분에게 제안하려고 시도한 분석의 유형 내에서 권력 관계——통치성——자기와 타자의 통치——자기와 자기의 관계 이 모든 것들이 하나의 사슬과 골조를 구축하며, 또 이 개념들을 중심으로 정치 문제와 윤리 문제를 접목시킬 수 있어야 한다는 사실을 의미합니다.

여러분이 보기에 다소 정체되고 세심한 것처럼 보여질 수 있는 자기 배려와 자기와 자기의 관계에 대한 분석에 내가 부여하려는 의미에 대해 이정도 언급하고, 이제는 지난번에 내가 던진 질문으로 되돌아가고자 합니다. 그 문제는 다음과 같습니다. 내가 언급하는 이 시기에 자기로의 전향의 원리와 자기 인식의 원리 간에는 어떤 관계가 맺어지게 된 것일까요? 단순하고 거친 형태로 이 질문은 다음과 같습니다. '자기를 배려하라'는 명령적 정언이 확산되는 순간부터 '자기 자신에게로 전향해야 한다' '자기 자신으로 되돌아가고 자기 자신과 만나는 데 생을 허비해야 한다'와 같은 '자기로의 전향'이라는 명령적 정언이 타자와 세계의 사물로부터 자기 자신으로 시선과 주의 그리고 정신의 정점의 부분적이거나 혹은 전적인 변환을 내포하는 것은 아닐까요? 보다 정확히 말해서 '자기로의 전향'은 근본적으로 인식의 대상과 영역으로 자기 자신을 구축하는 것을 내포하는 것은 아닐까요? 하지만 이 동일한 질문을 역사적인 전망과 선형성에 따라 던지게 되면 다음과 같이 말할 수 있습니다. 이후 기독교 세계와 근대 세계(의식의 탐구와 지도)의 실천에서 발전하게 될 모든 실천과 인식의 기원 지점과 일차적 뿌리를 자기로의

---

13) 권력의 법률적 개념 비판에 대해서는 푸코의 전형적인 텍스트 《앎의 의지 La Volonté de savoir》, Paris, Gallimard, 1976, p.177-211과 《사회를 보호해야 한다》, Cours au Collège de France, 1975-1976, F. Ewald & A. Fontana, M. Bertani & A. Fontana 감수, Paris, Gallimard/Seuil, 1997, passim 그리고 《말해진 바와 씌어진 바》, IV, n° 304, p.214, n° 306, p.241 참조.

전향이라는 헬레니즘 · 로마의 정언에서 찾을 수 있는 것은 아닐까요? 바로 거기에서 이후 정신과학, 심리학, 의식의 분석, psukhê의 분석이라 불리게 될 바의 최초의 형태를 발견할 수는 없는 걸까요? 기독교적인 의미에서 그리고 근대적 의미에서 자기 인식은 내가 여러분과 함께 분석하려 시도하고 있는 스토아 · 에피쿠로스 · 견유주의와 같은 일화로부터 기원하는 것은 아닐까요? 지난번에 내가 견유주의자들과 에피쿠로스주의자들에 대해 언급한 바는 사태가 그렇게 간단하지 않으며, 또 오늘날 우리가 생각하는 의미에서의 자기 인식이나 기독교의 영성이 이해한 자기 해독이 이 시대에 자기 실천의 형태 내에서 구축된 것이 아니라는 것을 증명해 줍니다. 이제 견유주의자와 에피쿠로스주의자에 대해 환기한 바를 재검토해 보고자 합니다. 하지만 스토아주의자들과 관련하여 그 문제를 재검토하도록 하겠는데 그 이유는 거기에 중요한 문제가 있기 때문입니다. 내가 제기하려는 문제들의 중심에 스토아주의의 문제가 있다는 점 때문에 그 문제는 중요합니다. 왜냐하면 내가 제기하는 문제는 다음과 같기 때문입니다. 요컨대 우리의 '문화'라 부를 수 있는 역사적 현상과 절차의 총체를 통해 어떻게 주체의 진실 문제가 구축될 수 있었을까요? 어떻게, 왜 그리고 어떤 대가를 치르고 사람들은 주체에 대한 진실된 담론을 시도하였던 것일까요? 즉 사람들은 먼저 미친 주체나 범죄 주체이기 때문에 우리와는 다른 주체, 다음으로는 말하고, 노동하고, 생활하기 때문에 보편적인 우리라는 주체, 마지막으로는 성의 특수한 경우에 있어서 직접적이고 개별적으로 우리인 주체에 대한 진실된 담론을 시도하였던 것일까요?[14] 이 세 주요 형식하에서의 주체의 진실 구축 문제야말로 내가 비난을 받을 수도 있는* 집요함으로 제기하려 했던 문제입니다.

아무튼 역사적으로 중요한 관건일 수 있는 이 문제를 재검토해 보고자 합니다. 헬레니즘 · 로마 문화 내에서 자기 배려는 실존 전반을 평가하는 독자

---

14) 주체 개념을 중심으로 재구성되는 그의 저작(《광기의 역사》에서 광인의 형상과 《감시와 처벌》에서 범죄자의 형상)에 대한 유사한 설명과 관련해서는 《말해진 바와 씌어진 바》, IV, n° 295, p.170; n° 306, p.227; n° 345, p.663; n° 349, p.657 참조.

* 원고는 이 방법론적 주해를 종결하기 위해 다음과 같이 명기하고 있다. "비판의 문제가 '어떤 일반적인 조건에서 주체의 진실이 존재할 수 있는가'를 아는 문제라면 내 물음은 다음과 같다. '주체에 대해 진실되게 말하라는 명령이 있기 위해서 주체는 특수하고 역사적으로 한정 가능한 어떤 변형을 따라야 하는가?'이다."

적이고 자목적화된 기술이 됩니다. 바로 이 시기가 주체의 진실 문제가 형성되고 구체적으로 표현되는 시기가 아닐까요? 또다시 장황하고 완만해진 것에 대해 사과드립니다. 하지만 여기서 혼동하기 쉽습니다. 자기 배려와 자기 인식——더 나아가 자기로의 회귀와 자기 인식——이라는 두 주요 모델, 두 주요 관계 도식의 현존과 명성 때문에 더 쉽게 혼동이 일어납니다. 이 두 주요 도식은 견유주의 · 에피쿠로스주의, 특히 스토아주의를 통해 내가 정밀히 분석하려고 하는 이 모델이 갖는 특수성을 가리고 있습니다. 이 두 주요 모델은 내가 설명을 수월하게 하기 위해서, 또 순전히 역사적인 이름과 연대기적 기준점을 부여하기 위해 명명한 헬레니즘적 모델을 가리고 있습니다. 내가 여러분과 함께 에피쿠로스주의 · 견유주의 · 스토아주의 텍스트를 통해 분석하려 하는 이 헬레니즘적 모델은 역사적으로 또 이후의 문화에서 플라톤적인 모델과 기독교적인 모델이라는 두 주요 모델에 의해 가려져 있습니다. 그래서 나는 헬레니즘적 모델을 다른 두 모델로부터 따로 떼어내고자 합니다.

플라톤주의적 모델은 무엇일까요? 환기하건대 우리는 이미 《알키비아데스》를 통해 이 모델을 개략적으로 살펴보았습니다. 플라톤주의 도식에서 자기 배려와 자기 인식의 관계는 세 핵심 요점을 중심으로 설정됩니다. 첫째로 자기를 배려할 필요가 있다면 그것은 인간이 무지하기 때문입니다. 인간은 무지하며 인간은 자신이 무지한지를 모릅니다. 그러나 만남 · 사선 · 질문 이후에 인간은 자신이 무지하며 무지함을 모르고 있음을 자각합니다. 바로 이것이 《알키비아데스》에서 발생한 일입니다. 알키비아데스는 자신의 경쟁자들보다 무지했습니다. 그는 소크라테스의 물음을 통해 자신이 무지하다는 것을 깨닫습니다. 그는 심지어 자신의 무지를 모르고 있었다는 것을 깨닫게 되고 결과적으로 이 무지에 대응하기 위해 혹은 차라리 이 무지에 종지부를 찍기 위해 자기 자신을 돌보아야 한다는 것을 깨닫게 됩니다. 바로 이것이 첫번째 핵심 요점입니다. 무지와 무지에 대한 무지의 발견이 자기 배려 정언을 발생시킵니다. 플라톤주의 모델에서 자기 배려는 단언되고 수행되는 순간부터 본질적으로 '자기 자신을 인식하기'가 된다는 것이 그 두번째 핵심 요점입니다. 자기 배려의 전면을 이 자기 인식이라는 정언이 점유하고 있고, 여기서 자기 인식은 영혼에 의한 자기 자신의 존재 파악이라는 형식을 취하며, 영혼은 자기 자신의 모습을 재확인해야 하는 인지의 거울 속에서 자기 자신을 응시하며 자기 자신의 존재를 파악하려 시도합니다. 이 점은 자기 배려와 자기 인식 관계의 플라톤주의 도식의 세번째 핵심 요점으로 귀착되는데, 요컨대 상기는 정확히 자기 배려와 자기 인식의 접점에 있다는 것이 그것입니다. 영혼은 자신이 본 바를 상기하면서 자신의 존재를 발견합니다. 또 영혼은 자기 자신의 존재를 상기하면서 자신이 본 바에 접근할 수 있는 길을 재발견합니다. 플라톤의 상기에는 영혼의 단 한번의 운동을 통해 자기 인식·진실 인식·자기 배려·존재로의 회귀가 한데 모이게 된다고 말할 수 있습니다. 플라톤주의 모델은 이렇습니다.

플라톤주의 모델 곁에서 뒤늦게 3-4세기에 기독교 모델이 형성되었습니다. 이것은 일반적인 의미에서 기독교 모델이라기보다는 '수도원 금욕' 모델이라 말해야 할 필요가 있습니다. 아무튼 논의를 시작하기 위해 이것을 '기독교' 모델이라 부르도록 합시다. 시간이 있으면 보다 상세히 논의하게 될 이 기독교 모델은 어떻게 특징지어질 수 있을까요? 기독교 모델에서 자기 인식은 성서 내에서 하나님의 계시에 의해 주어진 진실의 인식과 복잡하게 연결되어 있습니다. 그리고 자기 인식은 신의 말씀을 이해하기 위해서는 마음이 정화되어야 한다는 사실 때문에 전제되고 요구됩니다. 또 마음은 자기 인식을 통해서만 정화됩니다. 또 마음의 정화를 행하고 자기 인식을 수행하기 위해서는 하나님의 말씀이 받아들여져야 합니다. 결국 자기 인식과 진실의 인식 그리고 자기 배려 간에는 순환적 관계가 존재합니다. 자신의 구원을 이룩하려면 성서에서 주어지고 하나님의 계시를 통해 현시된 진실을 영접해야 합니다. 하지만 마음을 정화하는 인식의 형태로 자기 자신을 돌보지 않으면 이 진실을 인식할 수 없습니다. 역으로 자기에 의한 자기의 정화적 인식은 자신이 이미 성서와 계시의 진실과 근본적인 관계를 맺고 있다는 조건하에서 가능합니다. 이와 같은 순환성이 기독교의 자기 인식과 자기 배려 관계의 핵심점들 가운데 하나를 이루고 있습니다. 둘째로 기독교에서 자기 인식은 내면의 환상들을 걷어내는 역할과 영혼과 마음 안에서 유혹을 식별하여 우리가 그것의 희생양이 될 수도 있는 유혹들을 와해시키는 역할을 주로 담당하는 기술들을 통해 실천됩니다. 이 모든 것은 영혼 속에서 전개되며 우리가 그 기원과 목적, 그리고 형식을 파악해야만 하는 은밀한 절차와 활동을 파악할 수 있는 방법을 통해 수행됩니다. 이것이 자기 인식과 자기 배려 관계의 기독교적 모델이 갖는 두번째 핵심 요소입니다. 마지막이 자 세번째로 기독교에서 자기 인식은 자기 자신이 명상할 수 있었던 진실과 자기의 존재를 상기(想起) 행위 내에서 재발견하기 위한 자기 회귀의 기능을 별로 갖고 있지 않습니다. 요컨대 조금 전에 내가 언급했듯이 자기 자신으로 되돌아간다 해도 그것은 본질적으로 또 근본적으로 자기 자신을 포기하기 위해서입니다. 따라서 기독교와 더불어 세 지점을 중심으로 연결되는 자기 인식과 자기 배려 관계의 도식이 존재합니다. 즉 첫째로 성서의 진실과 자기 인식 간의 순환성, 둘째로 자기 인식을 위한 해석학적 방법론, 마지막으로 자기 포기라는 목적성이 그것입니다.

이 두 주요 모델——플라톤주의 모델과 기독교 모델 혹은 상기 모델과 해석 모델——은 명백히 역사적으로 엄청난 명성을 구가했고, 그래서 내가 그 속성을 추출해 보고자 하는 또 다른 모델인 헬레니즘 모델을 가리웠습니다. 그리고 두 모델이 갖는 명성의 원인은 이 두 모델(성서주해 모델과 상기 모델)이 기독교 역사 초기 내내 서로 대결하였다는 사실에서 쉽게 찾을 수 있습니다. 상기 모델을 중심으로, 다시 말해서 자기 인식과 자기 배려의 동일시를 통해 조직된 플라톤주의 모델은 기독교의 경계 지대, 즉 기독교의 내부와 외부에서 소위 그노시스 혹은 그노시스 운동[15]이라 불리는 경이로운 운동을 통해 재개되었다는 것을 유념할 필요가 있습니다. 이 모든 운동 내에서 사실상 대략 '플라톤주의'라고 말할 수 있는, 다시 말해서 존재의 인식과 자기의 재인(再認)이 유일하고 동일한 것을 구축한다는 관념이라 말할 수 있는 동일한 도식이 발견됩니다. 자기 자신으로 되돌아가기와 진실한 바의 기억을 되살리는 것은 그노시스주의에 있어서 동일한 것이며, 바로 이런 의미에서 영지주의 운동은 모두 다소간 플라톤주의 운동입니다. 기독교의 변방에서 발전한 그노시스 모델의 맞은편에는 기독교 교회——바로 여기에 수도원의 신앙 생활과 금욕주의가 기여했다——가 영지주의 운동과 관련해 거대한 휴지와 분할을 확보하는 기능을 담당한 주해 모델을 발전시켰습니

---

15) 그노시스주의자들과 관련해서는 1월 6일 강의 전반부와 이하 p.60의 주 49)를 참조할 것.

다. 그 결과 기독교 신앙 생활 내부에서 자기 인식에 주체의 존재를 되찾는 기억의 기능이 아니라 영혼 내에서 발생하는 활동의 속성과 기원을 식별하는 주해 기능을 부여하는 결과를 발생시켰습니다. 이 두 주요 모델——플라톤주의와 기독교 모델, 즉 자기 자신에 의한 주체의 존재 상기 모델과 자기 자신에 의한 주체의 주해 모델——은 기독교를 지배했을 뿐 아니라 이후 서구 문화사 전반에 전승되었습니다.

고대 내내 잔존했었고 2-3세기부터 활력을 되찾기 시작했으며, 기독교의 변방에서 영지주의를 통해 모습을 드러내고 발전되었고, 기독교의 특권적 대화 상대자로 남아 있었으며, 기독교가 일정 한도까지 투쟁하려 하고 또 동시에 포섭하려 했던 플라톤주의 모델과 기독교의 신앙 생활과 금욕주의의 주해적 모델 사이에는 세번째 도식이 있다는 것이 내가 밝혀내려 하는 바입니다. 세번째 도식, 그것은 기원전 말기와 기원후 초기 동안에 이용되고 전개된 도식입니다. 이 세번째 도식은 상기나 주해를 그 형식으로 취하지 않습니다. 플라톤주의 모델과는 달리 이 도식은 자기 배려와 자기 인식을 동일시하지 않고 자기 배려를 자기 인식 속에 함몰시키지도 않습니다. 반대로 이 제3의 도식은 자기 배려를 강조하고 특권화하며, 앞으로 보게 되겠지만 국한되고 제한적인 위치를 점유하는 자기 인식과 관련해 자기 배려의 독자성을 유지시킵니다. 둘째로 기독교 모델과 달리 이 헬레니즘 모델은 자기 주해나 자기 포기를 지향하지 않고 자기를 도달해야 할 목적으로 구축하는 경향이 있습니다. 플라톤주의와 기독교 사이에서 헬레니즘 · 로마 시대 전반에 걸쳐 자기 기술이 구축되었는데, 그것은 우리에게 있어서 이전과 이후의 두 주요 모델에 의해 방치되었고 또 이후에 두 모델이 지배하고 가려 버린 하나의 에피소드에 지나지 않을 수 있습니다. 그래서 결과적으로 까다롭고 엄격하며 제한적이고 엄한 일정한 도덕이 플라톤주의적이지도 않고 기독교적이지도 않은 헬레니즘 모델 내에서 형성된 것이 아니라면 이 자기 기술은 오늘날 우리의 문화 내에서 다소 고고학적인 호기심에 불과하다고 생각할 수 있을 겁니다. 바로 여기에 파악할 필요가 있는 역설이 있습니다. 하지만 이 도덕은 결코 기독교가 만들어 낸 것이 아닙니다. 왜냐하면 다른 종교와 마찬가지로 기독교는 도덕이 아니기 때문이지요. 아무튼 기독교는 도덕이 부재하는 종교입니다. 기독교는 명백히 외부로부터 들여온 지점으로 이 헬레니즘의 도덕을 이용하고 받아들였으며(알렉산드리아의 클레멘스[16]를 참조하시오), 이후 주체의 해석과 자기 포기의 실천을 헬레니즘 도덕을 통해 정착시키고 고안하고 다듬었습니다. 따라서 자기 실천의 수준에서 역사적으로 연이어 오는 세 주요 모델이 있습니다. 소위 '플라톤주의' 모델은 상기를 중심으로 돌고, '헬레니즘' 모델은 자기와의 관계의 자목적화를 중심으로 돌며, '기독교' 모델은 자기 주해와 자기 포기를 중심으로 돕니다. 이 세 모델은 연이어서 나타납니다. 첫번째 모델과 세번째 모델은 내가 소묘하려 시도한 역사적 이유 때문에 우리 근대인의 시선에서 중간에 있는 모델을 가리고 있습니다. 그러나 자기와의 관계의 자목적화와 자기로의 회귀를 중심으로 하는 중간 모델인 헬레니즘 모델은 기독교가 오늘날 우리가 그릇되게 '기독교 모럴'[17]이라 부르는 바로 만들기 위해 수용하고 물려받고 송환하여 다듬고 또 그것을 자기 주해와 연결시킨 도덕 체계 형성의 장소입니다. 헬레니즘 모델의 엄격한 도덕 체계는 기독교 모델에 고유한 자기 주해와 포기에 의해 규정된 기술을 통해 반복되고 가공되었습니다. 바로 이 점이 대략 내가 모든 것을 그 속에 위치시키려는 일반적 역사적 전망입니다.

이제 '자기로의 회귀'를 중심으로 하는 헬레니즘 모델로 되돌아가 여기서 자기 인식이 차지하는 위치에 대해 살펴봅시다. '자기로의 회귀'는 우리가 인간 주체, 인간 영혼, 인간의 내면, 의식의 내면 등과 같이 부르는 바에 대한 의식의 근본적이고 연속적인 과업을 전제하고 요구하는 걸까요? 첫째로 나는 견유주의 텍스트들과 관련해——적어도 데메트리우스의 텍스트와 관련해——또 에피쿠로스주의 텍스트들에서 만약 자기 인식이 '자기로의 회귀'라는 정언에서 근본적인 테마라면 이 자기 인식이 자연에 대한 인식과 관련해 결코 양자택일의 위치에 있지 않았다는 점을 보여주려 했습니다. 요컨대 우리가 인식해야 할 바는 자연이냐 아니면 우리 자신이냐의 문제가

16) 알렉산드리아의 클레멘스의 《교사(教師)》(II, 10)에서 무소니우스 루푸스 글의 반복과 관련해서는 푸코의 《자기 배려》, p.198 참조. 푸코는 M. Spanneut의 고전적인 저작 《교부들의 스토아주의, 로마의 클레멘스에서 알렉산드리아의 클레멘스까지 Le Stoïcisme des Pères de l'Église, de Clément de Rome à Clément d'Alexendrie》, Paris, Éd. du Seuil, 1957을 주로 읽었다.

17) '기독교 모럴'에 대한 논의의 곤란함과 관련해서는 1월 6일 강의 전반부의 서두를 참조할 것.

아니었습니다. 둘째로 이 자기 인식이 '자기로의 전향' 테마의 내부에 자리 잡게 되는 것은 자연에 대한 인식과 자기에 대한 인식 간의 상호 연결 관계 내에서라는 점을 보여주려고 시도했습니다. '자기로의 전향'은 여전히 자연을 인식하는 일정한 방식입니다.

자연에 대한 인식의 문제가 스토아주의자들에게 있어서 에피쿠로스주의자들을 논외로 한다 해도 견유주의자들에 비해 다른 방식으로 훨씬 중요한 위치와 가치를 지니고 있다는 점을 고려해 이제 나는 이 문제를 스토아주의자들과 관련해 다시 던지려고 합니다. 도식적으로 다음과 같이 말할 수 있습니다. 즉 스토아주의자들에게는 견유주의자들과 에피쿠로스주의자들에게서처럼 무용한 지식에 대한 비판적 전통이 존재하며, 인간의 생활과 관련될 수 있는 모든 인식·지식·기술 정언의 우선성에 대한 주장이 있다는 것은 확실하다고 말할 수 있을 겁니다. 모든 지식은 tekhnê tou biou(생활의 기술)이어야 한다는 것은 스토아주의·견유주의·에피쿠로스주의의 공통 테마입니다. 그 결과 스토아주의의 '이단'이라 괄호에 넣어 명명할 수 있는 유파들 내에서 세계 혹은 자연에 대한 인식이 무엇일 수 있는가에 대한 준엄하고 국한된 주장들이 발견됩니다. 유명한 키오스의 아리스톤에게서 이 점이 발견됩니다. 키오스의 아리스톤[18]은 (물리학이 인간 함의 상위에 있고 논리학은 결코 인간의 관심을 끌지 못하기 때문에)[19] 철학으로부터 논리학과 물리학을 버렸다고 디오게네스 라에르티오스는 말합니다. 아리스톤에게는 오직 도덕만이 중요합니다. 또 도덕은 어떤 다른 조언을 필요로 하지 않고 그 자체로서 자연의 질서를 참조하지 않고서도 각 상황에서 해야 할 바를

---

18) 제논을 반대하는 제자 키오스의 아리스톤은 (무용한) 논리와 (접근 불가능한) 물리학을 무시하는 것으로 만족하지 않고 덕을 넘어서 모든 것은 동일한 가치를 지닌다(중간 과업의 명령을 막는 무관심의 가설)는 주장으로 이루어진 철저한 도덕주의를 주장한다. 어떤 사람들은 마르쿠스 아우렐리우스가 그의 저서를 읽고 철학으로 개종하기로 결단을 내렸다고 주장한다. C. Guérard가 《고대철학자 사전》, p.400-403에서 이 철학자에 대해 소개한 바를 참조.

19) 전자는 우리를 넘어서며 후자는 우리와 무관하며 그래서 오직 윤리의 '장소'만이 우리와 관련된다고 주장하면서 그는 물리학의 '장소'와 논리학의 '장소'를 제거해 버린다."(디오게네스 라에르티오스, 《유명한 철학자들의 삶, 학설, 정언》, VII편, 160, 〈아리스톤〉, M.-O. Goulet-Cazé 감수 번역, p.884) 세네카는 동일한 설명을 《루킬리우스에게 보내는 서신》 89, 13과 94, 2에서 반복한다.

인식할 수 있는 능력이 있기 때문에 정언들(조언, 신중성 등과 같은 일상 생활의 정언들)은 철학에 속하지 않으며 상당수의 도덕 원칙, 다수의 dogmata[20]만이 철학에 속한다고 말합니다. 키오스의 아리스톤과 더불어 일종의 한계 지점이 존재하는데, 그 이유는 사실상 스토아주의의 일반적인 경향은 자연에 대한 지식을 무용한 지식으로 거부하고 경계하는 방향으로 나아가지 않기 때문입니다. 여러분은 이미 스토아주의 사상이 이미 그 자체로 우주론과 세계의 질서에 관한 사변의 총체에 연결된 도덕/논리학/물리학/을 어떤 강력한 체계성 내에 설정했는지 잘 알고 있습니다. 그래서 스토아주의는 이론적 명제들을 넘어서서 사실상 때로는 간접적으로, 때로는 더욱 직접적으로 일련의 인식의 시도와 연합되어 있습니다. 1-2세기 자연주의자들의 위대한 백과사전들과 클라우디오스 갈리에노스의 방대한 의학백과사전에는 실제로 스토아주의 사상이 침투되어 있습니다.[21] [...*] 그런데 다음과 같은 문제가 제기됩니다. 모든 지식을 tekhnê tou biou(생활의 기술)에 종속시키고 시선을 자기 쪽으로 향해야 할 필요가 있다고 주장하고, 또 동시에 자기로의 시선의 전환과 변환에 세계의 질서와 그 일반적이고 내적인 조직의 탐구와 연관시키면서 스토아주의자들이 의미할 수 있는 바는 무엇일까요? 스토아주의자들이 어떻게 이 문제——자기 자신으로 시선을 돌림과 동시에 세계의 질

---

20) 세네카의 설명 참조. "각 보편적 인간을 양성하는 게 아니라 개인에게 맞는 계율을 부여하고 남편이 부인에게 취해야 할 행동을, 아버지가 자녀를 양육하는 방법을, 주인이 노예를 다스리는 법을 규정하는 이런 부류의 철학은 몇몇 이론가들에게만 수용되었다. 그들은 나머지 것들을 방체했고, 마치 인생 전반을 포괄하지 않는 세세한 점들에 대한 규정들을 표현하듯이 나머지 부분을 우리의 필요와 무관한 여담에 지나지 않는 것으로 여겼다. 이와는 달리 스토아주의자 아리스톤은 이러한 부류의 철학이 결코 견고하지 못하며 아낙네의 격언만으로 이루어졌기 때문에 철학의 핵심을 관통하지 못한다고 평가한다. 그에 따르면 순수 교의적인 철학(decreta philosophiae)만이 유용하다고 한다." (《루킬리우스에게 보내는 서신》, t. IV, XV권, 서신 94, 1-2, p.66)

21) 페르가몬의 갈리아노스(129-200) 작품은 굉장하다. 그의 저서는 수천 쪽에 이르고 당대의 의학 전반을 포괄하고 있다. 일찍이 아랍어로 번역되어 그의 저서는 르네상스 시대까지도 반드시 거쳐야 할 기념비로 위세를 떨친다. 또 2세기 자연과 역사의 인식을 집성한 팔레스트리나의 엘리아노스의 저작(《다양한 역사 Histoire variée》《동물의 특성 Caractéristique des animaux》)을 들 수 있다. 마지막으로 라틴어로는 플리니우스의 《자연사 Histoire naturelle》를 상기할 필요가 있는데, 이는 셀수스의 저서들처럼 1세기에 쓰여졌다.

* 녹취록에는 단지 "…스토아주의는 유용한 인식과 무용한 인식을 나눌까요?"만이 들린다.

서를 탐색하기——를 풀어 가는가를 보기 위해 나는 두 텍스트에 의거하고자 합니다. 결국 나는 세네카에게서 발견되는 첫번째 계열의 글을 참조하고, 시간이 있으면 마르쿠스 아우렐리우스의 상당수 글을 참조하겠습니다.

먼저 세네카를 살펴봅시다. 세네카에 있어서는——나는 여기에 대해서는 간단히 언급하고 넘어가겠습니다——극히 전통적인 일련의 글이 있습니다. 어떤 글은 도서관과 책이 갖는 내용물보다는 그것들의 호사스러움과 허영에 더 관심을 갖는 사람들에게서 발견할 수 있는 허영심에 대한 비판과 관련되어 있습니다. 《영혼의 평정에 관하여》에는 흥미로운 비판적 언급이 있는데 거기서 알렉산드리아 도서관에 수집된 책들이 실은 왕의 허영심[22]을 채우기 위한 것이라는 알렉산드리아 도서관 비판이 있습니다. 다른 일련의 글들——여기에 대해서도 잠시 언급하고 넘어가겠지만——은 《루킬리우스에게 보내는 서신》[23]의 초반부에서 제자에게 한 충고인데, 그것은 과도하게 책을 읽지 말고, 해석을 배가시키려고 하지 말며 호기심을 분산시키려 하지 말고 단지 두세 권의 책을 취해 그것을 심독하려고 노력하고, 또 그 책들 속에서 상당수의 격언을 유념하라는 충고입니다. 이 격언들은 세네카가 에피쿠로스에게서 종종 찾으려 했고, 또 그것들을 맥락과 책으로부터 끌어내 루킬리우스에게 명상의 주제로 제안한 격언들입니다. 진실에 대한 이 명상과 사유 훈련——이 점에 대해서는 조만간 다시 논의하기로 하겠습니다[24]——은 일반적으로 지식을 다루는 교양적 탐색을 통해 행해지는 것이 아닙니다. 그것은 아주 오래된 고대 그리스의 테크닉에 입각해, 즉 진실의 언표이자 명령의 발화인 단언이자 명령인 금언과 제언을 통해 수행되었습니다. 지식을 통해 주파해야 할 교양의 장이 아니라 바로 이것이 철학적

---

22) "알렉산드리아에서 4만 권의 책이 불태워졌다. 다른 사람들은 《티트-리브 *Tite-Live*》처럼 왕의 호혜의 놀라운 이 기념비를 왕의 취미와 배려의 걸작이라 부르며 자랑한다. 그러나 나는 거기서 취미나 배려를 발견하지 않고 문학의 통음난무를 본다. 내가 문학이라고 말하는 것은 잘못되었다. 문예에 대한 배려가 거기에는 전혀 들어와 있지 않았다. 이 아름다운 장서들은 단지 과시를 위해 구축되었다."(세네카, 《영혼의 평정에 관하여》, IX, 5, 인용된 판본, p.90)

23) 독서에 대한 충고는 주로 두번째 서한에서 있습니다.(《루킬리우스에게 보내는 서신》, t. I, I편, p.5-7)

24) 2월 27일 강의 후반부와 3월 3일 강의 후반부 참조.

성찰의 요체를 이룹니다. 세번째 계열의 글은 전통적 교수법에 주어진 무용하고 해로운 교육에 관한 글입니다. 이 글들은 유아의 교육 과정에 있어서 혹은 철학의 이름하에 주어지는 교육에서 상이한 인식들이 가져야 하는 역할에 관련됩니다. 중요한 여든여덟번째 서신[25]에는 자유학예(arts libéraux)와 자유학예에 의해 주어지는 인식의 불확실하고 무용한 혹은 순전히 도구적인 성격에 대한 성찰과 분석이 있습니다. 따라서 이와 같은 모든 계열의 글들이 있지만 내가 참조하고자 하는 글은 이것들이 아닙니다.

나는 스토아주의가 항시 분명하고 긍정적인 가치를 부여한 세계에 대한 백과전서적인 지식을 세네카가 자기 자신에게 시선을 돌려야 한다고 주장하면서 활용하고 있는 그런 글을 다루어 보고자 합니다. 물론 이 글은 《자연의 의문들》입니다. 세네카는 은퇴 후에 다시 말해서 60세[26]가 지나 중요하고 다소 긴 이 작품을 집필했습니다. 그는 이 저작을 루킬리우스에게 사적이고 영적인 지도를 하게 되는 시기인 은퇴 시기 동안 집필했습니다. 그는 루킬리우스에게 편지를 씀과 동시에 《자연의 의문들》을 저술했습니다. 하지만 그는 루킬리우스에게 이 저서를 보냈고, 따라서 《자연의 의문들》의 상당 부분은 루킬리우스에게 보내는 서신을 포함하고 있으며 이 서신들은 《자연의 의문들》의 서문으로 씌어집니다. 같은 시기에 그는 《도덕 서한》[27]을 집필했습니다. 다른 한편으로 《자연의 의문들》은 천체의 도정과 강수의 지리, 불과 기상에 대한 설명 등 천지를 포괄하는 세계에 관한 방대한 탐색으로 이루어져 있습니다. 게다가 이 모든 것은 하강과 상승 운동을 복원하는 체계 내에서 구축되었습니다. 요컨대 이 저서의 제1권은 하늘에 관련되고 2권은 공기, 3권과 4권은 강수, 5권은 바람, 6권은 땅, 그리고 7권은 재상승으로부터 시작하는 기상과 관련되어 있습니다. 그런데 자연과 관련되고 따라서 세계에 대한 탐구인 이 방대한 저서에서 적어도 두 지점에서 세네카는 왜 종국적으로 우리로부터 멀어진 이같은 주제로 글을 쓰는가에 대한 문제

---

25) 《루킬리우스에게 보내는 서신》, t. III, XI편, 여든여덟번째 서한(p.158-172).

26) 《자연의 의문들》의 집필 연대와 관련해서는 1월 20일 강의 전반부와 이하 p.126의 주 27) 참조.

27) 이 저서는 루킬리우스에게 보내는 마지막 서신들(106, 2; 108, 39; 109, 17)이 《도덕 서한》의 저술에 대해 언급하고 있다. 이를 통해 서기 64년을 저술 시기로 추정할 수 있다.

를 제기합니다. 바로 이 두 글은 루킬리우스에게 보내는 두 동반 서신입니다. 여기서 문제가 되는 것은 《자연의 의문들》의 전체 서문을 이루는 제1권의 서문과 제3권의 서문을 이루고 있고, 따라서 이 저서의 중간에 위치하며 서문 역할을 하는 글입니다. 서문 역할을 하지만 당분간은 방치할 수 있는 다른 서신들——예를 들면 아첨과 관련된 제4권에 등장하는 서신——도 있습니다. 그러면 이 두 서신을 가지고 시작해 봅시다. 그리고 우선 3권을 여는 서신으로 시작하겠는데[28] 그 이유는 이 서신에서 세네카는 그 시점에서 자기 자신이 무엇을 하고 있는지, 또 자기가 처한 현재 상황에서 이와 같은 책을 쓰는 것이 무슨 의미가 있는지에 대해 자기 자신에게 중요한 물음을 던지기 때문입니다. 자신에게 중요한 것은 mundum circuire(세계의 거대한 원)를 주파하고 그것의 casuas secretaque(원인과 비밀)를 탐구하는 것이라는 두마디로 세네카는 이 책의 원리와 목적을 요약합니다. 즉 세계를 편력하여 그 내적인 원인과 비밀을 상세히 파악하는 일을 그가 행하고 있었던 것입니다.[29] 그러나 그는 그것이 무슨 의미가 있는지 묻습니다. 왜 그 일을 수행하는 것일까요? 나는 세계를 주파하고 있고, 세계의 원인과 비밀을 탐구한다는 확증된 사실로부터 편의상 네 가지 활동으로 분할할 수 있는 일련의 성찰이 시작됩니다.

첫째로 나이의 문제입니다. 나는 세계를 탐색하고 있고 그 원인과 비밀을 찾고 있으며, 또 나는 senex(노인)이라고 세네카는 말합니다. 이 테마는 노년의 테마 그리고 내가 언급한 생의 서둠과 가능한 한 가장 빠른 주파라는 우리가 잘 알고 있는 테마를 다시 도입합니다. 세네카에 있어서는——스토아주의자들에게 있어서도 마찬가지이지만 세네카는 노년에 아주 특별한 중요성을 부여합니다——가능한 한 서둘러 생을 완수해야 합니다.[30] 생이 완결되는 지점에 서둘러 도착할 필요가 있습니다. 여기서 완결은 가장 멀리 후

---

28) 푸코는 여기서 다시 한번 세네카 텍스트의 옛 판본을 사용한다(《철학자 세네카 전집》, 앞서 인용된 판본, p.434-436).

29) "친애하는 친구여, 세계의 원을 주파하여 사물의 이치와 그 비밀을 발견하여 그것을 인간의 인식으로 옮기려 하는(qui mundum circuire constitui, et causas secretaque ejus eruere) 내가 이 나이에(senex) 어떤 건축물의 기초를 세우는지 모르는 바 아니다."(id., p.434)

30) 1월 20일 강의 후반부 참조.

퇴해 있는 시간상의 끝이라는 의미에서의 완결이 아니라 그 충만성에 도달했다는 의미에서의 완결입니다. 가장 신속하게 생을 주파할 필요가 있고, 구별되는 생활 방식들을 갖는 구별되는 단계로 생을 분할하지 않고 단숨에 한결같이 주파할 필요가 있습니다. 이상적인 노년의 이상 지점에 도달하기 위해 자신의 생을 가장 신속하게 단숨에 주파할 필요가 있습니다. 《자연의 의문들》을 쓸 즈음 자신이 실제로 늙었다는 생각으로 강조된 이 테마를 세네카는 여기서 재론합니다. 그는 늙었고 시간을 허비했습니다. 그는 vana studia(무용하고 공허한 연구)에 몰두함으로써 시간을 잃어버렸습니다. 자신의 생애에서 또 male exemptae(잘못 수행되고 활용되고 이용된) 세월들 때문에 그는 시간을 잃어버렸습니다. 바로 그렇기 때문에 그만큼의 velocitas(신속성)[31]를 갖는 labor(노력)[32]가 행해져야 할 필요가 있습니다. 나이 많음과 잃어버린 시간 때문에 이제 서둘러야 하는 노력은 무엇으로 이루어진 것일까요? 그 주인으로부터 멀어진 유산이나 영지를 돌보아서는 안 되고 나와 밀접한 영역을 돌보아야 한다고 세네카는 말합니다. 내가 전적으로 유념해야 하는 바는 이 분야입니다. 그리고 이 밀접한 영역이 자기 자신이 아니라면 무엇이겠습니까? "정신 전체가 자신을 돌보고 자신에 몰두해야 한다(sibi totus animus vacet)"고 세네카는 말합니다. 이 표현 'sibi vacare'(전적으로 자신을 돌보다, 자기 자신에 몰두하다)는 세네카의 다른 글, 특히 열일곱번째 서신에서 'si vis vacare animo'(네가 네 영혼을 돌보기를 원한다면)[33]이라는 표현으로 재발견됩니다. 따라서 먼 영역은 돌보지 말고 가장 가까운 영역을 돌보아야 합니다. 이 영역은 바로 자기 자신입니다. "도주 운동 속에서 자기 자신에 대한 명상 쪽으로 시선을 돌려야 한다"(ad contemplationem sui saltem

---

31) "수많은 연구를 언제 종결하고, 분산된 수많은 사실들을 언제 한데 집결시키며 수많은 비밀을 언제 파악할 수 있을까? 노년은 나를 재촉하고 또 공허한 연구에 세월을 허비했다고 나를 비난한다(objecit annos inter vana studia consumptos). 이는 서둘러 잘못 배려된 인생의 결함을 노력을 통해 교정하기(damna aetatis male exemptae labor sarciat) 위한 새로운 동기이다."(《자연의 의문들》 in 《철학자 세네카 전집》, p.434)

32) "여행을 하듯이 행동하자. 너무 늦게 출발했다면 속도(velocitate)로 그 지연을 만회하자."(ibid)

33) "네가 네 영혼을 돌보기 원한다면(vacare animo) 가난하거나 가난하게 살아라."(《루킬리우스에게 보내는 서신》, t. I, II편, 서신 17, 5, p.68)

in ipso fugae impetus respiciat)³⁴⁾고 세네카는 말합니다. 여기서 문제는 현자의 도피나 은둔이 아니라 시간의 흐름입니다. 우리를 생의 궁극 지점으로 데려가는 이 시간 운동 속에서 우리 자신 쪽으로 시선을 돌리고, 또 우리 자신을 명상의 대상으로 삼아야 합니다. 따라서 시간의 흐름과 서둚, 즉 그에게 부과된 velocitas 속에서 세네카가 자기 나이에서 배려해야 하는 유일한 대상은, 자신의 노력이 목표로 삼아야 하는 바는 바로 자기 자신³⁵⁾입니다. 다시 말해서 그가 배려하지 말아야 하는 바는 자기 외의 다른 것입니다. 그런데 이 나머지는 무엇일까요?

바로 이 문제와 관련해 우리는 세네카 글의 두번째 전개와 접하게 됩니다. 세네카 추론의 이 지점에 도달하여 우리는 오직 자기 자신만을 돌보고 자기와 거리가 먼 유산과 같은 것을 돌보아서는 안 되기 때문에 자연·기상·천체 등은 내버려두자고 그가 말할 것이라고 짐작할 수도 있을 겁니다. 그러나 전혀 그렇지 않습니다. 세네카가 말하는 바는 이것이 아닙니다. 피해야 하는 바는 바로 역사적인 지식이라고 세네카는 말합니다. 무엇을 말하는 역사적 지식을 피해야 한다는 말일까요? 그것은 외국 왕들의 이야기, 그들의 모험 무훈, 정복에 관한 이야기입니다. 이 모든 것은 칭송으로 변형된 왕들의 이야기에 지나지 않으며, 고통의 역사이기도 합니다. 백성들에게 가해진 고통과 백성들에 의해 가해진 고통이던간에 우리가 읽는 연대기가 왕들의 이야기를 외관상 영광스런 장식으로 포장해 전승하는 바는 바로 고통입니다. 그리고 역사가들처럼 타인의 정념을 이야기하는 것보다 자기 자신의 정념³⁶⁾을 초극하고 극복하는 것이 바람직하다고 세네카는 주장합니다. 역사가들처럼 행해진 바를 탐구하고 조사하기보다는 quid [faciendum](해야 할 바)³⁷⁾

---

34) Belles Lettres 출판사 판본은 이 교훈을 받아들이지 않고 "ad contemplationem sui saltem in ipso fine respiciat(마지막 순간에 정신은 존재하는 바에 대한 점검에만 관심을 기울인다)."(《자연의 의문들》, t. I, p.113)

35) "밤을 낮과 만나게 하고 무용한 배려를 제거하며 주인으로부터 너무 멀어진 유산에 대한 배려를 삼가자. 정신이 자기 자신에 대한 연구를 하도록 하며 세월의 흐름이 최고로 빨라지는 순간에 우리의 시선이 적어도 우리 자신으로 옮겨가게 하자(sibi totus animus vacet, et ad contemplationem sui saltem in ipso fugae impertu respiciat)."(loc. cit, supra, note 31)

36) "후손들에게 타자의 정념을 이야기하는 것보다 자기 자신의 정념을 억제하는 것이 훨씬 지혜로운 것이 아닐까?"(ibid.)

을 탐색할 필요가 있습니다. 셋째로 이 역사적 이야기들을 독서하면 위대하지 않은 바를 위대하다고 착각하고 인간의 진정한 위대성에 대해 착각하며 항시 불안정한 승리나 항시 불확실한 재산에서만 인간의 위대성을 보려고 하는 위험에 빠질 수 있습니다. 이와 같이 역사에 반하는 논지의 전개는 세네카의 다른 글들에서 발견되는 논지를 반영하고 있는데, 그 중에서 특히 《자연의 의문들》과 같은 시대의 글이며 세네카가 아주 혐오했던 몇몇 위인들, 이 경우 알렉산드로스 대왕에 대한 찬양과 연대기의 장황성이 대립되어 있는 《루킬리우스에게 보내는 서신》에서 발견되는 논지를 잘 반영하고 있습니다. 여기서 세네카는 연대기의 장황함과 모델로서 현시하려는 바를 외국 왕들의 생애에서 찾지 않고 토착민(로마의)의 모델들에서 찾으려 하는 exemplum(역사적 모범)을 대립시킵니다. 토착민적인(로마적인) 모델들을 보여주고 또 화려함과 권능의 가시적인 형태가 아니라 자기 제어의 개인적 형태와 같은 위대성의 진정한 특질을 보여줄 때 역사적 모범은 유익합니다. 카토의 겸손과 로마의 자유를 보장하기 위해 그곳을 떠나 작은 집에 겸손하고 조용히 은거하는 스키피오의 모범이 그 예입니다.[38] 따라서 자기 배려하기를 원할 경우 실제적으로 피해야 할 지식의 핵심 요소, 예, 유형이 역사에 대한 비판과 주요 사건과 위인들의 연대기에 대한 비판 내에 존재합니다. 따라서 자연에 대한 인식이 아니라 모범적이지 못한 역사적 인식, 연대기적인 인식, 역사적 지식이 배격되어야 합니다.

이 글의 세번째 논지 전개는 다음과 같습니다. 즉 역사는 진정한 위대성을 우리에게 가르쳐 줄 수 없다면 이 위대성은 무엇으로 이루어진 걸까요? 세네카는 이 점을 설명하고 있고 이 점에 관심을 집중해야 한다고 말합니다. "이 세상에 위대한 것은 무엇이 있는가? 그것은 바다를 함대로 채우고 홍해 바닷가에 그 깃발을 꽂는 것일까? 그리고 더 이상 침탈할 땅이 부족할 때 미지의 해변가를 찾아 유랑하는 것일까? 아니다. 위대한 것은 정신의 눈을 통

---

37) "아! 이미 행해진 바 대신에 행해지고 있는 바(quid faciendum sit)를 탐색하자." (*ibid.*)

38) 알렉산드로스 대왕 연대기에 대한 비판과 카토와 스키피오의 모범에 대한 찬양과 관련해서는 《루킬리우스에게 보내는 서신》의 24, 25, 86, 94, 95, 98, 104번째 편지 참조. 《지혜의 불변성에 관하여》와 《신의 섭리에 관하여》에서 세네카는 카토를 지혜의 이상으로 생각하게 만든다.

해 세계 전체를 본 것이며, 가장 아름다운 승리인 악덕에 대한 승리를 쟁취한 것이다. 도시와 국가 전체의 지배자가 된 사람은 수없이 많다. 하지만 자기 자신의 지배자가 된 사람은 참으로 적다. 이 세상에서 위대한 것은 무엇이 있을까? 그것은 운명의 위협과 약속 위로 영혼을 상승시키는 것이다. 그것은 인간의 수준에 있는 것을 운명에 전혀 기대하지 않는 것이다. 마치 맑은 하늘로부터 지하 감옥의 어두운 밤으로 이행하듯이 천상의 사물들의 정경으로부터 지상으로 추락하는 우리 시선이 오직 암흑만을 발견할 때 우리는 무엇을 소망해야 하는 것일까? 위대한 것은 역경 속에서도 마치 그것을 원하기라도 하듯이 모든 사건들을 받아들이는 굳건하고 평온한 영혼이다. 모든 사건들이 신의 명령에 의해 발생한다는 것을 안다면 그것을 열망해야 되지 않을까? 위대한 것은 자기 발밑에 운명의 화살이 떨어지는 것을 보는 것이다. 그것은 우리가 인간임을 기억하는 것이다. 그것은 우리가 행복하다면 그 행복이 오래 지속되지 않는다는 것을 생각하는 것이다.[39] 이 모든 열거에서——나는 상당 수의 단락을 건너뛰었는데 중요하지 않습니다——잘 알려진 원칙들을 확인하는 것은 쉬운 일입니다. 첫째로 자신의 악덕을 극복하는 게 중요합니다. 요컨대 그것은 자기 지배의 원칙입니다. 둘째로 악운의 역경에서 굳건하고 평온해야 하는 것이 중요합니다. 셋째로——나는 이 단락을 건너뛰었는데 중요하지 않습니다——쾌락[40]과 싸워야 합니다. 달리 말해서 여기에는 악덕을 교정시키게 해주는 내적인 투쟁 불운과의 대면과 관능과의 싸움이라는 외적인 투쟁이라는 세 유형의 전통적인 투쟁이 있습니다. 넷째로 위대한 것은 일시적인 행복이 아니라 bona mens(지혜)[41]를 구축하는 것입니다. 달리 말해서 자신의 목표, 행복 궁극적인 복락을 자기 안에서, 자기 자신의 정신 속에서, 자기 영혼의 자질 속에서 발견할 필요가 있다는 말입니다. 다섯째로 떠나기 위해 자유로운 상태에 있는 것이 중요합니다. 세 유형의 투쟁 이후에 궁극적인 목표인 지혜(bona mens)와 그 기준에 대한

---

39) 《철학자 세네카 전집》, p.435-436.

40) "위대한 것은 […] 불운에도 흔들리지 않는 굳건한 영혼이 관능과 싸우는 것이며, 심지어는 과격하게 싸우는 것이다."(id., p.435)

41) "더욱 위대한 것은 여러분 중 그 누구도 힐책할 수 없는 유일한 보고인 지혜(bonam mentem)를 열망하는 것이다."(ibid.)

규정이 나타납니다. 여기서 기준은 자기와의 관계에서 필요한 질과 충만함을 갖추는 것, 즉 죽을 준비가 된 상태를 말합니다.

노인이 되어 자기 자신을 위해, 그리고 자기 자신에 작업을 서둘러야 할 때 해야 할 바를 정의하는 지점에 도달해서 어떻게 이런 종류의 성찰이 《자연의 의문들》에서 행해진 분석과 양립 가능한지, 어떻게 이런 종류의 성찰이 공기, 물, 기상 등에 관한 이 저작의 한복판으로 교묘히 스며들 수 있는 것인지, 또 세네카가 어떻게 자기 자신이 체험하고 이 저작의 서두에서 자신은 늙었지만 세계를 탐색하여 그 원인과 비밀을 포착해 내려 한다고 말할 때 지적하는 역설을 해결하는지를 자문해 볼 수 있을 겁니다. 이 문제를 지금부터 연구해 보고자 합니다. 잠시 휴식을 취하고 나서 이 《자연의 의문들》에 실제적으로 전통적인 스토아주의 도덕성의 목표가 자연에 대한 인식과 양립 가능할 뿐만 아니라 세계의 총체에 대한 인식인 자연에 대한 인식에 힘입어 실제적으로 도달될 수 있고 수행될 수 있는지를 보여주려고 시도하겠습니다. 세계의 대주기를 주파한 이후에야 자기 자신에 도달할 수 있습니다. 이 점은 세네카의 상당수 글에서 발견되며, 이 점을 지금부터 논의하도록 하겠습니다.

1982년 2월 17일 강의

후반부

《자연의 의문들》3부 서문 분석 종결 — 서문 연구 — 세네카에 있어서 인식하는 영혼의 활동: 묘사, 일반적 특성, 재귀 효과(effet en retour) — 결론: 자기 인식과 세계 인식의 본질적인 연루; 세계에 대한 앎의 해방적 효과; 플라톤주의 모델로의 환원 불가능성 — 굽어보는 시선(la vue plongeante)

《자연의 의문들》3부 서문으로 되돌아갑시다. 세네카는 세계를 주파합니다. 하지만 그는 늙었습니다. 사람이 나이가 들면 자기 자신의 영역을 돌보아야 합니다. 자기 자신의 영역을 돌본다는 것은 왕들의 공적을 이야기하는 역사가들의 연대기를 읽는 것을 의미하지 않습니다. 그것은 오히려 자기 자신의 정념을 극복하고 역경 앞에서 굳건하며, 유혹을 이기고 목표를 자기 자신의 정신으로 설정하고 죽을 채비를 하는 것을 의미합니다. 이 지점에 이르러 세네카는 역사적인 연대기와 대립적으로 정의된 이 목적에 세상을 편력할 수 있는 가능성과 필요성을 어떻게 연결시키는 것일까요? 세네카가 그 유용성에 대해 질문을 던지는 자연에 대한 인식으로의 회귀의 단초는 내가 인용한 마지막 문장에 있습니다. 즉 "위대한 것은 자신의 영혼을 입술 가장자리에 위치시키고 떠날 채비를 하는 것이다. 우리는 도시국가의 법에 의해 자유로운 것이 아니라 자연의 법에 의해 자유롭다(non e jure Quiritium liberum, sed e jure naturae)."[1] 자연의 법으로 인간은 자유롭다. 인간은 자유로운데 무엇으로부터 자유롭다는 말일까요? 인간이 이 상이한 훈련과 투쟁을 수행하였을 때, 이 목표를 설정하고 죽음의 명상을 실천하였을 때, 그리고 이 죽음

---

1) 《자연의 의문들》, 3권 서문, in 《철학자 세네카 전집》, 앞서 인용한 판본, p.436.

이 인간을 찾아오는 것을 받아들였을 때 우리에게 주어지는 이 자유는 무엇으로 이루어진 것일까요? 세네카는 자유로운 것이 무엇인지에 대해 묻습니다. 그리고 그는 자유로운 것은 effugere servitutem(예속 상태로부터 벗어나기)[2]이라고 대답합니다. 그것은 예속을 피하기이지만 무엇에 대한 예속입니까? 그것은 자기 자신에의 예속입니다. 스토아주의와 세네카가 도처에서 예속으로부터 해방시키고, 보호하며 존중하고 경배하며 therapeuein heauton (숭배해야 하는 이 자기)[3]에 대한 모든 언급을 상기해 보면 이 주장은 분명 놀라운 사실입니다. 자기를 목표로 설정해야 합니다. 《자연의 의문들》의 좀 윗부분에서 자기 명상과 관련한 언급에서 자기를 목전에 두어야 하고 자기로부터 눈길을 떼서는 안 되며 그 자체가 목표인 것으로 정한 자기에 인생 전반을 맞추어야 한다고 말할 때, 세네카도 자기를 목표로 삼아야 한다고 생각합니다. 자기와의 접촉에서, 자기 가까이에서, 자기의 현존 내에서 인간은 합당하고 강고하며 위험에 노출되지 않으며 재발[4]의 위험 없는 가장 위대한 관능과 유일한 행복과 유일한 희열(gaudium)을 체험할 수 있다고 세네카는 말합니다. 그런데 어떻게 이 자기가 경배해야 되고 추종해야 하며 목전에 놓아야 하고, 그 가까이에서 절대적인 관능을 체험할 수 있는 무엇이라고 말하면서 동시에 이 자기를 벗어나야 한다고 말할 수 있는 것일까요?

하지만 여기서 세네카의 글은 완벽하게 명시적인데 그에 따르면 자기에의 예속, 자기에 대한 예속은 인간이 대항해서 싸워야 할 바로 규정됩니다. 자유로운 상태는 자기에의 예속으로부터 벗어나는 것이라는 명제를 전개시키면서 세네카는 자기 자신에게 노예가 되는 것(sibi servire)은 모든 예속 가운데서 가장 심각하고 무거운(gravissima) 것이라고 주장합니다. 둘째로 그것은 부단한 예속입니다. 다시 말해서 이 예속은 인간을 지속적으로 압박합니다. 세네카에 따르면 이 예속은 밤과 낮 간극도 없이 쉬지 않고(intervallum,

---

2) "자유로움이란 '더 이상 자기의 노예가 되지 않는 상태이다(liber autem est, qui servitutem effugit sui)."(*ibid.*)

3) 1월 20일 강의 전반부 참조.

4) "현자의 희열은 한 개에 속한다(sapientis vero contextir gaudium)."(세네카, 《루킬리우스에게 보내는 서신》, t. III, VIII편, 서신 72, 4, 인용된 판본, p.30) "현자는 숭고한 지점에 도달하였고 기뻐해야 할 바를 알고 있다(qui scit, quo gaudeat) […] 친애한 루킬리우스여, 너의 첫째 과업은 희열을 습득하는 것이다(disce gaudere)."(*id.* t. I, III편, 서신 23, 2-3, p.98)

commeatus) 인간을 압박합니다. 셋째로 그것은 불가피합니다. 앞으로 보게 되겠지만 '불가피하다'를 통해 세네카는 그것이 전적으로 극복 불가능하다고 말하지 않습니다. 아무튼 세네카는 그것이 피할 수 없고 누구도 그것을 면제받을 수 없으며 인간은 항시 자기에의 예속으로부터 출발한다고 말합니다. 하지만 무겁고 지속적이며 누구도 사면받을 수 없고 강요된 이 예속에 저항해 인간은 투쟁할 수 있습니다. 두 조건하에서 이 예속성을 동요시키기는 쉽다고 세네카는 말합니다. 이 두 조건은 다음과 같습니다. 첫째 조건은 인간이 자기 자신에게 많은 것을 요구하는 것을 중단하는 것입니다. 그리고 세네카는 이를 통해 의미하려 하는 바를 글의 조금 뒷부분에서 분명히 설명합니다. 자기 자신에게 많은 것을 요구하는 것은 사업을 하기 위해 토지 경작을 위해 땅을 가공하기 위해 토론에서 변론하기 위해 정치 의회에 달려들기 위해 자기 자신에게 많은 고통을 주는 것, 자기 자신에게 많은 노고를 부과하는 것입니다.[5] 요컨대 그것은 전통적인 능동적 삶의 책무라는 이같은 일련의 책무를 자기 자신에게 부과하는 일입니다. 둘째로 한 일에 대한 봉급, 이익 분배, 보상의 형태로 자기에게 일상적으로 부여하는 바를 받아들이지 않으면서 자기에의 예속으로부터 벗어날 수 있습니다. 자기 자신으로부터 해방되기를 원한다면 "자기 자신을 이윤에 결부시키는 행위(Mercedem sibi referre)"를 중단해야 합니다.[6] 여기서 볼 수 있듯이 비록 간략하게 언급되었지만 자기 자신에 대한 노예성은 일련의 약속, 활동 보상으로 세네카에 의해 묘사되어 있습니다. 요컨대 그것은 자기 자신에 대한 자기의 책무-채무라고 할 수 있습니다. 이런 유형의 자기 관계로부터 벗어나야 합니다. 인간은 자기 자신에게 상당수의 책무를 부과하고 거기로부터 이득(제정적 이득, 영광, 평판. 쾌락과 생활에 관련된 이득 등)을 얻으려 합니다. 인간은 이러한 책무-보상의 체계, 채무-활동-쾌락의 체계 속에서 삽니다. 바로 이것

---

5) "왜 이렇게 많은 광기와 피로와 땀이 있는 것일까? 왜 땅을 뒤집어 엎고 광장으로 몰려드는 것일까? 나는 아주 짧은 시간을 위해 최소한을 필요로 한다."(《자연의 의문들》, 3권 서문, in 《철학자 세네카의 전집》, p.436)

6) "자기 자신의 노예인 자는 멍에 가운데 가장 가혹한(gravissima) 멍에를 쓰게 된다. 하지만 자기 자신에게 수많은 요청을 하지 않고 공치사를 하지 않는다면 멍에를 뒤흔드는 것은 쉬운 일이다(si desieris tibi referre mercedem)."(ibid.)

이 인간이 벗어나야 할 자기 관계를 구축합니다. 결과적으로 이러한 자기 관계에서 벗어나려면 어떻게 해야 할까요? 여기서 세네카는 자연에 대한 연구가 책무-채무의 체계라는 이러한 유형의 자기 관계로부터 벗어날 수 있게 해준다는 원칙을 주장합니다. 세네카는 "proderit nobis inspicere rerum naturam(이러한 해방을 위해 사물의 자연을 응시하고 탐구하는 것이 도움이 된다)"고 말하며 《자연의 의문들》 3부 서문 전개를 종결합니다. 이 글에서 세네카는 해방해야 할 자기는 바로 이 자기 관계이며, 자연에 대한 탐구가 이 해방을 보장한다는 단언을 넘어 더 나아가지는 않습니다.

이 시점에서 요컨대 왜 늙은 그가 자연의 연구에 몰두하는가와 같은 세네카의 개인적인 질문들에 훨씬 가까운 제3부 서문으로 넘어가기 위해 건너 뛴 제1부의 서문으로 되돌아갈 수 있습니다. 역으로 제1부 서문에는 조금 전에 내가 언급한 의미에서의 자기 해방의 실행자인 자연 연구의 보편적이고 추상적인 이론이 있습니다. 제1부 서문은 세네카의 다른 글들에서 발견되는 바와도 완벽하게 부합하는 철학의 두 분야간의 구분으로 시작됩니다. 세네카에 따르면 철학에는 두 부분이 있습니다. 먼저 인간과 관련되고 인간을 돌보며 응시하는(ad hominess spectat) 분야가 있습니다. 이 분야는 quid agendum in terries(지상에서 해야 할 바)를 논합니다. 그리고 다른 철학 분야가 있는데 이 철학 분야는 인간을 응시하지 않고 신들을 응시합니다(ad deos spectat).[7] 이 철학 분야는 quid agatur in caelo(하늘에서 일어나는 바)를 논합니다. 세네카에 따르면 이 두 철학 분야——인간에게 해야 할 바를 말하며 인간을 응시하는 분야와 하늘을 응시하여 거기서 일어나는 일을 말하는 분야—— 간에는 아주 큰 차이가 있습니다. 이 두 철학 분야간의 차이는 일상적인 기술(artes)과 철학 간의 차이와 같습니다. 상이한 인식들과 여든여덟번째[8] 서신에서 논의되는 자유학예와 철학과의 관계는 인간에 대한 응시의 철학이 신들에 대해 응시하는 철학이 맺는 관계와 같습니다. 따라서 이 두 종류의 철학 형식 사이에는 중요성의 간극과 품위의 간극이 존재하는 것을 알 수 있습니다. 계기(繼起)의 질서가 있다는 것을 강조하고 싶은 또 다른 점이며 이

---

7) *Id.*(p.389)
8) 이 강의 전반부에서 이 편지를 분석한 것을 참조.

는 세네카의 다른 글에서도 사용되었습니다. 요컨대 루킬리우스에게 보내는 일련의 서신을 읽어보면 세계의 질서와 보편적 자연과 관련된 고찰은 일상생활에서 해야 할 바와 관련된 일련의 긴 편지들 다음에 옵니다. 이런 점은 예순다섯번째 서신 내에 잘 표현되어 있으며, 여기서 세네카는 루킬리우스에게 "primum se scrutari, deinde mundum(먼저 자기 자신을 점검하고 자기 자신에 대해 성찰하고 나서 세계를 성찰하라)"[9]라고 말합니다. 철학의 두 형태——인간을 성찰하는 철학 형식과 신들을 성찰하는 철학 형식——간의 계기(繼起)는 후자와 관련한 전자의 불완전성으로 환기되며, 또 오직 후자(신들을 성찰하는 철학)만이 전자를 완결한다는 것으로 환기됩니다. 전자——인간을 성찰하는 철학: "무엇을 할 것인가?"는 오류를 피하게 해준다고 세네카는 말합니다. 이 철학은 인생의 모호한 길들을 식별하게 해주는 빛을 지상에 가져온다고 합니다. 그러나 신들을 성찰하는 철학은 인생의 길들을 밝히기 위해 이 빛을 사용하는 것으로 만족하지 않습니다. 이 철학은 인간을 어둠으로부터 끌어내 빛의 원천으로까지 인도합니다. "빛이 우리에게 오는 그 발원 장소까지 우리를 인도한다(illo perducit, unde lucet)." 따라서 이 둘째 유형의 철학에서는 실존과 행동의 규칙과는 완전히 다른 것이 문제시되며, 또 인식과는 완전히 다른 무엇이 문제시되는 것을 알 수 있습니다. 우리를 암흑으로부터 끌어내어 빛의 발원 지점으로 인도하는(perducere) 것이 문제입니다. 따라서 주체의 실제적 운동, 즉 세계의 위로 상승하고 이승 세계의 사실이지만 주체 자체의 이동이기도 한 암흑으로부터 벗어나는 영혼의 실제적 운동이 문제입니다. 도식화시켜서 미안하지만 이 운동은 네 가지 특성을 갖습니다.

첫째로 이 운동은 결점 및 악덕과의 절연을 완수하고 완결하는 자기와 관련한 도주와 절연을 구축합니다. 그리고 세네카는 이것을 《자연의 의문들》 1부 서문에서 말하고 있습니다. 너는 영혼의 악덕으로부터 도망갔다고 말하며 아주 명백하게 세네카는 루킬리우스에게 보내는 다른 서신들을 참조하

---

9) "내 자신에 대한 탐색을 마쳤을 때 이 세계의 비밀을 탐색한다(et me prius scrutor, deinde hunc mundum)."(세네카, 《루킬리우스에게 보내는 서신》, t. II, VII편, 서신 65, 15, p.111)

고, 악덕과 결점에 대항한 내적인 투쟁이 완수된 지점과 시점에서 그가 행한 의식 지도 작업을 참조합니다. 요컨대 바로 그 순간에 세네카는 《자연의 의문들》을 루킬리우스에게 보냅니다. 너는 영혼의 악덕으로부터 도망쳤고 네 얼굴과 언어를 합성하는 것을 중단했으며, 거짓말하기를 중단했고 남을 속이기(적극적이고 소극적인 아첨에 관한 모든 이론)를 중단했으며 인색 · 방탕 · 야욕 등을 포기했다고 그는 말합니다. 그런데 그것은 네가 아직 아무것도 하지 않은 것과 같다고 세네카는 말합니다. 요컨대 "multa effugisti, te nondum(너는 많은 것들로부터 도망쳤지만 너 자신으로부터는 도주하지 못했다)." 따라서 내가 위에서 언급한 의미에서의 자기로부터의 도주를 자연에 대한 인식이 확보해 줄 수 있게 됩니다. 둘째로 인간을 빛의 발원지와 신에게로 이끄는 이 운동은 신 속에서 자기 자신을 상실한다거나 혹은 신속으로 침잠하는 형태로 이루지는 것이 아니라, 세네카의 텍스트에 따르면 일종의 신과의 공통 자연성 혹은 공통 기능성 내에서(in consortium Dei) 우리 자신을 재발견할 수 있게 해주는 형태로 이루어집니다. 다시 말해서 인간의 이성은 신의 이성과 동일한 속성과 역할과 기능을 갖습니다. 셋째로 빛으로 인간을 인도하고, 인간을 자기 자신으로부터 떨어져 나가게 하며 인간을 신과 공통의 자연성과 기능성 내에 위치시키는 이 운동 속에서 인간은 가장 높은 곳까지 상승합니다. 그러나 이와 동시에 인간이 우리가 살고 있는 이 세계의 위로 인도되는 순간 혹은 우리가 세계에 존재하는 수준인 사물의 수준 위로 인도되는 그 순간에 인간은 이로 인해 자연의 가장 내밀한 비밀을 꿰뚫게 됩니다. 요컨대 "영혼은 자연의 가장 내밀한 가슴 한복판에 도달하게 된다(in interiorem naturae sinum[venit])."[10]

잠시 후 다시 논의하겠지만 자연과 이 운동의 결과를 잘 이해할 필요가 있습니다. 이승 세계에서 떨어져 나와 다른 세계로 가는 것이 문제시되는 것이

---

10) "하지만 지금까지 너는 아무것도 한 것이 없다. 수많은 암초들로부터 벗어났지만 너 자신으로부터는 벗어나지 못했다(multa effugisti, te nondum). 우리가 열망하는 덕이 열망할 만한 가치가 있다면 그것은 덕이 모든 악덕을 면제하는 덕행이기 때문이 아니라 그것이 영혼을 성장시켜 영혼으로 하여금 천상의 사물에 대한 인식을 준비시켜 신과 결합할 수 있게 해주기(dignumque efficit, qui in consortium Dei veniat) 때문이다. 행복의 충만과 절정은 나쁜 욕망을 발로 밟고 하늘로 뛰어올라 자연의 가장 은밀한 심층부로 침투하는 것이다(petit altum, et in interiorem naturae sinum venit)." (《철학자 세네카 전집》, p.390)

아닙니다. 다른 현실에 도달하기 위해 현실로부터 벗어나는 것이 문제시되는 게 아닙니다. 진리 영역에 도달하기 위해 외관 세계를 떠나는 것이 문제시되는 것이 아닙니다. 빛의 발원지를 향해 가며 신의 이성의 형식에 도달하며 consortium Dei(신과 공유하는 속성)을 갖기 때문에 인간을 최고 정점에 위치시켜 주는 주체가 세계 내에서 수행하는 운동이 문제시됩니다. 하지만 인간은 이 우주와 세계를 떠나지 않으며 또 인간이 이 세계의 정점에 있는 순간에 그로 인해 자연의 내부와 비밀, 그리고 중심이 우리에게 열립니다. 결국 이로 인해 인간을 최고의 정점에 위치시키고 동시에 자연의 비밀을 인간에게 열어 보이는 이 운동이 고도에서 땅을 향해 시선을 던지게 해줍니다. 신의 이성을 속성으로 갖는 인간이 자연의 비밀을 파악하는 순간 인간의 사소함 또한 파악하게 됩니다. 여러분은 내가 왜 이 점을 강조하는 이유를 잘 알리라 생각하며 거기에 대해서는 잠시 후 다시 논의하도록 하겠습니다. 즉 우리는 여기서 상당수의 유사성에도 불구하고 이것이 얼마나 플라톤주의에서 말하는 운동과 다른가를 알 수 있습니다. 플라톤주의의 운동이 다른 세계를 응시하기 위해——게다가 상기를 통해 이미 맛보고 본 현실을 되찾은 영혼들이 지배를 위해 자발적이기보다는 강압적으로 이승 세계로 이끌려 가는 것을 각오하고——이승 세계를 벗어나는 데 있는 반면 세네카가 정의한 스토아주의의 운동은 완전히 다른 성격을 갖습니다. 우리 자신이 있는 지점으로부터 후퇴하는 것이 중요합니다. 우리 자신에 대한 눈길을 결코 떼지 않고 우리가 속해 있는 이 세계로부터 결코 눈길을 떼지 않으며 세계에서 가장 높은 지역에 도달할 수 있습니다. 우리는 신이 세계를 바라보는 그 지점에 도달하며 또 이승 세계에 등을 돌리지 않고서도 우리가 속한 세계를 볼 수 있으며, 결과적으로 이승 세계에서 우리 자신의 모습을 볼 수 있습니다. 이승 세계와 관련한 일종의 후퇴와 자연의 비밀이 열리는 세계의 정상까지 상승하는 운동을 통해 인간이 획득한 이 시선은 무엇을 허용하는 것일까요?

이 시선은 해방되기 이전에 소중한 것으로 보이던 바의 보잘것없음과 가식적이고 인공적인 속성을 인간으로 하여금 깨닫게 해줍니다. 부·쾌락·영광과 같은 모든 일시적인 사건들은 인간이 이 후퇴 운동에 힘입어 가장 높은 곳에 이르게 되는 순간부터, 세계 전체의 비밀이 밝혀지게 되는 그 순간부터 그들의 진정한 차원을 회복하게 됩니다. 전세계를 주파하고 난 후에

('mundum totum circuire')―――제3권[11] 서문 서두에서 내가 인용한 표현이 재발견됩니다―――세계를 그 보편적 원내에서 주파한 후에 지상의 원을 높은 곳에서 굽어보면서('terrarium orbem super ne despiciens') 바로 그 순간에서야 인간이 개조한 가식적인 화려함(상아로 된 천장, 정원으로 변형된 숲, 자연스러운 흐름을 일탈한 강[12])을 경멸할 수 있다고 세네카는 말합니다. 바로이런 관점에서―――세네카의 글은 언급하고 있지 않지만 두 서문이 서로 화답하는 것을 알 수 있습니다―――우리는 그 유명한 역사적 영광을 재설정할수 있으며 내가 앞에서 인용한 글에서[13] 세네카는 이 역사적 영광으로부터벗어나야 한다고 말했습니다. 역사적 영광은 중요하지 않습니다. 왜냐하면자연 전반의 주파를 통해 우리가 위치하게 되는 지점의 정점에서 다시 보면그것이 사소하며 일시적으로 지속되는 것을 알게 됩니다. 한번 이 지점에 도달하게 되면 바로 이것이 우리로 하여금 모든 그릇된 가치와 거래를 배격하고 실추시키게 해줄 뿐만 아니라 지상에서의 실제적인 우리의 실존―――공간과 시간 속에서 하나의 점에 불과한 실존―――과 우리의 보잘것없음을 가늠하게 해줍니다. 세계의 거대한 주기를 주파하고 나서 위에서 볼 때 우리에게 군대는 무엇이겠는가라고 세네카가 묻습니다. 모든 군대는 개미들에불과합니다. 개미들처럼 군대는 아주 작은 공간 위에서 심하게 동요합니다. '우리가 항해하는 곳'[14]은 '하나의 점 위에서' 라고 세네카는 말합니다. 인간은 방대한 공간을 주파했다고 생각하지만 한 점 위에 머물러 있습니다. 인간은 한 점 위에서 전쟁을 합니다. 오직 한 점 위에 인간은 제국을 분포시킵니다. 자연의 거대한 주파는 인간이 세계로부터 벗어나는 데 소용되는 것이아닙니다. 그것은 비현실의 세계나 암흑과 외관의 세계 내에서가 아니라 자기 자신이 있는 바로 그곳에서 인간이 자기 자신을 다시 파악하는 데 소용

---

11) 실은 정확한 표현은 'mundum circumere' 이다. (*ibid.*)

12) "이 주랑(柱廊)과 상아로 된 현란한 천장 정원으로 재단된 숲, 왕궁들을 억지로 가로질러야 하는 강들을 경멸하기 위해서는 먼저 우주의 원을 전체적으로 파악했어야 할 필요가 있다(quam totum circumeat mundum). 또 높은 곳에서 가장 큰 부분은 물에 잠겨 있는 반면 뜨겁건 차갑건 간에 물 위에 떠 있는 부분은 아득히 끔찍한 고독을 드러내는 이 협소한 구체에 시선을 던졌어야 한다." (terrarum orbem super ne despiciens, angustem)(*id.*, 390)

13) 푸코가 강의 전반부 말미에서 분석한 《자연의 의문들》 제3부 서문의 첫 구절 참조.

14) 《철학자 세네카 전집》, p.391.

되는 것입니다. 어둠에 지나지 않는 바로부터 벗어나고 빛에 불과한 세계로 되돌아가기 위해 세계를 주파하는 것이 아닙니다. 요컨대 시간과 공간상에서 점에 불과한 전적으로 현실적인 우리의 실존을 정확히 측정하기 위해 세계를 주파하는 것입니다. 우리가 볼 때 우리 자신인 바이기, 즉 하나의 점이기, 우주의 보편적 체계 내에 우리를 점으로 표시하기, 바로 이것이 자연 사물의 전반적인 체계에 우리가 던지는 시선이 실제적으로 수행하는 해방인 것입니다. 이제 자기 배려와 자기 인식의 역할과 관련된 몇 가지 결론을 끌어내 봅시다.

첫째로 자기 인식에서 자연에 대한 인식이냐 아니면 자기에 대한 인식이냐의 양자택일 같은 것이 문제가 되지 않는다는 사실입니다. 사실 인간은 자연에 대한 관점과 인식 그리고 자연의 전반적인 조직 체계와 그 세부 사항을 인식하게 해주는 폭넓고 세밀한 지식을 갖출 때 비로소 자기 자신을 적절히 인식할 수 있습니다. 에피쿠로스주의의 분석이 필요로 하는 물리학에 대한 인식은 공포와 겁 그리고 인간이 태어날 때부터 방해를 받는 신화로부터 인간을 해방시키는 역할과 기능을 담당하고 있는 반면에 스토아주의, 여기서는 세네카가 필요로 하는 자연에 대한 인식은 물론 이런 차원이 존재하기는 하지만 단지 공포를 일소하기 위한 역할과 기능을 담당하지는 않습니다. 특히 이러한 형식의 인식에서 우리가 있는 곳에서, 우리가 있는 이 지점에서 우리 자신을 재파악하는 것이 문제입니다. 달리 말해서 신의 섭리의 세계인 전적으로 합리적이고 안전한 세계 내에 우리의 위치를 재설정하는 것이 문제입니다. 우리 자신이 있는 곳에 우리를 위치시킨 신의 섭리, 결과적으로 우리가 이 연쇄의 필연성을 재인식하는 형태로 ——이 방법이 가능한 유일한 방식이다—— 이 연쇄로부터 해방되기 위해서는 특수하고 필연적이며 합리적인 인과의 연쇄 내에 우리를 위치시킨 신의 섭리를 받아들여야만 합니다. 따라서 자기 인식과 자연에 대한 인식은 양자택일의 위치에 있는 것이 아니라 철저하게 연결되어 있습니다. 그리고 이것은 이들간의 관계 문제의 또 다른 양상인데 자기 인식은 결코 내재성(interiorité)과 같은 것이 아닙니다. 자기 인식은 자기 분석, 그의 비밀의 분석(기독교 이후 arcana conscientia라고 부르게 되는 분석)과는 무관합니다. 나중에 보게 되겠지만 자신의 깊숙한 곳, 자기 자신에 대해 하는 착각, 영혼의 은밀한 운동 등을 통제해야 합니다. 그러나 탐색이라는 관념, 우선적으로 인식하여 해명해야 할 특수한 인식 영역이 있다는 관념──유혹 때문에 우리의 내부에서 우리 자신에 대한 착각의 힘이 대단하므로──이 모든 것들은 세네카의 분석과는 상이합니다. 반대로 '자기 자신을 인식하는 것'이 자연에 대한 인식과 이어져 있다면, 자기 탐색에서 자연을 인식하기와 자기를 인식하기가 서로 연결되어 있다면 그것은 우리가 결코 내재성이 문제시되지 않는 한 점에 불과하다는 사실을 자연에 대한 인식이 밝혀 주는 한에서입니다. 점과 관련해 제기되는 유일한 문제는 그가 있는 곳에 위치하는 것과 동시에 인간을 이 세계의 점에 삽입한 합리성 체계를 받아들이는 문제입니다. 이것이 자기 인식과 자연에 대한 인식, 이들의 관계 그리고 자기 인식이 주체에 의한 주체의 해석과 같은 것이 결코 아니며, 또 그것과 근접하지도 않는다는 사실에 대한 첫 결론의 총체입니다.

둘째로 세계를 주파하고, 또 우리가 있는 지점으로부터 후퇴하며 결국 자연의 총체를 파악하는 자연에 대한 지식은 해방적인 효과를 지니고 있음을 알 수 있습니다. 왜 자연에 대한 앎은 인간을 해방시키는 걸까요? 알다시피 이 해방에서는 이 세계로부터의 일탈, 다른 세계로의 이동 이 세계의 포기나 이와의 단절과 같은 것이 문제가 아닙니다. 이보다는 두 효과가 문제시됩니다. 첫째로 보편적 이성이며 신의 이성과 동일한 속성을 지닌 자기와 세계의 극히 제한되고 국한된 지역에 여기저기 위치한 개별적 요소인 자기와의 긴장을 최대한으로 얻어내는 것, 이것이 자연에 대한 지식이 발생시키는 첫번째 효과입니다. 두번째로 자연에 대한 지식은 인간을 자기 자신과 자기 자신의 존재로부터 벗어나게 하는 것이 아니라 반대로 인간을 교정하여 연속적으로 자기 자신에 대해 관점을 갖게 해주고, 또 contemplatio sui(자기 명상)를 확보해 준다는 점에서 해방적인 효과를 가집니다. 자기 명상에서 명상의 대상은 세계 내의 인간이며 인간은 실존 속에서 그 합리성을 이해할 수 있는 한정과 필연성의 총체와 연결됩니다. 결과적으로 자기와 자기 간에 최대의 거리를 설정하며 또 세계의 정상에, consortium Dei(신과 공유하는 속성)에 도달하게 하는 주체의 영적인 후퇴 운동이 있었다는 조건하에서 '시선을 잃지 않는 것'과 '세계 전반을 눈길로 주파하는 것'은 서로 분리 불가능한 두 활동입니다. 이 모든 것은 루킬리우스에게 보내는 예순여섯번째 서신의 한 문구가 잘 요약하고 있다고 생각합니다. 다음과 같이 적혀 있는데 여기서 문제는 덕 있는 영혼에 대한 장황하고 중요한 묘사입니다. 요컨대 덕 있는 영혼은 "우주 전체와 소통하며 우주의 모든 비밀을 탐험하는 데 주의를 기울이는 영혼이다(toti se inserens mundo et in omnis ejus actus contemplationem suam mittens)." 결국 모든 actus(비밀), 즉 모든 행위와 절차라고 말할 수 있습니다. 따라서 덕 있는 영혼은 우주 전체와 소통하며 우주의 모든 사건·행위·절차를 이루고 있는 모든 것에 대한 명상에 주의를 기울이는 영혼입니다. 그래서 "영혼은 행위상에서나 사유상에서 자기 자신을 스스로 통제합니다(cogitationibus actionibusque intentus ex aequo)." 세계로부터 벗어나는 것이 아니라 세계에 관심을 기울이기, 내면의 비밀을 향해 방향을 바꾸는 대신 세계의 비밀을 탐색하기, 바로 여기에 영혼의 '덕'[15]은 바로 이렇게 하는 데 있습니다.

내가 끌어내려는 세번째 결론은 다음과 같습니다. 즉 그것이 우리가 플라톤주의 방식으로 생각할 수 있는 바와 유사하다는 점입니다. 플라톤의 기억·참조·용어는《자연의 의문들》제1부와 유사하고 또 거기에 실제로 등장합니다. 세네카의 다른 구절에서도 이 텍스트와 같은 종류의 것들을 재발견할 수도 있습니다. 나는 예순다섯번째 서신을 생각하는 데 거기서 세네카는 "우리의 육체는 무엇인가? 그것은 영혼에 고통을 가하는 무게이다. 육체는 영혼을 억압하고 고통을 가하며 사슬로 영혼을 묶지만 철학이 출현하여 영혼을 자연의 현존 내에서 호흡하라고 권유한다. 철학은 영혼이 신성한 현실을 위해 세상을 버리게 만든다. 이렇게 영혼은 자유로워지고 또 스스로에게 도약의 힘을 부여한다. 이따금씩 영혼은 감옥으로부터 탈출하여 하늘을 향유하며[하늘을 통해: caelo reficitur; M. F.] 자신을 재창조한다."[16] 세네카가 동굴 신화를 만들어 낼 정도로 이 상기는 세네카가 보기에도 너무도 명백히 플라톤주의적입니다. 어둡고 그늘지고 연기가 자욱한 가게에서 일하는 장인은 통풍이 잘되는 곳에서 자유로운 빛 속에서(libera luce) 산책하기 위해 자

---

15) "피해야 할 바와 탐구해야 할 바를 숙지하면서 사물의 자연적 가치를 평가하고 개인적인 의견을 배제하며, 자연 전체와 소통하면서, 세계의 모든 비밀에 주의를 기울이면서, 행동이나 사유상에서 자기를 통제하면서 진실로 향하는 영혼은 덕과 동일하다."(《루킬리우스에게 보내는 서신》, t. Ⅱ, Ⅶ편, 서신 66, 6 p.116-117)

16) *Id.*, 서신 65, 16(p.111).

신의 가게를 떠나기를 좋아하듯이 "침울하고 음습한 집에 갇힌 영혼은 자연에 대한 명상 속에서 휴식을 취하기 위해 가능한 한 매번 공간을 향해 비상해야 한다"[17]고 세네카는 말합니다. 이는 플라톤주의의 테마와 형식과 아주 가깝습니다. 좀더 이전의 글인 《삶의 짧음에 관하여》를 인용할 수도 있습니다. 이 글은 아시다시피 곡물관리 책임자였던, 즉 로마의 보급[18]을 담당하던 그의 장인[19]에게 보내는 글입니다. 그는 자신의 장인에게 곡물을 담당하는 일(곡물의 가격, 입고, 곡물이 상하지 않기 위한 배려 등)과 신과 신의 실체(materias), 신의 쾌락(voluptas), 신의 조건과 형태를 알려고 하는 다른 행위와 비교해 보고, 그의 일과 우주의 조직 체계, 천체의 순환을 인식하는 데 있는 일들을 비교해 보고 토양으로부터 떠나(relicto solo) 이러한 사물들(신의 속성, 우주의 조직 체계, 천체의 순환 등) 쪽으로 정신의 눈을 돌리기를 원하느냐[20]고 묻습니다. 여기서도 명백한 플라톤에 대한 참조가 있습니다. 그러나 내가 보기에 부인할 수 없는 플라톤에 대한 참조가 있지만──조금 전에 나는 이를 언급했고 중요하기 때문에 이 점을 다시 논의하겠습니다──이를 착각해서는 안 됩니다. 세네카가 플라톤주의적인 이미지를 통해 묘사하는 영혼의 운동은 플라톤에서 우리가 발견하는 이미지와 아주 다르며 완전히 다른 영적인 줄기와 구조에 속합니다. 세네카가 실제로 일종의 세계로부터의 일탈, 어둠에서 빛으로의 이행 등으로 기술하고 있는 이 영혼의 운

---

17) *Id.*, 서신 65, 17(p.112). 서두에는 다음과 같이 적혀 있다. 즉 "관심의 집중을 요하고 눈을 피로하게 하는 일을 마친 후에 장인들은 작업장에 희미하고 일시적인 빛이 들어오게 되면 밖으로 나가 대중이 버린 장소로 가서 자유로운 빛으로 눈을 즐겁게 한다. 그리고 영혼은……"

18) 《삶의 짧음에 관하여》는 수신인이 세네카의 부인이었던 Pompeia Polina의 아버지에 가까운 Paulinus라 불리는 자이다.

19) 아우구스투스가 창시한 praefectura annonae(곡물관리 책임자)는 곡물 수확으로부터 얻어지고 자연에서 오는 세금의 입고 감시를 한 것으로 추정된다.

20) "너는 밀이 수송자의 속임수나 무관심에 의해 손상되지 않고 창고에 부어지게 하는 배려와 썩거나 발효되지 않도록 습기를 피하게 하는 배려, 그리고 곡물의 크기와 무게가 정확하게 하는 배려가 신의 본질 그의 쾌락(quae materal sit dei, quae voluptas), 그의 조건, 그의 형태[…]를 알기 위한 신성하고 숭고한 연구에 근접하려는 배려가 같은 것이라고 생각하는가? 너는 정신과 시선을 이 아름다운 것들 쪽으로 돌리기 위해 세상을 떠나기를 원하는가?(vis tu relicto solo mente ad ista respicere)."(《삶의 짧음에 관하여》, XIX, 2, A. Bourgery 번역, 앞서 인용한 판본, p.75-76)

동 속에는 이성이 신과 자신이 닮았다는 것을 발견하는 것이 사실이기는 하지만 우선 상기가 존재하지 않습니다. 영혼의 본질의 재발견 이상으로 세계를 가로지르는 탐색, 세계의 사물과 그 원인을 거치는 탐구가 문제시됩니다. 따라서 영혼이 자기 자신으로 퇴각한다거나 영혼이 과거에 본 순수한 형식들에 대한 추억을 자기 자신 안에서 재발견하기 위해 자기 자신에게 물음을 던지는 것이 결코 문제시되는 게 아닙니다. 반대로 세계의 사물을 현행적으로 보는 것과 그 세부 사항과 조직 체계를 파악하는 것이 문제시됩니다. 현행적으로 또 실제적인 탐색을 통해 그 순간에 세계의 조직 체계를 주제하며, 신의 이성이기도 한 이성이 우리를 인식 가능하게 하는 이성과 동일한 유형의 이성임을 깨닫기 위해 세계의 합리성이 무엇인가를 파악하는 것이 문제입니다. 인간의 이성과 신의 이성의 공통-자연성과 공통-기능성의 발견은 자기 자신을 비추는 영혼의 상기 형식하에서 이루어지는 것이 아니라 세계의 질서를 주파하는 정신의 호기심의 운동을 통해 이루어집니다. 이것이 첫번째 차이입니다. 플라톤주의의 운동과 관련한 두번째 차이는 세네카의 영혼의 운동에는 다른 세계로의 이행이 전혀 존재하지 않는다는 사실입니다. 세네카가 기술하는 운동을 통해 인간이 도달하는 세계는 인간이 존재하는 세계입니다. 이 운동의 역할과 관건은 인간이 존재하는 세계를 특징짓고, 또 더 특수하게는 인간이 존재하는 곳에서 인간의 상황에 대한 관심을 떼지 않는 것입니다. 이것들로부터 관심을 끊어서는 안 됩니다. 후퇴하면서 이것들로부터 멀어집니다. 후퇴하면서 인간은 자신이 위치한 맥락이 확장되는 것을 봅니다. 그리고 인간은 자신이 존재하는 세계를 있는 그대로 다시 파악합니다. 따라서 이것은 다른 세계로의 이행이 아닙니다. 이것은 다른 곳을 보기 위해 이 세계로부터 멀어지는 운동이 아닙니다. 이것은 이 세상, 거기에 있는 인간 그리고 우리가 이 세상의 내부에 있다는 것을 결코 잊지 않는 것이며 인간은 이 세상을 그 총체성 속에서 파악할 수 있도록 허용되었습니다. 결국 《파이드로스》에서처럼 시선을 가능한 한 가장 높은 초-지상적인 곳[21]으로 상승시키는 것이 문제가 아닙니다. 이렇게 지적된 운동은 이 세상으로부터 벗어나면서 또 다른 현실을 보려고 하는 운동이 아

---

21) 플라톤 《파이드로스》, 274d, L. Robin 번역, 인용된 판본, p.38.

닙니다. 오히려 문제시되는 바는 인간이 자기 자신의 밑에서 인간이 속한 세계의 총체적 질서를 볼 수 있는 지극히 중심적이고 동시에 지극히 높은 지점에 위치하는 것입니다. 달리 말해서 erôs와 상기 운동을 통해 높은 곳으로 향하는 영적인 운동이 문제시되는 것이 아니라 세계의 인식이라는 완전히 다른 유형의 운동을 통해 자기 자신을 높은 곳에 위치시켜 이 지점으로부터 또 자기 밑으로 보편적 질서 속에 있는 세계와 인간이 점유하는 좁은 공간과 인간이 거기에 머무는 짧은 시간을 볼 수 있도록 하는 것이 문제시됩니다. 결국 인간이 속해 있는 세계를 포괄하며, 또 이 세계 내에서 인간의 자유를 확보해 주는 자기가 자기를 굽어보는 시선이 문제입니다.

세계를 굽어보는 시선과 이 시선을 점차적으로 굽어보는 시선——다시 말해서 점차적으로 상승하기 때문에 점차적으로 포괄적이 되는 시선——이 되게 만드는 운동에 지나지 않는 영적인 운동의 테마는 플라톤주의의 운동 유형과는 완전히 다릅니다. 이 테마는 서구 문화에서 우리가 발견할 수 있는 가장 근원적인 영적 경험의 한 형식을 정의하는 것 같습니다. 여러분들은 이 굽어보는 시선의 테마를 스토아주의의 상당수 글에서 발견할 수 있고, 특히 세네카의 글에서 발견할 수 있습니다. 나는 세네카가 쓴 아마도 첫 글을 생각합니다. 그것은 《마르키아에게 보내는 위로문》[22]입니다. 자식 하나를 잃은 마르키아를 위로하며 세네카는 전통적인 스토아주의의 논지를 사용하며 세계를 굽어보는 시선의 경험과 가능성에 자리를 할애하고 언급합니다. 여기서도 플라톤에 대한 언급은 함축적이지만 아주 명확합니다. 영혼들이 생명 속으로 들어가려 할 때 그들이 가지려 하는 존재 유형을 선택할 수 있는 자격이 있는 자들에게 주어지는 경우처럼[23] 그것은 《국가》와 영혼의 선택 테마에 가깝습니다. 《마르키아에게 보내는 위로문》에는 이 점을 반영하고 있는 아주 이상한 구절이 있습니다. 즉 "생으로 들어가기 이전에, 네 영혼이 세상으로 보내지기 이전에 일어날 일을 볼 수 있는 가능성이 있다고 생각해 보거라"라고 세네카는 말합니다. 여기서는 선택의 가능성이 아니라 시선의

---

22) 《세네카 혹은 로마제국의 의식》(op. cit., p.266-269)에서 P. Grimal은 이 첫 글이 39년 가을과 혹은 겨울, 40년 봄 사이에 집필되었다고 적고 있다.
23) 플라톤의 《국가》를 결론짓는(X편, 614a-620c)다. 신화의 환기, 그리고 특별히 살아야 할 삶들 가운데서의 선택에 대한 구절(618a-d)의 환기.

권리, 또 이미 언급한 바 있는 굽어보는 시선이 존재함을 알 수 있습니다. 세네카는 생의 종착 지점에 있는, 다시 말해서 생사의 갈림길, 실존의 경계에 있는 현자에게 바라고 권고하던 동일한 입장에서 마르키아에게 생명 이전을 생각해 보라고 제안합니다. 이번에 그것은 입구의 문턱이지 출구의 문턱이 아닙니다. 그러나 마르키아에게 가지도록 권유한 이 시선은 현자가 생의 마무리 단계에서 던져야 할 시선과 동일한 것입니다. 현자는 세계 앞에 있습니다. 그러면 인간은 세계 내에서, 세계를 굽어보는 시선 속에서 무엇을 볼 수 있을까요? 첫째로 생명 속으로 들어가는 순간 이런 방식으로 인간에게 보는 것이 허용되었다면 인간은 "자신과 신이 공유하는 도시국가"와 천체와 그 순환을 보게 될 것이며, 그 운동이 인간의 운명을 명령하는 달과 별자리를 보게 될 것이고, '모여든 구름' '벼락의 비스듬한 비상(飛上)과 하늘의 요란한 소리'를 찬미하게 될 것이며, 또 '인간의 눈은 땅 위를 내려다볼 것이고' 거기서 다른 사물들과 경이로운 것들을 발견할 것이며, 또 평원·산·도시·대양·바다의 괴물, 바다를 가로지르며 자국을 남기는 배를 발견하게 될 것이라고 세네카는 마르키아에게 말합니다. "인간은 인간의 과감성과 이러한 위대한 노력의 증인이자 근면한 협력자를 유혹하지 않는 것이 하나도 없음을 보게 될 것이다." 하지만 동시에 (인간의 탄생의 순간에 그것이 주어졌다면) 이 굽어보는 위대한 시선 속에서 인간은 "신체와 영혼의 무수한 재앙·전쟁·약탈·독살·좌초·악천후와 질병, 가까운 사람들의 요절, 때로는 감미롭고 때로는 고통과 고문으로 가득 찬 죽음이 이 세계에 있음을 보게 될 것이다. 네 자신과 대화하며 네가 원하는 바를 숙고해 보아라. 이 경이로운 생명 속으로 한번 들어오면 이렇게 그것으로부터 나가야 한다. 이러한 조건을 갖는 생명을 받아들이는 것은 너다."[24] 내가 보기에 이 글은 대단히 흥미롭습니다. 첫째로 서구의 영성성과 예술, 회화에서 대단히 중요하게 될 세계의 총체에 대해 굽어보는 시선의 테마, 즉 스토아주의 특유의 테마이고 그 어떤 스토아주의자들보다도 세네카가 힘주어 특히 강조하는 이 테마가 이 글에 있기 때문입니다. 또 이 글에서 환기되는 플라톤에

---

24) 《마르키아에게 보내는 위로문》(E. Regnault 번역) in 《철학자 세네카 전집》, §18, p.115-116.

대한 언급은 완전히 다른 유형의 경험——혹은 다른 유형의 신화——입니다. 그것은 선택할 수 있는 능력이 있는 개인이 자신에게 제안된 상이한 형태의 삶 가운데서 선택을 할 수 있는 가능성이 아닙니다. 반대로 그에게 선택의 여지가 없다는 것과 세계에 대한 굽어보는 시선 속에서 하늘·천체·기상·세상의 아름다움·평원·바다·산 등에서 그가 발견할 수 있는 모든 경이로운 것들이 신체와 영혼의 재앙·전쟁·약탈·죽음·고통과 불가분한 관계로 연결되어 있다는 것을 그에게 말하는 것이 관건입니다. 세계를 개인에게 보여주는 이유는 플라톤이 말하는 영혼들이 그들의 운명을 선택하듯이 그로 하여금 선택을 할 수 있게 하기 위함이 아니라 선택을 해서는 안 되고, 나머지 부분을 선택하지 않으면 아무것도 선택할 수 없으며, 오직 하나의 세계만이 존재한다는 것을 그에게 잘 이해시키기 위해서입니다. 유일하게 선택해야 할 점은 "네 자신과 대화하며 네가 원하는 바를 숙고해 보아라. 이 경이로운 생명 속으로 한번 들어오면 이렇게 그것으로부터 나가야 한다"입니다. 유일하게 선택할 점은 어떤 삶을 선택할 것인가, 어떤 성격을 나에게 부여해야 할 것인가, 좋은 사람이 될 것인가 나쁜 사람이 될 것인가가 아닙니다. 인생의 문턱인 세상에 태어나려 하는 순간에 영혼에게 주어진 유일한 선택 사항은 거기에 들어갈 건지 나갈 건지를 선택하는 일입니다. 다시 말해서 살 것인지 아닌지를 선택하는 것입니다. 생이 완수되는 종결 지점에서 획득되는 지혜의 형태로 발견되는 것보다 앞서는 대칭의 일부가 있습니다. 이상적인 노년 속에서 생의 이상적인 완결에 이르게 되는 순간 인간은 살 것인지 아닌지, 자살할 것인지 계속해서 살 것인지를 숙고할 수 있습니다. 자살과 대칭적인 바가 여기에 주어집니다. 세네카는 마르키아에게 이러한 신화 속에서 살 것인지 아닌지를 생각할 수 있고, 하지만 그가 삶을 선택하게 되면 그것은 세계의 총체——경이로움과 고통을 수반하며 눈앞에 펼쳐지는 세계의 총체——일 것이라는 것을 알아야 한다고 말합니다. 마찬가지로 현자는 생의 말기에 그가 세계의 총체——그 연쇄와 고통 그리고 위대함——를 보는 순간 자연에 대한 연구를 한 덕택에 세계의 정상으로의 상승이 consortium Dei(신과 공유하는 속성) 속에서 그에게 준 이 굽어보는 큰 시선에 힘입어 자유롭게 삶과 죽음을 선택할 수 있게 됩니다. 그럼 감사합니다.

1982년 2월 24일 강의

전반부

마르쿠스 아우렐리우스의 지식의 영적인 양태화: 표상 분석 작업; 정의하고 기술하기; 보고 명명하기; 가치평가하고 체험하기; 영혼의 위대성에 접근하기 — 에픽테토스에 있어서 영적인 훈련의 예들 — 표상에 대한 기독교의 주해화 스토아주의의 분석 — 마르쿠스 아우렐리우스로 되돌아가기: 시간 속에서 대상을 분해하는 훈련; 물질적 구성 성분으로 대상을 분석하는 훈련; 대상을 환원적으로 기술하는 훈련 — 영적 지식의 개념적 구조 — 파우스트의 형상

[…] 자기로의 전향이라는 테마와 정언에서 세계에 대한 지식이 차지하는 위치는 무엇인가가 지난번에 제기된 문제였습니다. 그리고 나는 자기로의 전향이라는 일반적인 테마 내에서 특수한 정언 "자기 자신에게로 시선을 돌리기"가 세계에 대한 지식의 자격 박탈을 발생시키지 않았다는 점을 증명해보려고 시도했습니다. 자기 자신에게로의 방향 전환은 내면 세계의 내면성의 탐구나 해독을 발생시키지도 않았습니다. 그러나 자기 자신으로 방향을 돌리고 세계를 인식한다는 이중적 필요성에 관해 단언된 이 원칙("자기 자신에게로 시선을 돌리기")은 세계에 대한 지식의 영적인 양태 혹은 영화(靈化)라 부를 수 있는 바를 발생시켰습니다. 기억하시겠지만 나는 어떤 의미에서는 플라톤에게서 발견되는 바와 가깝지만 그 구조나 역학 그리고 목적에 있어서 완전히 다른 지극히 독특한 형상과 더불어 세네카에게 무슨 일이 발생했는지를 보여주려고 시도했습니다. 요컨대 이 형상은 세계의 정점과 정상으로까지 후퇴하는 주체의 형상이었고, 이 지점으로부터 주체에게 세계를 굽어보는 시선이 열립니다. 이 굽어보는 시선은 주체로 하여금 세계의 가

장 은밀한 비밀 속으로 침투하게 해주고('in interiorem naturae sinum venit'),[1] 또 그러고 나서 주체가 있는 이 공간의 지점과 시간의 순간의 미세한 측정을 가능하게 해주는 시선입니다. 바로 이 점이 세네카에게서 발견되는 바인 것 같습니다. 이번에는 이 동일한 지식의 영적인 양태화를 시기적으로 더 뒤에 나타나는 스토아주의의 다른 텍스트, 요컨대 마르쿠스 아우렐리우스의 텍스트 내에서 연구해 보고자 합니다.

마르쿠스 아우렐리우스의 《명상록》에서 세네카에게서 발견되는 것과 상관 관계에 있지만 동시에 대칭적으로 완전히 역전된 영적 지식의 형상이 발견된다고 생각합니다. 주체가 위치하고 있는 세계를 총체적으로 다시 파악하기 위해 자신이 세계 내에 위치하는 장소와 관련해 후퇴하려고 하지 않는 영적 지식의 형상을 마르쿠스 아우렐리우스에게서 발견할 수 있다고 생각합니다. 마르쿠스 아우렐리우스에게서 발견되는 이 지식의 형상은 주체가 세계 내에서 위치하고 있는 지점에서 출발해 이 세계의 내부로 뚫고 들어가는 혹은 운동을 규정하는 데 목적이 있습니다. 마치 사물의 가장 미세한 알맹이에 대한 근시안적 시선을 던지기 위해 극세계의 극히 사소한 세부 사항에까지 관심을 기울이는 데 그 목적이 있습니다. 가장 미세한 사물의 알맹이를 다시 파악하기 위해 사물의 내면에 관심을 집중하는 이러한 주체의 형상은 마르쿠스 아우렐리우스의 많은 글에서 발견할 수 있습니다. 그 가장 단순하고 가장 도식적인 것들 가운데 하나는 제5권 '내면을 향하는 시선(esô blepe)에서 발견할 수 있습니다. 어떤 사물도 그 질(poiotês)이나 가치(axia)도 빗겨갈 수 없다."[2] 요컨대 문제는 사물에 관심을 기울이는 주체의 미세한 시선입니다. 오늘 강의의 전반부에서 내가 분석하고자 하는 바는 바로 이 형상입니다. 그리고 그 절차와 관련해 또 그 지식의 영적인 형상과 관련해 가장 세밀한 한 텍스트를 다루어 보도록 하겠습니다. 이 글은 제3권에 등장합니다. 그 전문을 읽어보도록 하겠습니다. 하나는 보데가 번역한 낡은 판본에서 이 텍스트를 취했고, 이 판본에 대해 두세 가지를 지적하고자 합니다.

---

1) 《자연의 의문들》 제1부 서문, in 《철학자 세네카 전집》, 앞서 인용한 판본, p.390(2월 17일 강의 후반부에서 분석됨).

2) 마르쿠스 아우렐리우스, 《명상록》, VI, 3, 앞서 인용한 판본, p.54(푸코가 교정한 번역).

"위에서 언급한 정언에 다른 하나의 정언이 부가된다"가 그것이고, 위에서 언급된 정언들에 부가되는 또 다른 원칙은 "항시 그 이미지가 정신에 나타나는 대상을 규정하고 기술하는 것"입니다. 따라서 그 이미지가 정신에 나타나는 이 대상을 규정하고 기술하여 "그것을 본래 있는 그대로 적나라하게 전반적으로 다양한 형태하에 드러나는 바 그대로 명확히 보는 것, 또 그 대상의 이름 자체와 그것을 구성하는 요소들의 이름과 대상이 귀착되는 이름들을 생각하는 것이다. 사실 생활에 나타나는 각각의 대상들을 방법과 진실을 가지고 검증하고, 또 각각의 대상이 어떤 종류의 세계에 유용성을 부여하는지, 전체와 관련해 각각의 대상은 어떤 가치를 갖는지, 집들과 같은 다른 거처가 있지만 이 거처들 가운데서 가장 탁월한 거처의 시민인 인간과 관련해서는 어떤 가치를 갖는지, 이 대상은 무엇이며 어떤 요소로 구성되었는지, 이 대상이 어느 정도 지속될 수 있는지, 또 예를 들어 온화함 · 용기 · 진솔함 · 검소함 · 절제 등과 같은 덕들 가운데 이 대상과 관련해서는 어떤 덕을 내가 필요로 하는지를 고찰할 수 있기 위해 그것들을 볼 수 있는 능력만큼 우리의 영혼을 위대하게 만들 수 있는 것은 없다."[3] 이 텍스트를 재검토해 봅시다. 첫번째 구절 "위에서 언급한 정언들에 또 다른 정언이 부가된다"에서 이 정언은 그리스어로 parrastêmata입니다. parrastêmata는 정확히 말해 정언이 아닙니다. 그것은 해야 할 무엇이라는 표현이 아닙니다. parrastêmata는 거기에 있는 무엇, 그것이 근본적 진실의 언표가 되었든 행실의 근본 원칙이 되었든 간에 고려해야 하는 무엇, 목전에 간직해야 하는 무엇입니다. 오늘날 우리에게는 너무나 다른 진실의 원리와 행동의 규칙의 연결 혹은 분리되지 않은 상태를 여기서 발견할 수 있습니다. 잘 알다시피 양자의 분리는 그리스의 사유 체계에서 체계적이고 규칙화되고 항구적인 방식으로 존재하지 않습니다. 따라서 파라스테마는 우리가 정신 속에 간직해야 하는 무엇, 목전에 간직해야 할 무엇입니다. "위에서 언급한 이 parrastêmata에 또 다른 파라스테마가 부가된다"고 말할 때 마르쿠스 아우렐리우스가 암시하고 있는 parrastêmata들은 무엇일까요? 이 parrastêmata는 세 가지가 있습니다. 이것들은 이전 단락에서 물론 발견됩니다. 그 중 하나는 선(善)으로 간

---

3) 《명상록》, III, 11(p. 24).

주해야 할 바입니다. 요컨대 주체에게 있어서 선(善)은 무엇일까요?[4] 두번째 parrastêmata는 자유이고 모든 것이 사실상 의견을 개진할 수 있는 우리의 자질에 의존한다는 사실입니다. 그 무엇도 의견을 개진할 수 있는 이 자질을 축소할 수 없고, 또 그것의 지배자가 될 수가 없습니다. 인간은 항시 자유롭게 원하는 대로 의견을 개진할 수 있습니다.[5] 세번째로(세번째 parrastêmata) 주체에게는 한의 현실 심급만이 있을 뿐이며, 주체에게 존재하는 유일한 현실 심급은 그 이전에는 아무것도 존재하지 않으며, 그 이후에는 모든 것이 불확실한[6] 현재를 구성하는 무한히 작은 이 순간뿐이라는 사실입니다. 따라서 세 개의 파라스테마타, 즉 주체에 있어서 선(善)의 정의, 자유의 정의, 현실의 정의입니다. 결국 열한번째 단락은 이 세 원칙에 하나의 다른 원칙을 부가합니다. 사실 이 세 원칙에 부가되는 원칙은 동일한 유의 것이 아니고 같은 수준에 속하는 원칙이 아닙니다. 위에서는 그것이 세 원칙이었지만 이제 전개될 바는 무엇인가의 훈련이라는 규정, 도식입니다. 그것은 한편으로는 정신 속에 가져야 하는 것들, 즉 선의 규정, 자유의 규정, 현실의 규정을 유지하게 하는 역할과 기능을 갖는 영적 훈련이고, 또 동시에 이 훈련이 우리로 하여금 이 규정들을 항시 환기시키고 재활성화하여 그것들 전체를 연결시키게 해주고 또 결과적으로 주체의 자유에 따라 이 자유를 통해 우리의 현실이라는 유일한 요소, 즉 우리의 현재에서 선으로 인정되는 바를 규정하게 해주어야 하는 영적인 훈련입니다. 사실상 훈련 프로그램이지 목전에 가져야 하는 원칙이 아닌 이 또 다른 parrastêmata 내에서 지향되는 목표는 바로 이것입니다. 마르쿠스 아우렐리우스 글의 많은 요소들이 훈련 도식이라는 생각은 내가 만들어 낸 바가 아닙니다. 나 혼자서는 이러한 생각을 발견하지 못했을 겁니다. 고대의 영적 훈련에 관한 피에르 아도의 책에는 마르쿠스 아우렐리우스에 있어서 영적인 훈련[7]에 관한 괄목할 만한 장이 있습니

---

4) "그런데 나는 말한다. 너는 솔직하고 자유롭게 최고의 선을 택하여 그것을 고수한다!──그러나 선은 이로운 것이다──너의 이익이 중요하다면 합리적인 존재로서 이 익이 무엇인지를 잘 관찰해라."(*id.*, 6, p.22)

5) "너의 의견의 능력을 존경스럽게 대우하라. 모든 것은 그것에 의존한다."(*id.*, p.9, p.23)

6) "그리고 우리들 각자는 이 무한히 작은 현재만을 살고 있다는 것을 명심하라. 그 밖의 것들은 이미 체험해 버렸거나 아직 불확실하다."(*id.*, 10, p.23)

다. 아무튼 이 단락에서 정신이 가져야 하는 원칙과 그것 전체를 잇는 원칙들과 관련된 영적인 훈련이 문제입니다. 이 훈련은 어떻게 전개되고 또 무엇으로 이루어져 있을까요? 이 점을 요소별로 재점검해 봅시다.

첫째 단계는 그 이미지가 정신에 나타나는 대상을 규정하고 기술하는 것입니다. '규정'을 나타내는 그리스어 표현은 poieisthai horon입니다. 그것은 한정·한계·경계를 의미합니다. 따라서 poieisthai horon은 '경계를 긋는 행위'입니다. 이 표현은 철학·논리·문법의 질서 내에서 기술적(技術的)인 의미를 갖습니다. 그것은 간단히 말해 적절한 규정을 제기하고 부여하는 행위입니다. 둘째로 poieisthai horon은 일상적인 어휘에 속하지만 아주 명시적인, 거의 기술적이지 않은 의미를 갖는데 그것은 사물의 가치를 확정하기라는 의미를 갖습니다. 결과적으로 영적인 훈련은 규정들을 부여하고 논리적으로 의미론적으로 규정을 부여하며 또 동시에 가치를 정하는 데 그 목적이 있습니다. 규정하고 '기술하기'가 그 목적이라 할 수 있습니다. 그리스어 표현으로 '기술(記述)'은 후포그라펜 포이에이스타이(houpographên poiesthai)입니다. 물론 당대의 철학적·논리학적 어휘 내에서 호로스(horos)와 후포그라페(hupographê)는 대립됩니다.[8] 호로스(horos)는 규정을 의미합니다. 후포그라페(hupographê)는 기술(記述), 다시 말해서 사물의 형식과 요소들의 내용에 대한 다소 상세한 탐색을 의미합니다. 이 단락에서 문제가 되는 영적인 훈련은 어떤 기술과 규정을 부여해야 할 것인가라는 문제로 이루어져 있습니다. 이 단락에 따르면 그것은 정신에 나타나는 모든 것입니다. 그 이미지가 정신에 나타나는 이 대상, 정신 밑으로 떨어지는 모든 것(hupopiptontos)은

---

7) 〈마르쿠스 아우렐리우스에 있어서 영적인 수련 혹은 염세주의와 낙관주의로서의 물리학 La physique comme exercice spirituel ou pessimisme et optimisme chez Marc Aurèle〉, in P. Hadot, 《영적인 수련과 고대철학 Exercices spirituels et Philosophie antique》, 인용된 판본, p.119-133.

8) 디오게네스 라에르티오스가 제논에 관한 그의 저서에서 지극히 명시적으로 표현한 다음과 같은 개념적 구분이 있다. "나티파로스가 《정의(定義)에 관하여 Sur les définitions》에서 말했듯이 정의는 (대상과) 적합한 방식으로 분석을 통해 공식화된 언표이거나 아니면 크리시포스가 《정의론 Sur les définitions》에서 말했듯이 속성의 설명이다. 기술(記述)이란 우리로 하여금 도식적으로 현실에 들어가게 해주는 표현을 말한다."(R. Goulet 번역, in 디오게네스 라에르티오스, 《유명한 철학자들의 삶, 학설, 정언》, VII, 60, 앞서 인용한 판본, p.829)

감시되어야 하고 또 규정과 기술 작업의 구실·계기·대상으로 사용되어야 합니다. 정신 속에 주어지고, 발생하고 펼쳐지는 그대로 표상의 흐름에 개입해야 한다는 이 생각은 고대의 영적 훈련과 관련된 테마에서 아주 빈번히 발견되는 생각입니다. 정신에 즉각적으로 나타나는 사유에 의해 표상이 제공될 때, 혹은 지각에 떨어지는 모든 것에 의해 제공될 때, 인간이 영위하는 생에 의해 제공될 때, 인간이 하는 만남과 인간이 보는 대상에 의해 제공될 때 표상의 유출을 여과하고 그것을 나타나는 바 그대로 또 주어지는 바 그대로 받아들이기, 따라서 표상의 유출을 받아들여 표상의 객관적 내용을 한정하는 기능을 담당하는 의지적 관심을 무의식적이고 무의지적인 표상의 유출에 기울이는 것, 이것은 특히 스토아주의자들에게 아주 빈번히 반복적으로 나타나는 테마입니다.[9] 이것은 대단히 흥미로운 방식입니다. 또 이 방식이 단순하고 명확하며 또 근본적인 대립을 가능케 하기 때문에 지성적인 방법과 영적인 훈련을 비교할 필요가 있습니다.

영적인 훈련——이것을 우리는 고대, 중세, 물론 르네상스, 17세기에서 발견할 수 있습니다. 20세기에도 재발견되는지는 살펴볼 필요가 있습니다 ——은 표상의 선과 유출이 즉각적으로 전개되게 놔두는 데 있습니다. 표상의 자유로운 운동과 이 자유로운 운동에 대한 작업, 바로 이것이 표상에 관한 영적인 훈련입니다. 역으로 지성적 방법은 표상들의 계기(繼起) 법칙을 의지적이고 체계적으로 규정하는 데 있고, 또 이 표상들이 논리적으로, 의심할 여지 없이, 주저 없이, 전자에서 후자로 넘어가기에 충분할 정도로 그들간에 강하고 구속적이며 필연적인 관계를 맺고 있는 경우에만 받아들입니다. 데카르트의 여정은 지성적 방법에 속합니다.[10] 표상의 유출에 집중된 분석과 관심은 전형적으로 영적인 훈련에 속합니다. 영적인 훈련으로부터 지성적 방법으로의 이행은 데카르트에게 있어서는 지극히 자명합니다. 그

9) 특히 에픽테토스의 심상의 여과에 대해서는 《어록》, III, 12, 15의 "점검 없이 심상을 받아들여서는 안 되며, 마치 야간 보초가 '네 신분증을 보자'고 말하는 것처럼 심상에게 '기다려 네가 누구인지, 어디서 왔는지 좀 보자'라고 말해야 한다"(앞서 인용한 판본, p.45)와 I, 20, 7-11을 주로 참조하는 《자기 배려》(op. cit., p.79-81) 참조.

10) 《말과 사물》, Paris, Gallimard, 1966, p.65-71에서 푸코가(정신 지도 규칙에 입각해) 행한 데카르트의 방법론에 대한 설명 참조.

리고 데카르트가 부정적으로 지향하는 바, 벗어나고 결별하려고 하는 바가 기독교 내에서도 일상적으로 실천되었고, 또 고대의 영적인 실천으로부터 파생했던 영적인 수련 방식들이었다는 사실을 염두에 두지 않으면 데카르트가 자신의 지성적 방법을 규정하는 세심함을 이해할 수 없습니다. 분석·규정·기술 작업을 수행해야 하는 표상의 유출, 바로 이것이 영적 수련의 일반적 주제입니다.

이러한 테마가 주어졌으므로 표상의 객관적인 내용을 재파악하기 위해 주어지는 그대로의 표상의 '포착'은 이제 특수화되고 실제적으로 순전히 지성적인 작업에 영적인 가치를 부여하게 될 두 수련으로 전개될 것입니다. 표상의 유출이라는 일반적 테마에 입각해 갈라지는 이 두 수련은 본질의 명상과 고유명사의 명상으로 불릴 수 있습니다. 바로 이것이 거친 용어로 내가 말하고자 하는 바입니다. 따라서 그 이미지가 정신에 나타나는 대상을 규정하고 기술하여 그것을——본질 그대로, 적나라하게, 전반적으로, 모든 면모를 있는 그대로——명확히 볼 필요가 있고, 또 그것의 이름 자체와 그것을 구성하고, 또 그것이 되게끔 하는 요소들의 이름을 생각해야 할 필요가 있다고 마르쿠스 아우렐리우스는 말했습니다. 그러므로 우선 "그것을 본래 있는 그대로, 적나라하게, 전반적으로, 모든 면모를 있는 그대로 명확히 보기 위해," 즉 대상을 있는 본래 있는 그대로(hopoion esti kat' ousian) 명상하는 것이 문제입니다. "본래 있는 그대로 표상된 대상을 명상하라"는 이 보편적 명령에 부가해서 주석적으로 이 문장은 전개되고, 또 대상을 첫째로 표상된 바 그대로, 요컨대 첫째로 gumnon, 다시 말해서 적나라하게 그것을 숨기고 에워싸는 모든 것을 걷어내고, 둘째로는 holon, 다시 말해서 전반적으로, 셋째로는 "di'holôn diêrêmenôs," 즉 그 구성 요소들을 구분하며 파악해야 한다고 말합니다. 표상된 대상에 대한 시선, 그것을 적나라한 상태에서 총체적으로 모든 요소들 나타나게 하는 시선, 이 모든 것을 마르쿠스 아우렐리우스는 blepein이라 부릅니다. 다시 말해서 그것은 잘 응시하기, 잘 명상하기, 눈을 어디에 고정하기, 그래서 결코 모든 주변으로부터 벗어나 적나라한 상태에 있고 총체성 속에 있고 또 모든 개별적인 요소들을 갖는 특이한 대상 가운데 그 무엇도 이 시선을 벗어나지 못하게 하기를 의미합니다. 사물을 보고 명상하는 작업을 함과 동시에 마음속으로 그 사물의 이름과 그것을 구성하고 그것으로 귀결되게 하는 요소들의 이름을 생각해야 합니다. 바로 이 일이 수련의 또 다른 줄기입니다. 자기 마음속에서 생각하기(마르쿠스 아우렐리우스의 텍스트는 분명히 'legein par'heautô'라 명시합니다), 이는 인식하기를 단순히 의미하는 것이 아니라 사물의 이름과 사물의 상이한 요소들의 이름을 자기 마음속에서 자기를 위해 생각해야 한다는 의미를 갖습니다. 다시 말해서 문제가 되는 것은 내적이지만 완벽하게 명시적인 발화(énonciation)입니다. 명명하고 자기 자신에게 말해야 하고 그것을 자기에게 말할 필요가 있습니다. 그것이 내면적이라 할지라도 말, 이름, 아니 오히려 사물의 이름과 이 일차적 사물을 구성하는 사물들의 이름을 실제적으로 표현하는 것은 이 수련에서 절대적으로 중요한 일입니다. 이러한 언어 표현 훈련은 정신 속에 사물과 그 요소들을 고정시키는 데 명백히 중요하며, 또 결과적으로 이 이름에 입각해 잠시 후 논의하게 될 모든 가치 체계의 재활성화에 중요합니다. 이것이 기억을 목적으로 하는 사물 이름의 표현입니다. 둘째로 이름에 대한 상기 훈련은 시선의 훈련에 동시적·직접적으로 연결되어야 합니다. 시선과 기억은 한편으로 시선을 사물 쪽으로 이끌고, 다른 한편으로는 기억 속에서 반응하며 이 상이한 사물들의 이름 쪽으로 유도하는 정신의 유일한 운동 속에서 서로 연결되어야 합니다. 셋째로 항시 두 측면을 갖고 이중적인 이 훈련과 관련해서 주목해야 할 점은 이 이중적인 훈련에 힘입어 사물의 본질이 말하자면 완전히 드러나게 된다는 사실입니다. 사실 우리는 시선을 통해 사물 자체를 적나라하고 총체적이며 그 각각의 부분들을 볼 수 있습니다. 하지만 사물 자체를 명명하며 또 그 사물의 상이한 요소들을 명명하면서 텍스트가 명시하듯이 우리는 이 대상이 어떤 요소들로 이루어졌는지 어떤 요소들 내에서 이 사물로 귀착되는지를 알게 됩니다. 이것은 사실상 명명을 통한 시선의 이중화가 갖는 세번째 기능입니다. 이 훈련을 통해 실제로 대상이 무엇으로 구성되었는지를 알 수 있을 뿐만 아니라 그 미래가 어떻게 될 것인지, 어떤 요소들 내에서 대상이 그렇게 되었는지 언제, 어떻게, 어떤 환경 내에서 대상은 분해되고 끝이 나는지를 알 수 있습니다. 따라서 이 훈련을 통해 대상의 본질적 현실의 복합적인 풍요성과 시간 속에서 그 실존의 허약함을 파악할 수 있습니다. 바로 이것이 대상을 그 현실적 범위 내에서 분석하는 것입니다.

영적 훈련의 두번째 단계는 이 대상을 그것이 주어지는 현실——그 구성, 그 현행적인 복잡성, 그 시간적인 취약성의 현실——내에서 고찰하는 것이 아니라 이 대상의 가치를 측정하려는 데 그 목적이 있습니다. "사실 생활에 나타나는 각각의 대상들을 방법과 진실을 가지고 검증할 수 있는 힘과 또 각각의 대상이 어떤 종류의 세계에 유용성을 부여하는지, 전체와 관련해 각각의 대상은 어떤 가치를 갖는지, 집들과 같은 다른 거처가 있지만 이 거처들 가운데서 가장 탁월한 거처의 시민인 인간과 관련해서는 어떤 가치를 갖는지를 고찰할 수 있기 위해 그것들을 볼 수 있는 능력만큼 우리의 영혼을 위대하게 만들 수 있는 것은 없다." 위의 구절에서 마르쿠스 아우렐리우스는 이러한 분석 훈련, 본질 명상, 고유명사의 명상의 목표이어야 하는 바를 상기시킵니다. 이 훈련의 목적은 "영혼을 위대하게 만들기"입니다. 요컨대 "이 지점에서 그 무엇도 우리의 영혼을 위대하게 만들 수 없다." 여기서 "영혼을 위대하게 만들기"는 megalophrosunê(일종의 영혼의 위대성)의 번역입니다. 마르쿠스 아우렐리우스에게 중요한 것은 자신의 의견과 또 그 결과 발생하는 정념이 주체를 예속시킬 수도 있었던 그런 관계나 노예 상태로부터 주체가 독립되어 있다는 것을 자각할 수 있는 상태입니다. 영혼을 위대하게 만들기, 이것은 영혼을 둘러싸고 고장하며 한정하는 또 모든 조직과 피륙으로부터 해방시키는 행위이며, 또 결과적으로 영혼 자신의 진정한 속성과 동시에 그 진정한 목적지를 발견하게 하는, 다시 말해서 세계의 보편적인 이성에 영혼을 적응시키는 행위를 말합니다. 이 훈련을 통해 영혼은 자신의 진정한 위대성, 즉 세계를 체계적으로 조직하는 합리적 원리의 위대성을 발견하게 됩니다. 사물들에 대한 무관심과 모든 사건들과 관련한 평정으로 해석되는 이 자유와 이 위대성이 수련을 통해 확보됩니다. 다른 글들도 이 점을 명시하고 있습니다. 예를 들면 11권에는 "영혼이 각각의 사물을 dîêrêmenôs하게 고찰하면 adiaphorêsei할 수 있다"[11]고 적혀 있습니다. 이는 여기서 발견되는 용어들을 정확히 반복합니다. 즉 각각의 사물의 각각의 부분을 분석적으로(dîêrêmenôs), 또 전반적으로(kai holikôs) 고찰하면 영혼은 그 순간에 신의 이성에 부합하는 평정이라는 지고의 초연함을 획득하게 됩니다. 바로 이 초

---

11) 《명상록》, XI, 16(p.128).

연함이 수련의 목적입니다.

그런데 이 목적은 전술한 바와 같이 사물을 시험하기 위해——이 점에 대해서는 마르쿠스 아우렐리우스의 글을 참조할 필요가 있습니다——사물에 대한 점검을 행할 때에만 도달 가능합니다. 그리고 여기서 사용된 용어는 사물을 시험하기를 의미하는 elegkhein[12]입니다. Elegkhein은 여러 의미를 갖습니다.[13] 철학적 실천에서, 변증술에서 elegkhein은 논박하다라는 의미를 갖습니다. 법률적 실천에서 elegkhein은 누구를 기소하거나 고소하다라는 의미를 갖습니다. 그리고 일상적이고 도덕적으로는 단순히 비난하다라는 의미를 갖습니다. 따라서 이러한 분석적 점검은 인간이 표상하고——의심, 기소, 도덕적 비난, 착각을 일소하는 지성적 논박의 흐름에 따라가며——기술과 규정을 통해 객관적 현실 속에서 파악한 대상으로 이행하게 하는 임무를 담당하게 되면 영혼의 해방이라는 가치를 지니며 영혼에게 진정한 위대성의 차원을 확보해 줍니다. 요컨대 이 대상을 시험하는 것이 문제시됩니다. 그리고 이러한 대상의 시험은 무엇을 목적으로 할까요? 그것은 이 대상이 어떤 우주 혹은 코스모스에 어떤 유용성(khreia)이 있느냐를 아는데 있다고 마르쿠스 아우렐리우스는 말합니다. 따라서 대상이 갖는 유용성과 위치 담당하는 기능을 파악하기 위해서는 보이는 대로, 적나라한 상태에서 드러나는 대로, 전체성 내에서 파악되는 대로, 각각의 부분으로 분석되는 대로 대상이 속하는 코스모스 내에 재위치시키는 것이 문제입니다. 마르쿠스 아우렐리우스는 조금 전 내가 인용한 글의 나머지 부분에서 이 점을 명시합니다. 이 대상은 전체를 위해 '무슨 가치(axia)'가 있는지, 둘째로 이 대상은 "집과 같은 다른 국가들도 있지만 그 중 가장 탁월한 국가의 시민인"[14] 인간에게

---

12) 푸코는 여기서 III편, 11을 재검토한다. 요컨대 "제시되는 각각의 대상을 방법적으로 진실되게 검증하는 것(elegkhein)만큼이나 우리의 영혼을 위대하게 만들어 주는 것도 없다.(*id.*, p.24)

13) Elegkhos는 고대 그리스어로 '수치심'을 의미했고, 이후 고전기에는 '논박'을 의미했다.(P. Chantraine, 《그리스어 어원 사전》, Paris, Klincksieck, 1968-1980, p.334-335 참조) 이 개념에 대한 연구(특히 소크라테스적인 의미에서)에 관해서는 L.-A. Dorion, 〈《소크라테스의 변명》에서 법률적인 elenchos의 전복 La subversion de l'*elenchos* juridique dans l'*Apologie de Socrate*〉, *Revue philosophique de Louvain*, 88, 1990, p.311-344.

14) 《명상록》, III, 11(p.24).

어떤 가치가 있는지를 묻습니다. 다소 수수께끼 같은 이 말의 의미는 쉽게 설명될 수 있습니다. 결국 이 대상이 코스모스에게 어떤 가치가 있는지 또 세계의 시민인 인간에게, 다시 말해서 신의 섭리에 따라 자연이 코스모스의 내부에 위치시킨 인간에게 이 대상이 무슨 가치가 있는지를 파악하는 것이 문제라는 것이지요. 말하자면 그것은 일반적으로 세계의 시민이며 또한 "특수한 이 국가들"——이는 도시뿐만 아니라 가족을 포함하는 사회적 소속 등 상이한 형태의 공동체를 의미합니다——즉 세계라는 거대한 국가의 집들에 해당하는 국가들의 시민인 인간을 위한 이 대상의 유용성을 말합니다. 인류의 거대한 공동체를 가로지르는 다양한 형태의 사회적 공동체들을 스토아주의자들이 끼워넣었다는 잘 알려진 사실을 여기서 환기시킨 것은 사물의 점검이 시민으로서의 인간과 이 사물의 관계에 근거해야 한다는 점과 세계 시민권의 일반적 맥락과 틀 속에서 이러저러한 나라의 시민이며, 이러저러한 도시와 공동체에 속하며 가족의 아버지의 자격을 갖는 인간에게 이 대상이 갖는 유용성을 규정해야 한다는 점을 보여주기 위함이었습니다. 그리고 이 점에 힘입어 이 사물들과 관련해 인간 주체가 필요로 하는 덕이 무엇인지를 한정할 수 있습니다. 이 사물들이 정신에 나타나는 순간에, 또 이 판타지아(phantrasia)가 주체의 지각에 이 사물들을 부여하게 되는 순간에 주체는 이 사물들과 그 표상과 관련해 온화함·용기·진솔함·정직성과 같은 덕을 사용해야 하지 않을까요? 바로 이것이 여기서 마르쿠스 아우렐리우스가 부여하는 훈련의 유형이며, 다른 곳에서 그는 다른 예들을 부여합니다.

이런 종류의 훈련은 다른 많은 스토아주의자들에게서 다소 체계화되고 발전된 형태로 발견됩니다. 연속적임과 동시에 불연속적인 감시에 표상을 복종시켜야 한다는 이러한 관념, 이러한 테마는 에픽테토스에게서 더 발전된 형태로 발견됩니다. 에픽테토스에게 있어서 이런 종류의 수련 도식들은 누차 반복되어 나타나는데[15] 그 중 특히 두 형태로 나타납니다. 그 중 하나는 산보-훈련[16]의 형태로 나타나는데, 예를 들어 에픽테토스는 이따금씩 외출하

---

15) 에픽테토스의 이 수련에 대한 전체적인 조망을 위해서는 푸코가 종종 인용하는 B. L. Hijmans, 《Askêsis: 에픽테토스의 교육 체계에 대한 주해 Askêsis: Notes on Epictetus' Educational system》, Utrecht, 1959.

16) 《어록》, III, 3, 14-19(p.18).

여 산보하며 자기 주변에서 일어나는 바(사물·사람·사건)를 관찰할 것을 권유합니다. 그리고 이렇게 세계가 인간에게 제공하는 상이한 표상들과 관련해 수련을 합니다. 인간은 각각의 사물들이 무엇으로 이루어졌는지, 어떤 한도 내에서 인간에게 작용할 수 있는지, 인간이 그것들에 의존하는지 아닌지, 그것들이 인간에게 의존하는지 아닌지 등을 알기 위해 사물들과 관련해 스스로 수련을 합니다. 그리고 이같은 표상의 내용에 대한 점검에 입각해 사물에 대해 취해야 할 태도를 규정하는 것이 문제시됩니다. 에픽테토스는 기억-훈련이라 불리는 훈련도 제안합니다. 즉 사건——그것이 역사적인 사건이나 아니면 인간의 생에 다소 최근에 발생한 사건이건 간에——을 상기하고 나서 거기에 대해 이 사건이 무엇으로 이루어졌으며, 그 속성은 무엇이며, 그것이 어떤 형식의 작용을 나에게 일으킬 수 있으며, 어떤 조건에서 나는 거기에 의존적이며 어떤 조건에서 나는 그것으로부터 자유로운지를 생각해 보는 것이 그것입니다. 내가 마르쿠스 아우렐리우스의 예를 들며 인용한 이 훈련은 고대 영성의 실천과 특히 스토아주의의 영성 실천에서 빈번히 나타나는 규칙적인 실천이었습니다.

이러한 종류의 훈련은 아주 집요하고 항구적으로 기독교의 영성에서 재발견됩니다. 그 예는 4-5세기의 수도원 문학에서 그 예를 찾을 수 있는데 그 중에서도 특히 카시아누스의 예가 그렇습니다. 지난해인가 아니면 2년 전인가 잘 알 수 없지만[17] 방앗간과 환전상의 테이블에 대한 카시아누스의 글을 인용한 적이 있는데, 기억나시는 분들이 있는지 모르겠습니다. 정신은 항시 운동하고 있는 무엇이라고 카시아누스는 말했습니다. 매 순간 새로운 대상들이 그에게 나타나며, 새로운 이미지들이 그에게 주어집니다. 그리고 이 표상들을 자유롭게——카시아누스가 그렇게 말하지는 않지만 마치 방앗간에서처럼 말입니다——들어가도록 내버려둘 수는 없고 우리에게 주어지는 이 표상의 유출 앞에서 무엇을 해야 할지, 무엇을 받아들여야 할지, 무엇을 거부해야 할지를 결정할 수 있기 위해서는 매 순간 용의주도해야 합니다. 그래서 방앗간 주인이 자기 앞에 곡물이 지나갈 때 좋은 알맹이를 추리고 절구에 나쁜 알맹이가 들어가지 못하게 한다고 카시아누스는 말합니다.[18] 아니

---

17) 카시아누스의 텍스트는 1980년도 3월 26일 강의에 분석되어 있다.

면 사람들이 동전을 다른 동전으로 바꾸기 위해 찾아가는 환전상이나 은행가도 아무런 동전이나 다 받는 게 아닙니다. 그는 사람들이 가지고 온 동전 하나하나를 감정하고 시험하고 점검해 가치가 있다고 생각하는 동전만을 받을 것입니다.[19] 두 경우에 있어서 모두 시험, 즉 내가 조금 전에 언급했고 마르쿠스 아우렐리우스가 매 순간 시행할 것을 권고하는 ekegkhos가 문제시됩니다. 따라서 거의 유사한 형태의 훈련이 존재한다고 말할 수 있습니다. 필연적으로 유동적이며 가변적이고 변화무쌍한 표상의 유출이 있다고 합시다. 이 표상에 대해서 감시와 경계의 태도를 취하는 것, 또 각각의 표상을 검증하고 시험하는 것이 그것입니다. 하지만 마르쿠스 아우렐리우스에게서 발전된 형태로 발견할 수 있고, 또 후기 스토아주의 전통 전반에서 발견할 수 있으며, 특히 에픽테토스에게서 발견할 수 있는 스토아주의적인 표상 점검 훈련과 더 뒤늦은 시기에 기독교도들에게서 동일한 표상 점검의 형태로 발견할 수 있는 바간에 존재하는 심층적인 차이를 강조하고자 합니다. 기독교도들에게 있어서 표상의 객관적 내용을 연구하는 것은 문제가 아닙니다. 카시아누스와 그가 영향을 받거나 준 모든 사람들이 분석한 바는 심리적 현실 속에서의 표상 그 자체입니다. 카시아누스에 있어서 표상된 대상의 속성이 무엇인지는 문제가 되지 않습니다. 문제는 관념과 이미지의 자격을 갖는 표상의 순수성 정도가 얼마나 되는지를 아는 것입니다. 문제는 본질적으로 관념이 육욕과 섞였는지 아닌지, 관념이 외부 세계의 표상인지 아니면 단순한 환상인지를 아는 것입니다. 자연과 관념의 물질성에 근거한 물음을 통해 던져지는 문제는 기원의 문제입니다. 내 정신 속에 있는 관념은 신으로부터 오는 것일까요? 그럴 경우 이 관념은 필연적으로 순수한 것일까요? 관념은 사탄으로부터 오는 것은 아닐까요? 그럴 경우 관념은 불순한 것일까요? 아니면 관념은 나로부터 오는 것은 아닐까요? 그럴 경우 어떤 한도 내에서 관념이 순수하다고 말할 수 있고, 어떤 한도 내에서 그것이 불순하다고 말할 수 있

18) J. Cassien, 〈사제 모세의 1차 강연 Première Conférence de l'abbé Moïse〉, in 《강연》, t. I, §18, Dom E. Pichery 번역, Paris, Éd. du Cerf, 1955, p.99(동일한 텍스트에 관해 《말해진 바와 씌어진 바》, op. cit., IV, n° 363, p.811 참조).

19) Id., §20-22, p.101-107(동일한 텍스트에 관해 《말해진 바와 씌어진 바》, 앞서 인용된 판본 참조).

을까요? 결과적으로 이것은 표상의 속성 내에서 표상의 순수성에 대한 물음과 그 기원에 대한 물음이라고 할 수 있습니다.

하지만 마르쿠스 아우렐리우스의 경우에는 장차 보게 될 일정한 유사성이 있음에도 불구하고 전혀 그렇지 않습니다. 앞에서 인용한 마르쿠스 아우렐리우스의 텍스트는 다음과 같이 말합니다. "그렇기 때문에[각각의 표상과 관련해 표상이 표상하는 바를 점검하고, 또 결과적으로 그 사물에 대해 대립시킬 필요가 있거나 활용할 덕을 점검해야 한다고 말하고 난 후에; M. F.] 것들 각자[표상에 주어진 대상들 각자]에 대해 이것은 신으로부터 오고 저것은 사건들의 연쇄와 촘촘한 짜임으로부터 우연의 일치로 발생한 만남으로부터 오며, 또 다른 이것은 내 종족의 존재, 아버지, 동업자 등으로부터 온다고 말해야 할 필요가 있다."[20] 마르쿠스 아우렐리우스도 역시 기원의 문제를 제기하고 있음을 알 수 있습니다. 그러나 그는 표상의 기원에 대한 문제를 제기하지는 않습니다. 그는 표상 자체가 나로부터 기인하는 것인지, 신이 내게 암시한 것인지, 사탄이 나에게 불어넣은 것인지를 자문하지 않습니다. 마르쿠스 아우렐리우스가 제기하는 기원의 문제는 표상된 사물이 세계의 필연적 질서에 속하는지, 직접 신과 그의 섭리 그리고 나에 대한 그의 자비심으로부터 오는 것인지를 묻는 표상된 사물의 기원에 관한 문제입니다. 따라서 여기서 마르쿠스 아우렐리우스로 대표되는 스토아주의자들의 분석의 핵심은 표상하는 내용의 분석에 근거하는 반면, 기독교의 영적인 훈련과 명상의 핵심은 사유 자체의 속성과 기원에 근거한다는 것을 알 수 있습니다. 마르쿠스 아우렐리우스가 제기하는 문제는 외부 세계로 던져지며, 카시아누스가 제기하게 될 문제는 사유 자체와 그 속성 그리고 그 내면성으로 던져집니다. 전자의 경우에는 다시 한번 그리고 항시 외부 세계가 무엇인지를 인식하는 것이 문제시되며, 요컨대 그것은 마르쿠스 아우렐리우스와 스토아주의자들이 사용하는 세계에 대한 지식입니다. 카시아누스와 다른 사람들의 경우 그것은 내면성의 해독, 주체 자신에 의한 자기 해석입니다. 마르쿠스 아우렐리우스의 《명상록》에서 이런 종류의 일련의 훈련을 재발견할 수 있으며, 《명상록》[21] 12부, 8부, 11[22]과 8부, 13[23] 등에 동일한 훈련을 재발견할 수 있을 겁니다.

---

20) 《명상록》, III, 11(p.24).

이 모든 것들은 건너뛰고 분명하고 특수한 [···*] 기능을 담당하고 있는 일련의 훈련 속에서 마르쿠스 아우렐리우스에 의해 실제적으로 시행된 표상 내용 점검의 원칙이 무엇인지를 살펴보고자 합니다. 첫째로, 시간 속에서 대상을 분해하는 훈련, 둘째로, 대상을 그 구성 요소들로 분해하는 훈련, 셋째로, 환원적이고 축소적인 기술(記述) 훈련이 있습니다. 첫째로 시간 속에서 분해하는 훈련의 충격적인 예는 [XI권]에서 발견할 수 있습니다. 여기서 문제는 음악의 음색, 춤 동작, 다소 춤추는 듯한 운동인 판크라티온 동작이 문제입니다.[24] 마르쿠스 아우렐리우스가 제안하는 훈련은 다음과 같습니다. 음악이나 선율이 아름답고 황홀한 노래를 듣게 될 경우, 우아한 춤이나 판크라티온 동작을 보게 될 경우 그것을 천체적으로 보려고 하지 말고, 가능한 모든 수단을 동원해 불연속적이고 분석적인 주의를 기울여 지각 속에 각각의 음색과 각각의 동작을 격리시킬 수 있도록 노력해야 한다고 마르쿠스 아우렐리우스는 말합니다.[25] 왜 이같은 훈련을 해야 할까요? 왜 음악이나 춤이 제시하는 전체적인 운동을 스스로 분해하여 거기로부터 가능한 한 각각의 특수한 요소를 추출해 고립시켜 순간의 현실을 그들이 갖는 절대적으로 특수한 바에서 파악하는 걸까요? 이 훈련의 의미는 마르쿠스 아우렐리우스

---

21) "인생의 복락은 각각의 사물이 본래 무엇인지를 아는 것이며, 그 형식적인 원인이 무엇인지를 아는 것이다."(《명상록》, XII, 29, p.142)

22) "이 대상은 본래 그 고유한 구성상에서 무엇일까? 대상의 실체, 질료, 형식적 원인은 무엇일까?"(《명상록》, VIII, 11, p.85)

23) "항구적이고 또 가능한 한 최대로 자연과학이 모든 관념에 적용되기를(phanatasias phusiologein)."(id., 13, p.85)

* 단지 "···내가 예를 든 일반적 훈련"만이 들릴 뿐이다.

24) 판크라티온은 권투와 격투를 혼합한 격렬한 운동이고 이 운동에서는 "상대방을 무력화시키거나 팔을 들어 항복하게 만들어 전의를 상실하게 만드는 게 관건이다. 그러기 위해 모든 가격이 허용된다. 요컨대 정권 가격과 정규적인 격투에서 허용되는 공격뿐만 아니라 위와 복부에 대한 발길질 사지를 비틀기, 물어뜯기, 조이기 등 모든 종류의 공격이 허용된다."(H.-I. Marrou, 《고대 교육의 역사》, op. cit., p.190)

25) 너는 매혹적인 노래와 춤 그리고 판크라티온을 경멸하는(kataphronêseis) 단계에 도달할 수 있다. 감미로운 노래가 문제시된다면 그것을 음조로 분해하여 그것들의 유혹을 참아낼 수 있는지(ei toutou hêttôn ei) 자문하는 것으로 족하리라. 너는 그것을 감히 인정할 수 없을 것이다. 춤에 대해서는 각 운동과 형상에 대해 노래와 유사한 방법을 사용하고, 판크라티온과 관련해서도 마찬가지이다."(《명상록》, XI, 2, p.124)

가 "황홀한 음악, 춤, 판크라티온을 내가 원한다면 경멸해라"와 같이 말할 때 단락의 서두와 끝부분에 두어졌습니다. 그는 내가 지금 [인용한] 충고를 합니다. 그리고 단락의 말미에 그는 동일한 생각과 테마를 재론합니다. 불연속적인 지각의 규칙을 설명하고 난 후 그는 "사물의 부분들에까지 가서 분석(diairesis)을 통해 그것들을 경멸하는 데 성공해야 함을 잊지 마라."[26] 앞부분과 뒷부분에 사용된 단어('경멸하다'로 번역됨)는 카타프로네인(kataph-ronein)입니다. 카타프로네인은 정확히 말해서 위로부터 성찰하기, 위에서 아래로 성찰하기를 의미합니다. 왜 이 사물들을 위에서 아래로 또 경멸하기 위해 성찰해야 하는 걸까요? 왜냐하면 춤동작의 연속성 속에서 보게 되면, 멜로디를 통일성 속에서 듣게 되면 춤의 아름다움과 멜로디의 매력에 사로잡히게 되기 때문입니다. 인간은 그것들보다 약하게 될 겁니다. 멜로디나 춤보다 더 강하길 원한다면, 결과적으로 그것들을 제압하길 원한다면——다시 말해서 매혹과 아첨, 그리고 이들이 불러 일으키는 쾌락과 관련하여 극기의 상태로 남아 있기를 원한다면——이 우월성을 유지하기를 바란다면, 이 멜로디 전체보다 덜 강하지(hêttôn) 않으려면, 결론적으로 이들에 저항하고 자유를 확보하려면 그것들을 각각의 음, 각각의 동작으로 분해하면서일 것입니다. 다시 말해서 이 현실 법칙——강의를 시작하면서 문제가 되었고, 주체에게 현재 이 순간에 주어진 것 외에는 현실적인 것은 존재하지 않는다는 현실 법칙——을 적용하는 이 순간 각각의 음색과 동작은 그 현실 속에서 나타나게 됩니다. 그리고 그 현실은 매력이나 유혹이나 아첨이 제거되었기 때문에 자체 내에 힘을 갖고 있지 않은 단순한 음색이나 동작에 지나지 않는다는 것을 주체에게 보여줄 겁니다. 그 결과 우리는 음색과 동작 내에는 어떤 선도 존재하지 않는다는 것을 알 수 있게 됩니다. 그리고 그들 내부에 어떤 선도 존재하지 않은 순간부터 우리는 그것들을 탐구할 필요가 없고, 그들에게 우리 자신이 지배되도록 방치할 필요가 없고 우리를 그들보다 더 약하게 방치할 필요가 없으며, 또 우리의 극기와 자기 지배를 확보할 수 있습니다. 현실, 선을 결정하는 법칙, 개인의 자유 확보의 심급으로서의 현재 원리와 결국에는 개인이 자신을 둘러싸고 있는 모든 것과 관련하여 자유를 확

---

26) *Ibid*(푸코가 수정한 번역).

보하는 원리는 모두 연속적인 동작과 서로 연쇄되는 순간들의 불연속화를 통해 확보될 수 있다는 말입니다. 즉각적인 지각 법칙은 주체가 자신에게 제시된 모든 현실의 요소들보다 더 강함을 보장해 주는 해방 훈련입니다. 다른 글에는 이것을 표현하기 위한 매우 아름다운 이미지 하나가 있습니다. 사물을 그 다수성과 불연속성 속에서 바라볼 필요가 있다고 텍스트는 말합니다. "날갯짓을 하며 지나가는 참새들 가운데 한 마리를 사랑하려는 순간 그 참새는 이미 시야에서 사라져 버렸다."[27] 그러므로 사물을 그 거대한 통일성 속에서 보려고 하지 말고 하늘을 나는 참새떼가 분산되듯이 분산 속에서 보아야 한다는 말이지요. 하늘을 지나가는 참새 한 마리를 사랑하는 게 아닙니다. 바로 이것이 시간적 불연속 훈련의 한 예입니다.

음악의 음색과 춤과 관련해 내가 인용한 이 구절은 다음과 같이 끝나며 주석을 좀 달 필요가 있습니다. "요컨대 덕이나 덕과 결부된 바를 위해서가 아니라면 분석을 통해 그것들을 무시하기 위해 사물의 세부에 철저히 파고들어라. 그리고 이 동일한 절차를 전 생애에 적용하라."[28] 이 연속적인 바의 지각에 대한 분석, 연속적인 것의 개별적 지각에 대한 분석, 이것을 "전 생애에 적용해야 한다"고 마르쿠스 아우렐리우스는 말합니다. 그리고 이 말을 통해 마르쿠스 아우렐리우스는 인간을 둘러싸는 모든 것들에 뿐만 아니라 인간 자신의 실존과 인간 자신에게 이 절차를 적용해야 한다는 사실을 말하려 합니다. 그리고 이 간단한 언급 "이 절차를 전 생애에 적용하라"을 《명상록》에서 발견되는 다른 일련의 텍스트와 근접시킬 필요가 있습니다. 예를 들면 2권, 2에서 마르쿠스 아우렐리우스는 우리의 프네우마(pneuma)가 호흡에 지나지 않는다는 사실을 잊어서는 안 된다고 말합니다. 여기서 이것은 조금 전 논의한 물질적 요소로의 환원입니다. 우리의 프네우마는 호흡이며 물질적 호흡입니다. 그리고 이 호흡은 매번 변한다고 그는 말하고 있습니다. 매번 호흡할 때마다 우리 자신의 프네우마를 조금 버리고 다른 프네우마를 조금 취하게 되고, 그 결과 이 프네우마는 결코 동일한 것이 아닙니다. 프네우마를 가진 한 우리는 결코 동일자가 아닙니다. 그래서 결과적으로 프네우

---

27) 《명상록》, VI, 15(p.57).
28) 《명상록》, XI, 2(p.123-124).

마 내에서 우리의 정체성을 확정해서는 안 됩니다.[29] 또 "우리 각자의 생은 피의 기화와 공기의 흡입에 상당하는 무엇이다. 사실 우리가 호흡하고 내뱉는 공기와 매 순간의 그것이다"[30]라고 그는 6권, 15에서 말하고 있습니다. 따라서 우리 자신과 생에 사물에 적용시켜야 할 불연속화 훈련을 적용시켜야 합니다. 그리고 이것을 우리 자신에게 적용시키면서 우리 자신의 정체성이라고 믿는 바나 혹은 이 정체성을 위치시킨다거나 찾아야 하는 장소라고 생각되는 곳이 우리의 연속성을 보장하지 않는다는 사실을 깨닫게 될 겁니다. 적어도 신체로서 혹은 심지어 프네우마로서의 인간은 자신의 존재와 관련해 항시 불연속적인 무엇입니다. 거기에 우리의 정체성이 있는 게 아닙니다. 조금 전 인용한 텍스트를 시작하는 문장 "덕이나 덕과 결부된 것을 위해서가 아니라면 사물의 세부에 철저히 파고들어가기를 잊어서는 안 된다. 그리고 이 동일한 절차를 전 생애에 적용하라"[31]을 주해해 보도록 하겠습니다. 그 안에서 우리의 정체성을 발견하고 혹은 그 위에 그것을 설립할 수 있는 유일한 요소, 그것은 여러분이 잘 아는 스토아주의의 독트린에 의거해 볼 때 덕이며, 요컨대 덕은 분해 불가능합니다.[32] 덕은 분해 불가능한데 그 진정한 이유는 덕이 영혼 자체의 통일성, 수미일관성, 응집력이기 때문입니다. 덕은 비분산(非分散)입니다. 또 덕은 시간으로부터 벗어나기 때문에 분해 불가능합니다. 요컨대 덕의 일순간은 영원의 가치가 있습니다. 따라서 요소로 분리와 분할이 불가능 하며 일순간을 영원과 등가적으로 만드는 영혼의 정합성 바로 여기에서 우리의 정체성을 발견할 수 있다는 말입니다. 바로 이것이

---

29) "내 자신인 바의 모든 것은 육체, 숨결, 내면의 안내자로 환원될 수 있다. 책을 포기하고 방심하지 말아라. 그렇게 하면 안 된다. 네 자신이 빈사 상태에 있다고 생각하면서 육신을 경멸해라. 요컨대 육신은 진흙과 피, 뼈와 가느다란 신경 조직, 정맥과 동맥에 지나지 않는다. 네 숨결이 무엇인지를 잘 보거라. 예컨대 그것은 바람이지만 항상 같은 바람은 아니다. 왜냐하면 새로운 숨을 다시 들이마시기 위해 매 순간 숨을 내쉬기 때문이다. 셋째로 내면의 안내자가 남았다."(《명상록》, II, 2, p.10)

30) 《명상록》, VI, 15(p.57).

31) 앞의 주 28) 참조.

32) 영속성을 의미하는 것이 아니라 시간을 단락시키는 순간을 의미하는 완벽하고 철저히 내재적인 행동 내에서 획득된 스토아주의의 영원성이라는 이 테마는 V. Goldschmidt의 고전적인 저작 《스토아주의의 체계와 시간 관념》(1953), Paris, Vrin, 1985, p.200-210 참조.

시간의 순간과 불연속성에 입각해 현실을 분해하는 훈련의 한 유형입니다.

분석적 훈련에 속하지만 이번에는 사물을 그 물질적 요소로 분해하는 다른 수련들도 마르쿠스 아우렐리우스에게서 발견됩니다. 어떤 의미에서 이것은 훨씬 단순합니다. 예를 들면 6권, 13에서 "우리가 좋아하고 또 지극히 즐겁게 먹는 조리된 음식은 무엇인가? 그것은 동물의 시체에 불과하며 죽은 짐승이라는 점을 상기할 필요가 있다. 대단한 선망의 대상이 되는 자주색 휘장(laticlave)[33]을 두른 자포(紫袍)는 무엇인가? 그것은 모직물과 염료로 이루어졌다. 모직물은 무엇인가? 그것은 양털이다. 염료는 무엇인가? 그것은 조개의 피이다. (같은 구절에서 그가 말하기를) 성행위(sunousia)란 무엇인가? 성행위는 서로에게 문지르는 신경들이다. 그것은 약간의 경련과 배설이며 그 이상의 것이 결코 아니다"[34]와 같이 말하는 명상적 글을 발견할 수 있습니다. 보시다시피 여기서 문제는 이와 같은 표상들을 통해 사물의 요소들을 재발견하는 데 있습니다. 그러나 마르쿠스 아우렐리우스가 사물을 그 구성 요소들로 분해하는 작업을 설명하는 이 텍스트는 아주 흥미로운데, 그 이유는 그가 다음과 같이 말하기 때문입니다. 즉 "이 방법을 적용하고 또 성행위가 경련과 배설을 수반하는 신경의 마찰이고 자포(紫袍)는 조개의 붉은 자줏빛 염료로 염색된 양털이라는 점을 상기하며 결과적으로 이 모든 것들을 생각하며 어떻게 해야 할 것인가? 사물을 찔러 그것들의 심장부로 들어가 완전히 주파해서 사물이 무엇인지를 알 수 있어야 한다. 이렇게 함으로써 사물의 베일을 벗겨(apogumnoun: 사물의 베일을 벗기다) 사물의 euteleian(무가치, 하찮은 가치)을 위에서(kathoran) 아래로 굽어볼 수 있다. 이렇게 해서 우리는 과장(tuphos)과 사물이 우리를 포획하고 포로로 만들 수 있는 마법으로부터 해방될 수 있다"[35]고 마르쿠스 아우렐리우스는 말합니다. 보시다시피 여기서도 수련의 목적은 동일합니다. 요컨대 사물의 이쪽저쪽을 주파할 수 있게 해

---

33) 원로원 의원이나 기사를 구별시키는 제복에 바느질해서 달은 자주색 밴드가 문제시된다.

34) "이것은 생선의 시체이고 저것은 조류의 시체 혹은 돼지의 시체라고 생각하거나 팔레르노산 포도주가 작은 포도즙이며 자포는 조개류의 피로 물들인 양모와 같은 것이고, 성행위를 할 때는 점액의 분비와 경련을 수반하는 신경의 마찰이 발생한다고 생각하는 것은 익힌 고기와 이와 유사한 다른 음식의 관념이 무엇인지에 대한 관념을 품는 것과 같다."(《명상록》, VI, 13, p.55)

주고 사물의 심장부에 도달할 수 있게 해주며, 사물이 갖는 사소한 가치를 볼 수 있게 해주는 우리가 사물에 던질 수 있는 위에서 아래로 굽어보는 시선을 통해 주체의 자유를 확립하는 것이 관건입니다. 이 구절과 이전 구절에서 마르쿠스 아우렐리우스는 "이 방법을 사물 자체에 적용하는 것만으로는 충분치 않으며, 이것을 우리 자신의 삶과 우리 자신에게 적용시켜야 한다"고 첨언합니다. 일련의 수련이 우리 자신과 우리의 생을 참조하게 됩니다. 예를 들면 2권, 2에서 "나는 누구이고, 무엇인가? 나는 살덩이요, 한줌의 숨결이요 합리적 원칙이다. 살덩이로서 나는 무엇인가? 나는 진흙·피·뼈·신경·혈관·동맥이다. 숨결로서 나는 매 순간 다른 숨결을 들이마시기 위해 내 숨결의 일부를 토해낸다. 합리적 지도 원칙[36]이 남아 있게 되는데 바로 이것을 해방시켜야 한다"라고 마르쿠스 아우렐리우스가 말할 때 이 수련에는 상이한 요소들의 조합, 내가 언급한 상이한 훈련들의 조합이 있습니다. 살을 진흙·피·물·신경 등과 같은 그 구성 성분을 통해 분석하고, 숨결은 불연속성과 항구적인 변화와 같은 시간적인 분석을 하며, 마지막으로는 인간이 정체성을 되찾을 수 있는 합리적 원칙인 이성이 있습니다. 4권, 4에서도 "우리는 무엇인가?"와 같이 동일한 유형의 분석이 발견됩니다. 우리는 지상의 한 요소, 액체적 요소, 열·불의 요소이고 숨결이며, 그리고 나서 우리는 지성(intelligence)입니다.[37] 요소를 분석하는 훈련은 이렇습니다.

세번째 유형의 분석은 대단히 단순하기 때문에 간단히 언급하고 지나가겠습니다. 그것은 기술적(記述的) 환원 혹은 자격 박탈을 위한 기술(記述)입니다. 이 수련은 가능한 한 최대로 정확하고 상세하게 드러나는 그대로 사

---

35) "이러한 관념들이 대상들의 중심부에 도달하는 것처럼(kathiknoumenai autôn) 관념들은 사물의 핵심으로 가서 우리는 그 실제를 파악할 수 있다. 전 생애에 걸쳐 우리는 이렇게 해야 할 필요가 있다(houtôs dei par'holon ton bion poiein). 대상들이 가장 신뢰할만하다는 생각이 들 때 면밀히 검토해서(apogumnoun) 본래 그들이 거의 가치가 없음을 확인하고 쓸데없는 과장의 외관을 벗겨내라. 오만은 진정으로 가공할 만한 궤변가이며, 네가 전례 없이 가장 진지한 사물에 몰두하고 있다고 생각하는 순간 너를 최고로 기만한다."(*id.*, p.55-56)

36) 《명상록》, II, 2(p.10).

37) "내게서 흙으로 된 부분은 흙에서 기원하는 것이고, 물로 된 부분은 다른 요소에서 생긴 것이며 내 호흡은 또 다른 요소로부터 생겨난 것이고, 열기와 불은 또 다른 원천에서 온 것처럼 […] 지력 또한 무엇인가 다른 부분으로부터 기원한다."(《명상록》, IV, 4, p.29)

물을 환원하는 역할, 즉 사물을 에워싸고 있는 외관, 사물이 수반하는 장식, 사물이 결과시키는 유혹 효과, 사물이 결과시키는 공포감과 관련해 사물을 환원하는 역할을 담당하는 표상을 마련하는 것을 목표로 합니다. 그래서 "자기의 힘을 과시하며 자신의 우월성을 통해 우리에게 강력한 인상을 심으려고 하거나 자신의 분노를 통해 우리를 겁먹게 만들려고 하는 강력하고 오만한 자가 눈앞에 있을 때 어떻게 해야 할 것인가? 그가 밥 먹고, 잠자고, 성행위하고, 화장실에 가는 것을 생각해 보라. 그리고 이제 그는 계속해서 거드름을 피울 수 있을 거야. 조금 전에 그는 어떤 스승에게 예속되었는지를 잘 안다. 그리고 그는 곧 유사한 스승들의 감시하에 들어간다는 것을 생각해 보라"[38]고 마르쿠스 아우렐리우스는 말합니다. 바로 이것들이 마르쿠스 아우렐리우스에게서 발견할 수 있는 극히 미세한 분석입니다. 처음 보기에 세계에 대한 지식에 의한 영적인 훈련의 형상은 세네카에게서 발견할 수 있는 수련과 반대라는 느낌이 드는 걸 알 수 있습니다.

하지만 몇 가지 지적을 해야 할 것 같습니다. 아시다시피 마르쿠스 아우렐리우스에게는 세네카에 있어서와 마찬가지로 위로부터 아래로 굽어보는 시선이 존재합니다. 하지만 세네카에 있어서 위에서 아래로 굽어보는 시선이 세계의 정상으로부터 던져지는 반면에 마르쿠스 아우렐리우스의 시선의 출발점은 세계의 정상이 아니라 반대로 인간의 실존에 밀착되어 있습니다. 시선은 우리가 있는 지점으로부터 작동하며, 사물을 끝에서 끝까지 주파할 수 있게 해주는 사물의 심장부 속으로 침잠하기 위해 우리가 있는 지점 밑으로 내려가는 것이 문제입니다. 세네카에 있어서는 우리 아래에서 세계 전체가 펼쳐지는 것을 보는 것이 관건이었습니다. 반대로 마르쿠스 아우렐리우스에게 있어서는 특이성 속에 있는 사물에 대한 자격박탈적이고 환원적이며 냉소적인 관점을 갖는 것이 관건입니다. 결국 세네카에 있어서는 주체가 세계의 정상에 위치해 세계가 자기 밑으로 펼쳐지는 것을 보면서 제한되고 미세한 차원이었지만 해체의 역할을 담당하지 않는 자신의 고유한 차원에서 자기 자신을 지각할 수 있게 만들었던 그런 자기에 대한 전망이 존재합니다. 반면에 마르쿠스 아우렐리우스가 사물에 던지는 이 시선은——바

---

38) 《명상록》, X, 19(p.115).

로 이 시선에 중요한 무엇, 즉 스토아주의에 중요한 변화의 징표를 도입하는 무엇이 있습니다——물론 자기 자신과 관련합니다만 두 가지 방식으로 자기 자신과 관련됩니다. 한편으로, 사물의 심장부로 침투하며 가장 특이한 모든 구성 요소들을 파악하면서 이것들과 관련해 우리가 얼마나 자유로운가를 보여주는 게 관건입니다. 하지만 이와 동시에 우리의 정체성——시간과 공간상에서의 연속성과 같이 우리가 목전에서 구축하고 있는 이 작은 총체——은 사실상 서로 특이하며 구별되고 은밀한 요소들로 구성되어 있는지를 보여주는 것과, 결국 그릇된 통일성이 문제된다는 것을 보여주는 게 중요합니다. 우리 자신에게 가능하며 우리 자신인 바 내에 우리 자신을 세울 수 있는 유일한 통일체, 즉 우리 자신에 대해 우리가 그렇게 있을 수 있고 그렇게 있어야 하는 주체의 이 정체성은 우리가 합리적인 주체인 한에서만, 다시 말해서 우리 자신이 세계를 주제하는 일부분과 결코 다르지 않다는 한에서만 존재합니다. 결과적으로 밑을 쳐다보거나 아니면 우리 자신을 위에서 아래로 굽어보게 되면 우리는 물질적 요소나 불연속적인 순간들과 같이 서로 구별되는 일련의 요소에 불과합니다. 하지만 우리 자신을 추론적이고 합리적인 원칙으로 이해하려고 노력하면 우리 자신이 세계를 주제하는 이성의 일부분 이상의 것이라는 사실을 깨닫게 될 겁니다. 따라서 마르쿠스 아우렐리우스의 영적인 수련은 개인성의 해체를 지향하고 있으며, 반면에 세네카의 영적인 수련은——자기 자신을 특이성 속에서 재파악할 수 있는 세계의 정상으로 주체가 이동함과 더불어——주체의 정체성과 그것이 구축하는 주체의 특이성과 안정적인 자기 존재를 기초하고 확립하는 역할을 담당하고 있습니다. 이야기할 바가 아직 많이 남았지만 그걸 간단히 다음과 같이 말하면서 마무리하고자 합니다. 그런데 정말 갈등이 생기네요. 이 문제를 계속 논의할까요? 아니오. 아마도 마르쿠스 아우렐리우스는 이걸로 충분할거 같군요.* 영적 지식의 역사를 매듭짓기 위해 간단히 몇 말씀 드리겠습니다.

세네카와 마르쿠스 아우렐리우스에 관한 이 모든 것들을 내가 환기한 이유는 다음과 같습니다. 이미 내가 환기했듯이 자기로의 전향이라는 보편적인 테마와 '자기 자신으로 되돌아가야 한다'라는 보편적 명령 내에서 '자기 자신에게로 시선을 돌리기' '자기 자신에게 관심을 이동시키기' '자기 자신에게 자기 자신의 정신을 집중하기' 등과 같은 특수한 정언에 부여된 의미를 한정하려고 했습니다. 이러한 물음을 제기하면서, 또 어떻게 세네카나 마르쿠스 아우렐리우스가 이 문제를 풀어 나가는지를 살펴보면서 세계에 대한 지식의 주변이나 전면 혹은 거기에 반대해서 인간 존재, 영혼, 내면성에 대한 앎일 수 있는 지식을 구축하는 것이 문제가 되는 게 아니라는 점은 명확하다고 생각됩니다. 사물에 대한 지식의 양태화가 관건인데 이 양태화는 다음과 같이 특징지어질 수 있습니다. 첫째로, 우주를 총체적으로 보기 위해 우주의 정상에 올라가든 사물의 심장부로 내려가기 위해 노력하든 간에 주체의 이동이 문제입니다. 둘째로, 이같은 주체의 이동에 입각해 사물을 그 현실과 가치상에서 동시에 파악할 수 있는 가능성이 주어집니다. 그리고 '가치'와 관련해서는 사물의 위치·관계·세계 내에서의 고유한 차원, 자유로운 인간에게 행사되는 힘이 문제가 됩니다. 셋째로, 이 영적인 지식에서 주체는 자기 자신을 볼 수 있는 능력이 있고, 자기 자신을 현실 속에서 파악할 수 있는 능력이 있는 것이 중요합니다. 일종의 '자기 보기(héauto-scopie)'가 문제입니다. 지식 주체는 자기 자신의 진실 속에서 자기를 지각해야 합니다. 넷째로, 이러한 지식이 주체에 미치는 효과는 주체가 자기 자신 안에서 자신의 자유를 발견할 뿐만 아니라 이 자유 속에서 행복하고 완벽하게 존재할 수 있는 방식을 발견한다는 사실에 의해 확보됩니다. 이 4조건(주체의 이동, 사물을 우주(kosmos) 내에서 그들의 갖는 현실에 입각해 가치평가하기, 주체가 자기 자신을 볼 수 있는 가능성, 지식의 효과에 의한 주체의 존재 방식 변환)을 전제하는 지식이 소위 영적인 지식을 구축합니다. 이 영적인 지식의 역사를 연구하는 것은 명백히 대단히 흥미롭습니다. 또 이 지식이 고대말 혹

---

* 수고는 미세한 질서의 긍정적 기능(이것과 관련해 푸코는 《명상록》, X, 26, II, 12, IX, 32를 연구하였다)에 관한 (푸코가 의도적으로 방치한) 긴 논의 전개를 포함하고 있다. 다른 곳에서 푸코는 세계에 대한 수직적 명상과 관련해 《명상록》과 세네카 텍스트 간의 유사점을 발견한다. 하지만 양자의 경우 이같은 굽어보는 시선은 서로 다른 윤리적 결과를 발생시킨다. 세네카에 있어서 굽어보는 시선은 미세한 것의 아이러니를 결과시키고, 마르쿠스 아우렐리우스에게는 동일성을 갖는 반복 효과를 발생시킨다("이러한 관점에서 마르쿠스 아우렐리우스는 자신이 위치하는 특이한 지점을 지각하기보다는 상이한 사물들, 시간 속에서 분리된 사건들의 심층적인 동일성을 지각한다"). 《명상록》의 특정 텍스트(XII, 24; XII, 27; II, 14)에서 푸코는 특이화 효과를 수반하는 '제자리에서 잠수하기'와 '정상에서의 잠수'(차이의 소재와 동일자로의 회귀라는 상반된 효과를 발생시킨다)를 구분하였다.

은 내가 언급한 시기에 아무리 명성을 떨쳤다 할지라도 이제 영적인 지식(le savoir de spiritualité)이 아닌 소위 인식적 지식(le savoir de connaissance)이라는 다른 지식에 의해 차츰차츰 축소되고 가려지고 소거되게 되는 방식을 살펴보는 것도 중요합니다. 16-17세기에 인식적 지식은 영적인 지식을 완전히 뒤덮어 버립니다. 물론 영적인 지식의 상당수의 요소들을 다시 취하기는 하지요. 17세기에 데카르트·파스칼·스피노자에게서 발생했던 바를 통해 우리는 영적 지식이 인식적 지식으로 변화된 것을 재발견할 수 있습니다.

16세기에서 18세기에 이르기까지 영적인 지식과 인식적 지식의 관계에 관한 문제가 어떻게 제기되었는지를 잘 보여주기 때문에 그 역사를 연구할 필요가 있는 한 인물이 있는데, 그것은 파우스트의 형상이라고 생각됩니다. 16세기부터(다시 말해서 인식적인 지식이 영적인 지식에 대해 자기의 절대적 권리를 행사하기 시작하는 시대부터) 파우스트는 18세기말까지 영적인 지식의 권력과 매혹, 위험을 대표하던 인물이었습니다. 크리스토퍼 말로의 《포스터스 박사의 비극》도 물론 그렇습니다.[39] 18세기 중엽에는 레싱의 《파우스트》가 있습니다. 레싱의 《파우스트》는 문학에 관한 열일곱번째 편지를 통해서만 알 수 있는데, 아무튼 대단히 흥미롭습니다.[40] 여기서 레싱은 저주받고 금지된 지식을 갖고 있다는 이유로 지옥에 떨어진 주인공인 말로의 포스터스 박사를 변형시킵니다. 레싱의 눈에는 파우스트가 대표하는 영적인 지식이 파우스트에 의해 인류의 진보에 대한 신앙으로 변형되었기 때문에 레싱은 파우스트를 구원합니다. 지식의 영성(la spiritualité)은 인류의 연속적인 진보에 대한 확신과 믿음이 됩니다. 그리고 인류는 사람들이 영적인 지식에 요청하던 모든 것, 즉 주체의 변형의 수혜자가 됩니다. 그 결과 레싱의 파우스트는 구원되었습니다. 그는 진보에 대한 믿음을 통해 영적 지식의 형상을 인식적 지식으로 변형시킬 수 있었기 때문에 구원된 것입니다. 괴테의 《파우스트》에서도 파우스트는 사라지는 영적 지식의 영웅입니다. 그러나 《파우스트》의 제1부 서두에 등장하는 파우스트의 독백을 읽어보면 영

---

39) 《포스터스 박사》 in 《크리스토퍼 말로 작품집 *The Works of Christoper Marlowe*》, éd. Tucker Brooke, Oxford, 1910.

40) 1759년 2월 16일 서신, in G. E. Lessing, 《최근 문학 동향에 관한 서한들 *Briefe, die neueste Literatur betreffend*》, Stuttgart, P. Reclam, 1972, p.48-53.

적 지식의 가장 근본적인 요소들과 세계의 정상까지 올라가 그 모든 요소들을 파악하고 세계를 처음부터 끝까지 주파하며, 그 비밀을 파악하고 그 요소들 속으로 침잠하며, 또 동시에 주체를 변형시키고 그에게 행복을 주는 지식의 형상들을 발견할 수 있습니다. 괴테가 하는 말을 상기해 봅시다. "아 철학·법률·의학 또한 가련한 신학이여! 나는 너희들을 철저히 열렬히, 그리고 인내력을 가지고 연구했다. 지금 여기에 있는 가련한 광인은 예전만큼이나 지혜롭구나……" 이것은 영적이지 않은 지식입니다. 이것은 인식적인 지식입니다. 이 인식적 지식에서 주체는 자기 변형을 위한 어떤 것도 기대할 수 없습니다. 그러나 파우스트가 지식에 요청하는 것은 철학도 법률도 의학도 그에게 줄 수 없는 영적인 가치와 효과입니다. "나는 악마나 지옥을 전혀 두려워하지 않는다. 하지만 내 희열도[이 지식이; M. F.] 내게서 앗아가 버렸다. 이제 마법에 빠지는 수밖에 없다[인식적 지식의 영적 지식에로의 후퇴; M. F.]. 아! 정신과 말의 힘이 내가 모르고 있는 비밀을 알려 주고, 또 내가 모르는 바를 고통스럽게 말해야 할 의무가 없었으면! 그리고 세계가 자기 속에 숨기고 있는 바를 알 수 있고, 또 더 이상 무용한 말들에 집착하지 않고 자연이 은밀한 에너지와 영원한 종자에 대해 간직하고 있는 바를 볼 수만 있다면! 은빛의 별, 조용한 달이 처음으로 내 고통에 빛을 던지는구나! […] 나는 가끔 이 책상 곁에서 밤을 지새곤 했지! 바로 그때 너는 책과 종이더미 위로 나타나곤 했지, 나의 우울한 친구여! 너의 부드러운 빛에서 높은 산을 기어오르고 정신들과 더불어 동굴을 방황하며 초원의 부드러운 잔디 위에서 춤추며 과학의 모든 비참을 잊고 너의 신선한 이슬 속에서 생기 있게 목욕할 수는 없을까!"[41] 여기에는 계몽(Aufklärung)과 더불어 사라지는 영적 지식에 대한 마지막 향수에 젖은 표현과 인식적 지식의 탄생에 대한 슬픈 인사가 있습니다. 바로 이 점이 세네카와 마르쿠스 아우렐리우스에 대해 내가 말하려고 하는 바입니다. 잠시 후 세계에 대한 인식의 문제가 아니라 자기 수련의 문제로 넘어가도록 하겠습니다. 마테시스(mathêsis) 이후에 아스케시스(askêsisi)로 넘어가도록 하지요.

---

41) 괴테, 《파우스트》, Gérard de Nerval 번역, 제1부: 〈밤 La Nuit〉, Paris, Garnier, 1969, p.35-36.

1982년 2월 24일 강의

후반부

자기 수련(askêsis)과 관련한 덕 ― 과학(mathêsis) 내에서 주체의 객관적 인
식에 대한 참조의 부재 ― 자기 수련(askêsis) 내에서 법에 대한 참조의 부재
― 자기 수련(askêsis)의 목적과 수단 ― 장비(paraskeuê)를 특징짓기 ― 장비
(paraskeuê)의 내용: 담론과 행동 ― 담론의 존재 방식: prokheiron ― 참되게
말하기를 주체에 내장하는 훈련으로서의 자기 수련(askêsis)

지난 두 강의에서 자기로의 전향을 지식의 각도에서, 다시 말해 자기로
의 회귀와 세계의 인식 사이의 관계를, 말하자면 mathêsis에 직면한 자기로
의 전향을 연구해 보았습니다. 이번에는 자기로의 회귀의 문제를 인식이나
mathêsis(과학)의 각도에서가 아니라 자기로의 전향이 내포하는 행동 유형,
활동 유형, 자기 실천의 형태 등이 무엇인지 문제 제기하는 관점에서 이 문
제를 재검토해 보고자 합니다. 달리 말해서 자기로의 전향이 인식의 영역을
넘어서 전재하는 수행적 실천은 무엇일까요? 대충 이것을 우리는 askêsis(자
기가 자기에게 가하는 수련으로서의 고행)라 부릅니다. 《Peri askêseôs》(《고행
에 대하여》《수련에 대하여》)[1]라 불리는 글의 한 구절에서 여러분들이 알 수
도 있는 로마의 한 스토아주의자 무소니우스 루푸스가 의학이나 음악, 덕의
획득을 비교합니다. 덕은 어떻게 획득하는 걸까요? 사람들은 음악이나 의학
의 지식을 획득하듯이 덕을 획득하는 걸까요? 이런 종류의 질문들은 너무도

---

1) Peri askêseôs, in 무소니우스 루푸스, Reliquiae, éd. O. Hense, 앞서 인용한 판본,
p. 22-27(Fesugière의 프랑스어 번역본, 《고대의 두 설교자, 텔레스와 무소니우스 Deux
prédicateurs dans l'Antiquité, Télès et Musonius》, 앞서 인용한 판본, p. 69-71 참조).

진부하고 전통적이며 오래된 문제입니다. 플라톤에게서도 이런 문제가 발견됩니다. 덕의 획득은 두 가지의 것을 전제한다고 무소니우스 루푸스는 말하였습니다. 한편으로는 이론적 지식(epistemê theôrêtikê)이 있어야 하고, 다른 한편으로 덕은 실천적 지식(epistemê praktikê)을 간직하고 있어야 합니다. 그리고 이 실천적 지식은 자신을 훈련시킴으로써만 획득될 수 있다고 말하며 무소니우스 루푸스는 뒤에 보게 되겠지만 아주 일반적인 의미에서——열심히 고통을 간과하지 않고(philotimôs, philoponôs)——'체조를 하다'를 의미하는 gumnazesthai라는 동사를 사용합니다. 따라서 고통·열의·훈련이 우리에게 epistemê praktikê를 습득하게 해주며 이것들은 epistemê theôrêtikê[2]에도 필요 불가결합니다. Mathêsis 못지않게 필요 불가결한 askêsis를 통해 덕이 획득된다는 관념은 명백히 아주 오래된 관념입니다.[3] 이러한 덕에 대한 관념이 이와 같은 동일한 용어로 표현되는 것을 보기 위해서는 무소니우스 루푸스까지 기다릴 필요는 없습니다. 그것은 가장 오래된 피타고라스주의자들의 텍스트에서 발견되는 관념이었고, 플라톤[4]에게서도 발견되는 관

---

2) 덕은 단순한 이론과학(epistemê theôrêtikê)이 아니라 의학과 음악처럼 실천적 지식 (alla kai praktikê)이라고 말한다. 의사와 음악가가 각자 자기 기술의 원칙들만을 받아들인 것만으로는 안 되고, 그 원칙들에 따라 행위할 수 있도록 노력했어야 하는 것처럼(mê monon aneilêphenai ta theôrêmata tês hautou tekhnês hekateron, alla kai gegumnasthai prattein kata ta theôrêmata) 덕이 있는 사람이 되고자 하는 사람은 덕과 관련된 모든 지식을 철저히 (ekmanthanein) 배운 것만으로는 안 되고 이 지식들에 따라 신실하고 열심히 수련했어야 한다(gumnazesthai kata tauta philotimôs kai philoponôs)(《고대의 두 설교자, 텔레스와 무소니 우스》, p.69).

3) 피타고라스주의자들의 askêsis tês arêtes 관념에 대해서는 J.-P. Vernant, 〈Le fleuve 'amelês' et 'meletê thanatou'〉, in 《그리스인들의 신화와 사유》, op. cit., t. I, p.109-112 논고 초반부.

4) 수련의 대상으로서의 덕에 관한 프로타고라스의 신화의 결론 참조. 요컨대 "어떤 사람에게 부족하고 모순된 결함을 대체해야 하는 장점이 열의(epimeleias)와 수련(askêseôs) 교육을 통해 획득될 수 있다고 생각하는 순간에 분노와 징벌, 그리고 권고가 발생한다." (《프로타고라스》, 323d, in 플라톤, 《전집》, t. III-1, A. Croiset 번역, Paris, Les Belles Lettres, 1966, p.38) 교육을 영혼의 개종으로 여기는 《국가》의 잘 알려진 구절 바로 뒤에 오는 "영혼의 자질이라 불리는 또 다른 자질들은 육체의 자질과 유사하다. 왜냐하면 우선 자질들이 부족할 경우 그것들을 이후에 습관과 수련을 통해 이후에 습득이 가능하기 때문이다."(ethesi kai askêsein)(《국가》, VII편, 518d-e, t. VII-1, E. Chambry 번역, 앞서 인용한 판본, p.151) 또한 참조.

념이었습니다. 그것은 Askêsis philosophias(철학적 자기 수련)[5]를 논하는 이 소크라테스에게서도 발견되는 관념입니다. 그것은 또한 이론적 인식보다는 실천적 수련에 훨씬 더 경도된 견유주의자들이 고집하는 관념입니다.[6] 요컨대 그것은 자기 기술(l'art de soi-même)과 자기 실천(la pratique de soi-même) 내에서 지극히 전통적인 관념입니다. 나는 여러분에게 이와 같은 자기 기술 혹은 자기 실천의 역사를 설명하는 것이 아니라 정해진 한 시기(기원후 1,2세기)에 있어서의 그 도식을 설명하고자 합니다. 애매함을 피하기 위해 재론하지만, 논의 대상이 되는 이 시대에 내가 포착하려고 하는 이 자기 실천이 형성되었다고 결코 주장하고 싶지 않습니다. 게다가 나는 이 자기 실천이 이 시기에 완전히 새로운 바를 구축했다고 주장하고 싶지도 않습니다. 단지 이 시대에 오랜 역사 끝에 혹은 역사에 뒤이어서(왜냐하면 끝이 주어진 것이 아니기 때문에), 즉 1세기와 2세기에 사람들은 차원이 광범위하고 풍요로우며, 그 범위가 어떤 불연속적인 단절을 보이지도 않으며 다른 시대로 거슬러 올라가는 것보다 상세한 분석을 가능하게 해주는 자기 수양과 자기 실천에 이르게 되었다는 것을 말씀드리고자 합니다. 그러므로 이러한 현상의 편의성·가시성·가독성(可讀性) 때문에 이 시대에 의거하고 있습니다. 이 시대가 혁신을 대표한다고 말할 의도는 전혀 없습니다. 아무튼 나는 mathêsis와 askêsis의 오랜 관계사나 피타고라스주의에서 이미 발견되는 고행과 수련의 긴 역사를 연구할 생각은 전혀 없습니다. 나는 1세기와 2세기에 대해 논의하는 것으로 만족하겠지만 내가 보기에 아주 놀랍다고 생각되는 바를 즉각적으로 강조하고 싶습니다.

Mathêsis의 관점에서, 즉 인식, 세계의 인식, 자기 인식 등의 견지에서가 아니라 자기가 자기 자신에게 가하는 실천과 수련의 관점에서 자기로의 전

---

5) 영혼에 대해 그들[이집트의 사제들]은 철학 실천(philosophias askêsin)을 계시하였다 (이소크라테스 번역, 《부시리스 Busiris》, in 이소크라테스, 《어록》, XI, 22, t. I, G. Mathieu & E. Brémond, Paris, Les Belles Lettres, 1923, p.193).

6) 디오게네스의 askêsis에 대해서는 《유명한 철학자들의 생애와 학설》(M.-O. Goulet-Cazé 감수하에 번역된 앞서 인용한 판본)의 6편 §23("그는 수련을 위해 모든 것을 활용했다")과 특히 §70-71을 참조하고, 또 이 문제와 관련해 M.-O. Goulet-Cazé의 책, 《견유주의의 금욕적 실천. 디오게네스 라에르티오스의 6편 70-71에 대한 주석 L'ascèse cynique. Un commentaire de Diogène Laërce VI 70-71, op. cit. 참조.

향을 구상하는 순간부터 우리는 진리의 질서가 아니라 법·규칙·규범이 될 질서 속에 위치하는 것은 아닐까요? Askêsis, 즉 자기에 의한 자기에 대한 자기의 실천, 자기에게 가하는 자기의 실천을 기초하는 원칙에서 법을 기초하는 일차적인 심급을 발견할 수 있지는 않을까요? Askêsis가 결과시키는 엄격성, 포기, 금기, 좀스럽고 엄격한 명령 효과들이 무엇이든간에 그리스·헬레니즘·로마 세계에서 고행(askêsis)을 특징짓는 바가 무엇인지를 잘 이해할 필요가 있다고 생각합니다. 그리고 그것은 가장 중요한 특질 가운데 하나이며, 왜냐하면 다른 문화에서는 그렇지 않기 때문에 적어도 서양인인 우리에게는 더욱 역설적이지 않을 수 없습니다. 요컨대 askêsis는 법에의 복종으로부터 결과되는 것이 결코 아닙니다. 법의 심급과 같은 차원을 참조하면서 askêsis가 수립되고 그 기술(技術)을 펼치는 게 아닙니다. Askêsis는 사실 진실의 실천입니다. 고행은 법에 주체를 예속시키는 방식이 아닙니다. 우리의 문화와 그 범주들로 인해 혼란을 줄 수 있는 위험이 있는 상당수의 도식들을 우리가 정신 속에 가지고 있기 때문에 이 점들을 유념할 필요가 있습니다. 그리고 지난번에 세계의 인식과 관련해 언급하던 바를 지금 자기 실천과 관련해 논의하려는 바를, 아니면 mathêsis와 관련해 논의하던 바와 askêsis에 대해 지금부터 논의하려는 바와 비교하겠습니다. 친숙한 우리의 사유 범주들 내에서 주체와 인식의 관계를 논의하게 될 때 제기되는 문제, 우리가 주체와 인식의 관계에 대해 논의하게 될 때 제기하는 문제는 다음과 같습니다. 즉 세계의 어떤 다른 요소에 대한 인식과 동일한 유형의 인식을 주체에 대해서도 가질 수 있는지, 아니면 이것으로 환원할 수 없는 다른 인식이 필요한지에 대한 물음이 그것입니다. 달리 말해서 우리는 주체와 인식 간의 관계 문제를 거의 무의식적으로 다음과 같은 형태로 제기한다고 생각합니다. 즉 주체의 대상화가 있을 수 있을까요? 헬레니즘 시대와 로마 시대의 자기 수양에서 사람들이 인식과 주체의 관계에 문제 제기를 할 때 주체를 대상화할 수 있는지, 세계에 존재하는 사물에게 적용하는 인식과 동일한 방식의 인식을 주체에게 적용할 수 있는지, 주체가 인식 가능한 세계의 사물에 속하는지를 알려는 물음을 결코 던지지 않았다는 점을 나는 지난 두 차례의 강의에서 여러분에게 증명해 보려고 했습니다. 이런 유의 문제들은 그리스·헬레니즘·로마의 사유에서 결코 발견할 수 없습니다. 그러나 주체/세계의 인식이라는 관계의 문제를 제기할 때 사람들은 세계에 대한 지식이 주체 안에서, 주체의 경험 안에서 주체의 구원을 위해 일정한 영적인 형식과 가치를 가질 수 있도록 변형시킬 필요성을 발견합니다. 나는 바로 이 점을 보여주려고 했습니다. 주체의 영적인 방식화야말로 세계에 대한 인식과 주체의 관계는 어떤 상황에 있느냐는 일반적인 물음에 대한 답변입니다. 내가 보여주고자 한 바가 바로 이것입니다.

이제 우리 자신의 범주와 문제들과 관련한 동일한 실마리 풀기와 해방을 askêsis에 적용해 봅시다. 우리가 실천의 질서 내에서("무엇을 해야 하는가?"만이 아니라 "나 자신을 무엇으로 만들어야 하는가?"를 포함한다) 주체 문제를 제기하면 지극히 본능적으로──'자연적으로'가 아니라 우리를 무겁게 누르는 필연성을 수반하는 '지극히 역사적으로'라는 뜻을 의미하려 합니다──"주체의 상황은 어떠한가, 또 자기 자신을 무엇으로 만들어야 할 것인가?"라는 물음을 법에 입각해, 다시 말해서 주체는 무엇 때문에, 어떤 범위 내에서, 어떤 토대에 입각해, 어느 한도까지 법에 복종해야 하는지를 제기하는 것이 자명한 것으로 생각합니다. 그러나 그리스 · 헬레니즘 · 로마의 자기 수양에서 실천과 관련된 주체의 문제는 법의 조건과는 완전히 다른 것으로 귀결됩니다. 요컨대 그 문제는 다음과 같습니다. 즉 자신이 진실된 바를 알 뿐만 아니라 그것을 말하고 실천하며 수련하는 한에서 주체는 어떻게 적절히 행동할 수 있고, 자기 자신이 있어야 하는 바대로 존재할 수 있을까 입니다. 내가 표현을 적절히 하지 못했는데, 보다 정확히 말해서 그리스 · 로마인이 주체와 실천의 관계에 대해 제기하는 문제는 어떤 한도 내에서 진실을 인식하고 말하며 실천하고 수련하는 것이 주체에게 행위해야 하는 바대로 행위하게 해줄 뿐만 아니라 또 존재해야 하는 바대로, 또 존재하기를 원하는 바대로 존재할 수 있게 해주는지를 아는 것입니다. 도식적으로 말하면 우리 근대인들이 이 문제를 "인식의 장에서 가능하거나 불가능한 주체의 대상화"를 이해하는 반면에 그리스 · 헬레니즘 · 로마 시대의 고대인들은 "주체의 영적인 경험으로 세계에 대한 앎을 구축하기"로 이해합니다. 우리 근대인이 이 문제를 "법질서에 주체의 예속"으로 이해하는 반면 그리스 · 로마인은 "진실의 실천을 통해 주체를 최종적인 목표로 구축하기"로 이해합니다. 여기에는 모든 회고적인 투사를 우리에게 경고하는 이질성이 존재합니다. 주체성의 역사——혹은 주체와 진실의 관계사——를 연구하려는 사람은 지식의 영화(靈化)와 주체에 의한 진리의 실천으로 규정되는 주체성의 장치에서 오늘날 우리의 것이며, 주체 자기 자신에 의한 인식의 문제와 법에의 복종이라는 문제에 의해 지배되는 또 다른 주체성 장치에 이르는 아주 길고도 완만한 변형을 재발견하려고 시도해야 한다고 말할 수 있습니다. 이 문제들(법에의 복종, 주체 자신에 의한 인식) 가운데 그 어떤 것도 고대의 사유와 수양 내에 등장하지도 않으며 근본적이지도 않습니다. '지식의 영화(靈化)'와 '진리의 실천과 훈련'이 문제였습니다. 바로 이런 관점에서 askêsis에 접근할 필요가 있다고 생각하며, 바로 이것을 이번 강의와 다음번 강의에서 연구해 보고자 합니다.

고행에 대해 논의할 때 상당히 왜곡된 일정한 전통을 통해 보면서 […] 우리는 금욕의 요소와 단계, 계기적 변화로서 점증적으로 엄격한 포기와 또 조준점과 한계 지점으로 자기 포기를 취하게 되는 일정한 형태의 실천을 떠올립니다. 자기 포기라는 본질적인 포기에 도달하기 위한 여러 포기 속에서 진보[7]라는 방식으로 우리는 고행을 이해합니다. 바로 이러한 성향으로 우리는 고행을 이해합니다. 그러나 고대인들에게 있어서 고행은 심층적으로 다른 의미를 지닌다고 생각합니다. 우선은 고행의 끝에 궁극적인 목표가 자기 포기에 도달하는 것이 아니기 때문에 그렇습니다. 정반대로 askêsis를 통해 자기를 구축하는 것이 관건입니다. 아니면 더 정확히 말해서 충만하고 완수되고 완결되며 자족적이고 자기에게서 취하는 행복에 해당하는 자기 변형을 이루어 내는 자기와의 일정한 관계를 형성하는 경지에 도달하는 것이 고대인들에게 관건이었다고 말할 수 있습니다. 이것이 고행의 목적이었습니다. 결과적으로 자기 포기를 떠오르게 하는 바는 전혀 없습니다. 하지만 왜냐하면 이 역사는 너무 복잡하며 여기서 모든 세부 사항을 여러분에게 말할 의도는 없기 때문에 간단히 마르쿠스 아우렐리우스에게서 발견할 수 있는 지극히 이상하고 흥미로운 변화를 환기하고자 합니다. 마르쿠스 아우렐리우스에 있어서 고행은 자기 밑에 있는 사물들의 자격박탈적 지각을 통해, 우리를 구성하고 있는 요소들의 불연속성을 통해, 우리가 부분을 이루는 이

---

7) 기독교의 자기 포기에 관해서는 2월 17일 강의 초반부 참조.

성의 보편성을 통해 자기 정체성의 문제화로 귀결됩니다.[8] 하지만 이것은 고대 고행의 일반적인 특성 이상의 변환입니다. 따라서 고대 고행의 목적은 자기와 충만하고, 완수되고 완결적인 관계를 구축하는 데 있습니다.

다음으로 고대 고행의 수단을 자기 자신의 이러저러한 부분의 포기에서 찾으면 안 됩니다. 물론 포기해야 할 요소가 있다는 것을 보게 될 겁니다. 엄격성을 요하는 요소들이 있습니다. 또 기독교적인 포기가 될 바의 핵심이, 아무튼 상당 부분이 이미 고대의 고행에서 요구된다고도 말할 수 있을 겁니다. 하지만 이러한 궁극적인 목적에 도달하기 위한 수단과 전술의 속성은 일차적으로, 또 근본적으로 포기가 아닙니다. 반대로 askêsis(고행)를 통해 무엇인가를 획득하는 것이 관건입니다. 미래에 갖게 될 우리의 어떤 요소나 미래에 갖게 될 자기 자신의 어떤 요소를 포기하는 대신에 자기가 소유하고 있지 않은 무엇인가를 갖출 필요가 있습니다. 자기 자신을 차츰차츰 포기하는 쪽으로 나가는 대신에 자기를 보호해 주고 자기에 도달하게 해주는 무엇을 갖출 필요가 있습니다. 간단히 말해서 고대의 고행은 제거하는 게 아니라 장비를 갖추고 소유합니다. 고대의 고행이 장비로 갖추고 소유하는 바를 그리스어로 paraskeuê라 불리며 세네카는 이 말을 종종 라틴어 instructio로 번역합니다. 근원적인 말은 paraskeuê이며 다음번 강의에서 상이한 형태의 보다 상세한 훈련으로 넘어가기 전에 오늘 이 말을 좀 연구해 보고자 합니다. 자기와 자기의 충만한 관계 구축에 도달하는 것이 관건인 순간부터 고행은 paraskeuê의 구축을 그 임무, 전술, 도구로 삼습니다. Paraskeuê는 무엇일까요? 생의 사건들로 열리고 목적화된 개인의 준비를 말합니다. 요컨대 고행에서 관건은 발생하는 바 그 자체에 적합할 수 있는, 오직 그것이 발생하고 일어날 경우에만 대처할 수 있는 장비, paraskeuê를 만드는 것입니다.

Paraskeuê의 정의는 대단히 많습니다. 그 중에서 가장 단순한 것과 가장 준엄한 것을 하나 취해 보겠습니다. 세네카가 《자선에 관하여》[9] 7권에서 인용하는 견유주의자 데메트리우스의 글에서 우리가 발견하는 정의인데, 여기

---

8) 이 강의의 전반부에서 푸코가 분석한 마르쿠스 아우렐리우스의 환원적 지각에 대한 분석 참조.

9) 2월 10일 강의 후반부에서 동일한 텍스트에 대한 분석을 참조할 것.

서 데메트리우스는 견유주의 철학과 일반적인 도덕철학, 나아가 모든 일상 생활의 공통된 장소인 바, 요컨대 생활과 생활에서 지혜에 도달하고자 하는 자와 운동선수와의 비교를 되풀이합니다. 현자 혹은 지혜를 향해 나아가는 자와 운동선수의 비교에 대해 여러 번 재검토해야 하겠습니다. 아무튼 데메트리우스의 글에서 훌륭한 운동선수는 자기 자신을 단련하는 자로 소개되었습니다. 그런데 그는 무슨 훈련을 하지요? 그는 모든 가능한 동작을 훈련하는 자가 아니라고 데메트리우스는 말합니다. 우리에게 주어진 모든 가능성을 다 펼쳐 보이는 게 관건이 절대로 아닙니다. 이러저러한 영역에서 타인을 제압할 수 있게 해주는 이러저러한 경솔한 짓을 하는 것이 관건이 아닙니다. 우리가 마주칠 수 있는 것, 우리가 만날 수 있는 사건들에 대해서만 준비를 하는 게 중요하며, 타자를 능가한다던가 우리 자신을 능가하는 방식이 관건이 아닙니다. 재검토하겠지만 '자기 초극'은 스토아주의자들에게서 몇 차례 발견되지만 그것은 기독교의 고행에서 발견되는 가장 어려운 것으로의 무한정의 정진이라는 형태를 결코 갖지 않습니다. 따라서 타자나 자기를 초극하는 것이 관건이 아닙니다. 내가 조금 전 언급한 범주에 따르자면 일어날 수 있는 바보다 더 강하거나 그것보다 더 약하지 않는 것이 중요합니다. 따라서 훌륭한 운동선수의 훈련은 아주 기초적이지만 모든 상황에 적응할 수 있기 위해, 또 그것이 충분히 단순하고 잘 습득되었다는 조건하에서 필요하면 즉각적으로 운용 가능할 수 있기에 충분히 일반적이며 효과적인 동작에 대한 훈련이어야 합니다. 가능한 모든 상황에 필요하고 충분한 기본적인 동작의 습득이 적절한 훈련과 고행을 구축합니다. 그리고 paraskeuê는 우리 실존 전반에 걸쳐 일어날 수 있는 모든 것보다 우리를 더 강하게 하는 데 필요 충분한 동작의 총체, 실천의 총체와 결코 다르지 않습니다. 바로 이것이 현자의 육상선수적인 훈련입니다. 데메트리우스가 완벽하게 정의한 이 테마는 도처에서 발견됩니다. 마르쿠스 아우렐리우스의 글을 인용하겠는데, 이것은 세네카나 에픽테토스에게서도 발견됩니다. 즉 "생활의 기술[그는 이것을 la biotique(hê biôtikê)라 부릅니다]은 춤보다는 격투기와 비슷하다. 왜냐하면 항시 경계 태세를 할 필요가 있고, 너희들을 갑작스럽게 엄습하는 타격들에 대해 평형을 유지해야 하기 때문이다."[10] 춤과 운동 경기의 대립, 격투기와 춤의 대립은 흥미롭습니다. 무용수는 타인을 뛰어넘거나 자기 자신을 뛰어넘게 해주는 어떤 이상적인 상태에 도달하기 위해 최선을 다하는 사람입니다. 무용수의 작업은 막연합니다. 격투 기술은 경계 태세를 갖추면서 평형을 유지하는 채비를 하는 데 있습니다. 다시 말해서 우리가 마주칠 수 있고 상황에 의해서든 타인에 의해서든 우리에게 가해질 수 있는 타격에 의해 전복되지 않고 그것보다 강하며 결코 약하지 않도록 경계 태세를 갖추면서 평형을 유지하는 데 그 목적이 있다는 말입니다. 이것은 대단히 중요하다고 생각됩니다. 이것은 고대의 영성에 입각한 운동선수와 기독교도 운동선수를 구별하게 해줍니다. 기독교도 운동선수는 자기 자신을 포기해야 할 정도로 자기 자신을 초극해야 하는 신성함을 향해 무한히 전진해 가게 될 겁니다. 또 특히 기독교도 운동선수는 경계 태세를 갖추어야 할 적을 갖는 사람입니다. 그런데 누구와 그리고 무엇과 관련해 경계 태세를 갖추어야 하는 걸까요? 바로 자기 자신과 관련해 경계 태세를 갖추어야 합니다! 죄, 타락한 자연, 악마의 유혹 등 그가 대면해야 할 가장 해악적이고 위험한 힘들을 자기 자신 안에서 발견하게 됨에 따라 그것은 자기 자신에 대한 경계 태세입니다. 스토아주의 운동선수와 고대의 영성을 갖춘 운동선수 그 또한 물론 투쟁해야 합니다. 그는 외부 세계로부터 오는 모든 적수들, 즉 사건(l'événement)과 싸울 채비를 해야 합니다. 고대의 운동선수는 사건의 운동선수입니다. 기독교인은 자기 자신의 운동선수입니다. 이것이 첫번째 요점입니다.

둘째로 이 준비(paraskeuê)는 무엇으로 이루어진 것일까요? 우리가 갖추어야 하고, 또 그것이 필요한 순간에 가장 단순하고 동시에 가장 효과적인 수단과 더불어 대처할 수 있게 해주는 이 장비(paraskeuê)는 logoi(담론)에 의해 구축됩니다. 하지만 주의해야 합니다. Logoi를 진실된 명제·원칙·공리 등으로 이루어진 장비로 단순히 이해해서는 안 됩니다. Logoi는 그것이 물질적으로 실존하는 언표들(des énoncés)이라는 한에서 담론으로 이해해야 합니다. 충분한 paraskeuê를 갖춘 훌륭한 운동선수는 자연의 보편적 질서에 관한 이러저러한 것들과 이러저러한 상황에 부응하는 특수한 정언들을 단순히 아는 사람이 아닙니다. 그는 자기 자신 안에——당분간은 '머릿속에' 라

---

10) 마르쿠스 아우렐리우스, 《명상록》, VII, 61, 앞서 인용한 판본, p.79.

고 말하겠지만 이 문제에 대해서는 보다 상세히 재검토할 필요가 있습니다
——무엇인가를 각인하고 이식하는 사람입니다. 이는 세네카의 쉰번째 서신
의 내용입니다.[11] 그런데 누가 무엇을 이식(移植)하지요? 그것은 실제적으로
발화된 문장, 그가 실제적으로 듣고 읽은 문장, 그가 일상 생활의 훈련을 통
해 암송하며, 예를 들면 마르쿠스 아우렐리우스가 자신을 위해 노트해 둔
것처럼 쓰면서 정신 속에 각인한 문장들입니다. 요컨대 마르쿠스 아우렐리
우스의 글 속에서 자기 자신의 글과 다른 것에 대한 인용을 분간하기란 정말
어렵습니다. 그것은 중요하지 않습니다. 문제는 운동선수가 자신이 실제로
듣고 읽고 다시 기억해 다시 발화하고 다시 쓴 문장들을 갖추고 있다는 사
실입니다. 그것들은 스승의 교훈, 그가 들은 바, 그가 말한 바, 그가 자기 자
신에게 말한 바입니다. 바로 이런 의미에서 취해진 logos의 물질적 장비가
사건과 운명의 훌륭한 운동선수여야 하는 자에게 필요한 기반입니다. 둘째
로 이 담론들——물질성 내에서 실존하며 획득되며 유지되는 담론——은
일상적인 담론이 아닙니다. 그것은 logos라는 용어가 이를 지시하듯이 이성
에 기초한 명제들입니다. 이성에 기초한다는 말은 이 명제들이 합리적이고
동시에 참되며, 또 행동의 수용 가능한 원칙들을 구축한다는 것을 의미합니
다. 이 명제는 스토아주의 철학에서 dogmata와 praecepta[12]에 해당합니다. 이
점은 건너뛰기로 하지요. 이것을 재검토할 필요가 있다면 하겠지만 절대적
으로 필요한 것은 아닙니다. 내가 여러분들에게 주목시키려 하는 바는 이 문

---

11) 여덟번째 단락의 식물 은유 참조(《루킬리우스에게 보내는 서신》, t. Ⅱ, Ⅴ편, 서신 50,
8, 앞서 인용한 판본, p.36).

12) 푸코는 여기서 praecepta(엄격한 계율)와 정반대되고 일정한 체제에서 명확히 표현
되는 일반 원칙을 지시하는 decreta(그리스어의 dogmata를 세네카가 라틴어로 반복한 것임)
를 말하려 한다. 세네카가 decreta의 도덕을 권고하는 아흔다섯번째 서신을 참조할 것. "오
직 공리만이 우리를 공고히 할 수 있고 안전과 평온을 유지시켜 줄 수 있으며 생명과 자연
모두를 포용한다. 이같은 차이는 철학의 공리와 계율(decreta philosophiae et praecepta) 간
에도 존재한다. […] 일반 원칙(sine decretis)의 도움 없이는 진리에 도달할 수 없다. 일반
원칙은 생 전반을 포괄한다."(《루킬리우스에게 보내는 서신》, 제4권 15편 서신 95, 12와 58,
p.91과 107 참조) 또 §60과 세네카가 아흔네번째 서신에서 이 구분의 아버지로 여기는 치
오의 아리스톤에 대한 설명과 관련된 2월 17일 강의 전반부도 참조할 것. 이 문제에 대한
전반적인 관점에 대해서는 P. Boyancé, 〈로마의 스토아주의 Le Stoïcisme à Rome〉 in
Association Guillaume Budé, Ⅶ congrès, Aix-en Provence, 1963, Paris, Les Belles
Lettres, 1964, p.218-254 참조.

장들이 실제적으로 존재한다는 사실과 물질적으로 실존하는 logoi가 진실된 바를 말하고, 동시에 해야 할 바를 명하는 합리성의 문장과 담론의 요소라는 사실입니다. 셋째로 이 담론들은 설득적인 담론입니다. 다시 말해서 이 담론들은 참된 것을 말한다거나 해야 할 바를 명할 뿐만 아니라 이 logoi가 적절한 paraskeuê를 구축할 경우 주체에게 주어지는 일종의 명령들로서 존재하는 걸로 그치지 않는다는 사실입니다. 신념을 야기시킬 뿐만 아니라 행위 자체를 유발한다는 의미에서 이 담론들은 설득적입니다. 그것은 유도적인 가치나 효율성 내에서 담론들이 존재하는 순간부터——이 담론을 소유한 사람의 머리·사유·마음·신체에 나타나는 순간부터——그가 자발적으로 행위하게끔 하는 행위 유도적인 도식들입니다. 마치 차츰차츰 자신의 이성·자유·의지와 일체가 되어 그가 해야 할 바를 말할 뿐만 아니라 필요한 합리성의 방식에 따라 해야 할 바를 행하면서 주체를 위해 말하는 자가 logoi 자체와 같기라도 한 것처럼 말입니다. 따라서 합리적인 logos의 물질적 요소들은 행동의 모태의 자격으로 주체에 실제적으로 각인됩니다. 바로 이것이 paraskeuê입니다. 생의 운동선수에게 필요한 askêsis는 이것을 획득하려고 목표합니다.

Paraskeuê의 세번째 특징은 존재 방식의 문제입니다. 왜냐하면 이 담론 혹은 이 담론들과 이 담론들의 물질적 요소들이 실제로 필요한 장비를 만들어낼 수 있기 위해서는 그것들이 획득되어야 할 뿐만 아니라 필요할 때마다 도움을 청할 수 있게 하기 위해 잠재적이고 동시에 효과적인 항구적 현존을 갖추어야 할 필요가 있습니다. 그와 동시에 paraskeuê를 구축하는 이 logos는 구조(救助)여야 합니다. 그래서 우리는 모든 글에 지극히 빈번하게 등장하는 중요한 기초 개념에 도달하게 됩니다. Logos는 boêthos(구조)여야 합니다[13]라는 말은 흥미롭습니다. 애초에 고대의 어휘에서 boêthos는 구조를 의미합니다. 다시 말해서 위험에 처한 전사가 던지는 요청(boê)에 누군가가 응하는 것을 의미합니다. 구조하는 자는 위험에 처한 전사를 구조하겠으며, 지금 그

---

13) "정념을 치유하는(pros ta pathê boêthousi) 논지들(logôn)의 사정은 다르다. 양식을 가진 사람이면 정념을 경험하기 전에 오랜 시간에 걸쳐 준비된 논지가 더욱 효율적이 되도록 하기 위해 논지에 열중해야 한다(플루타르코스, 《영혼의 평정에 관하여》, 456b, J. Dumortier & J. Defradas 번역, 앞서 인용된 판본, §1, p.99).

를 돕기 위해 달려가고 있는 중이라는 사실을 알리기 위해 큰 소리로 대답합니다. Boêthos는 바로 이것입니다. Logos는 이래야 합니다. 주체와 주체의 제어를 위험에 빠트리는 상황과 사건이 발생할 때 logos는 주체가 구조 요청을 하는 순간 응답해야 하며, 주체에게 자신이 거기 있으며 구조하러 가겠다고 알리며 자신의 목소리를 들리게 할 수 있어야 합니다. 구조는 바로 이 logos의 언표, 재활성화, 들리게 되어 구조를 약속하는 이 목소리에 있습니다. 사건이 발생할 때 logos는 말을 하며 paraskeuê를 구축하는 logos가 구조(救助)를 알리기 위해 표명되며, 또 구조는 이미 여기에 있으며 주체에게 해야 할 바를 말한다거나 실제로 주체가 해야 할 바를 하게 만듭니다. 따라서 logos는 우리를 구조하러 오는 무엇입니다. 이 logos boêthos는 그리스 문학 전반에 걸쳐 수많은 방식으로 은유화되어 있습니다. 예를 들면 로고스-약(藥)(logos-pharmakôn)[14] 관념 형태의 은유가 있고, 또 내가 여러 차례 암시했고[15] 아주 빈번하게 나타나는 배의 항해[16]의 은유——여기서 logos는 선원들을 제자리에 위치시키고, 그들에게 해야 할 바를 말하고 방향을 유지하며 조작을 지시하는 훌륭한 항해사여야 합니다——가 있으며, 그 외에도 갑옷의 은유나 위험에 처했을 때 그뒤로 퇴각할 수 있고, 또 그 결과 성벽에 의지해 성벽 위에서 적의 공격을 물리칠 수 있는 성벽, 요새라는 훨씬 더 빈번한 은유와 같은 군사적이고 전투적인 형태의 은유도 있습니다. 사건들이 발생함에 따라 일상 생활의 평원에서 주체가 위협을 느끼게 될 때 logos는 고도에 위치하며, 주체가 그곳을 향해 후퇴하는 요새와 성체로 거기에 있어야 합니다. 주체는 logos인 자기 자신으로 후퇴합니다. 바로 여기서 주체는 사건을 물리칠 수 있고 사건과 관련해 가장 hêttôn, 즉 가장 허약한 상태에 있음을 중단하고 사건을 이길 수 있는 가능성을 발견합니다. 이러한 역할을 담당하고 항구적인 구조(救助)의 가치를 지니기 위해서 합리적 logoi의 장비는 항시 주체의 수중에 있어야 합니다. 그것은 그리스인들이 khrêstikos라

---

14) 이 은유는 플루타르코스의 《아폴로니오스를 위로하는 편지 *Consolation à Appolonios*》, 101f에 등장한다.

15) 2월 17일 강의 전반부 참조.

16) 이 이미지와 관련해서는 플루타르코스의 《분노의 통제에 관하여 *Du contrôle de la colère*》, 453e 참조.

부르는 바, 즉 활용 가능한 것이어야 합니다. 지속적으로 회귀하며 paraskeuê를 규정하는 데 극히 중요하며, 결국에는 paraskeuê를 형성하며 지탱하는 그들의 훈련이 속성과 전개상에서 무엇이어야 하는가를 규정하는 데 대단히 중요한 계열 혹은 은유를 그리스인들은 가지고 있었습니다. 이 logos는 구조(救助)의 역할을 담당하고 실제적으로 훌륭한 항해사이거나 요새이거나 약이기 위해서는 그것이 라틴 사람들이 ad manum으로 번역하는 prokheiron, 즉 '수중(手中)에' 있어야 합니다. 그것을 수중에 지녀야 합니다.[17] 이것은 그리스의 전반적인 사유에 있어서 지극히 근본적인 범주인 기억의 범주에 들어갈 뿐만 아니라 특수한 굴절을 도입하는 중요한 경험적 관념이 있다고 생각합니다. 말하자면 Menemê(고대적 형태의 기억)는 시인들이 표현한 사유와 정언을 그 존재와 가치, 그리고 빛 내에서 간직하는 역할을 담당했을 뿐만 아니라 이처럼 menemê에 직접적으로 참여하는 음유시인이나 현자의 입에서 그것을 듣고 menemê에 참여하기 때문에 진리의 빛을 간직하며, 이 정언을 다시 발화하는 사람들을 비출 수 있는 역할도 담당할 수 있습니다.[18] Logoi(logoi boêthikoi, 즉 구조하는 logos)를 수중에 지녀야 한다는 관념 내에서 이것은 menemê에 참여하는 자들의 기억 속에 진리의 빛을 보존하는 것과는 다소 다르다는 것을 알 수 있습니다. 정언을 수중에 지녀야 하지만 그것은 사실상 다시 정언을 노래하거나 그것을 항시 새롭고, 동시에 항시 동일한 빛 속에서 현시하는 형태로 이 장비를 수중에 넣어야 하는 것은 아닙니다. 그것을 수중에 넣어야 한다는 말은 그것을* 거의 근육 속에 지녀야 함을 의미합니다. 그것을 수중에 넣어 즉각적으로 지체 없이 자동적으로 재가동시킬 수 있어야 합니다. 그것은 노래의 기억이기보다는 행동, 행위의 기억이어야 합니다. 슬픔과 참담 그리고 사고가 발생하는 날이 찾아오면,

---

17) "의사가 응급 처치를 위해 항시 기구와 도구 상자를 수중(prokheira)에 지니고 있는 것처럼 너는 신성한 것과 인간적인 것을 알기 위해 필요한 원칙(dogmata)을 항시 준비하고 있어야 한다(마르쿠스 아우렐리우스, 《명상록》, III, 13, p.25 — prokheiron의 유사한 용례에 대해서는 XI, 4와 VII, 64와 VII와 1, V, 1참조).

18) C.-P. Vernant, 〈기억의 신화적 양태〉 in 《그리스인들의 신화와 사유》 제1권, p.80-107과 M. Détienne, 〈시인의 기억 La mémoire du poète〉, in 《고대 그리스의 진리의 스승들》(1967), Paris, Pocket, 1994, p.49-70 참조.

* 분명 이것도 paraskeuê를 의미한다.

죽음이 위협하고 병들어 고통받는 날이 찾아오면 이 장비는 영혼을 보호하기 위해, 영혼이 타격을 받지 않기 위해, 영혼이 평정을 유지할 수 있기 위해 작동해야 합니다. 이는 정언의 표명이나 재표명이 필요없음을 의미하는 것이 아니라 고대의 중대한 menemê에서 노래가 다시 비상할 때 진리가 빛을 발하는 반면에 여기서는 모든 언어적 반복이 장비의 가치를 지닐 수 있어야 한다는 의미입니다. 이 장비가 개인에게 통합되어 그의 행동을 명령할 수 있도록 하기 위해, 또 그것이 그의 근육과 신경에 속하게 하기 위해서 askêsis에서 장비의 자격으로 정언과 명제를 실제적으로 환기하게 될 회상 훈련을 하기 이전에 logoi를 재활성화하고, 또 실제로 그것을 발화하며 재활성화해야 합니다. 하지만 사건이 터지면 그 순간에 logos는 그 지점에서 행동의 주체가 되어 있어야 하고 행동의 주체는 그 지점에서 그 정언을 다시 암송한다거나 발화할 필요 없이 행동해야 할 바를 실천할 수 있는 logos가 되어 있어야 합니다. 보시다시피 완전히 다른 형태의 mnemê, 언어의 재활성화와 그 활용의 다른 예식, 주체가 반복하는 담론과 현시되는 신속한 행동 간에 완전히 다른 관계가 askêsis의 일반적인 경험적 관념 내에서 이렇게 사용되었습니다.

이 모든 것을 요약하고 또 다음번 강의 서론의 자격으로 다음과 같이 말할 수 있습니다. 즉 그리스인과 로마인에게 askêsis는 충만하고 독립적인 자기와 자기 관계라는 그 궁극적인 목표 때문에 paraskeuê(장비·채비)의 구축을 그 일차적인 임무와 목적으로 삼습니다. 그러면 이 paraskeuê는 무엇일까요? 나는 그것이 합리적인 행동의 모태를 구축할 수 있기 위해 진실된 담론이 취해야 하는 형식이라고 생각합니다. Paraskeuê는 참된 담론을 도덕적으로 수용 가능한 행동의 원칙으로 지속적으로 변형시키는 구조입니다. 또 Paraskeuê는 logos를 êthos로 변형시키는 요체입니다. 그리고 askêsis는 개인이 이러한 paraskeuê를 형성하고 확정하며, 주기적으로 재활성화하고 필요한 경우 강화할 수 있는 절차들의 규칙화되고 계측된 총체 혹은 계기(繼起)로 정의될 수 있습니다. Askêsis는 진실 말하기(dire-vrai)——주체에게 호소되고 주체가 자기 자신에게 호소하는 진실 말하기——가 주체의 존재 방식으로 구축되게 해줍니다. 이것이 askêsis라는 일반적인 테마로부터 얻을 수 있고, 또 제안할 수 있는 정의입니다. 고행은 당대 이러한 수양의 형태하에서 진실 말하기를 주체의 존재 방식이 되게 해주는 바이며, 이는 계시와 성서 그리고 본질적으로 신앙 관계에 입각해 정의되며, 또 그 곁에서 고행이 자기의 연속적인 부분의 희생과 궁극적으로는 자기를 포기하는 희생으로 정의되는 기독교에서 전개되는 askêsis와 필연적으로 아주 다르다고 생각됩니다. 진실 말하기(dire-vrai)가 주체의 존재 방식이 되게 하는 훈련을 통해 자기를 구축하기는 역사적 전통 내에서 절대적 타자인 신에 의해 말해진 절대적으로 참된 말에 따라 자기 자신을 버리는 '고행'으로 우리가 이해하는 바와도 더욱 다릅니다. 이상입니다. 감사합니다.

1982년 3월 3일 강의

전반부

기독교 고행과 철학적 고행의 개념적 분리 — 주체화의 실천: 경청 훈련의 중요성 — 수동성과 능동성 사이에 있는 경청의 애매모호한 속성: 플루타르코스의 《경청에 관한 논설》; 세네카의 백여덟번째 서신; 에픽테토스 어록 II, 23 — Tekhnê로 고민하는 경청 — 경청의 고행적 규칙들: 정숙(靜肅); 훌륭한 경청자의 정확한 제스처; 주의(注意)(담론과 관련한 애착과 즉각적인 기억을 통한 담론의 주체화)

자기 전향이라는 일반적인 테마와 관련해 인식의 질서 내에서 '자기로의 전향'이라는 원칙의 효과를 분석하려고 시도했던 것을 기억하시지요. 그리고 이 효과를 인식의 대상과 영역으로서의 자기 구축이라는 측면에서 찾을 것이 아니라 세네카와 마르쿠스 아우렐리우스에서 포착한 두 예와 같이 일정한 형태의 영적인 지식의 구축이라는 측면에서 찾아야 한다는 점을 여러분에게 보여주려고 시도했었습니다. 말하자면 바로 이것이 mathêsis의 측면입니다. 그러고 나서 자기 전향의 또 다른 측면, 요컨대 자기 실천(pratique de soi)이라 부를 수 있는 바 내에서 '자기 자신으로의 전향'이라는 원칙에 의해 발생한 효과 쪽으로 넘어갔습니다. 바로 이것이 그리스인들이 askêsis라 부르는 바입니다. 우선——이것은 내가 지난번 강의 끝부분에서 여러분들에게 설명하려 했던 것입니다——헬레니즘 시대와 로마 시대에 그리스인들이 이해하는 askêsis는 고행이라는 우리의 경험적 관념이 다소 기독교적인 개념을 모델로 하고 있고, 또 그 영향을 받고 있기 때문에 오늘날 우리가 전통적으로 '고행'을 통해 이해하는 바와 아주 거리가 멉니다. 내가 보기에——여기서 나는 단지 골격과 일차적 스케치만을 여러분들에게 제공합니다——이교도 철학자들의 고행 혹은 헬레니즘 시대와 로마 시대의 자기 실천의 고행은 몇 가지 점에서 분명하고 확연하게 기독교의 고행과 구분됩니다. 첫째로 이 철학적 고행에서, 또 이 자기 실천의 고행에서 궁극적이고 최종적인 목표는 자기 포기가 분명히 아닙니다. 반대로 목적은 가장 명시적이고, 강력하며 연속적으로 자기 자신을 자기 실존의 목표로 설정한다는 사실입니다. 둘째로 이 철학적 고행에서는 자기 자신의 이러저러한 부분이나 존재의 이러저러한 양상을 포기하거나 희생하는 순서를 규칙화하는 게 관건이 아닙니다. 반대로 갖고 있지 않은 무엇인가를, 즉 선천적으로 소유하고 있지 않은 무엇을 갖추는 것이 관건입니다. 생에 있을 수 있는 사건들에 대해 방어할 수 있는 장비를 자기 자신에게 마련해 주는 것이 관건입니다. 그리고 이것을 그리스인들은 paraskeuê라 불렀습니다. 주체가 자신을 구축하기 위해 paraskeuê를 만드는 임무를 고행이 담당합니다. 셋째로 이 철학적 고행, 자기 실천의 고행은 개인을 법에 종속시키는 것을 원칙으로 삼지 않습니다. 철학적 고행은 개인을 진실에 연루시키는 것을 원칙으로 삼습니다. 법에의 종속이 아니라 진실에의 연루는 철학적 고행의 가장 근본적인 특질 가운데 하나라고 할 수 있습니다.

요컨대——바로 이것이 지난번 강의에서 내가 강조한 바인데——한편으로 고행은 자기 자신과 적절하고 충만하며 완결된 관계를 설정하기 위해 필요한 참된 담론을 획득하게 해주고, 다른 한편으로는 이와 동시에 고행은 자기 자신이 이 참된 담론의 주체가 되게 해주며, 자신이 진실을 말하고 또 이 진실 발화 행위, 정확히 말해서 자신이 진실을 말한다는 사실에 의해 자기 자신이 변형되는 주체가 되게 해줍니다. 요컨대 헬레니즘 시대와 로마 시대의 철학적 고행과 자기 실천의 고행은 참된 담론의 주체화로 부를 수 있는 바를 확보해 준다는 의미와 기능을 갖는다고 생각합니다. 철학적 고행은 내가 진실된 담론을 말할 수 있게 만들며, 또 내가 그 진실된 담론의 발화 주체가 되게 합니다. 반면에 기독교적인 고행은 자기 포기라는 물론 완전히 다른 기능을 갖게 된다고 생각합니다. 하지만 이와 같은 철학적 고행은 자기 포기로 향하는 여정 내에서 특별하게 결정적 계기에 자리를 내어 주게 되는데 정확히 기억은 못하겠으나 아마 작년인가 재작년인가 언급한 적이 있는데[1] 이 계기는 고백의 단계, 고해성사의 단계, 다시 말해서 주체가 참된 담론 내에서 자신을 대상화하는 계기입니다. 기독교의 고행에서는 핵심적인 단계로서 참된 담론 내에서 자기 자신의 객관화를 거치는 자기 포기 활동이 발견된다고 생각합니다. 내가 언급하는 시대, 즉 기원후 1,2세기 이교도의 고행, 철학적 고행, 자기 실천의 고행에서는 생의 기술과 삶의 기술의 목적이자 대상인 자기와 만나는 것이 관건인 것 같습니다. 결정적 계기로서 참된 담론 내에서 자기의 대상화를 갖는 것이 아니라 자기에게 가하는 자기의 실천과 수련 속에서 참된 담론을 주체화하는 계기와 더불어 자신과 만나는 것이 관건입니다. 나는 이런 종류의 근본적인 차이를 올해 강의 초반부터 보여주려고 시도했습니다. 세네카가 그의 지식, 언어 독서, 글쓰기 노트에 대해 말할 때 참된 담론의 주체화 절차, 바로 이것이 그의 글 속에서 여러분들이 부단히 발견할 수 있는 바입니다. 요컨대 문제는 우리가 아는 바를 자기 것으로 만드는 것('facere suum'),[2] 우리가 듣는 참된 담론을 자기 것으로 만드는 것, 우리가 참되다고 인정하는 담론을 자기 것으로 만드는 것, 철학적 전통이 우리에게 참된 것으로 전승한 바를 자기 것으로 만드는 것입니다. 진실을 자기 것으로 만드는 것, 참된 담론의 발화 주체가 되는 것, 바로 이것이 철학적 고행의 핵심입니다.

참된 담론의 주체화로 이해되는 고행에 필요 불가결한 일차적 형식이 무엇인지는 여러분이 잘 압니다. 첫번째 계기 혹은 첫번째 단계임과 동시에 참된 담론의 주체화인 고행의 항구적인 근간이 되는 바는 경청, 독서, 말한다는 사실과 관련된 모든 기술(技術)과 실천입니다. 경청하고 적절하게 들을 줄 알기, 적절히 읽고 쓰기, 적절히 말하기 바로 이것들이 참된 담론의 기술인 고행적 실천이 늘 동반해야 하는 항구적인 근간입니다. 재론하겠지만 여기에는 기독교 영성에서의 신의 말의 경청이나 성서와의 관계와 유사하지

---

1) 1980년 3월 5일과 12일 콜레주 드 프랑스 강의 참조.

2) facere suum은 세네카의 텍스트에서 발견되는데 무엇인가를 자기 것으로 만들다 라는 의미를 갖는다. 알렉산드로스와 그의 소유욕에 대한 백열아홉번째 서신의 'quaerit quod suum faciat'(《루킬리우스에게 보내는 서신》, 19-20편, 서신 119, 7, 앞서 인용된 판본, p.62) 참조. 반면에 'facio me et formo'(《행복한 삶에 관하여》, XIV, 4, in 세네카, 《대화집》, 2권, A. Bourgery 번역, Paris, Les Belles Lettres, 1923, p.30)에서처럼 se facere나 "엄청난 재산이 자신에게 속하게 되다(inaestimable bonum est suum fieri)"(《루킬리우스에게 보내는 서신》3권, 9편, 서신 75, 18, p.55)에서처럼 fierri suum과 같은 표현이 발견된다.

만 동시에 심층적으로 다른 무엇이 있다는 것을 알 수 있습니다. 그래서 오늘은 이 세 가지 사실을 설명해 보도록 하겠습니다. 다시 말해서 먼저 진실된 바의 주체화로 이해되는 고행적 실천인 경청을 설명하고, 다음으로는 독서와 글쓰기를 마지막으로는 말하는 행위를 설명해 보고자 합니다.

첫째로 경청이 있는데 듣기는 고행과 참된 담론을 주체화하는 첫걸음, 첫 단계라 할 수 있습니다. 왜냐하면 근본적으로 구두적이었던 문화에서 경청은 logos와 진실된 바를 취합할 수 있게 해주기 때문이지요. 하지만 경청은 적절히 수행되면 개인으로 하여금 사람들이 말하는 진실을 확인하게 해주고 logos 내에서 그가 만나는 진실을 확신할 수 있게 해줍니다. 경청은 결국 들리는 진실, 적절히 경청되고 취합된 진실이 주체에 박히고 각인되어 suus(자기 것)가 되기 시작하고 êthos를 구축하기 시작하는 절차의 첫 단계가 됩니다. Alêtheia에서 êthos로의 이행(참된 담론에서 행동의 근본적인 규칙인 바로의 이행)은 물론 경청과 더불어 시작됩니다. 경청 고행의 출발점과 그 필요성은 그리스인들이 듣기의 심층적인 모호성이라고 인정하는 바 내에서 발견됩니다. 우리는 듣기의 모호성이 상당수의 글에 표현되어 있는 것을 발견할 수 있습니다. 듣기와 관련해 가장 명백하고 명시적인 글 가운데 하나가 《Peri tou akouein》이라 불리고 라틴어로 《De Audiendo》로 번역되고 《경청에 관한 논설》이라 명명된 플루타르코스의 시론입니다. 《경청에 관한 논설》[3]에서 플루타르코스는 테오프라스토스에게서 빌려왔다고 명시적으로 언급하고 역시 그리스의 전통적인 문제틀에 속하는 테마를 다시 논의합니다. 사실 듣기와 청각은 모든 감각 중에서 가장 pathêtikos하며 logikos하다고 플루타르코스는 말합니다. 그것이 가장 pathêtikos하다는 것은 거칠게 번역하면 모든 감각 가운데서 그것이 가장 '수동적'[4]이다로 번역됩니다. 다시 말해서 영혼은 다른 어떤 감각보다도 청각에서 외부 세계에 대해 가장 수동적이 되며,

---

3) 《어떻게 들을 것인가? *Omment écouter*》, in 플루타르코스, 《도덕 작품집》, t. I-2 A. Philippon 번역, Paris, Les Belles Lettres, 1989.

4) "테오프라스토스가 오감 가운데서 청각을 통한 지각이 가장 정념(pathêtikôtatên)과 밀접히 연결되어 있으며, 보거나 맛보거나 접촉할 수 있는 그 무엇도 우렁찬 소리·굉음·비명이 청각을 통해 영혼에 타격을 가하며 엄습할 때 발생하는 불안·동요·충격만큼 크지는 않다고 말하는 바대로 청각을 통한 지각에 관한 이러한 지적들을 서문으로 읽는 것은 네게 결코 불쾌감을 유발시키지 않으리라고 생각한다."(*id.*, 37f-38a, p.37)

또 외부 세계로부터 오고 불시에 영혼을 엄습할 수 있는 사건들에 노출된 상태로 있게 된다는 말이지요. 사람들은 자기 주변에서 발생하는 바를 듣지 않을 수 없다고 플루타르코스는 설명합니다. 결국 보는 것은 거부할 수 있으며 눈을 감으면 됩니다. 무엇을 만지는 것도 거부할 수 있고 무엇을 맛보는 것도 거부할 수 있습니다. 하지만 듣지 않을 수는 없다고 플루타르코스는 말합니다. 게다가 신체 자체와 신체적인 개인은 시각이나 촉각에 의해 개인에게 주어지는 그 어느 대상보다도 듣는 바에 의해 훨씬 놀라고 동요된다는 사실이 청각의 수동성을 잘 증명한다고 플루타르코스는 말합니다. 우리는 격렬하고 우리를 갑작스럽게 엄습하는 소리에 소스라치지 않을 수 없습니다. 결국 신체는 다른 어떤 감각보다도 청각과 관련해 더욱 수동적입니다. 그리고 청각은 그것이 말로 하는 아첨이나 수사학적인 효과를 받아들이거나 느끼면서이든 아니면 때로는 긍정적이지만 때로는 부정적인 음악의 모든 효과들을 느끼면서이든 간에 그 어떤 다른 감각보다도 영혼을 사로잡을 수 있는 힘이 강합니다. 여기서 그 표현이 무성한 아주 오래된 그리스의 테마를 발견할 수 있습니다. 청각의 수동성과 관련된 이 모든 텍스트 내에서도 율리시스에 대한 참조는 물론 상례입니다. 요컨대 율리시스는 그의 모든 감각들을 극복하고 자기 자신을 완전히 제어하며 제공될 수 있었던 모든 쾌락을 극복하는 데 성공했습니다. 하지만 율리시스는 세이레네스를 만나게 될 지역에 다다랐을 때 그의 용기, 자기 제어, 지혜, phronêsis 중 그 무엇도 그가 세이레네스의 희생양이 되는 것을 막을 수 없었고, 또 그의 노래와 음악에 사로잡히지 않을 수 없었습니다. 율리시스는 선원들의 귀를 막고 자신을 돛대에 붙잡아매야 했으며, 자신의 청각이 모든 것 가운데 가장 정념적이라는 것을 알고 있었습니다.[5] 플라톤이 시인과 음악 등에 대해 말하는 바를 상기해 보십시오.[6] 그러므로 청각은 모든 감각 중에서 가장 정념적입니다. 그러나 청각은 또한 가장 logikos하다고 플루타르코스는 말합니다.[7] Logikos를 통해 그가 의미하려 하는 바는 청각이 다른 어떤 감각보다도 logos

---

5) 《오디세이》의 일곱번째 시편 160-200행 참조.

6) 《국가》의 제3장(397a-399e)에서 시인-모방자의 거부와 선정적인 선율의 비난과 관련된 장황한 논지 전개를 참조할 것(in 플라톤, 《전집》, t. IV, E. Chambry 번역, 앞서 인용한 판본, p.106-113).

를 더 잘 받아들이는 감각이라는 것입니다. 다른 감각들은 본질적으로 쾌락 (시각·미각·촉각의 쾌락)에 접근하게 해준다고 플루타르코스는 말합니다. 다른 감각들은 오류를 발생시킵니다. 요컨대 그것은 모든 시각적 오류들입니다. 본질적으로 미각·촉각·후각과 같은 다른 감각들과 이런 기능들을 담당하는 신체 부분이나 기관을 통해 인간은 악덕을 배웁니다. 반대로 청각은 덕을 배울 수 있는 유일한 감각입니다. 덕은 시각을 통해서 배우는 것이 아닙니다. 덕은 logos와 분리될 수 없기 때문에, 다시 말해서 실제로 음성 내에서 언어적으로 분절되고, 이성에 의해 합리적으로 분절되고, 표현된 현존하는 합리적인 언어와 분리될 수 없기 때문에 오직 귀를 통해서만 배울 수 있습니다. 이 logos는 귀와 청각을 통해서만 침투할 수 있습니다. 따라서 영혼이 logos에 접근할 수 있는 유일한 접근로는 청각입니다. 따라서 청각은 pathêtikos와 logikos라는 근본적인 양면성을 지닙니다.

이와 같은 청각의 양의성은 우리가 연구하는 시대(기원후 1,2세기)에 항시 자기 실천과 영혼의 인도와 연관된 다른 텍스트에서 재발견되는 테마입니다. 핵심적으로 두 텍스트 요컨대 세네카의 백여덟번째 서신과 에픽테토스의 글을 참조해 보고자 합니다. 사실상 이들은 청각의 양의성(pathêtikos와 logikos)이라는 일반적 테마를 답습합니다. 하지만 이들은 이 테마를 각자 약간 다른 관점에서 재론합니다. 백여덟번째 서신에서 세네카는 경청의 수동성 문제를 재론합니다. 그는 이런 관점에서 이 문제를 생각하고 있고 또 수동성 자체의 양의성을 보여주려 합니다. 플루타르코스는 청각이 pathêtikos하고 동시에 logikos한 감각이기 때문에 양의적임을 보여준다고 말할 수 있습니다. 세네카는 청각의 양의성을 다시 취하지만 이 pathêtikos를 결과적으로 장점과 단점을 갖는 양의성의 원칙으로 만들어 버립니다. 이 점은 백여덟번째 서신에 아주 명확하게 설명되어 있습니다. 그리고 그는 청각의 수동성이 갖는 장점을 설명하기 위해 귀는 의지가 개입함이 없이 그냥 침투를 받게 내버려두고 logos 가운데서 자신의 범위에 오는 모든 것을 수집하는 것이 유리하다고 말합니다. 그래서 철학 수업은 대단히 유익한데 그 이유는 우리가 이

---

7) "그러나 그것[청각]은 정념보다는 이성(logikôtera)과 훨씬 더 긴밀한 관계를 맺고 있다."(플루타르코스, 《어떻게 들을 것인가?》, 38a, p.37)

해하지 못하고 완전히 수동적으로 있다 할지라도 항시 뭔가가 남는다고 그는 말합니다. Logos가 귀 속으로 침투하여 주체가 원하든 원치 않든 간에 영혼에 logos의 작업이 진행되기 때문에 무엇인가 항시 남는 게 있습니다. "철학자의 강의에 오는 자는 매일 어떤 결실을 거두어들인다. 그리고 아무튼 그는 치료중이거나 훨씬 쉽게 치료될 수 있는 상태에서 자기 집으로 돌아간다."[8] 여기서 우리는 철학 수업은 사실상 치료의 시도라는 이미 우리가 접한 적이 있는 관념과 만나게 됩니다. 철학 학교가 iatreion, 즉 진료소라고 말했을 때 의미하려는 바를 기억하실 겁니다.[9] 따라서 진료소에 가듯이 철학 강의에 갑니다. 그리고 항시 치유중이나 보다 합리적인 상태에서 집으로 돌아갑니다. 이것이 철학의 덕이며 모두는 철학에서 이득을 봅니다. 신규 가입자(prosélyte)──이는 studentes, 즉 학생을 번역한 것이다──나 친숙한 이웃(conversantes),[10] 다시 말해서 교육을 보충한다거나 철학자가 되기 위해 열심히 연구하는 자들뿐만 아니라 단지 철학자 측근에 있는 사람들 모두는 이득을 봅니다. 그래서 태양 아래 있으면 그러기 위해서 오지 않았어도 피부가 갈색이 된다고 에픽테토스는 말합니다. 아니면 향수가게에 오래 머물면 향수가게의 냄새가 몸에 뱁니다. 마찬가지로 "철학 강의에 오면 심지어는 태만한 자들(neglegentibus)에게도 이득이 될 정도로 강력한 무엇인가를 필연적으로 취하지 않고서는 강의를 떠나지 않는다"[11]고 에픽테토스는 말합니다.

이 일화적이고 흥미진진한 구절은 사실 영혼의 씨앗과 관련된 교의의 중요한 요소와 관련되어 있습니다. 세상에 오는 모든 합리적 영혼에는 덕의 씨앗이 있습니다. 그리고 바로 이 영혼의 씨앗들이 주체의 주위에서 발화되

---

8) 세네카, 《루킬리우스에게 보내는 서신》, t. IV, 17-18편, 서신 108, 4(p.178).

9) "철학 학교는 무엇인가? 철학 학원은 진료소(iatreion)이다. 철학 학교를 나설 때 기쁨을 느꼈어서는 안 되고 고통을 느꼈어야 한다. 왜냐하면 건강해서, 건강한 상태에서 철학 학교에 가는 것이 아니기 때문이다. 어떤 사람은 어깨를 삔 상태로 오고, 어떤 사람은 종기가 난 채로 오며, 또 어떤 사람은 염증이 있는 상태에서 오고 또 어떤 사람은 두통을 느끼며 온다."(에픽테토스, 《어록》, III, 23, 30, 앞서 인용한 판본, p.92)

10) "신규 가입자나 가까운 이웃 등 모든 사람이 거기서 이득을 얻는 것, 바로 이것이 철학의 덕이다(ea philosophiae vis est ut non studentis, sed etiam conversantis iuvet)."(세네카, 《루킬리우스에게 보내는 서신》(위의 주 8) 참조)

11) *Ibid.*

고, 주체가 귀를 통해 수집하는 진실된 말을 통해 개화되고 활성화됩니다. 덕의 씨앗의 책임자가 주체가 아니라 이성의 속성에 의해 주체에게 이식된 것과 마찬가지로 각성도 주체가 주의하지 않아도 찾아오는 logos에 의해 이루어집니다. 덕과 영혼에 대한 logos의 작용에는 일종의 자동성이 있는 것 같습니다. 이 자동성은 덕의 씨앗의 실존과 특성 그리고 참된 logos의 속성에서 기인합니다. 바로 이것이 청각의 수동적 측면의 장점입니다. 그러나 백여덟번째 서신에서 세네카는 이러한 장점 앞에 단점을 부각시킵니다. 마치 양지에 남아 있으면 피부가 갈색으로 변하는 것처럼 강의에 들어가면 철학에 젖게 되는 게 사실이지만, 그래도 철학 학교에서 어떤 이득도 취하지 못한 채로 남아 있는 사람들이 있게 마련인데, 그 이유는 그들이 철학 학교에서 discipuli(제자 · 학생)로 있는 게 아니기 때문이라고 세네카는 말합니다. 그들은 철학 학교에 inquilini, 다시 말해서 하숙인으로 남아 있었습니다.[12] 그들은 철학 강의가 있는 곳의 자리를 임대한 임차인이었고 결국 거기에서 어떤 이득도 얻지 못하고 남아 있었습니다. 덕의 씨앗과 비록 수동적이기는 하지만 logos의 효과에 대한 이론은 그들이 교육을 받도록 허용했어야 했기 때문에 그들이 임차인으로만 남아 있었다면 강의에서 논의되던 바에 그들이 전혀 관심을 기울이지 않았다는 말이 됩니다. 그들은 미사여구, 아름다운 목소리, 말과 문체에 대한 탐구에만 관심을 기울였습니다. 따라서 잠시 후에 다시 논의하겠지만 우리는 여기서 다음과 같은 의문의 모태를 발견합니다. 즉 진실을 말하기 때문에 logos가 즉각적이고 자동적으로 영혼에 효과를 발휘함에도 불구하고 왜 로고스는 비록 관심이 수동적이라 할지라도 긍정적 효과를 발생시키지 않는단 말입니까? 그 이유는 관심이 잘못 유도되었기 때문입니다. 그것은 관심이 적절치 않은 대상이나 목표로 향해졌기 때문입니다. 그렇기 때문에 어떤 기술이 필요하며, 아무튼 어떤 기술이 필요하고 경청할 수 있는 어떤 방식이 필요하게 됩니다.

이제는 에픽테토스의 텍스트를 검토해 봅시다. 《어록》 II, 23에서 에픽테

---

12) "약간의 피상적 지식만을 취함이 없이 한 철학자 앞에 수년간 정착했던 사람들을 우리는 모르고 있었단 말인가? 분명히 내 생각으로 학생이라기보다는 학교를 지원하는 자(inquilinos)들의 모범이 되는 인내력과 성실성을 잘 알고 있다."(*id.*, 서신 108, 5, p.178).

토스는 이 테마를 재론하는데, 이번에는 logikos의 감각인 청각의 측면에서 재검토합니다. 청각은 수동적이며 이 점이 단점을 드러냄과 동시에 장점을 드러낸다고 세네카가 주장하는 반면, 에픽테토스는 logos를 취합할 수 있는 감각인 청각으로부터 출발해 그것이 양의적이라는 사실을 보여주게 됩니다. 다시 말해서 이러한 논리적 듣기 활동에는 필연적으로 수동적인 무엇인가가 있고, 또 바로 이 때문에 진실의 경청마저도 위험에 빠트릴 수 있다는 점을 보여줍니다. "인간은 입말 행위와 교육(dia logou kai paradoseôs)을 통해 완벽을 향해 나아가야 한다"[13]고 에픽테토스는 말합니다. 따라서 logos를 경청하고 전승된 입말과 교육인 paradosis를 받아들여야 할 필요가 있습니다. 하지만 이 logos와 paradosis는 완전히 적나라한 상태로 나타날 수 없다고 에픽테토스는 말합니다. 적나라한 방식으로 진실을 전승할 수 없다는 말이지요. 경청하는 자의 영혼에 진실이 도달하기 위해서 그것은 발화되어야 합니다. 그런데 입말 자체와 그것을 담론으로 조직하는 것과 연관된 상당수 요소들이 없으면 진실은 발화될 수 없습니다. 그 중에서도 특히 두 가지 것이 필요하다고 에픽테토스는 말합니다. 첫째로 lexis가 필요합니다. Lexis는 말하는 방식입니다. 요컨대 인간은 말하는 일정한 방식이 없이는 사물을 말할 수 없습니다. 둘째로 인간은 에픽테토스가 "용어상에서 어떤 다채로움이나 섬세함"이라 부르는 바를 이용하지 않고서는 사물을 말할 수 없습니다. 그리고 이를 통해 에픽테토스는 인간은 사물을 지시하는 용어들을 선별하지 않고서는, 결과적으로 관념이나 담론의 진실이 직접 전달되는 것을 막는 문체적이고 의미론적인 상당수의 선택을 하지 않고서는 사물을 전승할 수 없다는 것을 의미하려 합니다. 그래서 진실이 logos와 paradosis에 의해서만 말해질 수 있을 때, 그리고 이 구술적 전승이 lexis와 의미의 선별에 도움을 청하게 되는 순간부터 청자(聽者)는 말해진 사물이 아니라 그 사물을 말할 수 있게 해주는 요소들에만 주의를 기울일 수 있는 위험이 있음을 여러분들은 알 수 있습니다. 청자는 사물을 말할 수 있게 해주는 바에만 사로잡혀 거기에만 머물(katamenoi)[14] 위험이 있다고 에픽테토스는 말합니다. 말하고 청자에게 호소하는 모든 개인은 lexis의 요소들, 즉 어휘의 요소들에 머물 수 있는 위험에 노출되어 있다

---

13) 에픽테토스, 《어록》, II, 23, 40(p.108).

는 말이지요. 따라서 경청과 함께 어쨌든 양의적인 세계와 체계가 존재합니다. 수동적인 양상을 갖거나 logikos의 양상을 갖는다 할지라도 듣기는 항시 오류로부터 벗어날 수 없습니다. 항시 듣기는 반의와 주의 부족에 빠집니다.

바로 이 시점에서 에픽테토스는 경청의 고행이라는 테마로 귀결되는 중요한 경험적 관념을 도입합니다. 경청하는 순간 인간은 logos와 관계를 맺게 되고 이 logos는 lexis(말하는 방식)와 분리될 수 없으며, 또 상당수의 어휘들과도 분리될 수 없기 때문에 경청하기가 말하는 것만큼이나 어렵다는 것을 우리는 이해할 수 있습니다. 왜냐하면 말을 할 때 우리는 유용하게 말할 수도 있고 무용하게 말할 수도 있으며, 해롭게 말할 수도 있다고 생각할 필요가 있기 때문입니다. 마찬가지로 유용하게 경청할 수 있고 무용하게 들을 수 있으며 심지어는 불리한 것만을 취하는 방식으로 들을 수도 있습니다. 적절하고 유용하게 말하는 법을 알고 공허하고 해로운 방식으로 말하지 않기 위해서는 tekhnê와 같은 것이 필요하다고 에픽테토스는 말합니다. 조각가가 적절하게 조각하기 위해서도 tekhnê가 필요합니다. 경청하기 위해서는 empeiria, 다시 말해서 자질·경험, 요컨대 후천적인 수완이 있어야 합니다. 그리고 tribê(열중, 근면한 실천)도 필요합니다. 여기에는 비슷함과 차이가 동시에 존재함을 알 수 있습니다. 적절하게 말하기 위해서는 tekhnê, 즉 기술이 필요하다고 에픽테토스가 강조하는 것을 볼 수 있습니다. 반면에 경청하기 위해서는 경험·자질·근면한 실천·주의·열중 등이 필요합니다. 하지만 철학적이고 기술적인 어휘(순전히 철학적인 어휘) 내에서 한편으로는 tekhnê와 다른 한편으로는 empeiria와 tribê 사이에 인정되고 수용되는 대립(아무튼 구분)이 아주 규칙적으로 존재합니다. 《파이드로스》의 한 구절이 이 점을 지극히 명확하게 보여줍니다. 《파이드로스》 270b에서 플라톤은 의학과 웅변술을 논의합니다. 그리고 의학과 웅변술에서 많은 숙련과 경험이 당연히 필요하다고 그는 말합니다. 하지만 empeiria와 tribê(이 두 단어는 에픽테토스의 글에서도 짝을 이룬다)로는 부족하다고 플라톤은 말합니다. 이것들

---

14) "다른 한편으로 원리의 교육은 일정한 화술(lexis)과 용어상에서의 세련됨을 필연적으로 이용해야 하기 때문에 이 일에 사로잡혀 관심을 고착시키는(katamenousin autou) 사람들이 있다. 요컨대 어떤 사람은 문체(lexis)에 사로잡히고 또 어떤 사람은 삼단논법에 사로잡힌다."(id., 23, 40-41, p.108)

외에도 tekhnê 같은 것이 필요합니다. Tekhnê는 인식——현실 속에서 신체인 바에 대한 인식——에 근거하고 있고 그것을 전제로 합니다. 그래서 의학은 하나의 tekhnê이며, 아니면 아무튼 인체에 대한 인식에 근거하는 하나의 tekhnê를 전제로 합니다. 웅변술은 영혼에 대한 인식에 근거하는 한에서 하나의 tekhnê입니다. 반면에 empeiria와 tribê의 경우 인식이 필요하지 않습니다.[15] 우리는 이러한 조건하에서 에픽테토스에게——요컨대 자기 실천과 연관된 경청에 관한 모든 성찰에서——왜 자연스럽게 경청이 tekhnê로 규정되지 않는지를 알 수 있습니다. 아시다시피 그 이유는 경청이 고행의 첫 단계에 해당하기 때문이지요. 경청 속에서 인간은 진실과 접촉을 시작합니다. 결과적으로 tekhnê가 경청을 통해서만 획득될 수 있는 인식을 전제로 할 경우 경청이 어떻게 tekhnê일 수 있을까요? 결과적으로 우리가 어휘를 무미건조하게 만들면서까지 '경청 기술'로 부르는 바는 엄격한 의미에서의 '기술'일 수 없습니다. 그것은 자질, 수완이며 경청의 요구 사항들과 친숙해지는 일정한 방식입니다. Empeiria와 tribê는 아직까지 tekhnê가 아닙니다. 말하기 위한 tekhnê가 존재하지만 경청을 위한 tekhnê는 존재하지 않습니다.

아직은 tekhnê가 아닌 근면하고 규칙화된 경청의 실천은 어떻게 출현하는 걸까요? 이 실천은 어떤 규칙하에 놓여 있고 어떤 요구 사항들을 가지고 있을까요? 문제는 다음과 같습니다. 즉 Pathêtikos한 부분과 logikos한 역할을 하는 양의적인 경청이 문제이기 때문에 가능한 모든 범위 내에서 해로울 수 있는 무의지적인 수동성의 효과를 제거하면서 logikos한 역할을 간직할 수 있는 방법이 관건입니다. 요컨대 이러한 숙고된 실천에서, 경청에 몰두하는 실천에서 논리적 경청을 정화하는 것이 중요합니다. 자기 실천에서 어떻게 논리적 경청을 정화할까요? 주로 세 가지 수단을 통해 정화할 수 있습니다. 첫째로 그것은 정숙입니다. 정숙은 자기 실천에서 조상 대대로 내려오는 수천 년된 유구한 전통적 규칙이며 피타고라스주의자들이 강조하고 부과한 규칙입니다. 포르피리오스의 《피타고라스의 생애》[16]는 이것을 재론합니다. 피

---

15) "전자[의학]의 경우와 후자[수사학]의 경우에 자연의 분석을 시행해야 한다. 즉 인습(tribê)과 경험(empeiria)에 만족하기보다는 기술(tekhnê)을 사용해 전자의 경우에는 신체의 분석, 후자의 경우에는 영혼의 분석을 수행해야 한다."(플라톤, 《파이드로스》, 270b, L. Robin 번역, 앞서 인용한 판본, p.80)

타고라스주의자들의 공동체에 가입하는 초심자들에게 5년간의 정숙이 부과되었습니다. 5년간의 정숙은 5년 동안 전적으로 정숙을 지켜야 한다는 의미가 아니라 교육과 토론과 같은 모든 훈련과 실천에서, 결국 참된 담론의 자격을 갖는 logos와 관계할 때마다, 참된 담론의 실천과 훈련에 들어갈 때마다 초심자인 사람은 말할 권리가 없었다는 말입니다. 그는 전적으로 경청해야 했었고 참견한다거나 반론을 제기한다거나 의견을 개진한다거나 자신을 교화함 없이 경청하기만 해야 했습니다. 5년간의 정숙이라는 규칙에 부여해야 할 의미는 바로 이것입니다. 스토아주의자들에게서 특별히 강조되고 발전된 이 정숙의 테마는 내가 언급하고 있는 주로 플루타르코스와 세네카 등의 텍스트에서 보다 온건하고 일상 생활에 보다 더 잘 적용되어 있음을 재발견할 수 있습니다.[17] 특히 플루타르코스에게는 정숙의 필요성에 대한 일련의 지적이 있습니다. 이러한 지적들은 내가 앞에서 언급한 플루타르코스의 《경청에 관한 논설》과 수다는 정숙과 정반대가 되기 때문에 수다에 할애된 다른 논설에서 발견할 수 있습니다. 수다는 배우기 시작하고 철학에 입문할 때 치유해야 할 첫번째 악덕입니다. 플루타르코스는 정숙을 배우는 것을 훌륭한 교육의 핵심적인 요소들 가운데 한 요소로 만들어 버립니다. 《수다 사전》에서 정숙은 무엇인가 심층적이며, 신비스럽고, 검소한 바를 지

---

16) "그들 사이에서는 예외적인 침묵이 지배했다"(포르피리오스, 《피타고라스의 생애》, E. des Places 번역, 앞서 인용한 판본, §19, p.44) 참조. 그리고 "말로 명성을 얻은 사람들보다 그들은 침묵으로 존경을 받았다"라는 《부시리스》에서 피타고라스의 제자들에 대한 이소크라테스의 언급을 참조(《부시리스》, XI, G. Mathieu & E. Brémond 번역, 앞서 인용한 판본, §29, p.195). 또 "3년간의 [사전 시험]이 있은 후 피타고라스는 자기 제어 가운데 가장 힘든 것이 언어에 부과된 제어이기 때문에 어느 정도까지 그들이 스스로를 제어할 수 있는지를 검증하기 위해 이 시험에 전념하는 자들에게 5년간의 침묵을 부과했다"라고 하는 잠블리코스의 《피타고라스의 생애》의 결정적인 언급을 참조할 것(L. Brisson & A.-Ph. Segonds 번역, 앞서 인용한 판본, §72, p.41). 하지만 같은 맥락에서 "먼저 그를 찾아온 자들을 철저히 시험하기 위해 피타고라스는 그들이 '말을 억제할'(ekhemuthein) 수 있는지를 관찰하였다. 이 표현은 그가 사용한 표현인데 피타고라스는 그들이 침묵할 수 있는지, 교육을 받는 동안에 경청한 바를 간직하고 있는지를 시험했고, 그러고 나서 그들이 겸손한지를 관찰했으며, 또 그는 말보다는 침묵에 더 주의를 기울였다"라고 하는 언급을 참조할 것(id., §90, p.55).

17) "우리의 침묵하는 찬사를 철학이 받기를."(《루킬리우스에게 보내는 서신》, 2권 5장, 서신 52, 13, p.46)

니고 있습니다.[18] 인간에게 정숙을 가르친 것은 신들입니다. 그리고 인간들은 우리에게 말하는 법을 가르쳐 주었습니다. 진정으로 고상하고 훌륭한 교육을 받는 아이들은 우선적으로 정숙을 유지하는 법을 배우고 난 후에 비로소 말하는 법을 배웁니다. 아시다시피 언어와 관련한 정숙 체계의 역사는 영성(靈性)에서 한 역할을 담당하는데 여기에 대해서는 물론 다시 검토할 수 있습니다. 정숙은 또한 교육 체계에서 아주 중요한 역할을 하고 있습니다. 어린아이들이 말하기 전에 정숙해야 한다는 원칙은 오늘날 우리를 놀라게 하는 것이지만 수십 년 전에 적어도 1940년 제2차 세계대전 이전에 유아교육은 정숙하는 법을 배우면서 시작됩니다.[19] 어린아이가 자유롭게 말할 수 있다는 관념은 고대 그리스·로마에서 근대 유럽에 이르기까지 교육 체계로부터 추방된 무엇이었습니다. 따라서 정숙 교육이 있습니다. 그러나 내가 강조하려는 바는 이것이 아니라 플루타르코스에 있어서 신의 교육인 정숙이 인간 교육의 근본 원칙이어야 할 뿐만 아니라 평생 엄격한 입말의 절제가 자기 자신을 지배하도록 만들어야 한다는 사실입니다. 할 수 있는 한 최대한도로 정숙해야 합니다. 가능한 한 최대로 정숙하기가 의미하는 바는 무엇일까요? 그것은 타인이 말할 때 이야기해서는 안 된다는 것을 의미합니다. 하지만 무엇인가를 들었을 때, 교훈을 막 들었을 때, 현자가 말하는 바를 들은 바로 그 순간, 시나 격언의 낭송을 들은 바로 그 순간, 경청을 정숙의 아우라와 왕관으로 감쌀 필요가 있다는 말이지요. 들은 바를 즉각적으로 담론으로 변환시켜서는 안 됩니다. 엄밀한 의미에서 변환을 억제해야 합니다. 다시 말해서 들은 바를 간직하며 즉각적으로 말로 변형시키는 것을 삼가해야 합니다. 그리고 플루타르코스는 조소하기 위해 수다스러운 자에게는 아주 이상한 신체적 비정상이 있다고 상상합니다. 수다스러운 자에게는 귀가 직접 영혼과 소통하지 못하고 혀와 직접적으로 소통한다고 플루타르코스는 웃으며 말합니다.[20] 그 결과 사물이 막 말해지자마자 혀 속으로 옮

---

18) "정숙은 심오하고 종교적이며 검소한 무엇인가를 지니고 있다."(《수다 사전》, 504a, in 플루타르코스, 《도덕 작품집》, t. VII-1, J. Dumortier & J. Defradas 번역, 앞서 인용한 판본 §4, p.232)

19) 정숙을 통한 교육의 개인적인 증언에 대해서는 《말해진 바와 씌어진 바》, t. IV, n° 336, p.525 참조.

겨가 버리고 곧 소실되어 버립니다. 수다스러운 자가 귀를 통해 받아들이는 바는 유출되어 버리고 즉각적으로 그가 말하는 바 내로 쏟아져서 들어온 사물은 영혼에 어떤 효과도 발생시키지 않습니다. 수다스러운 자는 항시 빈 꽃병과 같습니다. 그리고 수다스러운 사람은 치료가 불가능합니다. 왜냐하면 수다스러운 사람의 정념은 다른 정념과 마찬가지로 오직 logos로만 치료할 수 있기 때문이지요. 하지만 수다스러운 사람은 logos를 간직하지 못하며 그것을 자신의 담론에 쏟아져 나가게 방치하는 사람입니다. 결과적으로 수다스러운 자는 침묵하기를 원치 않는 한 치유가 불가능합니다.[21] 이 모든 사실이 그리 진지하지도 중요하지도 않다고 말할 수도 있겠지요. 다시 한번 입문하는 자의 언어와 관련한 이 모든 의무들을 정숙/말의 체제가 완전히 다른 기독교 영성(靈性)에서 발견되는 경청과 말의 의무를 비교해 보는 것은 대단히 흥미로운 일이라 생각하며 잠시 후 그것을 설명해 보도록 하겠습니다.[22] 따라서 경청과 관련된 고행에서 pathêtikos하고 위험한 측면과 logikos하고 긍정적인 측면을 잘 구분하기 위한 첫째 규칙은 정숙입니다.

물론 이 정숙만으로는 부족합니다. 정숙 외에도 능동적 태도가 필요합니다. 그리고 이 능동적 태도는 다양한 방식으로 분석되었습니다. 외관상의 진부성에도 불구하고 다양한 방식으로 분석된 이 태도는 대단히 흥미롭습니다. 첫째로 경청은 청자에게 당대의 텍스트에 정확히 묘사되어 있는 신체적 태도를 요구합니다. 지극히 정확한 신체적 태도는 두 기능을 갖고 있습니다. 우선 어떤 간섭이나 동요 없이 최선의 경청을 허용하는 기능입니다. 영혼은 동요하지 않고 자신에게 건네진 말을 받아들여야 합니다. 따라서 영혼이 자신에게 건네진 말을 듣기 위해 순수하고 동요가 없어야 한다면 신체 또한 절대적으로 평온한 상태에 있어야 합니다. 말하자면 신체는 영혼의 평

---

20) "확실히 이 사람들의 청각적 도관은 영혼 쪽으로 뚫려 있지 않고 혀 쪽으로 뚫려 있다."(《수다 사전》, 502d, §1, p.229)

21) "수다스러운 곳에서 철학이 시도하는 치료는 어렵고 힘들다. 철학이 사용하는 치료제인 말은 경청자를 필요로 하지만 수다스러운 자는 끊임없이 말하기 때문에 누구의 말도 듣지 않는다."(id., 502b, p.228).

22) 피타고라스주의자들의 공동체와 기독교 공동체 내에서 정숙의 규칙을 비교하기 위해서는 A.-J. Festugière의 〈잠블리코스의 《피타고라스의 생애》에 대하여〉, in 《그리스 철학 연구》, 앞서 인용한 저작의 특히 p.447-451을 참조할 것.

정을 표현하고 보장하며 고정시켜야 합니다. 그렇기 때문에 아주 정확하고 가능한 한 부동하는 신체적 태도가 필요합니다. 그러나 동시에 신체는—— 자신의 주의를 잘 분절하고 표현하며 말해지고 있는 바를 주의 깊게 잘 따라가도록 하기 위해——실제로 영혼이 자신에게 제안되고 전달되는 그대로의 logos를 잘 이해하고 취합하고 있음을 상당수의 기호로 표현해야 합니다. 따라서 말해지는 바에 대한 주의의 자질과 말해질 바에 대한 영혼의 투명성을 보장하는 신체의 부동성이라는 근본적인 규칙과 동시에 청자가 연사와 소통하고 청자의 주의가 연사의 담론을 잘 따라가고 있다는 것을 자기에게 보증하는 주의의 표시를 부과하는 기호학적 체계가 있습니다.

이 점과 관련한 아주 흥미롭고 명시적인 텍스트가 있습니다. 그것은 내가 이미 언급한 바 있는 알렉산드리아의 필론의 《명상 생활에 관하여》에 나오는 글입니다.[23] 《명상 생활에 관하여》에서는 치료사(Thérapeute)라 불리고 자신들의 영혼을 치료하고 구원하는 일을 목표로 선정한 구도단체에 대한 묘사가 중요합니다. 이 치료사단체는 폐쇄된 공동체 생활을 했고 상당수의 집단적 실천을 했으며, 그들 사이에서 향연들이 있습니다. 향연 동안에 발언하고 가르치는 사람이 있고, 또 앉아서 향연에 참가하는 사람들이 있으며, 또 가장 어리고 동화가 가장 덜 된 청자들이 있었는데 이들은 주변에 서 있었습니다. 하지만 모두는 같은 방식으로 처신해야 한다고 에픽테토스는 말합니다. 첫째로 그들은 연사 쪽으로 향해야 합니다(eis auton). 그들은 "epi mias kai tês autês skheseôs epimenontes" 요컨대 동일하고 유일한 skhesis, 즉 동일하고 유일한 태도를 유지하면서 연사를 향해야 합니다.[24] 따라서 이것은 부동성에 의해 고정되고 보장되며 표현된 주목의 의무와 결부되어 있습니다. 아시다시피 이것은 또한 고대의 신체적 수양이라는 관점에서 아주 흥미로운 바와 연관되어 있기도 합니다. 요컨대 그것은 육체의 동요와 무의지적 활동, 즉흥적 활동 등에 대한 부정적 판단입니다. 신체의 부동성과 정형성, 가능한 한 움직이지 않는 신체의 자태는 대단히 중요합니다. 신체의

---

23) 1월 20일 강의 후반부 참조.

24) "자기 옆의 청중은 귀를 기울이고, 시선을 그에게 고정시키고 부동하는 자세로(epi mias kai tês autês skheseôs epimenontes) 그의 말을 경청한다."(필론, 《명상 생활에 관하여》, 483M, P. Miquel 번역, 앞서 인용한 판본, §77, p.139)

부동성은 도덕성의 보증으로서 매우 중요합니다. 설득하려 하고 지극히 정확한 언어를 구축하려고 하는 연사의 몸짓이 최대한의 의미론적 가치를 지니기 위해 대단히 중요합니다. 이 언어가 지극히 정확하고 효과적이며 의미를 갖기 위해서는 신체가 평상시 말을 하지 않을 때에도 완전히 부동해야 하고 잠잠해야 하며 조상(彫像)과 같아야 합니다. 항시 동요되고 몰상식한 몸짓을 하는 자의 나쁜 도덕적·지성적 성질을 언급하는 수많은 텍스트들이 있습니다. 몸짓의 몰상식성과 신체의 항구적 유동성은 아시다시피 영혼·정신, 주의의 항구적인 동요이고, 한 주제에서 다른 주제로, 한 관심 지점으로부터 다른 관심 지점으로 나아가며 항구적으로 비약을 행하는 effiminatus,[25] 즉 자기 자신과 관련해서 항시 수동적이며 자기 자신에게 egkrateia, 요컨대 제어 주권을 행사할 수 없는 남자라는 의미에서의 여성화된 남자에게서 그 도덕적 버전을 갖는 stultitia[26]의 신체적 버전과 다르지 않습니다. 이 모든 것은 서로 소통합니다. 그리고 필론이 말하는 신체적 부동성의 필요성과 관련해서는 거의 동시대의 텍스트인 세네카의 쉰두번째 편지를 인용하고 싶은데, 거기서 세네카는 학교에서는 극장에서와 동일하게 행동해서는 안 된다고 말합니다.[27] "자세히 살펴보면 세계의 모든 사물은 모든 종류의 외적인 기호들을 통해 자신을 드러낸다. 그리고 도덕성에 대한 지표를 파악하기 위해서는 극히 미세한 세부 사항으로 충분하다. 나쁜 습성을 가진 사람[세네카가 성적인 나쁜 습성을 지시하지만 아주 일반적으로는 나쁜 도덕성을 지시하며, stultitia를 특징짓는 동요와 행실을 êthos상에서 번역한 effeminatus와 거의 같은 의미를 갖는 impudicus를 사용하는 것은 대단히 흥미롭습니다; M. F.[28]]은 그것을 드러내기 위해 거동하고, 손짓을 하며 단순한 임기응변과 손가락 하나를 머리로 가져가는[머리끝을 긁습니다. 요컨대 이 모든 것은 나쁜 습성과 나쁜 도덕성의 신호입니다; M. F.] 행동을 한다. 위선적인 사람은 그의 웃음

---

25) Stultitia에 대해서는 1월 27일 강의 전반부 참조.

26) Effiminatus한 인물에 대해서는 푸코의 《쾌락의 활용》, *op.cit.*, p.25 참조.

27) "학교에서의 갈채와 극장에서의 갈채를 혼동하지 말자. 요컨대 이것은 찬사에 있어서 유의해야 할 예의이다."(세네카, 《루킬리우스에게 보내는 서신》, 2권 5장, 서신 52, 12, p.45).

28) 세네카의 (인용된) 판본에서 폴 벤은 이 점과 관련해 "손가락으로 머리를 긁는 '자폐적인' 몸짓은 남성의 근엄성이 결핍되어 있었다. 그것은 여성의 몸짓이었다."(p.720)

을 통해 위선이 노출된다. 광인은 그의 생김새나 거동을 통해 광기를 드러내낸다. 이러한 결점들은 일정한 감각적 표식들에서 명백히 드러난다. 그런데 개인을 그 근본에서 알고 나면 그가 어떻게 찬사를 보내고 받는가를 관찰하라[그래서 철학 강의에서는 다음과 같은 일들이 발생합니다; M. F.]. 사방에서 손이 들려져 철학자의 영광을 위해 박수가 쳐진다. 철학자의 머리는 열광한 청중의 파도 속으로 사라진다. 그는 이제 찬사로 덮이게 된다. 철학자는 더 잘 말하고 환성으로 덮인다. 이 요란한 논증은 사람들을 재미있게 하는 직업에 맡기도록 하자. 철학은 말없는 우리의 찬사를 받아야 한다."[29] 따라서 진실된 담론의 적절한 경청을 위해 어떤 외적인 동요나 제스처 없이 유일하고 동일한 태도를 취할 필요성에 관련된 필론의 텍스트로 다시 돌아가봅시다. 하지만 이러한 태도를 유지하면서 제자들——향연에서 강의를 듣는 사람들——은 첫째로 강의를 잘 경청하고 있고 잘 이해했다는 신호를 보내야 합니다(여기서 잘 경청하고 있다는 것은[de] sunienai이고, 잘 이해했다는 것은 [de] kateilêphenai입니다). 수강생들은 그들이 강의를 잘 경청하고 있고 잘 이해했음을 보여주어야 할 필요가 있고, 그렇기 때문에 머리 신호와 연사를 보는 시선의 일정한 방식을 이용해야 합니다. 그들이 연사의 말에 찬동한다면 찬동을 표현하기 위해 약간의 미소와 가벼운 머리 움직임을 사용해야 합니다. 수강생들이 혼란스럽고 잘 경청을 못한다는 것을 표현하려고 한다면 머리를 약간 좌우로 흔들고 오른쪽 검지손가락을 들어야 하며, 이 제스처는 우리 모두가 학교에서 배운 것입니다.[30] 따라서 한편으로는 주의(主意)의 질을 보장하고 logos가 영혼을 침투하게 해주는 조상의 부동성과 수강자가 자기 자신에게 주의를 기울인다는 것을 드러내 보이고 연사의 말을 잘 듣고 있고 잘 이해했음을 보증하며, 또 동시에 연사의 담론과 설명의 리듬을 안내하는 신체의 기호학적 운동이라는 이중적인 지식의 영역이 존재함을 알 수 있습니다. 따라서 훌륭한 철학 수강생에게 요구되는 것은 능동적이고 의미

---

29) 《루킬리우스에게 보내는 서신》, 2권, 5장, 서신 52, 12-1(p. 45-46).

30) "머리 신호와 시선으로 그들은 이해했음을 표현한다(sunienai kai kateilêphenai). 미소와 이마의 가벼운 움직임으로 그들은 연사와 뜻을 함께함을 표현한다. 느린 머리 동작과 오른손 검지손가락을 움직여 그들은 난처함을 표시한다."(《명상 생활에 관하여》, 483M, §77, p. 114).

있는 정숙입니다. 말하자면 바로 이것이 적절한 주의와 적절한 경청의 신체적 규칙의 첫번째 양태라고 할 수 있습니다.

일반적인 태도와 관련된 규칙 혹은 보다 일반적인 원칙도 있습니다. 즉 참된 담론의 적절한 경청은 정확한 신체적 태도만을 단순히 내포하고 있는 것이 아니라는 말이지요. 철학의 적절한 경청은 수강생에 있어서 일종의 격려, 즉 스승의 담론을 고무하고 지지하겠다는 의지의 표현이어야 합니다. 그리고 이것을 플라톤과 연관시키면, 아니 차라리 플라톤 저서 내에서 최초의 소크라테스의 대화와 연관시키면 여기에 아주 중요한 요소를 갖게 된다고 생각됩니다. 진실을 말하는 자와 관련해서 일반적으로 가져야 할 적절한 태도에 대해 언급하는 에픽테토스의 두 구절이 있습니다. 이 두 구절은 에픽테토스의 《어록》 2편에서 발견되며 3편의 첫 대담에서도 발견됩니다. 양자의 경우에 있어서는 에픽테토스의 강의를 듣고 스승의 지도를 간청하러 온 향수를 뿌린 매력적이며 예쁘장한 곱슬머리를 한 젊은이들이 등장하는 작은 무대가 문제시됩니다. 하지만 에픽테토스는 이들의 요청을 거부합니다. 아무튼 에픽테토스는 그들의 수강을 받아들이기를 주저합니다. 에픽테토스가 거부를 설명하는 방식은 대단히 흥미롭습니다. 전자의 경우 특히 향수를 뿌린 젊은이들 가운데 한 사람이 문제입니다. 그는 에픽테토스의 교육을 받았고 어느 정도 시간이 지나고 난 후에 그는 화를 내며 "나는 너의 교육으로부터 배운 게 하나도 없어. 게다가 너는 나에게 주의를 기울이지 않았고, 그래서 마치 내가 거기에 없는 것 같았어. 내가 너에게 다가갔으나 너는 대답조차 하지 않았어"[31]라고 에픽테토스에게 말합니다. 그리고 이 젊은이는 계속 불만을 토로합니다. "너는 나에게 대꾸조차 하지 않았지만, 나는 부자지만 아름다우며 아름답지만 강하며 강하지만 훌륭한 웅변가이다"라고 그는 말합니다. 따라서 그는 웅변술 교육을 받았고 말하는 법을 압니다. 이 점은 아주 중요한 요소입니다. "아, 자네가 알다시피 부자로 말하자면 자네보다 더 부자인 자가 있고, 아름다운 사람으로 말하자면 자네보다 훨씬 더 아름다운 자가 있으며, 강한 사람으로 말하자면 나는 더 많은 사람을 알고 있으며 훌륭한 웅변술사도 마찬가지네"라고 에픽테토스는 젊은이에게 답합니다.

---

31) 《어록》, II, 24, 1(p.110).

이는 견유주의와 스토아주의의 독설에서 지속적으로 발견되는 낡은 논지입니다. 요컨대 부자가 아무리 부자라 해도 항시 그보다 더 부자인 자가 있고, 왕이 아무리 강력하다 해도 신이 그보다 훨씬 강하다는 것이지요. 에픽테토스는 이렇게 대답합니다. 그리고 이렇게 대답하고 나서 "이것이 내가 너에게 할 말의 전부이다[따라서 너보다 더 부자고 더 아름다우며 더 강하고 더 훌륭한 웅변가가 있다'; M. F.]. 하지만 이것조차도 너에게 말할 마음이 좀처럼 생기지 않는구나"[32]라고 부언합니다. 이에 젊은이는 왜 그것을 그에게 말하고 싶지 않느냐고 묻습니다. 청년이 그를 고무하고 자극하지 않았기 때문이라고 에픽테토스는 대답합니다. 그리고 "너는 나를 선동하지 않았어"(erethizein)[33]는 이보다 좀 위에 있는——좀 앞에 오는——언급, 즉 "너와 대화하며 내가 어디로 귀결될 수 있는지를 보여다오. 내 욕망을 자극해 다오. [kinêson moi prothumian: 너와 대화하고 싶은 욕망을 자극해 다오; M. F.][34]와 관련이 있습니다. 이 구절에서 에픽테토스는 두 비교에 의거합니다. "너는 내 욕망을 자극할 필요가 있다. 왜냐하면 인간은 무엇인가를 하려는 욕망이 없으면 아무것도 할 수 없기 때문이다. 예를 들어 염소는 푸른 풀밭을 보여주면 풀을 뜯고 싶은 욕망이 생기게 되며, 기마병은 말이 훌륭한 자태를 보임에 따라 말에 관심을 갖는다. 마찬가지로 철학자의 말을 듣기를 원한다면 나에게 할말이 무어냐고 그에게 묻지 말고 너의 들을 수 있는 능력을 보여주는 것으로 족해라[deiknue sauton empeiron tou akouein: 네가 듣는 데 능숙하며 노련함을 보여줘라; M. F.]."[35] 이것은 내가 앞에서 언급한 empeiria 개념과 동일한 것입니다. 따라서 경청할 수 있는 능력을 보여주고 그가 말하도록 어떻게 자극했는지를 보아야 합니다. 이런 사소한 장면은 《어록》 3편의 첫 대담에서 발견되는 장면과 마찬가지로 흥미롭습니다.[36] 왜냐하면 첫째로 어린 청년의 질문이 있기 때문입니다. 소크라테스를 유혹하기 위해 나

---

32) *Id.*, 24, 27(p.114).

33) "왜냐하면 네가 나를 격려하지 않았기 때문에(ouk êrethisas)."(*id.*, 24, 28, p.114)

34) *id.*, 24, 15-16(p.112).

35) *id.*, 24, 29(p.115).

36) 머리를 지나칠 정도로 치장한 풀 모양을 한 웅변술사에 대한 비판이 문제이다(《어록》, III, 1, 1, p.5). 이 텍스트의 분석과 관련해서는 1월 20일 강의 전반부 참조.

타났지만 소크라테스가 그 유혹을 견뎌낸 알키비아데스의 참조는 여기서 분명합니다. 철학 선생의 egkrateia(자기 제어)는 알키비아데스의 실제적이고 내적인 아름다움이 되었든 젊은 청년들의 공허한 교태가 되었든 간에 자신을 이것들에 사로잡히게 방치하지 않는 고의적인 침묵을 통해 확인됩니다. 하지만 다른 한편 자신을 야하게 내보이면서 젊은이는 자신이 참된 담론에 진정하고 효율적인 주의를 기울일 수 없다는 것을 증명해 보입니다. 젊은이는 향수를 바르고 머리를 치장하고 나타날 때 철학을 적절하게 경청할 수 없습니다. 왜냐하면 그런 치장을 통해 젊은이는 자신이 장식이나 환상, 요컨대 모든 아첨의 기술에만 관심을 갖는다는 것을 증명하기 때문입니다. 따라서 그는 아첨·환상·장식을 가르치는 교수의 훌륭한 제자입니다. 그는 수사학 교수에 적합한 제자입니다. 그는 철학 교수에게 적합한 제자가 아닙니다. 그렇기 때문에 두 경우에 있어서 젊은 청년들은 항시 수사학의 제자들입니다. 그리고 스승의 측면에서도 선생(에픽테토스)이 소크라테스처럼 소년들의 아름다움을 통한 유혹에 저항한다는 점에서 소크라테스 테마의 참조가 발견됩니다. 그러나 소크라테스가 제자에게 갖는 관심은 신체적 매혹에 대립하는 저항이 무엇이든간에 아무튼 알키비아데스에 대해 그가 갖는 사랑에 근거하고 있으며, 그렇지 않으면 그를 추종하며 대화나 지도를 간청하는 사람들에 의해 표출되는 영혼의 아름다움에 대한 사랑에 근거하고 있습니다. 제자의 육체적이고 영적인 아름다움은 필요 불가결하며 스승의 erôs 또한 마찬가지입니다. [반대로] 에픽테토스에 있어서 그것은 완전히 다릅니다. 향수 뿌린 소년의 거부와 향수 뿌린 소년 외에는 스승과 제자의 애정 관계에 대한 모든 언급의 부재는 진리의 경청에 있어서 erôs(사랑과 욕망)의 필요성을 이 시대에 완전히 제거해 버렸음을 증명합니다. 향수를 뿌린 모든 소년에 대한 거부는 에픽테토스가 자신이 관심을 갖게 될 사람들에게 한 가지 것만을 원한다는 것을 보여줍니다. 즉 그것은 모든 장식의 거부와 모든 유혹의 기술의 배제입니다. 에픽테토스와 스승은 근면하고 엄격하며 모든 장식과 겉치레와 환상이 제거된 의지를 통해 진실에만 관심을 갖는다는 것이 이것을 통해 보여지는 바입니다. 진리에의 주의, 바로 이것만이 유일하게 스승으로 하여금 자신의 제자를 돌보도록 자극하고 선동합니다. 결과적으로 이 미소년들은 스승이 말하도록 자극하고 고무하지 않는다는 것을 이해할 수 있습니다. 스승의 담론에서 진실 경청의 탈에로스화가 에픽테토스의 글에서 명백히 나타납니다.

우선은 정숙 다음으로 신체적 태도, 경청하는 동안의 정확한 태도, 신체의 전반적 태도, 개인과 자기 신체와의 관계를 나는 언급했고, 또 이것은 에픽테토스와 더불어 내가 보여주려 한 바입니다. 이제 세번째 그룹의 경청 규칙들, 요컨대 순전히 주의에 관한 규칙들을 살펴봅시다. 그래서 여러분들이 기억하시겠지만 에픽테토스가 철학 교육은 lexis와 상당수의 용어의 선택을 전제하는 logos를 거치지 않을 수 없다고 단언하던 구절을 잠시 재론해 보고자 합니다. 그리고 세네카가 비록 수동적이지만 철학 교육으로부터 받을 수 있는 혜택에 대해 이야기하는 백여덟번째 편지를 재론해 보고자 합니다. 이 두 글은 사실상 철학적 담론이 전적으로 그리고 완전히 수사학적 담론과 대립하는 게 아니라는 것을 잘 보여줍니다. 철학적 담론은 당연히 진실을 말하도록 되어 있습니다. 그러나 철학적 담론은 상당수의 장식 없이는 진실을 말할 수 없습니다. 철학적 담론은 진실을 찾는 사람의 능동적인 주의를 통해 경청되어야 합니다. 그러나 철학적 담론은 고유의 물질성과 고유의 형상 그리고 고유의 수사학에서 기인하는 효과를 갖게 됩니다. 그러므로 수행해야 할 실제적인 분리는 존재하지 않습니다. 하지만 필연적으로 양의적인 담론을 정확히 들으며 자신의 주의를 적절히 운용해야 하는 것이 수강자의 작업입니다. 자신의 주의를 적절히 운용하기가 의미하는 바는 무엇일까요? 그것은 두 가지 것을 의미합니다.

첫째로 수강자는 관심을 전통적으로 to pragma라 불리는 바 쪽으로 유도해야 합니다. To pragma는 단순히 '사물'을 의미하지 않는다는 것을 알아두셔야 합니다. 그것은 명확한 철학 및 문법 용어로서 단어의 지시 대상[37](말하자면 Bedeutung[38])을 가리킵니다. 우리는 표현이 지시하는 대상으로 향해야 합니다. 결과적으로 말해진 바 내에서 관여적이지 못한 모든 관점을 제기

---

37) 《고대의 사유에서 개념과 범주》, P. Aubenque 감수 Pasris, Vrin, 1980, p.309-320에 나오는 피에르 아도의 연구 참조.

38) Sinn과 Bedeutung과 관련해 프레게의 유명한 논고 〈의미와 외시 Sens et dénotation〉 in G. Frege, 《논리 · 철학적 논고 Écrits logiques et philosophiques》, C. Imbert 번역, Paris, Le Seuil, 1971, p.102-126 참조.

하는 작업을 할 필요가 있습니다. 주의가 형식의 아름다움이나 문법 그리고 어휘 쪽으로 쏠려서는 안 되며 심지어는 철학적이거나 소피스트적인 궤변을 반박하는 방향으로 나아가서도 안 됩니다. 말해진 바를 파악할 필요가 있습니다. 철학적 경청을 위해서는 중요한 유일한 양태하에서 진실의 logos를 통해 말해진 바를 파악할 필요가 있습니다. 철학적 경청의 pragma(지시 대상)는 행동 정언으로 변형 가능한 참된 명제들입니다. 여러분들이 잠시 시간을 내준다면 이미 내가 언급한 바 있고 경청의 테크닉에 있어서 아주 중요한 백여덟번째 서신을 재검토해 보고자 합니다. 이 구절에서 세네카는 텍스트에 대한 능동적인 경청, 적절히 지향된 경청, 소위 도덕적 격려와 관련된 경청[39] 이 무엇이어야 하는지에 대한 좋은 예를 제시합니다. 세네카는 베르길리우스의 《농경시》[40] 한 구절을 인용합니다. 그것은 다음과 같습니다. 즉 "시간은 도주하며 회복이 불가능하다"가 그것입니다. 이 유일한 표현, 이 단순한 시 구절에 대해 다양한 형태의 주의를 기울일 수 있습니다. 세네카는 "시간은 도주하고 회복 불가능하다"[41]라는 이 운문에 주의를 기울일 때 그의 정신에 무엇이 떠오르게 될까요? 그는 베르길리우스가 "항시 질병과 노쇠를 함께 놓는다"고 생각합니다. 세네카는 시간의 도주와 노쇠 그리고 질병의 연합이 존재하는 베르길리우스의 다른 텍스트 "노쇠가 치료 불가능한 병이기 때문에 이 병치는 참으로 합당하도다!"를 참조하고 인용할 겁니다. 게다가 베르길리우스는 노쇠에 어떤 수식어를 부여하는 걸까요? 베르길리우스는 "질병과 슬픈 노쇠가 찾아오는구나"에서처럼 노쇠에 '슬픈'이라는 수식어를 부여한다고 세네카는 말할 겁니다. 아니면 세네카는 베르길리우스의 다른 텍스트, 즉 "'그것은 창백한 질병과 슬픈 노쇠의 정착이다.' 각자가 자기의 경향에 따라 동일한 주제를 탐색한다면 놀랄 일이 아니다."[42] 그리고 문법학자와 문헌학자, 즉 텍스트에 관심을 갖는 자는 베르길리우스의 텍스트에서 다소 유사

---

39) Parénétique: '도덕적 요청, parénèse와 관련된'(《리크레 사전》; 동사 parainein은 조언하다, 권장하다라는 의미를 갖는다).

40) 《루킬리우스에게 보내는 서신》, 4권, 17-18장, 서신 108, 24(p.185).

41) "그러나 시간은 도주하고, 돌아오지 않고 도주한다(sed fugit interea, fugit inreparabile tempus)."(베르길리우스, 《농경시》, 3장, 284행, H. Goelzer 번역, Paris, Les Belles Lettres, 1926, p.48)

42) 《루킬리우스에게 보내는 서신》, 4권 17-18장, 서신 108, 28(p.186).

한 지시 대상을 재발견하는 것을 즐길 수 있습니다. 그러나 '철학으로 시선을 돌리는 자' [43]는 베르길리우스가 날들이 '걷는다'고만 말한 것을 알게 됩니다. 베르길리우스는 날들이 '달아난다'고 말합니다. 시간이 '달아나는데' 이는 걷는 것보다 훨씬 서둘러 달리는 방식입니다. 아무튼 바로 이것을 철학자들이 이해해야 한다고 베르길리우스는 말합니다. 요컨대 "우리의 행복한 나날들은 최초의 매혹이기도 하다. 우리를 가장 신속히 벗어나는 대상과 신속히 필적하기 위해 우리의 거동을 서두르는 데 무엇을 지체할 것인가? 최상의 행운은 새처럼 빠르게 지나가고 최악의 운명이 자리잡는다. 우선 가장 순수한 것이 항아리로부터 흘러나오고 가장 탁하고 투박한 요소가 바닥에 가라앉는다. 그래서 우리 인생에서 최상의 부분은 시작점에 있다. 우리를 위해 찌꺼기만을 남겨 놓고 타인들이 이 최상의 부분을 고갈시키도록 방치할 것인가? 이 말을 우리의 영혼에 새기자. 이 말을 신탁처럼 기록해두자." 요컨대 시간은 도주하고 회복이 불가능합니다. [44] 즉 두 종류의 해설이 있음을 알 수 있는데, 그 하나는 세네카가 배격하고 있고 또 유사한 인용문을 재발견하고 단어들의 연합을 보려는 데 목적이 있는 문헌학적이고 문법적인 해설이며, 다른 하나는 철학적 경청, 도덕적 권고와 관련된 경청이 있는데, 여기서 문제는 명제 단언 단정("시간이 도주한다")으로부터 시작해 그것을 요소마다 명상하고 변형시켜 행동의 정언과 규칙에 차츰차츰 도달하는 것입니다. 그런데 이 규칙은 단순히 행동을 위한 것이 아니라 보다 일반적으로 삶을 위한 규칙이며, 단언을 마치 신탁이 그런 것처럼 우리의 영혼에 각인되는 무엇으로 만들어야 할 규칙입니다. 따라서 철학적 주의(主意)는 지시 대상인 pragma 를 지향하는 주의이며 관념과 관념 속에서 정언이 될 수 있고 되어야 하는 바를 동시에 포함하는 Bedeutung입니다.

마지막으로 철학적 경청에서 관심을 지향하는 두번째 다른 방식은 말해진 진실과 주어진 명령이라는 양태하에서 사물을 듣고 난 뒤에 즉각적으로 기

---

43) *Id.*, 서신 108, 25(p.185).

44) 영혼에 각인해야 하는 것으로 세네카가 말하는 격언은 "오늘날 죽을 수밖에 없는 가련한 우리들 가운데서 가장 탁월한 자는 제일 먼저 도망가는 자이다"이다(*id.*, p.185-186. 세네카가 《삶의 짧음에 관하여》, VIII, 2에서 한번 더 인용하는 베르길리우스의 《농경시》 3장 66행이 문제다).

억력을 작동시키는 것입니다. 발화자의 입에서 청자가 이 사물을 듣는 순간 이 사물을 정신 속에 취합하고 이해하며 파악해야 하고, 그래서 그것이 즉각적으로 정신으로부터 빠져나가는 것을 막아야 합니다. 그래서 전통적으로 경청의 윤리 내에서 일련의 조언이 주어졌습니다. 요컨대 어떤 사람이 말하는 중요한 바를 들었을 경우 즉각적으로 논의하려 하지 말고 묵상하려 해야 하며, 들은 바를 각인하기 위해 정숙을 유지하고 들은 강의나 가진 대화를 끝마치며 자기 자신을 신속히 점검하며 자신이 어떤 상태에 있는지, 배운 바가 이미 내가 갖추고 있는 장비(paraskeuê)와 관련하여 어떤 새로움을 구성하는지를 알기 위해 자기 자신을 일별(一瞥)해야 하고 결과적으로 어떤 한도 내에서, 그리고 어떤 정도까지 자기 자신을 개선할 수 있었는가를 알아야 한다는 조언이 그것입니다. 그리고 플루타르코스는 이 테마를 미용실에서 발생하는 일과 비교를 합니다. 사람들은 자신이 무엇을 닮았는지를 보려고 거울을 일별하지 않고서는 미용실을 떠나지 않습니다. 마찬가지로 철학적 대담과 강의가 있은 후 경청은 자신이 진실과의 관계에서 어디에 있는지를——들은 강의가 실제로 자신을 진실된 담론에 근접시키는지를——알고 확증하기 위해, 그리고 이 진실된 담론을 자기 것으로 만들고 있는지(facere suum)를 확인하기 위해 자기 자신에 던지는 신속한 일별로 종결됩니다. 요컨대 적절한 철학적 경청에 필요한 이중적인 두 갈래의 주의(主意) 작업이 관건입니다. 한편으로 단정이 명령의 가치를 지니는 순전히 철학적인 의미인 pragma의 응시가 있습니다. 다른 한편으로는 들은 바를 기억하며 그것이 영혼의 내부에 새겨져 차츰차츰 주체가 되는 것을 볼 수 있는 자기 자신에게 향해진 시선이 있습니다. 경청하는 영혼은 자기 자신을 감시해야 합니다. 자신이 듣는 바에 대해 적절히 주의를 기울이며 영혼은 자신이 듣는 바의 의미 pragma에 주의를 기울입니다. 그리고 영혼은 이 참된 사물이 차츰차츰 경청과 기억을 통해 자기 자신에게 하는 담론이 되도록 하기 위해 자기 자신에 주의를 기울입니다. 철학적 고행의 궁극적이고 항구적인 목표인 참된 담론의 주체화의 첫번째 요점입니다. 바로 이것이 경청과 관련해 내가 하려던 말입니다. 그것이 좀 일화적이었던 것 같아 미안합니다. 잠시 후에 '독서' '글쓰기' 그리고 '말하기'의 문제에 대해 논의하도록 하겠습니다.

1982년 3월 3일 강의

후반부

적절한 독서 실천 규칙과 그 목적의 부여: 명상 — 주체에 대한 사유 활동으로서의 meletê/meditatio의 의미 — 담론 흡수의 신체적 훈련으로서의 글쓰기 — 주체화/진실 말하기의 순환으로서의 서신 교환 — 기독교 영성에서 말하는 기술: 지도자의 참된 말의 제 형태; 피지도자의 고백; 구원의 조건으로서의 진실 말하기(dire-vrai) — 그리스·로마의 지도 행위: 피지도자 측에서 용의주도한 정숙을 통한 진실의 주체를 구축하기; 스승의 담론에서 parrhêsia의 의무

[…] 독서/글쓰기의 문제에 대해서는 간단하게 언급하려고 합니다. 왜냐하면 이것은 더 쉽고 잘 알려진 주제들이기 때문이며, 지난번 강의에서 이미 일화적(逸話的)이었기 때문입니다. 그리고 신속히 말하기의 윤리로 넘어가려고 합니다. 독서/글쓰기를 먼저 간단히 살펴봅시다. 사실 적어도 독서와 관련해 주어진 조언들은 고대에 일상적이었던 실천에 속하며 철학적 독서의 원칙들은 중요한 부분은 변형시키지 않고서 이것을 다시 취하게 됩니다. 다시 말해서 첫째로 많은 저자들의 글을 읽지 말고 많은 작품과 텍스트를 읽지 말며 입문자나 입문을 이미 완료하여 교의의 근본 원칙들을 재활성화하고 다시 상기할 필요가 있는 사람들 모두에게 중요하고 충분하다고 생각되는 몇몇 구절을 선별해야 합니다.[1] 그런데 이 교의를 인식하는 게 중요한 게 아니라 흡수했어야 하고 그것을 발화하는 주체가 되었어야 하는 게 중요합니다. 따라서 그것은 요약의 실천입니다. 그것은 주어진 한 주제나 일련의 주제들에 대한 여러 저자들의 명제와 성찰을 한데 모으는 선문(選文) 행위이기도 합니다. 즉 그것은 이러저러한 저자에서 인용문들을 채취하여

수신인에게 그것이 중요하고 흥미로운 문장이기 때문에 너에게 보내니 생각하고 명상해 보라고 말하며 보내는 행위이기도 합니다. 이러한 실천은 상당수의 원칙들에 근거하고 있습니다. 철학적 독서의 대상이나 목적은 한 저자의 작품의 내용을 아는 데 있는 것도 아니고 저자의 독트린을 심화시키는 것을 임무로 삼지 않는다는 것을 강조하고 싶습니다. 독서를 통해 명상의 계기를 부여하는 것이 관건이며, 이것이 독서의 주요 목표라고 할 수 있습니다.

이후에 다시 논의하겠지만 지금 주의를 좀 기울이고자 하는 경험적 개념이 있는데 그것은 '명상'입니다. 라틴어 meditatio(혹은 동사 meditari)는 그리스어 실사 meletê와 동사 meletan을 번역한 말입니다. 그리고 meletê와 meletan은 적어도 오늘날, 즉 19세기와 20세기에 우리가 '명상(meditation)'이라 부르는 바의 의미를 전혀 갖고 있지 않았습니다. Meletê는 훈련을 의미합니다. 예를 들면 Meletan은 '연습하다'와 '훈련하다'를 의미하는 gumnazein과 뜻이 비슷합니다. 하지만 gumnazein이 일종의 '실제적인' 시련, 마치 적에게 저항할 수 있고 그보다 내가 더 강한지를 확인하기 위해 적과 대면하는 것처럼 사물 그 자체에 대면하는 방식을 일반적으로 더 의미하는 반면에 meletan은 오히려 일종의 사유 훈련 '사유상의' 훈련을 의미하지만 우리가 명상을 통해 이해하는 바와는 아주 다른 훈련을 의미함에 따라 다소 다른 함의와 다른 의미론적 장의 무게 중심을 갖습니다. 우리는 명상을 어떤 사물의 의미를 심화시키지 않고 특수한 강도를 가지고 사유하려는 시도나 우리가 사유하는 이 사물에 입각해 다소 규칙화된 질서 속에서 사유가 전개되도록 내버려두는 시도로 이해합니다. 대충 이것이 우리에게 있어서 명상입니다. 그리스·로마인들에게 meletê 혹은 meditatio는 다른 것입니다. 두 양태하에서 이 점을 잘 파악할 필요가 있습니다. 우선 meletan은 사유의 자기화 훈련을 하는 것입니다. 따라서 주어진 텍스트가 의미하려 한 바를 자문하려고 노력하는 것이 관건이 아닙니다. 사유의 자기화 훈련은 주해를 지

---

1) "아무리 고상하다 할지라도 문학적인 성향의 소비는 절제가 있을 때에만 합리적이라고 할 수 있다. 인생 내내 주인이 가까스로 라벨들만을 읽을 수밖에 없는 수많은 책들과 서재는 무슨 소용이 있단 말인가? 과다한 독서는 정신에 해롭다. 정신을 너무 가득 채우지 마라. 여기저기 배회하는 것보다는 소수의 저자들에 몰두하는 것이 훨씬 더 유익하다." (세네카, 《영혼의 평정에 관하여》, IX, 4, R. Waltz 번역, 앞서 인용한 판본, p.89-90)

향하지 않습니다. 역으로 Meditatio와 더불어 사유를 자기화하고 그것을 깊게 확신하여 한편으로는 그것을 진실된다고 믿고, 다른 한편으로는 필요하다거나 기회가 되는 대로 그것을 부단히 반복해서 말하는 것이 중요시됩니다. 따라서 필요한 경우 즉각적으로 회상하고 그것을 수중에(prokheiron)[2] 지닐 수 있도록 이 진실이 정신에 새겨지게 하는 것이 관건입니다. 이것은 이 참된 사물로부터 진실을 사유하는 주체가 되며 진실을 사유하는 주체로부터 적절히 행동하는 주체가 됩니다. Meditatio 훈련은 이와 같은 방향으로 나아갑니다. 둘째로 meditatio는 동일시의 경험을 하는 데 있으며 이것이 명상의 두번째 양태입니다. 즉 meditatio에서 사물 자체를 사유하는 것이 문제가 아니라 사유하는 사물을 훈련하는 것이 관건이라는 말이지요. 가장 유명한 예는 죽음에 대한 명상입니다.[3] 로마인과 그리스인이 이해하는 의미에서의 죽음에 대해 명상한다는 것(meditari, meletan)은 인간이 죽을 것임을 사유함을 의미하지 않습니다. 그것은 인간이 실제적으로 죽을 거라고 확신하는 것을 의미하지도 않습니다. 그것은 죽음의 관념에 그 결과가 될 상당수 다른 관념들을 연결시키는 것도 아닙니다. 죽음을 명상하기란 사유를 통해 죽어가고 있거나 죽게 되거나 생의 마지막 날들을 살고 있는 어떤 사람의 상황에 처하는 것입니다. 따라서 명상은 주체와 그의 사유 간의 작용이 아닙니다. 그것은 주체와 대상 혹은 주체와 가능한 사유 대상간의 작용이 아닙니다. 그것은 현상학에서 말하는 본질의 변이 차원에 속하는 것이 아닙니다.[4] 주체와 그의 사유 혹은 사유들간의 작용이 아니라 주체에게 사유가 가하는 작용이라는 완전히 다른 유형의 작용이 문제시됩니다. 그것은 사유를 통해 우리가 죽어가는 사람, 절박하게 죽을 사람이 되게 하는 결과를 야기시키는 것입니다. 주체와 그의 사유 간의 작용이 아니라 주체에게 사유가 가하는 작용으로서의 명상 관념은 본질적으로 《형이상학적 명상》에서 데카르트가

---

2) 2월 24일 강의 후반부 참조.
3) 죽음의 명상은 3월 24일 강의 후반부에서 분석되었다.
4) 본질로의 변환은 주어진 한 존재자에서 그의 존재를 구성하는 불변하는 의미의 핵, 다르게는 eidos라 불리는 바를 끌어내는 방법을 지시한다. 이 변이는 상상력에 의해 존재자에게 가해진 일련의 왜곡을 전제하고 이러한 왜곡은 한계를 발생시키며 이 한계를 넘어서면 존재자는 더 이상 자기 자신이 아니며, 또 이 왜곡은 불변하는 의미(그의 본질)을 파악하게 해준다. 따라서 'Eidétique'는 변이보다는 그 결과를 지시한다.

했던 바이며, 또 정확히 '명상'에 그가 부여한 의미입니다.[5] 그래서 고대의 명상, 기독교의 명상 그리고 16세기와 17세기에 명상의 부활과 급증, 그리고 새로운 중요성과 같이 명상 실천의 역사를 연구할 필요가 있습니다. 하지만 아무튼 데카르트가 17세기에 '명상'을 하고 《형이상학적 명상》을 집필했을 때 바로 이와 같은 의미에서였습니다. 주체와 사유와의 작용이 문제가 아닙니다. 데카르트는 세계에서 의심스러울 수 있는 모든 것을 사유하지 않습니다. 그는 의심의 여지가 있을 수 없는 바를 사유하지도 않습니다. 말하자면 그것이 통상적인 회의주의적 훈련이라고 말할 수 있습니다. 데카르트는 의심스러운 모든 것이나 의심할 수 있는 모든 것에 대해 물음을 던지지 않고 모든 것을 의심하는 주체의 상황에 자신을 위치시킵니다. 그리고 그는 의심의 여지가 없는 바를 탐구하기 시작하는 사람의 위치에 자신을 위치시킵니다. 따라서 이것은 사유와 그 내용에 대한 훈련이 아닙니다. 그것은 주체가 사유를 통해 어떤 상황에 자신을 위치시키는 훈련입니다. 사유의 효과를 통해 현재의 자기와 관련해 주체를 이동시키는 것, 바로 이것이 내가 논의하는 고대 그리스·로마 시대에 사람들이 이해하던 철학적 독서가 가져야 하는 명상적 기능입니다. 사유를 통해 자기 자신을 체험하는 허구적 상황에 자신을 위치시키는 주체의 훈련으로서의 이같은 명상적 기능은 철학적 독서가──전적이 아니라면 적어도 부분적으로나마──저자에 무관심하고 문장이나 정언의 맥락에 무관심해야 하는 이유를 설명합니다.

그리고 이것은 저자가 말하려 하는 바를 이해하는 것이 아니라 실제로 자기 것인 참된 명제들의 장비를 구축하는 것이 독서에 대해 사람들이 기대하는 효과라는 것을 설명합니다. 따라서 절충적인 성격의 것은 전혀 없습니다. 상이한 출처를 갖는 명제들의 모자이크로 자신을 구축하는 것이 관건이

---

5) 데리다에게 한 답변(1972)에서 푸코는 순수한 방법론적 규칙의 설정을 벗어나 환원 불가능한 주체화의 절차 내에서 데카르트의 명상의 의미를 이미 고정시킨 바 있다. "'반면에 명상'은 그만큼의 담론적 사건들에서처럼 발화 주체의 일련의 변화를 수반하는 새로운 언표를 발생시킨다. […] 명상에서 주체는 자신의 활동에 의해 끊임없이 변화된다. 그의 담론은 그가 연루된 결과를 발생시킨다. 그는 자신을 위험에 노출시키고 자신을 시련과 유혹을 경험하게 하며, 자신에게 상태를 발생시키고 애초에 자신이 갖지 못했던 위성이나 자격을 부여한다. 요컨대 명상은 발생하는 담론적 사건들의 결과로, 유동적이고 변형 가능한 주체를 내포한다."(《말해진 바와 씌어진 바》, II, n° 102, p.257)

아니라 명령의 가치를 지니는 명제들과 동시에 행동의 원칙일 수 있는 참된 담론의 골조를 구축하는 것이 관건입니다. 독서가 이처럼 훈련으로 여겨지고 명상을 위한 독서밖에 존재하지 않는다면 이 독서는 즉각적으로 글쓰기와 연결된다는 것을 쉽게 이해할 수 있습니다. 그리고 이것은 내가 논의하는 이 시대에 아주 중요한 문화·사회적 현상입니다. 요컨대 이 시대에 개인적이고 사적인 글쓰기는 대단히 중요한 자리를 차지하고 있습니다.[6] 이러한 절차의 시작의 연원을 대는 것은 어려운 일이지만 그것을 내가 논의하는 시대, 즉 기원후 1세기와 2세기에서 취해 보면 글쓰기가 자기 수련의 한 요소가 되어 버렸고 늘 한층 더 그렇게 단언된다는 사실을 알 수 있습니다. 그역시 훈련이며 명상의 요소인 글쓰기에 의해 독서는 연장되고 자신을 재강화하고 재활성화합니다. 세네카는 독서와 글쓰기를 번갈아 사용해야 한다고 말했습니다. 이것은 세네카의 여든네번째 서신에 있습니다. 즉 항시 쓰기만 한다거나 읽기만 해서는 안 됩니다. 이 가운데 전자(글쓰기)를 부단히 하게 되면 결국 에너지를 고갈시키게 됩니다. 후자 즉 독서는 에너지를 감소시키고 희석시킵니다. 글쓰기를 통해 독서를 완화하고 독서를 통해 글쓰기를 완화시켜서 씌어진 글은 독서가 수집한 바를 자료체(corpus)로 변화시켜야 합니다. 독서는 oratones와 logoi(담론과 담론의 요소들)를 취합합니다. 그리고 그것을 자료체(corpus)로 만들어야 합니다. 이 자료체(corpus)는 그것을 구축하고 확보하게 될 글쓰기입니다.[7] 그리고 생활의 정언과 자기 실천의 규칙 내에서 글쓰기의 의무와 조언을 계속해서 재발견하게 됩니다. 예를 들면 에픽테토스에 있어서 명상하고(meletan) 글을 쓰며(graphein) 자기 수련을 해야 한다(goumnazein)[8]는 조언을 발견할 수 있습니다. Meletan은 독서하는 텍스

---

6) 푸코는 자기 실천과 관련된 일련의 논문 모음집을 출간하려고 계획했었다. 그 중 하나는 기원후 초기에 '자기에 대한 글쓰기'에 정확히 근거하고 있다(1983년 《코르 에크리》 지에 이 글의 한 판본이 실렸고 《말해진 바와 씌어진 바》, IV, n° 329, p.415-430에 재수록됨).

7) "읽는 것보다는 쓰는 데 더 만족해서는 안 된다. 전자는 영적인 에너지를 의기소침하게 만들고 고갈시킨다. 후자는 영적인 에너지를 취하게 만들고 유약하게 만든다. 차례차례 양자를 사용하자, 그리고 하나를 이용해 다른 하나를 절제하자. 그래서 작문이 독서한 바를 취합해(quicquid lectione collectum est) 작품의 신체에 놓도록 하자(stilus redigat in corpus)."(세네카, 《루킬리우스에게 보내는 서신》, t. III, XI장, 서신 84, 2, 앞서 인용한 판본, p.121-122)

트에 의해 지지를 받는 사유의 훈련이고, graphein은 글쓰기이며 gumnasein
은 실제로 단련하다 시련과 실제적 시험을 받아들이려 시도하는 것을 의미
합니다. 아니면 더 나아가 죽음에 대한 명상을 쓰고 난 후에 에픽테토스는
"이 문장들을 사유하고 쓰며 읽고 있는 나를 죽음이 사로잡기를 바란다"[9]라
고 말하면서 결론을 내립니다. 따라서 글쓰기는 가능하고 동시적인 두 용례
를 갖는 장점을 지닌 훈련의 한 요소입니다. 말하자면 글쓰기는 자기 자신
을 위해 두 용례를 갖습니다. 왜냐하면 글을 쓴다는 사실만으로 인간은 바
로 자신이 생각하는 바를 자기와 동일시하기 때문입니다. 인간은 그것이 자
신의 영혼과 육체에 이식되도록 조력하고, 그것이 일종의 습관이나 신체적
잠재성이 되도록 노력합니다. 그것은 우리가 읽었을 경우 쓰라고 권고되는
습관이고, 또 썼을 경우 그것을 다시 읽어보도록 충고하는 습관이며, 또 그
리스 · 로마의 글쓰기에서 단어들은 서로 분리되어 있지 않았기 때문에 필
연적으로 큰 소리로 읽도록 권고하는 습관입니다. 다시 말해서 읽는 데 어
려움이 많았다는 말이지요. 독서 훈련은 쉬운 일이 아니었습니다. 요컨대 그
냥 눈으로 읽는 것이 문제가 아니었습니다. 단어들을 적절히 분절하기 위해
서는 그것들을 낮은 목소리로 발음해야 했습니다. 그 결과 읽고 쓰고 쓴 것
과 노트한 것을 다시 읽는 데 있었던 훈련은 인간이 지니고 있던 진실과
logos를 자기화하는 준 신체적인 훈련이었습니다. "밤낮으로 이 사유들을 네
수중에(prokheira) 간직하라. 글쓰기를 통해 그것을 적어 놓고 독서를 통해
실천하라"[10]고 말합니다. 독서에 대한 이 말은 전통적인 anagignôskein인데
이는 적절히 할당하고 분배하기가 어렵고, 또 결과적으로 이해하기 어려운
일종의 기호들의 착종 내에서 식별하기를 의미합니다. 따라서 인간은 사유
를 간직합니다. 자신의 사유를 수중에 간직하기 위해서는 그것을 써서 기록
하고 자기 자신을 위해 그것을 독서해야 하며, 그 사유가 "'이런 상황에서
나를 도와주러 올 수 있니?' 와 같이 너 자신과의 대화나 타자와의 대화의 대

---

8) "철학자들이 명상하고 써야 하며 훈련하는 방식이어야 하는 바는 바로 이것이다
(tauta edei meletan tous philosophuntas, tauta kath'hêmeran graphein, en toutois
gumnazesthai)(에픽테토스, 《어록》, I, 1 25, 앞서 인용한 판본, p.8).

9) 《어록》, III, 5, 11(p.23).

10) Id., 24, 103(p.109).

상이 되어야 한다. 그리고 계속해서 또 다른 사람들을 찾아가 봐라. 바람직하지 못한 이런 사건들 가운데서 무엇인가가 네게 일어난다면 모든 것이 예측하지 못했던 것만은 아니라는 생각을 하며 안도감을 얻을 수 있을 것이다."[11] 그리고 독서·글쓰기·재독서는 다음번이나 그 다음번 수업에 논의하겠지만 스토아주의의 고행에서 대단히 중요한 praemeditatio malorum에 속합니다.[12] 따라서 독서 이후에 독서한 바를 자기 자신에게 다시 읽어 타자의 입으로부터 들은 바나 타자의 이름하에 읽은 진실된 담론을 자기화하기 위해 글로 씁니다. 글쓰기는 자기 자신에게 유용한 활용이지만 타자에게도 유용한 활용입니다. 독서나 대화 그리고 강의에 대한 노트는 hupomnêmata[13]라 불린다는 것을 여러분에게 말한다는 것을 깜박 잊었습니다. 다시 말해서 hupomnêmata는 독서나 기억 훈련에 힘입어 말해진 바를 다시 상기할 수 있기 위해 하는 기억의 요약 메모를 의미합니다.[14]

이 hupomnêmata는 자기 자신에게 유용하지만 타인에게도 유용하다는 것을 이해해야 합니다. 혜택과 이익의 유연한 교환과 선과 자기 자신을 향하는 여정 내에서 타인을 도우려 하는 영혼 봉사의 유연한 교환 내에서 글쓰기 훈련이 중요한 것을 알 수 있습니다. 여기서도 역시 그것은 당대에 대단히 흥미로운 문화 현상이자 사회 현상인데 우리가 영적이라고 부르게 될 영혼의 서신 교환, 주체와 주체의 서신 교환, (예를 들면 키케로와 아티쿠스의 서신 교환에서처럼)[15] 정치 세계의 소식을 전하는 것이 아니라 서로 자기의 소

---

11) *Id.*, 24, 104(p.109).

12) 3월 24일 강의 전반부 참조.

13) Hupomnêmata와 관련해서는 푸코의 〈자기에 대한 글쓰기〉, in 《말해진 바와 씌어진 바》, IV, n° 329, p.418-424 참조.

14) 그리스어에서 hupomnêmata는 인용문이나 말해진 바를 일종의 비망록의 형태로 모의기라는 단순한 의미보다는 훨씬 넓은 의미를 갖는다. 가장 넓은 의미에서 이 단어는 씌어진 모든 주석과 모든 형태의 씌어진 기억을 지시한다(《고대 그리스·로마 사전》, E. Saglio 감수, t. I-2, 앞서 인용한 판본, p.1404-1408의 commentarium, commentarius—hupomnêmata의 라틴어 번역—항목 참조). 하지만 이 단어는 인용문이 문제됨 없이 나날이 행한 개인적인 성찰의 기록을 지시하기도 한다(P. Hadot, 《내면의 성채 *Citadelle intérieure*》, p.38과 45-49 참조).

15) 키케로, 《아티쿠스에게 보내는 서신》, D. R. Shackleton Bailey 편역, Havard University Press, Loeb Classical Library, 1999, 4권.

식을 전하고 타자의 영혼에서 발생하는 바를 염려한다거나 타자에게 그의 내면에서 일어나는 일에 대한 소식을 달라고 요청하는 서신 교환, 바로 이 것들이 보시다시피 이중적인 측면을 갖는 중요한 활동이 되어 버렸습니다. 한편으로는 이 서신 교환을 통해 실제로 덕과 선에서 가장 앞서가는 사람이 타자에게 충고를 하도록 허용하는 것이 관건입니다. 하지만 이와 동시에 이 훈련은 충고를 하는 자가 타자에게 주지만 자기 자신의 삶을 위해 필요한 진실을 다시 상기시키게 해준다는 것을 알 수 있습니다. 그 결과 타자와 서 신을 교환하면서, 그의 지도자 역할을 담당하면서 소위 나는 개인적인 이런 훈련을 부단히 수행하고 타자에게 호소하지만 나 자신에게도 호소하는 신 체 운동을 부단히 수행하며 이와 같은 서신 교환을 통해 부단히 자기 관리의 상태를 유지하게 해주는 신체 운동을 수행합니다. 우리가 타자에게 하는 조 언은 우리 자신에게도 합니다. 그래서 이 모든 것은 루킬리우스에게 보내는 서신에서 아주 쉽게 파악됩니다. 분명히 세네카는 루킬리우스를 가르치지 만 그렇게 하면서 hupomnêmata를 사용합니다. 세네카가 그가 한 중요한 독 서와 그가 마주친 중요한 관념들, 그가 읽은 중요한 관념들을 상기하는 데 쓰이는 메모장을 가지고 있는 듯한 느낌이 매 순간 듭니다. 세네카는 이것 들을 활용합니다. 또 이것들을 타자를 위해 사용하고 타자가 자유롭게 활용 할 수 있게 하면서 자기 자신을 위해 이것들을 재활성화합니다. 예를 들면 몇 번째 것인지는 모르겠지만 루킬리우스에게 보내는 편지이고 아들을 잃 은 마룰루스에게 보낸 편지를 옮겨 쓴 편지가 있습니다.[16] 이 편지가 세 가 지 용례를 갖는 것은 명백합니다. 이 편지는 아들을 잃은 마룰루스에게 유용 합니다. 세네카는 마룰루스가 너무 격렬한 슬픔에 사로잡히지 않고 슬픔의 적절한 정도를 유지하기 위해 필요한 조언을 합니다. 둘째로 루킬리우스를 위해 다시 베낀 이 편지는 어느 날 유사한 불행이 닥칠 때 이 불행과 싸울 수 있게 해주는 진실 장치를 수중에(prokheiron, ad manum) 넣는 데 필요한 루킬 리우스의 훈련에 활용될 것입니다. 셋째로 이 편지는 죽음의 필연성과 불행 의 확률 등에 대해 알고 있는 바를 재활성화하는 세네카 자신을 위해 활용됩

---

16) 아흔아홉번째 서신이 문제이다(《루킬리우스에게 보내는 서신》, 4권 16장, p.125-134). 여기서 세네카는 루킬리우스를 위해 마룰루스에게 보내는 서신을 복제한다.

니다. 결과적으로 이 편지는 삼중적으로 활용됩니다. 같은 의미에서 《정신의 평정에 관하여》라 불리는 논설 도입부에서 플루타르코스는 긴급한 조언을 필요로 한다고 말하는 파키우스라 불리는 서신 교환자들 가운데 한 사람에게 자신이 너무 바빠서 그를 위해 완결된 논설을 작성할 시간이 없으므로 난잡한 자신의 hupomnêmata를 보낸다고 응답합니다. 다시 말해서 euthumia, 즉 영혼의 평정이라는 주제에 대해 플루타르코스가 취할 수 있었던 메모들을 파키우스에게 보낸다는 말이지요.[17] 그 논설은 이렇습니다. 사실상 이 논설은 약간 다시 씌어지고 다시 고안되었을 수 있습니다. 하지만 여기서 독서, 글쓰기, 자신을 위한 메모, 서신 교환, 논설 교환이 자기 배려와 타자 배려를 구축하는 지극히 중요한 실천임을 알 수 있습니다.

그래서 종교 개혁의 맥락과 1세기와 2세기의 것과 상당히 유사한 윤리적 형식과 문제 의식으로 회귀하려는 운동의 맥락에서 이런 종류의 메모, 사적인 일기, 생활 일기, 실존 항해 일지와 서신 교환이 부활하는 것을 보게 되는데 이러한 활동들, 즉 일종의 선상 일지나 서신 교환의 독서-메모-집필과 같은 활동들을 16세기 유럽에서 발생할 그것과 비교하는 것은 흥미로울 수 있을 것입니다. 이 모든 것은 연구하려고 하는 사람을 위한 단서들입니다. 이러한 텍스트들에서——루킬리우스의 서신 교환과 플루타르코스의 것과 같은 논설들에서——실제로 자서전, 인생의 전개 속에서 자기에 대한 기술(記述)은 아주 적게 개입하는 반면 16세기에 이 장르가 대대적으로 다시 나타나는 순간 자서전이 중핵이 된다는 것은 흥미롭습니다. 단지 양자 사이에 기독교가 있게 될 뿐입니다. 또 그 사이에 성 아우구스티누스가 있게 될 것입니다. 그리고 주체와 진실의 관계가 "어떻게 진실 말하기의 주체가 될 것인가"라는 목표에 의해 단순히 명령되는 게 아니라 "자기 자신에 대한 진실을 어떻게 말할 수 있을까"가 되어 버리는 체제로 넘어가게 됩니다. 이 주제와 관련한 간단한 스케치가 이것입니다.

---

17) "영혼의 평정에 대해 나로 하여금 글을 쓰도록 권유하는 너의 편지를 너무 늦게 받았다. […] 내 뜻대로 네가 원하는 바에 착수할 시간이 전혀 없었다. 하지만 그렇다고 해서 우리 집으로부터 당도한 이 사람이 빈 손으로 네게 나타나는 것도 참을 수 없었다. 그래서 사적인 용도로 적어 놓은 메모(hupomnêmata)를 모아 보았다."(《영혼의 평정에 관하여》, 464e-f, §1, p.98).

따라서 듣기, 읽기 그리고 쓰기가 있습니다. 자기 실천과 자기 실천의 기술에는 말하기와 관련된 조절 메커니즘이나 의무 사항 계율이 존재하는 걸까요? 무엇을 말해야 되고, 그것을 어떻게 말해야 되고, 그것을 누가 말해야 될까요? 여기서 내가 제기하는 질문은 시대착오주의 혹은 아무튼 회고적 시선에 입각해서만 의미가 있고 존재할 수 있고 표명될 수 있다는 것을 잘 알고 있습니다. 기독교의 영성과 목회신학에서 말하는 기술에 대한 대단히 복합적이고 대단히 복잡하며 대단히 중요한 논리 전개가 발견되는 시점과 그 사실에 입각해 나는 명백히 이 문제를 제기합니다. 기독교의 목회신학과 영성에서 이 말하는 기술이 두 분야에서 전개되는 것을 보게 될 것입니다. 한편으로 스승의 측면에서 말하는 기술이 있을 겁니다. 스승의 측면에서 말하는 기술은 근본적인 말, 즉 신의 계시의 말이 있다는 사실에 기초하지만 이 사실에 의해 더 복잡해지고 상대화됩니다. 근본적인 글쓰기, 즉 성서의 글쓰기가 존재합니다. 스승의 모든 말은 이것들과 관련해 정리되어야 합니다. 이 근본적인 말을 참조하지만 그래도 기독교의 영성과 목회신학에서 다양한 형태하에서 무수한 분기를 갖는 스승의 말이 발견됩니다. 진실을 가르치는 본연의 교육 기능이 존재할 겁니다. Parénèse 활동, 즉 권장 행위도 존재할 것이며 의식 지도자의 역할, 고해성사의 스승의 역할과 의식 지도자와는 다른 고해신부의 역할이 존재할 겁니다.[18] 교육 · 예언 · 고해성사 · 의식 지도와 같은 모든 상이한 역할들은 교회 제도 내에서 동일하고 유일한 한 사람에 의해 확보되거나 아니면 아주 빈번하게 교회 제도가 발생시킬 수 있는 교의상의 분쟁, 실천상의 분쟁, 제도상의 분쟁 등 모든 분쟁을 수반하는 상이한 인물들에 의해 확보됩니다. 이것은 넘어가도록 합시다. 그러나 오늘 내가 강조하고자 하는 바는 기독교의 영성 내에서 상이한 형식 규칙, 전술, 그리고 상이한 제도적 근간을 수반하는 스승의 담론이 있지만 내가 하려고

---

18) 이 모든 점과 관련해서는 1980년 콜레주 드 프랑스 2월 6일에서 3월 26일까지의 강의 참조. 이 강의 동안에 푸코는 (진실의 의무에 관한 연구로 한정된 일반적 이론적 틀 내에서) 진실의 현현과 죄사함의 관계를 세례, 고해성사, 양심 지도와 같은 문제에 입각해 검토한다. 1975년 2월 19일과 26일 강의도 참조할 필요가 있다. 여기서 푸코는 사제 권력의 발전을 검토한다(《비정상인들 Les Anormaux》, Cours au Collège de France, 1974-1975, F. Ewald & A. Fontana, V. Marchetti & A. Salomoni 편집 감수, Paris, Gallimard/Seuil 1999).

하는 분석에 중요하고 주목할 만한 바는 피지도자── 진실과 구원으로 인도되어야 하는 자, 결과적으로 아직도 무지와 타락의 차원에 있는 자──가 아무튼 무엇인가 해야 할 말이 있다는 사실입니다. 피지도자는 무엇인가를 말해야 하고 일정한 진실을 말해야 합니다. 진실로 인도되는 자, 어떤 타자가 진실로 인도해야 하는 이 사람이 말해야 하는 이 진실, 즉 피지도자가 말해야 하는 이 진실은 무엇일까요? 그것은 자기 자신의 진실입니다. 자기 자신에 관한 진실 말하기의 의무가 구원에 필요 불가결한 절차 내에 기입된 순간, 주체 자신에 의한 주체 구축 및 변형의 기술(技術) 내에 기입되었을 때, 교화목사 제도의 내부에 각인되어 버린 순간 이 모든 것은 서구 주체성의 역사에서나 주체와 진실 간의 관계의 역사에서 절대적으로 중요한 한 순간을 구축한다고 생각됩니다. 물론 그것은 정확하고 특수한 시기가 아니라 사실상 분절, 갈등, 완만한 변화와 침전을 수반하는 복합적인 절차입니다. 하지만 우리가 여기에 대해 약간 굽어보는 역사적 시선을 취하게 되면 자기 자신의 진실을 말하는 것이 구원의 조건이 되어 버렸고, 주체가 자신과 맺는 관계에서 근본적인 원칙이 되어 버렸으며, 자신의 진실을 말하는 것이 개인이 공동체에 속하기 위해 필요한 것이 되어 버린 이 순간을 중요한 결과를 갖는 사건으로 간주해야 한다고 나는 생각합니다. 말하자면 이 순간은 적어도 1년에 한번 정도의 고해성사 거부가 파문의 원인이 되었던 순간입니다.[19]

　하지만 주체가 자기 자신의 진실을 말해야 하는 의무, 아니면 개인이 자기의 구원을 발견할 수 있을 정도로 진실과 일반적인 관계를 설정하기 위해서 자기 자신에 대한 진실을 말해야 하는 원칙은 고대 그리스·헬레니즘·로마 시대에 결코 존재하지 않았던 것이었습니다. 스승의 담론에 의해 진실로 인도를 받는 자는 자기 자신의 진실을 말할 필요가 없었습니다. 심지어 그는 진실을 말할 필요조차 없었습니다. 또 진실을 말할 필요가 없었기 때문에 그는 말할 필요가 없었습니다. 그는 침묵해야 하고 침묵하는 것으로 족했습니다. 서구의 역사에서 지도와 인도를 받는 자는 자기 자신의 진실을 말해야 하는 의무, 즉 고백의 의무 내에서만 말할 권리를 갖습니다. 물론 그리

---

19) 수도원 공간에 전적으로 할애된 고백 테크닉으로부터 보편화된 고백 실천으로의 이행과 관련해서는 《앎의 의지》, Paris, Gallimard, 1976, p.28-29와 84-86 참조.

스·헬레니즘·로마의 자기 기술(l'art de soi-même)과 자기 지도에는 도래할 '고백'과 유사하다고 생각되고, 또 회고적 시선을 통해 볼 때 이후에 도래할 고백을 예고한다고 생각되는 상당수 요소들을 발견할 수 있으며, 그 예들이 있다고 말할 수도 있습니다. 우리는 사법 제도나 종교적 실천에서 요구되거나 적어도 권고되는 죄의 고백이나 인정의 절차를 발견할 수 있습니다.[20] 보다 상세히 재론하겠지만[21] 요컨대 우리는 상담하는 개인이 자기 자신에 대해 말해야 하는 상담 행위나 의식 점검에 해당되는 상당수 실천들을 발견할 수도 있습니다. 친구에게 솔직해야 하고 마음에 있는 모든 것을 말해야 하는 의무도 발견할 수 있습니다. 하지만 이 모든 요소들은 엄격한 의미에서의 '고백,' 아무튼 영적인 의미에서의 '고백'과는 심층적으로 다르다고 생각합니다.[22] 피지도자가 자기 친구에게 솔직히 말하고 자신의 지도자에게 비밀을 털어 놓거나 자신의 처지에 대해 말해야 하는 의무는 말하자면 도구적인 의무입니다. 고백하는 것은 신과 판사의 관용을 호소하는 것입니다. 그것은 지도자에게 상당수 진단에 필요한 요소들을 제공하면서 영혼의 의사를 돕는 행위입니다. 그것은 과오를 고백할 수 있는 용기를 통해 자신이 하고 있는 향상을 드러내는 행위입니다. 따라서 이 모든 것들은 고대에 도구적 의미와 더불어 존재합니다. 그러나 이 고백의 요소들은 도구적이지 수행적이지 않습니다. 고백의 요소들은 그 자체로서 영적인 가치를 가질 수 없습니다. 바로 고대의 자기 실천에서 가장 주목할 만한 특질 가운데 하나가 바로 여기에 있습니다. 요컨대 주체는 진실의 주체가 되어야 합니다. 주체는 진실된 담론을 돌보아야 합니다. 따라서 주체는 자신에게 제안된 참된

---

20) 푸코는 콜레주 드 프랑스 초기 강의(1970-1971년 〈앎의 의지〉에 대하여; 〈강의 요약〉 in 《말해진 바와 씌어진 바》, II, n° 101, p.240-244)부터 기원전 6세기에서 5세기에 걸친 그리스 법의 변화에 대한 연구에 입각해 사법 제도에 있어서의 고백 절차를 분석하기 시작했다. 소포클레스의 《오이디푸스 왕》이 모범적인 예로 주어진다.

21) 스토아주의의 (특히 세네카에 있어서) 의식 점검에 대해서는 3월 24일 강의 후반부 참조.

22) 미간행 강의 〈잘못 행하고 참되게 말하기〉(루뱅, 1981)에서 푸코가 고백이라는 용어를 엄밀히 정의한 것을 참조할 것. "고백은 이를 통해 주체가 자신의 현상태에 대한 단언에서 진실과 연루되고 타자에게 의존하는 관계에 처하게 되며, 이와 동시에 자기 자신과 맺는 관계를 변화키는 결과를 발생시키게 하는 언어 행위이다."

담론들을 경청하는 것으로 시작하는 주체화를 시행해야 합니다. 따라서 주체는 진실의 주체가 되어야 하며 진실된 것을 말할 수 있어야 하고, 자기 자신에게 진실된 바를 말할 수 있어야 합니다. 주체가 자기 자신의 진실을 말하는 것이 필요하거나 필요 불가결한 것은 결코 아닙니다. 여러분들은 피지도자나 학생 혹은 제자가 말할 권리가 있었음을 증명하는 중요한 텍스트들이 있다고 말할 수도 있을 겁니다. 하지만 종국적으로 소크라테스에서 시작해 스토아·견유주의의 독설에 이르기까지 대화의 유구한 전통은 타자, 즉 피지도자가 말해야 하고 말할 수 있었음을 잘 증명합니다. 하지만 소크라테스의 대화에서 스토아·견유주의의 독설에 이르는 이 전통 내에서 대화나 독설이나 토론을 통해 주체가 자기 자신에 대한 진실을 말하는 결과를 끌어내려는 것은 중요하지 않았습니다. 단순히 주체를 시험하고 진실 말하기가 가능한 주체인 그를 떠보는 것이 문제였습니다. 소크라테스의 질문과 스토아·견유주의 독설의 불손하고 경망스러운 질문들을 통해 문제시되는 것은 자신이 안다고 생각하지 않았던 바를 주체가 안다는 것을 증명해 보인다던가──소크라테스가 행하는 바가 이것입니다──아니면 자신이 안다고 생각했던 바를 주체가 모르고 있다는 것을 증명하는 것──소크라테스는 물론이요 스토아주의자들과 견유주의자들이 행한 바──입니다. 말하자면 참된 담론의 주체화와 진실을 말할 수 있는 능력상에서 주체가 어떤 지점에 있는지를 의식할 수 있게 하기 위해 진실을 말하는 주체의 역할상에서 그를 시험하는 것이 문제입니다. 왜냐하면 피지도자는 말할 필요가 없고 그가 말해야 하는 바도 스승의 담론이 집중하고 개진하는 방식에 불과하기 때문에 따라서 피지도자의 담론 쪽에는 문제가 없다고 생각합니다. 피지도자의 담론에는 독자성이 없으며 고유한 기능도 존재하지 않습니다. 근본적으로 그의 역할은 정숙입니다. 피지도자로부터 끌어내고 추출하는 말과 또 대화와 독설을 통해 피지도자에게 선동하는 말은 스승의 말 속에 진실 전반이 있고, 또 유일하게 거기에만 진실이 있다는 것을 증명하는 방식들입니다.

그래서 스승의 담론은 어떤 상태에 있는지, 고행 활동, 즉 참된 담론의 점진적인 주체화에서 스승의 담론과 그것을 전개하는 방식에서 분별해야 할 부분이 있는지에 대한 문제가 발생합니다. 바로 이 지점에서 내가 누차 언급한 바 있고 오늘 연구를 시작하려고 하는 경험적 관념인 parrhêsia와 여러분은 마주치게 됩니다. Parrhêsia는 스승의 입장에서 제자측의 정숙의 의무에 화답하는 바입니다. 자신의 담론을 주체화하기 위해 주체가 침묵해야 하는 것과 마찬가지로 스승은 자신이 말하는 진실된 바가 행위와 지도가 끝날 무렵 제자가 주체화시키는 참된 담론이 되기를 원한다면 parrhêsia의 원칙에 따라야 합니다. Parrhêsia는 어원적으로 모든 것을 말하는 것(솔직, 마음을 열기, 언어의 개방, 말의 자유)을 의미합니다. 라틴 사람들은 일반적으로 parrhêsia를 libertas로 번역합니다. 그것은 말해야 할 바를 말하게 하고 말하고 싶은 바를 말하게 하며, 말해야 한다고 생각하는 바를 말하게 하는 자유로움을 의미합니다. 왜냐하면 그것은 필요하고 유용하며 참되기 때문입니다. 외관상 libertas와 parrhêsia는 말하는 주체에게 본질적으로 요구되는 도덕적 자질입니다. 말하는 것이 진실 말하기를 전제할 때 발언권을 갖는 주체에게 그가 진실되다고 생각하기 때문에 진실된 바를 말하도록 하는 일종의 중요한 계약과 같은 것을 어떻게 부과하지 않을 수 있을까요? 하지만 parrhêsia란 말의 도덕적 의미는 내가 논의하는 철학, 자기 기술(l'art de soi-même), 자기 실천(la pratique de soi)에서 아주 정밀한 기술적(技術的) 의미를 지니며, 철학자들의 영적인 고행에서 언어와 말의 역할은 대단히 흥미롭다고 생각되며 바로 이같은 점을 나는 강조하고 싶습니다. parrhêsia가 기술적 의미를 지니는 것에 대한 증거와 단서는 무수히 많습니다. 에픽테토스의 《어록》의 서문에 해당하며 아리아누스에 의해 씌어진 작은 텍스트를 취해 보도록 하겠습니다. 왜냐하면 에픽테토스의 텍스트가 아리아누스라 불리는 수강자에 의해 내가 앞에서 논의한 hupomnêmata의 형식으로 기억되었던 대담의 일부분을 담고 있기 때문입니다.[23] 따라서 아리아누스는 듣고 메모하며 hupomnêmata를 실천했으며, 그것을 출간하기로 결심합니다. 그가 그것을 출간하기를 결심한 이유는 당대에 많은 텍스트들이 에픽테토스의 이름하에 돌아다녔기 때문이고, 또 그가 보기에 가장 충실하고 공증 가능한 유일한 것인 자신의 판본을 부여하기를 바랐기 때문입니다. 에픽테토스의 대담에서 무엇을 공

---

23) 아리아누스가 다시 받아 적은 강의록은 (독서와 교의의 기초 원리에 대한 설명에 할애된) 순전히 기술적이고 논리적인 에픽테토스 강의의 초반부를 설명하고 있지 않고 단지 제자들과의 자유 토론을 통한 그것들의 시험만을 환기한다.

중한다는 말이지요? 《어록》의 도입부로 쓰이는 짧은 글에서 아리아누스는 "그가 말할 때 그로부터 들은 모든 바를 씀으로써(grapsamenos) [⋯] 노력하였다"[24]라고 말합니다. 즉 이 구절에서 우리는 말의 경청을 발견할 수 있습니다. 그는 경청하고 나서 씁니다. 가급적이면 에픽테토스 자신의 용어와 어휘로 쓰고 난 후에——아리아누스는 onoma라는 용어를 사용합니다——"같은 단어로 그것을 전사(傳寫)하고 난 후에 그것을 나를 위해(emautô), 그리고 미래를 위해(eis husteron) hupomnêmata의 형태로 간직하려고 시도했다."

우리는 여기서 내가 앞에서 여러분에게 언급한 모든 것을 재발견합니다. 사람들은 말해진 바를 듣고, 쓰며 다시 베낍니다. 여기서 아리아누스는 자신이 분명히 '동일한 말'을 되풀이했다는 점을 강조합니다. 그는 hupomnêmata, 즉 말해진 바에 대한 각종의 메모를 구축합니다. 그는 이 메모를 자기 자신을 위해(emautê), 미래를 위해(eis husteron), 다시 말해서 다양한 사건과 위험 그리고 불행과 같은 상황이 닥칠 때 이 모든 것을 활용할 수 있게 해주는 장비(paraskeuê)를 구축하기 위해 구축합니다. 그는 이제 막 이 hupomnêmata를 출간하려 하는데 이 메모들은 무엇을 표현하고 있을까요? 그것은 'Dianoia kai parrhêsia,' 즉 에픽테토스 특유의 사유와 말의 자유입니다. 그래서 이 두 경험적 관념의 존재와 이들의 병치는 대단히 중요하다고 생각됩니다. 아리아누스는 자신을 위해 만든 hupomnêmata를 출간하면서 다른 출간들이 할 수 없었던 바인 dianoia, 즉 대화에서 에픽테토스의 사유와 사유의 내용 그리고, 즉 그의 말의 자유를 복원하려는 임무를 자신에게 부여합니다. 다음 강의에서 parrhêsia에 대한 연구를 수행하기에 앞서 우리는 parrhêsia에서 문제가 되는 것은 철학적 담론의 수사학에 해당되는 비수사학적 수사학이라고 말할 수 있으며 오늘은 여기서 중단하고자 합니다. 물론 고전 그리스 시대부터 로마제정 말기까지 철학과 수사학의 분열과 분쟁이 있다는 것은 여러분도 잘 알고 있습니다.[25] 여러분은 내가 논의하는 1세기와 2세기에 이 갈등이 갖는 강도와 2세기에 전개된 첨예한 갈등을 잘 알고 있습니다. Parrhêsia

---

24) 〈아리아누스가 루키우스 겔루스에게 Arien à Lucius Gellus〉, in 에픽테토스, 《어록》, 1권 p.4.
25) 1월 27일 강의 전반부 참조.

는 이러한 갈등의 표면 위에서 규정될 필요가 있습니다. 따라서 parrhêsia는 철학적 담론에 필요한 이러한 형식입니다. 왜냐하면 기억하시겠지만 앞에서 내가 여러분들에게 언급한 대화에서[26] 에픽테토스가 말하는 바처럼 인간은 logos를 사용하므로 lexis(사물을 일정하게 말하는 방식)가 있어야 하고, 또 선택되어야 할 상당수의 어휘들이 존재해야 하기 때문이지요. 따라서 고유한 특질과 정형성을 가지며 필연적인 감동 효과를 갖는 언어체가 없이는 logos는 존재할 수 없습니다. 하지만 우리가 철학자인 경우 이 요소들(언어적 요소, 영혼에 직접 영향을 주는 요소)을 조절하는 방식은 수사학의 tekhnê나 기술이어서는 안 됩니다. 그것은 테크닉이자 윤리이고 기술이자 도덕인 parrhêsia라 불리는 다른 무엇이어야 합니다. 제자의 정숙이 풍부한 정숙이기 위해서는, 이 정숙의 근저에 스승의 말인 진실된 말이 적절히 정리·배열되기 위해서는, 그리고 어느 날 진실 말하기의 주체가 되는 자격을 제자에게 부여하게 될 이 진실된 말의 자기화를 제자가 수행할 수 있기 위해서는 스승이 제시한 담론이 수사학의 법칙에 복종해야 하고 제자의 영혼에서 감동적 효과만을 노리는 인위적이고 가식적인 담론이어서는 안 됩니다. 스승의 담론은 유혹의 담론이어서는 안 됩니다. 그것은 제자의 주체성이 자기화할 수 있는 담론이어야 하며, 제자가 그 담론을 전유하여 그의 목표인 자기에 도달할 수 있게 해주는 담론입니다. 그러기 위해서는 스승의 측면에서 상당수의 규칙들이 있어야 하는데 또다시 이 규칙들은 담론의 진실에 근거하는 게 아니라 이 진실된 담론이 표명되는 방식에 근거합니다. 진실된 담론의 이러한 표명 규칙을 parrhêsia나 libertas라 합니다. 스승의 측면에서 본 참된 담론의 이같은 규칙들을 다음번 강의에서 설명하도록 하겠습니다.

---

26) 1월 27일 강의 전반부 참조.

1982년 3월 10일 강의

전반부

스승의 담론에서 윤리적 태도와 기술적 절차로서의 parrhêsia — Parrhêsia 의 적: 아첨과 수사학 — 새로운 권력 체제에 있어서 아첨과 분노에 관한 테마의 중요성 — 한 예: 세네카의 《자연의 의문들》 4편 서문(권력 행사, 자기와의 관계, 아첨의 위험성) — 군주의 취약한 지혜 — Parrhêsia/수사학의 대립점들: 진실과 거짓의 분리; 테크닉의 위상; 주체화 효과 — Parrhêsia의 긍정적 개념화: 필로데모스의 《파르헤지아에 관하여》

나는 고행이——askêsis의 의미에서, 즉 그리스·로마철학자들이 이 말에 부여한 의미에서——주체가 자신의 완결된 형식에 도달했을 때 소유해야 하고 수중에 지니고 있어야 하며, 필요한 경우 떠올릴 수 있었던 구조의 역할을 하는 참된 담론을 소유할 수 있게 해주는 주체와 진실 간의 가능한 한 견고한 관계를 설정하는 역할과 기능을 갖고 있었다는 것을 여러분에게 보여주려고 시도했습니다. 따라서 금욕은 주체를 진실 말하기의 주체로 구축하며 구축할 임무를 갖습니다. 바로 이 점이 내가 설명하고자 한 바이며 이는 명백히 참된 담론의 소통 규칙의 기술적(技術的)이고 윤리적인 문제로 귀결됩니다. 요컨대 그것은 참된 담론을 보유하고 있는 자와 그것을 수용하여 생활을 위한 장비로 구축해야 하는 자 간의 소통의 문제로 귀결됩니다. 문제 제기되는 방식에 비추어 볼 때 제자의 입장에서 생각할 때 담론의 기술과 윤리는 말의 문제에 집중되지 않는다는 사실이 "참된 담론의 소통에 관한 기술적(技術的)·윤리적인" 문제틀 내에서 자연스럽게 발생하게 됩니다. 제자가 말해야 하고, 말할 수 있는 바와 관련된 문제는 우선적이고 본질적이며 근본적인 문제로 결코 제기되지 않습니다. 하지만 융통성 있는 다수의 규칙에 따르며, 주어진 다수의 주목 기호들을 내포하는 체계적으로 조직된 정숙이 제자에게 임무와 절차로——도덕과 기술적(技術的) 절차로——부과되었습니다. 따라서 정숙 · 경청 · 독서 · 글쓰기의 기술과 윤리는 참된 담론을 주체화하는 훈련입니다. 그러나 스승의 입장으로, 다시 말해서 참된 말을 주어야 하는 사람의 입장으로 돌아가볼 때 자연스럽게 무엇을 말하고, 어떻게 말하고, 어떤 규칙에 따라 말하고, 어떤 기술적 절차와 어떤 윤리적 원칙에 따라 말해야 하는지의 문제가 나타나게 됩니다. 바로 이 물음의 주변에서, 솔직히 말해 그 심장부에서 지난번 강의에서 논의하기 시작한 parrhêsia라는 경험적 관념과 우리는 만나게 됩니다.

Parrhêsia라는 말은 한편으로는 도덕적 자질, 도덕적 태도, 말하자면 êthos와 다른 한편으로는 자기 자신의 지고한 주체로서, 또 자기 자신에게 자기의 진실을 말하는 주체로서 자기 자신을 구축하는 데 참된 담론을 필요로 하는 자에게 그 참된 담론을 전승하기 위해 필요 불가결한 기술적 절차, 즉 tekhnê와 동시에 관련됩니다. 따라서 제자가 적절히, 적당한 시기에, 적당한 조건하에서 참된 담론을 실제로 수용하기 위해서는 이 담론이 parrhêsia라는 일반적 형식 내에서 스승에 의해 언표되어야 합니다. 지난번에 지적한 바 있듯이 parrhêsia는 어원적으로 '모든 것을 말하기'를 의미합니다. Parrhêsia는 모든 것을 말합니다. 하지만 솔직히 말해서 parrhêsia에서 문제되는 것은 '모든 것을 말하기'가 아닙니다. Parrhêsia에서 근본적으로 문제가 되는 것은 약간 인상주의적이라 할 수는 있지만 말해야 할 바를 말하고 싶기 때문에 그것을 말하고 싶은 순간에, 그것을 말하는 데 필요하다고 생각되는 형식 속에서 말하게 만드는 솔직함 · 자유 · 개방과 같은 것입니다. Parrhêsia라는 말은 말하는 자의 선택 · 결정 · 태도와 지극히 긴밀하게 연결되어 있어서 라틴 사람들은 이를 libertas로 번역하였습니다. Parrhêsia의 모든 것을 말하기가 libertas를 통해 말하는 자의 자유가 되어 버렸습니다. 많은 프랑스 번역자들은 parrhêsia를 번역하기 위해——이런 의미에서 libertas를 번역하기 위해——'솔직히 말하기'(franc-parler)라고 번역하는데, 이는 가장 적절하다고 생각되며 그 이유가 무엇인지를 여러분은 보게 될 것입니다.

이제 Parrhêsia라는 개념(libertas, franc-parler)을 좀더 연구해 보고자 합니다. 이 parrhêsia와 êthos와 tekhnê, 즉 말하는 자, 스승, 명령하는 자에게 요

구되는 도덕적 태도와 기술적 절차를 이해하려면 parrhêsia를 적대적인 두 형상과 대면시키는 것이──좀 부정적인 분석으로 시작되기 때문에──가장 적절한 방법이라고 생각됩니다. 도식적으로 스승의 parrhêsia(솔직히 말하기)는 두 적을 갖는다고 말할 수 있습니다. Parrhêsia의 첫번째 적은 도덕적인 적이며 이와 직접적으로 대결하고 싸워야 합니다. 솔직히 말하기(franc-parler)의 도덕적인 적은 아첨입니다. 두번째로 솔직히 말하기(franc-parler)는 기술적(技術的)인 적을 갖습니다. 이 기술적인 적은 수사학이며, 솔직히 말하기(franc-parler)는 아첨에 대해서보다도 수사학에 대해 훨씬 더 복잡한 입장을 취합니다. 아첨은 적입니다. 솔직히 말하기(franc-parler)는 아첨을 추방하고 제거해 버려야 합니다. 솔직히 말하기(franc-parler)는 수사학과 관련해서 한편으로는 단순히, 그리고 오직 그것을 추방하고 배제하기 위해서가 아니라 오히려 수사학 규칙으로부터 자유로워지면서 아주 엄격하고 전술적으로 국한되며 진정으로 필요한 한도 내에서 수사학을 잘 사용하기 위해 수사학으로부터 자유로워져야 합니다. 아첨과의 대립·전투·투쟁이 있고, 수사학으로부터의 자유와 해방이 있습니다. 하지만 아첨은 솔직히 말하기(franc-parler)의 도덕적인 적수이거나 모호한 파트너이지만 기술적인 파트너임을 알 필요가 있습니다. 이 두 적수(아첨과 수사학)는 서로 깊이 연관되어 있습니다. 왜냐하면 수사학의 도덕적 기반은 항시 아첨이고 아첨의 특권화된 도구는 물론 기술이며 잠정적으로는 수사학적 계략이기 때문입니다.

첫째로 아첨은 무엇이며, 어떤 면에서 왜 솔직히 말하기(franc-parler)는 아첨과 대립해야 하는 걸까요? 이 시대의 모든 텍스트에서 아첨의 문제에 관한 지극히 많은 문헌들이 발견된다는 것은 아주 주목할 만한 일입니다. 예를 들어 성행위나 부모와 자식 간의 관계와 같은 문제들에 비해서 아첨과 관련된 논설과 성찰이 무수히 더 많다는 것은 주목할 만한 일입니다. (수 차례 더 재론해야 하겠지만) 필로데모스는 에피쿠로스주의자[1]이며 아첨에 대한 논설[2]을 썼습니다. 플루타르코스는 진정한 친구와 아첨꾼에 불과한 친구를 구별하는 방법에 대한 논설[3]을 썼습니다. 그리고 세네카의 서신들은 아첨과 관련된 성찰들로 가득 차 있습니다. 보다 엄정히 이 텍스트를 다시 논의하도록 하겠습니다만은 이상스럽게도 아첨에 대한 성찰과는 완전히 다른 것을 기대할 수도 있는 《자연의 의문들》 4편 서문은 전적으로 이 문제에 할애되어 있습니다. 왜 아첨이 중요할까요? 무엇이 아첨을 자기 실천과 자기 테크놀로지 내에서 그렇게 중요한 도덕적 관건으로 만드는 것일까요? 당대에 중요한 역할을 하며 아첨과 쌍을 이루는 또 다른 결점, 악덕과 아첨을 근접 시키면서 그 이유를 이해할 수 있습니다. 이 악덕은 무엇일까요? 그것은 분노입니다. 분노와 아첨은 악덕의 문제에서 쌍을 이룹니다. 어떤 점에서 또 어떻게 쌍을 이룰까요? 여기서도 분노와 관련된 문헌은 방대합니다. 게다가 헬레니즘 시대와 초기 로마제정 시대에 분노에 관한 논설들에 대한 연구가 독일에서 폴 라보우라 불리는 사람에 의해 아주 오래전인 60년 전에 출간되었습니다.[4] 분노에 대한 논설에서 문제가 되는 바는 무엇일까요? 신속히 이 문제로 넘어가겠습니다. 이 점과 관련해서도 수많은 텍스트들이 있습니다. 세네카의 《분노에 관하여》가 있고 플루타르코스가 쓴 분노의 통제와 제어에 관한 논설이 있으며[5] 다른 사람들의 논설도 있습니다. 분노는 무엇일까요? 물론 분노는 어떤 타자에 대한 어떤 사람의 통제되지 않은 격렬한 분노입니다. 타자에게 분노하는 자는 자신의 권력을 행사하고 결국에는 남용하는 권리와 입장에 처하게 됩니다. 또 이 분노에 대한 논설들을 살펴보면 분

---

1) 필로데모스에 대해서는 1월 27일 강의 전반부 참조. 여기서 우리는 이 논쟁이 최초로 《고르기아스》(플라톤은 수사학에서 저속한 수완만을 발견하며 tekhnê의 명칭을 부여하기를 거부한다)와 《파이드로스》(여기서 수사학은 진정성을 확보하기 위해 철학이 되어야 했다)에서 플라톤에 의해 조직되었고, 이 논쟁은 자신의 정체성을 자긍적으로 받아들이고 형식적인 유희로 축소된 철학과의 결별을 주장하는 제2차 소피스트 운동과 더불어 새로운 활력을 회복한다(이 강의 후반부 참조).

2) "도덕적 개념들을 체계화하는 또 다른 대작을 50년 이후로 연대 설정할 필요가 있다. 필로데모스는 이 저작을 《상반되는 악덕과 덕 Des vices et des vertus opposées》라 이름 붙였다. [...] 이 저작은 적어도 10편으로 구성되었으며 여러 편에서 주제는 아첨(Peri kolakeias)이다. 다른 《아첨에 관하여》라는 책도 논쟁적인 방식으로 이 악덕의 특징을 지적하고 있으며, 또 특히 아첨과 관련해 에피쿠로스주의 현자의 올바른 행실을 규정하는 것을 목표로 설정할 수 있다."(M. Gigante, 《필로데모스의 도서관과 로마의 에피쿠로스주의 La Bibliothèque de Philodème et l'épicurisme romain》, op. cit., p.59)

3) 플루타르코스, 《아첨하는 자와 친구를 구별하는 법 Comment distinguer le flatteur de l'ami》, in 《윤리 선집》, t. I-2, A. Philippon 번역, 앞서 인용한 판본.

4) P. Rabow, Antike Schriften über Seelenheilung und Seelenleitung auf ihre Quellen untersucht, I. Die Therapie des Zorns. Leipzig, Teubner, 1914.

5) 플루타르코스, 《분노의 통제에 관하여 Du contrôle de la colère》, J. Dumortier & J. Defradas, 앞서 인용한 판본.

노의 문제가 가장인 아버지가 부인·자녀·식솔·노예에 대해 갖는 분노로 항시 제시된다는 것을 알 수 있습니다. 아니면 그것은 보호자가 피보호자나 자신에게 의존하는 자에 대해 갖는 분노이거나 장군이 군대에 대해 갖는 분노, 군주가 자신의 신하들에 대해 갖는 분노였습니다. 다시 말해서 분노의 문제, 자기 자신의 격노의 문제 혹은 자기 자신을 통제할 수 없는——좀더 정확히 말해서 자신의 지상권 혹은 권력을 타자에게 행사함에 따라, 또 그렇게 하는 순간에 자기 자신에게 지상권과 권력을 행사할 수 없는——이 문제는 자기 제어와 타자의 제어, 자기 통치와 타자의 통치의 접점에 정확히 위치합니다. 당대에 분노가 실제로 굉장한 중요성을 갖는다면 그것은 이 시대가 도시국가 구조가 이제 우세하지 않고 헬레니즘 시대 거대한 절대왕정의 출현과 제정 체제의 출현이 새로운 방식으로 권력 영역에서의 개인의 적응 문제와 자신이 행사하는 권력 내에서의 개인의 위치에 대한 문제를 제기하는 사회에서, 권력 관계 체제의 문제를 강력하게 제기하려 시도하는 시대이기 때문입니다. 그리고 이런 문제 제기는 헬레니즘 시대 초기부터 로마 제국 말엽까지 수세기에 걸쳐 계속되었습니다. 어떻게 권력은 원하는 대로 언제나 태생의 신분에 따라 행사되어야 할 신분의 특권과 다른 것이 될 수 있을까요? 어떻게 권력 행사가 개인의 신분적 우월성이 아니라 개인이 수행해야 할 정확하고 구체적인 임무 내에서 규칙을 갖는 정확하고 한정된 기능이 될 수 있을까요? 어떻게 권력 행사가 직분이나 직업이 될 수 있을까요? 이런 문제의 일반적 분위기 속에서 분노의 문제가 제기됩니다. 말하자면 권력과 재산과의 차이는 jus utendi et abutendi에서 찾을 수 있으며, 재산은 당연히 jus utendi et abutendi, 즉 합법적이고 남용적인 사용입니다.[6] 권력과 관련해서는 결코 남용하지 않고 행사할 수 있게 해주는 jus utendi(합법적 사용)를 규정해야 합니다. 그리고 분노의 윤리는 권력의 합법적 사용과 남용하

---

6) "유스티니아누스 법전 편찬자들에 의하면 소유주는 사물에 대해 전적인 소유권 (plena potestas)을 갖는다(I., 2, 4, 4). 이는 특이한 운명을 겪게 될 절대 권력의 원리에 대한 단언이다. 중세에 학자 법은 이를 재발견해 발전시킨다. 주석자들은 인기 있는 표현인 "재산은 jus ustendi et abutendi(합법적이고 남용적이다)라는 표현을 끌어내기 위해 《판례집 *Digeste*》의 한 텍스트를 확대 적용한다(D. 5, 3, 25, 11: re sua abuti putant)."(P. Ourliac & J. de Malafosse, 《로마법과 고대법》, Paris, PUF, 1961, p.58).

려는 의도를 구분하는 방식입니다. 분노의 문제와 관련해서는 보시는 바와 같습니다.

아첨의 문제와 아첨에 대한 도덕적 문제는 정확히 역전적이고 상보적인 문제입니다. 사실 아첨이란 무엇일까요? 분노가 상급자가 하급자에게 가하는 권력 남용이라면 아첨은 하급자가 상급자에게서 발견하는 권력의 잉여분을 얻어내고 총애와 호혜를 얻어내는 방식입니다. 무엇을 통해 그리고 어떻게 하급자는 상급자의 총애와 호혜를 얻어내는 걸까요? 그가 운용할 수 있는 유일한 요소, 유일한 도구, 유일한 기술은 logos입니다. 하급자는 말하고 또 말하면서 상급자의 잉여 권력까지 거슬러 올라가 그로부터 원하는 바를 얻어내는 데 성공할 수 있습니다. 아첨하는 자는 상급자로부터 자신이 원하는 바를 얻어내기 위해 언어를 이용합니다. 하지만 상급자의 우월성을 이용하면서 아첨하는 자는 상급자의 우월성을 강화시킵니다. 아첨하는 자는 상급자가 가장 아름답고, 가장 부유하며 가장 권능이 있는 것으로 생각하게 만들며, 그로부터 자신이 원하는 바를 얻어내는 자이기 때문에 상급자의 우월성을 강화시킵니다. 아무튼 아첨하는 자는 상급자가 실재 상태보다 더 아름답고 더 부유하며 더 권능이 있는 것으로 착각하게 만듭니다. 결과적으로 아첨하는 자는 상급자가 자신이 가지고 있는 것보다 더 많은 장점, 더 많은 힘, 더 많은 권력을 가지고 있다고 상상하게 만드는 거짓된 담론을 건네면서 상급자의 권력을 유용하는 데 성공할 수 있는 사람입니다. 결과적으로 아첨하는 자는 사람들이 자기 자신을 있는 그대로 인식할 수 없게 방해하는 사람입니다. 아첨하는 자는 상급자가 자기 자신을 적절히 돌보지 못하도록 방해하는 자입니다. 아첨자가 규정상 하위의 위치에 있으면서도 결국에는 상급자가 아첨하는 자와 관련해서 뿐만 아니라 타자와 관련해서도, 또 종국적으로는 자기 자신과 관련해서도 그를 허약한 상황에 처하게 할 자의적이고, 그릇되며 기만적인 자기의 이미지를 아첨자의 아첨에서 발견하기 때문에 상급자가 아첨하는 자와 관련해 무기력한 상황에 처하는 결과를 발생시키는 아첨하는 자와 아첨을 받는 자 간의 변증법을 우리는 여기서 발견할 수 있습니다. 아첨은 아첨을 받는 사람을 무기력하고 맹목적으로 만듭니다. 아첨의 일반적 도식은 이렇습니다.

그리고 아첨의 문제에 대한 아주 명시적인 텍스트가 있습니다. 결국은 일련의 텍스트들이 있는데 그 중에서 관심을 집중해 보고자 하는 텍스트는 세네카의 《자연의 의문들》 4편 서문에서 발견되는 텍스트입니다.[7] 이 글에는 아첨 문제의 관건을 좀 규정해 주는 사회적으로나 정치적으로나 대단히 분명한 전경이 있습니다. 따라서 세네카는 은퇴하여 정치 권력의 행사에서 손을 떼고 당대에 시칠리아의 지사를 하고 있던 루킬리우스에게 서신을 보내고 있던——이 유명한 서신 교환이 세네카 생의 말년을 점유한다——시기에 《자연의 의문들》을 집필했습니다. 그는 루킬리우스에게 글을 썼습니다. 세네카는 루킬리우스에게 편지를 썼으며, 오늘날 남아 있는 《자연의 의문들》도 루킬리우스를 위해 저술했고, 오늘날 남아 있지는 않지만 그 유명한 《도덕 서한》도 루킬리우스를 위해 저술하기도 했습니다. 따라서 세네카는 루킬리우스에게 글을 썼고, 《자연의 의문들》의 상이한 편들을 집필하는 대로 루킬리우스에게 보냈습니다. 게다가 명확하지 않은 이유로, 아무튼 내게는 즉각적으로 명확하지 않은 이유로 세네카는 강수(江水)[8] 문제에 할애된 《자연의 의문들》 4편을 아첨에 관한 성찰로 시작합니다. 그가 말하는 바는 다음과 같습니다. "나는 너를 완전히 믿고 있으며, 네가 지사의 일과 관련해 올바르고 적절하게 행동하는지를 완벽하게 잘 알고 있다"라고 쓰고 있습니다. 총독의 직분과 관련해 올바르게 행동하는 것은 무엇일까요? 텍스트는 이 점을 분명히 말합니다. 한편으로 그는 자신의 직무를 수행합니다. 그는 이 직무를 잘 수행하기에 필요 불가결한 것, 즉 otium과 litterae(여가와 문예)를 포기하지 않고 직무를 수행합니다. 연구·독서·글쓰기 등에 몰두하는 면학적인 여가가 보충·지원·조절 원칙의 자격으로 루킬리우스가 적절히 담당해야 하는 총독직을 보장합니다. 직무 수행과 면학적인 여가(otium)의 적절한 조화에 힘입어 루킬리우스는 자신의 직무를 유지할 수 있습니다(continere intra fines: 직무를 그 분수에 맞게 유지하다). 자신이 수행하는 직무를 그 분수에 맞게 유지한다는 것은 무엇을 의미합니까? 그것은 imperim(총체적인 정치적 군주권)을 행사하는 것이 아니라 단순한 procuratio(총독 직분)[9]를 수행

---

7) 《자연의 의문들》 4편 서문, in 《철학자 세네카 전집》, 앞서 인용한 판본, p.455-459. 이 텍스트에 관해서는 《자기 배려》, *op. cit.*, p.108-109 참조.

8) 이 제4편은 〈나일 강에 대하여〉라는 제목을 갖는다.

하는 것임을 상기하는 것——세네카는 루킬리우스에게 이를 잊어서는 안 된다고 말합니다——이라고 세네카는 말합니다. 기술적인 이 두 용어가 존재하는 것은 대단히 의미심장하다고 생각됩니다. 루킬리우스는 직무 수행과 함께하는 면학적인 여가에 힘입어 자신의 권력을 행사합니다. 그리고 자신을 다른 군주로 착각하지 않고 심지어는 군주의 대리인으로 착각하지 않음으로써 루킬리우스는 권력을 적절히 행사할 수 있었습니다. 루킬리우스는 자신에게 주어진 임무에 의해 규정된 직업으로서 권력을 행사합니다. 그것은 단순한 procuratio(지사 직분)이며, 또 여가(otium)와 연구에 힘입어 황제의 군주권으로 착각하지 않고 procuratio(지사 직분)의 한계 내에서 직무를 수행해야 하는 이유는 이렇게 함으로써 너 자신에 만족할 수 있고 너 자신에 만족할 수 있기('tibi tecum optime convenit')[10] 때문이라고 세네카는 말합니다.

우리는 왜 그리고 어떻게 면학적인 여가가 루킬리우스가 수행하는 직무를 한정하는 역할을 하는지를 여기서 알 수 있습니다. 개인이 자기 자신과 적절하고 만족스러운 관계를 설정하게 만드는 것을 목표로 하는 자기 기술(l'art de soi-même)인 면학적 여가(otium)는 개인이 자아와 주체성을 실제적인 자신의 직분을 넘어서는 권력으로 착각하게 되는 착란 속에 빠지지 않게 합니다. 개인은 자신이 행사하는 모든 주권을 자기 자신의 내부에 위치시키며, 보다 정확히 말해서 자기와 자기와의 관계 내에 위치시킵니다. 그리고 자기 자신에게 행사하는 지혜로운 총체적 주권에 입각해 개인은 오직 자기 자신에게 부여된 직무로 자신의 임무 수행을 한정할 수 있고 규정할 수 있게 됩니다. 로마의 훌륭한 공무원이란 바로 이런 사람입니다. 공무원이란 말을 사용할 수 있다고 생각합니다. 개인은 자신의 교양을 통해 획득한 자기와 자기와의 관계에 입각해 훌륭한 공무원으로서 자신의 권력을 행사할 수 있습니다. 루킬리우스가 이와 같이 하고 있다고 세네카는 말합니다. 그

---

9) "당신의 편지에 입각해 판단해 보건대 현명한 루킬리우스여, 당신은 시칠리아와 총독의 직업이 수반하는 여가를 사랑하는군요(officium procurationnis otiosae). 이 직무를 그 한계 내에서 수행하기를 원하고, 또 당신이 군주가 아니라 군주의 대신이라고 생각한다면(si continere id intra fines suos volueris, nec efficere imperium, quod est procuratio) 그것들을 항시 사랑해야 할 것입니다."(《자연의 의문들》 4편 서문, p.455)

10) "반면에 당신은 당신 자신에 만족스럽게 잘 지내고 있다."(*id.*, p.455-456)

러나 그렇게 할 수 있는 능력을 갖춘 사람은 극소수입니다. 대다수의 타인들은 자기애나 자기에 대한 혐오로 인해 고통을 받습니다. 그리고 이와 같은 자기 환멸이나 과도한 자기애는 사람들로 하여금 사실상 배려해야 할 가치가 없는 것들에 몰두하게 만듭니다. 사람들은 sollicitudo, 즉 자기 밖에 있는 사물들에 전념하고 몰두하면서 괴로워한다고 세네카는 말합니다. 그렇지 않으면 그들은 자신을 즐겁게 할 수 있는 모든 쾌락과 관능에 사로잡힙니다. 이것은 자기애의 결과입니다. 그것이 자기에 대한 환멸이어서 그 결과 발생할 수 있는 사건들에 대해 계속적으로 배려하는 사람이건 반대로 그것이 자기애로 인해 결과적으로 육체적 쾌락에 사로잡히는 사람이건 간에 양자 모두는 결코 자기들 자신과 더불어 홀로 있지 않습니다.[11] 그들은 아무것에도 의존하지 않고 또 위협하는 불행에 개의치 않으며 자기 주변에서 마주칠 수 있거나 얻을 수 있는 어떤 쾌락에도 의존하지 않는다는 느낌을 결과시키는 충만하고 적절하며 만족스러운 자기와의 관계를 가질 수 없다는 의미에서 그들은 결코 자기 자신과 더불어 홀로 있을 수 없다는 말이지요. 자기 자신과 홀로 있을 수 없는 결과를 야기시키는 이 결여 속에서 자기 자신에 환멸을 느끼거나 과도하게 집착할 경우, 바로 이 홀로 있을 수 있는 능력의 부재 상태에 아첨꾼과 아첨의 위험이 달려듭니다. 이러한 비-고독(非孤獨) 상태에서, 요컨대 자기 자신과 충만하고 적합하며 충분한 관계를 설정할 수 없는 무능력 상태에서 타자가 끼어들며, 말하자면 그가 이 결여를 채우게 되고 또 이 부적합을 말로 대체하고 채우게 됩니다. 이 담론은 주체가 자기 자신에 행사하는 지상권을 수립하고 닫고 자기 안에 폐쇄하는 참된 담론이 아닐 것입니다. 아첨하는 자는 타자, 즉 아첨하는 자 자신에 의존하게 만드는 이상한 담론을 삽입할 겁니다. 그리고 이 담론은 거짓된 담론입니다. 그래서 아첨을 받는 사람은 자기 자신과의 관계 내에 존재하는 결함으로 인해 아첨하는 자에게 의존하는 상태에 놓이게 됩니다. 그리고 아첨

---

11) "소수의 사람들이 그런 행복을 누릴 수 있다는 것은 놀라운 일이 아니다. 우리는 우리 자신의 폭군이고 박해자이다. 때로는 우리 자신을 지나치게 사랑해 불행해하고, 때로는 우리 자신에 대해 환멸을 느낀다. 정신은 차례로 가련한 오만으로 부풀어오르기도 하고 욕심에 의해 긴장되기도 한다. 우리는 자신을 쾌락에 방치하기도, 근심으로 소진하기도 한다. 설상가상으로 우리는 우리 자신과 홀로 있지 못한다."(*id.*, p.456)

하는 자는 타자이며 사라질 수도 있고 아첨을 악의와 함정으로 변화시킬 수도 있는 사람입니다. 따라서 아첨을 받는 사람은 바로 이 타자에게 의존하며, 게다가 아첨자가 하는 담론의 오류에 의존하기까지 합니다. 결국 아첨을 받는 자의 특징적인 주체성과 자기와의 관계는 타자를 거치게 되는 불완전한 관계이고, 또 타자의 거짓을 경유하게 되는 그릇된 관계입니다. 이것으로부터 쉽게 결론과 몇 가지 주목해야 할 바를 끌어낼 수 있습니다.

결론은 parrhêsia(솔직히 말하기, libertas)가 바로 반(反)-아첨이라는 사실입니다. parrhêsia 내에서 그는 타인에게 말하는 사람이며, 그 결과 이 타자가 아첨에서 발생하는 바와는 다르게 독자적이고 독립적이며 충만하고 만족스러운 자기와의 관계를 구축할 수 있게 된다는 의미에서 반(反)-아첨입니다. Parrhêsia의 궁극적인 목표는 아첨을 받는 자가 아첨을 하는 자에게 계속 의존하게 만드는 것이 아니라——아첨의 경우는 그러하다——말을 듣는 자가 어떤 순간에 타자의 담론을 더 이상 필요로 하지 않게 되는 상황에 놓이게 되도록 만드는 것입니다. 왜 그리고 어떻게 그는 타자의 담론을 더 이상 필요로 하지 않을 수 있을까요? 정확히 그 이유는 타자의 담론이 진실되었기 때문입니다. 타자가 말을 듣는 자에게 참된 담론을 말하고 전승함에 따라 듣는 자는 이 진실된 담론을 내면화하며 주체화하면서 타자와의 관계를 필요로 하지 않을 수 있습니다. Parrhêsia에서 전자로부터 후자로 옮겨가는 진실은 진실을 발화한 자와 관련해 그 말을 받아들인 자의 독자성을 확보하고 보장합니다. 이 점이 아첨/parrhêsia(솔직히 말하기)의 대립과 관련해 말할 수 있는 바입니다. 여기에 두세 가지 지적을 첨가하고자 합니다.

진정하고 정상적인 영혼 지도와 대립되는 이 아첨의 문제와 그것에 대한 공포와 비판을 접하기 위해서는 내가 지금 언급하는 헬레니즘 시대와 제정 시대의 텍스트까지 기다릴 필요가 없었다고 여러분들은 말할 수도 있겠죠. 결국 일련의 텍스트들 내에서 재발견하는 아첨에 대한 방대한 비판을 여러분들은 플라톤에게서 찾아볼 수 있습니다.[12] 플라톤이 논의하고 또 그가 철학자와 제자의 진정한 관계와 대립시키는 아첨은 본질적으로 소년을 사랑하는 사람의 아첨이라는 점을 간단히 지적하고자 합니다. 여기서 내가 언급하는 헬레니즘 시대와 특히 로마 시대의 텍스트에서 문제가 되는 아첨은 늙은 철학자가 소년에게 하는 사랑의 아첨이 아니라 소위 사회·정치적 아첨입니다. 이 아첨의 근간은 성욕이 아니라 한 사람이 다른 한 사람과 관련하여 갖는 열등한 입장입니다. 이것은 내가 이미 논의한 바 있고, 또 소크라테스의 첫 대화들에서 볼 수 있는 예증화된 지도 행위와는 아주 다른 것과 연관이 있습니다. 요컨대 당대의 그리스·로마의 환경에서 지도자는 경기장이나 혹은 체육관에서 젊은이들을 불러모아 그들에게 자기를 돌볼 것을 권유하는 진실의 담지자나 늙은 현자가 아닙니다. 지도자는 그가 말을 거는 상대와 비교해 사회적으로 열등한 위치에 있는 사람입니다. 그는 돈을 주고 고용한 자이며 돈을 받는 자이고 이러저러한 정치적 상황이나 사적인 상황에서 필요한 경우 해야 할 바를 말하는 상임 고문(顧問)의 자격으로 자신의 집에 불러들인 자이며 사람들이 행동의 조언을 구하는 자입니다. 그는 자신이 지도하는 자와 관련해 피보호자와 보호자의 관계에 있는 사람입니다. 그가 지도하는 자와 관련해 지도자의 사회적 위상의 역전은 주목할 만한 바입니다. 이것은 아첨의 문제가 중요해지게 된 원인들 가운데 하나였습니다. 대가족이나 귀족 서클 내에서 사적인 고문으로서의 지도자의 위치는 고전기 그리스 내에서 제기되던 것과는 완전히 다른 방식으로 아첨의 문제를 제기합니다. 이 주제와 테마와 관련해서는 약간 기이하지만 이 맥락에서 설명되는 갈레노스의 지적이 있는데, 이것을 잠시 후 다시 논의하기로 합시다. 갈레노스는 어느 순간에 지도를 받는 자는 부자이거나 권능이 있는 자여서는 안 된다고 말합니다.[13] 사실 이 지적은 비교적 의미만을 갖습니다. 아무튼 지도를 받는 자가 지도하는 자보다 너무 지나치게 부자이거나 권능이 많아서는 안 된다고 말하려는 것이 갈레노스에게 관건이었다고 생각합니다.

이 아첨의 문제에는 보다 일반적인 정치 문제가 결부됩니다. 제정(帝政)

---

12) 수사학에 대한 《고르기아스》의 잘 알려진 구절(463a)을 참조할 것. 즉 "고르기아스여, 내가 보기에 수사학은 기술과는 무관한 실천이며, 상상력과 뻔뻔스러움을 갖춘 영혼을 요구하고 본래 인간의 교류에 적합한 실천이라고 생각한다. 내가 보기에 이러한 실천에 대한 총칭은 아첨이라고 할 수 있다(kolakeian)."(in 플라톤, 《전집》, t. III-2, L. Bodin & A. Croiset 번역, 앞서 인용한 판본, p.131) 《파이드로스》의 240b에서도 아첨하는 자에 대한 지극히 부정적인 정의가 재발견된다.

13) "상담을 요청하는 자는 부자여서도 안 되고 시민의 영광을 부여받은 자여서도 안 된다(갈레노스, 《영혼의 정념과 그 오류에 대한 논설》, R. Van der Elst, Paris, Delagrave, 1914, 3장, p.76).

통치와 함께 정치 형태에서 도시국가의 건설이나 국가의 합법적 조직보다
도 더 중요한 것이 군주의 지혜와 덕과 도덕적 품성이 되는 순간부터——
마르쿠스 아우렐리우스[14]와 관련해 이 점을 이미 논의한 바 있습니다——
군주에 대한 도덕적 지도의 문제가 제기되는 것은 확실합니다. 누가 군주
에게 충고를 해야 할까요? 누가 군주를 교육시켜야 하고, 누가 전세계를 통
치해야 할 군주의 영혼을 통치해야 하는 걸까요? 바로 여기서 군주에 대한
솔직성의 문제가 제기됩니다. 이것은 개인적인 권력의 존재와 왕을 둘러싸
고 있는 궁정이라는 로마 환경에서 새로운 현상의 성립과 연관된 문제입니
다. 이것은 로마의 환경에서 마찬가지로 새로운 현상인 황제의 신성화 현상
과 연관된 문제이기도 합니다. 이 시대 로마제국에서 근본적인 문제는 의사
표현의 자유의 문제가 아니었습니다. 그것은 군주에게 있어서 진실의 문제
였습니다.[15] 요컨대 누가 군주에게 진실을 말할까요? 누가 군주에게 솔직하
게 말할까요? 어떻게 왕에게 진실을 말해야 할까요? 누가 군주에게 군주로
서가 아니라 인간으로서의 그의 현실태를 말할까요? 합리적인 주체와 단순
하고 순수한 인간 존재의 자격으로서 군주가 훌륭한 군주가 될 수 있음에 따
라 이것은 필요 불가결한 문제들이었습니다. 군주의 통치 규칙들은 사물과
인간과 세계와 신에 대해 그가 갖는 윤리적 태도에 근본적으로 의거해야 합
니다. 그것이 법 중의 법이요 모든 절대적 권력이 따라야 하는 내적인 규칙
임에 따라 군주의 윤리, 즉 그의 êthos의 문제는 조언하는 자(군주에게 '진실
을 말하기')의 parrhêsia에 중대한 자리를 부여합니다.

따라서 지금으로서는 parrhêsia(솔직히 말하기)/아첨의 문제를 놔두고
parrhêsia의 또 다른 적수와 파트너인 수사학을 검토해 봅시다. 이 점과 관련
해서는 이미 잘 알려진 바이기 때문에 좀 간략히 논의하겠습니다. 우리는
아첨보다는 수사학을 더 잘 알고 있습니다. 즉 수사학은 우선 그 절차가 진
실을 확증하는 것을 목적으로 하지 않는 기술, 말을 듣는 자를 설득하고 진

---

14) 2월 3일 강의 후반부 참조.

15) P. Veyne의 판단 참조. 즉 "잘못 확보된 정당성에 대해서는 충성의 표현을 과장하
는 수밖에 없다. 인물의 숭배나 '아첨'은 바로 이것이다. 즉 그것은 군주제의 단순한 관
례적 조항이자 동시에 위반 시 대역죄의 의심을 받아야 하는 엄격한 의무이기도 했다."
(세네카, 《대화》 《루킬리우스에게 보내는 서신》에 대한 〈서문〉, 앞서 인용한 판본, p. xi).

실이나 거짓 비-진실을 그가 인정하게 만드는 기술로 정의됩니다. 《수사학》
에서 아리스토텔레스는 수사학을 설득할 수 있는 바를 찾는 힘으로 명확히
정의합니다.[16] 행해진 담론의 내용의 문제와 진실의 문제는 제기되지 않습
니다. 그것은 '청중을 설득하는 추측적 기술'[17]이라고 아테나이오스는 말합
니다. 수사학 혹은 웅변술의 문제를 당대의 주요 철학 테마와 최대한으로 근
접시키려고 엄청난 노력을 한 퀸틸리아누스는 진실과 수사학의 문제를 제
기합니다. 물론 수사학은 참된 사물들만을 전승해야 하고 설득해야 하는 기
술을 구축하지 못하며, 청중에게 진실된 것을 진실되지 않은 것으로 설득하
는 기술이자 테크닉이라고 말합니다. 하지만 이 순간에 진정으로 tekhnê(테
크닉)를 논의할 수 있을까라고[18] 그는 반문합니다. 왜냐하면 철학을 잘 교육
받은 퀸틸리아누스는 진실에 연동되지 않고서도 효율적인 tekhnê는 존재하
지 않는다는 사실을 잘 알고 있었기 때문이지요. 거짓에 의거하는 tekhnê는
진정한 테크닉이 아니며 효과적이지도 못합니다. 그리고 퀸틸리아누스는
다음과 같이 구분하는데 수사학은 분명히 하나의 tekhnê이며, 결과적으로
진실과 관계하지만 이 진실은 말하는 자에 의해 알려진 바로서의 진실이지
말하는 자의 담론에 담긴 진실이 아니라고 말합니다.[19] 따라서 훌륭한 장군
은 실제로는 적들이 대수롭고 가공할 만하지만 자신의 군대에게 그들이 그
렇지 않다라고 설득할 수 있어야 합니다. 훌륭한 장군은 그들에게 거짓을
설득할 수 있어야 합니다. 그는 어떻게 설득할까요? 한편으로 상황의 진실
을 알고 다른 한편으로 진실이 되었건 거짓이 되었건 병사들을 설득시킬 수
있는 진정한 수단을 안다면 장군은 이 일을 해낼 수 있을 것입니다. 결과적

---

16) "수사학은 매 경우 사변적으로 설득하기에 적합한 바를 발견할 수 있는 자질
(dunamis)이다."(아리스토텔레스, 《수사학》, t. I, I편, 1355b, M. Dufour 번역, Paris, Les
Belles Lettres, 1967, p.76)

17) "Athênaios de logôn dunamin prosagoreuei tên rhêtorikên stokhazomenên tês tôn
akouontôn peithous."(섹스토스 엠피리쿠스가 《수학에 반대하여 Adversus Mathematicos》, II,
62, in Sexti Empirici Opera, vol. III, Leipzig, Teubner, 1954, p.687에서 인용한 말)

18) 푸코는 여기서 《웅변가의 육성 Institution oratoire》, t. II, J. Cousin 번역, 앞서 인
용한 판본, p.89-100의 2편 12장(수사학이 기술이라면)을 참조한다.

19) "자기 의견을 갖는 것과 그것을 타자에게 선동하는 것 간에는 큰 차이가 있다."
(id., 12장, 9, 19, p.93)

으로 퀸틸리아누스는 tekhnê로서의 수사학이 진실——말하는 자에 의해 알려지고 소유되며 제어되는 진실——에 어떻게 연동되는지를 보여주지만 수사학이 말해진 바의 측면과 결국 진실을 듣는 자의 측면에서 진리와 연동되는 것이 아님을 보여줍니다. 따라서 그것은 사실상 거짓이 가능한 기술입니다. 바로 이 점이 철학적 담론과 철학적 담론에 고유한 테크닉인 parrhêsia와 대립되는 수사학의 본질적인 바입니다. parrhêsia에서는 진실밖에 있을 수 없습니다. 진실이 없는 곳에는 솔직히-말하기(franc-parler)가 존재하지 않습니다. Parrhêsia는 가장 직접적인 방식으로 이미 진실된 담론을 소유하고 있는 자로부터 그것을 받아야 하고, 그것으로부터 영향을 받아야 하고 그것을 주체화시킬 수 있어야 하는 사람으로 진실된 담론의 이동인 paradosis를 확보합니다. Parrhêsia는 간결한 장식 없는 간결한 힘으로 진실된 담론의 진실을 작동시키는 일만을 하는 이러한 전승의 도구입니다.

잘 알다시피 둘째로 수사학은 규칙화된 절차들로 조직된 기술입니다. 퀸틸리아누스는 수사학이 기술이며 교육되는 기술이라는 점을 그 누구도 감히 의심한 적이 없음을 환기합니다. 심지어는 철학자들, 아리스토텔레스주의자들, 스토아주의자들도 수사학이 기술이며 교육되는 기술이라고 말하고 있고, 또 인정하고 있다고 퀸틸리아누스는 말합니다[20](분명히 퀸틸리아누스는 완전히 반대로 말하고 있는 에피쿠로스주의자들은 언급하지 않습니다[21]). "에피쿠로스주의자는 단련술, 직조술, 꽃병을 만드는 기술이 있는 반면에 이 중요하고 아름다운 작품인 수사학이 어떤 기술의 도움 없이, 또 기술이 되어 버림이 없이 우리가 인식하는 수준에 도달했다고 생각하기 위해 모든 교양과 상식으로부터 멀어진 이 지점에 있는 사람인가?"[22]라고 퀸틸리아누스는 첨언합니다. 따라서 수사학은 분명 기술입니다. 그리고 이 기술은 무엇에 의해 지배됩니까? 이 점에 대해서 퀸틸리아누스의 텍스트는 지극히 명

---

20) *Id.*, 2편 전반을 참조할 것.

21) 《수사학에 대하여》에서 필로데모스는 "에피쿠로스주의 전통이었던 수사학에 대한 적대성을 주장하면서도 유일하게 '소피스트의 수사학,' 다시 말해서 정치적이거나 법률적인 것과는 다른 담론을 쓰는 법을 가르치는 수사학의 tekhnê, 즉 체계화된 지식의 위상을 인정한다."(C. Lêvy, 《헬레니즘 시대의 철학》, Paris, Le Livre de Poche, 1997, p.38) 또 이 점에 대해서는 M. Gigante, 《필로데모스의 도서관》, p.49-51 참조.

시적이지만 이와 동일한 바를 여러분은 키케로의 텍스트에서도 발견할 수 있습니다. 이 기술과 그 규칙들은 개인적이고 개별적인 관계, 말하자면 말하는 자가 말을 듣는 자에 대해 갖는 '전술적 상황'에 의해 규정되지 않습니다. 당대에 이해되던 그대로의 수사학의 규칙들을 규정하는 것은 사람들의 역할이 아닙니다. 요즘에도 그렇게 말하는 사람들이 있음에도 불구하고 고대의 수사학은 언어에 내재하는 속성들에 관련된 일도 아니라는 것을 상기할 필요가 있습니다. 수사학의 가능성과 규칙들은, 즉 수사학을 기술로 규정하는 바는 언어의 이러한 내재적 특성들이 아닙니다. 아시다시피 키케로와 퀸틸리아누스에게 있어서 수사학을 규정하는 바는 아시다시피 다루어지는 주제입니다.[23] 어떻게 논의해야 할지를 말하기 위해 관여적인 바는 논의하는 대상입니다. 옹호하는 대의가 문제인가, 전쟁과 평화를 군중 앞에서 논의하는 것이 중요한가, 형사 기소를 벗어나는 것이 문제일까요? 다루어지는 주제의 이같은 역할은 수사학에 있어서 담론이 어떻게 조직되어야 하는지, narration, 즉 사건들의 이야기가 어떻게 구성되어야 하는지, 찬·반론의 논지를 어떻게 논의해야 하는지를 규정하게 됩니다. 담론의 주제와 지시 대상 전반이 담론의 수사학적 규칙들을 구축하며 파생시킵니다.

Parrhêsia에서는 전혀 다른 바가 문제시됩니다. 우선 parrhêsia는 기술이 아닙니다. 나는 이 점을 조금 주저하면서 말하겠는데 그 이유는 잠시 후 보게 되겠지만 parrhêsia를 기술로 규정한 사람이 있기 때문이며, 그는 《파르헤지아에 관하여》에서의 필로데모스이고 그에 대해서는 다시 논의하도록 하겠습니다. 아무튼 일반적으로 parrhêsia(솔직히 말하기, libertas)는 기술이 아니며 이는 세네카에 있어서 대단히 명확합니다. 기술로 조직되지도 않고 제시되지도 않는 솔직히 말하기의 진정한 이론이 발견되는 세네카의 텍스트들, 그 중에서도 특히 일흔다섯번째 서신을 나중에 재검토하기로 하겠습니다. 그러나 특히 내용 자체——내용은 자명하고 주어졌으며 그것은 진실이다——에 의해 규정되지 않는다는 것이 parrhêsia의 특징입니다. 그렇다면 무엇

---

22) 《웅변가의 육성》, t. II, 2편, 2장, XVII, 3(p.90).

23) "내 생각에——그리고 그것은 보증인이 없는 것도 아니다——수사학은 말하도록 되어 있는 모든 주제를 재료로서 갖는다고 생각한다."(《웅변술의 재료는 무엇인가?》, *id.*, XXI, 4, p.106)

이 parrhêsia를 참된 담론의 특수한 실천으로 규정하는 걸까요? 그것은 신중과 능란의 규칙입니다. 즉 그것은 진실을 듣는 개인이 진실을 수용할 수 있는 능력이 있는 최적의 순간에 최적의 형식하에서 최적의 조건하에서 그 개인에게 진실을 말할 수 있도록 해주는 조건입니다. 다시 말해서 본질적으로 parrhêsia의 규칙들을 규정하는 것은 kairos, 즉 계기입니다. 왜냐하면 계기는 개인들 상호간의 상황이고 진실을 말하기 위해 사람들이 선택하는 순간이기 때문이지요. 말을 듣는 자와 그에게 말해야 하는 계기에 따라 parrhêsia는 참된 담론의 내용이 아니라 그것을 말하는 형식을 변화시켜야 합니다. [···*] 퀸틸리아누스에서 간단히 예를 취해 보겠습니다. 수사학 선생이 부여해야 하는 도덕 교육 혹은 교육의 도덕적 측면과 양태와 관련해 너무 늦지 않게, 가급적이면 빨리 제자를 수사학 선생에게 맡겨야 하지만 수사학 선생은 두 역할을 수행해야 한다고 퀸틸리아누스는 피력합니다. 물론 선생은 수사학을 가르쳐야 합니다. 그러나 그는 도덕적 역할도 합니다.[24] 그리고 선생은 이 도덕적 역할——즉 개인이 자기 양성을 하고 자기와 적절한 관계를 구축하는 것을 돕기——을 어떻게 담당할까요? 이 점과 관련해 퀸틸리아누스는 상당수의 규칙을 부여하며[25] 이 규칙에 대해 그는 libertas라는 용어를 사용하지 않습니다. 그것은 대체로 parrhêsia에 상당하는 경험적 조언입니다. 지나친 엄격성으로 인해 제자의 반감을 불러일으켜서는 안 된다고 퀸틸리아누스는 말합니다. 지나치게 느슨한 나머지 스승과 스승이 하는 말을 무시하게 만드는 지나치게 오만한 태도를 제자에게 유발시켜서는 안 됩니다. 아무튼 행위가 벌어진 이후에 처벌하게 되는 것보다는 미리 조언을 하는 것이 나으며 제자의 질문에 기꺼이 대답해야 한다고 퀸틸리아누스는 말합니다. 지나치게 침묵하고 질문하지 않는 제자들에게 물음을 던져야 하며 제자가 범할 수 있는 모든 오류를 교정해야 하지만 신랄하지 않게 해야 합니다. 마지막으로 스승 자신은 적어도 하루에 한 번씩 그리고 잠정적으로는 하루에 몇 차례씩 청중들이 그가 하는 말을 '가지고 갈' 수 있도록 연설을 해야

---

* "···진실을 담지한 자와 진실을 받아들여야 하는 자 사이에 실천·반성·전술적 신중성으로 전개되는···"만이 들릴 뿐이다.

24) *Id.*, 2장: 〈도덕성과 스승의 의무〉(p.29-33).

25) *Id.*, 2장, 3-8(p.30-31).

한다고 퀸틸리아누스는 말합니다. "확실히 독서는 모방해야 할 요소들을 제공하지만 살아 있는 말은 특히 그것이 스승의 말씀일 경우 보다 영양이 풍부한 양식이다. 잘 교육을 받으면 이 제자들은 선생에게 애정과 존경심을 갖게 된다."[26]

바로 이 점에서 수사학과 parrhêsia의 세번째 차이점에 도달하게 됩니다. 수사학은 회중의 의결에 영향을 미치거나 변화시키며 백성을 인도하고 군대를 지휘하게 해준다는 의미에서 본질적으로 타지에게 영향을 미치는 역할을 담당합니다. 수사학은 타자에게 영향을 미치지만 그것은 항시 말하는 자에게 가장 큰 혜택을 주기 위해서입니다. 실제로 웅변술사가 훌륭하면 어떤 대의를 변론하는 변호사와 같다는 느낌을 단순히 주지 않습니다. 그는 빛과 번개를 던지고 자신을 위해 현재 순간의 영광과 경우에 따라서는 사후에도 살아남을 수 있는 영광을 거머쥔다고 퀸틸리아누스는 말합니다.[27] 이와는 반대로 parrhêsia는 완전히 다른 목표와 목적을 갖습니다. 말하는 자와 듣는 자의 입장은 완전히 다릅니다. 물론 parrhêsia에서도 타지에게 영향을 미치는 것이 중요합니다만 그것은 그들에게 무엇을 명한다거나 이러저러한 일을 그들이 하도록 유도하거나 영향을 주기 위함이 아닙니다. 그들에게 영향을 미치면서 이 세상에서 도달 가능한 모든 복락에 도달한 주체, 지혜로운 주체, 덕 있는 주체를 특징짓는 자기 자신과의 숭고한 관계를 통해 그들이 자기 자신을 스스로 구축하는 데 성공하도록 하는 게 근본적인 관건입니다. 결과적으로 이것이 parrhêsia의 대상이라면 parrhêsia를 실천하는 자——스승——는 parrhêsia의 수행에서 어떤 직접적이고 개인적인 이해를 갖지 않는다는 것을 우리는 잘 알 수 있습니다. Parrhêsia의 실천은 근본적으로 이타성에 의해 명령됩니다. 타인에 대한 아량은 parrhêsia의 도덕적 의무 사항의 핵심에 놓입니다. 한마디로 말해서 솔직히 말하기, parrhêsia는 구조상 수사학과 완전히 다르고 대립되는 무엇입니다. 서두에서 언급했듯이 물론 이러한 대립은 솔직히 말하기와 아첨의 대립과 동일한 유형에 속하지는 않습니

---

26) *Id.*, 2장, 8(p.31).
27) 이 은유는 아리스토파네스가 웅변가 페리클레스를 환기할 때 처음으로 발견된다(아리스토파네스, 《아카르니아 사람들 *Acharniens*》, 530행). 퀸틸리아누스는 이 구절을 누차 반복한다(예를 들면 《웅변가의 육성》, t. VII, XII장, 10,24와 65).

다. 아첨은 parrhêsia의 진정한 반대자이자 적입니다. Parrhêsia는 아첨을 철저히 제거해야 합니다. 이와는 반대로 수사학과 관련해서 parrhêsia의 입장은 조금 다릅니다. 물론 그 구조나 작용상에서 parrhêsia의 담론은 수사학과 완전히 다릅니다. 이는 정해진 결과를 획득하기 위해 이따금씩 parrhêsia의 전술 내에서 수사학의 요소와 절차에 호소해야 한다는 말이 아닙니다. 말하자면 parrhêsia는 수사학의 규칙들로부터 근본적으로 자유롭다고 할 수 있고 수사학을 비스듬히 다시 취해 필요한 경우에만 사용한다는 것이지요. 우리는 여기서 고대 문화 내에서 수사학과 철학의 근본적인 대분쟁[28]으로 지적하고 싶은 일련의 문제와 접하게 됩니다. 5,6세기에 이미 현저했던 이 분쟁은 고대 문화 전반을 관통하게 됩니다. 이 분쟁은 그리스 문화의 재출현과 소위 제2의 소피스트 논법의 출현, 다시 말해서 자기 배려에 의해 지배되는 철학적 실천과 아주 강하게——1세기말과 2세기 전반에 걸쳐——대립하게 될 새로운 문학적·수사학적·웅변술적·사법적 문화의 출현을 수반하는 초기 제정 시대에 와서 새로운 차원과 강도를 갖게 됩니다.[29] Parrhêsia와 연관되고 또 대립되는 두 형상(아첨, 수사학)으로부터 parrhêsia를 추출해 보면 이러한 점들이 parrhêsia가 무엇인지에 대한 적어도 부정적인 규정과 만나게 해줍니다.

　이제 긍정적으로 parrhêsia가 무엇인지를 알기 위해 솔직히 말하기가 무엇인가에 대해 대단히 직접적으로 문제를 제기하고 분석을 제안하는 세 텍스트를 참조할 수 있습니다. 이 세 텍스트는 첫째로 이미 언급한 필로데모스의 《파르헤지아에 관하여》와 둘째로 세네카가 루킬리우스에게 보내는 일흔다섯번째 서신과 셋째로는 지도 관계에서 솔직함을 활용해야 하는 방식의 분석으로 시작하는 《정념론》에서의 갈레노스의 텍스트입니다. 이 세 텍스트들을 완전히 연대순으로는 취하지 않겠습니다. 아무튼 자료 수집의 결함이 변혁을 확증할 수도 없고 명백하게 변혁을 포착할 수도 없음에 따라 연대순을 절대적으로 따라가는 것은 무용한 듯하며, 또 텍스트의 복잡성과 분석의 수준에 비추어 볼 때 parrhêsia 놀이[30]의 일종의 제도적 이미지를 부

────────────

28) 1월 27일 강의 전반부 참조.
29) 1월 27일 강의 후반부 참조.

여하게 될 필로데모스의 텍스트로 시작하는 것이 나을 듯합니다. 그러고 나
서 2세기말이라는[31] 훨씬 더 뒤늦은 시기의 텍스트이기는 하지만 개인적인
지도 관계에서 parrhêsia의 이미지를 부여하는 갈레노스의 텍스트를 연구하
고, 다음으로 parrhêsia와 관련해 가장 심도 있고 가장 분석적인 1세기 중엽
의[32] 세네카의 텍스트를 재검토해 보고자 합니다.

첫째로 필로데모스의 텍스트를 살펴봅시다. 에피쿠로스주의자였던 철학
자 필로데모스는 공화정 말기에 로마에 정착하였고, 루키아노스 피소의 철
학 고문이자 사적인 고문이었습니다.[33] 필로데모스는 우선 굉장히 괄목할 만
한 상당수의 글을 썼고 또 기원전 1세기말과 기원후 1세기초에 에피쿠로스
주 운동의 창시자이자 영감을 불어넣은 자들 가운데 한 사람이었기 때문에
대단히 중요합니다. 나폴리·캄파니아·로마에도 잘 알려진 상이한 에피쿠
로스주의단체들의 항구적인 준거가 바로 필로데모스입니다. 필로데모스에
서 마에케나스에 이르기까지 로마 에피쿠로스주의의 그토록 강력한 삶은
필로데모스의 텍스트에 의해 지시됩니다. 필로데모스는 도덕의 특수한 점
들과 권력 관계와 자기 통치, 그리고 진실의 체제의 관계가 문제시되는 상황
에 대한 일련의 논설들을 썼습니다. 격노에 대한 논설, 아첨에 대한 논설,
자만심(거드름: huperêpahania)에 대한 논설이 있습니다. 그리고 《파르헤지아
에 관하여》가 있는데 상당히 중요하며 많은 누락된 부분을 갖는 단편들이
있습니다. 이 저서는 독일[34]에서 출간되었고 프랑스에는 없습니다. 하지만

---

30) M. Gigante와 더불어 《생활의 방식 *Peri êthôn kai biôn*》에 할애된 보다 광대한 총
체에 속하는 이 논설의 연대를 기원전 40년으로 추정할 수 있다. M. Gigante, 《필로데모
스의 도서관》, p.41-47.

31) 《영혼의 정념과 그 오류에 대한 논설》(앞서 인용한 판본, p.98)의 한 단서에 입각해
갈레노스가 이 저서를 50세에 쓴 것으로 추정한다. 이는(131년을 그의 탄생 시기로 인정한
다면) 180년경에 집필되었음을 암시한다.

32) 《세네카》(*op. cit.*, p.45)에서 P. Grimal의 연대기적 도표에 따라 일흔다섯번째 서신
을 기원후 64년 봄에 위치시킬 필요가 있다.

33) 1월 27일 강의 후반부 참조(키케로는 그리스의 섬세함이 로마 집정관의 거칢과 만나게
되는 이 관계에 대한 풍자적인 묘사를 하고 있다. 《피소에 반대하며 *Contre Piso*》, in 키케로
《담론》, t. XVI-1, XXVIII-XIX, P. Grimal 번역, Paris, Les Belles Lettres, 1966, p.135-137
참조).

34) 필로데모스, 《파르헤지아에 관하여》, éd., A. Olivieri, Leipzig, Teubner, 1914.

피에르 아도가 이 작품을 출간하고 주석을 달 의도가 있는 걸로 알고 있습니다. 텍스트의 난해함 때문에 이탈리아인 지간테가 단 흥미로운 주석을 따라간다는 것을 고백해야 할 것 같습니다. 이 주석은 에피쿠로스주의에 할애된 뷔데협회의 학술대회 모음집에서 발견할 수 있습니다. 학술대회는 1968년에 개최되었고 지간테는 《파르헤지아에 관하여》에 대해 대단히 정밀한 분석을 했습니다. 텍스트를 형편없이 어설프게 주파하며, 그리고 지간테의 텍스트를 따라가며 여기에 대해 말할 수 있는 바는 다음과 같습니다.

지간테의 논지는 다음과 같습니다. parrhêsia는 필로데모스에 의해 tekhnê로 제시되었지만 필로데모스의 텍스트는 tekhnê를 언급하지 않고 있다는 것을 주목해야 하며, 하지만 필로데모스가 지향하는 바가 기술(tekhnê)임을 지시하고 있는 한 요소가 있는 듯하다고 지간테는 말합니다. 즉 완결되지 않은 단편에서 stokhazomenos라는 표현이 발견됩니다. "지혜로운 인간과 철학자는 수긍 가능하고 경직되지 않은 논지를 통해 추측하면서 추론하므로 솔직히 말하기(parrhêsia)에 몰두한다"[35]고 필로데모스는 이 표현을 아주 정확히 표현합니다. 하지만 이것은 적어도 아리스토텔레스 이후로 추측의 기술과 방법의 기술이라는 두 종류 기술의 전통적인 낡은 대립입니다. 추측 기술은 그럴듯하고 수긍 가능한 논지들을 통해 진행되는 기술입니다. 그리고 이것은 결국 이 논지들을 이용하는 자가 단일한 규칙을 따라가지 않고 필연적이고 단일한 질서를 필요로 하지 않으며 병치시키는 일련의 논지를 통해 그럴듯한 진실에 도달하려고 시도할 수 있는 가능성을 열어 줍니다. 반면에 모든 방법론적 기술(methodikos)은 우선적으로 단일할 수밖에 없는 길을 통한 진전의 대가로 결과로서 확실하고 잘 해명된 진실에 이르는 것을 전제합니다. 따라서 stokhazomenos라는 단어(동사: 추측하다)[36]의 용례는 어떤 기술의 존재나 추측 기술과 방법론적[37] 기술의 대립과 연관이 있다고 생

---

35) 《파르헤지아에 관하여》의 단편 1(Gigante가 이 단편을 *Association Guillaume Budé, Actes du VIIIe congrès*(1968), *op. cit.*, p.202에서 번역함).

36) 사실 stokhazesthai는 동사 tekmairesthai와 함께 추측하다라는 의미를 공유하기 이전에 먼저 (표적의 경우) 정조준하는 행위를 가리킨다(M. Détienne가 《지성의 계략. 그리스인들의 mètis *Les Ruses de l'intelligence. La mètis des Grecs*》, Paris, Flammarion, 1974, p.292-305에서 개진하는 논지 참조).

각됩니다. 아무튼 이 추측 기술은 필로데모스의 텍스트에 따르면 무엇에 대한 고찰에 근거하는 것일까요? 그것은 바로 Kairos, 즉 상황에 대한 고찰에 근거합니다.[38] 여기서도 아리스토텔레스의 가르침에 충실함이 보입니다. 아리스토텔레스에 있어서도 추측의 기술은 kairos에 대한 고찰에 근거합니다. 제자에게 말할 때는 많은 배려를 해야 하고 제자들에게 개입하는 경우들을 가능한 한 늦추어야 한다고 필로데모스는 말합니다. 그러나 그것을 너무 늦추어서는 안 됩니다. 적절한 순간을 정확히 선택해야 합니다. 말을 듣는 자의 정신 상태를 또한 고려할 필요가 있습니다. 왜냐하면 공개적으로 너무 심하게 질책하면 젊은이들을 고통스럽게 할 수 있기 때문입니다. 그들을 질책할 수 있지만 이와 같은 방법을 선택해 모든 일이 즐겁고 유쾌한 상태(hilarôs)[39]에서 일어나도록 해야 합니다. 계기의 포착에서 parrhêsia는 항해사의 기술과 실천과 의사의 실천을 떠오르게 한다고 필로데모스는 말합니다. 게다가 필로데모스는 철학적 parrhêsia와 의학적 실천을 평행 관계로 놓습니다. Parrhêsia는 구조(boêtheia)──이 개념은 이미 마주친 적이 있음을 상기할 필요가 있다──[40]이며 thérapeia(치료술)라고 필로데모스는 말합니다.

---

37) 엄밀과학과 추측 기술──후자는 항해술과 의학적 치료를 통합한다──의 대립은 히포크라테스의 자료집인 《고대의 의학》에 처음으로 완벽하게 표현되어 있다. "일종의 측정을 목표로 해야 한다(dei gar metrou tinos stokhazesthai). 하지만 그것은 정확한 진실을 알기 위해 준거하는 수나 무게의 측정으로부터 신체의 감수성만을 발견할 수 있다. 도처에서 경미한 오류만을 범하기 위해서는 아주 정밀한 과학을 습득하는 것은 어려운 일이다. 나는 경미한 실수만을 범하는 의사에게 충만한 찬사를 보내겠지만 판단의 절대적 확실성은 극히 흔한 광경이다. 사실 아주 빈번히 훌륭하지 못한 항해사에게 일어나는 일이 의사에게도 일어난다고 생각한다. 항해사가 평온한 바다에서 운항한다면 실수를 범해도 그것은 분명히 드러나지 않는다. 하지만 그가 거대한 폭풍우와 강한 역풍에 휩싸이면 만인은 그가 경험 미숙과 어리석음으로 인해 선박을 잃었다는 것을 명백히 볼 수 있다(A.-J. Festigière, 앞서 인용한 판본, p.7-8). 플라톤의 우발적인 기술에 대해서는 Festigière의 상세한 주(id., p.41-42 n. 41)를 참조할 것. 확실한 지식과 우연한 지식의 대립이 우연한 지성을 비난하는 시각에서 플라톤이 테마화했다는 것을 주목하자. 반면에('일별'의 관념을 특권화하는 eustokhia 참조) 아리스토텔레스에게는 이같은 실천적 지성은 신중(phronêsis)을 구성하는 요소로 인정된다. 우발적인 기술이 증명의 필연성에서 상실하는 바(과학의 시간외성)는 비행에서 파악되는 kairos 내에서 개입의 적절성에서 회복된다.
38) Gigante의 번역 in Actes du VIIIᵉ congrès…, p.206-207 참조.
39) id., p.211-214(《파르헤지아에 관하여》, éd. A. Olivieri, p.29의 단편 61) 참조.
40) 2월 24일 강의 후반부에 나오는 담론-구조(logos boêthos) 참조.

Parrhêsia는 적절한 치료를 허용해야 합니다. Sophos는 훌륭한 의사입니다.[41] 결국 필로데모스의 단편들 내에서 이제까지 내가 여러분에게 언급한 모든 것과 관련해 새롭고, 아첨이나 수사학과 대립되는 parrhêsia의 부정적 정의를 통해 이미 포착할 수도 있었던 한 요소를 발견할 수 있습니다. 이 새롭고 긍정적이며 중요한 요소는 다음과 같습니다. 이 요소는 필로데모스의 단편 25에서 발견됩니다. 그리고 솔직히 말하기(parrhêsia)를 통해 자유롭게 말했다는 사실에 힘입어 학생들 서로에 대한 호의(eunoia)를 자극하고 강화하고 생기를 불어넣자고[42] 이 텍스트의 번역본에 씌어 있습니다. 이 텍스트에는 중요한 것이 있다고 생각합니다. 그것은 parrhêsia(솔직히 말하기)의 대변혁일 것입니다. 보시다시피 솔직히 말하기가 문제이며 그것을 통해 제자들에게 이러저러한 것을 선동합니다. 따라서 제자들에게 영향을 주어야 하고 그들에게 어떤 것을 선동하고 요컨대 무언가를 '강화해야' 하는 스승의 솔직히 말하기, parrhêsia가 문제시됩니다. 그런데 무엇에 생기를 불어넣고 강화하는 것일까요? 그것은 자유롭게 말했다는 사실에 힘입은 제자들 서로에 대한 호의입니다. 다시 말해서 제자들이 자유롭게 말했단 사실에 힘입어 상호적인 호의가 확보되고 배가됩니다. 그러므로 이 텍스트에는 스승의 parrhêsia에서 제자들의 parrhêsia로 옮겨가는 기호가 존재합니다. 스승의 입장에서 자유로운 말의 실천은 자유롭게 말할 수 있는 가능성과 권리와 의무를 갖게 될 제자들에게 지표와 근간, 그리고 계기의 구실을 해야 합니다. 제자들의 자유로운 말은 그들간에 eunoia(호의) 혹은 우정을 강화시킵니다. 따라서 필로데모스의 텍스트에는 두 가지 중요한 요소가 있습니다. 첫째는 스승이 자신의 parrhêsia를 제자에게 전달하는 것이 중요하며, 둘째는 에피쿠로스주의단체에서 그것은 원칙이고 필로데모스가 자신의 글에서 제자들은 서로를 구원하며 서로서로에 의해 구원되어야 한다(to di'allêlôn sôzesthai)[43]고 아주 명시적으로 환기하고 있기 때문에 제자들간의 우정은 지극히 전통적이며 중요합

41) Gigante의 번역 in *Actes du VIII° congrès*…, p.209-211(《파르헤지아에 대하여》의 단편 44, éd. A. Olivieri, p.21).

42) Gigante의 번역, p.206(단편 25, 《파르헤지아에 관하여》, p.13).

43) Gigante의 번역, p.212(단편 36, 《파르헤지아에 관하여》, p.17). 《자기 배려》, p.67에 재수록됨.

니다.

상당히 도식화시키면서 parrhêsia의 놀이를 다음과 같이 표현할 수 있다고 생각합니다. 에피쿠로스주의단체에서 kathêgêtês 혹은 kathêgoumenos라 불리는 인도자의 위치는 매우 강조되어 있습니다. 요컨대 에피쿠로스주의단체에서 지도자는 중요하고 중심적인 인물입니다.[44] 그가 인간에서 인간으로, 현존에서 현존으로 이어져 에피쿠로스에까지 거슬러 올라가는 직접적인 계승에 근거한다는 본질적인 이유 때문에 중심적입니다. 에피쿠로스주의 지도자들의 세계에서 생생한 모범의 전승과 개인적인 접촉을 통해 에피쿠로스에게로 직접 거슬러 올라가는 것은 필요 불가결하며, 바로 이것이 kathêgêtês (지도자)의 특수한 위치를 기초합니다. 다른 한편 에피쿠로스로부터 전승된 생생한 모범이 그에게 부여하는 말할 수 있다는 것이 kathêgoumenos(스승)의 위치를 특징짓는 바입니다. 스승은 말할 수 있으며 간접적으로 연관된 제일 스승의 진실을 말하게 됩니다(그는 제일 스승의 진실에 간접적으로 연관되지만 그것은 그와의 직접적인 일련의 접촉을 통해서 이루어집니다). 스승의 담론은 근본적으로 진실된 담론이며 오직 이 진실된 담론만을 표명해야 합니다. 제일 스승, 즉 에피쿠로스의 담론 앞에 제자를 위치시키는 것은 스승 자신의 담론의 parrhêsia입니다. 그러나 다른 한편 에피쿠로스까지 거슬러 올라가는 역사적 계보 내에서 스승의 독특한 위치를 표시하며, 제자들에 대한 스승의 권위를 기초하는 이와 같은 수직적인 계보 외에도 에피쿠로스주의단체 내에는 우정 관계이자, 또 상호적인 구원의 역할을 담당할 강도 있고 말도 있으며 강건한 일련의 수평적 관계가 존재하게 됩니다. 이러한 이중적(수직적·수평적) 체제 내에서 parrhêsia가 순환합니다. Parrhêsia는 분명히 말할 권리를 갖고 있고 에피쿠로스의 말과 접촉할 때 진실만을 말할 수 있는 스승으로부터 물론 나옵니다. 하지만 다른 한편으로 이 parrhêsia는 역전되고 방향을 바꾸어 제자들의 실천과 그들간의 관계 방식이 됩니다. 이것은 지극히 암시적이고 도식적인 상당수 텍스트를 통해 에피쿠로스주의단체들로부터 발견할 수 있는 바, 다시 말해서 제자인 사람들이 kathêgoumenos 앞에 그룹으로 모여 그들이 생각하는 바, 마음에 품은 바, 범한 오류, 자신의 책

---

44) Gigante의 번역, p.214-217.

임이라고 느끼며 또 노출되어 있다고 느끼는 허약함을 말하는 의무입니다. 이처럼 처음으로——고대 그리스·로마의 자기 실천 내에서 분명히 처음으로——고백의 실천을 발견할 수 있습니다. 이 고백의 실천은 좀도둑질, 범죄를 저질렀을 경우 사원에 가서 묘석을 놓거나 봉헌을 하여 이 행위를 통해 자신이 저지른 바가 유죄임을 인정하던 예식적이고 종교적인 고백과는 완전히 다릅니다. 에피쿠로스주의단체의 고백에는 무엇인가 완전히 다른 바가 있습니다. 요컨대 그것은 명시적이고 상세히 기술되고 규칙화된 언어적 실천이며, 이를 통해 제자는 스승의 진실의 용기에 일정한 진실의 용기, 즉 타자의 영혼과 소통하는 자기 영혼의 개방에 해당하는 일정한 마음의 개방으로 화답해야 합니다. 마음을 개방함으로써 자기 자신을 구원하는 데 필요한 바를 행하며, 또 타자들이 자기에 대하여 거부나 거절 그리고 비난하는 태도가 아니라 eunoia(호의)를 갖도록 자극하며, 또 그렇게 함으로써 모든 단체의 구성원들과 사람들이 자기 자신을 구원하도록 독려할 수 있습니다. 여기에는 완전히 특이한 구조가 있으며 그 메커니즘이나 논리는 parrhêsia의 실천과 테크닉에 입각해 쉽고 명확하게 재발견됩니다. 그러나 앞으로 보게 되겠지만 그것은 유일한 현상일 것입니다. 아무튼 기독교와 더불어 변화하게 될 바의 최초의 토대는 에피쿠로스주의단체 내에서 발견됩니다. 그것은 전자에서 후자로의 변형의 역사적 관계를 결코 속단하지 않고 생각하게 해주는 첫번째 형식입니다. 우리는 처음으로 고백의 의무를 발견한다고 생각되며, 또 이것을 이후 기독교에서 재발견하게 될 것입니다. 요컨대 나에게 진실을 가르치고 결국에는 나를 구원하는 데 도움을 주는 진실된 말에 타자에게 내 영혼의 진실을 열어 보여주는 진실된 담론으로 화답하도록 선동되고 요청받으며, 또 그렇게 해야 합니다. 바로 이것이 에피쿠로스주의자들의 parrhêsia입니다. 잠시 후 갈레노스의 parrhêsia와 세네카의 parrhêsia(libertas)를 논의하도록 하지요.

1982년 3월 10일 강의

후반부

Parrhêsia 분석 계속: 갈레노스의 《영혼의 정념론》 — 세네카에 따른 libertas의 특징짓기: 대중적이고 감정이입적인 웅변술의 거부; 투명성과 엄격성; 유용한 담론의 통합; 추측의 기술 — Libertas의 구조: 사유의 완결된 전승과 주체의 자기 담론 내 참여 — 교육과 심리교육(psychagogie): 그리스·로마철학과 기독교 내에서 관계와 변혁

— 아직 두 차례 강의가 남아 있지요?[1]

— 그렇습니다.

— 당신은 종교 축제를 따르는군요…….

— 그렇습니다. 절대적으로 그렇습니다. 예수의 탄생부터 부활까지요.[2]

우선 정확히 공급 요청은 아니고 여러분들에게 질문을 하나 할까 합니다. 강의를 녹음하는 사람들이 상당수 있다고 생각되는데요. 아주 좋습니다. 그것은 기본 권리에 분명히 속하니까요. 여기 강의는 공개 강의입니다. 단지 여러분들은 내 강의 전체가 씌어진 것으로 생각할 수 있겠죠. 그러나 보기보다는 그렇지 않고 나는 강의 사본이나 녹취록이 없습니다. 하지만 내가

---

1) 청중이 한 질문.
2) 푸코는 1월부터 4월까지 강의를 했다.

이것들을 필요할 경우가 생길 겁니다. 그래서 혹시 녹취록——라그랑주[3] 씨라 불리는 사람이 가지고 있다고 생각합니다——이나 강의 사본을 가지고 있거나 가지고 있는 사람을 아는 분이 있으면 나에게 말해 주었으면 감사하겠습니다. 내게 도움이 될 것 같습니다. 특히 내가 찾는 것은 최근 4,5년간의 강의에 대한 녹취록과 사본입니다. 신속히 강의를 끝내보도록 노력하겠고, 경우에 따라서는 질문을 하셔도 좋습니다.

조금 건너뛰어 2세기말에 위치하면서 이제 갈레노스의 텍스트를 검토해 봅시다. 갈레노스는 《정념론》, 보다 정확히는 《정념치유론》이라는 텍스트를 썼습니다.[4] 그리고 이 글의 서두에는 필로데모스에게서 발견할 수 있는 바와는 달리 parrhêsia의 '이론'은 없지만 앞에서 언급한 바와 같은 종류의 흥미로운 관계들 내에서 솔직히 말하기(franc-parler)가 무엇이어야 하는지에 대한 지표가 되는 상당수의 요소들이 있습니다. 갈레노스는 무엇으로부터 치료되어야 하는지를 모르면 결코 치료할 수 없다는 원리에서 출발합니다. 의학 혹은 의료 tekhnê는 당연히 자신이 다루어야 할 병을 알아야 할 필요가 있습니다. 이는 명백합니다. 하지만 《정념치유론》에서 갈레노스는 이 텍스트에서 질병의 치유(요법, 치료술)를 논하는 것이 관건이 아니라 정념과 오류의 치료를 논하는 것이 중요하다고 설명합니다. 하지만 자신의 병이 무엇인지를 잘 모르는 병자가 병을 앓는다거나 병으로 인해 즉각적으로 의사를 찾아갈 정도로 명백한 불안을 경험하는 게 사실인 반면 정념, 오류와 관련해서는 훨씬 더 심각한 맹목 상태에 있다고 갈레노스는 말합니다. 왜냐하면 인간은 자기 자신에 대한 환상을 갖지 않기에는 항시 과도할 정도로 자기 자

---

3) 정신병리학 역사가이자 의학 철학자인 Jacques Lagrange는 푸코 강의에 가장 충실했던 청강생이었고 그는 울름 가에 있는 파리 고등사범학교에서 1950년대부터 푸코의 강의를 수강했었다. 그의 녹취록(G. 또 Burlet의 1970년대 녹취록)은 오늘날 전사의 토대로 활용된다.

4) 편집자들은 (Marquardt의 의견을 따르며)《영혼의 정념과 그 오류에 관하여 *Traité des passions de l'âme et de ses erreurs*》와 (Kühn을 따르며)《영혼의 정념의 진단과 치료에 대하여 *Du diagnostic et du traitement des passions de l'âme*》라는 두 제목 사이에서 주저하고 있다. 이 문제에 관해서는 갈레노스, 《영혼과 그 정념 *L'Âme et ses passions*》, Paris, Les Belles Lettres, 1995 최근판의 V. Barras, T. Birchler, A.-F., Morand의 〈권두 주석〉을 참조할 것.

신을 사랑하기 때문이라고 갈레노스는 말합니다(앞서 세네카의《자연의 의문들》[5]과 관련해 논의하던 바가 바로 이 자기애(amor sui)입니다). 자기 자신에 대해 환상을 갖는다는 사실이 결과적으로 주체가 가질 수도 있고 행사할 수 있다고 주장하는 자신에 대한 의사의 역할의 자격을 박탈한다고 할 수 있습니다. 이러한 논지는 우리가 우리 자신을 판단하는 것을 허용하지 않고 타자가 우리 자신을 판단하게 합니다. 결과적으로 모든 것에 대해 환상을 갖게 만드는 자기애 때문에 상담을 요청하는 자에 대하여 관용적인 마음이나 적대적인 마음을 갖지 않는 타자에게 정념과 오류의 치료를 의뢰하는 것이 필요합니다. 뒤에 이 점을 재검토하겠고 현재로서는 그냥 전개[6]되는 대로 갈레노스의 텍스트를 따라가보고자 합니다. 자기애 때문에 우리를 치료하는 데 꼭 필요한 관용적이지도 않고 적대적이지도 않은 이 타자를 어떻게 선별하여 채용해야 하는 걸까요? 용의주도해야 한다고 갈레노스는 말합니다. 주의를 기울이고 또 아첨하지 않는 것으로 유명하고 명성이 자자하며 인정받는 사람에 대한 소문을 듣게 되면 그에게 말을 건넵니다.[7] 그에게 말을 건넨다거나 아니면 말을 건네기에 앞서 그 사람의 비아첨(非阿諂)을 검증하고 시험하며 테스트하려고 시도해야 합니다. 그리고 그가 일상 생활에서 어떻게 행동하는지, 세력가들과 사귀는지, 자신이 사귀거나 의존하고 있는 세력가들에 대해 그가 갖는 태도는 무엇인지를 살펴보아야 합니다. 그의 태도에 따라 또 그가 아첨자가 아님을 실제적으로 증명한 다음에 그에게 말을 걸어야 합니다. 따라서 모르는 자 혹은 우리 자신에게만 알려지고, 또 오직 그의 비아첨(非阿諂) 때문에 알려진 사람과 관계하게 됩니다. 결국 그가 아첨자가 아니라는 것을 검증할 수 있었으므로 그에게 말을 걸게 됩니다. 어떻게 해야 하며, 사태는 어떻게 진행될까요? 먼저 그와 단독으로 대화를 시작하여 말을 건네는 자의 행동과 말하는 방식에서 그가 정념의 흔적이나 징후 증거를 보지 못했는지를 처음으로, 그러나 신뢰를 가지고 묻게 됩니다. 그

5) 강의 전반부에서 연구된《자연의 의문들》4편 서문, '우리 자신을 지나치게 사랑하는 것(amore nostri)의 불행' 참조.
6) 푸코는《영혼의 정념과 그 오류에 관하여》제2장, R. Van der Elst 번역, 앞서 인용한 판본, p.71-72를 요약하였다.
7) 푸코는 여기서 제3장의 환기로 넘어간다(id., p.72-76).

순간 여러 일들이 발생하게 됩니다. 물론 그는 그것들을 알아차렸다고 대답할 수 있습니다. 그래서 치료가 시작됩니다. 다시 말해서 의뢰자는 자신의 정념을 스스로 치료하기 위해 그에게 조언을 구할 수 있습니다. 반대로 첫 대담에서 그가 의뢰자에게서 어떤 정념도 발견하지 못했다고 말하는 것을 가정해 봅시다. 승리를 경계해야 하며 정념이 없고 결과적으로 정념을 치유하는 데 도움을 주는 지도자가 필요 없다고 간주하는 걸 경계해야 한다고 갈레노스는 말합니다. 왜냐하면 [지도자]는 아직 이 정념들을 볼 시간이 없었고, 또 자문을 요청하는 의뢰자에게 관심이 없거나 이러저러한 정념이 있다고 말할 경우 의뢰자가 그에 대해 가질 원한을 겁낼 수도 있기 때문이라고 갈레노스는 말합니다. 결과적으로 지도자로부터 정념이 없다는 대답과는 다른 대답을 얻어내기 위해 의뢰자는 질문에 몰두하고 집중하며 또 질문으로 지도자에게 압박을 가해야 합니다. 비-아첨자인 것을 결과적으로 알고 있지만 이 지도자가 의뢰자의 경우와 같은 양심 지도에 단순히 관심을 갖지 않는 것인지를 알기 위해 경우에 따라서는 다른 사람의 중계를 거칠 필요도 있습니다. 전혀 정념이 없다는 답변 대신에 의뢰를 받는 자가 의뢰자를 나무랄 수 있는데 그 질책이 실제로 근거가 없는 경우를 가정해 봅시다. 이 경우 지도자를 외면하며 그에게 자문을 구했으나 그는 내가 분명히 갖고 있지도 않은 정념들을 내게서 발견한다고 생각한다고 말해서는 안 됩니다. 우선 지도자가 항시 옳을 수 있고, 아무튼 그가 하는 꾸지람은 나에게——그가 질책하지만 이러한 정념을 가지고 있지 않다고 느끼는 나에게——나를 더 잘 감시하고 더 주의 깊은 경계를 할 수 있는 기회일 수 있다고 생각할 필요가 있습니다. 마지막으로 아마도 근거가 없으며 피지도자로 하여금 자기 자신을 더 잘 감시하도록 자극한 첫 시험, 첫 질책이 있은 후 지도자가 하는 질책이 부당하다는 결론과 확신에 도달하게 되는 경우를 가정해 봅시다. 심지어는 지도자가 치료중에 명백히 부당하다고 판명된 질책을 계속해서 하는 경우를 가정해 봅시다. 상당히 괴상한 그의 글에서 갈레노스는 그것에 대해 지도자에게 감사해야 한다고 말합니다. 그것이 부당함을 참아낼수 있는 훈련을 시키는 시련이기 때문에, 또 부당함은 인생 전반에 걸쳐 인간이 지속적으로 마주치는 것임에 따라 부당함에 대비해 인격을 쌓고 무장하며 장비를 갖추는 것은 필요 불가결하기 때문에 그에게 감사해야 한다는 말이지요. 지도자의 부당함은 피지도자에게는 긍정적인 시련입니다. 이 이상하고 놀라운 요소는 내가 아는 한 당대에 같은 장르의 다른 텍스트에서 결코 발견되지 않지만 기독교 영성[8] 내로 이전되어 전개되고 있습니다.

나는 다음과 같은 이유에서 갈레노스의 《정념론》 서두의 이 구절을 지적했습니다. 첫째로 지도자를 가져야 할 필요성은 말하자면 구조상의 필요성이라는 것을 알 수 있었습니다. 타자 없이는 아무것도 할 수 없습니다. 즉 "자신들의 고유한 가치의 선언을 타인들에게 일임한 모든 사람들이 실수하는 것은 거의 보지 못했지만 타자에게 판단을 의뢰하지 않고 스스로를 탁월하다고 평가한 자들이 완전히 실수하는 것을 빈번하게 보았다"[9]고 갈레노스는 이 점을 분명하게 단언합니다. 결과적으로 지도받을 필요성은 상황적이거나 가장 위급한 경우 필요한 것이 아닙니다. 인생에서 적절하게 처신하고자 하는 모든 사람은 지도자를 필요로 합니다. 지도를 받지 않는 자는 "낙엽처럼 떨어진다"[10]라는 성서의 한 구절에 입각해 이 동일한 테마가 기독교 내에서 빈번히 논평되는 것을 재발견할 수 있습니다.

둘째로 대단히 괄목할 만한 바, 즉 의사이며 의학의 상당수 경험적 관념과 개념을 영혼의 지도로 옮겨 놓고 pathos라는 중요한 경험적 관념과 신체에서 영혼으로 가고, 인체 의학에서 영혼의 의학으로 가는 일련의 유비 관계를 이용하고 있는 갈레노스는 어떤 순간에도 지도자가 일종의 영혼의 기술자라고 생각하지 않고 있음을 이 텍스트에서 발견할 수 있습니다. 그는 영혼의 기술자가 아닙니다. 요컨대 지도해야 할 자에게 요구하는 바는 상당수의 도덕적 자질입니다. 그리고 이러한 도덕적 자질의 핵심에는 두 가지 것들이 있습니다. 첫째로 솔직함(parrhêsia), 솔직히 말하는 훈련이 있습니다. 바로 이것이 주요 요소입니다. 솔직히 말하기와 관련해 지도자를 시험해야 합니다. 반대로 자기 자신에 대해서 말하는 자의 솔직함과 그것이 거짓이 아

---

8) (카시아누스의 《공동 수도 생활 제도 Institutions cénobitiques》와 《담화집 Conférences》을 참조하는) 1980년 3월 19일 콜레주 드 프랑스 강의를 참조하고, 또 상이한 이론적 틀 내에서 동일한 텍스트에 의거하며 기독교의 목자 권력(그리스 도시국가의 통치성 원리로 환원이 불가능한 개별화의 테크닉)에 관한 1978년 2월 22일 강의도 참조할 것.

9) 《영혼의 정념과 그 오류에 관하여》, 앞서 인용한 판본, p.71의 제3장 서두.

10) 라틴어 번역본에 의하면 《이사야》 64장 6절(히브리어본에는 5절). 대림절 동안에 찬송되는 〈Rorate, caeli, desuper…〉의 두번째 절에서 반복되는 테마.

님을 시험해야 하는 사람이 지도자가 되게 되는 순간에 이후 기독교에서는 완전히 역전된 형상이 발견될 겁니다.[11] 솔직히 말하기(franc-parler)에서 스승을 시험하는 사람은 피지도자입니다. 둘째로 이미 나이가 들고 사는 동안 자신이 선한 인간이라는 증거와 증표를 제시하는 사람을 되도록이면 선택해야 한다고 텍스트가 말할 때 스승은 이 텍스트의 소구절에서 지시된 바 있는 도덕적 자질을 갖추어야 합니다.[12] 셋째로――또 같은 시대에 발견되는 다른 모든 일련의 것들과 관련해 특이하기 때문에 이는 흥미롭기도 합니다――선택한 지도자는 모르는 사람입니다. 플라톤에 있어서 영혼 지도는 애정 관계에 기초하며, 제정 시대의 대다수 저자들과 특히 세네카에 있어서 지도 관계는 우정과 존경, 그리고 이미 잘 설정된 사교적 관계에 속하는 관계인 반면에――세네카에 있어서 자신과 루킬리우스와의 지도 관계는 완전히 타고난 이 관계 내에 기입된다――[갈레노스에게 있어서는] 거기에 대한 이론적이고 명확한 고찰이 없다 해도(하지만 텍스트의 전개를 보는 것으로 충분하다) 지도를 해야 할 사람이 낯선 이라는 것을 아주 잘 알 수 있습니다. 그와는 사전에 어떤 관계도 없어야 합니다. 아무튼 그가 관용이나 가혹함이 없을 정도로 사전의 관계가 가능한 한 최소화해야 합니다. 영혼의 기술자도 아니고 친구도 아닌 한 개인, 결과적으로는 지도자가 있습니다. 그는 중립적인 자, 낯선 자이며 그와의 관계에서 피지도자는 지도자의 시선의 대상과 담론의 대상 혹은 표적으로 놓여져야 합니다. 지도자는 피지도자를 응시(凝視)하고 관찰하며 피지도자가 이러저러한 정념이 있는지의 여부를 확인합니다. 좋습니다. 그순간 지도자는 그의 **parrhêsia**에 입각해 자유롭게 피지도자에게 말을 하게 될 겁니다. 그리고 이렇게 시선과 담론 주체의 외부적이고 중립적인 지점으로부터 양심 지도 활동이 시행됩니다. 갈레노스의 텍스트와 관련해 여러분에게 말하려 한 바가 바로 이것입니다.

셋째로 이제는 세네카의 텍스트를 검토해 봅시다. 솔직히 말해서 루킬리우스와의 서신 교환에서 명시적이거나 함축적으로 [⋯] [도중에 이 libertas를

---

11) 1980년 3월 19일 콜레주 드 프랑스 강의에서 (헬레니즘 시대의 지도와 반대되는) 기독교의 지도에 대한 묘사 참조.

12) "가장 잘산 노인들을 좋아하라."(《영혼의 정념과 그 오류에 관하여》, 제3장, p.7)

지시하는*] 몇몇 서신을 발견할 수 있습니다. 확실히 필로데모스에게서 발견할 수 있는 바와는 달리 세네카에 있어서 libertas는 테크닉이나 기술이 아닙니다. 이 문제에 대한 체계적인 이론이나 설명은 존재하지 않지만 완벽하게 정합적인 상당수의 요소들이 있습니다. 이 요소들을 마흔번째 서한, [서른여덟]번째 서한, 스물아홉번째 서한, 그리고 일흔다섯번째 서한에서 발견할 수 있습니다. 일흔다섯번째 서한의 텍스트를 연구하기 전에 앞의 서한들을 간단히 논의해 봅시다. [마흔]번째 서한에서 세네카는 명확하고도 다른 많은 텍스트에서 재론하는 방식으로 지도자와 피지도자의 진정한 관계여야 하는 바와 어떤 사람이 대중에게 호소하며 격렬하고 감정이입적인 연설을 할 때 대중적 웅변술 형태로 행해진 연설과 대립시킵니다. 세네카가 여기서 당대에 빈번했던 예언이나 집단적인 지도 형식 내에서 아주 중요한 역할을 담당하던 대부분 대중적이고 견유주의적이거나 견유주의적이고 스토아주의적이었던 웅변술사를 염두에 두는 것은 명약관화한 사실입니다.[13] 이 집단적 지도와 대중적 도덕화에 반대하며 세네카는 인간과 인간, 교양인과 교양인 간의 개인적인 관계일 수 있고 관계여야 하는 바의 권리와 특수한 풍요를 주장하였습니다. 대중적 웅변술의 본래 기능은 무엇일까요? 첫째로 청중의 판단에 호소하지 않고 강력한 감동을 통해 청중을 깜짝 놀라게 하려는 기능입니다. 또 이 강력한 감동을 얻어내기 위해 대중적 웅변술은 사물과 진실의 논리적 질서를 따르지 않습니다. 대중적 웅변술은 극적인 요소들로 만족하며 일종의 연극과 같은 것을 구축합니다. 결과적으로 대중적 웅변술은 오늘날 우리의 어휘로 표현하자면 진실 관계를 거치지 않고 감동적이고 정서적인 효과와, 또 이로 인해 개인에게서 심층적인 결과를 가질 수 없는 효과만을 발생시킵니다.[14] 세네카는 서로 머리를 맞대고 있는 두 개인 사이에서 제어되고 효율적인 담론적 관계여야 하는 바를 대중적 웅변술에 대립시킵

---

* 수고(手稿)에 입각해 복원한 것임.

13) 대중적인 선교 운동에 대한 일반적인 설명에 대해서는 〈대중 선교〉, in J.-M. André, 《로마의 철학》, *op. cit.*, 참조. 가장 오래된 대표자들 가운데 한 사람인 교부 섹스티우스가 소티온의 스승이었고, 소티온은 최초의 교화를 청년 세네카에게 했다는 사실을 주목할 필요가 있다. 하지만 그리스 문헌과 관련해서는 무소니우스 루푸스와 디온 크리소스토무스의 이름을 거명해야 할 필요가 있다.

니다. 이 담론은 진실에 자리를 내어 주는('quae veritati dat operam') 담론(oratio)[15]이라고 세네카는 말합니다. 이 담론이 진실에게 자리를 내주기 위해서는 이 담론이 simplex해야 한다고, 다시 말해서 투명해야 한다고 세네카는 말합니다. 요컨대 담론은 말해야 할 바를 말하고 말해야 하는 바에 옷을 입히거나 미화하거나 결과적으로 장식이나 연극성을 통해 위장시키려고 해서는 안 된다는 말이지요. 그리고 이 담론은 맑은 물처럼 순수해야 하며 진실이 담론으로 이동해야 합니다. 이와 동시에 담론은 composita해야 한다, 다시 말해서 어떤 질서를 따라야 합니다. 그런데 이 질서는 웅변술이 군중의 움직임과 관련해 따르는 연극적인 질서가 아니라 말하고자 하는 진실과 관련해 만들어진 [질서]입니다. 그 결과 진실과 투명하며 진실에 따라 잘 정련된 담론을 이용하면서 타자에게 건네진 이 담론은 듣는 자의 심층부로 내려갈 수 있습니다('descendere in nos debet'[16]). 이 담론은 단순성과 숙고된 구성을 통해 우리의 심층부까지 내려가야 합니다. 마흔번째 서신에 있는 바는 이와 같습니다. 서른여덟번째 서신에서 세네카는 결정적 수단에 호소하려고 하는 대중적 웅변술과 진정한 지도와 조언의 대립을 재론합니다. 대중적 웅변술은 결정적인 수단에 호소하려 하는 반면에 타인에게 해야 할 진정한 지도와 조언에서는 결정적 수단에 호소하는 게 관건이 아니라 영혼에 가까스로 보이지만 싹틀 수 있고 혹은 자연이 인간에게 맡긴 지혜의 씨앗(이성의 씨앗과 싹[17])을 싹트게 하는 것을 돕는 작은 씨앗을 영혼에 뿌리는 것이 관건입니다. 이는 이 담론이 개인과 그의 현재 상태에 아주 각별한 관심을 기울인다는 것을 암시합니다. 이 씨앗들이 실종되거나 으스러져서는 안 됩니다.[18] 결과적으로 지도자는 말을 듣는 사람에게 자신을 맞출 필요가 있고, 발아가 일어날 수 있는 적절한 순간을 기다릴 필요가 있습니다. 스

---

14) "대중의 웅변술은 진실과 전혀 관계가 없다. 웅변술은 무엇을 원하는가? 판별력 없는 청중을 놀라게 함으로써 대중을 동요시키는 것이 웅변술이 원하는 바이다."(세네카, 《루킬리우스에게 보내는 서신》, t. I, IV편, 서신 40, 4, 앞서 인용한 판본, p.162-163)

15) "뿐만 아니라 진실을 위해 노력하는 말은 규칙화되고 동시에 통일되어야 한다고 생각하거라(adice nunc, quod quae veritati operam dat oratio, et composita esse debet et simplex)."(ibid.)

16) "치료를 목적으로 하는 담론은 우리 자신의 심층부로 내려가야 하지 않겠니(descendere in nos debet)?"(ibid.)

물아홉번째 편지에서도 동일한 테마가 발견됩니다.[19]

말을 하지 않고서도 의심할 여지 없이 그리스인들에게는 parrhêsia인 libertas가 무엇인지에 대한 완벽한 설명으로 생각되는 일흔다섯번째 편지를 검토해 봅시다. 텍스트는 다음과 같습니다. "내 편지는 너의 취미에 따라 잘 다듬어지지 않았고 너는 그것을 불평한다. 거드름 피우는 문체 애호가 말고 사실 누가 자기 문체를 다듬으려고 생각하겠느냐? 우리가 한가하게 앉아서 건 산보를 하면서건 대면하게 되면 내 대화는 꾸밈없이 이해하기 쉬운 형세를 갖게 될 것이다(inlaboratus et facilis). 내 편지도 그러기를 바란다. 요컨대 내 편지는 꾸밈과 인위적인 것이 전혀 없다. 가능하다면 내 생각을 언어로 번역하기보다는 네가 직접 내 생각을 보게 하고 싶다[이 중요한 문장을 뒤에 다시 논의하겠습니다]. 정규 강연에서도 너에게 내 생각을 세련된 장식이나 진부함 없이 전달했다면 내 목적이 달성되었다고 판단해 나는 발을 구르지 않겠고 팔을 앞으로 뻗지 않을 것이며, 목소리를 높이지 않을 것이고 이를 웅변술사에게 맡길 것이다. 무엇보다도 내가 말하게 되는 모든 것을 나는 사유하고 그것을 사유하는 것으로 만족하지 못한다 해도 그것을 사랑한다는 것을 너에게 진심으로 이해시키고 싶다. 자식들에게 하는 입맞춤은 애인이 받는 입맞춤과 닮지 않았다. 하지만 이토록 순결하고 신중한 입맞춤은 애

---

17) 논리적 씨앗 이론에 대해서는 키케로의 "우리는 태어나면서 덕의 씨앗을 가지고 온다(semina innata virtutum)"(《투스쿨라나룸 담론》, t. II, III, 1,2, J. Humbert 번역, 앞서 인용한 판본, p.3)를 참조하고, 또 세네카의 "청자에게 선을 사랑하도록 자극하는 것은 쉬운 일이다. 자연은 모든 사람의 마음에 덕의 토대와 씨앗을(semenque virtutum) 놓았다."(《루킬리우스에게 보내는 서신》, t. IV, 17–18편, 서신 108, 8, p.179) 이 주제는 디오게네스 라에르티오스가 한 스토아주의에 대한 일반적 설명에서 묘사의 대상이 된다(《유명한 철학자들의 삶과 학설》, M.-O. Goulet-Cazé 번역, 앞서 인용한 판본, p.881).

18) "자유로운 담화는 은밀히 영혼 속에 스며들기 때문에 가장 큰 소득에 속한다.[…] 충고는 결코 큰 소리로 주어지지 않는다. […] 낮은 톤을 취할 필요가 있다. 이런 방식으로 말은 쉽게 침투하고 각인된다. 말은 넘쳐날 필요가 없고 효율적일 필요가 있다. 모든 것을 갖추고 좋은 토양에 떨어지기만 하면 되는 씨앗이 생명력을 펼치듯 말을 확산시키자."(《루킬리우스에게 보내는 서신》, t. I, 6편, 서신 38, 1–2, p.157)

19) "진리는 들으려 하는 자에게만 말해져야 한다. 그렇기 때문에 무분별하게 솔직히 말하기를 사용하고, 아무에게나 충고를 한 디오게네스와 보다 일반적으로 말해 견유주의자들이 그렇게 해야만 했는지를 자문해 볼 필요가 있다. 귀머거리와 선천적이든 사고 때문이든 간에 벙어리를 훈계하려고 한다면 얼마나 효과가 있을까!"(id., 서신 29, 1, p.124–125)

정을 드러내 보이게 한다. 분명히 나는 차원 높은 동기에 근거한 대담의 무미건조한 분위기를 강요하지 않는다. 철학은 정신의 우아함을 거부하지 않는다. 어휘에 고심하지 말아야 한다. 우리 수사학의 핵심 요점은 다음과 같다[이것은 역자의 첨언이다. **Haec sit propositi nostri summa**는 내가 단언하는 바, 내가 알리는 바, 내가 말하고자 하는 바는 다음과 같다라고 번역되어야 합니다; M. F.]. 요컨대 사유하는 바를 말하며 말하는 바를 사유하고 언어가 행실과 일치하게 만드는 것이 내가 말하고자 하는 바이다. 언어를 보고 들으며 변함없이 동일하게 남아 있는 자는 이 약속을 완수한 자이다. 우리는 이같은 속성의 독창성과 위대성을 보게 될 것이다. 우리의 담론은 기분 좋은 것이 아니라 유용한 것을 지향해야 한다. 하지만 수사학이 노고를 들이지 않는 상태에서 진행된다거나 저절로 제공된다거나 값이 거의 나가지 않을 경우 그것을 받아들이자. 그리고 수사학은 지극히 아름다운 것의 뒤를 따라가야 하며, 또 자기 자신을 내보이기 위해서라기보다는 사물을 드러내보이기 위해 행해져야 한다. 다른 기술들은 절대적으로 정신에 호소한다. 여기서 우리는 오직 영혼을 위해 일한다. 환자는 수사학에 뛰어난 의사를 찾아 나서지 않는다. 그러나 자기 자신을 치유할 줄 아는 의사가 수행해야 할 치료법에 대해 우아하게 논하는 경우가 있다면 환자는 그것을 달게 받아들일 것이다. 하지만 자신의 능력 이상으로 말을 잘하는 의사에게 떨어지면 그것은 [환자에게 있어서; M. F.] 기뻐해야 할 일이 아니다. 이 경우는 잘생긴 소년이기까지 한 훌륭한 조종사의 경우와 유사하다. 왜 나의 귀를 가럽게 하고 유혹하려 하는가? 다른 것이 문제다. 나에게 필요한 것은 불과 철과 단식이다. 그래서 너를 부른 것이다."[20]

좀 긴 이 텍스트에서 여러분들이 알고 있는 많은 요소들을 이미 포착할 수 있었다고 생각합니다. 첫째로 한 개인이 다른 개인에게 보내고, 그렇기 때문에 각각의 파트너를 고려하는 유연성과 거동의 자유를 개인적 관계로서 가져야 하는 서신의 특권과 함께 대중적 웅변술에 반대하는 언급을 포착할 수 있었습니다. 그것은 매한가지 일이라고 세네카는 말합니다. 서로에게 서신을 보내는 대신에 한가로이 앉거나 함께 산책하면서 특수한 방식으로 대

---

20) 《루킬리우스에게 보내는 서신》, t. III, 9편, 서신 75, 1-7(p.50-51).

담할 수 있다면 더 좋을 것이다라고 세네카는 말합니다.[21] 동시에 생생한 신체적 접촉인 이 특수한 대담과 대면은 지도 관계에 있어 명백히 최상의 형식, 이상적인 형식이 틀림없습니다. 둘째로 이미 내가 언급한 적이 있는 바를 이 텍스트에서 포착할 수 있는데, 그것은 수사학에 대한 태도입니다. 텍스트의 번역자가 "우리 수사학의 핵심 요점은 이것이다"라고 세네카가 말하는 것으로 번역하는데 세네카는 이렇게 말하지 않았습니다. 그는 자신이 하는 바를 지시하기 위해 수사학이라는 표현을 전혀 사용하지 않습니다. 하지만 그는 담론의 장식이 전적으로 유용할 수도 있다고 말합니다. 아름다운 언어를 들으며 존재할 수 있는 기쁨과 매력을 혐오할 이유는 없습니다. 게다가 수사학이 저절로 주어지며 값이 나가지 않는 한에서 거기에는 무언가 유용한 것이 있을 수 있습니다. 따라서 수사학의 전술적인 활용이 존재하지만 수사학 규칙에의 근본적이고 총체적이고 전체적인 복종은 있을 수 없습니다. 셋째로 우리가 논의한 '솔직히-말하기'의 담론은 말을 듣는 타자에게 유용해야 하며, 또 그에게 본질적으로 지향되는 기능을 가지고 있다는 점을 알 수 있었습니다. 여기서는 상당수의 유용성의 요소들에 유념해야 합니다. 한편으로 세네카는 ingenium(정신·지성 등등)에 그다지 호소하지 않는 이 유용성은 animi negotium(영혼의 교류, 활동 실천)에 속하는 것입니다. 따라서 (솔직히-말하기)는 animi negotium, 즉 영혼의 '교류' 내에서 유용합니다. 이 유용성은 어떻게 나타날까요? 그것은 단락의 마지막 구절에 있습니다. 다 읽지 않았지만 단락의 마지막에서 세네카는 솔직히-말하기가 적절히 사용되었을 때 그 효과가 무엇인지를 설명합니다. 너에게 사람들이 아름다운 연설을 할 때 말들에 조심하고, 그 아름다움과 매력에 조심하라고 세네카는 말합니다. "감언이설은 너를 즐겁게 한다. 하지만 이 모든 지식의 습득을 언제 완수하려 하느냐? 언제 그것을 네 자신 안에 각인해 한번 습득되면 더 이상 네 기억으로부터 떠나지 않도록 할 작정이냐? 언제 그것을 경험에 회부하려 하느냐? 다른 것도 마찬가지이지만 이 문제들은 자신의 기억에 맡기는 것만으로는 충분하지 않다. 그것을 실천하면서 시도해야 한다"[22]

---

21) 예를 들면 "직언과 일상적인 대면은 씌어진 담론보다 너에게 훨씬 더 유용할 것이다"(《루킬리우스에게 보내는 서신》, t. I, 1편, 서신 6, 5, p.17) 참조.

고 세네카는 말합니다. 결과적으로 animi negotium 내에서 솔직히-말하기 (franc-parler)의 유용성은 다음과 같은 바를 궁극적인 목표로서 설정해야 합니다. 즉 들은 바를 그 아름다움을 상기하며 기억 한구석에 저장하는 것으로 만족하는 것이 아니라 그것을 자기 자신 안에 각인해서 그것이 요구되는 상황에 처할 때 적절히 행위하는 것을 궁극적인 목표로 설정해야 한다는 말입니다. 들은 말, 즉 parrhêsia에 의해 전승된 이 말의 유용성과 효율성은 시험에 입각해 평가될 수 있습니다. 마지막으로 parrhêsia와 관련해 다른 텍스트에서 발견되는 다른 요소는 의학과 항해술, 그리고 자기와 타자의 통치 간의 불가피하며 근본적인 비교입니다.[23] 이 비교는 헬레니즘 시대와 그리스·로마 시대의 통치에 대한 사유와 이론에서 진정으로 중추적인 역할을 합니다. 통치는 항해술과 의학과 마찬가지로 우발적인 기술이고 추측의 기술입니다. 요컨대 배를 지휘하기, 환자를 치료하기, 사람들을 통치하고 자기를 통치하기는 합리적이고 동시에 불확실한 동일한 행동 유형론에 속합니다.[24]

여기에는 완전히 친숙한 전경이 있습니다. 내가 단지 이 텍스트에 집중한 이유는 다음과 같습니다. 요컨대 이 텍스트의 중심부에는 필로데모스와 갈레노스의 다른 텍스트들에 나타나는 상당수 표현들이 있으며, 또 여기서 이 테마가 완전하게 전개되기 때문입니다. 필요한 경우 사용되는 말들이 다소 장식될 수도 있다는 것이 parrhêsia에서 본질적인 바입니다. 하지만 아무튼 간에 말의 기능은 무엇일까요? 문장을 인용해 보면 세네카는 이렇게 말합니다. 즉 "말하기(loqui)보다는 내가 체험하는 바(quid sentiam)를 보여주는 것 (ostendere)이 관건이다."[25] "말하기보다는 자신의 사유를 보여주는 것"이 의미하는 바는 무엇일까요? 비록 경우에 따라 장식을 사용해야 한다 해도 가능한 한 극적이어서는 안 되는 이러한 사유의 현시에는 세네카의 텍스트에

---

22) 《루킬리우스에게 보내는 서신》, t. Ⅲ, 9편, 서신 75, 7(p.52).

23) 2월 17일 강의 전반부 참조.

24) 이 강의 전반부의 분석 참조. 우발적인 지성에 속하는 것으로 여겨지는 항해, 의학 그리고 통치에 관해서는 J.-P. Vernant & M. Détienne, 《지성의 계략. 그리스인들의 métis》, op. cit., 특히 아테나 해안 지대에 대해서는 p.201-241과 295-302 참조.

25) 《루킬리우스에게 보내는 서신》, t. Ⅲ, 9편, 서신 75, 2(p.50).

서 명시되어 있는 두 중요한 요소가 있습니다. 첫번째로 순수하고 단순한 사유의 전승이라는 요소가 있습니다. 요컨대 "내가 너에게 내 생각을 장식이 없지만 단조롭지 않게 전승했다면" 내 목적은 달성된 것입니다(contentus sensus meos ad te pertulisse, quos nec exornassem nec abiecissem). 수수하고 단순하게 사유를 전달하기는 "서신을 통해 소식들 전달하다"라는 표현에서와 마찬가지로 동사 perferre입니다. 그것은 paradosis입니다. 따라서 문제는 순수하고 단순하게 투명성과 함께 용인할 수 있는 최소한의 장식을 가지고 전달하는 것이 문제입니다(우리는 마흔번째 서신에서 문제가 되었던 oratio simplex의 테마를 여기서 재발견할 수 있습니다).

순수하고 단순하게 사유를 전승하기, 하지만──여기에 parrhêsia와 liber-tas의 목적인 사유의 현현, 즉 quid sentiam ostendere를 특징짓는 두번째 요소가 있습니다──전승하는 사유가 그것을 전승하는 자의 사유임을 보여주어야 할 필요가 있습니다. 그것은 사유를 표현하는 자의 사유이며, 그가 보여주어야 하는 바는 말하는 내가 이 사유가 실제로 진실임을 믿으며 나에게 이 사유가 진실임을 보여주어야 합니다. 'omnia me illa sentire, quae dicerem,'[26] 즉 내가 말하는 바가 진실이라고 내가 실제로 체험한다(sentire)는 것을 이해시킬 필요가 있다고 세네카의 텍스트는 명시적으로 언급합니다. 그리고 'nec tantum sentire, sed amare,' 즉 내가 그것을 체험하고 진실로 간주할 뿐만 아니라 나는 그것을 사랑하며 애착을 느끼고 내 전생애가 그것에 의해 지배된다고 세네카는 부언합니다. 어린아이에게 하는 입맞춤과의 비교는 흥미롭습니다. 자기 연인에게 하는 입맞춤은 항시 조금은 더 첨가하는 감정이입적이고 수사학적인 입맞춤입니다. 어린아이에게 하는 입맞춤은 순결하며 simplex(단순)합니다. 요컨대 그것이 투명하고 애인에게서보다도 어린아이에게서 덜 느껴지는 것이 아닌 그런 애정 이외에는 어떤 다른 것도 표현하지 않는다는 의미에서 순결하다는 말이지요. 말하자면 인간은 현존합니다. 요컨대 나는 이 단순하고 순수한 입맞춤 속에서 내 사랑을 현존하게 만듭니다. 결국 이것은 libertas(parrhêsia)라는 경험적 관념 내에서 본질적인 요소로 귀결됩니다. 이 본질적인 요소는 예를 들어 스스로 자신의 생

---

26) *Id.*, 서신 75, 3(p.50).

활에서 잘 처신하는 법을 보여준 사람을 스승으로 여겨야 한다고 갈레노스가 말할 때 나타남을 알 수 있습니다. 또 이 본질적 요소는 Kathêgêtês나 kathêgoumenos에 대해 그것이 스승들의 모범에 입각해 형성된 것이라고 필로데모스가 말할 때 발견됩니다.[27] 사람이 행하는 담론의 parrhêsia(솔직함)를 보장하기 위해 말하는 바 내에서 말하는 자의 현존이 감지되어야 한다는 것이 Libertas와 parrhêsia 개념에서 핵심적인 요소이고, 여기 세네카의 텍스트에서 개진되는 핵심 요소라 말할 수 있습니다.[28] 아니면 parrhêsia, 즉 그가 말하는 바의 진실이 그가 관찰하는 행동과 실제로 자신이 사는 방식에 의해 최종적으로 결정되어야 할 필요가 있습니다. 세네카는 이 점을 다음과 같은 문장에서 말하고 있습니다. 즉 "사유하는 바를 말하고 말하는 바를 생각하고 언어가 행동과 일치하게 만들기, 바로 이것이 핵심 요점[우리의 수사학의 요점이 아니라 내가 말하고자 하는 바의 요점; M. F.]이다. Ille promissum suum implevit, qui, et cum videas illum et cum audias, idem est." [다시 말해서] 그는 지도 행위의 근본에 있고 그 토대와 조건이 되는 이런 종류의 계약(promissum suum)과 약속을 지켰으며, 우리가 그의 담론 속에서 듣고 그의 생활 속에서 보는 동일한 인물인 그는 자신이 약속한 바를 지킵니다. Parrhêsia의 토대는 진실을 말하는 주체와 이 진실이 원하는 바대로 행동하는 주체 간의 일치(adoequatio)라고 생각합니다. 전술적으로 타자에 맞추는 것 이상으로 parrhêsia와 libertas를 특징짓는 바는 말하는 주체 혹은 발화 주체와 행위 주체의 일치입니다. 바로 이 일치가 전통적으로 요청되는 형식을 넘어서서 말하는 바의 수용을 도모하기 위해 필요할 경우 사용할 수 있는 수사학의 방편과는 별개로 말할 수 있는 권리와 가능성을 부여합니다.

따라서 parrhêsia(libertas, 솔직히-말하기)는 스승의 말에 꼭 필요한 이같은 형식이며, 또 이렇게 parrhêsia에 대해 내가 말하고자 하는 바를 요약하겠습니다. 그것은 한편으로 듣는 사람의 상황과 계기 그리고 특수성에 맞아야 하

---

27) 이 강의 전반부 참조.

28) (페리클레스의 담론, 에우리피데스의 《이온》, 플라톤의 대화편 등 고전기 그리스의 파르헤지아 연구에 할애된) 1983년 1월 12일 강의에서 푸코는 파르헤지아를 규정하기 위해 주체와 그의 말과의 연루 관계를 유념하지만 주체가 받게 되는 위험이라는 관념을 부가한다. 주체의 솔직함은 그에게 자유와 생명의 가치를 지닐 수 있다.

고, 다른 한편으로는 말하는 자의 측면에서는 발화 주체와 행동 주체 간의 약속과 관계의 가치를 지니며 일정한 계약을 구축한다는 점에서 규칙으로 부터 벗어나고 수사학적 절차들로부터 해방된 자유로운 말입니다. 말하는 주체는 약속합니다. "나는 진실을 말한다"라고 말하는 순간 그는 자신이 말 하는 바를 행한다고 약속하고, 또 자신이 표명하는 진실에 정확히 따르는 행동의 주체임을 약속합니다. 그렇기 때문에 실제적인 예(exemplum)가 없 는 진실 교육은 존재하지 않습니다. 진실을 말하는 자가 진실의 예를 보여 주지 않는 진실 교육은 존재하지 않습니다. 또한 그렇기 때문에 개인적인 관계가——대중 집회에서 주어지며 어떤 개인이 군중에게 진실을 설득하는 연극적인 교육에서보다 훨씬 더—— 필요합니다. 서신 교환상에서 개인적 인 관계가 필요합니다. 더욱이 대화상에서 개인적인 관계가 필요합니다. 요 컨대 공유하는 삶의 관계, 손에서 손으로 전승되는 살아 있는 모범의 긴 연 쇄가 필요합니다.[29] 이는 실례가 말해진 진실의 이해를 단지 더 수월하게 하 기 때문이 아니라 실례와 담론의 연쇄에서 계약이 부단히 재생산되기 때문 입니다. 나는 진실을 말하고 나는 당신에게 진실을 말합니다. 그리고 내가 당신에게 진실을 말한다는 것의 정당성을 증명하는 바는 실제로 행동 주체 인 내가 절대적으로, 전적으로, 완전히 내가 당신에게 말하는 바를 당신에 게 말할 때 발화 주체인 나와 동일하다는 사실입니다. 여기에 parrhêsia의 핵 심이 있다고 생각합니다. 내가 이 점을 주장하고 또 이 지점으로 유도하기 위해 parrhêsia의 분석을 구축했다면 그 이유는 특히 이 분석을 기독교에서 발견되는 바와 비교할 때 현저하게 주목할 만한 요소와 사물의 분포를 갖기 때문입니다.[30] 물론 복잡한 이 모든 사태를 단순화시킬 필요는 없습니다. 요 컨대 예를 들어 에피쿠로스주의자들에게는 갈레노스에게서 발견되는 것과 는 상당히 다른 parrhêsia 양식이 있으며, 세네카에게서 발견되는 것과도 다

---

29) 스승과 생생한 접촉을 하고, 이로 인해 전례 없는 명성을 누린 제자들에 의해 전승 되고 강의 전반부에서 개진된 에피쿠로스의 추억에 대한 암시.

30) 기독교의 파르헤지아에 대한 분석은 1984년에 푸코가 콜레주 드 프랑스에서 한 마 지막 강의에서 구상되기 시작함을 알 수 있다. 여기서 푸코는 알렉산드리아의 필론(신과 의 관계의 충만하고 긍정적 방식으로서의 파르헤지아)과 신약 문헌(기도를 가능하게 하는 기 독교인의 확신으로서의 파르헤지아)에서 파르헤지아의 용례를 환기한다.

릅니다. 결국 수많은 양식이 있습니다.

하지만 약간 대략적으로 훑어보는 관점을 취하면 다음과 같이 말할 수 있습니다. 한 주체가 이전에 갖추지 못했고, 또 교육적 관계의 종반부에 소유해야 할 적성·능력·지식 등을 갖추게 하는 임무를 맡은 진실의 전승을 'pédagogique'라 부릅시다. 따라서 주체에게 앞서 정의된 소질을 갖추게 하는 것을 목적으로 하는 관계를 'pédagogique'라 부른다면 주체에게 어떤 소질을 갖추게 하는 것이 아니라 말을 듣는 주체의 존재 방식을 변형시키는 임무를 띤 진실의 전승을 'psychagogique'라 부를 수 있다고 생각합니다. 이 psychagogique 절차의 역사에서 주목할 만한 전이와 변동이 대체적으로 그리스·로마철학과 기독교 사이에서 발생한 것 같습니다. 고대 그리스·로마 시대에 psychagogique의 관계에서 진실의 본질적 하중, 진실-말하기의 필요성, 진실을 말하기 위해 또 진실이 그 효과——즉 주체의 존재 양태의 변화——를 발생시키기 위해 진실을 말하면서 따라야 할 규칙들 등 이 모든 것은 스승, 지도자, 조언하는 자 쪽으로 향합니다. 이러한 의무, 임무 약속의 대부분은 진실된 담론의 발화자와 전승자를 짓누릅니다. 진실 의무의 대부분이 스승·고문·안내자 쪽으로 향하게 됨에 따라 고대에 psychagogie의 관계는 pédagogie의 관계와 대단히 가깝거나 상대적으로 가깝다고 말할 수 있습니다. 왜냐하면 스승은 pédagogie에서 진실을 보유하고 있고, 자신이 전승하는 진실된 담론에 내재하는 규칙 내에서 적절히 표현하는 한에서 스승이기 때문입니다. 진실과 진실의 의무는 스승의 편에 있습니다. 모든 pédagogie에서 이것은 사실입니다. 고대의 pédagogie에서도 그렇지만 고대의 psychagogie에서도 마찬가지입니다. 그리고 바로 이런 의미와 이유에서 고대의 psychagogie는 pédagogie와 아주 유사합니다. Psychagogie는 여전히 paideia(교양)[31]로 체험됩니다. 반면에 기독교에서는 아주 중요한 상당수 변동——그 중에서도 진실이 영혼을 인도하는 자로부터 오는 게 아니라 다른 방식(계시·성서·성경 텍스트 등)으로 부여된다는 점——에 입각해 사태가 엄청나게 변하게 됩니다. 그리고 기독교 유형의 psychagogie에서는 양심을 지도하는 자가 상당수의 규칙에 따라야 하고, 상당한 의무와 임무를 갖는

---

31) (에피쿠로스의 텍스트에 입각한) 이 개념에 대해서는 2월 10일 강의 후반부 참조.

것이 사실임에도 불구하고 진실과 '진실-말하기'의 가장 근본적이고 가장 중요한 희생이 영혼 지도를 받는 자를 무겁게 짓누릅니다. 자기 자신에 의한 자기 자신에 대한 참된 담론의 발화의 대가로 영혼은 인도받을 수 있습니다. 이순간부터 기독교 유형의 psychagogie는 그리스·로마철학 유형의 psychagogie와 구별되고 상당히 심층적으로 대립됩니다. 그리스·로마의 psychagogie는 pédagogie와 아주 가까웠으며 스승이 진실의 담론을 행하는 일반적 구조에 복종합니다. 기독교는 psychagogie화되고 인도되는 영혼으로 하여금 진실을 말할 것을 요구하면서 psychagogie와 pédagogie를 분리할 것입니다. 그런데 이 진실은 오로지 인도되는 영혼만이 유일하게 말할 수 있고 보유할 수 있으며, 또 이 진실은 유일하지는 않지만 영혼의 존재 방식을 변화시키는 조작의 근본적인 요소들 가운데 하나입니다. 기독교의 고백은 바로 그렇게 하는 데 있습니다.[32] 말하자면 기독교의 영성에서는 인도되는 주체가 자신의 참된 담론의 대상으로서 참된 담론의 내부에 현존해야 합니다. 이 점을 강조합니다. 인도받는 자의 담론 내에서 발화(énonciation) 주체는 언표(énoncé)의 지시 대상(référent)이어야 합니다. 요컨대 이것이 고백의 정의입니다. 반면에 그리스·로마철학에서는 참된 담론에 현존해야 하는 자는 지도자입니다. 그리고 그는 언표의 참조 대상의 형태로 현존할 필요가 없습니다(그는 자신에 대해 말해야 할 필요가 없습니다). 그는 "나는 이렇다"라고 말하는 사람으로서 현존하는 게 아니라 발화 주체와 자기 행동의 주체 간의 일치 속에서 현존합니다. "내가 너에게 말하는 진실을 너는 내 안에서 본다" 이상입니다.

---

32) 1980년 동안에 푸코는 고백의 역사를 재추적한다(《말해진 바와 씌어진 바》, *op. cit.*, IV, n° 289, p.125-129)에 있는 이 강의의 요약 참조). 푸코의 논지가 죄사함과 자기에 대한 진실 고백의 결합이 기독교의 시원적 형식에 속하지 않고 5-6세기 수도원 제도에 의해 설정된 예속 장치에서 연원한다는 것을 증명하는 데 있었다는 점에 주목할 필요가 있다(1980년 3월 26일 강의에서 카시아누스의 《공동 수도 생활 제도》에 대한 장황한 분석을 참조할 것).

1982년 3월 17일 강의

전반부

피타고라스주의에서 정숙 규칙이 갖는 의미에 대한 부가 설명 — '금욕실천론'의 정의 — 그리스 자기 수련에 대한 역사 인종학의 결산 —《알키비아데스》의 환기: 신성의 거울인 자기 인식으로 자기 수련의 후퇴 — 1,2세기의 자기 수련: (자기 인식의 원칙과 신성한 것 내에서 인정의 원칙과 관련한) 이중적 분리 — 헬레니즘·로마 자기 수련의 기독교적 운명: 그노시스의 거부 — 인생의 작품 — 실존의 기술, 두 영역의 설명: 사유를 통한 훈련, 실제적인 상황 속에서의 훈련 — 단식의 실천: 플라톤에 있어서의 건장한 신체와 무소니우스 루푸스에 있어서의 인내력 있는 신체 — 시험의 실천과 그 특성들

지난번 강의를 보충하여 사실상 내가 알았어야 했으나 지난주 중에 우연히 발견했고, 피타고라스주의 학교 내에서 경청과 수강(수상과 정숙과의 관계)과 관련된 텍스트 하나를 여러분들에게 읽겠습니다. 이 책은 여러 이유에서 나를 즐겁게 했습니다. 우선 당연히 이 텍스트가 그 유명한 피타고라스주의의 정숙 명령에 부여해야 할 의미에 대해 내가 언급한 바를 확증하기 때문입니다. 이 정숙은 교육적 정숙이고 스승의 말과 관련한 정숙이며, 가장 앞선 제자들에게 허용된 말과 대조되는 학교 내의 정숙입니다. 그리고 나의 흥미를 끄는 상당수 다른 요소들이 이 텍스트에 있습니다. 그것은 아우루스 겔리우스의 텍스트이며《아테네 야화》1권입니다. 텍스트는 다음과 같습니다. "제자들을 받아들여 교육하기 위해 피타고라스와 그의 학파 그리고 계승자들의 전통에 입각한 점진적인 방법이 무엇이었는지는 다음과 같다. 우선 피타고라스는 '관상학'을 통해 교육받기 위해 지원하는 젊은이들을 연구하였다. 관상학이란 말은 사람들의 얼굴 양태와 신체와 외모의 모든

구성 상태로부터 끌어낸 추론을 통해 사람들의 특성과 성격을 알아보는 것을 말한다. 피타고라스는 그의 검사를 받고 [결과적으로 긍정적인 신체적 특징에 따라; M. F.] 적합하다고 인정받은 사람을 즉각적으로 학원에 받아들여 일정 시간 정숙을 명하였다. 하지만 이것은 모든 사람에게 동일하게 부과된 정숙이 아니었고, 향상시켜야 할 능력과 관련해 내려진 판단에 따라 각자에게 주어진 정숙이었다[따라서 이것은 제자의 용모에 따라 인정하고 포착하고 간파한 바에 따라 조정되는 정숙입니다; M. F.]. 정숙한 상태에 있던 자는 [이는 내가 말한 바, 즉 경청과 관련한 정숙, 요컨대 교육적 정숙으로 귀결됩니다; M. F.] 타인들이 하는 말을 들었고[이것이 문제라는 걸 알게 되겠지만; M. F.], 들은 바를 잘 이해하지 못했거나 메모하지 않았을 경우 질문하는 것이 허용되지 않았다." 이것은 내가 모르고 있었던 바이지만 정숙은 본질적으로 기억 훈련이라는 내 생각을 확증합니다. 요컨대 제자들은 말하고 질문하며 스승의 말을 끊는다거나 고대의 교육에서 아주 중요했던 질의 응답 놀이를 할 수 있는 권리가 없었을 뿐만 아니라——그들은 이 놀이를 할 권리가 없었고, 말할 자격을 부여받지 못했다——이와 동시에 노트할 수 있는 권리도 없었습니다. 다시 말해서 모든 것은 기억의 형태로 기록되어야 한다는 말입니다. 따라서 이러한 순수한 기억 행위가 여기서 전제되며 이는 발언 금지의 긍정적인 양상입니다. "2년 이하로 정숙을 유지한 사람은 아무도[따라서 가장 뛰어난 용모적 특질을 가지고 있는 자들 중에서도; M. F.] 없었다. 정숙하며 경청하는 기간 동안 사람들은 그들을 akoustikoi, 즉 청강생이라 불렀다. 하지만 모든 것 중에서 가장 어려운 정숙과 경청이라는 두 가지 것을 터득하였을 경우 [지난번 강의에서 모든 학습과 영적인 훈련의 초석이고 교육의 첫 단계인 정숙과 경청에 대해 내가 언급한 바를 상기하시기 바랍니다; M. F.], 또 ekhemuthia[다시 말해서 정숙의 엄수]라 불리는 정숙을 통해 교육을 시작했을 경우 그들은 말하고 질의할 수 있는 권리가 있으며, 들은 바를 쓸 수 있는 권리와 자신이 생각한 바를 설명할 수 있는 권리를 갖게 된다[말할 수 있는 권리와 메모할 수 있는 권리는 정숙이라는 일차적이고 필요한 연수 끝에 동시적으로 나타납니다; M. F.]. [말하고 쓸 수 있었던; M. F.] 이 시기 동안에 이들은 자신들이 배우고 연마하기 시작한 학문들의 이름을 따 mathêmatikoi, 즉 수학자라 불리게 된다. 왜냐하면 고대 그리스인들은 기하학, 해시계 제작법,

음악 그리고 다소 추상적인 학문들을 mathêmata라 불렸기 때문이다."[1] 그래서 "친애하는 토로스[그는 피타고라스에게서 영감을 받은 아우루스 겔리우스 이전의 철학자입니다; M. F.[2]]가 피타고라스에 대한 정보를 우리에게 주고 난 다음에 불행하게도 상황은 전혀 달라졌다"고 아우루스 겔리우스는 말합니다. 그리고 정숙과 경청으로부터 대화 참여와 mathêmata의 습득으로 이어지는 단계와 같은 아름다운 질서는 더 이상 존중되지 않습니다. 그리고 토로스는 다음과 같이 당대의 철학 학원들을 기술합니다. "이제 사람들은 즉각적으로 발을 깨끗이 닦지 않고 철학자의 집에 거처를 정한다. 그리고 예술과 기하학에 무지하고 둔감한 것으로도 충분치 않아 철학을 배우는 순서가 무엇이어야 하는지를 그들 자신이 공포하기까지 한다. 어떤 자는 '먼저 나에게 이것을 가르쳐 달라'고 말하고, 또 다른 사람은 '나는 이걸 배우고 싶다'고 말한다. 전자는 알키비아데스의 난교 파티 때문에 플라톤의 《향연》으로 시작하길 열망하고, 후자는 리시아스의 담론이 아름답기 때문에 《파이드로스》로 시작하길 원한다. 아 주피터 신이여! 행실을 아름답게 하기 위함이 아니라 자신의 언어와 문체를 장식하기 위해, 보다 엄격히 자신을 통치하기 위함이 아니라[mec ut modestior fiat: 잘 처신하기 위함이 아니라; M. F.] 더 많은 인기를 얻기 위해 플라톤을 읽어 달라고 하는 사람마저 있다." 바로 이것이 철학하는 제자들의 새로운 유행과 옛날 피타고라스주의자들을 비교할 때 토로스가 일상적으로 하는 말이었다."[3] 지난번 강의에서 피타고라스주의자들의 정숙 문제와 관련해 여러분들에게 읽어 주어야 했던 글이 바로 이것입니다. 보시다시피 정숙 문제는 모범적인 제자들——다시 말해서 발을 닦고 《향연》으로 시작하자고 요구하지 않는 제자들——에게는 배움의 첫 번째 초석을 구축한다고 생각합니다. 요컨대 정숙의 규칙과 parrhêsia와 솔직히-말하기의 규칙을 통해 참된 담론의 표현·전승·습득의 규칙들을 연구해 봅시다. 아시다시피 이 참된 담론은 영혼에 필요한 장비, 즉 개인에게 발생하는 인생의 사건들에 대면하거나 아무튼 대면을 준비하게 해주는 장비인

---

1) 아우루스 겔리우스, 《아테네 야화》, 1편, IX, 1-6, R. Marache 번역, Paris, Les Belles Lettres, 1967, 1권, p.38-39.

2) 사법관 아우루스 겔리우스는 기원후 2세기 철학자로 플라톤주의자이다.

3) 《아테네 야화》, 1편, IX, 8-11(p.40).

paraskeuê를 구축해야 합니다. 따라서 그것은 고행의 첫번째 초석입니다.

이번에는 중심축이 참된 담론의 경청이나 수용이 이제는 더 이상 아닌 완전히 다른 고행의 층으로 넘어가 보고자 합니다. 이 새로운 고행의 층과 영역의 중심축은 참된 담론의 사용과 활성화입니다. 그러나 그것은 참된 담론으로 규칙적으로 회귀해 그것을 재음미하는 기억이나 사유 내에서의 활성화가 아니라 주체의 활동 내에서의 활성화입니다. 다시 말해서 어떻게 주체가 참된 담론의 주체가 되느냐가 문제입니다. 이 또 다른 고행의 단계는 참된 담론과 진실을 êthos로 변형시켜야 합니다. 바로 이것이 엄격한 의미에서 흔히 askêsis라 불리는 바를 구축합니다. 고행(수련)의 또 다른 이 층과 수준을 지시하기 위해 'ascétique'라는 용어를 사용하고자 합니다. 하지만 나는 이런 종류의 말장난을 좋아하지는 않지만 결국 다소 이 용어가 편리하기 때문에 조심스럽게 사용하고자 합니다. 아시다시피 특수한 함의를 가지며 포기와 고행 등의 태도를 지시하는 함의를 지니는 ascétisme이라는 용어의 사용을 피하려고 합니다. 문제가 되는 것은 이 'ascétisme'이 아닙니다. 용서나 정화 영적인 경험을 요구하게 될 일련의 수련과의 개인의 연루 혹은 이러저러한 특수한 실천과 결부된 'ascèse'라는 용어도 피하고 싶습니다. 이러한 수련의 총체를 지시하기 위해 'ascétisme'이라는 말도, 'ascèse'라는 말도 사용할 수 없기 때문에 나는 이를 'ascétique'라 부르겠습니다. 'ascétique'는 도덕적이고 철학적이며 또 종교적인 체계 내에서 한정된 영적인 목표에 도달하기 위해 개인이 사용할 수 있고, 권고받을 수 있으며 의무적으로 해야 하는 다소 체계화된 수련들의 총체를 말합니다. 이 '영적인 목표'는 행동과 참된 인식의 주체로서 개인의 변형과 변모를 의미합니다. 바로 이 영적인 변형의 목표를 ascétique가 달성 가능하게 해주어야 합니다.

이 수련은 도대체 무엇일까요? 일반적으로 초기 제정 시대 철학에서 요컨대 내가 규정하고 기술하려 하는 이 시대의 자기 실천과 수양 내에서 출현해 정의된 이 ascétique(금욕적 자기 수련)는 무엇으로 구성되어 있는 걸까요? 어떤 의미에서 이 ascétique, 즉 고행-수련 체계 전반의 문제는 본질적으로 기술적(技術的) 문제라고 할 수 있습니다. 이 문제는 기술적 문제로 분석할 수 있습니다. 다시 말해서 당대에는 명령되고 추천되는 상이한 수련들이 무엇인가를 규정하는 것과 그것들이 무엇으로 이루어져 있고 각자 서로 구분되는지, 각각의 수련이 부합해야 하는 내적인 규칙들이 무엇인지를 규정하는 것이 관건입니다. 절제, 명상, 죽음의 명상, 닥쳐올 질병들에 대한 명상, 의식점검 등을 포함하는 도표를 작성할 수 있을 겁니다(이처럼 전체의 도표를 만들 수 있습니다). 나는 이 기술적인 측면을 보여주고자 하며, 아무튼 이 고행-수련과 ascétique의 일정한 기술성(技術性)의 범주를 추적해 보고자 합니다.

게다가 대단히 흥미로울 수 있는 이 수련의 도표에 관련된 모든 것들에 대한 보다 체계적인 점검을 해볼 수 있습니다. 괄호에 집어넣어야 하는 좀 경건한 용어를 사용해 보면 'ascétique의 민족학,' 요컨대 상이한 수련들을 서로 비교하여 그 변화와 보급을 추적해 보는 연구를 해볼 수 있습니다. 예를 들면 도드스가 제기하고 베르낭과 졸리가 계승했으며 논의를 발생시켜 아무튼 피에르 아도의 회의(懷疑)를 유발시킨 아주 흥미로운 문제 제기가 있었는데, 요컨대 그것은 기원전 6,7세기에 그리스에서 출현해 아마도 샤머니즘으로부터 기원하는 수련과 엄밀한 의미에서 그리스 철학에서 전개되는 영적인 수련간의 연속성의 문제였습니다.[4] 그리스인들이 기원전 7세기경에 흑해를 항해한 덕분에 북동부 유럽의 문명과 접촉하게 되었을 때 그들의 문화 형식에 고유한 상당수 샤머니즘적 실천 및 자기 실천과 접하게 되며, 그 중에는 절제-수훈의 체제(어느 한도까지 굶주림, 추위 등을 참을 수 있을까?), 절제-시험 체제(누가 이 수련에서 가장 멀리 나아갈 수 있는지를 알기 위한 수상 창시합), 사유와 호흡의 집중 기술(집중하기 위해 그리고 외부 세계에 최소한으로 분산되기 위해 호흡을 멈추고 최소한의 숨을 들이마시는 것), 신체로부터 영혼을 분리시키고 자신의 죽음을 예견하는 수련의 형태하에서 행하는 죽음의 명상과 같은 훈련을 그리스인들은 샤머니즘적 문화를 통해 알았다는 것이 베르낭과 졸리가 답습한 도드스의 가설입니다. 여전히 도드스·베르낭·졸리에 따르면 이런 훈련들의 흔적은 소크라테스가 동시대인들과 측근의 경탄을 불러일으키는 초기 대화에서 발견되며, 또 밤추위 속에서 움

---

4) E. R. Dodds, 《그리스인과 비합리적인 것》, *op. cit.*, p.135-174; J.-P. Vernant, 《그리스인들에게 있어서 신화와 사유》, *op. cit.*, 1권, p.96과 2권 p.111; H. Joly, 《플라톤주의의 전복 로고스-에피스테메-폴리스 *Le Renversement platonicien Logos-Epistemê-Polis*》, *op. cit.*, p.67-69. 이 테마의 최종적인 제론과 관련해서는 P. Hadot, 《고대철학이란 무엇인가?》, *op. cit.*, p.276-289 참조.

직이지 않고 실제로 자기 주변의 모든 것을 느끼지도 체험하지도 않는 마티네의 싸움에서 발견할 수 있다고 합니다.[5] 바로 이런 형태의 자기 실천과 자기 기술을 소크라테스라는 인물에서 확증할 수 있다는 말이지요. 그리고 이러한 수련들이 영적인 실천 내에서 순서가 바뀌고 변형된 채로 발견됩니다. 영적인 실천에서는 사실 동일한 금식 규칙과 자기에의 집중, 자기 시험, 자기에 대한 사유로의 후퇴와 상대적으로 유사한 실천들이 재발견된다는 말입니다. 그러면 연속성을 인정할 필요가 있을까요? 본질적으로 마술적이고 신체적인 실천이지만 철학적이고 영적인 실천이 되어 버린 이 실천의 전이와 같은 이식과 정화적 변화가 동시에 있었다고 생각해야 할까요? 아니면 사실상 이것은 서로 근접시킬 수 없는 상이한 두 계열의 실천일까요? 피에르 아도는 이 불연속에 매여 있는 반면에 도드스와 베르낭은 연속성을 주장합니다. 이것은 내 문제가 아니기 때문에 이 문제를 내버려두겠습니다.

　아무튼 이 수련의 도표가 암시하는 기술적 범주를 추적해 보고자 합니다. 하지만 내가 제기하려는 문제, 즉 내가 설명하려는 분석의 관건은 역사적이자 철학적입니다. 기억하시겠지만 이 강의의 출발점으로 사용된 연대가 불분명한 플라톤의 대화 《알키비아데스》 텍스트를 잠시 재검토해 봅시다. 기억하시겠지만 《알키비아데스》의 대화에서 문제가 되었던 바, 대화 전체——아무튼 대화의 후반부 전체——가 할애한 바는 epimeleia heautou(자기 배려)의 문제였습니다. 자신의 정치적 야심——즉 동포 시민을 통치하고 스파르타뿐만 아니라 페르시아의 왕과 대적하기——을 영예롭게 하기를 원한다면 우선 알키비아데스가 자기 자신에게 좀 관심을 기울이고, 또 자신을 돌보며 배려해야 한다고 소크라테스는 알키비아데스를 설득합니다. 따라서 《알키비아데스》의 후반부 전체는 자기 배려가 무엇인가와 우선 돌보아야 할 자기는 대체 무엇인가에 대한 문제에 할애되었습니다. 그것은 영혼이다가 대답입니다. 영혼에 호소하는 이 배려는 무엇으로 구성되어야 하는 것일까요? 영혼에 호소하는 이 배려는 《알키비아데스》에서 본질적으로 영혼 자신에 의한 자기 인식으로 기술되었습니다. 자기 자신의 본질적인 부분을 구축하는 요소, 즉 noûs[6] 내에서 자신을 응시하며 영혼은 자기 자신을 재인식해야 합

---

5) 1월 12일 강의 전반부에 있는 이 점에 대한 분석 참조.

니다. 요컨대 자신의 신성과 사유의 신성을 동시에 재인식해야 합니다. 바로 이런 의미에서 《알키비아데스》의 대화는 전개상에서 완전히 플라톤의 '회수,' 즉 gnôthi seauton에 의한 epimeleia heautou의 회수(자기 인식에 의한 자기 배려의 회수)라 부를 수 있는 바를 보여주고, 보다 정확히 말해 회수를 실행해 버립니다. 자기 인식, 즉 '너 자신을 인식하라' 라는 명령적 정언이 '너 자신을 배려하라' 라는 명령적 정언에 의해 얻어진 자리를 전적으로 회수하고 점유하게 됩니다. 결국에는 '너 자신을 배려하라' 는 '너 자신을 인식하라' 가 됩니다. 너 자신을 인식하고 네 영혼의 속성을 인식하고 네 영혼이 noûs 내에서 자기 자신을 명상하고 자신의 본질적인 신성 내에서 자신을 재인식하라는 바로 이것이 《알키비아데스》에서 우리가 발견하는 바입니다.

하지만 지금 내가 조금 분석하려 하는 이 훈련과 자기 수련――스토아주의자들과 초기 제정 시대 스토아-견유주의자에게서 주로 발전된 자기 수련――의 분석으로 넘어가면 《알키비아데스》에서 발견되는 바, 즉 고전기 플라톤주의에서 발견되는 바와는 달리 또 특히 신플라톤주의의 오랜 연속성 속에서 발견될 수 있는 모든 것과 달리 이 스토아-견유주의 자기 수련이 자기 인식의 원칙을 중심으로 조직되지 않았다는 것이 분명해집니다. 자기 수련은 신성한 요소로서 자기를 재인식하는 원칙을 중심으로 조직되지 않았습니다. 이렇게 말하면서 플라톤주의나 신플라톤주의[7] 내에서 자기 배려가 자기 인식 내로 흡수된 것은 모든 수련과 자기 수련을 완전히 배제해 버린다고는 전혀 주장하고 싶지 않습니다. 반대로 플라톤주의와 신플라톤주의는 이것들을 강조합니다. 게다가 플라톤 자신의 텍스트 내에서, 즉 고전적인 플라톤주의 내에서 philosophia가 askêsis라는 것은 근본 원칙이기까지 합니다. 하지만 다른 유형의 수련이 문제가 됩니다. 또 나는 스토아-견유주의

---

6) 플라톤에 있어서 noûs는 최고로 고양된 영혼의 부분, 완전히 신성한 영적 행위들을 수행하는 한에서의 지성이다. 《티마이오스》, 51e의 비관적인 주장 참조. 즉 "신들은 지성에 참여하는 반면에 인간은 단지 작은 범주에 참여한다."(in 플라톤, 《전집》, 10권, A. Rivaud 번역, Paris, Les Belles Lettres, 1925, p.171). 신플라톤주의에서 noûs는 일자와 절대적 영혼 사이에 자리잡으며 명실상부한 존재론적 심급이 될 것이다. J. Pépin, 〈플라톤과 신플라톤주의에서 지성과 인지 가능한 것 간의 관계사의 핵심 요소 Éléments pour une histoire de la relation entre l'intelligence et l'intelligible chez Platon et dans le Néo-platonisme〉, *Revue philosophique de la France et de l'étranger*, 146, 1956, p.39-55.

의 수련과 자기 수련에서 자기 인식은 문제가 아니며 배제되어 버렸다고도 주장하고 싶지 않습니다. 다른 유형의 인식이 문제입니다. 정확한 역사적 형식 내에서 헬레니즘·로마 시대에 스토아주의자와 견유주의자의 자기 수련은 《알키비아데스》에서 논의되고 표현된 바와 비교할 때 이중적인 단절을 갖습니다. [첫째로] 자기 인식의 정언과 관련한 자기 수련(수련의 총체) 자료집 전체의 단절을 갖습니다. 또 자기 인식이 일정한 역할을 담당하고 필요불가결하며 배제될 수는 없지만 askêsis의 중심축은 아닌 것으로 등장하게 된다는 차이가 있으며, 따라서 이것은 자기 인식의 축과 관련한 askêsis 전반의 격차입니다. 둘째로 신성한 요소인 자기에 대한 재인식과 관련해 획득 가능한 바——이 수련 내에서 실천해야 하는 바——로서의 자기 인식과의 격차와 단절이 존재합니다. 여기서도 이 요소가 발견됩니다. 이 요소는 결코 배제되지 않았으며 등한시해서는 안 됩니다. Homoiôsis tô theô의 원칙, 즉 신과의 동일시 원칙, 신의 이성에 참여하거나 세계 전반을 조직하는 신의 이성의 실체적 요소인 자기 자신을 재인식하라는 정언적 명령은 스토아주의자들에게도 존재합니다. 그러나 신성한 요소인 자기의 재인식은 플라톤주의나 신플라톤주의에서 발견되는 중심적인 위치를 정유하고 있지 않습니다. 그러므로 자기 인식의 원칙과 관련한 수련 전반의 단절이 존재하며, 또

---

7) Homoiôsis theô 개념은 플라톤의 《테아이테토스》, 176a-b에서 처음으로 표현되었다. "탈주는 가능한 한에서 신과 동일하게 되는 것이다."(Homoiôsis tô theô)(in 《전집》, VIII-2권 A. Diès 번역, Paris, Les Belles Lettres, 1926, p.208) 이 구절은 중기 플라톤주의(아푸레이우스·알키노스·아리우스 디디무스·누메니우스)가 빈번히 인용하고 지고의 선을 표현하는 telos로 변화시켰고, 신플라톤주의가 광범위하게 반복한다(플로티누스의 핵심적인 텍스트 I, 2, 2). 이 구절은 아리스토텔레스학파가 (《니코마코스 윤리학》 10편 7장의 반향으로) 명상적 삶을 기술하기 위해 사용한 것을 알 수 있다. 키케로의 《최고선에 관하여》, V, 11 참조. 《테아이테토스》의 이 구절은 신비주의 영향을 받고 유대교와 기독교 신학과 신피타고라스주의자들에 의해 탐구되었다(알렉산드리아의 필론, 《유배에 관하여》, 63, 알렉산드리아의 클레멘스, 《잡록 Stromates》, II, 22). 스토아주의는 중요한 수정을 통해 재검토한다. 왜냐하면 일차적인 telos는 스토아주의 학파에서 선 그 자체인 바에 대한 즉각적인 구분을 하는 훈련인 oikeiôsis로 남아 있는 반면에 homoiôsis(윤리적 초월 원리) 세계로부터의 일탈의 노력을 포함하기 때문이다(이 주 전체가 폭넓게 영향받고 있는 Carlos Lévy의 논고, 〈키케로와 중기 플라톤주의: 플라톤에 있어서 지고한 선의 문제 Cicéron et le Moyen Platonisme: le problèm du Souverain Bein pour Platon〉, Revue des études latines, 68, 1990, p.50-65).

플라톤주의자들에 있어서 신성한 요소인 자기에 대한 재인식이라는 중심 축과 관련한 자기 인식의 단절이 있습니다. 이 이중적 단절은 역설적으로 기독교 내에서 이 수련들의 역사적 운명으로부터 기인된 것이며, 역설적으로 기독교 내에서 그들의 역사적 운명으로부터 결과된 것이었습니다.

지금 내가 하고 싶은 말은 이 수련들이——단순히 제정 시대에 뿐만 아니라 오랜 뒤에 기독교에 이르기까지——16세기와 17세기의 영성 내에서 재발견될 정도의 역사적 중요성을 지닌다면, 또 실제로 이 수련들이 오랜 생명력을 가지고 기독교 내에 존속되어 오다가 통합되었다면 그것은 이 수련들이 비플라톤적이었고 자기 인식과 자기 수련의 격차, 그리고 신성한 요소인 자기의 재인식과 자기 인식의 격차가 있었기 때문입니다. 비플라톤주의 때문에 이러한 수련들이 확보될 수 있었다는 것은 아주 간단한 이유에서입니다. 잘 아시다시피 3세기말과 4,5세기 전반에 이르기까지 수도원 제도 내에서 기독교 영성 발전의 중대한 원동력과 원칙——내가 말하고자 하는 바는 전략적 원칙——이었던 바는 그노시스[8]로부터 해방된 기독교 영성을 구축하는 데 성공하는 것이었기 때문입니다. 다시 말해서 수도원 환경에서 발전된 기독교의 영성은 논쟁을 불러일으키는 면을 가지고 있었습니다. 그노시스적인 영성과 실천 그리고 수련의 관건이 금욕 전반을 인식(그노시스)에 집중시키고, 또 모든 인식을 영혼이 자신을 재인식하고 자신을 신성한 요소로 재인식하는 행위에 집중시킴에 따라 기독교의 영성은 근본적으로 신플라톤주의적이었던 그노시스와 결별하는 전략적 노선을 취하고 있었습니다.[9] 바로 이 점이 그노시스의 중심이었고, 또 말하자면 신플라톤주의적인 그노시스의 핵심이었습니다. 기독교의 영성, 다시 말해서 4세기부터 근동에서 발전하는 기독교의 영성은 근본적으로 반그노시스적이었고 그노시스로부터 벗어나려고 노력했습니다. 또 수도원 훈육——보다 일반적으로 기독교권 근동의 영적인 실천——이 이와 같은 ascétique의 장비, 즉 내가 인용한 두 특질로 인해 신플라톤주의와 구분되며 스토아 · 견유주의의 속성과 기

---

8) 이 운동에 대해서는 1월 6일 강의 전반부 참조.
9) 그렇다고 해서 플로티누스는 그노시스주의자들과 부단히 투쟁했다는 사실을 유념할 필요가 있다. 포르피오로스가 《그노시스에 반하여》라고 칭한 《에네아데스》, II, 9를 참조할 것.

원을 갖는 앞에서 내가 언급한 자기 수련을 사용하는 것은 지극히 당연합니다. 인식의 실천에 집중되어 있지 않고 '자기 자신을 신성한 요소로 재인식하기'의 원칙에 인식의 문제를 위치시키지 않는다는 것이 기독교 영성의 첫번째 특질입니다. 말하자면 스토아·견유주의 ascétique는——지극히 멀고 높은 관점에서 사태를 고려하면——반드시 기독교적이어야 할 이유가 없습니다. 그것은 기독교적이지 않을 수도 있었고, 또 그노스시의 유혹으로부터 벗어나야 했을 즈음에 기독교 내부에서 제기되었던 ascétique의 문제였습니다. 철학적이고 철학으로부터 기원하는 이 ascétique는 말하자면 기독교가 그노스시스의 영성에 빠지지 않기 위한 기술적 보증이었습니다. 이 자기 수련은 대체적으로 인식의 질서에 전혀 속하지 않던 수련들을 이용했습니다. 다시 논의하겠지만 예를 들면 절제·시련 등과 같은 수련의 중요성은 인식이나 자기 인식과의 관계 부재 내에 있었습니다. 따라서 이 금식의 신체가 중요합니다. 신성한 요소인 자기를 재인식하는 것이 일차적 의미와 궁극적인 목적이 아니라 자기 자신으로 방향을 돌리는 것을 임무와 목표로 삼는 인식 및 자기 인식 훈련이 두번째 특질입니다. 따라서 이것은 신성한 바를 재인식하는 거창한 활동이 아니라 지속적인 의심의 불안입니다. 자기 안에서 일차적으로 재인식해야 하는 것은 신성한 요소가 아닙니다. 스토아주의자인 경우에는 먼저 자기 안에서 과오와 나약함과 같은 것의 흔적을 간파하려고 노력해야 하며, 기독교인인 경우에는 자기 죄의 흔적과 신이 아닌 타자인 사탄의 존재 흔적을 파악하려고 노력해야 합니다. 기독교 영성이 자기 자신에 대해 스토아주의가 가졌던 오래된 의심의 모델에 입각해 전개시키게 되는 자기 인식의 수련은 대체적으로 악의 흔적을 지니고 있고, 인접하거나 내재하는 악마의 현존에 의해 우리 내에 정착한 사유와 마음의 운동의 피륙인 자기의 해독으로 구성되어 있습니다.[10] 그러므로 이것은 인식에 집중된 것과는 거리가 먼 훈련이고 인식에 집중될 때에도 신성한 바의 재인식보다는 자기에 대한 의심에 집중된 훈련입니다. 바로 이 점이 철학

---

10) 기독교의 영서에서 이같은 자기 해독에 관한 묘사(다시 말해서 5-8세기부터 수도원 제도가 정착되어 뒤늦게 자기 탐구로부터 행해지기 시작한 오류의 언표화 방식)에 대해서는 1980년 3월 12일 강의와 특히 26일 강의를 참조할 것.

적 기원을 갖는 이 수련들의 기독교 내부로의 이동을 설명합니다. 가시적으로 이 수련들은 가시적이고 완벽하게 4,5세기의 영성 내에 이식됩니다. 이 점과 관련해 카시아누스의 텍스트는 대단히 흥미롭습니다. 또 세네카에서 카시아누스에 이르기까지 같은 유형의 수련들이 변화하고 되풀이되는 것을 알 수 있습니다.[11] 바로 이 수련들이 기독교 존속하고 있고 15,16세기부터 종교 개혁은 물론 반종교 개혁 내에서 다시 나타나며, 훨씬 더 중요하고 강한 새로운 차원과 강도를 갖게 됩니다.

이러한 철학적 수련과 자기 수련은 이상하게도 기독교 내에서 수용 · 생존 · 발전에 특별히 유리한 환경을 발견한 원인을 설명하면 이와 같습니다. 그러면 이 수련들은 무엇일까요? 자기 수련을 포착하여 좀 분석해 보려고 하면 방향을 잡기가 그리 쉽지 않습니다. 이것들을 분석하는 자에게는 내가 언급하는 제정(帝政) 시대 철학적 자기 수련보다는 기독교가 훨씬 더 용이합니다. 여러분들은 기독교에서 각각의 실천을 그 특수성 내에서 규정하는 것과, 또 이 수련들을 상호 관계 내에서 또 일 · 주 · 월 · 년과 같은 시간의 계기에 따라 처방하는 것이 얼마나 중요한지 잘 알고 있습니다. 그리고 이런 현상은 16세기와 17세기에 현저했습니다. 16세기말과 17세기초에 진정으로 독실한 신앙을 가진 사람의 삶——나는 반종교 개혁(Contre-Réforme)에서 신학생이나 수도사를 말하는 게 아니라 가톨릭계를 말합니다. 개신교 계층에서는 상황이 좀 다릅니다——은 문자 그대로 그를 따라다니고 또 하루의 계기들과 발생하는 상황과 인생의 계기와 수련상의 진척도에 따라 나날이 시시각각으로 실천해야 했던 수련들로 덮여 있고 배가되어 있습니다. 그리고 매 순간 해야 하는 모든 수련을 설명하는 전체 교서(敎書)도 있습니다. 모든 생활의 순간은 일정 유형의 수련에 의해 배가되며, 생기를 얻으며 기초됩니다. 그리고 이 각각의 수련은 대상과 목적 그리고 절차상에서 완벽하게 정의되었습니다. 인생과 인생의 모든 순간들의 이런 종류의 이중화까지 갈 것도 없이 4세기와 5세기의 텍스트들——예를 들면 카에사레이아의 바질레이오스의 공동 수도 생활 최초의 주요 규칙들[12]을 생각할 수 있습니다

---

11) 이러한 영적 수련(특히 자기 점검의 테크닉)의 이식에 대해서는 1982년 10월 버몬트대학에서 한 푸코의 세미나 참조(《말해진 바와 씌어진 바》, IV, n° 363, p.808-810).

——을 취해 보면 거기서도 16-17세기 반종교 개혁에서 규정된 것만큼 정밀하고, 잘 규정되지는 않았지만 수련들은 분명히 규정되어 있고 서로 잘 분할되어 있음을 알 수 있습니다. 하지만 내가 언급하는 철학자들의 자기 수련에서 여러분은 이런 것들을 전혀 발견할 수 없습니다. 규칙성의 몇몇 증거가 있습니다. 아침에 해야 하고 하루 동안 수행해야 하는 과업을 대상으로 하는 점검과 같은 일정한 형태의 아침 점검이 권고됩니다. 잘 알려진 의식 점검과 같이 저녁 수련도 권고됩니다.[13] 하지만 이러한 몇몇 지표를 제외하면 수련을 필요로 할 경우 주체에 의한 수련의 자유로운 선택이 더 중요합니다. 단지 몇 가지 신중의 규칙과 이러한 수련을 전개하는 방식에 대한 의견이 개진될 뿐입니다. 수련과 그 연쇄에 대한 대단히 가벼운 규정과 이 정도의 자유가 있다고 해도 그것은 생의 규칙이라는 틀 속에서가 아니라 tekhnê tou biou (생활의 기술)의 틀 속에서 발생합니다. 이 점을 잊어서는 안 된다고 생각합니다. 자신의 삶을 tekhnê의 대상으로 삼는 것, 결과적으로 자신의 삶을 작품——(훌륭하고 합리적인 tekhnê가 생산하는 모든 것이 그러해야 하는 것처럼) 아름답고 훌륭한 작품——으로 만드는 작업은 tekhnê를 사용하는 사람의 자유와 선택을 필연적으로 전제합니다.[14] 어떤 tekhnê가 처음서부터 끝까지 매 순간 따라야 하는 규칙들의 자료집이어야 한다면, 아름다운 작품을 만들기 위한 목적·욕망·의지에 따라 tekhnê를 이용할 수 있는 주체의 자유가 존재하지 않는다면 생의 완성은 존재하지 않을 겁니다. 이것은 철학적 수련과 기독교의 수련을 가르는 선들 가운데 하나이기 때문에 잘 파악할 필요가 있는 중요한 요소라고 생각합니다. 생활은 '규칙화된' 생활이어야 한다는 것이 기독교 신앙 생활의 중요한 요소들 가운데 하나라는 사실을 잊어서는 안 됩니다. Règula vitae(생활의 규칙)는 핵심적입니다. 왜 그럴까요? 이

---

12) 카파도스의 카에사레이아에서 태어난(330) 바질레이오스는 콘스탄티노플과 아테네에서 수학했다. 그는 소아시아에 세운 수도원 공동체를 위해 《규칙 Règles》을 집필했다. 3월 24일 강의 후반부 참조.

13) 3월 24일 강의 후반부 참조.

14) 여기서 우리는 곧 '실존의 미학'이라 불리게 될 테마를 발견하게 된다. 1984년 5월에 A. Fontana와 한 인터뷰(《말해진 바와 씌어진 바》, IV, nº 357, p.731-732)와 H. Dreyfus와의 인터뷰(id., nº 344, p.610-611과 615)와 〈쾌락의 활용과 자기 테크닉 Usage des plaisirs et Techniques de soi〉(id., nº 338, p.545).

유를 재검토해야 할 필요가 있습니다. 많은 요소들이 작용하는 게 사실입니다. 가장 외적이지만 그렇다고 가장 무관하지 않은 요인을 취해 보면 기독교권의 근동과 서구에서 적어도 공동 수도 생활의 조직 모델인 로마 군대와 군단의 모델이 있습니다. 분명히 군대의 모델은 일정한 역할을 담당했지만 기독교인의 생활이 규칙적인 생활이라는 것의 유일한 이유는 아니었습니다. 아무튼 그것은 문제입니다. 반면에 철학적 삶 혹은 철학자들이 tekhnê에 힘입어 획득하는 것으로 규정하고 정의한 삶은 règula(규칙)에 따르지 않고 forma(형식)에 따릅니다. 그것은 생의 양식이며 생에 부여해야 하는 일정한 형식입니다. 예를 들어 건축가의 tekhnê에 입각해 아름다운 사원을 구축하기 위해서는 물론 필요 불가결한 기술적 규칙에 따라야 합니다. 하지만 훌륭한 건축가는 사원에 아름다운 forma, 즉 아름다운 형식을 부여하기 위해 충분히 자신의 자유를 활용하는 사람입니다. 마찬가지로 삶의 작품을 만들려고 하는 사람, 즉 tekhnê tou biou(삶의 기술)를 적절하게 사용하려고 하는 자가 염두에 두어야 할 바는 그를 항구적으로 따라다니고, 또 그가 복종해야 하는 규칙성의 골조와 피륙도 아니며 규칙성의 두툼한 펠트화도 아닙니다. 그리스·로마인들의 정신에 있어서 규칙에의 복종도, 복종 자체도 아름다운 작품을 만들어 낼 수 없습니다. 아름다운 작품은 일정한 forma(생의 일정한 양식과 형식) 관념에 따릅니다. 아마도 이런 이유 때문에 기독교인들에게서 발견할 수 있는 인생의 매 순간마다, 하루의 매 순간마다 수행해야 할 수련의 명시적인 목록들을 철학자들의 자기 수련에서는 발견할 수 없습니다. 따라서 우리는 수련의 영역, 즉 금욕실천론을 각기 참조하지만 그것의 두 양상 혹은 두 군을 지시하는 두 용어에 집중하면서 실마리를 풀기 시작할 수 있는 훨씬 혼란스러운 집합체와 관계합니다. 한편으로는 meletan이라는 용어가 있고, 다른 한편으로는 gumnazein이라는 용어가 있습니다.

라틴 사람들은 meletan을 meditari로, meletê를 meditatio로 번역합니다. 이미 지적한 바 있지만[15] meletan-meletê(그리스어)와 meditari-meditatio(라틴어)가 실제적인 활동을 지시한다는 것을 유념해야 합니다. 이것은 자기 자신 위에서 자유롭게 노니는 사유의 일종의 폐쇄가 아닙니다. 그것은 실제적인

---

15) 1월 20일 강의 전반부와, 특히 3월 3일 강의 후반부 참조.

수련입니다. 예를 들어 meletan은 일정한 맥락에서 전적으로 농사일을 지시할 수도 있습니다.[16] Meletê, meletan이라는 것은 실제적인 노동입니다. Meletan은 개인이 말해야 하는 경우, 즉 개인이 즉흥적으로 자유롭게 말해야 하는 경우, 다시 말해서 목전에 읽었거나 암기했다고 과장하는 텍스트가 없을 때 따라야 하는 일종의 준비 작업을 지시하기 위해 수사학 선생들의 테크닉 분야 내에서 사용된 용어이기도 합니다. 이것은 대단히 강제적이면서 자기 자신에 집중되며 개인이 자유자제로 말할 수 있게 준비시키는 훈련입니다. 그것은 수사학자들의 meletê입니다.[17] 철학자들이 자기에 가하는 자기 수련에 대해 논의할 때 meletan이라는 표현은 수사학자들의 meletê, 즉 사유가 자기 자신에 가하는 노동이지만 개인이 곧 해야 할 바를 준비시키는 작업을 의미합니다.

그러고 나서 gumnazein(혹은 gumnazesthai: 중간 형식)이 있는데 이는 자기 자신을 위해 개인이 하는 신체적 훈련을 지시하고 '자신을 단련하다' '자신을 수련하다'라는 의미를 가지며 실제 상황에서의 실천과 관련되어 있습니다. 인위적으로 요청하거나 조직한 것이든 실제로 자신이 하는 일을 체험하는 인생에서 마주치든간에 gumnazein은 실제적인 상황과 대면하는 것입니다. Meletan과 gumnazein의 이러한 구분은 명확하면서 동시에 불확실합니다. 불확실하다고 말한 이유는 이 두 용어를 명확히 구분하지 않는 많은 텍스트가 있기 때문이며, 또 예를 들어 플루타르코스는 meletan/ gumnazein을 서로 구분하지 않고 사용하고 있기 때문입니다. 반면에 다른 텍스트에서 양자간의 차이가 존재하는 것은 명확한 사실입니다. 에픽테토스에게 있어서 meletan/graphein/gumnazein[18] 계열이 적어도 두 차례 발견됩니다. 그러므로

---

16) 헤시오도스의 "자신의 일을 게을리하는 자는 곳간을 채울 수 없다(meletê de toi ergon ophellei)"(헤시오도스, 《노동과 나날 Les traveaux et les Jours》, v. 412, P. Mazon 번역, Paris, Les Bellles Lettres, 1928, p.101) 참조.

17) H.-I. Marrou(《고대 교육의 역사 Histoire de l'éducation dans l'Antiquité》, op. cit., p.302-303)는 엉뚱한 주제를 갖는 허구적 변론과 주제가 마찬가지로 공상적이기는 하나 토론적인 성격의 즉흥 연설 헬레니즘 시대 교수들이 만들어 낸 두 유형의 수련(meletai)을 구분한다. 그리스어 Meletê는 라틴어로 declamatio가 된다.

18) 예를 들면 에픽테토스, 《어록》, I, 1, 25(앞서 인용한 판본, p.8), III, V, 11(p.23); IV, 4, 8-18(p.38-39); IV, 6, 11-17(p.54-55) 참조.

Meletan은 명상하는 것, 즉 사유상에서 수련하는 것을 의미합니다. 사물과 원리를 사유하고 성찰해 사유를 통해 준비합니다. Graphein은 이것들을 쓰는 행위(그러므로 사유하고 쓰는 행위)입니다. 그리고 gumnazein은 현실 속에서 수련하는 것을 의미합니다. 이 계열은 명확합니다. 나는 이 계열보다 정확히 meletan/gumnazein의 구분에 의거하려 하고, 또 어떤 의미에서 논리적으로는 meletan으로 시작해야 함에도 불구하고 상당수의 이유 때문에 거꾸로 사태를 설명하고 싶어서 gumnazein, 다시 말해서 실제적인 상황에서 자기에 가하는 작업으로 시작해 보고자 합니다. 그러고 나서 meletan, 즉 명상과 사유 자체에 대한 사유 작업의 문제로 넘어가려 합니다.

Gumnazein, 즉 실제적인 상황에서의 수련이라는 영역에서 하나의 구분이 가능한데, 이것은 설명의 편의를 위해 내가 도입하려고 하는 구분이며 앞으로 보게 되겠지만 다소 임의적입니다. 즉 엄청나게 많은 중복이 존재합니다. 한편으로 실제적으로 규칙과 그 용례, 요컨대 실제적인 기술을 수반하는 명령된 실천의 영역이 있지만 이곳은 개인이 필요와 상황에 따라 임기응변이 가능한 자유로운 공간입니다. 따라서 나는 금욕 체제와 시련의 수행이라는 두 가지 것을 다소 추상적으로 도입해 보고자 합니다.

절제 체제와 관련해서는 설명을 시작하기 위해 아주 단순한 것들을 예로 들어 보겠습니다. 스토베는 《선집》에서 무소니우스 루푸스의 《자기 수련에 관하여》[19]라 불리는 수련에 관한 논설의 한 부분인 텍스트를 보존했습니다. 네로와 그 후계자들과[20] 사소한 일들이 많았던 제정 초기의 스토아주의 철학자 무소니우스 루푸스는 이 논설에서 수련에 있어서 신체는 간과되어서는 안 되고, 철학을 실천하는 것이 문제일 경우에도 마찬가지라고 말합니다.

---

19) 무소니우스 루푸스, 《유고집 *Reliquiae*》, 앞서 인용한 판본, p.22-27(스토베, 《선집 *Florilège*》, III, 29, 78의 ⟨peri philoponias kai meletês kai hoti asumphoron to oknein⟩라는 제목의 장 참조). 이 텍스트에 대해서는 2월 24일 강의 후반부 참조.

20) 65년에 네로는 원로원 의원 피손의 모반을 일망타진하며 몇 사람의 목을 잘랐다. 세네카와 루카인은 팔목의 정맥을 끊게 했다. 여세를 몰아 네로는 스토아주의와 견유주의 저명한 인사들의 유배를 결정한다. 무소니우스 루푸스는 기아로스 섬으로 떠나고 데메트리우스는 추방된다. 무소니우스 루푸스는 갈바에 의해 복권되고, 또 티투스의 보호를 받았고 70년대초에 베스파시아누스 황제 치하에서 수많은 철학자들(데메트리우스 · 유프라테스 등)에 대한 유배 명령이 떨어질 때 그다지 염려하지 않게 된다.

그 이유는 대단하지도 않고 도구에 불과하다 할지라도 신체는 덕이 생활의 활동에서 잘 활용해야 하는 것이기 때문이라고 그는 말합니다. 덕이 능동적이 되려면 신체를 거쳐 가야 한다는 말입니다. 그러므로 자신의 신체를 돌보아야 하며 askêsis는 신체를 통합해야 합니다. 그래서 무소니우스는 어떤 유형의 수련에 몰두해야 되는지를 자문합니다. 신체 수련 자체가 따로 있고 영혼의 훈련 자체가 따로 있으며, 그리고 나서 신체와 영혼의 수련이 있다고 무소니우스는 말합니다. 하지만 무소니우스의 논설 가운데 보존된 부분의 구절에서 특징적인 것은 무소니우스가 신체의 훈련 자체인 바에 대해 전혀 언급을 하고 있지 않다는 점입니다. 그리고 정확히 철학과 tekhnê tou biou(생활의 기술)의 관점에서 그가 유일하게 관심을 갖는 바는 영혼의 실천과 영혼과 신체가 서로 합쳐진 수련입니다. 이 영혼과 신체의 수련은 두 가지 목표를 가져야 한다고 무소니우스는 말합니다. 한편으로 용기(andreia)를 형성하고 강화하는 목표가 있는데 여기서 용기는 외부 사건들에 저항할 수 있는 힘, 외부 사건들에 의해 고통받거나 쓰러지거나 화를 내지 않고 견딜 수 있는 능력을 의미합니다. 그리고 다른 한편으로 또 다른 덕인 sôphrosunê, 다시 말해서 자제할 수 있는 능력을 형성하고 강화하는 목표가 있습니다. 말하자면 andreia는 외부 세계로부터 오는 것을 견뎌낼 수 있게 해주며 sôphrosunê는 모든 내적인 동요, 즉 자기 자신의 동요를 파악하고 해결하며 제어할 수 있게 해줍니다.[21] 영혼과 신체의 수련은 andreia와 sôphrosunê, 즉 용기와 제어를 형성하기 위해 행하는 수련이라고 말하면서 무소니우스 루푸스는 예를 들면 플라톤이 《법률》에서 훌륭한 시민과 파수꾼을 양성하기 위해서는 그에게 신체적인 용기와 자기 절제, 즉 egkrateia(자기 제어)[22]를 동시에 가

---

21) "왜냐하면 어떤 사람이 쾌락에 의해 지배당하지 말아야 한다는 것만 알고 쾌락에 저항하려는 훈련을 하지 않는다면 어떻게 절제할 줄 아는 자가 될 수 있겠는가? 평등을 사랑해야 하는 것만을 배우고 탐욕을 피하는 데 정진하지 않았다면 그가 어떻게 정의로울 수 있을까? 대중에게 끔찍하게 보이는 것들을 겁낼 필요가 없다는 것을 우리가 알지만 그것들 앞에서 겁먹지 않고 있을 수 있도록 노력하지 않았다면 어떻게 우리는 용기를 가질 수 있단 말인가? 단지 어떤 것이 진정한 선이고 어떤 것이 진정한 악인지를 깨달았지만 선의 외관만을 지닌 것을 경멸하려고 노력하지 않았다면 어떻게 우리는 신중할 수 있다는 말인가? 바로 이런 이유들 때문이다."(A.-J. Festiguière, 《고대의 두 설교자, 텔레스와 무소니우스》, *op. cit.*, p.69)

르쳐야 한다고 말할 때 발견할 수 있는 바와 외관상 유사합니다. 하지만 플라톤과 무소니우스의 목표가 동일하다 해도 수련의 성격은 완전히 다릅니다. 플라톤에 있어서 외부 세계에 대한 용기와 자기 자신에 대한 자제라는 두 덕을 확보해 주는 바가 신체적 수련, 즉 문자 그대로 체조적인 수련입니다. 육상 운동, 타자와의 대결 훈련, 격투뿐만 아니라 달리기, 도약 등에 도움이 되는 모든 준비 운동 등 순전히 신체적인 수련은 플라톤에 있어서 외부 세계의 적대성에 대해 겁을 내지 않고 함께 격투를 배운 상대방을 겁내지 않게 하는 일종의 보증 역할을 합니다. 타자와의 격투 모델은 모든 사건과 불행에 맞서는 데에도 유용해야 합니다. 그러고 나서 신체적 준비는 많은 포기와 자숙 아니면 절제, 그 중에서도 특히 성적인 절제를 전제합니다. 각별히 순결한 생활을 영위하지 않으면 올림피아 경기에서 승리할 수 없다는 것은 잘 알려진 자명한 사실입니다.[23] 그러므로 플라톤에게 있어서 체조는 용기와 자제라는 두 덕의 형성을 확보해 줍니다. 하지만 무소니우스 루푸스에 있어서 흥미로운 것은 체조 전체가 사라져 버렸다는 점입니다. 그리고 동일한 목표(영혼과 신체의 수련을 통해 andreia와 sôphrosunê를 형성하는 것)는 무엇을 통해 성취될 수 있을까요? 그것은 분명 체조를 통해서가 아니라 절제를 통해, 말하자면 배고픔·추위·더위·수면과 관련한 인내요법을 통해 성취됩니다. 굶주림, 갈증, 극도의 추위와 더위를 참는데 익숙해져야 합니다. 맨바닥에서 자는 데 익숙해져야 하고, 투박하고 부족한 의복을 입는 데 익숙해져야 합니다. 무소니우스에 있어서 이런 수련에서 문제가 되는 것은 신체-도덕적인 절제의 관건이자 적용점인 체조적인 신체가 아니라 인내, 끈기 자체의 신체이며 바로 이 점이 중요한 차이라고 생각합니다. 그러나 무소니우스에게서 문제가 되는 이것이 무엇이던간에 그것은 사실입니다. 그리고 이 사실 자체는 거의 대부분의 스토아주의와 견유주의 텍스트에

---

22) 이 모든 문제들은 《쾌락의 활용》의 대상이 된다. 〈ENKRATEIA〉[EGKRATEIA], *op. cit.*, p.74-90.

23) "올림픽 경기와 다른 경기를 위해 타렌트의 이코스가 어떻게 했는지를 우리는 들어보지 않았는가? 경기의 승리자가 되기 위해 자신의 영혼에 절제와 더불어 기술과 힘을 지니고 있었던 이코스는 훈련에 열중한 나머지 여자나 젊은 소년을 전혀 건드리지 않았다고 사람들이 우리에게 증언한다."(플라톤, 《법률》, 8편, 840a, E. des Places 번역, Paris, Les Belles Lettres, 1968, p.82)

서 재발견할 수 있습니다.

특히 세네카의 텍스트에서 실제적인 체조에 대한 명시적이고 확실한 비판이 발견됩니다. 루킬리우스에게 보내는 열다섯번째 서신에서 세네카는 팔을 단련하고 근육을 기르며 목을 굵게 하고 허리를 강화하는 데 시간을 허비하는 사람들을 조소합니다. 세네카는 이것이 정신을 지치게 하고 신체적인 부하로 정신을 짓누르는 공허한 작업이라고 말합니다. 신체가 사용되는 수련에서 신체가 영혼에 혼란을 주어서는 안 된다는 것이 관건이어야 하는 반면에 체조는 신체의 무게로 영혼을 거추장스럽게 합니다. 따라서 세네카는 자신의 신체처럼 기침을 하고 호흡 장애가 있는 천식성의 병약한 신체를 조리하여 지적인 활동과 독서, 그리고 글쓰기 등을 자유롭게 하기에 적합한 신체로 지탱할 수 있게 해주는 가벼운 수련을 선호합니다. 아침에 이따금씩 뛰고 마차로 산책을 하며 다소 몸을 움직일 필요가 있다고 세네카는 조언합니다.[24] 아무튼 이 모든 것은 그 자체로서는 그리 중요하지는 않지만 동시에 덕을 형성시키는 플라톤적인 체조와 스토아주의자들이 제안하는 절제나 자기 신체에 가하는 아주 가벼운 작업간에 존재하는 차이 때문에 흥미롭습니다. 하지만 세네카에 있어서는 이런 종류의 나쁜 건강 상태에 있는 병약한 신체의 가벼운 지탱 운동——신체에 대한 모든 성찰과 금욕에서 나쁜 건강은 중심적이다. 요컨대 스토아주의에서 문제가 되는 것은 젊은이의 신체나 운동선수의 신체가 아니라 40대 늙은이의 신체입니다——에 내가 이미 언급했고 간략히 환기하는 절제의 훈련이 첨가됩니다. 예를 들면 62년 겨울의 열여덟번째 서신[25]에서 62년 겨울 세네카가 자살하기 직전에 그는 루킬리우스에게 편지를 쓰고 거기서 다음과 같이 말합니다. "참으로 요즘은 생활이 재미없구나! 공식적으로 허가가 떨어진 이 시기에 내 주변 사람들 모두가 사투르누스 축제를 준비한다. 이런 종류의 축제에 참여해야 할까 아니면 삼가해야 할까? 참여하지 않는다면 사람들의 눈에 띄려 하고 좀 오만한 철학적 속물 근성을 광고하고 싶은 위험에 빠지게 된다. 물론 거기에 살짝

---

24) 세네카, 《루킬리우스에게 보내는 서신》, 1권, 2편, 서신 15, 1-4, 앞서 인용한 판본, p.59-60과 2권 6편, 서신 55, 1(p.56).

25) 《루킬리우스에게 보내는 서신》, 1권, 1편, 서신 18(p.71-76). 이 편지에 관해서는 《자기 배려》, *op. cit.*, p.76-77 참조.

참석하는 게 가장 신중한 처사겠지. 하지만 아무튼간에 한 가지 일은 해야
지. 즉 사람들이 사투르누스 축제를 준비하며 벌써 먹고 마시기 시작할 때
우리는 달리 축제를 준비해야 해. 또 우리는 실제적이고 동시에 인위적인 가
난 훈련과 같은 상당수의 수련을 하면서 축제를 준비해야지."[26] 식민지 착취
에서 수백만 세스테르케스 은화를 훔친 세네카가 실제적으로 정말 가난하
지 않았기 때문에[27] 인위적이지만 3,4,5일 동안 실제로 맨바닥에서 자고 거
친 옷을 입으며 아주 적게 먹으며 맑은 물을 마시고 가난한 삶을 살도록 권
고한다는 의미에서 실제적입니다. 결국 병사가 전시에 강할 수 있기 위해 평
시에 투창 연습을 계속하는 것처럼 바로 이런 종류의 실제적인 수련을 통해
자신을 단련시켜야 한다고 세네카는 말합니다. 세네카는 이런 종류의 수련
을 통해 당연히 보편적 규칙일 수 있는 일반적인 절제 생활로 대전환을 하
려고 결코 생각하지 않았습니다. 몇몇 견유주의자들은 실제로 그렇게 했고
기독교 수도사 생활에서도 그러했을 것입니다. 절제로 전환하는 것이 문제
가 아닙니다. 문제는 이따금씩 되돌아갈 수 있고 생에 forma(형식)를 부여하
게 해주는, 다시 말해서 개인에게 자기 자신과 자신의 삶을 이루는 사건들에
직면해 적절한 태도를 취하게 해주는 일종의 반복적이고 규칙적인 훈련으
로서의 절제를 통합하는 것입니다. 요컨대 닥치는 불행을 견뎌내기에 충분
할 정도로 초연하며, 또 오직 무관심과 적절하고 지혜롭게 우리를 둘러싸고

---

26) *Id.*, 서신 18, 5-8(p.73-74).

27) 부유하고 도둑적인 세네카에 관해서는 타키투스가 재구성한 P. 수이리우스의 주
장을 참조할 것. 즉 "어떤 지식과 가르침으로 4년간의 왕실과의 우정[네로와의 우정]을 통
해 3억 세스테르케스 은화를 긁어모았을까? 로마에서 그[세네카]는 유언과 상속자 없는
자를 사냥감으로 취했다. 이탈리아와 속주들은 그의 한없는 고리대금으로 고갈되었다."
(《연대기》, XIII, XLII, P. Grimal 번역, 앞서 인용한 판본, p.330) 네로에 대해 쓸 때에도 타
키투스는 여전히 세네카를 지목하고 있다고 생각하지 않을 수 없다. "그는 가장 친한 친구
들의 너그러움을 이용해 치부한다. 긴축을 공표하면서 이런 상황에서 가옥과 빌라를 전
리품처럼 나누어 갖는 자에 대해 비난하는 사람들이 많았다."(*id.*, XIII, XVIII, p.313) 네
로가 의혹스러운 상황에서 죽은 브리타니쿠스 소유의 영지를 세네카에게 선물로 준 것을
기억해야 할 것이다. 세네카의 소득에 관해서는 디온 카시우스의 주장을 참조하고 이에
대한 현대적 설명에 대해서는 '당대의 가장 어마어마한 재산 가운데 하나'에 대해 논의
하는 폴 벤을 참조할 것(《세네카, 대화, 루킬리우스에게 보내는 서신》에 대한 〈서문〉, *op.
cit.*, p.xv-xvi). 《행복한 삶에 관하여》 전체는 혹독한 생활을 찬양하는 유복한 철학자에게
가해진 비난을 방어하기 위한 세네카의 능란하고 격렬한 시도이다.

있는 부와 재산을 가볍게 볼 수 있을 정도로 초연한 태도를 갖게 해주는 절제의 통합이 문제입니다. 여덟번째 서신에서 세네카는 "건강하기 위해 꼭 필요한 것만을 신체에 부여하는 이 생활의 규칙을 취하시오(그것은 사실 *forma vitae*: 이 삶의 원칙, 이 삶의 형식, 이 삶의 양식입니다). 신체가 영혼에 복종할 수 있도록, 양식이 굶주림을 진정시킬 수 있도록, 음료가 갈증을 가라앉힐 수 있도록, 의복이 추위를 이길 수 있도록, 집이 [악천후]에 대비한 안식처가 될 수 있도록 신체에 이따금씩 다소 가혹한 대접을 하시오"[28]라고 말합니다. 여러분은 문제가 되는 것이 무엇인지를 아시겠지요. 세네카는 허기를 잊게 해주는 것만을 먹으려 산 것이 결코 아니며 갈등을 해소하기 위해서만 음료를 마신 게 아닙니다. 그러나 부의 사용에 있어서 또 이 반복적인 절제 훈련에 힘입어 철학자는 자신이 먹는 것이 굶주림을 완화하는 데 필요한 것만을 원칙과 척도로 갖는다는 점을 항시 유념해야 할 필요가 있습니다. 따라서 절제 훈련을 통해 형성되는 것은 양식·의복·주거와 관계하는 방식입니다. 그리고 이 절제 훈련은 생활의 양식을 형성하기 위한 훈련이지 명시적인 금지와 금기에 맞추기 위한 절제 훈련이 아닙니다. 바로 이것이 스토아주의의 절제에 대해 말할 수 있는 바입니다.* 둘째로 이번에는 금욕적 실천의 또 다른 집합인 시련의 실천을 논의해 보고자 합니다.

사실상 시련과 절제 간에는 중첩되는 것이 많습니다. 그러나 시련을 특징짓고 절제와 구별시키는 상당수의 특질이 있다고 생각합니다. 첫번째로 시련은 항시 자기 자신이 자기 자신에게 하는 일정한 질의를 포함합니다. 절제와는 달리 시련에서는 내가 어떤 일을 할 수 있고, 또 그것을 끝까지 할 수 있는지를 아는 것이 본질적으로 중요합니다. 시련에서 사람들은 성공하거나 실패하고 얻거나 잃을 수 있으며, 또 이러한 열린 시련 놀이를 통해 자기 자신을 환기하고 자신이 위치하는 진보 지점과 자신인 바를 아는 것이 중요합니다. 고의적인 결핍에 불과한 절제와는 달리 시련은 주체가 자기 자신이 하는 바와 그것을 하는 자기에 대해 양식 있고 의식적인 일정한 태도

---

28) 《루킬리우스에게 보내는 서신》, 1권, 1편, 서신 8(p.23-24).
* 수고는 이같은 시련과 '쾌락의 미학'을 발생시키는 에피쿠로스주의자들의 수련을 구분하고 있다("고통으로 변할 수 있는 모든 쾌락을 피하고 단순한 쾌락의 기술적인 강화에 도달하기").

를 취하는 조건에서만 시련일 수 있습니다. 마지막으로 핵심 요점이고 또 훨씬 더 확대하고 싶은 세번째 차이는 이미 살펴보았듯이 절제는 말하자면 생활 속에 국한된 수련이고, 또 지향하는 forma vitaie(생활의 양식)를 보다 잘 고안할 수 있기 위해서는 이따금씩 이러한 수련으로 급작스럽게 방향을 돌려야 합니다. 반면에 시련은 현실에 직면한 일반적인 태도가 되어야 합니다. 이 점은 대단히 중요합니다. 결국 생애 전반이 시련이 되어야 하고, 바로 이것이 스토아주의자들에게 있어서 시련이 갖는 의미입니다. 이러한 테크닉의 역사에서 역사적으로 결정적인 진일보가 있습니다.

시련의 첫번째 두 요소를 간단히 환기하고자 합니다. 나는 여기서 강의를 중단할 것이고 다음 시간에 시련으로서의 인생을 논의하도록 하겠습니다. 첫째로 자기 자신에 대한 물음으로서의 시련이 있습니다. 이미 이룩된 향상, 자기가 도달해야 하는 지점과 관련해 현재 자기 자신이 어떤 상태에 있는지를 사람들은 시련의 수련에서 가늠해 보려고 한다는 점이 이와 관련해 내가 말하려 하는 바입니다. 시련에는 항시 향상에 대한 질문과 자기 인식을 표식하려는 노력이 있습니다. 이러한 시련의 예를 에픽테토스는 다음과 같이 말합니다. "분노와 싸우기 위해서는 어떻게 해야 할까? 자기 자신에게 하루 동안 화를 내지 않겠다고 약속할 필요가 있다. 그리고 자기 자신과 이틀, 나흘 동안 화를 안 내겠다는 협약을 하고 한 달 동안 화를 안 내겠다고 자기 자신과 약속을 하고 결국 성공하게 되면 그 순간이 신들에게 희생물을 바칠 시간이다."[29] 자신의 향상을 확보하고 또 가늠하는 계약−시련의 유형은 플루타르코스가 분노의 통제에 관해 할애한 텍스트에서도 발견됩니다. 거기서 그는 화를 내지 않으려고 며칠을 또, 심지어는 한 달 동안 노력했다고 말합니다. 스토아주의의 ascétique에서 한 달 동안 화를 내지 않는 것은 최대한으로 참을 수 있는 기간이었던 것 같습니다. 따라서 "내 자신을 시험하면서(peirômenos hemautou) 차츰차츰 내 자신을 집중하도록 강요하면서 인내력

---

29) "너는 걸핏하면 화내기를 이제 중단하고 싶니? 그런 너의 습관에 양식을 주지 말도록 해라. 화내는 습관을 증대시킬 수 있는 어떤 양식도 주지 마라. 최초의 분노 출현을 진정시키고 화내지 않은 날들을 세어 보아라. '매일 화를 내는 버릇이 있었다. 이제는 이틀에 한번씩 화를 내고, 3일에 한번씩, 그리고 4일에 한번씩 화를 낸다.' 그리고 한 달 동안 화를 자제할 수 있다면 신에게 공여하라."(에픽테토스, 《어록》, II, 18, 12−13, p.76)

에서 내가 진보했는지를 알기 위해"[30] 며칠 동안 또 한 달 동안 화를 내지 않도록 노력한다고 플루타르코스는 말합니다. 플루타르코스에게서 동일한 종류의 시련의 조금 더 난해한 놀이도 발견할 수 있습니다. 그것은 공정과 불공정에 관한 시련입니다. 물론 분노에 대해서와 마찬가지의 점진적인 약속을 통해 부당함을 행하지 않도록 수련해야 한다고 플루타르코스는 《소크라테스의 다이몬》[31]에서 말합니다. 즉 하루 그리고 한 달 동안 불공정을 피해 보아야 합니다. 하지만 일정 기간 동안 정직하고 합법적이라 할지라도 이윤을 포기하는 데 성공하는 것과 같이 보다 미묘한 바를 수련해야 한다고 플루타르코스는 말합니다. 이는 모든 불공정의 원천인 획득 욕구를 자신에게서 뿌리뽑는 데 성공하기 위해서 하는 수련입니다. 그러므로 그것은 공정하다 할지라도 보다 확실하게 불공정으로부터 벗어나기 위해 이윤을 포기하게 만드는 일종의 공정을 넘어서는 훈련을 하는 것입니다. 이것이 시련-자기 점검으로서의 시험입니다.

둘째로 이중적인 부분을 갖는 수련으로서의 시련이 있는데, 이는 현실 내에서의 수련임과 동시에 사유에 관련된 수련입니다. 이런 종류의 시련에서는 행동 혹은 절제의 규칙을 자신에게 단순히 부과하는 것만이 문제가 아니라 그와 동시에 내적인 태도를 구상하는 것이 중요합니다. 현실에 직면할 필요가 있고 또 동시에 이 현실과 대면하는 순간에 사유를 통제할 필요가 있습니다. 이것은 다소 추상적으로 보이지만 아주 간단합니다. 그것은 대단히 단순하지만 역사적으로 중요한 결과를 갖게 됩니다. 길거리에서 젊고 아름다운 소녀를 만나게 되면 이 소녀를 삼가고 따라가지 않으며 유혹하지 않으려 하고 그녀의 접대를 받아들이지 않으려 하는 것만으로는 충분하지 않다고 에픽테토스는 말합니다. 이것만으로는 충분하지 않습니다. "아이고! 이 젊은 소녀를 포기하지만 결국 나는 그녀와 자고 싶다. 그녀의 남편되는 사람은 얼마나 행복할까!"와 같은 생각을 하면서 행동만을 자제하는 것만으로는 충분하지 않습니다. 현실에서 삼가야 하는 젊은 소녀를 만나게 되는 순간

---

30) 플루타르코스, 《분노의 통제에 관하여》, J. Dumortier & J. Defradas 번역, 앞서 인용한 판본, §15, p.84-85.

31) 플루타르코스, 《소크라테스의 다이몬》, 585a-c, J. Hani 번역, 앞서 인용한 판본, p.95.

그녀와 가까이 있고 그녀의 매력과 동의를 이용하리라고 자신의 생각 속에서 상상하거나 묘사해서는(zôgraphein) 안 됩니다. 그녀가 동의하거나 동의를 표명하고 당신에게 접근한다 해도 전혀 아무 느낌도 갖지 말아야 하고 아무것도 생각하지 말아야 하며 정신을 완전히 비우고 중립적으로 만들어야 합니다.[32] 바로 여기에 중요한 요점이 있습니다. 바로 이것이 기독교의 순결성과 이교도의 자제 간의 구별점 중의 하나입니다. 순결에 관한 모든 기독교 텍스트에서 알키비아데스가 자신의 곁에 와서 잠자려 할 때 그를 삼가지만 그래도 계속해서 그를 욕망하는 소크라테스가 얼마나 나쁘게 여겨지는지를 볼 수 있습니다. 이것은 양자의 중간 지대입니다. 사유 · 욕망 · 상상의 중화 작업이 문제입니다. 바로 이것이 시련의 노력입니다. 자제는 자기 자신에 대한 사유 작업, 즉 자기 자신에 의한 자기의 사유를 수반해야 합니다. 이와 마찬가지로 실제 상황에 부딪친 자기에 대한 자기의 사유 작업의 예는 에픽테토스가 우리가 정념에 의해 끌려갈 위험이 있는 상황에 처할 경우 이 상황과 맞서야 하고 우리를 사로잡을 수 있는 모든 것을 삼가야 하며, 또 사유 자체에 대한 사유 작업을 통해 자기 자신을 조절하고 자기 자신에게 제동을 걸 수 있게 해야 한다[33]고 말하는 《어록》 3편에서 또 다른 한 예를 발견할 수 있습니다. 그래서 자기 자녀나 친구를 포옹할 경우 가족과 친구에 대해서 우리가 갖는 자연스런 감정, 의무감, 사회적 의무가 우리 주변에 자녀나 친구를 가졌다는 기쁨과 동의를 실제로 체험하고 느낌을 표현하는 결과를 발생시킨다고 에픽테토스는 말합니다. 하지만 이 상황에서 위험이 발생합니다. 이 위험은 그 유명한 diakhusis,[34] 즉 의무나 우리를 타자로 향하게 만드는 자연스럽고 합당한 느낌의 운동에 의해 허용된 일종의 영혼의 토

---

32) "오늘 나는 잘생긴 소년이나 아름다운 소녀를 보았고, 또 '그녀와 어떤 사람이 잤다면 하늘이 좋아할 것이다' '그녀의 남편은 행복해할 것이다' 라고 생각하지 않았다. 왜냐하면 이렇게 생각하는 자는 '간통이 행복한 것이다' 라고 또한 말하기 때문이다. 나는 이 여자가 여기에 나타나 옷을 벗고 내 곁에서 잔다고 하는 광경들을 상상조차 하지 않는다…."(《어록》, II, 18, 15-16, p.76-77)

33) 《어록》, III, 24, 84-85(p.106-107).

34) "네 자식, 네 형제, 네 친구를 포옹할 경우 상상력에 제동장치를 결코 느슨히 해서는 안 되고, 네 심정의 토로가 원하는 대로 막 가게 내버려두어서는 안 된다."(id., 85, p.107)

로는 감동 혹은 **pathos**의 영향하에서가 아니라 자연적이고 합당한 활동의 영향을 받고 표출되어 통제력을 상실할 수 있습니다. 바로 이것이 diakhusis이며 이를 피해야 합니다. 어떻게 이 diakhusis를 피해야 할까요? 그것은 아주 간단하다고 에픽테토스는 말합니다. 무릎 위에 자녀를 안고서 애정 표현을 할 때 자연스러운 애정의 합당한 운동과 표현을 통해 그들을 포옹하는 순간 '내일 너는 죽을 것이다'[35]라고 지속적으로 영혼 속에서 생각하고 나지막이 되뇌여야 한다고 에픽테토스는 말합니다. 내일 사랑하는 내 아이가 죽어서 사라질 것이라고 되뇌여 보아야 합니다. 정당한 애착을 표현함과 동시에 이런 애착 관계의 현실적인 무상함을 완벽하게 이해하려는 노력을 통해 그것을 초연하는 수련이 시련을 구축하게 됩니다. 마찬가지로 친구를 포옹할 때도 자신에게 자문하는 사유의 일종의 내적인 반복을 통해 "내일 너는 유배를 떠날 것이다" 혹은 "내일 내가 유배를 떠나고 우리는 헤어질 것이다"라고 지속적으로 마음속에 되뇌일 필요가 있습니다. 바로 이것이 스토아주의자들이 설명하는 시련의 연습입니다.

결국 이 모든 것들은 훨씬 더 중요한 시련——시련의 관계 혹은 시련의 실천——의 변형이나 인생 전반이 시련의 형태를 취하게 되는 그런 수준에서의 변환에 상당하는 바와 비교해서 일화적이고 부차적입니다. 바로 이 점을 지금부터 설명해 보고자 합니다.

---

35) *Id.*, 88(p.107).

1982년 3월 17일 강의

후반부

시련으로서의 생 — 세네카의 《신의 섭리에 관하여》: 존재의 시련과 그 식별적 기능 — 에픽테토스와 철학자-척후병 — 질병의 변모: 고대 스토아주의에서 에픽테토스로 — 그리스 비극에서의 시련 — 헬레니즘 시대 실존의 준비에 대한 무관심으로부터 불멸과 구원에 대한 기독교 교의에 대한 주목 — 생활의 기술과 자기 배려: 관계의 역전 — 이 역전의 징후: 그리스 소설에서 순결의 테마

절제와 달리 시련(probation)은 단순히 일정한 실존의 순간에 한정된 일종의 교육적 수련이어서는 안 되고, 실존에 있어서 일반적인 태도가 될 수 있고 또 되어야 한다는 관념의 출현과 전개가 제정 시대 철학자들의 금욕실천론에서 중요한 것들 가운데 하나입니다. 다시 말해서 인생은 항구적인 시련으로 인정되고 사유되며, 체험되고 실천되어야 한다는 중요한 관념이 출현함을 목격할 수 있습니다. 물론 인생이 시련이라는 원칙의 체계적인 성찰과 보편적인 이론화가 존재하지 않는다는 의미에서――아무튼 나는 이런 점을 발견하지 못했습니다――이 관념은 은밀하게 퍼져나갔습니다. 아무튼 그 차원에 있어서 기독교에서 발견할 수 있는 바와 유사할 수 있는 어떤 이론화도 발견되지 않습니다. 하지만 그것은 상당수의 텍스트에서, 특히 세네카와 에픽테토스의 텍스트에서 명확하게 표명된 관념입니다.

'시련으로서의 생'이라는 테마를 참조할 수 있는 세네카의 텍스트는 물론 《신의 섭리에 관하여》입니다. 또 이 텍스트의 주요 맥락 가운데 하나는 아버지(세계와 인간과 관련한 아버지)이며, 이같은 가족 관계의 모델 위에 인정되고 칭송받아야 하는 신이라는 극히 고전적인 스토아주의의 낡은 테마입니

다. 단지 아버지로서의 신이라는 너무나 잘 알려진 이 낡은 테마로부터 세네카가 흥미로운 상당수의 결론을 끌어낸다는 것을 주목하십시오. 신은 아버지이지 어머니가 아니라고 세네카는 말합니다. 자녀에 대한 관용이 어머니를 특징짓는 바라는 것이지요. 어머니는 관용적이기 위해 있습니다. 여기서 세네카는 수학과 청소년기에 접어든 소년과 어머니의 관계를 지극히 명시적으로 참조합니다. 어머니는 위로하기 위해 존재합니다.[1] 아버지는 교육을 담당하는 자입니다. 그는 흥미로운 언급을 합니다. 아버지, 즉 아버지의 자격을 갖는 신은 (pecca fortite라는 표현이 이후에 중요하게 됩니다)[2] 용기를 가지고 사랑한다(amat fortitier)[3]고 세네카는 말합니다. Amat fortitier는 용기와 나약하지 않은 정력으로, 전적이고 경우에 따라서는 모진 엄격성을 가지고 사랑함을 의미합니다. 아버지는 자식을 용기를 가지고 허약함이 없는 정력으로 사랑합니다. 자식을 나약하지 않은 정력으로 사랑한다는 것은 무엇을 의미할까요? 그것은 자식이 적절히 교육받을 수 있도록, 다시 말해서 장차 닥칠 수 있는 실제적인 피로·고통·불행에 대비할 수 있게 해주는 피로·어려움·고통을 통해 교육받을 수 있도록 신경 쓴다는 것을 의미합니다. 강인하고 정력적으로(fortiter) 사랑하며 아버지는 자식에게 강하고 정력적인 교육을 확보해 남자로서 자식을 강하고 정력적으로 만듭니다. 따라서 남성들에 대한 신의 부성애를 섭리적이고 모성적인 관용의 모델에 입각해서 이해

---

1) "아버지의 온화함과 어머니의 온화함 간에는 어떤 차이가 있는지 모르겠니? 아버지는 자녀들을 일하러 내보내기 위해 일찍 기상시키고 축제일에도 자녀들이 휴식하는 것을 용인하지 않으며 그것이 그들의 눈물이 아닐지라도 땀 흘려 일하게 만든다. 이와는 달리 어머니는 자녀들을 가슴에 품고 그 그림자 속에 보호하며 그들을 슬프게 하고 눈물을 흘리게 하며 피곤하게 하는 것들을 막아낸다. 선한 인간들을 위해 신은 아버지의 영혼을 가졌으며, 그들을 강건하게 사랑한다(illos fortitier amat)."(《신의 섭리에 관하여》, II, 5-6, in 세네카 《대화집》, 4권, R. Waltz 번역, 앞서 인용한 판본, p.12-13)

2) *Id.*, 6(p.13).

3) 루터에 대한 암시. "esto peccator, et pecca fortiter, sed fortius fide et gaude in Christo qui victor est peccati, mortis et mundi […] ora fortiter; es enim fortissimus peccator."(1521년 8월 1일 멜랑크톤에게 보내는 서신 in L. Febvre, 《마르틴 루터의 운명 *Un destin, Martin Luther*》, Paris, PUF, 1968, p.100) 이 구절은 다음과 같이 번역된다. "죄짓는 자가 되거라. 그리고 크게 죄를 지어라. 하지만 네 신앙심과 안에서의 복락을 더욱 강고하게 간직하고 죽음과 세계의 죄를 극복하는 자가 되거라. 더 열심히 기도하라! 왜냐하면 너는 더욱 큰 죄인이므로."

해서는 안 되고, 남성에 대한 교육적인 용의주도의 형식에 입각해 이해할 필요가 있습니다. 부성애는 교육적인 용의주도이지만 그것은 역설을 가지며 《신의 섭리에 관하여》는 그 이유를 설명하고 있고 또 해결해 보려고 합니다. 역설은 다음과 같습니다. 즉 교육적인 혹독함 속에서 아버지-신은 하나의 구별을 합니다. 그는 사악한 자와 선한 자를 구별합니다. 그러나 신성의 총애를 받는 선한 사람들이 인생의 가파른 길을 기어오르기 위해 노력하고 수고하며 땀 흘리는 모습을 계속해서 보여주기 때문에 이 구분은 대단히 역설적입니다. 그들은 쉴 새 없이 고난·불운·불행·고통과 마주칩니다. 반면에 사악한 자들은 휴식을 취하고 그 무엇도 동요시킬 수 없는 열락(悅樂)으로 인생을 보냅니다. 이러한 역설은 쉽게 설명된다고 세네카는 말합니다. 교육에 있어서 사악한 자들이 혜택을 받는 반면에 선한 사람들은 박해받거나 항구적으로 시련 속에 빠지는 것은 사실상 완전히 논리적이고 합리적입니다. 신은 혜택을 받는 자들이 사악하기 때문에 그들의 교육을 무시하면서, 또 교육이 그들에게 어떤 것도 가져다 줄 수 없다는 것을 알면서 그들을 관능에 방치하지만 반대로 그가 사랑하는 선한 사람들을 굳건하고 용기 있으며 강건하게 만들어 자신을 준비하게(Sibi [parare])[4] 하기 위해 시련을 준다고 세네카는 말합니다. 신은 자신을 위해 인간들을 준비시키고, 또 그들이 선하기 때문에 자신이 사랑하는 사람들만을 준비시킵니다. 적어도 두 가지 중요한 관념을 지니고 있기 때문에 이 텍스트에 좀 주의를 기울일 필요가 있습니다.

　모든 시련과 불행을 수반하는 인생 전반은 교육이 그 첫째 관념입니다. 이것은 《알키비아데스》에서 출발하면서 내가 언급했던 것들과 일치한다는 것을 알 수 있습니다. Epimeleia heautou(자기 배려, 자기 수양 등)는 부족한 교육의 대체물이었으며, 또 정치 활동을 시작하는 단계에 있는 젊은이가 적절히 정치 생활을 하기 위해 실천해야 할 무엇이었음을 여러분은 기억하시겠지요. 물론 이것은 플라톤주의 전반에서 그렇다는 것은 아니고 적어도 《알

---

4) "신은 선한 인간을 극진히 대접하지 않는다. 신은 인간을 시험하고 단련시키며 자신에게 자긍심을 느끼게 만든다(sibi illum parat)."(《신의 섭리에 관하여》, I, 6, p.12; E. Bréhier는 "자신을 소중하게 여기게 만든다"로 번역한다 in 《스토아주의자들》, p.758)

키비아데스〉에서는 그렇다고 말할 수 있습니다.[5] 우리는 Epimeleia heautou 관념의 일반화를 살펴보았고, 나는 왜 헬레니즘·제정 시대의 자기 수양에서 '자기 배려'가 교육의 불충분성 때문에 젊은이가 수행해야 할 의무만이 아니라 인생 전반에 걸쳐 실천해야 하는 것이었는지를 보여주려고 시도했었습니다.[6] 이제 교육 관념이 다시 등장하는데 그것은 일반화된 교육입니다. 인생 전반이 개인의 교육이어야 합니다. 청년기 혹은 유년기 초반부터 죽을 때까지 전개되고 실행되어야 하는 자기 실천(pratique de soi)은 말하자면 신이 사전에 이 자기 형성과 자기 실천의 책임을 담당하고, 또 인간에게 교육적인 가치를 지니는 그러한 세계를 조직하게 만드는 섭리적 도식 내에 삽입됩니다. 달리 말해서 인생 전반이 교육입니다. 그리고 Epimeleia heautou는 이제 인생 전반의 단계에 적용되기 때문에 인생의 모든 불행을 통해 자신을 단련하는 데 있습니다. 생의 형태와 교육(단련) 간에는 일종의 연쇄 상승과 같은 것이 존재합니다. 우리에게 보내진 시련을 통해 또 이 시련을 진지하게 생각할 수 있게 하는 이 자기 배려에 힘입어 항상 자기 자신을 단련해야 합니다. 인생 전반을 통해 자신을 단련하고, 또 이와 동시에 자신을 단련하기 위해 인생을 삽니다. 인생과 교육의 공통 외연성(共通外延性)이 바로 인생-시련의 첫째 특성입니다.

둘째로 인생으로서의 시련의 일반화나 인생이 전적으로 자기 수양에 할애되어야 함에 따라 자기 배려가 인생 전반을 관통해야 한다는 관념은 시련으로서의 인생에 대한 분석이 선한 사람과 악한 사람이라는 미리 주어진 이분법에 의거하고 있기 때문에 근본적으로 식별적 기능과 연관되어 있지만, 다른 한편으로는 수수께끼적인 기능과도 연결되어 있습니다. 시련으로서의 인생은 선량한 사람들에게 예정되고 마련된 것입니다. 그것은 선량한 사람들이 그렇지 않은 사람들과 구분되기 위해 마련된 것입니다. 반면에 선량하지 못한(악한) 사람들은 시련을 이겨내지 못하거나 인생에서 시련을 확인하지도 못할 뿐만 아니라 그들의 인생은 시련으로 이루어진 것도 아닙니다. 그들이 시련과 대면할 가치조차 없기 때문에 사람들은 그들을 쾌락에 내던져 버

5) 이 테마의 전개에 대해서는 1월 6일 강의 후반부 참조.
6) 1월 20일 강의 전반부 참조.

립니다. 달리 말해서《신의 섭리에 관하여》에서는 시련(probatio)이 생의 일반적이고 교육적이며 식별적인 형식을 동시에 구축한다는 원칙이 출현합니다.

세네카의《신의 섭리에 관하여》에서의 이같은 글들은 에픽테토스의《어록》의 글들과 상응하며 우리는 여기서 아주 유사한 관념들을 발견할 수 있습니다. 예를 들면《어록》제1편에서 신은 어머니와 반대되는 엄격한 가정의 아버지와 비교되지 않고 제자들은 자기 가까이에 받아들여 그들에게 인내력과 힘을 가르쳐 잘 양성하기 위해 가장 혹독한 적들을 그들의 주변에 배치한 체조 선생과 비교됩니다. 자신이 총애하고 관심을 갖는 제자들을 위해 스승은 왜 혹독한 적들을 선택한 것일까요? 그것은 자신의 제자들이 올림픽 경기에서 힘들이지 않고 승자가 되게 하기 위해서입니다. 그는 자신이 선호하는 제자들이 경기하는 날에 월계관을 쟁취할 수 있도록 하기 위해 가장 힘든 적수를 할당하는 체조 선생으로서의 신입니다. 어록에는 적어도 선한 사람과 그렇지 않은 사람들의 차이, 이후에도 반향을 갖게 될 척후병 형태의 식별적 기능(probatio)이 묘사되어 있는 것을 여러분은 볼 수 있습니다.[7] 신은 선천적으로 너무나 덕이 많아 그 힘을 대단히 잘 보여준 사람들을 일상 생활의 장단점과 더불어 다른 사람들 가운데서 살게 내버려두지 않고 그들을 미리 가장 큰 위험과 난관을 정찰하는 척후병으로 보냈다고 에픽테토스는 말합니다. 바로 이러한 불행 불운 그리고 고통을 정찰하는 이들은 한편으로 자기 자신을 위해 대단히 혹독하고 어려운 시련을 겪을 것이고, 다른 한편으로는 동료 시민들이 그토록 겁내는 모든 위험들을 훌륭한 정찰자인 자신들이 이미 경험했기 때문에 겁낼 필요가 없다고 말하기 위해 자신들이 태어난 도시국가로 되돌아옵니다. 정찰병으로 보내진 그들은 이러한 위험들과 대면했고 그것들을 극복할 수 있었으며, 또 그들이 위험들을 극복할 수 있게 된 이상 다른 사람들도 그것들을 극복할 수 있게 됩니다. 또 이 정찰병들은 계약을 완수하고 승리를 쟁취하고 돌아와 다른 사람들에게 이 시련과 질병

---

7) "인간을 일깨우는 것은 고난이다. 또 고난이 닥칠 때 체육 선생과 같은 신이 젊고 거친 파트너와의 결투 상황에 처하게 했음을 명심하라——사람들은 이유가 무어냐고 묻는다——그 이유는 네가 올림픽 경기에서 승자가 되게 하기 위함이다. […] 우리는 너를 로마에 정찰병으로 보낸다. 그러나 비겁한 자를 척후병으로 결코 보내지 않는다."(에픽테토스,《어록》, I, 24, 1-2, 앞서 인용한 판본, p.86)

을 극복할 수 있고, 그러기 위해 그들에게 가르칠 수 있는 한 가지 방책이 있다고 말할 수 있는 능력을 갖게 됩니다. 바로 이것이 가장 혹독한 적들과 대면하기 위해 전방으로 보내졌으나 돌아와 적들은 위험하지 않고 크게 위험하지 않으며, 생각만큼 위험하지 않다고 말하며 적들을 물리칠 수 있는 방법을 알려 주는 정찰병—철학자·견유주의자입니다. 그리고 에픽테토스가 부여하는 견유주의자의 위대한 초상에서 정찰병의 은유가 다시 사용됩니다.[8]

우리는 이와 같은 시련과 불행을 더 이상 나쁜 것으로 생각할 수는 없습니다. 그것을 개인의 양성을 위해 이용하고 활용해야 할 좋은 것들로 생각해야 합니다. 인간이 마주치는 난관들 가운데 그 어떤 것도 그것이 난관이고 고통인 한에서 그 자체가 좋은 것인 건 없습니다. 에픽테토스는 모든 난관과 곤란을 유익하게 이용할 수 있다고 말합니다. 모든 난관을 말입니다. 에픽테토스는 스승과 제자 간의 일종의 독설적인 대화를 되풀이하고 소묘합니다. 제자가 모든 난관을 유익하게 이용할 수 있느냐고 물었을 때 스승은 예라고 대답합니다. 누군가 당신을 모욕할 때도 그것이 이득이라고 생각하느냐고 제자가 물을 때 스승은 육상선수가 훈련으로부터 무엇을 얻느냐고 반문하며, 그는 가장 큰 이득을 취하고 나를 모욕하는 자가 "내 스승이 되어 내 인내력을, 평정, 온화함을 훈련시킨다[누군가가 내 평정을 훈련시킨다면 그는 유용한 자가 아닌가?; M. F.]. 내 이웃이 악하다면 그것은 그 자신에게 악한 것이다. 그는 내게는 좋으며[왜냐하면 그가 사악하기 때문에; M. F.] 내 온화함과 관용을 단련시킨다. 질병·죽음·굶주림·모욕·최후의 형벌을 가져오라. 이 모든 것들은 헤르메스의 지팡이하에서 유용한 것들을 가져다 준다"[9]고 말합니다. 헤르메스의 지팡이는 모든 대상을 황금으로 변화시키는 지팡이입니다. 전통적인 스토아주의 테마와 아주 가깝기 때문에 헤르메스의 지팡이에는 중요한 관념이 있다고 생각됩니다. 어떤 의미에서 이 관념은 스토아주의의 테마와 가깝기도 하지만 아주 다릅니다. 이 관념은 외부 세계와 사물의 질서로부터 오며 첫눈에 우리에게 악으로 보이는 바는 사

---

8) "사실상 그 견유주의자는 인간에게 호의적인 것과 적대적인 것을 정찰하는 자이다. 또 그는 우선 정확하게 탐색을 수행해야 하고, 그러고 나서 아군을 적군으로 알릴 정도로 공포에 사로잡히지 않고 진실을 알리러 되돌아와야 한다."(《어록》, Ⅲ, 22, 24-25, p.73)

9) 《어록》, Ⅲ, 20, 10-12(p.64).

실상 악이 아니라는 테마와 가깝습니다. 이것은 스토아주의의 시원적 형식 이후로 지속되는 스토아주의의 근본 테제입니다.[10] 그러나 전통적인 스토아 주의 테제에서는 어떻게 해서 악으로서의 악이 사라지게 되는 걸까요? 다시 말해서 우리가 체험하는 바나 체험한다고 생각되는 바가 실제로는 악이 아 니라는 것을 어떻게 발견할 수 있을까요? 우리는 이것을 본질적으로 인지적 이고 증명적인 분야에 속하는 절차를 통해 발견할 수 있습니다. 예를 들면 가까운 사람의 죽음·질병·재산 상실·지진과 같이 우리에게 일어나는 사 건과 관련해 아무리 우연적으로 보일지라도 이것들 각각이 사실은 세계의 질서와 그 필연적인 연쇄에 속한다고 마음속으로 생각할 필요가 있습니다. 이 필연적인 연쇄는 신에 의해 조직되었거나 합리적 원칙이 세계를 조직하 였고, 또 잘 조직하였습니다. 그러므로 우리의 유일한 관점이어야 하는 바 에 입각해, 다시 말해서 합리적 존재의 관점에 입각해 우리가 악이라고 생 각하는 바가 실제로는 악이 아니라는 것을 깨달아야 할 필요가 있습니다. 합리성의 관점으로부터 우리를 멀어지게 만들고 합리적 존재와 우리를 분리 시키는 것은 오직 우리의 의견일 뿐입니다. 바로 이 의견이 우리로 하여금 그것이 악이라고 믿게 만듭니다. 그러나 사실 그것은 악이 아닙니다. 합리 적 주체의 태도와 입장을 취해 봅시다. 그러면 모든 사건들은 세계의 질서 에 속하고, 따라서 그것은 예를 들면 키케로가 수없이 그 주변을 맴돌았던[11] 무수히 반복된 질문, 즉 그것이 악이 아니라 해도 아무 소용이 없지 않은 가, 내가 실제로 아프고 고통받을 때 그것은 악인가 악이 아닌가와 같은 의 문을 수반하는 그런 악이 아닙니다. 하지만 아무튼 고전기 스토아주의에서 악의 소거에 대한 논지와 그 도식은 따라서 세계 질서에 대한 합리적 주체 의 성찰이나 분석을 거치고 이러한 성찰과 분석은 존재론적으로 적절한 질 서 내에 사건들을 재위치시키게 해줍니다. 그 결과 악은 이제 적어도 존재

---

10) 키케로의 주장 참조. 즉 "이 과업들을 유일한 과업, 요컨대 우리가 악이라고 생각 하는 바가 하나가 아님을 보여주는 단일한 과업으로 축소시키는 자들이 있다——이것 이 클레안테스의 의견이다."(《투스쿨라나룸 담론》, 2권 31, 76, J. Humbert 번역, 앞서 인용 한 판본, p.44-45) 제논에 의해 기원전 3세기초에 스토아학파의 창립 이후 클레안테스는 크리시푸스와 더불어 최초의 학원장이었다.

11) 《투스쿨라나룸 담론》, 2권의 3편 전체(p.2-49)와 3월 24일 강의 전반부에서 이 책의 제15장에 대해 한 분석을 참조할 것.

론적으로는 더 이상 악이 아닙니다.

하지만 에픽테토스의 글에서 나에게 선을 행하는 모욕자와 그의 모욕 자체가 선이 되는 사소한 이야기는 위와는 완전히 다릅니다. 왜냐하면 내가 방금 언급한 바와는 전혀 다른 것이 문제시되기 때문입니다. 그것이 나를 아프게 한다는 한에서 이 악이 선으로 변형되는 것이 관건입니다. 이는 에픽테토스의 분석의 관점을 바꾸게 하고 키케로 유의 반론——고전기 스토아주의 분석에 키케로가 제기한 반론의 여분——을 피할 수 있게 해줍니다. 요컨대 그것이 세계의 합리적 질서에 속하므로 악이 아니라고 인정한다 해도, 그래도 여전히 그것은 나를 아프게 합니다. 즉 이 악이 아닌 바(물론 에픽테토스에 있어서 존재론적으로 고전기 스토아주의에 따라 그것은 악이 아닙니다)가 내가 나 자신을 완전히 제어하지 못할 경우 나를 아프게 하고, 또 동시에 그것이 고통과 고난일 뿐만 아니라 나에게 충격을 준다는 사실은 나와 관련해서는 선한 일입니다. 악의 변형과 소거는 단순히 또 세계에 대한 시선의 합리적 입장이라는 유일한 형식하에서 이루어지는 것이 아닙니다. 선으로의 변형은 고통이 실제적으로 시련이라는 점과 또 주체에 의해 인정되고 체험되고 실천된다는 점에서 야기된 고통의 내부에서 이루어집니다. 고전기 스토아주의의 경우에 전체의 사유가 고통의 개인적 경험을 소거하는 것으로 말할 수 있습니다. 에픽테토스의 경우, 또 에픽테토스가 주장하는 이론적 가정 내에는 시련의 태도에서 기인하고, 또 고통·고난 불행의 모든 개인적인 경험을 우리에게 직접적으로 긍정적인 가치로 이중화하고 지나친 부담을 지우는 다른 유형의 변동이 있습니다. 이러한 높은 가치 제도는 이 고통을 없애지 못하며, 오히려 역으로 고통에 매달려 고통을 활용합니다. 우리에게 고통을 주는 한 악은 악이 아닙니다. 스토아주의의 일반적인 틀로 여길 수 있는 바와 비교할 때 여기에는 대단히 중요하고 새로운 무엇이 있다고 생각됩니다.

이 모든 것——단련적인 시련으로서의 삶이라는 관념, 시련의 태도에 따라 불행이 불행이 되고, 또 불행으로 인정되기 때문에 불행이 좋은 것이라는 관념——과 관련해 몇 가지 지적을 하고자 합니다. 물론 어떤 의미에서 이것은 그리 새로운 바가 아니며 또 설령 이것이 스토아주의의 교의와 비교해 일정한 변동이나 강세의 변화를 나타내는 것처럼 보여지고, 또 실제로 나타낸다 해도 사실 인생이 인간을 고난에 빠트리는 불행의 긴 피륙이라는 관념은 오래된 그리스의 것이라고 여러분들은 말할 수도 있을 겁니다. 결국 이러한 관념이 모든 고전기 그리스 비극과 고전기의 위대한 신화의 토대를 이루고 있는 것이 아닐까요? 프로메테우스와 그의 시련, 헤라클레스와 그의 시련,[12] 오이디푸스와 진실과 범죄의 동시적 시련 등이 그 예가 아닐까요? 단지 고전기 그리스 비극을 특징짓고 기초하는 바는 대결, 기마창시합, 신들의 질투와 인간의 무절제 간의 놀이라고 나는 생각합니다. 달리 말해서 신들과 인간이 서로 대면할 때 신들이 인간이 견뎌내는지를 알기 위해, 어떻게 견뎌내는지를 알기 위해, 인간이 승리하는지 신들이 승리하는지를 알기 위해 인간들에게 보내는 불행의 총체로서 시련이 실재적으로 출현하게 됩니다. 그리스 비극에서 시련은 일종의 인간과 신의 대결입니다. 프로메테우스 이야기는 그 가장 명확한 예라고 할 수 있습니다.[13] 신들과 인간 사이에는 투쟁적 관계가 존재합니다. 이 투쟁적 관계의 종국에 불행에 의해 결정적으로 기진맥진해진 인간은 위대하게 되어 이 상황을 벗어납니다. 그런데 이 위대성은 되찾은 평화의 위대성, 즉 신과 화해하는 위대성입니다. 이 점과 관련해서는 《콜로노스의 오이디푸스》처럼 명증적인 예는 없고 또 《오이디푸스 왕》과 《콜로노스의 오이디푸스》의 비교만큼 이 점을 명확히 증명하는 예도 없을 것입니다.[14] 콜로노스의 오이디푸스는 그를 짓누르기보다도 그의 가문

---

12) 체육적 고행의 차원에서 견유주의의 핵심적인 준거가 되는 헤라클레스에 대해서는 R. Höistad, 《견유주의의 영웅과 견유주의의 왕. 견유주의의 인간 개념에 대한 연구 Cynic Hero and Cynic King. Studies in the Cynic Conception of the man》, Uppsala, 1948.

13) 아이스킬로스의 비극 《포박된 프로메테우스 Prométhée enchaîné》 참조. 불을 훔친 죄로 산에 못박힌 프로메테우스는 제우스의 왕위를 찬탈할 수 있는 비밀을 가지고 있다고 주장하며 제우스에 대항한다. 비밀을 알려 달라고 압력을 가하는 헤르메스에게 프로메테우스는 단호히 굴복하지 않는다. 그래서 제우스는 그가 포박되어 있는 바위에 벼락을 때리고 땅의 깊은 습곡에 프로메테우스를 빠트린다.

14) 푸코는 콜레주 드 프랑스 강연에서 처음으로 《콜로노스의 오이디푸스 Oedipe à Cologne》를 검토한다. 반면에 《오이디푸스 왕 Oedipe-Roi》은 규칙적인 분석 대상이 되었다. (콜레주 드 프랑스 첫해 강의인) 〈앎의 의지〉에서 푸코는 소포클레스의 비극이 진실 담론을 강제하는 역사적 형식들에 관한 중대한 이야기들의 한 부분으로 이해되어야 하는지를 설명하고 있다. 특히 1980년 강의(《생명 존재들의 통치 Le Gouvernement des vivants》)에서 《오이디푸스 왕》의 'alèthurgique한 독서'(진실의 현현과 통치 기술 간의 관계)를 구상(1월 16, 23일과 2월 1일 강의)한다.

을 짓누르는 아주 오래된 복수에 따라 신이 그에게 가한 모든 시련들을 실제로 당하고 난 후 지쳐서 자신이 죽을 장소에 도착하게 됩니다. 그리고 오이디푸스는 자신이 패배했지만 굳건해져 끝마치는 전투의 종말에서 "나는 이 모든 것들에 대해 결백하다. 누구도 나를 비난할 수 없다. 내 아버지인지를 몰랐기 때문에 내가 죽인 불손한 노인을 죽이지 않을 사람이 누가 있겠는가? 그녀가 자기 어머니인 줄 모른다면 그 여자와 결혼하지 않을 사람이 누가 있겠는가? 이 모든 것과 관련해 나는 결백하며 신들은 징벌일 수 없었고 실제로 징벌이 아니었던 복수로 나를 괴롭혔다. 이제 나는 시련에 지쳐 내가 죽으려고 하는 이 땅에 신이 내게 부여한 새로운 보호의 권능을 가져다주기 위해 왔다. 내가 알지 못하는 범죄 때문에, 또 신이 그 이유로 나를 괴롭혔기 때문에 내가 가장 약한 상태에 취하게 되었던 전투에서 제정신을 잃었다 해도, 또 내가 조국에 페스트를 몰고 왔다 할지라도 이제 내가 휴거 하고자 하는 이 땅에 고요와 평온 그리고 전능을 가져다 주려 한다"[15]라고 말하기 위해 왔습니다. 이것은 패배자(오이디푸스)가 있었고, 결국에는 패배가 완결되었을 때 인간이 자신의 권력을 회복하고 이제 인간을 보호하는 신들과 화해하는 한판의 대결입니다. 하지만 스토아주의 시련의 토대를 이루고 세네카와 에픽테토스가 규정하는 시련은 이와 같이 신의 권능과 인간의 권능 간의 거대한 대결이나 한판의 팔씨름이 전혀 아닙니다. 고통의 준엄한 부자중심주의(父子中心主義)를 통해 신들은 실제로 인간을 교육하는 데 필요한 일련의 시련과 불행 등을 선량한 인간들 주변에 배열합니다. 불행을 배치하기 위해 거기에 있는 것은 결투가 아니라 보호적인 자비심입니다.

두번째로 지적할 바는 인생 전반을 그 일반성과 연속성 내에서 수련적이고 식별적인 시련으로 받아들이는 이 테마가 명백히 많은 이론적 어려움을 유발시킨다는 사실입니다. 결국 신은 선한 인간들 주변에 일련의 시련을 배

---

15) "존엄하고 무서운 눈을 가진 여신들이여, 당신들은 내가 앉아 있는 이 땅 위의 일인자들이므로 포에보스와 내게 너무 가혹하지 말아 주세요. 신이 나에게 수많은 내 불운을 예언하실 때 그는 이 불행들이 오랜 시간이 지나서 또 존엄한 신성이 내게 앉을 자리와 환대의 장소를 마련해 줄 수 있는 그런 나라에 내가 도착하였을 때 끝날 것이라고 말씀하셨습니다. 바로 그곳에서 나는 비참한 내 인생을 끝내고, 또 그곳은 나를 잘 영접할 사람에게는 복락의 원천이 될 것이라고 말했습니다."(소포클레스, 《콜로노스의 오이디푸스》, v, 84-93, P. Masqueray 번역, Paris , Les Belles Lettres, 1924, p.157-158)

치해 놓음으로써 자기 자신을 위해 그들을 준비하게(Sibi [parat]) 한다고 결국 세네카는 말합니다. 요컨대 신은 자신을 위해 시련으로 인간들을 내몰면서 그들을 준비시킵니다.[16] 그런데 이 준비는 무엇이며 무엇을 위한 준비일까요? 그것은 영혼을 합리적이고 신성한 이성에 일치시키고 동화시키기 위한 준비일까요? 그것은 죽음을 계시하는 마지막 순간까지 인생을 완수하도록 인간을 준비시키는 것일까요? 그것은 인간에게 불멸과 구원을 준비하게 하는 걸까요? 이 불멸은 보편적 이성과 합체된 불멸일까요, 아니면 개인적인 불멸일까요? 이 모든 문제들에 대한 정확한 이론을 세네카에게서 발견하기는 어렵습니다.[17] 답변을 위한 많은 기초 개념들이 있고, 또 여러 가지 답변을 할 수 있습니다. 바로 그렇기 때문에 이 문제는 사실상 세네카에게 중요하지 않다는 것을 증명합니다. 신은 자신을 위해 인간을 준비시킵니다. 그러나 궁극적으로 세네카에 있어서 '인생이 준비다'라는 것은 중요한 테마이기는 하지만 그것은 기독교에서 중심이 되는 "무엇을 준비해야 하는가?"와 같은 문제를 긴급하게 제기하지는 않습니다. 마치 이 자기 기술(technique de soi)과 자기 수양(culture de soi)의 테마가 그 실천의 주변에서 벌어지는 이론적 문제와 관련해 자율성을 갖기라도 하는 것처럼 말입니다. 그러나 자기 기술은 그 자체로서 행동의 원칙으로 지탱될 수 있을 만큼 충분한 심각성과 중요성이 있기 때문에 우리는 그것이 제기할 수 있는 이론적인 문제와 지극히 직접적이고 체계적인 방식으로 대면할 필요가 없습니다. 식별의 문제와 관련해서도 같은 말을 할 수 있습니다. 요컨대 식별은 무엇일까요? 애초부터 선한 인간과 악한 인간이 있다고 가정할 필요가 있을까요? 또 신은 선한 사람들을 불행 쪽에 위치시키고 악한 자들을 관능 쪽에 위치시킨다고 가정할 필요가 있는 걸까요? 아니면 신이 인간들에게 시련을 가해 시련에 저항하며 난관으로부터 잘 벗어나는 자를 보며, 결과적으로 이들에게 시련을 배가하는 반면 첫 시련에 견디지 못하는 자들을 관능에 방치하는 것과 같은 실제적인 징후의 교환이 있다는 것을 용인해야 할까요? 여기서 이 모

---

16) 주 2) 참조.

17) R. Hoven, 《저승 문제에 직면한 스토아주의와 스토아주의자들 Stoïcisme et Stoïciens face au problème de l'au-delà》, Paris, Les Belles Lettres, 1971과 세네카의 《담화》《루킬리우스에게 보내는 서신》에 대한 P. Veyne의 〈서문〉 p.CXXI-CXXIII 참조.

든 것은 분명치 않으며 내가 보기에 놀라운 것은 세네카나 에픽테토스가 진지하게 이 문제에 매달리지 않는 것 같다는 점입니다. 여기에도 답변을 위한 기초 개념들이 있지만 이것들이 이론적 장에 기입되지 않고 그냥 그렇게 단순히 던져져 있다고 생각해서는 안 됩니다. 하지만 이 두 테마에 대한 명확한 문제 제기는 존재하지 않습니다. "준비로서의 인생이 무엇을 준비하는가?"라는 문제를 이론화하지 않고 "시련으로서의 인생의 조건들 가운데 하나고, 결과들 가운데 하나인 이 식별은 무엇인가?"와 같은 문제도 이론화하지 않습니다. 바로 이 점이 내가 두번째로 지적하고자 하는 바입니다.

세번째로 지적할 사항은 다음과 같습니다. 즉 시련으로서의 인생과 식별로서의 시련이라는 이 두 테마는 전개 전반에 걸쳐서 내가 논의하는 철학적 자기 수련으로부터 기독교의 신앙 생활로, 완전히 다른 모습으로 변화된 것입니다. 왜냐하면 한편으로 기독교에서 시련으로서의 인생이라는 관념은 일종의 최고 상위–관념이 아니라 기초 관념이 되어 버릴 것이기 때문입니다. 인간이 자신의 삶을 계속되는 시련으로 생각하고 체험해야 한다는 원칙과 이상을 설정하는 사람은 단순히 소수의 세련된 철학자들이 아닙니다. 반대로 모든 기독교인들은 인생이 시련에 불과하다고 생각하도록 요청받습니다. 이 시련으로서의 인생이라는 원칙이 기독교인들에게 일반화되고 명령적 정언화 됨과 동시에 스토아주의자들이 이상하게도 이론화하지 않았던 앞서 내가 논의한 두 문제는 기독교의 성찰과 사유의 가장 활발한 중핵 가운데 하나가 됩니다. 인생의 준비가 무엇을 준비하는지는 분명 문제입니다. 그것은 명백히 불멸, 구원 등의 문제입니다. 식별의 문제는 예정설은 무엇이고 신의 전지전능 앞에서 인간의 자유는 무엇이며, 은총은 무엇이고 태어나기도 전에 신이 야곱을 사랑하고 이삭을 미워하는 것이 어떻게 가능한가와 같은 대부분의 기독교적인 사유가 집착하는 근본적인 문제입니다.[18] 따라서 여기서는 이 두 문제의 전이가 존재함과 동시에 이론과 실천 내에서 완전히 다른 체제가 존재합니다.

그러나 내가 이 모든 것을 환기한 이유는 헬레니즘·로마 시대에 발전하였고, 올해 강의에서 내가 기술하려고 시도했던 방대한 자기 수양에서 중요하다고 생각되는 한 현상을 보여주기 위해서였습니다. 그리스 고전기 이후로 일정한 tekhnê tou biou(삶의 기술, 실존의 기술)을 규정하는 것이 문제였다고 대략적으로 말할 수 있습니다. '자기 배려'의 원칙은 tekhnê tou biou 라는 일반적 문제 내에서 표명되었습니다. 인간 존재는 이러하여 그의 bios, 삶, 실존은 이러해서 인간은 tekhnê의 분절이라는 합리적이고 명령적인 분절을 참조하지 않고서는 살 수가 없습니다. 우리는 여기서 그리스 문화·사유·도덕의 중핵을 접하게 됩니다. 도시국가가 아무리 억압적이라 해도, nomos(법) 관념이 아무리 중요하다 해도, 종교가 아무리 그리스 사유에 보급되었다 해도 정치적 구조도 법의 형식도 종교적 명령도 결코 그리스나 로마인 그 중에서도 특히 그리스인에게 사는 동안 구체적으로 해야 할 바를 구체적으로 말할 권한이 없었습니다. 특히 이들은 인생을 무엇으로 만들어야 하는지에 대해 말할 수 없었습니다. Tekhnê tou biou는 고전기 그리스 문화속에 들어가며 이와 같은 삶의 구성과 관련해 도시국가, 법, 종교가 남긴 동공 속으로 들어갑니다. 고대 그리스인은 인간의 자유의 적용 영역을 종교가 아니라 도시국가, 법, 그리고 인간이 사용하는 tekhnê(자기 기술)에서 발견하고 전개시켜야 합니다. 그러므로 tekhnê tou biou의 일반적인 형식 내에서 '자기 배려'의 원칙과 정언적 명령이 표명됩니다. 알키비아데스와 같이 정치적으로 성공하려고 하는 자가 어떻게 통치자의 삶을 영위해야 하는지를 그가 의심치 않았던 원칙, 즉 "너 자신을 돌보지 않으면 네가 필요로 하는 tekhnê를 발전시킬 수도 없고, 너의 인생을 네가 그렇게 만들기를 원하는 합리적 대상으로 만들 수 없다"는 원칙을 통해 소크라테스가 환기하는 것을 우리는 보았습니다. 그러므로 Epimeleia heautou는 실존의 tekhnê의 필연성 안에 들어갑니다.

그러나 실제로 발생하였고, 또 내가 올해 강의에서 보여주려고 한 바는 다음과 같습니다. 즉 내가 여러분들에게 말하는 시대——헬레니즘 시대와

18) "이뿐 아니라 레베카가 우리 아버지 이삭 한 사람으로 말미암아 잉태하였는데 그 자식들이 아직 낳지도 않았고 무슨 선이나 악도 행하지 않았을 때에 하나님의 뜻이 행위로 말미암지 않고 오직 부르시는 이에게로 말미암아 서게 하려 하사 레베카에게 이르시되 큰 자가 어린 자를 섬기리라 하셨나니, 기록된 바 "내가 야곱은 사랑하고에서는 미워하였다 하심과 같으니라."(성 베드로, 《로마서》, IX, 10-13 in 《예루살렘 성서 *Bible de Jérusalem*》, Paris, Desclée de Brower, 1975) 물론 《로마서》는 행위보다는 은총의 특권을 주창하기 위한 루터의 주된 준거가 된다. 일반적이고 역사적으로 결정적인 설명을 위해서는 파스칼의 《은총에 대한 글》을 참조할 것.

특히 내가 연구한 시대인 초기 제정 시대——에 생의 기술과 자기 배려 간에 즉석에서 일종의 역전과 비틀림이 발생함을 볼 수 있습니다. 이제부터 자기 배려가 tekhnê tou biou(삶의 기술)에 필요한 것이 아니게 되는 일이 실제로 발생합니다. 인간이 훌륭한 삶의 기술을 실제로 적절하게 규정하기를 바란다면 자기 배려로부터 시작해서는 안 됩니다. 이제 자기 배려는 삶의 기술 전반을 처음부터 끝까지 관통하고 지배하며 지탱할 뿐만 아니라——실존할 줄 알기 위해서는 자기를 배려할 줄 알아야 할 뿐만 아니라——tekhnê tou biou(삶의 기술)가 이미 독자화된 자기 배려의 범위 내로 완전히 들어오게 됩니다. 인생이 시련으로 여겨져야 한다는 관념으로부터 무엇이 도출될까요? 수양적이고 식별적인 가치를 가지며 전적으로 시련으로 간주되어야 하는 인생의 의미와 목적은 무엇일까요? 그 목적은 자신을 수양하는 데 있습니다. 인간은 매 순간 자신을 배려하도록 살아야 하고 또 생의 수수께끼 같은 종말——노년, 죽음의 순간, 합리적 존재 내에 확산되었건 개인적이건 개의치 않는 불멸성——에 발견하는 바와 인생에서 작동시키는 모든 tekhnê를 통해 획득해야 하는 바가 바로 시련으로 체험한 삶의 성취와 완수와 보상인 자기와 자기의 관계가 될 수 있도록 인생을 살아야 합니다. Tekhnê tou biou와 인생의 사건들을 이해하는 방식은 이제 보편적이고 절대적이 되어 버린 자기 배려로 들어가야 합니다. 사람들은 더 잘살기 위해서 또 적절히 타인들을 지배하기 위해서 자기를 배려하는 게 아닙니다. 인간은 자기와 최상의 관계를 맺기 위해 살아야 합니다. 극단적으로 인간은 "자기 자신을 위해 산다"고 말할 수 있습니다. 인간은 실존의 근본적인 계획으로서 실존의 모든 기술을 정당화하고 기초하고 통솔하는 존재론적 근간으로서 자기와의 관계와 더불어 삽니다. 세계의 질서 속에 또 내 주변에 불행과 위험의 모든 요소들과 긴 사슬을 설치한 신과 나 사이에서 이제 문제가 되는 것은 오직 나뿐입니다. 서구의 주체성의 역사에서 상대적으로 중요한 사건이 발생했습니다. 여기에 대해 무슨 말을 할 수 있을까요?

첫째로 내가 거기서 포착하려고 한 바, 즉 이 운동——자기 배려와 생활의 기술을 상호적으로 변화시킨 아주 중요한 비틀림——을 물론 나는 철학자들의 텍스트를 통해 포착했지만 다른 징후들을 통해서도 재발견할 수 있습니다. 올해에는 시간이 없지만 나는 소설들을 논의하고 싶었습니다. 바로 내가 논의하는 시기(1,2세기)에 그리스 소설의 출현은 대단히 흥미롭습니다. 여러분이 아시다시피 이 그리스 소설은 여행과 불행과 고난의 이야기이기도 하며 《오디세이아》에 의해 규정된 거대한 형식 속으로 스며들어가 있는 장황한 모험담입니다.[19] 하지만 《오디세이아》(율리시스의 고난에 관한 서사적인 이야기)에서 그것은 이미 내가 앞에서 논의했던 중대한 한판의 대결이었던 반면——인간과 신들 중에서, 더 정확히 말해 어떤 신들과 이들과 다른 어떤 신들 가운데 결국 누가 이기게 되었느냐가 문제였습니다. 요컨대 이것은 투쟁과 대결의 세계입니다——인생은 자기를 수양하는 시련이어야 한다는 테마가 그리스 소설과 더불어 명백히 출현합니다. 《테아게네스와 카리클레이아》로 더 잘 알려진 헬리오도로스의 《아이티오피카》, 에페소스의 크세노폰 이 쓴 《에페소스 이야기》,[20] 아킬레우스 타티오스의 《레우키페와 클레이토폰 이야기》[21] 등 이 모든 이야기들은 가속화된 리듬으로 인간에게 일어날 수 있는 모든 것, 모든 불행(난파 · 지진 · 화재 · 강도와의 조우 · 죽음의 위협 · 감금 · 노예화), 《오디세이아》에서처럼 실제로 자기 집으로 되돌아오게 하는 모든 것은 인생을 시련으로 보여줍니다. 그 시련으로부터 무엇이 도출될까요? 신들과의 화해일까요? 전혀 그렇지 않습니다. 주의를 기울이고 감시하며 보호하고 제어해야 하는 바인 자기의 순수성이 시련으로부터 도출됩니다. 그렇기 때문에 이 모든 소설들의 핵심 문제는 《오디세이아》에서처럼 신들이 인간을 제압하는지, 아니면 어떤 신이 다른 어떤 신을 제압하는지를 아는 문제가 아닙니다. 이 소설 전반에 걸쳐 확산된 문제는 바로 순결의 문제입니다.[22] 신에게 혹은 서로서로에게 개인적인 순결을 약속한 소년 소녀들은 순결을 지킬까요? 일련의 고난에 사로잡힌 이 두 사람 주위에 놓여진 모든 시련들은 어느 정도까지 이들이 순결을 유지할 수 있을 것인가를 시험하기 위해 구축되었습니다. 그리고 이 문학에서 순결은

19) 호메로스, 《오디세이아》, V. Bérard 번역, Paris, Les Belles Lettres, 1924.

20) 에페소스의 크세노폰, 《에페소스 이야기 Les Éphésiaques》 또는 《안티아와 하브로코메스 Le Roman d'Habrocomès et d'Anthia》, G. Dalmeyda 번역, Paris, Les Belles Lettres, 1962.

21) P. Grimal이 번역한 헬리오도로스와 아킬레스 타티우스의 이야기는 〈Bibliothèque de la Pléiade〉판의 한 권에 등장한다(《그리스 · 라틴 이야기》).

투명하고 제어된 상태에서 자기와 자기가 맺는 관계의 가시적 형태라고 생각됩니다. 기독교의 신앙 생활에서 발견할 수 있고, 또 수많은 결과를 발생시킨 순결의 테마는 자기와 맺는 관계의 은유적 형상으로 출현하는 것을 우리는 알 수 있습니다. 순결을 유지하는 것은 자기 자신으로 되돌아와 서로 만나서 합법적으로 결혼하는 순간 소년과 소녀 모두에게 전적이고 총체적입니다. 순결을 유지하는 것은 인생의 역정 내내 끝까지 보존·유지되어야 하는 자기와의 관계를 형상화한 표현입니다. 이제 다시 한번 더 인간은 자기 자신을 위해 삽니다.

시련으로서의 인생에 대해 내가 말하고자 한 바는 이상과 같습니다. 한 차례 강의가 더 남았는데 거기서 goumnazein(다시 말해서 실제 상황에서의 수련과 단련)이 아니라 사유의 실천(meletan, 명상)과 같은 다른 일군의 실천을 논의해 보고자 합니다. 이에 대한 설명은 지금 마무리지을 시간이 없군요. 부활절 이후에 강의를 한번 더할지 모르겠습니다. 여러분들은 부활절에 모두 떠나나요? 아무튼 잘 모르겠습니다. 두고 보도록 하지요.

---

22) 이 테마에 대한 보다 발전된 분석에 대해서는 《자기 배려》의 마지막 장(〈새로운 성애의 기술 Une nouvelle érotique〉 참조. "하지만 우리는 수많은 돌발 사건들을 수반하는 이 긴 이야기들 내에 종교적인 만큼이나 세속적인 성애의 기술을 특징짓는 상당수의 테마가 있다는 점을 지적할 수 있다. 즉 이성애'와 남성 축과 여성 축으로 특징지을 수 있는 관계가 있고, 또 욕망에 대한 정치적이고 남성적인 지배보다는 청렴결백을 더 모델로 따르는 자숙의 권고가 존재하며, 마지막으로 영적인 결혼의 형식과 가치를 갖는 합일에서 순결의 완성과 보상이 존재한다는 사실을 지적할 수 있다."(p.262-263)

1982년 3월 24일 강의

전반부

지난번 강의에서 획득한 바의 환기 — 플라톤의 《알키비아데스》와 1, 2세기 철학 텍스트에서 자기에 의한 자기 파악: 비교 연구 — 서구 성찰성의 주요 세 형식: 상기·명상·방법 — 현대 서구 철학사 기술의 오류 — 명상의 두 계열: 진실 내용의 시험과 진실 주체의 시험 — 미래 투영의 그리스적인 실추: 기억의 우선성, 미래의 존재론적-윤리적 공허 — 준비로서의 병의 추측의 스토아주의적 수련 — 병의 추측 시험의 단계 — 미래의 폐쇄와 현실 축소로서의 질병의 추정

철학자들의 자기 수련을 특징짓는 거대한 일군의 수련들 내에서 주요한 두 그룹을 구분할 수 있었다고 생각합니다. Goumnazein(실제 상황에서의 단련)의 영향하에 놓을 수 있는 그룹이 있는데 여기서 물론 편의를 위해 다소 도식적인 방식으로, 한편으로는 절제(abstinence)와 다른 한편으로는 시련의 체제를 구분할 수 있었습니다. 그리고 이러한 시련 체제의 관념과 원칙에 입각해 이러한 형태의 사유에 있어서 아주 근본적이라고 생각되는 한 테마, 즉 인생 전반이 시련으로서 수련되고 실천되어야 한다는 테마에 도달하게 되었는지를 여러분들에게 설명하려고 시도했습니다. 다시 말해서 고전기 그리스 사유 이래로 애초부터 인생은 tekhnê의 대상이었고 이제는 시련의 거대한 예식과 계기와 같은 것이 되어 버렸다는 것을 설명하려고 시도했습니다. Tekhnê가 시련으로 점차적으로 변화되고 재구축되는 현상과 tekhnê가 이제는 인생 전반에 걸쳐 지속되는 시련에 지속적으로 대비하는 것이 어야 한다는 사실은 대단히 중요했다고 생각됩니다.

올해의 마지막 강의인 오늘 강의에서는 meletê/meletan/meditatio/meditari

라는 용어를 중심으로 묶을 수 있는 다른 군, 따라서 지극히 일반적인 의미에서 사유에 대한 사유의 수련인 명상을 중심으로 분류할 수 있는 고행적 수련에 대해 논의해 보고자 합니다. 이 용어는 오늘날 우리가 명상에 부여하는 의미보다 훨씬 더 넓은 의미를 지닙니다. 수사학에서 meletê가 갖는 의미를 환기해 봄으로써 이 점을 좀 명확히 할 수 있습니다. 수사학에서 meletê는 개인에게 공적으로 말하고 임기응변할 수 있게 준비시키는 내적인 준비——사유에 대한 사유의 준비, 사유에 의한 사유의 준비——를 의미합니다.[1] 강의의 속도를 내야 하므로 '명상'——다시 한번 괄호를 칠 필요가 있습니다——의 수련이 갖는 중요성과 일반적 의미를 이해하기 위해 올해 강의 내내 준거가 되었던 텍스트인 플라톤의 《알키비아데스》를 잠시 재검토해 보려고 합니다. 그 절차는 한편으로 알키비아데스에게 말을 걸어 자기 자신을 잘 배려해야 한다는 것을 설명하고 나서 그에게 권유한 자기 배려가 무엇인지에 대해 자문하는 데 있었다는 것을 여러분은 기억하지요. 이 질문은 두 부분으로 세분화됩니다. 먼저 그가 돌보아야 하는 자기는 무엇이며, 다음으로는 어떻게 자기 자신을 돌보아야 하는가가 그것입니다. 바로 여기서 소크라테스가 자기 배려의 근본적인 방식을 정의했었다는 것을 기억할 겁니다. 소크라테스는 자기 배려의 실천을 주로 시선의 훈련, 즉 자기가 자기 자신에게 보내는 시선의 훈련으로 특징짓습니다. '자기 자신을 배려해야 한다'는 blepton heauton의 번역으로 자기 자신을 보살펴야 한다는 의미입니다.[2] 그러나 이러한 시선을 중요하게 만드는 것——시선을 가치 있게 만들고 어떻게 통치하는 법을 배워야 하는가라는 대화의 목적으로 나아갈 수 있게 해주는 것——은 바로 이 시선이 동일자와 동일자의 관계를 성립시킨다는 사실에 있다는 점을 지적할 필요가 있습니다. 동일성의 일반 형식 내에서 바로 이 관계가 시선에 풍요로움을 제공합니다. 영혼은 자기 자신을 알고 또 이 자기 파악 속에서 영혼은 자신의 덕을 형성하는 신성한 요체를 파악할 수 있게 됩니다. 영혼은 자신의 거울 속에서 자기 자신을 응시하기 때

---

1) 3월 17일 강의 전반부 참조.
2) "눈이 자기 자신을 보기 원한다면(ei mellei idein hauton) 눈을 응시할(blepteon) 필요가 있다."(플라톤, 《알키비아데스》, 133b, M. Croiset 번역, 앞서 인용한 판본, p.109)

문에——왜냐하면 이 거울 또한 신성의 빛이기 때문에——또 이 신성한 빛 내에서 자기 자신을 보면서 영혼은 자기 자신의 요체였던 신성한 요체를 확인하였습니다.[3] 따라서 영혼 운동의 원동력이 되는 근본적인 동일성 관계가 있으며, 이 운동의 귀결점은 신성한 요소의 파악 및 인정입니다. 신성한 요소는 두 결과를 발생시킵니다. 첫째로 본질적인 현실인 상부로 향하는 영혼의 운동을 촉발시키는 결과를 발생시키고, 다음으로는 영혼에게 본질적인 현실을 인식할 수 있는 길을 열어 줍니다. 이같은 인식은 영혼으로 하여금 자기 자신의 활동이기도 한 정치 행위를 이성에 기초할 수 있게 해주는 결과를 발생시킵니다. 《알키비아데스》에 의해 기술된 운동 속에서 이미 그 원칙이 대화의 서두부터[4] 누차 환기되었던 gnôthi seauton이 어디에 있는지 자문해 보면 영혼이 영혼의 속성을 인식하고, 또 여기에 입각해 영혼과 공통 속성을 갖는 바에 접근하는 것이 문제임을 알 수 있습니다. 영혼은 자기 자신을 인식하고 또 이 자기 인식 활동 속에서, 기억의 심층부에서 이미 자신이 인식했던 바를 재인식합니다. 결과적으로 gnôthi seauton의 양태에서 문제가 되는 것은 자기와 자기의 관계, 자기에 대한 시선이 내적인 객관성의 영역을 열어 여기에 입각해 영혼의 속성이 무엇인지를 파악할 수 있는 그런 자기 인식이 아니라는 것을 알 수 있으며 나는 이 점을 강조하고자 합니다. 그 고유한 본질과 고유한 현실 내에서 영혼인 바에 대한 인식이 문제입니다. 그리고 바로 이 영혼의 본질 파악이 진실을 엽니다. 그러나 그것은 자신과 관련해 영혼이 인식의 대상이 되는 그런 진실이 아니라 영혼이 과거에 알았던 진실을 말합니다. 다시 말해서 영혼은 자신의 본질적인 현실 내에서 자신을 파악함과 동시에 자신이 애초에 위치하고 있었던 정상(頂上)인 하늘에서 본질들을 명상한 이후부터 인식의 주체로서 자기 자신을 파악합니다. 결과적으로 자기 인식은 본질적인 기억의 열쇠가 되었다고 말할 수 있습니다. 아니면 자기에 대한 성찰성과 진실 인식 간의 관계는 기억의 형식 내에서 설정된다고 말할 수 있습니다. 이미 인식한 바를 재인식하기 위해 자

---

3) 응시에 대한 분석과 관련해서는 1월 12일 강의 후반부 참조.
4) 《알키비아데스》, 124b, 129a와 132c 참조(1월 6일 강의 후반부와 1월 12일 강의 전반부 참조).

기 인식을 합니다. 내가 논의하려고 하는 철학적 자기 수련에서는 관계가 전혀 다르게 설정됩니다. 사실 meletê(기억이 아닌 명상)에서 사태는 도식적으로 또 대략적으로 어떻게 발생하지요? 나중에 보다 구체적인 예를 통해 이 점을 설명하도록 하겠습니다.

첫째로 또 여기에 《알키비아데스》의 gnôthi seauton과 epimeleia heautou의 차이인데 자기 인식이 진행되는 곳은 동일성의 요소 내에서가 아닙니다. 자기에 의한 자기 파악에서 관여적인 바는 동일성의 요소가 아니라 격차 같은 것을 내포하는 일종의 내적인 이중화입니다. 이 점과 관련해서는 지극히 명시적인 에픽테토스의 텍스트가 있습니다. 《어록》 1권 열여섯번째 대화에서 에픽테토스는 인간에게 있어서 자신을 돌보고 돌볼 수 있고 돌보아야 하는 사실을 특징짓는 바는 인간이 속성상으로 더 정확히 말해 기능상으로 여타의 자질들과 상이한 일정한 자질을 운용하기 때문이라고 설명합니다.[5] 다른 자질들——예를 들면 나로 하여금 말할 수 있게 해주는 자질이나 악기를 연주할 수 있게 해주는 자질——은 사실상 어떤 도구를 사용할 줄은 알지만 이 도구들을 사용해야 하는지 플루트를 사용해야 하는지 언어를 사용해야 하는지에 대해서는 내게 어떤 조언도 해주지 않습니다. 이 다른 자질들은 어떻게 도구를 사용해야 하는지에 대해서 내게 말해 줄 수 있지만 그것을 사용해야 하는지, 그것을 사용하는 것이 좋은지 나쁜지, 다른 자질들을 사용할 수 있는 자질이라는 또 다른 자질에 호소해야 하는지에 대해서 내가 알고자 할 때 결코 아무것도 조언할 수 없습니다. 바로 이 자질이 이성이며 또 이성을 통해 다른 자질들의 사용에 있어서 자유로운 결정과 통제를 가하는 자세로 자기 배려가 수행되어야 합니다. 자기를 배려한다는 것은 자질들을 무작정 사용하는 게 아니라 이 사용의 선과 악을 다른 자질에 의거해 용례를 한정할 경우에만 사용하게 하는 것입니다. 그러므로 이와 같은 격차 속에서 자기 배려와 자기 인식이 행해질 겁니다. 그것은 플라톤에게서처럼 영혼 자신에 의한 재인식이 아닙니다. 따라서 자기와의 관계를 위치짓고 고정

---

5) "여러분들이 항시 찬미해야 하는 것은 바로 이것이다. 또 신이 여러분들에게 부여한 사물을 이해하고 그것을 체계적으로(hodô khrêstikhên) 활용할 수 있는 능력에 대해 가장 엄숙하고 신성한 찬미를 할 필요가 있다."(에픽테토스, 《어록》, I, 16, 18, 앞서 인용한 판본, p.63)

하며 설정하기 위한 자질들의 격차가 존재합니다.

둘째로 스토아주의자들이 기술하고 자기가 자기 자신에게 던지는 시선이 규정하고 기술하는 운동 속에서 파악되는 바는 플라톤의 《알키비아데스》에서처럼 실체와 본질 속에 있는 영혼의 현실이 아닙니다. 파악해야 하는 바와 이 시선의 대상이 되어야 하는 바는 사유에서 일어나는 운동, 사유에 나타나는 표상들, 표상들을 따라다니는 의견과 판단, 육체와 영혼을 동요시키는 정념입니다. 결과적으로 보시다시피 영혼의 실체적인 현실을 파악하는 시선이 문제시되지 않습니다. 문제가 되는 것은 표상과 정념의 흐름 내에서 발생하는 바를 이성이 그 자유로운 용례 속에서 관찰하고 통제하며 판단하고 평가할 수 있게 해주는 말하자면 아래로 향하는 시선입니다.

셋째로 세번째 차이는 신성한 바와의 유연 관계의 인정 및 확인과 관련이 있습니다. 내가 논의하는 스토아주의 텍스트에서 자신을 응시하고 명상하며 점검하고 배려하는 훈련을 통해 신성한 것과 영혼과의 유연 관계를 인정하고 확인하는 부분이 있다는 것은 사실입니다. 그러나 신성과의 유연 관계는 아주 다른 방식으로 설정됩니다. 플라톤에 있어서 신성은 자기 자신과 영혼 내에서 발견되지만 이것은 대상의 측면에서 발견되는 것입니다. 영혼은 자신을 보면서 자신을 볼 수 있게 해주는 신성한 요소를 자기와 다른 타자 내에서 발견한다는 말입니다. 스토아주의의 명상에서는 신성이 주체의 쪽, 다시 말해서 여타의 자질들을 자유롭게 사용하는 자질의 훈련 속에서 발견됩니다. 그리고 바로 이 자질이 신과 인간의 유연 관계를 보여줍니다. 이 모든 것은 아마도 지극히 명확하지는 않겠지만 무엇이 문제이며 또 epimeleia heautou와 자기 점검의 수련에서 영혼과 신성의 유연 관계가 어떻게 설정되는지를 설명하게 될 에픽테토스의 텍스트 하나가 있습니다. "제우스 신이 자신을 위해 살고 자기 안에서 휴식하며 자기 통치의 속성을 성찰하고 자신에 걸맞은 사유를 유지하고 있는 것처럼 우리도 우리 자신과 대화할 줄 알아야 하고 타자 없이 지낼 줄 알아야 하며, 우리 생을 돌보는 방식과 관련해 불편한 상태에 있어서는 안 된다. 우리는 신성한 통치, 우리와 여타 세계와의 관계를 성찰해야 하고 사건들에 대한 우리의 태도가 지금까지 무엇이었는지를 성찰해 보아야 하며, 우리를 슬프게 하는 것들이 무엇인지, 그것들을 어떻게 치료하고 근절해야 할 것인지를 성찰해 보아야 한다"[6]라고 말합니다. 이 텍스트를 이해하기 위해서는 에픽테토스의 다른 구절을 참조할 필요가 있습니다. 그는 여기서 다음과 같이 말합니다. "동물과 인간 간의 큰 차이를 유발시키는 바는 동물이 자기 자신을 돌볼 필요가 없다는 데 있다. 동물은 모든 것을 갖추고 있고 그들이 모든 것을 갖추고 있다면 그것은 인간에게 봉사하기 위해서이다. 우리 자신을 돌보아야 하고 또 게다가 동물까지 돌보아야 할 때 우리가 얼마나 곤란한 상황에 처할 건가를 상상해 보시오."[7] 그러므로 동물들은 인간에게 봉사하기 위해 필요한 모든 것들을 그들 주변에서 발견합니다. 인간은 자기 자신을 돌보아야 하는 생명 존재이며 그것이 인간을 특징짓습니다. 왜 그럴까요? 그 이유는 제우스 신이 내가 앞서 논의한 바 있고, 또 여타의 자질들을 활용 가능하게 해주는 이성을 인간에게 부여함으로써 인간을 인간 자신에게 맡겼기 때문입니다. 그러므로 우리는 우리 자신을 스스로 돌보도록 신에 의해 우리 자신에게 맡겨졌습니다.

이제 동물에서 인간으로 이행하지 않고 인간으로부터 제우스로 이행할 경우 제우스는 누구일까요? 그는 단순히 자기 자신만을 돌보는 존재입니다. 완벽한 순환성 속에 있고 어떤 것에도 의존하지 않는 일종의 순수 상태의 epimeleia heautou, 바로 이것이 신성한 요소를 특징짓습니다. 제우스는 누구일까요? 그는 자기를 위해 사는 존재입니다. 그리스 텍스트는 이를 'Autos heautô sunestin'이라고 말합니다. 이는 번역이 지시하는 바처럼 정확히 '자기 자신을 위해 살기'가 아니라 자기 자신과 더불어 항시 자기 자신인 자를 의미합니다. 이렇게 자기 자신과 더불어 있는 존재에 신성의 존재가 있습니다. "제우스는 자기 자신을 위해 살고 자기 내에서 휴식하고(êsukhazei eph'heautou) 자기에 걸맞은 사유를 유지한다(ennoei tên dioikêsin tên heautou oia esti)." 제우스는 자기 자신에 대한 통치를 성찰하고 사유하며, 또 자기가 행하는 통치에 대해 성찰하는데, 이는 이 통치가 무엇인지(oia esti)를 알고 자기에 걸맞는 사유를 유지하기 위함입니다. 자기 자신과 더불어 살기, 자기

---

6) 《어록》, III, 13, 7(p.47).

7) "동물은 자기 자신을 위해 존재하지 않고 사용되기 위해 존재한다. 인간이 갖는 모든 필요와 더불어 동물을 창조하는 것은 이로울 것이 결코 없었을 것이다. 만약 우리가 우리 자신뿐만 아니라 나귀와 양들을 돌보아야 한다면 얼마나 곤혹스러울 것인지를 좀 생각해 보아라."(《어록》, I, 16, 3, p.61; 이 텍스트는 《자기 배려》, p.61-62에서 재론됨)

자신 안에서 휴식하고 따라서 아타락시아 상태에 있기, 자기 자신의 통치의 속성에 대해 성찰하기, 다시 말해서 자신의 이성, 즉 신의 이성이 어떻게 행사되는지를 알기, 그리고 마지막으로 자기에 걸맞는 사유를 유지하고 자신과 대화하기, 아시다시피 이것들은 지혜에 도달하였을 때 현자가 갖는 네 가지 특성입니다. 완전한 독립 상태에서 살기, 자기 자신과 타자에 대해 행사하는 통치의 속성에 대해 성찰하기, 자기 자신의 사유와 대화를 나누기, 자기 자신과 대화하기는 현자와 제우스의 자태입니다. 하지만 현자는 점진적인 절차를 거쳐 여기에 도달하게 되지만 제우스의 존재가 그를 이러한 경지에 위치시킵니다. 제우스는 자기 자신만을 돌보면 됩니다. 이제 자기 배려의 모델인 제우스의 상황에 따라 무엇을 해야 할까요? 자기 자신과 대화를 나누기 위해서는 타인 없이 지낼 줄 알아야 하고, 자기를 돌보는 방식에 대해 불편해해서는 안 된다고 에픽테토스는 말합니다. 신의 자기 배려라는 중대한 모델이 의무와 명령으로서 요소마다 인간 쪽으로 어떻게 이동해 가는지를 알 수 있습니다. 성찰을 해야 합니다. 제우스가 자기 자신의 통치에 대해 성찰하는 반면에 우리는 신의 통치, 다시 말해서 동일하지만 외부에서 본 통치이고 세계 전반과 우리 자신에게 부과되는 통치를 성찰해야 합니다. 우리는 여타 세계와 우리의 관계(타인과 관련해서 어떻게 행동해야 하고 어떻게 우리 자신을 통치해야 하는가)를 성찰해야 하고 사건들에 대한 지금까지의 우리 태도가 어떠했는지(우리를 고통스럽게 하는 충격이 무엇이고 그것을 어떻게 치료하며 근절시켜야 하는지)를 성찰해야 합니다. 바로 이것들이 meletê와 meletan의 모든 대상들입니다. 우리는 명상해야 하고 상이한 사태에 사유를 적용해야 하며 이것이 사건들에 대한 태도입니다. 우리를 고통스럽게 하는 것은 무엇일까요? 그것을 어떻게 치유할까요? 그것들을 어떻게 척결할 수 있을까요? 바로 이것이 에픽테토스에 있어서 사유 적용의 4영역입니다. 따라서 사유 자체에 가하는 사유에는 인간을 신성에 근접시키는 무엇이 있음을 알 수 있습니다. 하지만 플라톤의 자기 자신에 대한 시선 내에서 영혼은 실체적·본질적으로 신성한 속성을 자기 자신에서 재인식하지만 에픽테토스에 있어서 신성한 존재 전반을 구성하고 있는 바와 유비적 관계에 있는 자기 자신에 대한 시선의 규정은 자기 배려와 다르지 않습니다.

《알키비아데스》가 논하는 플라톤주의의 시선과 스토아주의가 논하는 시선의 네번째 차이점은 플라톤의 경우 파악된 진실은 결국에는 타자를 지휘할 수 있게 해줄 본질적인 진실이라는 점에 있다는 사실입니다. 우리는 스토아주의자들에게서 무엇으로 향하는 시선을 발견할 수 있을까요? 그것은 본질들의 현실 쪽으로 향하는 시선이 아니라 인간이 사유하는 바의 진실로 향하는 시선입니다. 표상과 표상이 수반하는 의견의 진실을 체험하는 것이 문제입니다. 그리고 의견들의 체험된 진실에 따라 행동할 수 있는 능력이 있는가를 아는 것과, 우리가 사유하는 바의 윤리적 주체가 될 수 있는지를 아는 것이 또한 문제입니다. 플라톤주의에서 자기 자신으로 향하는 시선은 진실(본질적인 진실)에의 접근을 영혼의 실제 상태의 반성적 발견에 기초하는 기억과 같은 유형의 재인식, 즉 상기적인 재인식을 가능하게 한다고 도식적이고 추상적으로 말할 수 있습니다. 스토아주의에서는 완전히 다른 장치가 작동합니다. 스토아주의에서는 자기로 향하는 시선은 자기 자신을 진실의 주체로 구축하는 시련이어야 하고, 그것은 명상의 성찰적 실천을 통해 이루어집니다.

이 모든 것의 토대에서 다음과 같은 가설을 대략적으로 세울 수 있습니다. 즉 서구에서는 세 주요 유형의 사유와 사유에 대한 성찰, 즉 세 유형의 성찰성을 인식하고 실천했다는 가설을 대략적으로 나는 세우고 싶습니다. 첫째로 기억의 형식을 갖는 성찰성이 있습니다. 재인식의 형태로 인식되는 진리에의 접근이 이러한 형태의 성찰성 내에 주어지게 됩니다. 결과적으로 우리가 상기하는 진실로 열리는 이런 형태의 성찰성에서 주체는 변형되게 되는데, 그 이유는 이 기억 행위 내에서 주체가 자신을 해방하고 자신의 본향과 고유한 존재로 회귀하기 때문입니다. 둘째로 명상이라는 중요한 형식이 있는데 물론 스토아주의자들에게서 그 전개를 발견할 수 있습니다. 이런 유형의 성찰에서는 인간이 사유하는 바의 체험, 그리고 말하자면 진실의 윤리적 주체로서 자신을 구축하려는 주체의 변형을 목표로 해 실제로 자기 자신이 체험하는 바를 사유하고 자신이 생각하는 바대로 실천하는 주체인 자기 자신의 체험이 이루어집니다. 자기 자신에 대한 사유의 성찰성의 세번째 형식은 방법이라 불립니다. 방법은 있을 수 있는 모든 진실의 기준으로 쓰일 수 있는 확실성이 무엇인지를 확정할 수 있게 해주고, 또 그 확정 지점에 입각해 개별적 진실을 거쳐 객관적 인식의 조직과 체계화로 나아가는 성찰 형식입니다.[8] 이 세 주요 형식(기억·명상·방법)들이 서구에서 연이어 철학의 실천과 수련 혹은 철학으로서의 삶의 수련을 지배했다고 생각됩니다. 고대 사유 전반은 기억으로부터 명상으로의 이동이었고, 또 그 귀결점은 성 아우구스티누스라고 대략적으로 말할 수 있습니다. 플라톤에서 성 아우구스티누스에 이르기까지 그것은 기억에서 명상으로의 이동이었습니다. 아우구스티누스의 명상에서 기억의 형식이 완전히 부재하지는 않지만 아우구스티누스에게 있어서 전통적인 기억 훈련을 기초하고, 또 그것에 의미를 부여하는 것은 바로 명상이라고 생각됩니다. 중세부터 근대 초기, 즉 16,17세기까지 그 궤적은 달랐습니다. 요컨대 그 궤적은 명상으로부터 방법으로의 여정이었고 당연히 그 근본적인 텍스트는 데카르트의 《형이상학적 명상》이라 불리는 텍스트였으며 이 텍스트는 방법을 구축하는 토대였습니다. 아무튼 이 일반적 가설은 놔두도록 합시다.

올해 강의 내내 내가 보여주려고 한 바는 여러 가지가 있지만 그 중에서도 다음과 같은 바가 있습니다. 즉 역사적 전통 그러므로 철학적 전통——적어도 프랑스에서, 그리고 내 생각에 서구에서 일반적으로——은 늘 주체·성찰성·자기 인식 등과 관련된 모든 문제의 분석의 근간으로서 gnôthi seauton, 즉 자기 인식을 특권화시켰다는 점입니다. 하지만 gnôthi seauton 그 자체로 그 자체만을 위해 고찰한다면 우리는 자기 인식의 연속적인 발전을 보여주는 듯한 그릇된 연속성을 설정하거나 날조된 역사를 창시할 수 있는 위험에 빠질 수 있습니다. 플라톤에서 데카르트를 거쳐 후설[9]에 이르는 근본적인 의미에서 복원할 수 있는 연속적인 발전이나 이와는 반대로 플라톤에서 시작해 성 아우구스티누스를 거쳐 프로이트에 이르는 경험론적인 확장의 의미에서 이루어진 듯한 연속적 역사가 그것입니다. 그러나 양자 모두——다시 말해서 gnôthi seauton을 근간으로 취하여 그것을 근원의 방향이나 확장의 방향으로 연속적으로 전개시키며——이 모든 것들의 배면에 명

---

8) 방법(그리고 더 정확히 말해 데카르트의 방법)에 대해서는 2월 24일 강의 전반부 참조.

9) 《유럽 과학의 위기와 선험적 현상학 *La Crise des sciences européennes et la Phénoménologie transcendantale*》에서 그리스 합리성의 전망을 《형이상학적 명상》의 데카르트적인 재건축이 있고 난 후 그 목적론적인 완성을 선험적인 현상학에 부여하는 사람은 후설이다. 《유럽 과학의 위기와 선험적 현상학》, 73장, p.298-305 참조.

시적이든 함축적이든 간에 철저하게 고안되지 않은 주체 이론이 유포되도록 방치했습니다. 하지만 나는 그리스인들이 자기 배려(epimeleia heautou)라 명명한 바의 맥락과 토대 위에 gnôthi seauton을 재위치시켜 보려 했고 또 연구하려 시도했습니다. 어느 정도 맹목적이지 않고서는 얼마나 이 [자기 배려]가 그리스 사유 전반에서 지속적이고, 또 어떻게 자기 배려가 복잡하지만 항구적인 관계 속에서 늘 gnôthi seauton의 원칙을 수반하는지를 확증하지 않을 수 없다고 생각합니다. 그리스 사유 내에서 gnôthi seauton의 원칙은 독자적이지 못합니다. 고대의 사유에서 자기 인식과 자기 배려의 지속적인 관계를 고려하지 않는다면 그 의미와 역사를 이해할 수 없다고 생각합니다. 자기 배려는 단순히 인식이 아닙니다. 오늘 여러분들에게 보여주려는 것처럼 이 자기 배려가 가장 금욕주의적인 형태에서나 가장 수련에 가까운 형태 내에서도 인식의 문제에 연관되어 있다 할지라도 그것은 근본적·절대적으로 전체적으로 인식의 활동과 실행은 아닙니다. 자기 배려는 완전히 상이한 성찰의 형식들을 발생시키는 복잡한 실천입니다. 그래서 우리가 gnôthi seauton과 epimeleia seauton의 접합을 받아들이고 그들간의 연결과 상호 간섭을 받아들이며, 더욱이 내가 보여주려고 한 바처럼 epimeleia heautou가 '너 자신을 알라'라는 명령적 정언의 진정한 근간을 이룬다는 것을 우리가 받아들인다면, 즉 자기 자신을 돌보아야 하기 때문에 자기 자신을 인식해야 한다면 그 순간 자기 인식의 상이한 형식들을 분석할 수 있는 인지 가능성과 원칙을 epimeleia heautou의 상이한 형식들에서 찾아야 할 것입니다. 자기 배려의 역사 내부에서도 gnôthi seauton은 동일한 형식이나 기능을 갖고 있지 않습니다. 결과적으로 gnôthi seauton에 의해 개화되고 해방된 인식의 내용은 매번 동일한 것이 아닙니다. 이는 사용된 인식의 형식들이 동일하지 않다는 것을 의미합니다. 이는 또한 이러저러한 자기 배려에 고유한 성찰성의 형식을 통해 구축된 주체 자신이 변형된다는 것을 의미하기도 합니다. 결과적으로 명시적이든 함축적이든 간에 주체에 대한 일반적이고 보편적인 이론을 전제하는 gnôthi seauton의 연속적인 역사를 구축해서는 안 되며 주체를 있는 그대로 구축하는 것이 성찰성의 형식들인 만큼 그 형식들을 분석하는 일부터 시작해야 합니다. 따라서 '너 자신을 알라'라는 전통적인 원리에 의미——가변적이고 역사적이며 결코 보편적이지 않은 의미——를 부여하기 위해서는 성찰성 형식들의 분석학을 시작해야 하고, 성찰성 형식들의 근간 역할을 하는 실천의 역사부터 연구하기 시작해야 합니다. 대략적으로 이것이 올해 강의의 관건이었습니다.

서론을 이렇게 말하고 나서 내가 논의하는 자기 수련 내에서 meletai(명상들, 사유에 대한 사유의 훈련들)의 형식들을 점검해 보고자 합니다. 이 형식들을 두 부류로 나눌 수 있다고 생각합니다. 이것들을 다소 분명히 하기 위해 여기서도 도식적으로 말해 보겠습니다. 한편으로 명상들, 즉 상이한 형식의 meletai는 인간이 생각하는 바의 진실 점검에 근거하는 명상들입니다. 요컨대 그것은 표상을 나타나는 그대로 감시하고 표상들이 무엇으로 이루어졌는지, 무엇과 관계를 맺고 있는지, 표상들에 대해 내리는 판단들이 결과적으로 옳은지 그른지를 파악하는 데 근거하고 있습니다. 바로 이것이 meletê의 주요 형식들 가운데 하나입니다. 사실(무슨 이유에서인지는 정확히 기억나지 않지만) 올해 강의에서 이미 두세 번 논의한 적이 있기 때문에 이 형식에 대해서는 언급하지 않겠습니다.[10] 내가 체계적으로 건축된 강의를 했다면 이 언급들이 제자리를 찾을 수 있었을 텐데요.

오늘은 인간이 사유하는 바의 진실 점검(표상들을 수반하는 의견의 진실 점검)에 근거한 시련이 아니라 진실의 주체인 자기의 시련에 해당하는 다른 계열의 시련들을 논의하고자 합니다. 실제로 나는 이 진실된 사물들을 생각하는 사람입니까? 이 수련들은 바로 이 문제에 답해야 합니다. 내가 그런 사람이라면 이 진실된 사물을 인식하는 대로 행동하는 사람일까요? 나는 내가 인식하는 진실의 윤리적 주체일까요? 바로 이 점이 내가 이 표현을 통해 말하고자 하는 바입니다. 이 문제에 대답하기 위해 스토아주의자들은 여러 수련을 했는데, 그 중에서 가장 중요한 것이 praemeditatio malorum, 죽음의 명상과 의식 점검입니다.

첫째로 praemeditatio malorum은 불행들에 대해 미리 숙고하기 혹은 추정을 의미합니다. 이것은 사실상 헬레니즘 시대 이후 제정 시대까지를 포함하는 고대에 수많은 토론과 논쟁을 발생시킨 수련입니다. 그리고 이 토론과 논쟁은 대단히 흥미롭습니다. 우선 이 논쟁이 시작되는 영역을 고려해야 합니

---

10) 2월 24일 강의 전반부 참조.

다. 즉 그리스 사상 전반에 걸쳐——아무튼 고전기의 사유에서부터 내가 논의하는 시기까지——미래, 미래에 대한 사유의 불신, 미래를 지향하는 삶의 방향 설정·성찰·상상력에 대한 불신은 중대했습니다. 미래와 관련되거나 미래를 지향하는 태도에 대해 그리스의 사유, 도덕 윤리가 던지는 불신을 이해하기 위해서는 당연히 수많은 문화적 원인들을 원용할 필요가 있습니다. 여러분들은 중요하고 또 고려의 대상에 넣어야 할 이것들을 알고 있습니다. 예를 들면 그리스인들에게 있어서 목전에 있는 것은 미래가 아니라 과거라는 사실, 즉 그들은 등을 돌리고 미래로 들어간다는 사실이 그것입니다. 이 모든 것들을 참조해 볼 수도 있을 겁니다. 하지만 나는 그럴 만한 시간도 능력도 없습니다. 내가 강조하고자 하는 바는 다음과 같습니다. 즉 자기 자신을 미래에 의해 사로잡히게 방치해서는 안 된다는 것이 근본적인 테마라는 겁니다. 미래는 미리 근심하게 합니다. 인간은 미래에 의해 praeoccupatus됩니다.[11] 이 표현은 흥미롭습니다. 말하자면 미리 점유된다는 의미이지요. 정신은 미래에 의해 미리 사로잡히게 된다는 것이고 이것은 부정적인 것입니다. 미래가 인간을 사로잡고 미래가 미리 인간의 정신을 빼앗는다는 것은 결국 미래가 인간을 자유롭게 놔두지 않는 것이며, 이는 그리스 사유와 특히 그리스의 자기 실천에 있어서 세 가지 주요 테마와 연관되어 있습니다.

첫째로 기억의 우월성이 있습니다. 미래에 대한 사유가 미리 근심하게 하는——따라서 부정적인——반면에 회한과 같은 부정적인 몇몇 특수한 경우를 제외한 일반적인 경우에 기억, 다시 말해서 과거의 과거는 긍정적인 가치를 갖습니다. 미래에 대한 사유의 부정적 가치와 과거에 대한 사유의 긍정적 가치 간의 대립은 기억과 미래에 대한 사유의 반목적 관계 규정 내에서 구체화됩니다. 미래 쪽으로 향해진 사람들이 있고 이들은 비난을 받습니다. 그리고 기억 쪽으로 향해진 사람들이 있으며 이들은 인정을 받습니다. 동시에 기억일 수 있는 미래에 대한 사유는 존재하지 않습니다. 동시에 미래에 대한 사유인 기억도 존재할 수 없습니다. 인간이 기억에 대한 성찰을 미래에 대한 태도로 동시에 생각할 수 있게 되는 날은 서구 사유에 있어

---

11) 1월 20일 강의 전반부에서 세네카의 'omnes praeoccupati sumus'(루킬리우스에게 보내는 서신 50) 참조.

서 중대한 변동들 가운데 하나일 겁니다. 예를 들면 진보의 테마 요컨대 역사에 대한 모든 형태의 사유, 서구에서 역사 의식의 새로운 차원은 기억에 대한 시선이 동시에 미래에 대한 시선이라고 생각할 수 있게 되는 아주 뒤늦은 시기에 획득되게 됩니다.[12] 근대적 의미에서 역사 의식의 설립의 초점은 바로 이 점입니다. 미래에 대한 사유가 무효화된 또 다른 이유는 이론적·철학적·존재론적 이유에서입니다. 미래는 아무튼 인간에게 실존하지 않는 무입니다. 그러므로 인간은 아무것에도 의거하지 않는 상상력만을 미래에 투영할 수 있을 뿐입니다. 아니면 미래는 미리 선재합니다. 선재한다면 그것은 미래가 미리 정해져 있다는 것이고 그 결과 인간은 미래에 대해 어떤 통제도 가할 수 없습니다. 하지만 자기 실천에서 관건은 존재하는 바 혹은 발생하는 바와 직면해서 그것을 제어할 수 있는 능력입니다. 미래가 무(無)이거나 미리 결정되었다는 것은 인간에게 상상력과 무기력을 강요합니다. 하지만 이것들에 대항해 자기 기술과 자기 배려 기술이 구축되었습니다.

이 점을 설명하기 위해 《영혼의 평정에 관하여》에 나오고 앞에서 언급한 두 태도를 훌륭하게 묘사하고 있으며, 또 어떤 점에서 그리고 왜 미래에 대한 사유 혹은 미래로 향하는 사유가 부정적인가를 잘 설명하는 플루타르코스의 텍스트를 환기하고자 합니다. 즉 "미친 사람들은[oi anoêtoi: 라틴 사람들이 stulti,[13] 다시 말해서 철학적 입장과 정반대되는 입장에 있는 사람들이라고 번역하는 용어이다; M. F.] 계속해서 미래로 향하는 고심의 덫에 걸려 있기 때문에 면전에 있을지라도 무심하게 선한 것들을 간과한다[따라서 [être anoetôs, être stultus는 미래에 의해 사로잡히는 것이다; M. F.]. 반면에 정상적인 사람들은(phronimoi)은 그들이 더 이상 갖지 못하는 선들을 기억의 도움으로 소유한다." 번역이 매끄럽지 못합니다. 따라서 정상적인 사람들은 그들이 갖지 못하는 선들을 기억을 통해 명백히 소유합니다. "왜냐하면 현재는 지나간 아주 짧은 시간 동안만 접촉할 수 있기 때문이다. 그리고 현재는 지각을 벗어나고 미친 사람들은 그것이 더 이상 자신들과 관계없고 자기 것이

---

12) 근대 의식의 시간적 구조화는 예전에 푸코의 《말과 사물》, p.339-346의 긴 장 (《기원의 후퇴와 회귀 Le recule et le retour de l'origine》)의 대상이 되었다.

13) (특히 세네카에 있어서) Stultitia에 대해서는 1월 27일 강의 전반부를 참조할 것.

아니라고 생각한다."[14] 그런데 이 텍스트의 전반부에는 상당수의 중요한 요소들이 있습니다. Anoetôi와 phronimoi 간의 극히 명료한 대립을 확인할 수 있습니다. 요컨대 Anoetôi는 미래로 향하는 사람들인 반면에 phronimoi는 과거로 향하며 기억을 사용하는 사람들입니다. 따라서 과거와 미래를 중심으로 두 부류의 인간들이 명확히 구분됩니다. 그리고 이 두 부류의 인간들의 구분은 Anoetôi와 phronimoi 간의 구분, 요컨대 stultitia의 태도, 즉 분산과 사유 자체에 대한 비성찰성과 맞서는 철학적 태도를 거치게 됩니다. 자기 자신을 돌보지 않는 사람은 stultus요, anoêtos입니다. 요컨대 자기 자신을 돌보지 않기 때문에 그는 미래를 근심합니다. 미래의 인간의 부정적인 속성이 되는 바는 미래로 향한 나머지 그가 현재에 무능력하다는 점을 이 텍스트가 보여줍니다. 그는 현재와 현실태, 다시 말해서 유일하게 현실적인 바에 무능력합니다. 왜 그럴까요? 그 이유는 미래로 향한 나머지 그는 현재에 일어나고 있는 바에 주의를 기울이지 않고, 현재가 과거 속에 즉각적으로 함몰되는 순간 현재는 그리 중요하지 않다고 생각하기 때문입니다. 결과적으로 미래를 지향하는 인간은 과거를 생각하지 않기 때문에 현재를 사유할 수 없고 무와 비존재에 지나지 않는 미래로 향해 있는 사람입니다. 이것이 내가 독서하려 한 첫번째 구절입니다. 두번째 구절은 다음과 같습니다. "하이데스의 그림 위에 있는 밧줄 제조공이 자신이 짜고 있는 골풀을 당나귀가 뜯어 먹어 치우도록 내버려두는 것과 마찬가지로 대부분의 사람들에게 있어서 냉담하고 불쾌한 망각이 그들의 과거를 엄습해 먹어 치우며 모든 행동, 성공, 즐거운 여가, 사회 생활, 즐거움을 사라지게 하고 과거와 현재가 뒤섞이는 전체를 인생에 허용치 않는다. 하지만 마치 어제의 인간이 오늘의 인간과 다르기라도 하듯이, 또 마찬가지로 내일의 인간이 오늘의 인간과 다르기라도 하듯이 망각은 이들을 분리시키고 기억이 없어서 발생하는 모든 것을 무(無) 속으로 보내 버린다."[15] 이 구절은 다음과 같은 이유 때문에 중요합니다. 이 구절은 자신이 짜고 있는 골풀 가닥을 나귀가 먹어 치우도록 방치하

---

14) 플루타르코스, 《영혼의 평정에 관하여》, 473b, J. Dumortier & J. Defradas 번역, 앞서 인용한 판본, §14, p.118.

15) *Id.*, 473c(p.118).

고 있는 밧줄 제조공의 이미지를 환기하는 것으로 시작합니다. 여기서 플루타르코스는 하나의 이미지를 참조하는데, 그것은 자기 자신과 자기 자신이 하는 바에 주의를 기울이지 않는 경솔한 사람의 생이 무엇인지를 전통적으로 설명하기 위해 전해 내려오는 오래된 속담·민담입니다.[16] 그는 골풀을 짜고 있지만 자신이 짜고 있는 바가 무엇인지 모르고 나귀가 그것을 먹고 있습니다(다소 다른 형태의 다나이데스의 물통[17]이 일상적으로 분석되었다). 사람들은 곧 소멸되는 일을 합니다. 미래를 향하는 인간은 다른 것에 의해 자신이 하는 바를 갉아 먹게 방치하는 그런 사람입니다. 하지만 이 설명에서 흥미로운 점은 일어나는 모든 것을 망각이 뜯어먹게 방치하고 있는 인간은 행동을 할 수 없고 성공도 할 수 없으며 즐거운 여가, skhôle(자기 배려에서 아주 중요한 학구적인 여가 활동)도 가질 수 없는 자라고 하는 두 상술(詳述)입니다.[18] 그는 사회 생활과 쾌락을 영위할 수 없습니다. 기억을 행하지 않고 자신을 망각 속에 방치하는 경우 그는 사회 생활, 능동적인 생활, 즐거운 생활, 여가 생활의 총체화를 행할 수 있는 여지가 없습니다. 하지만 그 이상의 것이 있습니다. 이 모든 총체화가 진행될 수 없을 뿐만 아니라 자기 자신을 동일자로 구축할 수도 없습니다. 왜냐하면 자기 자신을 망각이 뜯어먹게 방치하는(그는 완전히 미래에 사로잡혀 있다) 인간은 [⋯*]라고 생각하는 자이기 때문입니다. 따라서 그는 자신의 고유한 존재에 있어서 불연속에 빠져 있습니다. 그리고 이 텍스트는 다음과 같이 끝납니다. 즉 "학원에서 물질이 끊임없이 흐른다는 것을 핑계삼아 성장을 부정하는 사람들은 이론상으로 우리들 각자를 우리와 부단히 다른 존재로 만들어 버린다."[19] 물론

---

16) 지나치게 낭비벽이 심한 아내가 그가 벌은 모든 것을 먹어 치우는 근면한 오크노스를 가리키는 "오크노스의 그물을 짜다"라는 격언적인 표현.

17) 다나오스의 딸들인 다나이데스는(딸들의 수는 쉰 명이었다) 강압적으로 그들의 사촌들과 결혼했고, 각각의 다나이데스는 (유일하게 히페름네스트라만 제외하고) 신혼 첫날밤을 이용해 남편들을 죽였다. 이 과오에 대한 징벌로 다나이데스는 물을 채우면 빠져나가는 구멍 난 두레박으로 영원히 물을 길어야만 했다.

18) J.-M. André, 《로마 시대의 도덕적·지적 생활에서 여가. 기원에서 아우구스티누스 시대까지 L'Otium dans la vie morale et intellectuelle romaine, des origines à l'époque augustéenne》, op.cit. 참조.

* "⋯오늘과 같은(⋯le même qu'aujourd'hui)"만이 들릴 뿐이다.

19) 《영혼의 평정에 관하여》, 473d(p.118).

이것은 키레네학파[20] 사람들에 대한 참조, 즉 시간과 물질의 부단한 흐름과 불연속성[21]을 지적하고 있습니다. 말하자면 자기 자신을 망각에 이르게 하는 자는 실존에 있어서의 키레네학파 사람들입니다. 하지만 텍스트는 계속해서 이들보다 더 나쁜 사람들이 있다고 말합니다. 미래로 향하고 또 결국에는 기억을 무시하며 망각이 자신들을 뜯어먹도록 방치하는 자들은 더 나쁜 자들입니다. 이들은 키레네학파 사람들과 그들의 생활 방식에 따라 사는 사람들보다 훨씬 나쁩니다. "그들은 기억 속에 과거의 추억을 간직하고 있지도 않고 그것을 상기하지도 않으며 차츰차츰 과거를 소멸되게 방치하고 스스로 매일매일을 부족하고 공허하며 내일에 매달린 현실로 만들어 버린다. 왜냐하면 작년, 그저께, 어제는 그들과 무관하고 그들에게 전혀 속하지 않기 때문이다."[22] 다시 말해서 그들은 불연속과 유출로 귀결될 뿐만 아니라 박탈 상태와 공허한 상태로 귀결됩니다. 그들은 현실적으로 아무것도 아닙니다. 그들은 무(無) 속에 있습니다.

여러분은 하나는 자격 인정을 받고 다른 하나는 자격이 박탈된 대립되는 두 형식인 기억의 태도와 미래의 태도에 관한 대단히 흥미로운 분석의 다른 많은 반향들을 발견할 수도 있을 겁니다. 세네카에서 예를 들면 《삶의 짧음에 관하여》에서 그 반향들을 많이 발견할 수 있을 겁니다.[23] 아흔아홉번째 서신에서 세네카는 "마치 미래가 우리에게 굴러들어오리라 가정하며 미래가 신속하게 과거와 만나서는 안 되기라도 하듯이 미래를 믿기 때문에 이미 획득된 영광들에 대해 우리는 배은망덕하다. 즐거움의 대상을 현재에 제한

---

20) 키레네의 아리스티포스가 창시한 기원전 5-4세기의 철학 학파. 키레네학파 철학자들은 순간에의 충실함에서 덕을 끌어내는 환원 불가능한 주관적 경험인 쾌락의 도덕을 설파했다. 하지만 아리스티포스는 극복 불가능한 쾌락의 현재성의 윤리는 쾌락에 대한 광적이고 우려스러운 추구로 귀결되지 않고 자기 제어의 이상으로 귀결된다. F. Caujolle-Zaslawsky가 《고대철학자 사전》 1권, p.370-375에서 아리스티포스를 언급하는 것을 참조.

21) "고통과 쾌락 모두는 운동 안에 있으나 고통의 부재와 쾌락의 부재는 운동에 속하지 않는다. […] 하지만 그들은 쾌락이 좋은 것의 기억이나 기다림인 경우——에픽테토스가 생각하였듯이——영혼의 운동이 시간과 더불어 끝나기 때문에 그 완결에 도달할 수 있다는 생각을 부인한다(〈아리스티포스〉, in 디오게네스 라에르티오스, 《유명한 철학자들의 삶, 학설, 정언》, II, 89, 앞서 인용한 판본, p.296-297)

22) 《영혼의 평정에 관하여》, 473d-e(p.118-119).

하는 것은 이승 세계의 만족의 장을 축소시키는 것이다." 세네카에게는 굴곡이 플루타르코스에게서 발견할 있는 바와는 다소 다르다는 것을 보여주는 흥미로운 언급이 있습니다. "미래와 과거는 매력이 있다"고 세네카는 말합니다. 이 글에서 비판되는 것은 현재에 대한 태도인 것 같고, 세네카는 오히려 미래와 과거를 향해 더 열린 태도와 지각을 권고합니다. 하지만 세네카는 "미래는 희망을 통해 우리를 붙잡고 과거는 추억을 통해 우리를 붙잡는다. 하지만 전자[다시 말해서 미래; M. F.]는 미결인 채로 남아 있고 존재하지 않을 가능성이 대단히 많다[따라서 우리는 미래로부터 우회해야 한다; M. F.]. 반면에 후자[다시 말해서 과거; M. F.]는 있지 않았을 수 없다. 가장 확실하게 소유한 것을 달아나게 방치하는 것은 얼마나 미친 짓인가!"[24]라고 곧바로 부언합니다. 그러므로 여러분이 보시다시피 만사는 기억 훈련의 특권을 중심으로 진행됩니다. 기억 훈련은 이미 실존하였기 때문에 우리가 결코 상실할 수 없는 그런 형태의 현실을 파악할 수 있게 해줍니다. 존재했었던 현실은 기억을 통해 여전히 우리 수중에 있습니다. 아니면 기억은 더 이상 존재하지 않는 바의 존재 방식이라고 말할 수 있습니다. 따라서 이런 한도 내에서 기억은 우리 자신에 대한 실제적인 지상권을 허용하고, 우리는 항시 우리 자신의 기억 속으로 산책할 수 있다고 세네카는 말합니다. 그리고 둘째로 기억 훈련은 신들에게 은혜와 감사의 찬가를 부를 수 있게 해줍니다. 《명상록》의 서두에서 마르쿠스 아우렐리우스는 일종의 전기(傳記)의 형태이지만 자신에 대한 이야기라기보다는 신이 베푼 호의에 대해 신에게 바치는 찬가의 형태로 신에게 경의를 표하는 것을 볼 수 있습니다. 마르쿠스 아우렐

---

23) "인생은 과거였던 바, 현재인 바, 미래인 바로 삼분된다. 세 부분 가운데 우리가 보내는 부분은 짧고, 우리가 보낼 부분은 의심스러우며, 우리가 보낸 부분은 확실하다. […] 그것[과거]은 인간적인 우연과 운명의 지배로부터 벗어나 가난과 공포, 병마의 침입이 동요시킬 수 없는 우리 인생 가운데 유일하게 성스럽고 침범 불가능한 부분이다. 과거는 동요될 수도 침범당할 수도 없는 부분이다. 과거를 소유한다는 것은 항구적이며 평온하다. 자신의 실존의 모든 시가를 관통해 여행하는 것은 확고하고 평온한 정신의 징표이다. 점유된 사람들의 정신은 멍에에 매인 자들처럼 과거로 돌아갈 수도 볼 수도 없다. 그래서 그들의 생명은 심연으로 사라진다."(세네카, 《삶의 짧음에 관하여》, X, 2-5, A. Bourgery 번역, 앞서 인용한 판본, p.60-61)

24) 세네카, 《루킬리우스에게 보내는 서신》, 4권, 16편, 서신 99, 5, 앞서 인용한 판본, p.126-127.

리우스는 자신의 과거, 즉 어린 시절과 청년기를 이야기하며 그가 어떻게 교육받았고 어떤 사람들을 만났는지 등을 이야기합니다.

따라서 이 모든 것은 미래의 훈련보다는 기억 훈련의 절대적이고 거의 배타적인 특권으로 귀착됩니다. 그런데 결과적으로 전적으로 기억과 과거와의 관계에 더 높은 가치를 부여하는 일반적인 맥락 속에서 스토아주의자들은 그 유명한 praemeditatio malorum(불행 혹은 나쁜 일에 대한 사전 숙고)이라는 훈련을 발전시켰습니다. 에피쿠로스주의자들은 현재의 근심거리들이 너무 많아 분명히 발생하지 않을 수 있는 나쁜 일들에 골몰할 필요가 없다고 말하면서 단호히 나쁜 일에 대한 사전 숙고에 반대했습니다.[25] 그리고 이 praemeditatio malorum에 반대해 에피쿠로스주의자들은 두 개의 다른 수련을 내세웁니다. 첫째로 avocatio(기분 전환) 훈련이 있는데 이것은 어느 날 우리 인생에 도래할 수 있는 즐거움 쪽으로 사유를 전환하며, 불행에 대한 표상과 사유를 우회하는 기능을 담당합니다. 다음으로는 revocatio(회상) 훈련이 있는데 이것은 과거에 체험한 기쁨을 환기함으로써 발생할 수 있는 불행이나 소위 나쁜 일들로부터 우리를 보호하고 방어해 줍니다.[26] 따라서 스토아주의자들은 praemeditatio malorum을 실천합니다. Praemeditatio malorum은 이미 내가 환기한 원칙 위에 가치의 토대를 세웁니다. 요컨대 일반적인 자기 수련은 필요시 또 사물의 자연적이고 필연적인 질서 내에서는 단순히 돌발 사건에 지나지 않지만 충분히 주의를 기울이지 않으면 불행으로 생각해야 하는 사건이 출현했을 때 구조와 도움을 요청할 수 있는 참된 담론(logos boêthos)의 장비를 인간에게 갖추게 해주는 역할을 담당합니다.[27] 따

---

25) "[에피쿠로스]는 인간이 병에 걸렸다고 생각되는 매 순간, 그것이 예상되거나 예기되고 또 이미 과거의 것이라 할지라도 슬픔은 불가피하다고 에피쿠로스는 생각한다. 왜냐하면 시간도 예견도 병을 약화시키거나 완화시킬 수 없기 때문에 어떤 병이 내게 닥친다고 생각한다거나 전혀 닥치지 않는다고 생각하는 것은 모두 어리석은 일이다. 일단 발생하면 어떤 병이라도 충분히 고통스럽다. 또 항시 우리에게 불행이 닥칠 것이라고 생각한다면 그것은 지속적인 병이다. 게다가 이 병이 발생하지 않아야 한다면 그것은 자발적인 비참 상태에 빠지는 것이 무용하기 때문이다."(키케로, 《투스쿨라나룸 담론》, 2권, III, XV, 32, J. Humbert 번역, 앞서 인용한 판본, p.21-22)

26) "에피쿠로스는 슬픔의 완화를 고통에 대한 생각으로부터 벗어나기(avocatione a cogitanda molestia)와 쾌락에 대한 명상에 열중하기(revocatione ad contemplandas voluptates)라는 두 활동에 의존하게 만든다."(id., 33, p.22)

라서 참된 담론을 갖추어야 하며 불행에 대한 사전 명상은 바로 이런 의미를 갖습니다. 사실 갑작스럽게 어떤 사건에 의해 놀라는 사람은 놀라움이 크고, 또 이 사건에 준비가 되어 있지 않았다면 허약한 상태에 처할 위험이 있다고 스토아주의자들은 말합니다. 이 사람은 동요되지 않고 자신을 제어한 상태에서 적절히 반응할 수 있게 해주는 구조(救助)-담론, 구원-담론이 수중에 없습니다. 또 이러한 장비 부족으로 인해 사건에 의해 공략당하기 쉽습니다. 이 사건이 그의 영혼으로 침투해 동요시키고 충격을 줍니다. 그래서 그는 이 사건과 관련해 수동적인 상태에 놓이게 될 것입니다. 따라서 발생하는 사건들과 불행들에 대비해야 합니다. 세네카는 아흔한번째 서신에서 다음과 같이 말합니다. "뜻밖의 일이 훨씬 더 우리를 괴롭게 하고 그 이상함이 불행의 무게를 가중시킨다. 요컨대 놀라움에 의해 슬픔을 많이 느끼지 않는 사람에게는 뜻밖의 일은 치명적이지 않다."[28] 이와 유사한 텍스트를 플루타르코스에게서도 발견할 수 있습니다. 불행이 닥칠 때 "나는 그것을 예측하지 못했어"라고 생각해서는 절대로 안 되고, 바로 "너는 그것을 예상했어야 해" 그러면 "너는 부족함에 빠지지 않을 거야"라고 자신에게 말할 필요가 있으며, 수련을 하지 않은 사람들(anasketôs diakeimenoi), 즉 훈련되지 않은 상태에 있는 사람들은 "적절하고 유용한 해결책을 찾기 위한 성찰에 호소할 수 있는 능력이 없다"[29]고 플루타르코스는 말합니다. 따라서 불행에 대비해야 합니다. 그런데 어떻게 불행에 대비하지요? 다음과 같이 특징지을 수 있는 praemeditatio malorum을 통해 준비해야 합니다.

첫째로 praemeditatio malorum은 최악의 것들에 대한 시련입니다. 어떤 의미에서 최악의 것들에 대한 시련일까요? 우선 가장 흔한 불행들이나 개인에게 일상적으로 일어나는 불행들만이 우리에게 일어날 수 있는 게 아니라 일어날 수 있는 모든 것이 우리에게 일어난다고 생각해야 되기 때문입니다. 따라서 praemeditatio malorum은 사유를 통해 수련하는 데 있고, 또 그것이 무엇이든지간에 가능한 모든 불행이 발생하는 걸로 생각하는 데 있습니다.

---

27) Logos boêthos에 대해서는 2월 24일 강의 후반부 참조.

28) 《루킬리우스에게 보내는 서신》, 4권 14편, 서신 91, 3(p.44).

29) 플루타르코스, 《아폴로니오스에 대한 위안》, 112c-d, J. Defradas & R. Klaerr 번역, 앞서 인용한 판본, §21, p.66-67.

그것은 불행들에 대한 철저한 주파입니다. 그러나 있을 수 있는 불행들에 대한 철저한 주파가 실제로 실천될 수 없기 때문에 praemeditatio malorum은 모든 불행들 가운데서 최악의 불행들이 일어날 것으로 생각하고 고려하는 행위입니다. 둘째로 최악의 불행들이 닥칠 것이라고 생각해야 할 뿐만 아니라 어차피 그것들은 닥칠 것이고, 또 그것이 불확실성의 여지를 갖는 단순한 가능성이 아님에 따라 praemeditatio malorum은 최악의 경우의 체험이기도 합니다. 따라서 확률과 놀음을 해서는 안 됩니다. Praemeditatio malorum 훈련을 통해 갖게 되는 일종의 확신, 즉 아무튼 최악의 불행이 자신에게 닥칠 것이라는 확신 속에서 불행을 연습해야 합니다. 그래서 세네카는 내가 이미 언급한 적이 있는 마룰루스에게 보내는 서신에서 아들을 잃은 마룰루스에게 편지를 써 그를 위로하려고 합니다.[30] 모든 위로 문학이 그러하듯이 마룰루스를 위로하는 서신은 이미 닥쳤거나 앞으로 닥친다거나 닥칠 수 있는 모든 불행들의 장황한 열거입니다. 그리고 타인들에게 이미 닥쳤거나 닥칠 수 있는 최악의 것들이 문제시되는 위로의 서신 말미에서 세네카는 "내가 너에게 편지를 보내는 것은 네가 나에게서 치료약을 기대한다고 생각하기 때문이 아니다. 왜냐하면 때는 이미 늦었고 내 편지는 너의 아들이 죽은 후에 도착할 것이기 때문이다. 하지만 나는 너에게 이 편지를 쓰는데, 그 이유는 네가 장차 운명에 직면하여 고결한 영혼을 보여주고 가능한 사건이 아니라 분명히 닥칠 사건인 이 운명의 공격에 미리 대비하기를 권고하기 위해서이다"[31]라고 쓰고 있습니다. 마지막으로 praemeditatio malorum이 최악의 것의 체험이 되는 셋째 방식은 가장 심각한 불행들이 닥친다고 생각해야 될 뿐만 아니라, 아무튼 그것들이 모든 확률 측정을 넘어서서 곧 닥칠 것이라고 생각해야 할 뿐만 아니라 지체 없이 즉각적으로 당장 닥칠 것이라고 생각해야 한다는 것입니다. 세네카는 아흔한번째 서신에서 세계에서 가장 큰 제국을 전복시키는 데 하루, 한 시간, 일 분밖에 안 걸린다고 말한 자는 너무 많은 시간을 주었다고 말합니다.[32]

미래의 사유에 대한 일반적인 불신 경향에도 불구하고 praemeditatio

---

30) 이 편지에 대한 최초의 분석에 대해서는 3월 3일 강의 후반부 참조.
31) 《루킬리우스에게 보내는 서신》, 4권 16편, 서신 99, 32(p.134).

malorum은 아무튼 이 일반 규칙의 예외이며 분명히 미래에 대한 사유입니다. 그런데 자세히 살펴보면 미래에 대한 사유가 아님을 알 수 있습니다. Praemeditatio malorum에서 훨씬 더 중요한 것은 미래를 막는 일입니다. 사유를 통해 체계적으로 미래의 고유한 차원들을 제거하는 것이 관건입니다. 왜냐하면 문제가 되는 것은 열려진 상이한 가능성들을 수반하는 미래가 아니기 때문입니다. 아무튼 최악의 모든 가능성들을 자신에게 부여합니다. 필연적으로 일어나야만 하는 것으로서 모든 일어날 수 있는 바를 자신에게 부여해야 합니다. 그리고 시간의 전개와 함께하는 미래나 아무튼 그 불확실성들과 계기(繼起)들이 관건이 아닙니다. 그것은 아무튼 인간에게도 닥칠 세계의 최악의 불행들이 이미 현재에 있다고 생각하게 만드는 것은 계기적인 시간이 아니라 일종의 한 점에 모인 임박한 시간입니다. 최악의 불행들은 인간이 체험하고 있는 현재와 관련해 임박한 위치에 있습니다. 따라서 praemeditatio malorum은 미래에 대한 사유에 대한 일반적 불신의 경향 내에서 예외적인 미래에 대한 사유가 결코 아니라는 것을 알 수 있습니다. 사실상 그것은 이 불신 내에서 미래의 소거이며 또 현행적인 사유의 체험 내에서 모든 가능한 바를 현재화함으로써 미래를 소거하는 행위입니다. 미래를 가장하기 위해 현실로부터 떠나는 것이 아니라 모든 미래를 현재로 가장하기 위해 자신에게 모든 미래를 부여합니다. 따라서 그것은 미래의 소거입니다.

미래를 소거하는 미래의 현재화는 동시에 현실의 축소이기도 합니다. 그리고 이것이 praemeditatio malorum의 또 다른 양태라고 생각합니다. 모든 미래를 이렇게 현재화시킨다면 그것은 미래를 더욱 현실적으로 만들기 위함이 아니라 오히려 역으로 미래를 가능한 한 최대로 비현실화시키기 위함이고, 아니면 적어도 미래 내에서 불행으로 여겨질 수 있는 바의 현실을 소거하기 위함입니다. 세네카의 스물네번째 서신은 이 점에 대해 대단히 명료합니다. 세네카는 "네가 두려워하는 어떤 사건이 분명히 발생하리라는 걸 유념하여라"고 말합니다. 이 구절은 분명 편지의 서두에 위치합니다. 루킬

---

32) "재앙이 갑작스럽게 발생할 때 하루에 대해 논의한다는 것은 이 재앙에 너무 긴 시간을 부여하는 것이다. 한 시간, 한순간으로도 제국이 붕괴되기에 충분하다."(《루킬리우스에게 보내는 서신》, 4권 14편, 서신 91, 6, p.45)

리우스는 적이 한 사람 있었고 그와 소송을 했으며 이 소송에서 패배할까 염려했습니다. 그래서 세네카는 "네가 두려워하는 어떤 사건이 반드시 발생한다는 걸 유념하여라." 따라서 소송에서 질 것이라고 말하며 루킬리우스를 위로합니다. 루킬리우스가 유념해야 할 바는 세네카가 앞에서 언급한 최악의 규칙입니다. "불행이 무엇이든간에 그것을 사유를 통해 헤아려 보고 그것에 대한 네 공포의 결산을 해보거라. 그러면 너를 무섭게 하는 바가 중요하지도 않고 지속되지도 않는다는 것을 알게 될 것이다"[33]라고 세네카는 말합니다. 따라서 세네카는 루킬리우스가 소송에서 질 것이고, 또 최악의 상황에서 이미 패소했다고 생각하도록 그에게 권유합니다. 이렇게 하는 것은 불행을 현실화한다거나 더 현실적으로 만들기 위함이 결코 아니라 오히려 반대로 루킬리우스에게 사건을 헤아려 보도록, 그래서 이 사건이 중요성도 없고 지속되지도 않는다는 것을 깨닫도록 권유하기 위해서입니다. 이 스물네번째 서신의 말미에는 미래에 관한 사유와 관련해 또 이 미래에 대한 사유와 상상력의 관계와 관련된 흥미로운 구절이 있습니다. 나는 앞에서 미래에 대한 불신의 이유 중에 하나는 미래가 상상력에 호소하기 때문이라고 말했습니다. 또 과거와 관련해 처해 있는 불확실성으로부터 인간은 최악의 형식하에서 미래를 상상할 수 있는 권리나 적어도 가능성을 끌어냅니다. 미래를 최악의 형식하에서 사유해야 하고 동시에 최악의 형식하에서 상상하지 말아야 합니다. 더 정확히 말해서 미래에 대한 사유가 미래가 일상적으로 모습을 드러내는 곳인 상상력으로부터 끌어내려 적어도 불행으로서는 아무것도 아닌 본래의 현실로 되돌려 놓기 위한 작업을 해야 한다는 말입니다. 그 구절은 다음과 같습니다. "어린아이에게 닥치는 일을 성인아이인 우리도 경험한다. 그들과 친밀하고 그들이 더불어 노는 사람들이 마스크를 쓰고 나타난다면 어린아이들은 공포에 떨게 된다. 사람뿐만 아니라 사물에게도 그들 본연의 모습을 보이게 만들면서 가면을 벗겨내야 한다. 이 칼과 불 그리고 내 주위에서 포효하는 사형집행인 일당을 내게 보여주는 것은 무슨 소용이 있을까? 너를 은폐하고 어리석은 자들만을 놀라게 하는 쓸데 없는 도구들은 모두 버려라. 너는 과거에 내 노예나 하녀가 용감히 싸운 죽음

---

33) 《루킬리우스에게 보내는 서신》, 1권 3편, 서신 24, 2(p.101-102).

이다. 뭐라고! 내 앞에 거대한 기계장치로 펼쳐 보이는 것이 여전히 너의 채찍들과 고문대, 모든 관절들을 탈구시키기 위해 각기 고안된 도구들, 한 인간을 갈기갈기 찢기 위해 사용되는 수많은 도구들이란 말이야? 이 모든 허수아비들을 펼쳐 놓거라. 산산조각이 난 사형수의 탄식과 간헐적인 하소연과 찢어질 듯한 비명을 막아 보아라. 너는 통풍환자가 경멸하고 소화불량환자가 환락 가운데서도 감내하며, 젊은 여인이 해산중에 참아내는 고통이다. 가벼운 고통을 참을 수 있다면 짧은 고통은 참을 수 없다."[34] 따라서 여기에는 생각하게 되면 처형·칼·고통 등과 같은 상상적 도구 일체와 더불어 출현하는 죽음과의 대화가 있습니다. 그리고 praemeditatio malorum 훈련은 이 같은 말건네기로부터 출발해야 하지만 그것은 상상적인 것을 구축하기 위해서가 아닙니다. 반대로 상상적인 것을 축소하고 칼 뒤에는 무엇이 있는지, 처형에서 인간이 받는 고통은 무엇인지를 자문하기 위해서입니다. 이 모든 허수아비들의 가면을 벗기면 무엇을 발견할 수 있을까요? 그것은 해산하는 여인의 작은 고통이나 관절이 아픈 통풍환자의 고통과 그리 다르지 않은 고통입니다. 그 이상의 것이 결코 아니며 아마도 죽음에서 체험할 수도 있는 이 고통은 "내가 참을 만하다면 가볍고 참을 수 없다면 짧다." 이것은 오래된 스토아주의 격언입니다. 요컨대 고통이 너무나 심한 나머지 인간은 그것을 참아낼 수 없거나(곧 죽고, 따라서 고통은 짧다) 아니면 고통은 참을 만하다는 말입니다.[35] 고통이 참을 만하여 우리를 죽게 하지 않는다면 그것은 고

---

34) *Id.*, 서신 24, 13-14(p.106).

35) 이와 유사한 관념을 세네카 자신에게서(예를 들면 서신 78에서 "너는 무엇을 더 좋아하니? 질병이 길기를 원하니 아니면 격렬하고 짧기를 원하니?") "긴 병은 간헐적인 중단을 수반하며 숨결을 되찾게 해주고 오랜 시간 동안 은총을 베푼다. 숨결의 변화는 어김없이 찾아온다. 상승 단계를 거친 후 하강의 단계가 찾아온다. 짧고 돌발적인 경우 병은 자신이 사라지던가 아니면 나를 사라지게 하던가 둘 중의 하나다. 그런데 병이 중단되는 것과 내가 존재를 중단하는 것 간에는 어떤 차이가 있을까? 양자 모두의 경우 고통이 그 종말에 달한다."(《루킬리우스에게 보내는 서신》, 3권, 9편, 서신 78, 17, p.77) 하지만 이 테마는 약한 고통의 장기 지속과 극단적인 고통의 짧음을 대조시키는 에피쿠로스의 명제로부터 폭넓게 영향을 받고 있다는 점에 주목할 필요가 있다. "고통은 연속적으로 육체 속에서 지속되지 않는다. 극도의 고통은 가장 짧게 지속된다"(《주요 격언》 IV, in 에피쿠로스, 《서신과 격언》, 앞서 인용한 판본, p.231); "모든 고통은 쉽게 경멸될 수 있다. 강력한 고통은 짧게 지속되며 육체 속에서 지속되는 고통은 약한 고통이다."(《바티칸 금언》 4, 《서신과 격언》, p.249)

통이 약하기 때문입니다. 그래서 결과적으로 고통은 아무것도 아닌 것으로 축소되지 않는다 해도 적어도 가능한 한 최소한의 존재로 축소됩니다.

따라서 praemeditatio malorum은 미래에 대한 상상적인 사유가 아님을 알 수 있습니다. 그것은 미래를 소거하는 것이고 상상적인 것을 인간이 관심을 가져온 방향인 불행의 단순하고 적나라한 현실로 축소하는 것입니다. 현실 태의 시뮬레이션을 통해 미래를 막고 상상적 적나라함을 통해 현실을 축소 하는 것, 바로 이것이 praemeditatio malorum의 목적이라고 생각됩니다. 그 리고 인간은 바로 이 수단을 통해 사건이 일어났을 때 예비하지 않았을 경 우 영혼을 자극하고 동요시킬 수 있는 모든 표상들을 엄격한 진실의 요체로 환원시키는 역할을 하는 소용되는 진실을 갖출 수 있습니다. Praemeditatio malorum은 paraskeuê입니다. 그것은 paraskeuê, 즉 우리가 이러한 사유의 훈련을 통해서 현실화하는 바의 비현실성의 체험을 통해 하는 준비의 한 형 식입니다. 잠시 후 이 훈련의 연장이기도 한 또 다른 훈련인 죽음의 명상, 죽 음의 훈련으로 넘어가도록 하겠습니다. 그리고 짤막하게 의식의 점검을 논 의하도록 하겠습니다.

1982년 3월 24일 강의

후반부

죽음에 대한 명상: 수직적이고 회고적인 시선 — 세네카와 에픽테토스에 있어서의 의식 점검 — 철학적 금욕 실천 — 생명의 기술, 자기 시험, 세계의 객관화: 서구철학의 도전

불행에 대한 사전 숙고의 극한에서 죽음의 명상을 발견할 수 있습니다. 죽음에 대한 명상이 철학의 topos로 남아 있음에 따라 여기에 대해서는 간단히 논의하도록 하겠습니다. 제정 초기나 헬레니즘 시대에 규정되고 조직된 자기 실천 내부에서 meletê thanatou가 출현하지 않았다는 것을 여러분에게 알려드립니다. 요컨대 죽음의 명상은 플라톤에게서도 발견되고 피타고라스주의자들 등에게서도 발견됩니다.[1] 결과적으로 이제 내가 간략히 논의하게 될 죽음의 명상에서는 유구한 이 실천의 일반적이고 완결된 역사보다는 헬레니즘·로마 시대의 자기 실천 내에서 이 실천에 부여된 톤, 의미, 형식의 굴절을 환기하는 것이 더 중요하다고 할 수 있습니다. 죽음이 가능한 사건이 아니라 필연적인 사건이라는 단순한 이유 때문에 죽음에 대한 명상은 일반적인 형태 내에서 앞서 내가 언급한 불행에 대한 사전 숙고 및 추정과 완전히 형태가 같습니다. 죽음은 일정한 심각성을 갖는 단순한 사건이 아니고 인간에게 절대적인 심각성을 갖습니다. 여러분이 잘 알다시피 죽음은 아무 때나 불시에 찾아올 수 있습니다. 따라서 불행의 사전 숙고를 절정에 달하게

---

1) 이 점에 대해서는(플라톤의 meletê thanatou——《파이돈》, 67e와 81a——와 그 고대적 근원) J.-P. Vernant의 오래되었지만 토대가 되는 논고 〈'amelê' 강과 'meletê thanatou'〉in 《그리스인들에게 있어서 신화와 사유》, *op. cit.*, t. I, p.108-123.

하는 meletê thanatou를 통해 전형적인 의미에서 불행인 바로 이 죽음이라는 사건에 대비해야 합니다. 하지만 죽음에 대한 명상에는 특별한 것이 있으며 나는 바로 이것을 여러분에게 보여주고자 합니다. 사실상 다른 형태의 불행에 대한 명상이나 사전 숙고에서 발견할 수 없는 무엇인가가 특수한 위치를 점유하고 있고, 엄청난 중요성이 부여되는 죽음의 명상과 훈련 내에서 출현합니다. 그리고 이것은 일정 형식의 자기 의식화의 가능성이거나 죽음의 관점에 입각하거나 인생 속에서 죽음을 현실화하는 관점에 입각해 자기 자신에게 던지는 일정 형식의 시선의 가능성입니다. 사실상 스토아주의자들에게 있어서 죽음에 대한 명상의 특권적 형식은 praemeditatio malorum의 도식에 따라 죽음이 여기에 있고, 또 우리는 생의 마지막 날을 사는 것으로 생각하는 데 있는 훈련입니다. 이 점과 관련해서는 세네카의 의미심장한 열두번째 서신이 있습니다. 이 편지에서 세네카는 인생은 유년기인 아침과 성숙기인 정오와 노년기인 저녁을 갖는 긴 하루에 지나지 않고, 한 해도 봄이라는 아침과 겨울이라는 저녁을 갖는 하루에 지나지 않으며, 각각의 달 역시 일종의 하루에 지나지 않으며 요컨대 하루와 오직 하루의 흐름만이 생의 시간 혹은 인생 내에서 조직되는 상이한 시간과 지속을 조직하는 모델을 구축한다는 예부터 고대의 사유에서 지극히 일반화된 일종의 테마와 사색을 참조합니다.[2] 세네카가 열두번째 서신에서 루킬리우스에게 청유하는 훈련은 하루를 한 달처럼, 일 년처럼 살고 또 전 생애가 하루에 흘러가 버리는 것처럼 사는 데 있습니다. 또 우리가 살고 있는 하루의 매 시간을 인생의 시기로 생각하여 하루의 밤이 찾아오면 인생의 밤에 도달한 것으로, 다시 말

---

2) "하루는 인생의 한 단계이다. 실존 전반은 시기로 구분된다. 실존은 크기가 다른 상당수의 동심원을 제시한다. 그 중 한 원은 다른 모든 원들을 덮고 경계를 확정하는 기능을 갖는다. 이 원은 탄생에서 임종의 날까지 펼쳐진다. 둘째 원은 젊은 시절을 에워싼다. 또 다른 원은 유년 시절을 에워싼다. 그러고 나서 배가되면서 인생의 줄기를 직조하는 모든 순간들의 총합이자 관념적 실체인 해가 나타난다. 이보다 더 작은 원주는 달을 포함한다. 가장 짧은 도면은 일이 작도하는 도면이다. 그러나 하루는 여타의 것과 마찬가지로 시작에서 끝으로, 기상에서 취침으로 나아간다. [...] 따라서 하루하루를 마지막 날이라고, 우리 인생의 종말과 최종적인 결론이라고 마음속에 다짐하자. [...] 잠자리에 드는 순간 기쁜 마음으로 얼굴에 미소를 머금으며 '나는 살았노라. 나는 운명이 내게 부여한 역정을 주파했노라' 라고 말하자."(세네카, 《루킬리우스에게 보내는 서신》 1권, 1편, 서신 12, 6-9, 앞서 인용한 판본, p.41-43)

해서 죽는 순간에 도달한 것으로 생각할 필요가 있습니다. 바로 이것이 마지막 날의 수련입니다. 이 훈련은 단순히 "아! 나는 오늘 죽을 수도 있다"든가 "아! 예측하지 못한 숙명적인 사건이 내게 일어날 수도 있다"와 같이 생각하는 데 있지 않습니다. 하루의 매 순간이 인생의 중요한 날의 순간이고 또 하루의 마지막 순간, 실존의 마지막 순간인 것처럼 하루를 조직하고 체험하는 것이 관건입니다. 이 모델에 입각해 인간이 자신의 마지막 날을 살게 되면 하루가 끝나는 순간에, 우리가 잠자리에 드는 순간에 희열과 웃는 얼굴로 "나는 살았다"라고 말할 수 있을 겁니다. "도덕적 완성(teleiotês tou êthous)은 인간이 매일매일을 마치 마지막 날처럼 보내는 것을 포함한다"[3]고 마르쿠스 아우렐리우스는 적어 넣습니다.

죽음에 대한 명상이 개인으로 하여금 두 가지 방식으로 자신을 지각할 수 있게 해주기 때문에 죽음에 대한 명상과 이런 종류의 수련은 특수한 의미와 중요성을 갖습니다. 첫째로 이 수련은 현재에 대해 일종의 굽어보는 즉각적인 시선을 갖게 해주며, 또 생의 지속과 행동의 흐름 그리고 표상의 흐름을 사유를 통해 절단하게 해줍니다. 현재 살고 있는 순간 혹은 현재 살고 있는 날이 마지막이라고 생각하며, 말하자면 즉각적인 바 내에 현재를 고정시킵니다. 바로 그 순간부터 죽음의 정지 속에 굳어진 현재, 현순간 혹은 하루는 그 현실을 드러내 보일 것이고, 더 정확히 말해 그 가치의 현실을 드러낼 것입니다. 내가 하고 있는 바의 가치, 내 사유의 가치, 내 행동의 가치는 내가 그것들을 마지막인 것으로 생각하고 있을 경우 드러나게 됩니다.[4] 에픽테토스는 다음과 같이 말합니다. 즉 "너는 어떤 소일거리의 한복판에서 질병과 죽음이 우리를 사로잡아야 하는지를 모르고 있단 말인가? 질병과 죽음은 노동 속에서 노동자를 사로잡으며 항해 속에서 선원을 엄습한다. 너

---

3) 마르쿠스 아우렐리우스, 《명상록》, VII, 69, 앞서 인용한 판본, p.81.

4) 우리는 여기서 모든 행위를 마지막 행위가 될 수 있는 능력이 아니라 무한히 반복할 수 있는 능력에 입각해 평가하기를 지향하는 니체의 영원 회귀의 신조를 반향으로서 듣지 않을 수 없다. "이 사유(영원 회귀)가 너보다 낫다면 너를 변화시킬 것이고 어쩌면 너를 붕괴시킬 것이다. '너는 이것을 원하는가?' '너는 그것을 다시 또 원하는가?' '한번?' '항시?' '영원히'라고 너는 모든 것에 대해 자문해야 할 것이다. 그리고 이 질문은 너를 참으로 결정적이고 끔찍한 무게로 짓누를 것이다!"(니체, 《즐거운 지식》, 4편, 아포리즘 341, A. Vialatte 번역, Paris, Gallimard, p.17)

는 어떤 일을 하는 와중에 질병과 죽음에 의해 사로잡히기를 원하느냐? 왜냐하면 어떤 일을 하는 와중에 죽음이 너를 사로잡아야 하기 때문이지. 네가 그렇게 할 수 있고[죽음에 의해 사로잡힐 수 있다면; M. F.], 또 현재의 자신의 일보다 더 나은 자신의 일을 실천중이라면 그렇게 해라."[5] 그래서 이 훈련은 여러분들이 어떤 일을 하고 있는 순간에 죽음이 엄습할 것이라고 생각하는 데 있다는 것을 알 수 있습니다. 일거리에 대해 던지는 이와 같은 죽음의 시선을 통해 일의 현재 상태를 평가할 수 있고, 또 죽음의 순간에 하고 있을 수 있는 일보다 더 훌륭하고 도덕적으로 더 가치 있는 일이 있다고 생각이 되면 그것을 선택해야 하며, 그래서 결국 매 순간 죽기 위해 최상의 상태에 있어야 한다는 말입니다. 각각의 활동을 최후의 활동으로 수행하면서 "모든 경박성으로부터 벗어날 수 있고" "이성과 오류의 영역에 대한 모든 혐오로부터 벗어날 수 있으며, 이기주의와 운명에 대한 개탄으로부터 해방될 수 있다"[6]고 마르쿠스 아우렐리우스는 쓰고 있습니다. 따라서 그것은 현재의 시선, 시간의 흐름을 절단하기, 현재 행하고 있는 행동의 표상을 파악하기입니다. 죽음이 자기에게 허용하는 두번째 시선의 가능성과 형태는 이와 같은 즉각적이고 절단된 시선이 아니라 인생 전반에 대한 회고적 시선입니다. 자기 자신이 죽음의 순간에 있다고 체험하는 경우에 우리는 자기 자신의 인생이었던 바 전체를 일별할 수 있습니다. 그리고 이 인생의 진실, 보다 정확히 말해서 인생의 가치가 나타날 수 있습니다. "내 평생에 할 수 있었던 도덕적 진보에 대해서는 나는 오직 죽음만을 신뢰할 뿐이다. 내 자신의 심판관이 되어 내 입술과 마음에 덕이 있었는지 인식하는 날을 기다린다. […] 네가 생명을 잃을 때 고통을 잊어버렸는지 아닌지를 알게 될 것이다."[7] 따라서 죽음에 대한 사유가 인생을 가치 평가하는 기억과 회고를 가능하게 해줍니다. 여기서도 죽음은 미래에 대한 사유가 아니라는 걸 알 수 있습니

---

5) 에픽테토스, 《어록》, III, 5, 5, 앞서 인용한 판본, p.22.

6) "모든 정신의 경박함, 이성의 절대적 권위에 대한 감정적인 혐오감, 오류, 이기주의, 운명에 대한 원한으로부터 벗어나 모든 행위를 그것이 마지막 행위인 것처럼 행했다면 너는 그것(다른 고심거리)으로부터 해방될 것이다."(마르쿠스 아우렐리우스, 《명상록》, II, 5, p.11-12)

7) 세네카, 《루킬리우스에게 보내는 서신》 1권, 3편, 서신 26, 5-6(p.116).

다. 죽음에 대한 훈련과 사유는 현재의 가치를 파악할 수 있게 해주는 절단적 시선을 자기 삶에 던지기 위한 수단이나 인생 전반을 총체화하여 있는 그대로 드러나게 해주는 기억의 거대한 고리를 작동시키게 해주는 수단에 불과합니다. 그것은 현재에 대한 심판이고 죽음에 대한 사유에서 작동되는 과거에 대한 가치 평가이며, 미래에 대한 사유여서는 안 되고 죽어가고 있는 자기 자신에 대한 사유여야 합니다. 바로 이것이 잘 알려진 meletê thanatou(죽음에 대한 명상)에 대해 간략히 내가 논의하고자 한 바입니다.

이제 의식 점검이라고 하는 다른 형태의 훈련으로 넘어가 논의해 보도록 하겠습니다.[8] 의식 점검에 대해서는 이미 몇 년 전에 논의한 바 있다고 생각합니다.[9] 그래서 약간 도식적으로 논의하도록 하겠습니다. 의식 점검은 오래된 피타고라스주의 규칙이고 또 다소 첨가된 내용이 있기는 하지만 본래의 일차적 의미가 하루 동안 행한 모든 일을 점검하면서 부드러운 수면을 준비하라는 피타고라스의 운문을 참조하지 않고서 의식 점검을 언급한 철학자는 한 사람도 없다는 것을 알고 있지요. 유감스럽게도 피타고라스의 이 텍스트를 가져오는 것을 잊었습니다.[10] 아무튼 이 피타고라스의 텍스트가 의미하는 바가 다음과 같은 것임을 이해하기 바랍니다. 요컨대 잠자기 전에 의식을 정화시켜 주는 것이 의식 점검의 주된 임무라는 것이 그것이지요. 의식 점검은 행위한 바를 심판하기 위한 것이 아닙니다. 그것은 후회와 같은 것을 재활성화시키기 위한 것도 아닙니다. 행한 바를 상기하면서, 또 결과적으로 이 사유를 통해 우리 자신 안에 있는 나쁜 것들을 제거함으로써

---

8) 이 주제에 대해서는 《자기 배려》, p.77-79 참조.

9) 1980년 3월 12일 콜레주 드 프랑스 강의 참조. 푸코는 피타고라스주의와 스토아주의의 자기 점검과 기독교의 자기 점검의 환원 불가능한 불연속성을 신중히 강조하면서 (실천·도구·목표라는 3중의 장의 수준에서) 기독교 오류의 언어적 표출-자기 탐색의 결합에 관한 고고학을 시도한다.

10) "네가 한 하루의 행동을 모두 점검하기 이전에 달콤한 잠이 네 눈 속으로 슬그머니 들어오게 하지 말아라. 나는 어떻게 유혹에 빠졌는가? 나는 무엇을 했는가? 내가 해야 할 일 가운데서 어떤 것을 빼먹었는가? 첫째 질문으로부터 시작해 모든 질문을 두루두루 해보아라. 그리고 나서 오류를 범한 것을 발견하게 되면 너 자신을 질책하라. 하지만 네가 잘 처신했다면 기뻐하거라. 이 격언을 실천에 옮기도록 노력하고 또 명상하여라. 이것들을 좋아하거라. 그러면 그것들이 너를 신성한 덕의 발자취 위에 위치시키게 될 것이다." (피타고라스, 《황금의 시구 Les Vers d'or》, M. Meunier 번역, 앞서 인용한 판본, p.28)

우리 자신을 정화하고 평온한 수면을 취할 수 있게 하기 위해 행해집니다. 수면의 순수성을 위해 영혼을 정화한다는 관념은 항시 꿈이 영혼의 진실을 드러내 준다는 관념과 연관되어 있습니다.[11] 꿈 속에서 영혼이 순결한가 불결한가를 동요하는가 평온한가를 확인할 수 있다는 말이지요. 이것은 피타고라스의 관념[12]이고 플라톤의 《국가》[13]에서도 재발견되며, 고대의 사유 전반에 걸쳐서 또 4,5세기 수도원의 실천과 수련에서 재발견할 수 있는 관념입니다.[14] (meletê thanatou에서와 마찬가지로) 여기서 흥미로운 바는 피타고라스가 권유하는 이 유구한 의식 점검의 도식이 스토아주의자들에게는 아주 다른 의미를 갖는다는 점입니다. 스토아주의자들에게 있어서 의식 점검은 아침 점검과 저녁 점검과 같은 두 형태로 확인됩니다. 게다가 포르피리오스에 따르면 피타고라스주의자들에게도 아침 점검과 저녁 점검이 있었다고 합니다.[15] 아무튼 스토아주의자들에게 있어서의 아침 점검은 마르쿠스 아우렐리우스의 《명상록》[16] 5편 서두에 표현되어 있음을 볼 수 있습니다. 아침 점검에서는 밤이나 전날 밤에 할 수 있었던 바를 회상하는 것이 문제시되는 게

---

11) 《자기 배려》, p.25-26 참조.

12) 1월 12일 강의 전반부 참조.

13) "그가 영혼의 두 부분[식욕과 분노]을 진정시키고 지혜가 거주하는 영혼의 세번째 부분을 자극하고, 마지막으로 휴식에 빠져들었을 때 알다시피 바로 이 조건하에서 영혼은 가장 잘 진실에 도달하게 된다."(플라톤, 《국가》, 9편, 572a-b, E. Chambry 번역, 앞서 인용한 판본, p.48)

14) 푸코는 아르테미도로스의 《꿈의 해석 Onirocritique》을 특권적으로 참조하며 그리스 문화에서 꿈의 문제를 특히 연구하였다(《자기 배려》, p.16-50 참조). 이 문제에 대한 일반적인 설명과 관련해서는 S. Byl, 〈호메로스에서 아르테미도로스에 이르기까지 그리스의 꿈에 대한 몇 가지 관념 Quelques idées grecques sur le rêve, d'Homère à Artémidore〉, 《고대 연구》, 47, 1979, p.107-122.

15) "그[피타고라스]가 잘 성찰하기를 권유하는 두 순간이 있었다. 수면에 들어가기 이전의 순간과 수면에서 깨어난 순간이 그것이다. 이 두 순간에 과거의 행동을 스스로 이해하고 미래를 내다보기 위해 이미 완수된 행위나 아니면 미래의 행위를 점검해야 할 필요가 있다."(포르피리오스, 《피타고라스의 생애》, E. des Places 번역, 앞서 인용한 판본, §40, p.54) 잠블리코스, 《피타고라스의 생애》, L. Brisson & A.-Ph Segonds 번역, 앞서 인용한 판본, §165, p.92에 유일하게 나오는 아침 점검에 대한 장황한 묘사를 참조할 것. 피타고라스에게는 '기상이 취침보다 더 큰 가치가 있음'을 환기할 수 있다(디오게네스 라에르티오스, 《유명한 철학자들의 삶, 학설, 정언》, VIII편, 22, M.-O. Goulet-Cazé 번역·감수, 앞서 인용한 판본, p.960).

아닙니다. 아침 점검은 앞으로 해야 할 바의 점검입니다. 이 아침 점검에서 유일하게 자기 실천상에서 실제로 그 자체로서 미래로 향한 수련이 발견됩니다. 그러나 그것은 가까운 미래로 즉각적으로 향하는 점검입니다. 약속한 것과 만남의 약속, 그리고 대면해야 할 과업들 등과 같이 하루 동안 해야 할 활동들을 미리 점검하는 것이 관건입니다. 요컨대 이러한 활동에서 자신에게 부여하는 일반적인 목표가 무엇이고, 생애 전반에 걸쳐 유념해야 하는 일반적인 목적이 무엇이며, 또 결과적으로 이와 같은 명시적이고 일반적인 목표에 따라 발생하게 될 상황 내에서 행동하기 위해 유의해야 할 바가 무엇인지를 상기하는 것이 관건입니다. 바로 이것이 아침 점검입니다. 저녁 점검은 그 역할이나 형태에 있어서 완전히 다릅니다. 에픽테토스는 누차 저녁 점검을 환기하고 있고, 세네카의 《분노에 관하여》에는 아주 유명한 예가 있습니다.

분명히 내가 몇 년 전에 언급한 적이 있는 이 텍스트를 간단히 환기해 보고자 합니다.[17] 세네카에 있어서 중요한 것은 매일 저녁 잠자리에 들어 주변의 모든 것들이 조용해졌을 때 자신이 하루 동안 행한 바를 재점검하는 것입니다. 그는 이 상이한 활동들을 숙고해 보아야 합니다. 어떤 것도 간과해서는 안 된다고 세네카는 말합니다. 게다가 그는 자기 자신에게 어떤 관대함도 보여서는 안 됩니다. 그리고 이 점검에서 그는 재판관의 태도를 취

---

16) "아침에 일어나는 것이 고통스럽다는 생각이 들 때 깨어나는 것이 인간으로 행동하기 위해서이다라고 생각하라. 그 때문에 내가 창조되었고 또 그 때문에 내가 세상에 보내졌다. 내가 그 일을 완수하러 떠나는 것을 기분 나빠해야 할 것인가? 이불 밑에 누워 몸을 따뜻하게 하는 것이 내가 창조된 목적이란 말인가?"(마르쿠스 아우렐리우스, 《명상록》, V, 1, p.41) 3월 3일 강의 참조.

17) 푸코는 이 세네카의 텍스트(《분노에 관하여》, Ⅲ, XXXVI)를 1980년 3월 12일 콜레주 드 프랑스 강연에서 분석한다. 하지만 푸코는 1980년도 강의에서 개진한 많은 요소들을 1982년에 재론하고 있지만 그 분석의 틀은 다소 다르다(특히 사법적이기보다는 더 행정적인 어휘의 테마와 죄의식 부여의 부재가 그러하다). 1980년 강의에서 푸코는 세네카적인 장치의 반-프로이트주의적 양상(자기 점검은 숙면을 위해 좋은 요소들만을 간직하는 데 사용된다)과 이 점검을 통해 투사된 미래의 지평(의식의 숨겨진 비밀을 끌어내기 위해 자기 점검을 하는 게 아니라 발아 상태에 있는 행동의 합리적 도식들을 개화시키기 위해 실시한다)을 강조한다. 1980년 강의에서 헬레니즘 시대의 의식 점검과 기독교의 의식 점검의 본질적인 대립은 독자성/복종의 양자택일을 중심으로 전개된다. 이 텍스트와 관련해서는 《자기 배려》, p.77-78 참조.

합니다. 게다가 그는 자기 신의 법정에 자신을 소환하여 판사임과 동시에 피고인이 된다고 말합니다. 한편으로 하루에 행한 모든 행동들을 회상하고, 또 그것을 자기 자신의 법정에서 심판하는 이 의식 점검 프로그램에서 우리는 기독교에서, 특히 12세기부터 다시 말해서 고해성사가 법률적 형태를 취하는 시기부터 또 이 고해성사가 행한 모든 바의 회고적인 표명을 내포하는 고백과 자백의 실천을 수반하고 고해성사의 장에 부치게 되는 시기에 기독교에서 발견할 수 있는 바와 대단히 가까운 일정한 유형의 조사와 실천을 갖는다고 생각됩니다.[18] 바로 여기에 이 모든 것들의 모체가 있다고 생각합니다. 하지만 세네카가 규정하는 점검은 이후 고해성사의 장과 중세 기독교의 의식 점검에서 발견되는 것과는 사실상 대단히 괄목할 만한 차이가 있다는 것을 여러분들에게 강조하고 싶습니다. 사실 세네카가 자신의 하루에서 들추어 내는 행동과 오류의 성격이 무엇인지를 우선 알 필요가 있습니다. 세네카는 그 예들을 제시합니다. "친구와 담화하고 대화하며 그에게 도덕적 교훈을 주고 그가 발전하고 재기할 수 있도록 도우려고 시도했으나 […] 그에게 상처를 주고 말았다"라고 세네카는 말합니다. 또 다른 예로 "나는 상당수의 것들을 납득시키기를 기대하며 사람들과 대화하는 데 오랜 시간을 보냈다. 그런데 사실 그들은 이해할 수 있는 능력이 없었고 결국 나는 시간을 허비하고 말았다"[19]라고 세네카는 말합니다. 하지만 이 두 예가 지극히 상대적인 오류라는 것은 대단히 흥미롭습니다. 우선 세네카가 범하고 아무튼 열거하는 오류는 본질적으로 의식 지도 행위와 연관된 오류라는 것을 알 수 있습니다. 의식 지도자의 자격으로 그는 상당수의 '오류'를 범했습니다. 이 오류는 주로 기술적인 실수라고 이해해야 할 필요가 있다는 것을 알 수 있습니다. 세네카는 자신이 사용하던 도구들을 잘 운용하거나 조종할 수 없었습니다. 그는 어떤 순간에 너무 격했고 또 다른 순간에는 시간을 허비

---

18) 1975년 2월 19일 강의, in 《비정상인들》 참조.

19) "너는 이 대화에 지나친 열정을 보이고 있다. 무지한 자들과 대화를 시작하지 말아라. 한번도 배워 본 적이 없는 자들은 배우려 하지 않는다. 너는 그 사람에게 너무 가혹하게 질책을 했고 그를 교정하기보다는 그에게 충격을 주었다. 앞으로 내가 말하는 바가 진실된 것인지를 살펴보고, 또 네 말을 듣는 자가 진실을 이해할 수 있는 능력이 있는지를 알아보아라. 덕이 있는 자는 충고를 사랑하고 악덕한 사람은 지도자를 고통스럽게 한다."(세네카, 《분노에 관하여》, III: XXXVI, 4, A. Bourgery 번역, 앞서 인용한 판본, p.103)

했습니다. 수단들이 좋지 않았기 때문에 설정한 목표들——누군가를 교정하고 일군의 사람들을 설득하기——을 달성할 수 없었습니다. 따라서 의식 점검에서 그가 열거하는 것은 수단과 목표 간의 부조화와 같은 것들입니다. 아침 점검은 해야 할 과업들, 정하는 목표와 목적, 사용해야 할 수단을 정하고 환기하는 데 있습니다. 저녁 점검은 아침에 숙고되고 계획된 활동의 실제적인 결산으로서 아침 점검에 부응합니다. 둘째로 세네카의 텍스트에는 법률적이고 심지어는 사법적 유형의 상당수 은유들이 존재하고, 사실상 사용된 주요 경험적 관념들은 사법적이기보다 훨씬 더 행정적인 유형의 것들입니다. 물론 세네카는 자신이 판사이고 자신의 법정을 주제하며 판사로서 자신의 법정을 주제하고, 또 자신은 피고인으로 존재한다고 말합니다. 하지만 자신이 행하는 점검의 상이한 조작들을 환기할 때 사법적인 용어가 아니라 행정적인 용어를 사용합니다. 세네카는 '떨어 없애다'를 의미하지만 행정적인 용어로 계산을 재점검하다, 모든 오류를 털어내기 위한 회계의 의미를 갖는 excutere[20]라는 동사를 사용합니다. 그는 군대·야영·선박의 사열과 시찰과 같이 면밀히 조사하다를 의미하는 기술적인 동사 scrutari[21]를 사용합니다. 그는 다소 동일 유형의 활동에 상당하는 speculator[22](speculator는 조사관을 의미합니다)라는 용어를 사용합니다. 또 세네카는 remetiri[23]라는 동사를 사용하는데 이는 정확히 검사관처럼 정해진 일을 하고 난 후 그것이 정확히 행해졌는지, 비용은 행한 일에 잘 일치하는지를 재평가하기를 의미합니다. 따라서 세네카는 자신에게 행정적 검열 작업을 가합니다. 셋째로 주목해야 할 바는 그가 자신을 책망하지 않는다는 사실입니다.[24] 세네카는 자신을 질책하는 것이 문제가 아니라고까지 말합니다. "나는 아무것도 간과하지 않고 내가 한 모든 것을 상기하며 관대함을 내보이지도 않지만 내

---

20) "하루를 점검하는(excutiendi) 습관보다 더 아름다운 것은 없지 않은가?"(*id.*, III, XXXVI, 2 p.103)

21) "사람들이 촛불을 내가고 내 습관을 잘 알고 있던 아내가 침묵했을 때 나는 내가 보낸 하루를 점검(scrutor)한다."(*id.*, III, XXXVI, 3, p.103)

22) "[정신이] 자신을 점검하는 자(speculator)가 되고 자신의 품행을 은밀히 검사하는 자가 될 때 자기 점검에 이어 어떤 잠이 오는가?"(앞의 주 20) 참조)

23) "나는 내 행실과 말을 평가한다."(앞의 주 21) 참조)

24) "또다시 하지 않도록 유의해라. 이번은 용서하마."(*id.*, III, XXXVI, 4, p.103)

자신을 징벌하지 않고, 단지 앞으로는 네가 한 일을 다시 반복해서는 안 된다고 다짐할 뿐이다"라고 말합니다. 왜 그럴까요? 왜냐하면 질책하기 위해 친구들에게 호소할 경우 그 목표는 당연히 그들에게 상처를 주는 것이 아니라 그들을 향상시키는 것이어야 하기 때문이라고 세네카는 말합니다. 어떤 사람과 대화를 나눌 경우 그것은 그에게 진실을 전달하기 위해서입니다. 그러므로 내가 이와 같은 유사한 상황에 처할 경우 내 행동이 거기에 부합되기 위해서는 이러듯 상이한 목적들을 상기할 필요가 있다는 말이지요. 결과적으로 그것은 우선 행동의 근본적인 규칙들의 재활성화, 유념해야 할 목적들의 재활성화, 이 목적들과 즉각적으로 상정한 목표들을 달성하기 위해 사용되는 수단들의 활성화의 체험이라는 것을 알 수 있습니다. 이런 맥락에서 의식 점검은 단순히 하루 동안에 일어난 바에 대한 기억이 아니라 항시 유념해야 하는 규칙들과 관련된 기억 훈련입니다. 다른 한편으로 이 의식 점검은 규칙들의 재활성화와 자신이 행한 바에 대한 기억에 힘입어 이제 막 상기한 규칙들과 수행한 행동 간의 불일치를 측정하면서 아직 많은 노력을 해야 할지, 목표가 아직 멀리 있는지, 인식의 영역에 속해 있는 진실의 원리들을 자기 행위에서 해석해 낼 수 있는 능력이 있는지 등과 같이 현재 자신이 어떤 상태에 있는지를 파악하는 것이라는 점에서 일종의 시험이라고 할 수 있습니다. 진실의 윤리적 주체로서 나는 어떤 상황에 있는 것일까요? 나는 어떤 한도 내에서, 어디까지, 어느 정도까지 행동의 주체와 진실의 주체로서 동일할 수 있는 자일까요? 아니면 내가 하는 의식 점검을 통해 규칙들로서 그것들을 상기하기 때문에 내가 그것들을 인식한다는 것을 입증할 수 있고, 인식하는 진실들은 어느 정도까지 나의 하루와 일생 동안의 행동의 형식·규칙·원칙일 수 있을까요? 이런 형태의 사유에서 금욕적 실천의 핵심인 이 심사숙고에서 나는 어떤 상황에 있을까요? 진실의 윤리적 주체인 나에 대한 심사숙고에서 나는 어떤 상황에 있는 걸까요? 진실을 인식하는 주체와 곧은 행동의 주체를 내 안에 정확히 겹치게 하고 일치시키는 작업에서 나는 어떤 위치에 있는 걸까요?

의식 점검이 이런 의미를 지니고 또 의식 점검이 진실의 윤리적 주체를 구축하는 데 지속적인 지표이며, 매일 저녁 재평가해야 하는 것의 다른 예들도 물론 발견할 수 있습니다. 피타고라스의 운문을 인용하는 에픽테토스의 텍스트를 생각할 수 있습니다. 에픽테토스는 평온한 수면을 준비하기 위한 의식 점검과 관련된 피타고라스의 운문을 인용합니다. 하지만 에픽테토스가 어떤 맥락에서 피타고라스의 운문을 소개하는 것을 살펴보면 상당히 이상합니다. 에픽테토스는 다음과 같이 시작되는 대화의 서두에서 피타고라스의 운문을 인용합니다. 즉 "필요하다고 느껴지는 판단을 수중에 항시 지니고 있어야 한다. 요컨대 식탁에서는 식탁의 모든 것들과 관련되니 판단을 수중에 지니고 있어야 하고, 욕실에 있으면 욕실에서 행동하는 방식과 관련된 모든 판단들을 수중에(prokheiron) 지니고 있어야 하며, 침대에 있으면 침대에서 처신하는 방식과 관련된 모든 판단들을 수중에(prokheiron) 지니고 있어야 한다"[25]가 그것입니다. 바로 이 순간에 행동 원칙, 행동 규칙을 수중에(prokheiron) 지니기라는 일반 원칙에 입각해 에픽테토스는 피타고라스의 운문을 인용합니다. 우리로 하여금 행동할 수 있게 해주는 참된 담론의 가용성을 자신에게 확보하기라는 바로 이런 목표와 목적 내에서 의식 점검이 실천됩니다. 에픽테토스는 피타고라스의 운문을 인용하고 난 후 즉시 "감탄하는 식으로서가 아니라 유용하게 이 운문을 사용하기 위해서는 그것들을 기억해두어야 한다. 마찬가지로 열이 날 시에는 그 상황에 적합한 판단을 수중에 지니고 있어야 한다"고 말합니다. 그리고 그는 조금 뒤쪽에서 행동을 위한 참된 담론의 장치가 구축되어야 할 필요성과 관련된 이 단락을 결론짓기 위해 철학은 준비하는 것이라고 부언합니다.[26] 따라서 철학하는 것은 인생 전반을 단련으로 생각하는 것과 같은 태도를 취하는 것입니다. 그리고 운용할 수 있는 수련들의 총체인 자기 수련은 인생이 단련이라는 의미에서 끝까지 단련적인 삶에 지나지 않을 우리의 인생을 지속적으로 준비하게 해주는 의미를 갖습니다.

자기 자신에게 tekhnê(생활의 기술)를 부여해야 한다는 일반적 원칙과 테마 내에서 나타났던 이 유명한 epimeleia heautou, 즉 자기 배려가 tekhnê tou biou에 의해 규정된 위치를 점유한 순간이 있었습니다. 수세기 전인 고

---

25) 에픽테토스, 《어록》, III, 10, 1(p.38).
26) "철학하는 것은 무엇이란 말인가? 그것은 모든 사건들에 대비를 완료하는 것이 아닌가?"(id., III, 10, 6, p.39).

전기 초반부터 그리스인들이 삶의 기술 내에서 다양한 형태로 추구한 바, 즉 tekhnê tou biou는 자기 자신을 배려해야 하고 이 자기 배려는 예측 불허한 일련의 사건들에 대비하는 것이며, 이 사건들을 불가피한 필연성 속에서 현실화시켜 극소의 실존으로 축소시키기 위해 상상적 현실일 수 있는 모든 것들을 벗겨내는 상당수의 수련을 행해야 한다는 원칙에 전적으로 사로잡히게 됩니다. 그리고 이 수련들과 그 놀이를 통해 그리스인들은 평생 동안 자신의 실존을 단련으로 체험할 수 있을 겁니다. 이 모든 것을 요약해서 간단히 말하면 이 철학적 자기 수련——내가 의미를 부여하려 시도한 자기 수련 체계와 그 주요 요소들 가운데 몇 가지——은 기독교적 금욕 유형에 속하는 것이 아닙니다. 기독교적 금욕은 자기 자신의 포기라는 궁극적인 지점으로 귀결되어야 하는 필연적인 포기들이 순서적으로 무엇인지를 확정하는 역할을 담당합니다. 따라서 철학적 자기 수련은 기독교적 금욕과 대단히 다르지만 단순히 구분에 머물고 철학적 자기 수련이 자기 자신의 형성을 위한 훈련에 지나지 않는다고 생각하는 것은 불충분합니다. 곧은 행동의 주체인 참된 인식의 주체를 구축하는 일정한 방식으로 철학적 자기 수련을 생각할 필요가 있습니다. 또 자신을 참된 인식의 주체와 곧은 행동의 주체로 동시에 구축하면서 인간은 자기 자신의 상관물로 지각되고 재인되고 시련으로서 실천된 세계를 부여합니다.

나는 이 모든 것을 다소 체계적이고 간결하게 설명했지만 사실 이것은 수세기에 걸쳐 시간을 통해 간격을 두고 펼쳐지는 일련의 복잡한 절차입니다. 나는 다소 응축적이고 수많은 사건들과 그 계기와 관련해 추상적인 형태로 고대 사유에서 헬레니즘·제정 시기부터 자기를 경험하는 장소와 자기 단련의 계기로 현실을 생각하게 만든 운동을 설명하려고 시도했습니다. 그래서 만약 우리가 가정이 아니라면 적어도 기준의 자격으로——아무튼 가정 이상의 것이지만 논지보다는 조금 낮은 자격으로——그리스 이래로 서구 사유에 존재하는 고유한 객관성이 무엇인지 알기를 원한다면 고전기 그리스 사유를 특징짓는 어느 순간과 상황에서 세계는 tekhnê[27]의 상관물이 되어 버렸다고 생각할 필요가 있습니다. 다시 말해서 일정한 시기부터 tekhnê 혹은 다양한 기술들을 특징짓던 상당수 기재들과 목표들에 힘입어 인식되고, 측정되며, 제어되기 위해 세계가 사유되기를 멈추었다고 말할 수 있으며, 그래서 서구 사유에 고유한 객관성의 형식이 사유가 쇠퇴하여 세계가 tekhnê에 의해 고찰되고 조작되는 시기에 형성되었다고 말할 수 있을 겁니다. 즉 서구 사유에 고유한 주체성의 형식이 근본적으로 무엇인지를 묻는다면 그것은 서구 사유에 고유한 객관성의 형식과 정반대 운동에 의해 구축되었다고 말할 수 있습니다. 요컨대 그것은 bios(생)가 그리스 사유에 있어서 유구하게 자신이었던 바, 즉 tekhnê의 상관물이기를 중단하고 자기 단련의 형식이 되어 버린 순간에 구축되었습니다.

생(bios)[28]——우리의 삶 동안에 세계가 우리에게 즉각적으로 나타나는 방식을 의미하려 합니다——이 단련(epreuve)이라는 것은 두 의미로 이해되어야 합니다. 첫째는 경험이라는 의미에서 단련입니다. 다시 말해서 세계는 그것을 통해 우리 자신을 경험하고 인식하며 발견하고, 또 그것을 통해 우리 자신을 우리 자신에게 드러내는 그러한 것으로 인정됩니다. 둘째로 이 세계와 이 생(bios)은 수련이라는 의미에서 단련이라는 말이지요. 다시 말해서 세계는 그것에 입각해, 그것에도 불구하고, 그것에 힘입어 우리 자신이 우리 자신을 형성하고 변형시키며 목적이나 구원을 지향하여 우리 자신을 완성하는 쪽으로 나아간다는 의미에서 단련입니다. 세계가 생(bios)을 통해 경험이 되고 이 경험을 통해 우리 자신은 우리 자신을 변형시키고 우리 자신을 인식하며 알게 된다는 것은, 즉 생(bios)이 tekhnê, 다시 말해서 합리적이고 이성적인 기술의 대상이어야 한다는 고전기 그리스 사유와 관련해 대단히 중요한 변형과 변동이라고 할 수 있습니다. 따라서 서로 다른 시대에 서로 다른 방향에서 서로 다른 운동 속에서 두 절차가 교차하는 것을 볼 수 있습니다. 요컨대 첫번째 절차를 통해서 세계는 tekhnê를 통해 인식되기 위해 사유되기를 중단하며 두번째 절차를 통해 bios(생)는 단련·경험·수련의 상관물이 되기 위해 tekhnê의 대상이기를 중단합니다. 서양에서 철학에

---

27) 여기서 푸코가 함축적으로 참조하는 문헌은 그가 젊은 시절 아주 일찍이 읽고 많이 연구했던 후설의 《유럽 과학의 위기와 선험적 현상학》(Krisis)(1936)과 하이데거의 강연 〈기술의 문제 La Question technique〉 in 《시론과 강연》(1953), in *Essais et Conférences*, A. Préau 번역 Paris, Gallimard, 1958을 가리키고 있다.

28) 1981년도 콜레주 드 프랑스 두번째 강의에서 푸코는 zôê(유기체의 속성으로서의 생명)와 bios(테크닉의 대상으로서의 실존)를 구분한다.

제기되었던 물음 혹은 담론과 전통으로서의 철학에 대한 서구 사유의 도전의 근본 뿌리는 여기에 있습니다. 이 도전은 다음과 같습니다. 즉 tekhnê의 숙달과 연관된 지의 대상으로서 부여되는 바가 어떻게 동시에 우리 자신인 주체의 진실이 드러나고 체험되며 어렵게 완수되는 장소가 될 수 있을까요? 어떻게 tekhnê의 숙달에 입각한 인식의 대상으로 부여되는 세계가 동시에 진실의 윤리적 주체인 '자기 자신'이 드러나고 체험되는 장소가 될 수 있을까요? 바로 이것이 서구 철학의 문제——어떻게 세계가 인식의 대상일 수 있으며, 또 동시에 주체의 체험 장소인지와 tekhnê를 거치는 대상으로 세계를 자신에게 부여하는 인식 주체와 이 동일한 세계를 체험의 장소와는 완전히 다른 형식하에서 자기에게 부여하는 자기 체험의 주체가 어떻게 있을 수 있는가?——이고, 또 서구 철학에 대한 도전이라면 왜 헤겔의 《정신현상학》이 이러한 철학의 정점에 있는지를 잘 이해할 수 있을 겁니다.* 올해 강의는 이상입니다. 감사합니다.

---

* 수고에는 푸코가 말하기를 포기한 다음과 같은 한 구절이 있습니다. "계몽(Aufklärung)이 남겨 놓은 과업——《정신현상학》이 절대로 넘겨 버린——이 우리의 객관적 지식 체계가 무엇에 근거하는지를 묻는 일이라면 그것은 또한 자기 경험의 양태가 어디에 근거하고 있는지 물음을 던지는 일이기도 합니다."

강의 개요 [*]

---
[*] 《콜레주 드 프랑스 연감》에 수록되었다. *Annuaire du collège de France, 82ᵉ année, Histoire des systèmes de pensée, année 1981-1982*, 1982, p.395-406. 다음 책에 재수록되었다. *Dits et Écrits, 1954-1988*, éd. par D. Defert & F. Ewald, collab. J. Lagrange, Paris, Gallimard/〈Bibliothèque des sciences humaines〉, 1994, 4 vol.; cf. IV, n° 323, p.353-365.

올해 강의는 자기 해석학 테마의 형성에 할애되었다. 이론적인 공식화 내에서 자기 해석학을 다루는 것이 관건이 아니라 고전기 혹은 그 이후의 고대에서 엄청난 중요성을 갖는 일련의 실천들과의 관계 속에서 자기 해석학을 분석하는 것이 중요하다. 이 실천들은 그리스어로는 epimeleia heautou, 라틴어로는 cura sui라 불리는 바의 영역에 속한다. '자기 자신을 돌보기' '자신을 배려하기'의 원칙은 자기 인식(gnôthi seauton)의 빛에 가려진 것처럼 우리에게 보여지는 것 같다. 하지만 자기 자신을 인식해야 하는 규칙은 자기 배려의 테마에 일정하게 연관되어 있었다는 것을 상기할 필요가 있다. 고대 문화 전반에 걸쳐 '자기 배려'에 부여된 중요성과, 또 자기 배려가 자기 인식과 연결되었다는 증거를 발견하는 것은 쉬운 일이다.

첫째로 소크라테스에게서 그것을 확인할 수 있다. 《소크라테스의 변명》에서 소크라테스는 자신을 재판관들에게 자기 배려의 스승으로 소개한다. 그는 행인들을 불러세워 그들에게 "당신들은 재산·명성·명예를 돌보지만 당신들의 덕·영혼은 돌보지 않는다"고 말한다. 소크라테스는 동료 시민들이 '자기 자신들을 돌보도록' 애쓰는 사람이다. 하지만 《소크라테스의 변명》의 좀 뒷부분에서 이 역할에 대해 소크라테스는 세 가지 중요한 사실을 말한다. 요컨대 첫째로 그 역할은 신이 소크라테스에게 부여한 임무이며 그는 이 일을 죽을 때까지 포기하지 않겠다고 말한다. 둘째로 그것은 이해 관계를 떠난 임무이고 그 일에 대해 소크라테스는 어떤 보수도 요구하지 않으며 순수한 호의로 그 일을 하고 있다고 말한다. 셋째로 소크라테스는 시민들에게 (자신의 재산이 아니라) 자신을 돌보도록 가르치면서 그들에게 (물질적 사업이 아니라) 도시국가를 돌보는 법도 가르치기 때문에 그 일이 도시국가를 위해 유익하고 올림피아 제전에서 승리한 운동선수보다도 더 유익하다고 말한다. 재판관들은 타인들에게 자기 자신을 돌보도록 가르친 소크라테스를 징벌할 것이 아니라 포상해야 한다는 말이다.

그후로 8세기가 지나서 epimeleia heautou 개념은 나지안즈의 그레고리우스에게도 역시 중요한 역할을 갖고 출현한다. 이 개념을 통해 그레고리우스는 결혼을 포기하고 육욕으로부터 해방될 수 있는 활동을 상기시키고 있고, 또 마음과 육체의 순결성에 힘입어 상실한 불멸성을 되찾을 수 있는 활동을 상기시키고 있다. 《순결론》의 또 다른 구절에서 그레고리우스는 잃어버린 드라크마의 잠언을 자기 배려의 모델로 삼는다. 요컨대 그레고리우스는 잃어버린 드라크마를 찾기 위해 램프를 밝히고 방을 돌아다니며 어둠 속에서 동전이 빛을 발하는 것을 볼 때까지 곳곳을 샅샅이 뒤져야 하는 것처럼 같은 방법으로 하느님이 우리의 영혼에 각인하고 육신이 더러움으로 뒤덮은 초상을 재발견하기 위해서는 '우리의 영혼을 돌볼 필요가 있고' 이성의 빛을 밝혀 영혼의 모든 구석을 탐색할 필요가 있다고 말한다. 기독교의 금욕주의는 고대철학과 마찬가지로 자기 배려의 영향하에 놓이고, 또 자기 인식의 의무를 이같은 본질적인 배려의 요소들 가운데 하나로 만든다.

우리는 이 양 극단의 지표 사이——소크라테스와 나지안즈의 그레고리우스——에서 자기 배려가 단지 원리만을 구축한 것이 아니라 항구적인 실천을 구축했다는 것을 확증할 수 있다. 아주 멀어지긴 했지만 사유 방식과 도덕의 유형을 통해 두 다른 예를 들 수 있다. 에피쿠로스의 텍스트 《메네세에게 보내는 서신》은 다음과 같이 시작한다. "자신의 영혼을 돌보는 데 너무 이른 것도 너무 늦은 것은 결코 없다. 그러므로 젊을 때에도 늙을 때에도 철학을 해야 한다." 요컨대 철학은 영혼의 배려와 동일시되고(용어는 우주 정확히 의학적인 hugiainein이다), 또 배려는 평생 동안 수행되어야 할 과업이다. 《명상 생활에 관하여》에서 필론은 치료사단체(Thérapeutes)의 일정한 실천을 영혼의 epimeleia라고 지적한다.

하지만 이것으로 그칠 수는 없다. 자기 배려가 철학적 사유의 발명품이고 철학적 삶에 고유한 정언을 구축했다고 생각하는 건 오류이다. 그것은 일반적으로 그리스에서 고도의 가치를 인정받은 생활의 정언이었다. 플루타르코스는 이런 관점에서 대단히 중요한 스파르타의 격언을 인용한다. 어느 날 사람들은 알렉산드리데스에게 왜 스파르타인들이 자신들의 토지 경작을 자기 자신들이 직접 담당하지 않고 노예들에게 맡기는지를 물었다. "우리는 우리 자신을 돌보기를 선호하기 때문이다"가 그 대답이었다. 자기 자신을 돌보는 것은 특권이다. 그것은 타인들을 돌보아야 하고 타인들에게 봉사하거나 살기 위해 직업에 고심해야 하는 자들과 대조되는 사회적 우월성의 징표이다. 부·신분·출신이 주는 유리한 조건은 자기 자신을 돌볼 수 있는 가능성으로 해석된다. Otium의 로마적 개념은 이 테마와 무관하지 않다. 즉 여기서 지시된 '여가'는 특히 자기 자신을 돌보는 데 보내는 시간이다. 이런 의미에서 철학은 그리스에서나 로마에서나 마찬가지로 보다 광범위하게 확산된 사회적 이상을 철학 고유의 요구 사항들의 내부에 옮겨 놓았을 뿐이다.

아무튼 철학적 원리가 되었다 해도 자기 배려는 일정한 형태의 행동으로 남아 있었다. Epimeleia라는 말도 자기 자신에게 대해 갖는 의식의 태도나 주의의 형식을 단순히 지시하는 것이 아니라 규칙화된 작업, 절차들과 목표들을 수반하는 작업을 지시한다. 예를 들면 크세노폰은 농업 경작을 지휘하는 집 주인의 일을 지시하기 위해 epimeleia를 사용한다. 그것은 신들과 죽은 자들에게 하는 예식적 의무를 지칭하는 말이기도 하다. 백성을 돌보고 도시국가를 통치하는 군주의 활동을 푸루사의 디온은 epimeleia라고 명명했다. 따라서 철학자들과 도덕주의자들이 자기 자신을 배려할 것(epimeleisthai heautô)을 권고할 때 단순히 자기 자신에게 주의를 기울이고, 오류와 위험을 피하거나 피난하라고 충고하는 것이 아님을 이해할 필요가 있다. 그들은 복잡하고 규칙화된 활동의 영역을 참조한다. 고대철학 전반에 걸쳐 자기 배려는 의무이자 기술, 근본적인 의무이자 심사숙고하여 고안된 절차들의 총체였다고 말할 수 있다.

*

자기 배려에 할애된 연구의 출발점은 자연히 《알키비아데스》이다. 《알키비아데스》에서는 정치·교육·자기 인식과 자기 배려와의 관계와 관련된 세 가지 문제가 출현한다. 《알키비아데스》와 1,2세기 텍스트들과의 대조는 몇 가지 중요한 변형을 보여준다.

1) 소크라테스는 알키비아데스가 자기 자신을 돌보기 위해 젊음을 이용하라고 충고한다. 요컨대 "50세에는 너무 늦을 것이다." 그러나 에피쿠로스는 "젊을 때는 철학하기를 주저해서는 안 되고 또 늙었을 때에도 철학하기를 주저해서는 안 된다. 자신의 영혼을 돌보는 데는 이르고 늦음이 결코 없다"고 말한다. 인생 전반에 걸친 지속적인 배려가 아주 명백히 우세하다. 예를 들어 무소니우스 루푸스는 "건강하게 살기를 원한다면 자기 자신을 부단히 돌보아야 한다"고 말한다. 또 아주 어린 시절부터 자신의 영혼을 돌보는 것이 더 낫다고 하더라도 "완성된 인간이 되기 위해서는 각자는 말하자면 평생을 수련해야 할 필요가 있다"고 갈레노스는 말한다.

세네카나 플루타르코스가 충고를 하는 친구들은 소크라테스가 대화하는 이러한 야심에 찬 청소년들이 아니다. 요컨대 그들은 때로는 (세레누스처럼) 젊기도 하고, 또 때로는 (세네카가 장문의 영적인 서신을 그와 주고받을 당시 시칠리아의 지사직을 수행하던 루킬리우스처럼) 만숙한 사람이기도 하다. 학원을 운영하는 에픽테토스는 아직 어린 제자들을 거느리기도 했지만 자기 배려를 환기시키기 위해 성인들── '집정관과 같은 사람들' ──에게 호소하기도 한다.

따라서 자기 자신을 돌본다는 것은 인생의 일시적인 단순한 준비가 아니라 생의 형식이다. 알키비아데스는 이후에 타자 돌보기를 자신이 원했으므로 자기 자신을 배려해야 한다는 것을 깨닫게 되었다. 그러나 이제 자기 자신을 위해 자기를 돌보아야 한다. 인간은 평생 동안 자기 자신의 대상인 자기를 위해 존재해야 한다.

여기로부터 자기로의 회귀(ad se convertere) 관념, 자기 자신으로 귀환하는(eis heauton epistrephein) 실존의 운동 관념이 결과된다. Epistrophê 테마는 전형적으로 플라톤주의 테마이다. 하지만 (《알키비아데스》에서 이미 볼 수 있었듯이) 영혼이 자기 자신으로 되돌아가는 운동은 시선이 '위쪽'으로 ──신성한 요소 쪽으로, 본질들 쪽으로, 이것들이 보이는 천상계 쪽으로 ──끌려올라가는 운동이다. 세네카·플루타르코스·에픽테토스가 권유하는 회귀는 말하자면 제자리에서 하는 회귀이다. 즉 이 회귀는 자기 가까이에 자리잡는 것, '자기 자신 안에 거주하는 것,' 거기에 머무는 것 말고는 다른 목적이나 사항이 없다. 자기로의 회귀의 궁극적인 목표는 자기와 상당수의 관계를 정립하는 데 있다. 이같은 관계들은 자기 자신의 지배자가 되기, 자신에게 완벽한 지배력을 행사하기, 완전하게 독립적이기, 완벽하게 '자기에게' 속하기(세네카는 종종 fieri suum이라 말한다)와 같은 법률-정치적인 모델 위에 구상된다. 또한 이 관계들은 자신을 향유하기, 자기 자신과 더불어 즐거움을 취하다, 자신 안에서 모든 관능을 발견하기와 같은 소유적인 향유의 모델 위에서 표상된다.

2) 두번째 큰 차이는 교육과 관계가 있다. 《알키비아데스》에서 자기 배려는 교육의 결함 때문에 부과되었다. 교육을 보충하거나 교육을 대체하는 것이 문제시되었는데 아무튼 '교육'을 시키는 것이 문제시되었었다.

자기에의 전념이 평생 동안 수행해야 할 성인의 실천이 되어 버린 순간부터 그 교육적 역할은 사라지고 다른 역할들이 단언되는 경향이 있다.

a) 우선 비판적 역할이 있다. 자기 실천은 대중이나 나쁜 스승, 또 부모나 측근들로부터 습득할 수 있는 모든 악습과 그릇된 의견을 버리게 해주어야 한다.

b) 하지만 자기 실천은 투쟁의 역할도 하고 있다. 자기 실천은 계속되는 싸움으로 이해된다. 미래를 위해 가치 있는 인간을 양성하는 것만이 문제가 아니다. 개인에게 평생 동안 싸울 수 있는 무기와 용기를 줄 필요가 있다. 격투사의 기마창시합의 은유(인간은 인생에 있어서 잇단 적들을 쓰러트려야 하고, 싸우지 않을 때에도 훈련을 해야 하는 격투사와 같다)와 전쟁의 은유(영혼은 적이 항시 공격할 수도 있는 군대처럼 준비를 하고 있어야 한다) 같은 두 은유가 얼마나 빈번했었는지는 잘 알려진 사실이다.

c) 하지만 특히 이 자기 수양은 치료적인 기능을 가지고 있다. 자기 수양은 교육적인 모델보다는 의료적인 모델에 훨씬 더 가깝다. 그리스 문화에서 아주 오래된 영혼의 정념뿐만 아니라 신체의 병을 의미하는 pathos 개념이 존재했고, 육체와 영혼에 돌보다 · 치료하다 · 절단하다 · 희생시키다 · 정화하다 등의 표현들을 적용 가능하게 해주는 은유적 장의 풍부함이 존재했다는 사실들을 상기할 필요가 있다. 철학의 역할이 영혼의 병을 치유하는 것이라는 에피쿠로스주의자 · 견유주의자 · 스토아주의자에게 친숙한 원칙을 상기할 필요도 있다. 철학과 의학은 mia khôra, 즉 유일한 영역, 단일한 분야를 구축한다고 플루타르코스는 어느 날 말하게 될 것이다. 에픽테토스

는 자신의 학원이 단순한 교육의 장소가 아니라 '의료 진료소,' 즉 iatreion 으로 여겨지길 바랐다. 그는 자신의 학원이 '영혼의 진료소'이기를 바랐다. 에픽테토스는 제자들이 "첫번째 사람은 팔꿈치를 삐고, 두번째 사람은 종기가 나서, 세번째 사람은 곪아서, 네번째 사람은 두통을 가지고" 스스로를 병자라고 의식하고 학원에 오기를 원했다.

3) 1,2세기에 자기와의 관계는 항시 스승이나 지도자 혹은 아무튼 타자와의 관계에 근거해야 하는 것으로 생각되었다. 그러나 그것은 애정 관계로부터는 더욱더 현저하게 독립되는 상태에서이다.

타자의 도움 없이 자기 자신을 돌볼 수 없다는 것은 지극히 보편적으로 용인되는 원칙이다. 그 누구도 스스로 자신이 빠진 stultitia 상태로부터 벗어날 수 있을 만큼 강하지 못하다고 세네카는 말한다. 요컨대 "누군가가 그에게 손을 내밀어 그를 stultitia 상태로부터 끌어내 주어야 한다." 마찬가지로 갈레노스는 인간이 홀로 자기 자신의 정념을 치료할 수 있기에는 자기 자신을 과도하게 사랑한다고 말했다. 갈레노스는 타인의 권위에 자신을 맡기는 것에 동의하지 않았던 사람들이 '비틀거리는 것'을 종종 목격한다. 초심자에게는 이 원칙이 맞다. 하지만 이 원칙은 이후 죽을 때까지 옳다. 루킬리우스와의 서신 교환에서 세네카의 태도는 전형적이다. 요컨대 늙어서 모든 활동들을 포기해도 세네카는 루킬리우스에게 조언을 하지만, 세네카는 루킬리우스에게 조언을 요청하고 서신 교환을 통해 얻는 도움에 만족해한다.

이러한 영혼의 수련에서 주목할 만한 바는 그 실천의 근간이 되는 사회적 관계가 다수적이라는 점이다.

— 엄격한 교육 체제가 존재한다. 즉 에픽테토스의 학원은 그 예로 사용될 수 있다. 이 학원은 장기간의 연수를 위해 머물던 수강생들 외에도 일시적인 청강생들도 받았다. 하지만 이 학원에서는 철학자와 영혼 지도자가 되려고 하던 사람들에게도 교육을 했다. 아리아노스가 모은 에픽테토스의 《어록》 가운데 상당 부분은 미래에 자기 수양을 실천할 사람들을 위한 기술적 강의이다.

— 또 특히 로마에는 사적인 고문들이 있다. 위대한 인물의 주변에 위치하며 그의 신봉자 그룹에 속하면서 사적인 고문들은 정치적인 충고를 하고, 젊은이의 교육을 담당하며 인생의 중요한 상황에서 도움을 주었다. 트라제

아 파에투스의 측근으로 있던 데메트리우스가 그러했다. 트라제아 파에투스가 자살을 하게 될 때 데메트리우스는 말하자면 자살 고문 역할을 하고, 또 불명성에 대한 대화로 그의 마지막 순간을 돕는다.

— 하지만 영혼 지도는 다른 형태로도 수행된다. 영혼 지도는 가족 관계(세네카는 자신이 유배를 가면서 어머니에게 위로의 편지를 보낸다), 보호 관계(세네카는 로마에 상경한 시골 사촌인 젊은 세레누스의 진로와 영혼을 동시에 돌본다), 연령·교양·상황을 통해 볼 때 가까운 두 사람 사이의 우정(세네카와 루킬리우스) 등과 같은 일련의 다른 관계들과 중첩되게 되고, 또 이 관계들에 활기를 불어넣는다.

다양한 사회적 실천들을 통해 이루어지는 '영혼의 서비스' 라 부를 수 있는 바는 이렇게 구축된다. 전통적인 êros는 고작해야 임시방편적인 역할을 담당한다. 이는 영혼의 서비스에서 애정 관계가 종종 강도가 없었다는 말이 아니다. 확실히 오늘날 현대의 사랑과 우정의 범주들은 고대의 애정 관계를 해석하는 데 부적합하다. 마르쿠스 아우렐리우스와 그의 스승 프론토와의 서신 교환은 애정 관계의 강도와 복잡성의 예로 사용될 수 있을 것이다.

*

이 자기 수양은 askesis라는 용어로 일반적으로 지시되는 일군의 실천들을 포함한다. 먼저 그 목표들을 분석하는 것이 바람직하다. 세네카가 인용하는 한 구절에서 데메트리우스는 지극히 일상적인 격투사의 은유에 호소한다. 격투사는 가능한 모든 동작들을 배우지 않고 무용한 만용적 행동들을 하려고 하지 않으며, 적들을 물리치기 위해 격투에 필요한 몇 가지 동작들만을 준비한다. 마찬가지로 우리 자신은 우리 자신에 대해 경솔한 짓들을 할 필요가 없다(철학적 자기 수련은 자신들의 절제·절식, 미래의 예지 능력의 훌륭함을 자찬하는 사람들을 대단히 경계했다). 훌륭한 격투사처럼 우리는 발생 가능한 사건들에 대항할 수 있는 법을 배워야 한다. 우리는 사건들에 의해 동요되지 않는 법과 사건들이 우리에게 불러일으키는 감정들에 사로잡히지 않는 법을 배워야 한다.

그런데 발생 가능한 사건들 앞에서 자기 제어를 유지하기 위해서는 무엇이 필요한가? 참되고 합리적인 담론을 의미하는 logoi가 필요하다. 루크레티우스는 공포를 피하게 해주고, 우리가 불행이라고 믿는 바에 의해 무너지지 않게 해주는 veridica dicta에 대해 논의한다. 미래에 맞서기 위해 필요한 장비는 참된 담론이라는 장비이다. 참된 담론이야말로 우리를 현실과 과감히 맞설 수 있게 해준다.

참된 담론과 관련해 세 가지 문제가 제기된다.

1) 그 속성의 문제이다. 이 문제와 관련해 철학 학파들간에, 또 각 학파들의 내부에서 논의가 분분하다. 논의의 핵심은 이론적 인식의 필요성과 관련이 있었다. 이 점과 관련해 에피쿠로스주의자들은 동의했다. 즉 그들의 관점에서 세계·자연·신, 기적의 원인, 생사의 법칙을 지배하는 원리들을 인식하는 것은 실존의 사건들에 대비하기 위해 필요 불가결하다. 스토아주의자들은 견유주의의 독트린과 근접성의 여부에 따라 의견이 갈린다. 즉 어떤 사람들은 실천적 규정들을 보충하는 이론적 원리인 dogmata에 최대의 중요성을 부여하고, 또 다른 사람들은 반대로 행동의 구체적인 규칙들에 우선권을 부여한다. 세네카의 아흔-아흔한번째 서신은 극히 명확하게 이 논지들을 대면시켜 설명한다. 여기서 주목해야 할 바는 우리가 필요로 하는 참된 담론들이 세계와 우리와의 관계, 자연의 질서상에서 우리의 위치, 일어나는 사건들과 관련한 우리의 의존성이나 독립성 내에서만 우리와 연관이 있다는 사실이다. 참된 담론들은 우리의 사유·표상·욕망의 해석이 결코 아니다.

2) 제기되는 두번째 문제는 이 참된 담론들이 우리 자신 내에 존재하는 방식과 관련이 있다. 우리의 미래를 위해 참된 담론들이 필요하다고 말하는 것은 필요가 느껴질 경우 그것들에 호소해야 한다는 말이다. 예측하지 못했던 사건이나 불행이 닥칠 경우 우리 자신을 그것들로부터 보호하기 위해 그것들과 관련된 참된 담론들에 호소할 수 있다는 말이다. 그리스인들은 이에 대해 prokheiron ekhein이라는 통상적인 표현을 가지고 있었고, 라틴 사람들은 이것을 수중에 지니다라는 의미의 habere in manu, in promptu habere로 번역했다.

여기서는 유사시 상기하게 되는 단순한 기억과는 완전히 다른 것이 문제시된다는 것을 잘 이해할 필요가 있다. 예를 들어 플루타르코스는 참된 담론들이 우리 안에 현전함을 특징짓기 위해 몇몇 은유에 호소한다. 그는 참된 담론을 실존의 모든 역경들에 대비하기 위해 갖추어야 하는 약(pharmakon)에 비교한다(마르쿠스 아우렐리우스는 참된 담론을 수술의가 항시 수중에 가지고 있어야 하는 기구 상자에 비교한다). 플루타르코스는 참된 담론을 친구들처럼 논의하며 그 중에서 "가장 믿을 만하고 좋은 친구들은 내가 역경에 처해 있을 때 유효하게 있어 줌으로써 나를 도와주는 그런 자들"이라고 말한다. 다른 곳에서는 그는 정념이 동요하기 시작할 때 저절로 들리는 내면의 목소리로 환기한다. 참된 담론은 마치 "목소리만으로 개들의 으르렁거림을 잠재울 수 있는 스승"과 같을 필요가 있다. 《자선에 관하여》의 한 구절에서는 가용한 도구로부터 저절로 우리에게 말하는 담론의 자동화로 가는 점진화가 발견된다. 데메트리우스가 한 조언에 대해 세네카는 그것을 놓지 말고 '두 손에 꼭 쥐고 있어야 하고(utraque manu)' 또 그것을 자신의 일부분으로 만들 때까지(partem sui facere) 정신에 고정하고 붙들어 매어서(adfigere) 종국에는 일상의 명상을 통해 '유익한 사유가 저절로 나타나게 하는' 결과를 얻어내야 한다고 말한다.

여기에는 자신의 본성을 되찾기 위해서는 영혼이 자기 자신으로 돌아가야 한다고 주장하는 플라톤이 추천하는 활동과는 아주 다른 활동이 발견된다. 반대로 플루타르코스나 세네카가 제안하는 것은 교육 · 독서 · 권고를 통해 주어진 진실의 흡수이다. 그리고 사람들은 이 진실을 자기의 일부분으로 만들고 행동의 항구적이고 늘 능동적인 내적 원리로 만들 때까지 자기화한다. 이와 같은 실천에서 상기 운동을 통해 자기 자신 깊은 곳에 숨겨진 진실을 재발견하는 것이 아니라 점진적으로 추진된 자기화를 통해 획득된 진실들을 내면화한다.

3) 그래서 이 자기화의 방법에 관련된 일련의 기술적인 문제들이 제기된다. 여기서 기억은 중요한 역할을 하지만 그것은 자기의 애초의 속성과 본향을 재발견하는 플라톤주의 영혼의 형태하에서가 아니라 점진적인 기억훈련 형태하에서의 기억 작용이다. 나는 단지 진실에 관한 '자기 수련'에서 가장 중요한 몇 가지 점을 지적하고자 한다.

— 경청의 중요성이 있다. 소크라테스가 사람들이 (알고 있었다는 것을 알지 못한 채) 알고 있었던 바에 물음을 던지고, 또 그것을 말하게 하려고 했던 반면에 스토아주의자나 에피쿠로스주의자에게 있어서(피타고라스주의단체

들과 마찬가지로) 제자는 우선 정숙하고 경청해야 한다. 플루타르코스나 알렉산드리아의 필론에게서 적절한 경청의 규칙(취해야 하는 신체적 태도, 주의를 기울이는 방식, 막 말해진 바를 유념하는 방식)을 발견할 수 있다.

— 글쓰기의 중요성이 있다. 이 시대에는 독서·대화, 전해 듣거나 자기자신이 직접 하는 성찰을 메모하고, 또 이따금씩 그 내용을 재활성화시키기위해 재독서되어야 하는 중요한 주제들에 대한 여러 종류의 일지들을 (그리스인들은 이것을 hupomnêmata라 불렀다) 기록하는 개인적인 글쓰기라 지칭되는 수련이 있었다.

— 배운 바를 기억한다는 의미에서 자기로의 회귀가 또한 중요하다. 이것이 마르쿠스 아우렐리우스가 사용하는 anachorêsis eis heauton이 갖는 정확하고 기술적인 의미, 요컨대 자기 자신으로 돌아가 거기에 놓아둔 '부'를점검하기이다. 인간은 이따금씩 다시 읽는 일종의 책을 자기 자신 안에 갖추어야 한다. 이는 F. 예이츠가 연구한 기억 기술의 실천에 해당된다.

따라서 여기에는 진실과 주체를 연결시키는 것을 목표로 하는 일군의 기술이 있다. 하지만 주체 내에서 진실을 발견한다거나 영혼을 본질과의 유사성에 의해서든지 기원의 권리를 통해서든지 진실이 거주하는 장소로 만드는 것이 문제시되는 게 아니라는 것을 잘 이해할 필요가 있다. 영혼을 참된담론의 대상이 되게 하는 것도 문제가 아니다. 이는 주체의 해석학과는 아직 대단히 거리가 멀다. 정반대로 주체가 모르고 있었고 또 주체 내에 거주하지도 않던 진실로 주체를 무장시키는 것이 관건이다. 학습되고 기억되며점진적으로 적용된 진실을 우리 자신 내에서 지고하게 군림하고 있는 유사-주체로 만드는 것이 관건이다.

*

수련들 가운데서 실제 상황에서 수행되고 인내와 절제 훈련을 구성하는 수련과 사유 내에서와 사유를 통한 단련을 구축하는 수련들을 구분할 수 있다.

1) 사유의 수련들 가운데서 가장 유명한 것은 praemeditatio malorum, 즉미래의 불행에 대한 명상이다. 이것은 가장 논란이 많았던 수련들 가운데 하나다. 에피쿠로스주의자들은 아직 발생하지도 않은 불행으로 미리 고통을

받는 것은 무용하며 현재의 불행으로부터 자신을 더 잘 보호하기 위해서는 과거의 기쁨들을 생각에 떠오르게 하도록 힘쓰는 것이 낫다고 주장하면서 그것을 거부한다. 엄격한 스토아주의자들——세네카 · 에픽테토스——과 스토아주의에 대한 태도가 대단히 양의적인 플루타르코스와 같은 사람들은 아주 열심히 praemeditatio malorum을 실천한다. 이 명상이 무엇을 목표로 하는지 잘 이해할 필요가 있다. 외관상으로 그것은 음울하고 비관적인 미래에 대한 예견이지만 실은 완전히 다른 것이다.

— 우선 일어날 가능성이 있는 바 그대로 미래를 표상하는 것이 관건이 아니라 거의 일어날 가능성이 없다 할지라도 일어날 수 있는 최악의 상태를 아주 체계적으로 상상하는 것이 중요하다. 세네카는 리옹 도시 전역을 파괴해 버린 화재가 최악의 상황을 항시 확실한 것으로 생각하는 법을 가르쳐 준다고 말한다.

— 다음으로 이런 사건들이 다소 먼 미래에 발생할 수 있는 것으로 생각해서는 안 되고 이미 현행적으로 실현되고 있는 것으로 생각할 필요가 있다. 예를 들어 우리가 이미 유배되었고 고통에 내던져졌다고 상상해 보자.

— 마지막으로 미래의 불행들을 그 현실태 내에서 표상하는 이유는 그것들이 우리에게 불러일으키는 고민이나 고통을 미리 체험하기 위해서가 아니라 그것들이 실제적인 불행들이 아니고 우리가 그것들에 대해 갖는 의견이 그것들을 진정한 불행으로 생각하게 만든다는 것을 확신하기 위해서이다.

이러한 훈련은 실제적 불행들의 가능한 미래를 거기에 익숙해지기 위해 구상하는 데 그 목적이 있는 게 아니라 미래와 불행 모두를 소거해 버리려는 데 그 목적이 있음을 알 수 있다. 왜냐하면 미래는 극도의 현실태 내에 이미 주어진 것으로서 표상되기 때문이고, 불행은 더 이상 불행이 아닌 것으로 생각하도록 훈련되기 때문이다.

2) 이러한 수련들의 또 다른 극단에서 우리는 현실에서 수행되는 수련들을 발견할 수 있다. 이 수련들은 유구한 역사를 가지고 있었다. 즉 그것은 절제 · 금식 · 신체적 인내 훈련이었다. 이 훈련들은 정화의 가치를 갖는다거나 이를 실천하는 자의 '다이몬적인' 힘을 증거할 수 있었다. 하지만 자기 수양에서 이 훈련들은 다른 의미를 갖는다. 즉 외부 세계와 관련한 개인의 독립성을 수립하고 시험하는 것이 관건이다.

두 예가 있다. 첫째 예는 플루타르코스의 《소크라테스의 다이몬》이다. 대화자들 가운데 한 사람이 하나의 실천을 환기시키고 그 기원을 피타고라스주의자들에게서 찾는다. 사람들은 우선 식욕을 돋우는 스포츠 활동에 몰두한다. 그러고 나서 가장 맛있는 음식들로 가득 찬 테이블 앞에 위치하여 그것들을 명상한 후에 시종들에게 주고 자신들은 가난한 사람의 단촐하고 간소한 식사를 한다.

열여덟번째 서신에서 세네카는 도시 전체가 사투르누스 축제를 준비한다고 말한다. 세네카는 예의상의 이유로 적어도 어떤 방식으로든지 이 축제에 참여하려고 생각한다. 그러나 그의 준비는 며칠 동안 실제로 거친 옷을 입고 맨바닥에서 자고 맛없는 빵만을 먹는 데 있다. 그것은 축제를 위해 자신의 식욕을 돋우기 위한 준비가 아니라 가난이 불행이 아니고 세네카가 가난을 완벽하게 참아낼 수 있음을 동시에 확증하기 위한 것이다. 세네카나 에픽테토스의 다른 구절들은 짧은 기간의 자발적 시련의 유용성을 환기한다. 무소니우스 루푸스는 농부처럼 살고 농사일에 전념하는 농촌 연수를 권고한다.

3) 사유상에서 시행되는 meditatio(명상)의 축과 현실상에서 수련하는 exercitatio의 축 사이에는 자기 자신을 단련하는 데 한정된 일련의 다른 수련들이 있을 수 있다.

특히 에픽테토스가 《어록》에서 그 예들을 제시한다. 이 예들은 대단히 중요한데, 그 이유는 이 예들이 기독교의 신앙 생활 근처에서 재발견되기 때문이다. 특히 '표상들의 통제'라 불리는 바가 관건이다.

에픽테토스는 사유에 등장할 수 있는 모든 표상들을 항구적으로 감시하는 태도를 갖기 원한다. 에픽테토스는 이 태도를 도시나 집에 아무나 들어오지 못하게 하는 야간 파수꾼과, 사람들이 동전을 제시할 때 그것을 관찰하고 무게를 산정하며 금속과 새겨진 초상을 조사하는 화폐 교환원 혹은 검사관——arguronomos——과 같은 두 은유로 표현한다. 자기 자신의 사유에 대하여 용의주도한 검사관이어야 한다는 원칙은 흑해의 에바그루스와 카시아누스에게서도 거의 동일한 용어로 재발견된다. 그러나 에바그루스와 카시아누스에게 있어서는 자기에 대한 해석학적 태도, 즉 외관상 결백한 사유 내에 있을 수 있는 육욕을 해독하고 신으로부터 오는 육욕과 악마로부터 오는 육욕의 식별을 규정하는 것이 중요하다. 에픽테토스에게는 다른 것이 관건인데, 요컨대 표상된 사물에 의해 충격을 받거나 동요되는지의 여부와 그 이유가 무엇인지를 알 필요가 있다.

이런 의미에서 에픽테토스는 제자들에게 학원에서 높은 가치를 인정받는 소피스트들의 도전들로부터 영향을 받은 통제 훈련을 추천한다. 그러나 해결하기 어려운 문제들을 하나하나 던지는 대신에 대응할 필요가 있는 여러 유형의 상황들을 설정한다. 즉 "어떤 사람의 아들이 죽었다.──대답: 이것은 우리의 소관이 아니고 불행이 아니다.──어떤 사람의 아버지가 그에게 유산상속권을 박탈했다. 이것을 어떻게 보는가?──그것은 우리의 소관이 아니고 불행도 아니다…──그는 그것으로 인해 고통받는다. 그것은 우리의 소관이고 불행이다.──그는 그것을 용감하게 참아냈다.──그것은 우리의 소관이고 행복이다."

표상의 통제는 외관의 배면에서 주체 자신의 진실인 숨겨진 진실을 해독해 내는 것을 목표로 삼고 있지 않음을 알 수 있다. 반대로 주체는 제시되는 바 그대로의 표상들 내에서 죽음·질병·고통·정치 생활 등과 관련된 참된 원칙들을 발견한다. 또 이러한 환기를 통해 이런 원칙들에 부합해 행동할 수 있는지, 또 이 원칙들이 플루타르코스의 은유에서처럼 정념들이 포효하자마자 즉시 나타나 정념들을 잠재우는 스승의 목소리가 되었는지를 알 수 있다.

4) 이 모든 수련의 최정상에 meletê thanatou──죽음의 명상 혹은 훈련──가 발견된다. 죽음의 명상은 인간이 죽는다는 것을 상기하거나 주장하는 데 있지 않다. 이 명상은 생 속에 죽음을 현재화하는 방식이다. 다른 모든 스토아주의자들 가운데 세네카가 이 실천을 가장 많이 수행했다. 이 수련은 매일매일을 생의 마지막 날처럼 살게 하는 경향이 있다.

세네카가 제안하는 이 수련을 잘 이해하기 위해서는 상이한 시간의 주기들 사이에 전통적으로 설정된 상응을 환기할 필요가 있다. 여명에서 황혼까지의 하루의 순간들은 한 해의 계절들과 상징적인 관계를 맺고 있다. 그리고 이번에 이 계절들은 유년기에서 노년에 이르는 인생의 시기와 관계를 맺고 있다. 세네카의 몇몇 서신에서 환기된 죽음의 훈련은 인생의 긴 지속을 하루와 같이 짧은 시간으로 여기고 인생 전체가 매일매일에 달려 있는 것처럼 사는 데 있다. 매일 아침 인간은 인생의 유아기에 있어야 하지만 저녁이 죽음의 순간이라고 여기며 하루 동안을 살아야 한다. "잠자리에 드는 순간에 기쁜 마음으로 웃으며 나는 살았다라고 말하자"라고 세네카는 열두번째 서신에서 말한다. "도덕적 완성은 매일매일을 생의 마지막 날처럼 사는 것을 포함한다"(《명상록》 7편, 69)고 쓸 때 마르쿠스 아우렐리우스도 이와 동일한 유형의 수련을 사유했다.

일반적으로 의견이 가장 큰 불행이라고 예상하는 바를 단순히 표상한다거나 죽음이 불행이 아니라고 확신하게 해주기 때문에 죽음에 대한 명상이 특별한 가치를 갖는 것이 아니다. 죽음에 대한 명상은 예견을 통해 인생에 대한 회고적 시선을 던질 수 있게 해준다. 자기 자신이 죽어가고 있다고 생각하며 인간은 자신이 저지르고 있는 행위들 각각의 가치를 판단할 수 있다. 죽음은 노동에서 노동자를 사로잡고 항해에서 선원을 엄습한다고 에픽테토스는 말했다. "너는 어떤 일에서 사로잡히기를 원하느냐?" 그리고 세네카는 죽음의 순간을 인간이 자기 자신의 심판관이 되고 생의 마지막 순간까지 성취할 도덕적 진보를 가늠하는 순간으로 생각한다. 스물여섯번째 서신에서 세네카는 "내가 할 수 있었던 도덕적 진보에 대해서는 나는 오직 죽음만을 신뢰할 뿐이다. 내 자신의 심판관이 되어 내 입술과 마음에 덕이 있었는지 인식하는 날을 기다린다"고 쓰고 있다.

강의 상황

프레데릭 그로*

* 이 강의의 편집자인 프레데릭 그로는 파리12대학교 철학과 전임강사이다. 그는 《푸코》(Paris, PUF, 1996), 《푸코와 광기》(Paris, PUF, 1997), 《창조와 광기. 정신의학적 판단의 역사》(Paris, PUF, 1997)의 저자이다.

1. 미셸 푸코의 저작 내에서 1982년 강의

1982년 콜레주 드 프랑스에서 푸코가 한 강의는 모호하고 거의 역설적인 위상을 지니고 있고, 이러한 위상은 이 강의의 특이성을 이룬다. 전년도 (1980-1981년도 '주체성과 진실'에 관한 강의)에 푸코는 고대 그리스-로마 사회의 쾌락의 경험에 관한 연구 결과를 청중 앞에서 명확히 밝혔다. 더 정확히 말해서 푸코는 성행위에 척도를 정하는 의료적 체제, 결혼한 부부가 정당한 쾌락을 몰수하기, 이성애를 상호 동의와 조용한 쾌락의 진실이 가능한 유일한 곳으로 구축하기 등에 관한 연구 결과를 명확히 밝힌 터였다. 이 모든 숙고가 기원후 1,2세기라는 특권적인 연대기적 틀에 편입되고, 또 1984년에 출간된 《성의 역사》 3권인 《자기 배려》에 결정적으로 편입된다. 그러나 1982년 강의는 전년도 강의와 정확하게 동일한 역사적 시대를 정착 지점으로 취하고 있으나 자기 실천(la pratique de soi)이라는 새로운 이론적 틀을 취한다. 1982년도 강의는 《자기 배려》에서 〈자기 수양〉이라 명명된 작은 장(章)의 크게 확장되고 증보된 판본의 형태를 보인다. 이 이상한 상황은 1980년 이후 푸코의 지적인 도정과 그것을 특징짓는 출판의 망설임을 통해 밝혀진다.

우리는 하나의 수수께끼로 시작해 볼 수 있을 것이다. 요컨대 푸코는 1976년에 역사서이기보다는 《성의 역사》 2권, 《육욕과 신체》 3권, 《어린이 십자군》 4권, 《여성, 어머니, 히스테리 환자》 5권, 《성도착자들》 6권, 《인구와 인종》으로 예고된 책들의 방법론적인 틀의 역할을 하는 바에 대한 설명이고 성에 대한 새로운 문제화의 예고인 《성의 역사》 1권, 《앎의 의지》를 출간한다. 1973-1976년 콜레주 드 프랑스 강의들이 이러한 연구들에 양분을 제공할 수 있는 논지의 전개로 충만했음에도 불구하고 이들 책들 가운데 어떤 것도 출간되지 않는다.[1] 푸코는 준비가 되어 있고 계획되었지만 이 책들을 저술하지 않았다. 8년간의 침묵이 찾아오고 이 침묵은 1984년 푸코가 작고하기 몇 주 전까지 교정한 《쾌락의 활용》과 《자기 배려》의 동시적 출간에 의해 깨진다. 문화-역사적 틀, 성의 역사의 독서의 격자 등 모든 것이 변해버렸다. 요컨대 그것은 서구의 근대(16세기부터 19세기까지)가 더 이상 아니라 그리스-로마의 고대이다. 그것은 권력의 장치들에 따른 정치적 해석이 아니라 자기 실천을 통한 윤리적 해석이다. 그것은 체계의 계보학이 더 이상 아니라 주체의 문제화이다. 심지어는 글쓰기의 양식마저 전복되었다. 즉 "주체의 역사를 연구하려는 생각을 가지게 되면서 나는 이 문체[《말과 사물》과 《레이몽 루셀》의 타오르는 듯한 문체]를 완전히 버렸다."[2]

푸코는 저술되기에 앞서 고안된 이 책들에 대한 싫증과 권태를 환기시키면서 장황하게 이 방향 전환과 글쓰기에 부과된 지연(게다가 그는 인터뷰 · 강연 · 강의를 배가시킨다. 즉각적으로 《성의 역사》를 속행하지 않았다 해도, 그는 연구와 정치 참여를 중단하지 않았다)에 대해 오랫동안 자신의 입장을 설명할 것이다.[3] 글쓰기가 이론적 계획의 실현에 지나지 않는다면 실험과 시도의 장소여야 하는 그 진정한 소명을 놓치게 된다. 즉 "사유 자체에 대한 비판적 작업이 아니라면 오늘날 철학──내가 말하고자 하는 것은 철학적 활동이다──은 무엇이란 말인가? 또 철학이 우리가 이미 알고 있는 바를 정당화시키는 대신에 어떻게, 그리고 어느 한도까지 다르게 사유할 수 있는가를 알려고 시도하는 데 있지 않다면 철학이란 무엇이란 말인가?"[4] 그러므로 1976년에서 1984년 사이에 변화된 바를 파악할 필요가 있다. 바로 이 점

1) 《사회를 보호해야 한다》, 콜레주 드 프랑스 강의, 1976, éd. s. dir. F. Ewald & A. Fontana, par M. Bertani & A. Fontana, Paris, Gallimard/Seuil, 1997; 《비정상인들》, 콜레주 드 프랑스 강의, 1974-1975, éd. s. dir. F. Ewald & A. Fontana, par V. Marchetti & A. Salomoni, Paris Gallimard/Seuil, 1999.

2) 〈도덕의 회귀〉, 1984년 5월, in 《말해진 바와 씌어진 바》, 1954-1988, éd. s. dir. D. Defert & F. Ewald, collab. J. Lagrange, Paris, Gallimard, 1994, 4 vol; cf. IV, n° 354: p.697(이후로 DE, vol., n° art., p.로 표시).

3) DE, IV, n° 350 〈진실의 배려〉(1984년 5월), p.668과 n° 357: 〈실존의 미학〉(1984년 5월), p.730.

4) DE, IV, n° 338: 〈쾌락의 활용과 자기 테크닉〉(1983년 11월), p.543.

과 관련해 문제틀의 변화와 개념적 '혁신'의 생생한 중심에 위치하는 1982년도 강의는 결정적이다. 하지만 푸코를 자기 배려의 기슭으로 유도해 가는 완만한 성숙이 문제시되었기 때문에 '혁신'을 말한다는 것은 너무 성급한 것 같다.

1980년에 푸코는 소포클레스의 《오이디푸스 왕》의 장황한 분석으로 시작되는 기독교 고해성사에 할애된(《생명 존재들의 통치》라 명명된) 강의를 한다. 처음으로 분명하게 분절되고 개념화된 방식으로 주체와 진실을 관계짓는 규칙화된 절차, 일정한 주체가 일정한 진실과 관계를 설정하는 예식화된 행위로 이해할 수 있는 '진실 행위'(actes de vérité)의 역사를 쓰려는 계획이 발견되기 때문에, 이 강의는 푸코 저작의 일반적인 설계도에서 최초의 변화를 이룬다. 이 연구는 영세, 신앙고백, 교리문답, 고해성사, 양심 지도 등과 같은 문제들의 관계가 얽혀 있는 초기 기독교 교부들의 텍스트들을 근거점으로 취한다. 1980년 강의에서는 쾌락의 징벌이나 신체의 고통스러운 자유나 육욕의 출현이 문제가 아니다.[5] 이 강의에서는 다른 것이 문제인데 그 것은 (푸코가 연구한 카시아누스의 텍스트) 죄사함을 위해 주체에 현존하는 악마를 추방하기 위해 표상들을 지속적으로 점검하고 범한 과오들을 상급자 앞에서 말하며, 특히 나쁜 생각들을 남김없이 고백하는 것과 같은 상당수의 것들을 요구하는 원시 기독교의 알려지지 않은 새로운 기술들이 수도원 제도 내에서 출현한 사실이다. 그리고 1980년도 강의에서 푸코에게 문제시되었던 것은 기원후 1,2세기의 일정한 수도원 공동체 내에서 타자(타자는 우리가 고백하는 상급자이지만 사유의 배면에서 추방해야 하는 악마이기도 하다)와 죽음(이 수련을 통해 중요한 것은 결정적으로 자기 자신을 버리는 것이기 때문에)을 테마화함으로써 체계화된 자기 진실 고백의 의무화이다. 주체 자신의 진실을 해석할 수 있게 해주는 담론을 주체가 생산해 내는 것을 푸코는 복종의 주된 형식들 가운데 하나라고 생각한다. 이러한 고백과 자기 점검의 절차들은 수도원 제도 내에서 피지도자가 의식 지도자에게 하는 복

---

5) 12,13세기가 참조의 틀로 간주되기 때문에 죄를 진 쾌락의 신체의 생산으로 기독교의 고해성사 테마화를 발견하기 위해서는 1975년 콜레주 드 프랑스 강의로 거슬러 올라갈 필요가 있다(1975년 2월 19일과 26일 강의 참조 in 《비정상인들》, *op. cit.*, p.155-215).

종의 지극히 강압적인 규칙들에 의해 체계화된다. 그러나 피지도자에게 단순히 복종과 존중의 징표와 표식이 요구되는 것만은 아니다. 타자(상급자) 앞에서 피지도자는 담론을 따라가며 자기 욕망의 진실을 고백해 전달해야 한다. 즉 "인간의 통치는 피지도자의 편에서 복종하는 행위 이외에도 주체가 진실을 말하도록 요청될 뿐만 아니라 자기 자신에 대한 진실을 말하도록 요청된다는 특수성을 갖는 '진실 행위'를 피지도자들에게 요구한다."[6] 푸코에게 있어서 고백은 개인에게 자기 자신에 대한 무한한 내성과 철저한 진실의 언표를 요구하면서 개인을 예속하는 방식 바로 이것이다("따라서 무조건적인 복종, 부단한 점검, 철저한 고백은 조화를 이룬다"[7]). 이후로 오랫동안 서구의 참된 주체의 운명이 고정되게 될 것이고, 또 주체의 내면의 진실을 탐색하는 것은 계속해서 복종하는 것이 될 터이다. 보다 일반적으로 말해 참된 담론 내에서 주체의 대상화는 이와 같은 복종의 일반적 · 총체적 · 항구적 명령 이후에 의미를 갖게 된다. 요컨대 서구의 근대에서 나는 절대적 타자의 원칙과 타자에의 예속을 통해서만 진실의 주체이다. 그러나 아마도 참된 주체가 되는 다른 방식들이 존재하는 듯하며 푸코는 이 점을 예감한다. 콜레주 드 프랑스에서(1980년 3월 12, 19, 26일 강의에서) 전제적인 지도자와 그에게 마치 신에게 예속된 것처럼 예속된 피지도자와의 관계를 결정하는 지도 행위를 수도원 제도(카시아누스의 텍스트)에서 연구하면서 푸코는 경험 많고 달변인 현자와 경청자와의 일시적이고 획득해야 하는 독자성을 목표로 하는 관계에 리듬을 주는 고대 후기의 실존의 기술들을 대척점으로 제시한다. 그러면서 푸코는 여기저기서 1982년의 장황한 분석의 대상이 될 텍스트들을 모호하게 언급한다. 그것은 의식 점검과 관련된 피타고라스의 《황금시편》과 세네카의 《분노에 관하여》이다. 이 고대의 텍스트는 순전히 영적이기는 하지만 그래도 총체적이었던 진실의 구속복 속에 주체를 가두기 보다는 해방시키게 하는 자기 실천과 진실의 실천을 권유한다.[8] 세네카 · 마르쿠스 아우렐리우스 · 에픽테토스에게는 주체와 진실 관계의 완전히 다

---

6) *DE*, IV, n° 289. 〈생명 존재들의 통치〉(1980), p.125.

7) *Id.*, p.129.

8) 하지만 고대와 기독교의 실존 지도와 의식 점검 기술의 비교는 1978년 2월 22일 강의에서 처음으로 목자 통치성의 범주 내에서 스케치되었음을 상기할 필요가 있다.

른 체제, 말과 정숙 간의 완전히 다른 체제, 독서와 글쓰기의 완전히 다른 체제가 작동한다. 여기서 주체와 진실은 기독교에서처럼 외부로부터 돌출하는 권력의 탈취에 의해 연결된 것이 아니라 환원 불가능한 실존의 선택에 의해 연결된다. 따라서 참된 주체는 예속의 의미가 아니라 주체화의 의미에서 가능하다.

우리가 그 효과를 통해 판단해 보면 느껴지는 충격은 중대하며 또 흥미롭다. 푸코는 주체화로부터 이제 이 새로운 차원을 드러내 주는 역할을 하고, 또 지금까지 지나치게 함축적으로 남아 있었던 새로운 차원인 자기와 자기의 관계의 차원을 드러내 주는 《성의 역사》를 재개하기 위한 영감을 주체화에서 끌어낸다. 이교와 기독교를 구별하게 해주는 바는 금기들의 도입이 아니라 성경험과 자기 관계의 형식들 자체이다. 애초부터 특히 그리스와 로마부터 재검토할 필요가 있었다. 그러므로 연대기적인 틀, 특히 이론적인 틀은 전복되게 된다. 1976년 푸코는 의학이 핵심적인 부분을 차지하는 근대 서구의 거대한 규범화 시도로서 그가 기술한 바의 특권적인 지표인 성욕에 관심을 갖는다. 1970년대의 푸코는 규율 권력이 미리 규정된 정체성들을 개인에게 고정시키면서 개인을 그 척도에 맞추어 재단했다고 생각했다는 것을 우리는 잘 안다. 게다가 《성의 역사》와 더불어 사회적으로 설정된 규범에 예속되고, 또 그 노선에 예속된 성에 대한 고발을 우리가 공고히 할 수 있게 도와주기를 푸코로부터 당연히 기대했다. 《앎의 의지》는 우리의 성적인 정체성들이 지배적 권력에 의해 포맷되었다는 것을 깨달을 수 있는 희망을 남겨 놓았었다. 푸코가 그렇게 했듯이 이 권력이 억압적이지 않고 생산적이며 또 성에서는 금기나 검열이 문제시되는 것이 아니라 선동의 절차들이 문제시된다고 알리는 것은 이론적으로 무시할 수 없는 뉘앙스였으나 그것은 본질적인 견지에서 볼 때 성을 논의할 때 권력이 문제시된다는 함의였다. 그러나 이것은 전혀 발생하지 않았다. 1984년에 푸코는 전혀 다른 책들을 출간한다. 고전기와 후기 고대에서 쾌락 관계의 역사적 연구는 국가와 그 종교중립주의적 하수인들에 의해 수행된 방대한 규범화 시도의 증명―고발로서 구축되지 않았고, 돌연 푸코는 "권력이 아니라 주체가 내 연구의 테마를 구축한다"[9] "나는 결코 권력 이론가가 아니다"[10]라고 선언하기까지 한다.

이러한 선언을 곧이곧대로 취해야 할 필요는 없다 해도 이러한 어조는 주어졌다. 푸코는 윤리적인 것에 몰두하기 위해 정치적인 것을 포기하지는 않지만 자기 배려의 탐구를 통해 통치성의 연구를 **복잡하게 만든다**. 윤리나 주체는 결코 정치나 권력과 다른 것으로 생각되지 않는다. 따라서 이제 자신의 일반적인 연구의 축이 주체와 진실과의 관계이며, 성은 이 관계를 구체화하는 여러 영역들 가운데 하나(글쓰기와 자기와의 의학적 관계 등도 있다)라는 사실을 환기시키면서 푸코는 1981-1982년 강의를 시작한다. 성은(규범화하고 동일화하며 분류하고 환원하는) 권력의 폭로자만이 아니라 진실과의 관계 속에 있는 주체를 폭로한다. 권력의 문제가 아니라 바로 이 주체의 문제가 자신의 주요 관심사이고, 이것은 그가 글을 쓰기 시작한 20여 년 이래로 그러했다고 곧 단언한다. 요컨대 사회적 분화가 시작된 이래로 주체의 출현(《광기의 역사》와 《감시와 처벌》──미친 주체와 범죄인 주체의 구축에 대하여), 이론적 투사 내에서 주체의 출현(《말과 사물》──말하고 살며 노동하는 주체를 언어·생명·부의 과학들 내에서 관찰하기)이 그것이고, 최종적으로는 《성의 역사》와 함께하는 '새로운 양식,' 요컨대 자기 실천 내에서 주체의 출현이 그것이다. 이번에는 주체가 지배의 기술들(권력)이나 담론의 기술들(지식)에 의해 구축되기보다는 자기 기술들의 도움을 받아 스스로를 구축한다. 이 자기 기술들은 "상당수의 목적에 따라 또 자기 절제와 자기 인식의 관계에 힘입어 정체성을 고정하고 유지하고 변형하기 위해 개인들에게 제안되고 명령되는 모든 문명에 존재하는 절차들이다."[11] 서구 근대의 주체 문제를 연구하는 동안에는 아마도 지배 기술과 담론의 기술에 가리고 예속되어 이 자기 기술들은 푸코에게 명확히 드러나지 않았었다. 푸코가 18세기와 19세기에 머물러 있는 동안 주체는 자연적인 성향을 통해 지식과 권력 체계들의 대상적 생산물로 성찰되었다. 즉 주체는 개인이 강요된 외적인 정체성을 길어오고 고갈시키며, 또 그외에는 광기·범죄·문학 외에는 다른 대안이 없는 그런 지식-권력 장치로부터 소외된 상관물로 성찰되었다. 1980년대부터 고대 그리스·로마가 장려한 실존의 기술들을 연구하면서 푸코는

9) *DE*, IV, n° 306: 〈주체와 권력〉(1982), p.223.

10) *DE*, IV, n° 330: 〈구조주의와 포스트-구조주의〉(1983년 봄), p.451.

11) *DE*, IV, n° 304: 〈주체성과 진실〉(1981), p.213.

구축되는 게 아니라 규칙화된 실천들을 통해 스스로를 구축하는 주체의 또 다른 형상을 출현시키게 한다. 근대 서구의 연구는 오랫동안 푸코에게 이러한 기술들의 존재를 감추게 했고, 또 지식 체계와 권력 장치들에 의해 이 기술들은 모호해졌다. 즉 "18세기말과 19세기에 생물학적 · 의학적 · 정신병리학적 · 사회학적 · 인종학적 관점에서 성과 관련된 **지식의 영역들**의 형성이 점유하는 중요한 위치, 교육 · 의학 · 사법을 매개로 해 성적인 행동에 부과된 **규범 체계**들이 담당하는 결정적인 역할은 그것들이 갖는 특수성 내에서, 이 경험의 구축 내에서 **자기 관계**의 형식과 효과를 추출하는 일을 어렵게 만들었다. [⋯] 자기 관계의 형식들을 그 자체로서 분석하기 위해 나는 내가 고정한 연대기적 틀보다 더욱더 멀리까지 거슬러 올라가게 되었다."[12] 따라서 애초에는 지식의 영역들과 권력의 전술들에 의한 권위적인 정체성 고정을 드러내 주는 역할을 담당해야 했던 성이 1980년대부터는 실존과 자기 실천의 기술을 드러내 주는 역할을 한다.

1980년대는 한층 더 강한 긴장의 극장이 될 것이고, 또 1982년 강의의 위상이 여기에 달려 있느니만큼 이 긴장을 헤아려 볼 필요가 있다. 사실 머지않아 푸코는 자기 기술의 문제들에 따라 재정리된 고대의 성의 역사를 쓰려는 계획과 다른 한편으로는 이 기술들을 역사−윤리적 차원 내에서, 또 글쓰기와 독서의 문제, 신체적 · 정신적 훈련, 실존의 지도, 정치적인 것과의 관계와 같이 성과는 다른 수행의 영역 내에서 이번에는 그 자체로 연구하려는 점증하는 욕망 사이에서 갈등하게 된다. 하지만 이것은 성의 역사에 대한 한 권의 책과 고대에 있어서 자기 실천에 관한 또 다른 책인 상이한 두 권의 책을 쓰는 것이었다. 하지만 이것은 적어도 한때 푸코의 의지였다. 푸코가 극히 상이한 두 권의 책을 염두에 두고 자신의 출판 기획을 상세히 설명하는 1983년 버클리대학에서 한 인터뷰의 초판을 읽어보면 이를 알 수 있다.[13] 첫번째 책의 제목은 《쾌락의 활용》이고 또 성의 문제를 고대 전반에 걸친 삶의 기술로서 접근한다. 푸코는 "기원전 4세기나 제정 초기의 모럴리스트들과 의사들에게는 동일한 제약과 금기의 법규가 존재하지만 그들이 자

---

12) *DE*, IV, n° 340: 〈《성의 역사》 서문〉(1984), p.583; 필자 강조임.
13) *DE*, IV, n° 326: 〈윤리의 계보학에 관하여〉(1983년 4월), p.384−385.

기와의 관계에 이 금기들을 통합하는 방식이 완전히 다르다는 것을 보여주려고 의도한다."[14] 따라서 이 첫 권에서는 동일한 우려의 지점들(신체의 쾌락, 간통 그리고 소년들[15])에 입각해 고전기 그리스와 제정기 로마 간에 상이한 두 엄격성의 양식을 포착할 수 있음을 보여주면서 고대인들의 성윤리 변화의 특성을 파악하는 것이 관건이다. 따라서 여기에는 1984년 서로 다른 두 권(하나는 고전기 그리스에 관한 것이고, 다른 하나는 제정기 로마에 관한 것)의 형태로 출간되게 될 바의 내용이 한 권의 책에 응축되어 있음을 볼 수 있다. 그러나 애초의 계획에서는 이 두 저서는 한 권으로만 이루어져 있고, 이어서 〈육욕의 고백〉이 오게 되어 있었다(1984년에 이 책은 《성의 역사》 4권으로 예고된다). 1983년 푸코는 고대의 성에 관한 1권의 저서를 예고한 이후에 "이와는 다른 일련의 연구와 고대 이교도 세계의 자기 기술의 이러저러한 양태들에 관한 논의 전개로 이루어지고, […] 예를 들면 epimeleia heautou 혹은 '자기 배려'라는 경험적 관념에 대한 최초의 성찰이 발견되는 플라톤의 《알키비아데스》에 대한 주해를 동반하는 자기 관념에 대한 논지 전개, 자기 자신을 구축하기 위해 하는 글쓰기와 독서의 역할에 대한 논지 전개, 경우에 따라서는 자기 자신에 대한 의학적 경험의 문제에 대한 논지 전개로 이루어진"[16] 1권과 상이하고 평행하는 한 저서를 환기시킨다. 요컨대 푸코는 이 저작을 《자기 배려》라 칭한다(푸코는 이 제목을 1984년에도 간직하지만 이것은 기원후 1,2세기의 성윤리에 대한 연구에 관한 것이고, 현재의 《성의 역사》 3권이다). 1983년 버클리대학 대담에서 성에 대한 특별한 언급 없이 고대 자기 기술의 문제에 전적으로 할애된 저작에 대한 환기의 문제는 그

---

14) 〈윤리의 계보학에 관하여〉, *op. cit.*, p.384.

15) 이것들은 서구 역사 전반은 아니라 해도 고대 내내 존속했던 '세 가지 주요 금기'(*id.*, p.396), 세 가지 근심의 지점(성행위는 신체를 쇠진시키지 않을까? 간통은 가족 전체를 관리하는 데 위험을 의미하지 않는가? 소년들의 육체적인 사랑은 훌륭한 교육과 양립 가능한가?)이다(〈쾌락의 활용과 자기 테크닉〉, *art. cit.*, p.548-553도 참조할 것). 푸코에게 있어서 성의 역사에서 변형되는 것은 성의 이해 영역이 아니라 자기와의 관계에서 이해 영역이 성찰되는 방식이 변화한다. 역사적으로 변화하는 것은 과도하게 성행위를 하는 것을 삼가야 하고 아내를 지나치게 속이지 말아야 하며 소년들을 너무 남용하지 말아야 하는 '적절한' 이유들(그렇게 해서는 안 된다, 그것은 나약함의 징표이다, 그것은 법에 의해 금지되어 있다 등)이다.

16) 〈윤리의 계보학에 관하여〉, p.385.

대로 남아 있다.

그런데 《알키비아데스》에 대한 주석, 자기에 대한 글쓰기와 규칙화된 독서의 실천, 그리고 자기에 대한 의학적 경험의 출현에 대한 연구 등과 같이 《주체의 해석학》의 내용을 이루는 바가 바로 이 책의 내용이다. 이것은 1982년도 강의의 중요성을 말해 준다. 계획되고 숙고되었으나 출간되지 않은 자기 기술에 전적으로 할애된 책의 여분과 같으며, 여기서 푸코는 인생의 말년에 자기 저작의 개념적 완성과 완결 원리와 같은 것을 발견하게 된다. 이 점을 환기할 필요가 있는데 왜냐하면 당대에 권력 장치가 그랬던 것처럼 자기 실천은 푸코에 의해 개념적 혁신으로 제시되지 않고 그의 모든 저작의 조직 원리, 초기 저작의 밑줄로 제시되기 때문이다. 푸코는 테마의 병치를 통해서가 아니라 해석학적 연쇄 상승을 통해 작업하고 이것이 그의 연구 방식의 비밀이다. 요컨대 푸코는 자신이 새로운 사유로 출현시키는 바를 이전 저작에서 사유되지 않은 바로서 재발견한다. 아무튼 1983년 4월에도 푸코는 1982년 1월에서 3월에 걸쳐 콜레주 드 프랑스에서 강의하기만 했던 이 책을 쓰고 싶어했고, 또 특히 이 자기 실천과 실존의 기술을 성의 역사의 방법론적이고 서론적인 틀의 위상으로 축소시키기를 원치 않았던 것은 사실이다. 분명히 이 자기 실천과 실존의 기술은 오늘날 참조 가능한 《성의 역사》 2·3권에 적절한 자리를 차지하고 있다. 요컨대 《쾌락의 활용》의 〈변형〉이라는 제목의 장문과 《자기 배려》의 〈자기 수양〉과 〈자기와 타자〉라는 제목의 두 장이 그것이다. 생의 마지막 해인 1984년 동안에 1983년 4월 버클리대학에서 한 인터뷰를 프랑스어 버전으로 수정하면서 푸코는 애착을 가졌던 이 저서와 연관된 모든 것을 삭제하고 줄을 그어 버리며 《성의 역사》 2·3권, 《쾌락의 활용》《자기 배려》가 갈리마르 출판사에서 출간될 것이라고 간략하게 예고한다. 푸코는 이 저작을 포기해 버리고 완결된 작업만을 언급하고 싶어했으며, 질병이 그에게 이 저서를 쓸 수 있는 시간을 남겨 주지 않았다고 생각한 것일까? 아니면 푸코가 마지막 인터뷰에서 설명하고 있고, 또 재검토할 필요가 있는 "고대 전반은 내게 '심각한 오류'[17]였다고 생각된다"와 같은 불가사의한 푸코의 실망을 환기할 필요가 있을까? 여기에 대해서

---

17) 〈도덕의 회귀〉, *art. cit.*

는 전혀 알 수 없지만 이 실종된 책의 분신이나 폭로자——이 이미지가 푸코의 마음에 들기 때문에——의 역할을 담당하는 이 강의록이 남아 있다.

하지만 이 저서는 완전히 실종된 것은 아니다. 《주체의 해석학》 출간을 위해 다니엘 드페르는 푸코 소유의 하드커버로 장정된 상당수의 두꺼운 강의록들을 빌려주었다. 강의록은 총 다섯 개이고 그 중 어떤 것들은 놀라운 사실들을 간직하고 있었다. 이 강의록들 안에는 색종이로 된 서류 파일들이 있었고, 파일 안에는 섬세하고 조심스럽게 연한 파란색 잉크나 검정 잉크로 씌어진 글로 가득한 약간 누렇게 변색된 페이지들이 있었다. '강의(Cours)'라 명명된 첫번째 강의록은 가장 중요하다. 이 강의록은 1982년에 행해진 강의록을 담고 있으며, 자크 라그랑주가 넘겨준 녹취록에 입각해 우리는 이 텍스트를 전사(傳寫)하였다. 이 강의 수고는 들리지 않는 말과 녹취록의 빈 부분을 복원하는 데 도처에서 도움이 되었고, 또 강의록으로 잘 작성되었지만 푸코가 강의에서 실제로 언급할 수 있는 시간이 없었던 내용들을 잘 이해하면서 전사를 충실하게 하는 데 도움이 되었다. 페이지 하단의 주에서 '수고(手稿)'를 거론할 때 바로 이 강의록을 지시하는 것이다. 푸코에게 이 텍스트는 강의의 근간 역할을 한다. 전체 구절들이 작성되었고 특히 개념적이고 이론적인 상세한 설명은 작성되었으며, 푸코는 대개의 경우 강의에서 낭독되는 고대 텍스트의 주석에서만 작성된 텍스트와 관련해 약간의 자유를 가질 뿐이다. 즉흥적인 것은 거의 없으며 따라서 거의 전 텍스트가 씌어졌다.

다음에 오는 네 개의 강의록은 각기 〈알키비아데스, 에픽테토스〉 〈자기 통치와 타자의 통치〉 〈자기 수양-초고〉 〈타자들〉이라는 제목을 갖는다. 주제적인 분류가 문제시된다. 이 강의록들은 때로는 수 페이지에 달하고 때로는 100페이지를 넘기도 하며, 각기 특수한 요점들을 다루는 다수의 파일들을 포함하고 있다. 이 수백 페이지의 파일들을 읽어보면 세부 사항에 이르기까지 유효한 주요한 구분을 유념할 수 있다. 〈알키비아데스, 에픽테토스〉와 〈자기 통치와 타자의 통치〉는 일련의 주제적 연구들(〈경청 · 독서 · 쓰기〉 〈비판〉 〈자기 통치와 타자의 통치〉 〈연령 · 교육 · 의학〉 〈은거〉 〈사회적 관계〉 〈지도〉 〈투쟁〉 등)을 포함한다. 이 연구들은 상이한 수준의 구상을 보여준다. 종종 이 연구들은 완전히 다시 씌어졌다. 푸코는 부단히 이 연구들을 재검토했고, 또 전체의 재편성은 새로운 건축물에서 새로운 자리를 차지하게 된 이 연구를 다시 쓰게 되는 결과를 발생시켰다. 지금 언급한 두 강의록은 분명히 자기 실천과 관련해 예고한 이 저작을 집필하는 주요한 단계들을 구축한다. 예를 들면 1983년 2월호 《씌어진 신체》지에 실리고 또 푸코가 "'자기 테크닉' [18]에 관한 일련의 연구의 한 부분"이라고 언급한 〈자기에 대한 글쓰기〉라는 텍스트의 구상이 이 강의록들에서 재발견된다. 〈자기 실천─초고〉와 〈타자들〉은 1984년 출간된 《자기 배려》의 두 장, 즉 각기 〈자기 수양〉과 〈자기와 타자〉라는 제목을 갖는 장들을 포함하고 있다. 그러나 편집된 이 저작은 더욱 심화되고 상세하며 참고 문헌들이 풍부한 텍스트들의 통합에 해당되기 때문에 푸코가 축소 작업을 시행했다는 것을 알 수 있다.

따라서 이 강의록들은 집필이 완료되고, 또 당시에 《성의 역사》나 《말해진 바와 씌어진 바》, 심지어는 여기서 연구되는 1982년 강의에도 기재되지 않은 요점들(예를 들면 은거라는 경험적 관념, paideia 개념, 노년 관념, 공적인 생활에 자기가 참여하는 방식 등)을 다루는 완결된 페이지들을 포함하고 있다. 분명히 3개월(1982년 1월에서 3월까지)간의 강의에서 푸코는 고대의 자기 기술에 대한 연구 전체를 설명할 시간이 없었다. 마지막 작업에 대해, 특히 자기 윤리와 자기 정치 간의 연결고리에 대해 결정적인 해명을 하는 수많은 텍스트들이니만큼 유감이 아닐 수 없다. 푸코의 이 강의록의 독서는 1982년 강의와 1983년부터 콜레주 드 프랑스에서 시작되는 '진실의 용기'로서의 parrhêsia에 대한 문제틀을 더 잘 이해할 수 있게 해준다. 이 문제틀은 자기 정치에 대한 일련의 새로운 연구에 속하고 이 연구에 입각해서만 재파악이 가능하다. 하지만 1982년 강의에 대한 전체적인 조망 내에서 부분적일지라도 대단히 소중한 이 새로운 일련의 연구를 설명해 보고자 한다. 1980년에서 1984년에 이르는 푸코의 말년은 놀라운 개념적 가속화의 장소였고 문제틀들이 분출하는 증식의 장소였다. 재검토되고 거의 삭제 없이 다시 씌어진 수백여 페이지의 글들에서처럼 들뢰즈가 사유의 속도라 부르는 바가 명료했던 적은 없었을 것이다.

---

18) *DE*, IV, nº 329: 〈자기에 대한 글쓰기〉(1983년 2월), p.415.

2. 1982년 강의의 특이성

푸코의 1982년 강의는 비록 형식적이라 할지라도 특수한 성격을 지니고 있다. 대규모 강의와 병행하던 연구 세미나를 포기한 후 푸코는 처음으로 강의를 중간에 휴식 시간이 있는 두 시간 이상으로 연장했다. 이때부터 직접 하는 강의와 보다 경험적이고 구체적인 연구 간의 오래된 구별은 사라지게 된다. 새로운 양식의 교육이 탄생한다. 푸코는 연구로부터 얻은 결과를 설명하기보다는 연구의 진척을 단계적으로 거의 암중모색하면서 보고한다. 이제 강의의 대부분은 선별된 텍스트에 대한 인내력을 요하는 독서와 정확한 주해로 이루어진다. 말하자면 여기서 우리는 푸코가 단순히 수행한 독서로부터 즉석에서 언표들을 추출해 내고, 또 그 언표들로부터 때로는 곧 버리기까지 하는 일시적인 체계화를 즉각적으로 발견하면서 '작업하는 것'을 볼 수 있다. 게다가 푸코에게는 텍스트를 설명하는 게 결코 문제가 아니라 한시 유동적인 전체적인 관점 내에 텍스트를 삽입하는 것이 문제임을 잘 알 수 있다. 따라서 텍스트의 독서는 애초의 가정의 재구성으로 귀결되기 때문에 보편적인 틀은 텍스트들이 도구화됨 없이도 텍스트의 선별과 독서를 이끌어 간다. (플라톤주의, 헬레니즘·로마 시대의 철학, 고대의 사유에 관한) 모든 구체적 준거로부터 벗어난 모호하고 일반적인 명제들과 무소니우스 루푸스의 단장(短章)들이나 에픽테토스의 격언들의 세심한 점검 사이를 왕복하는 부단한 운동이 이로부터 결과된다. 1982년도 강의는 굳어진 결산보다는 살아 있는 실험소의 모습을 갖는다. 푸코는 이 강의에서 분석적인 명확성을 더 심화시키고 세부 사항에 이르기까지 명확성은 극에 달한다. 하지만 거의 매 강의에서 관건들이 이동하고 재표명되며, 다른 방향에서 전개되는 만큼 총괄적으로 이해하기는 힘들다.

원본 텍스트와 일반적 독서의 원칙을 왕복하는 가운데 푸코는 이차적인 참고 문헌을 건너뛰는 것 같다. 물론 A.-J. 페스튀기에르 · H. 졸리 · J.-P. 베르낭 · E. R. 도드스 · P. & I. 아도 · M. 지간테 · P. 라비나우 등과 같은 사람들의 몇몇 참고 문헌들이 나타나기는 한다. 분명히 원전 텍스트에 만족하려는 욕망은 덜 신중한 사람들로 하여금 자명한 이치들을 배가시킨다거나 비판적으로 자명한 사실들을 오해하게 만들 수 있다. 하지만 비평에 할애된 허술한 부분은 맥락 속에서 다시 설정되어야 한다. 사실상 푸코 강의의 연대적인 준거틀을 구축하는 헬레니즘·로마 시대에 관한 불명료한 참고 문헌은 오늘날——프랑스·독일, 특히 앵글로–색슨 국가에서——너무나 방대하게 많아서 비판적인 주요 결과물들을 도중에 참조하지 않고 에픽테토스·마르쿠스 아우렐리우스·세네카·에피쿠로스·포시도니우스를 논하는 것은 오만하고 어리석게 보일 수도 있을 것이다. 하지만 1982년에 이러한 참고 문헌들은 여전히 빈약했었다. A. A. 롱의 개괄적인 접근(《헬레니즘 철학》, 런던, 1974)만을 발견할 수 있었을 뿐이다. 에피쿠로스주의 전반에 대해서는 기욤 뷔데학회가 1968년 조직한 여덟번째 학술대회와 N. W. 디위트(푸코는 이 두 참고 문헌을 인용한다)와 《고대 에피쿠로스주의 연구》(J. 볼락 & A. 락 편찬, 릴, 1976)만이 겨우 인용될 뿐이었다. 특히 《크리시프스와 고대 스토아주의》(파리, 1910, 1950년 재판)와 《고대 스토아주의에서 비신체적인 것에 관한 이론》(파리, 1908, 1970년 재판)에서의 E. 브레이어의 중요한 텍스트와 P. & I. 아도의 텍스트, 그리고 V. 골드슈미트의 저서 《스토아주의의 체계와 시간 관념》(파리, 1953년 초판) 이후로 스토아주의는 이미 잘 알려지고 연구되었다. 또 과학적이기보다는 정보 제공을 목적으로 하는 책에 더 가까운 막스 폴란츠의 《스토아학파》(괴팅겐, 1959)를 언급할 필요가 있다.[19] 다른 측면에서 최근의 학술대회 논문들을 출간한 《스토아주의자들과 그들의 논리》(J. 브룅스비크 편찬, 파리, 1978)가 헬레니즘·로마 시대에 대해 관심을 재개하는 데 기여했다. 포지도니우스와 파네티우스의 중기 스토아주의는 M. 반 스트라텐이 모은 텍스트(《파네티 로디 프라그만타》, 레이데, 1952)와 L. 에델슈테인 & I. G. 키드가 모은 텍스트(《포지도니우스. 단편들》, 케임브리지, 1972)[20] 덕분에 더 심층적인 연구의 대상이 되기 시작했다. 하지만 90년대를 언급하지 않는다 해도 A. A. 롱 & D. N. 세들리(《헬레니즘 시대의 철학자들》, 케임브리지, 1987, 2vol), H. 플래샤(《고대의 철학》 제4권의 《헬

---

19) 〈정치와 윤리〉(1983년 4월) in *DE*, IV, n° 341, p.585.

20) 이 시대와 관련해서는 M. Laffranque의 저서 《아파메의 포시도니우스》, Paris, PUF, 1964를 인용할 수 있다.

레니즘 철학》, 발레, 1994), R. W. 샤플레스(《스토아주의, 에피쿠로스주의, 회의주의. 헬레니즘 철학입문》, 런던, 1996), J. 아나스(《헬레니즘 철학의 정신》, 버클리, 1992; 《도덕성의 행복》, 옥스퍼드, 1993), M. 누스바움(《욕망의 치료: 헬레니즘 윤리에서 이론과 실천》, 프린스턴, 1994), J. 브룅스비크(《헬레니즘 철학 연구》, 파리, 1995), C. 레비(《헬레니즘 철학》, 파리, 1997) 등과 더불어 헬레니즘·로마 시대의 철학에 대한 연구가 본격적으로 증가하고, 또 풍요롭게 된 시기는 명백히 1980년대이다. 또 1980년대 이후로 체계적으로 규합되는 'symposium hellenisticum'을 언급할 수 있다. 따라서 아직 존재하지 않았던 비평적 참고 문헌들을 참조하지 않았다고 푸코를 비난할 수 없다. 오히려 푸코는 이 연구의 선구자였다.

　이미 지적했듯이 1982년 강의의 구성은 경험적이고 비체계적이다. 푸코는 조금씩 앞으로 나아간다. 이런 이유 때문에 편집자는 이러한 상황에서 강의 요약을 하지 않을 것이다. 하지만 특히 푸코가 강의를 요약하기 위해 심혈을 기울였기 때문에 다행히 그가 한 강의와 아주 정확하게 일치하는(일반적으로 항시 그런 것은 아니다) 1982년도 〈콜레주 드 프랑스 강의 요약〉이 있다. 이같은 강의의 통합이 성공했는지를 정확히 평가하기 위해서는 푸코가 자기(soi)에 할애한 이 강의를 이미 그가 그 구체적인 구성을 구상한 책으로 만들려고 했던 사실을 상기할 필요가 있다. 편집자는 여기서 '자기 실천'(pratique de soi), '실존의 기술'(techniques d'existence), '자기 배려'(souci de soi)와 같은 경험적 관념의 체계적 사용이 발생시키는 상당수의 이론적 '효과'들을 끌어내고자 노력할 것이다. 이러한 분석의 관건, 적절성을 이해해 보고, 또 콜레주 드 프랑스의 너무나 비좁은 강의실에 밀집된 수강자들이 왜 고대철학의 소개와는 다른 무엇에 참석하고 있다는 확신을 갖게 되었는지를 이해해 보고자 한다. 요컨대 에픽테토스·세네카·마르쿠스 아우렐리우스·에피쿠로스를 논하며 푸코는 어떻게 정치적·도덕적·철학적 현실태(l'actualité)를 사유하기 위해 지표들을 표식했는지를 이해해 보고자 한다. 또 《광기의 역사》가 정신병리학의 역사와 다르고 《말과 사물》이 인간과학의 역사와 다르며, 《감시와 처벌》이 형벌의 역사와 다른 것이었던 것처럼 《주체의 해석학》이 헬레니즘 시대 철학사와 왜 완전히 다른 것인지를 이해해 보고자 한다. 게다가 헬레니즘·로마 시대 철학의 전문가는 분격하지 않는다면 놀랄 수밖에 없다. 요컨대 우리는 푸코의 강의에서 스토아주의와 관련해 스토아학파의 세 시기에 대한 역사-교의적인 설명을 전혀 발견할 수 없고 논리학·자연학·윤리학 체계의 조직에 대해서도 어떤 설명도 발견할 수 없으며 의무, 바람직한 것들, 초연한 자들, 심지어는 현자의 패러독스에 관해서도 거의 설명이 없다. 에피쿠로스주의와 관련해 푸코는 쾌락도 원자물리학도 논의하지 않고 회의주의는 언급조차 하지 않는다.[21] 주체화의 구조들(자기에게 가해지는 배려의 의학적 내용, 의식 점검, 담론의 자기화, 지도자의 말, 은거 등)을 상세히 설명하면서 푸코는 이 철학들의 상이한 학파들 내에서 이 구조들의 역사적 실현들을 발견하면서 횡단적으로 절단한다. 하지만 푸코의 설명은 결코 학설적이지 않다. 헬레니즘·로마 시대 철학과 관련해 푸코는 역사가로서 작업하지 않는다. 그는 계보학을 연구한다. 요컨대 "계보학은 내가 현재의 문제에 입각해 분석을 수행한다는 것을 의미한다."[22]

따라서 이제 이 강의의 관건의 폭을 분명히 할 필요가 있다. 설명의 편의를 위해 철학적 관건, 윤리적 관건, 정치적 관건을 구분해 보고자 한다.

---

21) 카라카스에서 열린(1999년 11월. 논문집 출간 예정) 제5회 세계철학학회에서 카를로스 레비가 처음으로 푸코의 연구 범위 내에서 회의주의의 부재를 강조하였다. 사실 푸코는 지고하고 침해할 수 없는 자기의 긍정적인 구축——외부의 위협에 대한 안전보장이자 또 자기 관계의 강화 수단인 logoi(참된 담론)의 자기화에 의해 양분을 공급받는 구축——의 정언에 전적으로 따르는 자기 배려의 황금기, 주체화 실천이 최고의 강도를 갖는 시기로 헬레니즘·로마 시대를 특징지으면서 이 시대를 역사-철학적 논증의 중심틀로 삼는다. 푸코는 성공적으로 자신의 논지를 위해 에피쿠로스·세네카·마르쿠스 아우렐리우스·무소니우스 루푸스·알렉산드리아의 필론·플루타르코스의 텍스트를 원용한다 ……. 하지만 푸르혼이나 섹스토스 엠피리쿠스와 같은 회의주의자들에 대한 언급은 전혀 없다. 그러나 회의주의학파는 고대 문화에 있어서 스토아주의학파나 에피쿠로스학파 못지않게 중요하다. 회의주의자들에 대한 연구는 일반적으로 푸코의 논지를 보완할 수 있게 해줄 수도 있었다는 것은 확실하다. 하지만 회의주의자들에게 부족한 것은 훈련도 아니었고 logoi(참된 담론들)에 대한 성찰도 아니다. 오히려 logoi는 탈주체화(dé-subjectivation)와 주체의 약화에 소용된다. 회의주의자들은 푸코의 논증과 정반대 방향으로 나아간다(카를로스 레비는 이러한 비난을 받아 마땅한 망각에 대해 '배제'라는 말을 서슴치 않는다). 이 침묵은 다소 큰 반향을 일으킨 게 사실이다. 너무 긴 논쟁에 개입함이 없이 푸코는 자기 자신을 회의주의 철학자로 규정했다는 점을 단순히 환기하도록 하자. 〈도덕의 회귀〉, *art. cit.*, p.706-707 참조.

22) 〈진실의 배려〉, *art. cit.*, p.674.

3. 강의의 철학적 관건

여기서는 '근대 주체의 계보학'[23]과 접목된 푸코의 《성의 역사》 저술의 일반적 구도에 대한 논의는 재론하지 않겠다. 성과 관련해 자기 기술의 관점은 한편으로 실제적인 성행위나 도덕률의 역사를 내포하고 있는 것이 아니라 경험 형식[24]의 역사를 내포하고 있다는 점과, 다른 한편으로 《성의 역사》를 통해 자유로운 고대와 그리스인들에 대한 신실한 원용을 통해 해방되어야 하는 억압적인 기독교 시대를 대립시키기보다는 고행의 양식들의 변화를 재추적하는 것을 내포했다는 점을 상기하는 것으로 족하리라. 요컨대 "관용과 엄격성 사이에 대립이 있는 것이 아니라, 실존의 미학과 연관된 금욕의 형식과 자기 자신의 진실을 해독하면서 자기를 포기하는 금욕의 형식 간에 대립이 있다."[25] 하지만 푸코는 특권적 기준점으로서 성의 테마를 버리고 주체화 자체의 절차에 관심을 집중시킨다. 고대와 근대의 대립은 철학과 신앙 생활, 자기 배려와 자기 인식 간의 개념적 양자택일을 통해 다르게 설정된다.

푸코에 따르면 데카르트 이래로 철학은 주체를 내적으로 진실을 가질 수 있는 형상으로 생각한다. 즉 주체는 선험적으로 진실의 능력이 있고, 단지 부차적으로 올바른 행위의 윤리적 주체일 수 있다. 즉 "나는 비도덕적이면서 진실을 인식할 수 있다."[26] 달리 말해서 근대 주체에 있어서 진실에의 접근은 윤리적 질서의 내적 작업(금욕·정화 등)을 위해 중단되지 않는다. 이와 반대로 고대에는 주체의 진실에의 접근은 윤리적 동요를 부과하는 전환 운동에 결부시켰다. 고대의 신앙 생활에서 주체는 자기 존재의 변형에 입각해 진실을 주장할 수 있었던 반면에 근대철학에서 주체는 진실에 의해 자신이 항시 계명된다는 한에서 자기 행동을 변형시킬 수 있다고 주장한다. 이 점과 관련해 푸코 강의의 근간 역할을 하던 미간행 수고의 한 구절을 인용할 수 있다.

---

23) *DE*, IV, n° 295: 〈성과 고독〉(1981년 5-6월), p.170.
24) 〈윤리의 계보학에 관하여〉, *art. cit.*, p.393 참조.
25) *Id.*, p.406.
26) 〈윤리의 계보학에 관하여〉, *art. cit.*, p.411.

"세 문제들이 서구 사유 전반을 관통한다.
— 진실에의 접근.
— 주체가 자기 자신에게 하는 배려에서 주체의 이용.
— 자기 인식.

이 세 문제들은 다음의 두 점과 연관되어 있다.

1. 진실에 접근하는 주체는 자신의 존재를 이용하지 않고 진실에 도달할 수 있을까? 주체의 존재와 관련된 희생·금욕·변형·정화의 대가를 치르지 않고 진실에 접근할 수 있을까? 주체는 그 자체로서 진실에 접근이 가능한가? 바로 이 질문들에 대해 데카르트는 긍정적으로 대답할 것이다. 이 질문들에 대해 칸트도 제한적이기는 하지만 긍정적으로 답할 것이다. 즉 주체는 그 자체로서 인식할 수 있고, 또 이 사실은 주체가 자기 인식을 할 수 없게 만들기도 한다.[27]

2. 이 문제의 두번째 핵심 지점은 자기 배려와 자기 인식과 관련된 지점이다. 자기 인식은 일반적으로 인식의 법제하에 놓이면서——그러므로 주체가 자신의 존재를 이용할 필요성이 있는지를 알려고 하는 문제를 배격하면서——자기 배려를 대신할 수 있을까? 아니면 주체의 존재를 이용하는 덕과 경험을 자기 인식으로부터 기대해야 하는 것일까? 자기 인식에 이러한 경험의 형식과 힘을 부여할 필요가 있을까?"

이 텍스트의 종반부는, 즉 고대 주체와 근대 주체의 대립을 구조화시키는 것은 자기 배려와 자기 인식의 역전된 주종 관계라는 새로운 관념으로 귀결된다. 고대인들에게 있어서 배려는 자기 내에서 행동과 사유 간의 곧은 관계를 설정하려는 이상에 따른다. 즉 진실된 원리들에 따라 올바르게 행동할

---

27) 이 긍정은 《순수이성비판》만을 고려할 때 정당하다. 《실천이성비판》을 집필하면서 칸트는 다시금 윤리적 자기 구축의 우선성을 재출현시켰다고 결과적으로 푸코는 말하게 될 것이다.(cf. *ibid.*)

필요가 있고, 정의로운 행동은 정의로운 말에 일치해야 한다. 현자는 행동을 통해 자기 철학의 곧음을 이해시키는 자이다. 그가 인식의 일부분을 이 자기 배려에 삽입한다면 그것은 올바른 윤리적 행동의 자기 구축상에서 진보를 측정한다는 한에서이다. 근대의 주체화 과정에 따르면 주체로서 자기를 구축하는 것은 실제의 나와 생각 속의 나 사이의 간극을 줄이려는 데에만 골몰하는 한없는 자기 인식의 시도라는 역할을 한다. 따라서 고대의 올바른 행동의 주체는 근대 서구에서 진실된 인식의 주체로 대체되었다는 것이 푸코의 논지이다.

따라서 1982년 강의는 주체의 철학적 구축의 역사성 내에 주체 자체의 역사를 연루시킨다. 그 야심은 대단하다. 야심의 진면모를 파악하기 위해서는 (〈자기 통치와 타자의 통치〉 서류철에서 재발견되는) 푸코가 1981년에 뉴욕에서 행하게 될 강연의 준비 판본을 독서하는 것으로도 충분하다.[28]

"하이데거에 있어서 대상 인식은 서구의 tekhnê에 입각해 존재 망각에 도장을 찍었다. 질문의 방향을 바꾸어 어떤 tekhnai에 입각해 서구의 주체는 형성되었고 또 자기 인식을 특징짓는 진실 · 오류 · 자유 · 억압의 놀이가 시작되었는가에 대한 문제를 제기해 보아야 한다."

푸코는 이 텍스트를 1980년 9월에 썼다. 이 해는 푸코의 지적인 여정에서 매우 결정적인 순간이었다고 나는 이미 앞에서 언급한 바 있다. 요컨대 1980년은 푸코가 사물 생산 기술, 인간 지배 기술, 상징적인 기술로 환원 불가능한 자기 기술을 문제화하는 시기이다. 우리는 주체의 해석학 강의의 종반부에 결정적인 변화를 수반하지만 이 텍스트의 영향을 발견할 수 있다. 이번에는 문제가 하이데거를 우회하는 데 있는 것이 아니라 헤겔을 재설정하는 데 있다. 또 푸코가 자기 실천에 대해 인내력을 가지고 수행한 분석의 개념적 중요성을 보여주기 위해, 강의 후반부에서 마지막 도전으로 던진 몇몇 화제를 주해하기 위해서는 수 페이지의 지면이 필요할 것이다. 몇몇 도식화로 만족해 보자. 요컨대 하이데거는 tekhnê의 숙련이 그 객관성의 형식

---

28) 〈성과 고독〉, *art. cit.*, p.168-178.

을 세계에 부여하는 방식을 설명했다면 푸코는 어떻게 자기 배려와 특히 스토아주의의 단련의 실천이 자기 인식과 자기 변형의 계기인 세계를 주체성 탄생의 장소로 만들어 버리는지 그 방식을 보여준다. 그리고 헤겔은 《정신현상학》에서 인식을 위한 객관성의 형식인 세계와 현실에 대한 사유(그리스를 재검토하는 하이데거), 실천적 주체성의 모체(라틴 텍스트를 재독서하는 푸코)를 연결시키려고 시도했다. 플루타르코스의 평범한 텍스트와 무소니우스 루푸스의 금언들, 세네카의 편지에서 푸코는 서구철학의 운명의 설계도를 발견한다.

이러한 첫번째 접근 방식은 여전히 철학사 내에 머물고 있다. '철학적 관건'을 진실과 주체에 대한 새로운 사유를 동원하는 자기 배려와 실존의 기술 문제로 이해할 필요가 있다. 확실히 그것은 주체에 대한 새로운 사유이고, 또 푸코는 이 점을 누차 반복해서 설명했다. 이 점과 관련해 가장 명백한 텍스트는 푸코가 1981년에 한 강연의 미간행 버전이다. 기표 체계를 구축할 수 없는 창설 주체 현상학의 방황과 혼란스러운 휴머니즘에 빠진 마르크스주의 일탈을 확증하고 난 후에 푸코는 전후의 철학적 지평을 설명하면서 다음과 같이 쓴다.

"출구를 발견하기 위한 세 갈래 길이 있었다.

— 객관적 인식 이론이 첫번째 길이었는데, 그것은 분석철학과 실증주의에 의해 열린 길이었다.

— 두번째 길은 기호 체계의 새로운 분석이었고, 그것은 언어학·사회학·정신분석학이 열어 준 길이었으며 구조주의를 탄생시켰다.

— 세번째 길은 주체를 실천과 절차들——그 속에서 주체는 끊임없이 변화한다——의 역사적 영역에 다시 위치시키려는 노력에 의해 열린 길이었다.

나는 세번째 길을 택했다. 따라서 분명히 밝히지만 나는 구조주의자가 아니고 분석철학자도 아니다. 완벽한 사람은 없다. 따라서 나는 역사가들이 대상의 역사를 선호하고, 철학자들이 역사를 갖지 않는 주체를 선호하는 것을 잘 알면서도 주체의 계보학이 무엇인가에 대해 탐구하려 시도했다. 그럼에도 불구하고 나는 소위 '관념사가'들과 친근감을 느꼈고 주체의 역사성 문제를 제기한 니체와 같은 철학자에게 빚을 지고 있다.

따라서 이론상으로는 너무 단순하고 현실에 있어서는 너무도 가공할 만한 휴머니즘으로부터 벗어나는 것이 문제였다. 또 자아의 초월성 원리를 주체의 내재 형식들로 대체하는 것이 문제였다."

이처럼 간결하고 명확하게 자신의 이론적 계획을 푸코가 표명한 적은 드물다. 이 회고적인 시선은 너무나 아름다운 것 같고, 푸코는 자신의 작업에 최종적인 형식을 부여하기 이전에 오랫동안 전진해 나가야만 했었다. 오랫동안 푸코는 주체를 지배 기술의 수동적 산물로만 생각했었다는 점을 상기할 필요가 있다. 1980년에 와서야 푸코는 자기 기술의 상대적 자립성과 아무튼 환원 불가능성을 깨닫는다. 말하자면 모든 과장을 경계해야 하기 때문에 그것은 상대적 자립성이라고 말할 수 있다. 푸코는 이제껏 모르고 있었던 주체의 선천적 자유를 1980년에 '발견한' 것이 아니다. 푸코가 순수한 자기 구축이라는 비역사적 에테르 속에서 자신을 창조할 수 있는 자유로운 주체를 그 순결한 휘광 속에서 출현시키기 위해 규범화의 사회적 절차들과 동일시의 소외적 체계들을 갑자기 버렸다고 주장할 수는 없다. 푸코는 사르트르가 역사적 뿌리 없이[29] 진정한 주체의 자기 창조를 생각했다고 비판했다. 한정된 자기와의 관계에서 주체를 구축시키는 것은 역사적으로 포착 가능한 자기 기술들이고, 이 자기 기술들은 역사적으로 역시 연대 추정이 가능한 지배 기술과 결합한다. 요컨대 개인-주체는 지배 기술과 자기 기술의 교차 지점에서만 출현한다.[30] 개인-주체는 안면에 따라, 역사에 따라 다소 은폐적인 예속화의 절차 위의 주체화 절차의 주름이다. 푸코는 로마의 스토아주의에서 제정기 권력의 과도함·집중, 그리고 지배력이 일인자에게 쏠리는 현상이 자기 기술을 긴급히 고립시키고 분산시키는 순간을 발견한다. 역사적으로 형성되고 변화하고 있는 유동적인 자기 관계의 길고도 난해

---

29) 예를 들면 〈윤리의 계보학에 관하여〉, *art. cit.*, p.392 참조.

30) 1981년 강연의 미간행 초판에서 푸코는 '통치성(gouvernementalité)'을 "**개인을 인도하는 방식과 개인이 자기 자신을 인도하는 방식이 서로 관계를 맺는 접촉 표면**"으로 정의한다.

한 역사를 인내력을 가지고 재추적하면서 푸코는 주체는 선험적인 필연성에 따르거나 불가피한 운명에 따라 자기 자신의 진실과 연결되지 않는다는 것을 분명히 하고자 한다. 1980년 가을에 주체의 계보학 계획을 발견하면서 푸코는 여전히 같은 미국 강연의 미간행 버전에서 다음과 같이 적어 넣는다.

"거기에는 우리가 이미 행한 바와 동시에 우리 자신인 바에 대한 분석의 역사를 연구할 수 있는 가능성이 있다고 생각한다. 그것은 정치적인 의미를 갖는 이론적 분석이다——나는 현실태 속에서 우리 자신에 대해 받아들이고 거부하며 변화시키려고 하는 바에 대해 의미가 있는 분석을 말하고자 한다. 요컨대 여기서 다른 비판철학, 즉 대상 인식의 조건과 한계를 결정하는 게 아니라 주체 변형의 비한정적인 조건과 가능성을 결정하는 철학을 찾아나서는 것이 관건이다."

역사의 내재성 속에서 정체성들이 구축된다. 또 여기서 정체성들의 매듭이 풀린다. 왜냐하면 역사 내에서 그리고 역사를 통해서만 자유가 존재하기 때문이다. 하지만 그것은 여기서 벌써 저항을 말하는 것이고, 또 이 점과 관련해서는 정치의 장에서 재검토하기로 하자.

푸코는 주체를 역사적 결정과 윤리적 차원에서 기술한다. 그는 권력은 법처럼 간주되어서는 안 되고 전략으로 간주되어야 하며 법은 전략의 다른 여러 전략적 가능성들 가운데 하나라고 권력에 대해 그가 말한 바를 주체와 관련해 반복한다. 마찬가지로 절대적 법에의 복종인 도덕은 다른 윤리적 가능성들 가운데 하나에 불과하다. 도덕적 주체는 윤리적 주체의 역사적 한 실현에 지나지 않는다. 고전기 그리스 철학에서 타자와 자신의 능동적 지배라는 이상에 대하여, 또 헬레니즘·로마 시대의 철학에서 자기 배려에 대해 푸코가 기술하는 바는 주체의 윤리적 가능성들이고, 또 이후 기독교에서는 절대적인 법과 규범들의 내면화이다. 따라서 주체의 역사적 불안정성을 드러내기 위해서는 절대적인 법에의 복종에 의해 구조화된 법률-도덕적인 주체의 위엄으로부터 해방되는 것이 관건이다. 푸코는 이 자기 실천을 철학적 유행으로 간주하기보다는 선험적 구축이나 도덕적 기초와는 거리가 먼 새로운 주체 관념의 첨병으로 여긴다.[31]

게다가 1982년도 강의 주체의 해석학은 진실에 대한 새로운 사유를 표명한다. 보다 정확히는 빈번히 반복되는 용어이기 때문에 logos, 즉 참된 담론을 말할 필요가 있다. 푸코가 세네카와 에픽테토스에게서 발견하고, 또 1982년도 강의에서 많이 전개·발전시키는 바는 하나의 언표는 고유한 이론적 내용에 결코 관계되는 것이 아니라 세계에 대한 이론이나 주체에 대한 이론이 문제가 된다는 관념이다. 참된 담론의 자기화 실천에서 문제가 되는 것은 세계나 자기 자신에 대한 진실을 배우는 것이 아니라 거의 생리학적인 의미에서 외부의 사건들과 내적인 정념들과 대면하기 위해 강화제인 참된 담론들을 자기 것으로 만드는 일이다. 이것이 강의와 강의록에서 빈번하게 나타나는 호신구와 구원으로서의 로고스 테마이다. 우선 paraskeuê(장비)의 분석이 있다. 교양을 쌓기 위해서가 아니라 사건들에 대비하기 위해 담론을 획득한다. 필요한 지식은 우리 자신을 잘 인식하게 해주는 것이 아니라 상황들에 직면해 우리가 적절히 행동하는 데 도움을 준다. 〈자기 수양〉이라는 강의록에서 생활의 준비로 이해되는 지식과 관련해 쓴 바를 다시 읽어보자.

"그러므로 이 장비를 거기로부터 유사시에 필요한 실천적 결과들을 끌어낼 수 있는 단순한 이론적 틀로 이해해서는 안 된다(비록 이 장비가 그 토대에 스토아주의자들이 말하는 dogmata, 즉 지극히 일반적인 이론적인 원리들을 포함하고 있다 해도). 이러저러한 경우에 해야 할 바를 말하는 단순한 하나의 법규로 이 장비를 이해해서도 안 된다. Paraskeuê는 동시에 또 불가분의 관계 속에서 인식의 진실과 행동의 합리성이 발화되는 곳, 보다 정확히 말해서 인식의 진실 내에 행동의 합리성을 기초하는 것과, 이 합리성 가운데서 참된 명제로 정당화되는 바가 발화되는 곳이다."

자기 배려의 주체는 근본적으로 참된 인식의 주체라기보다는 곧은 행동의 주체이다. Logos는 인식의 완성보다는 행동의 곧음을 실현해야 한다. 두 번째 예는 의식 점검이다. 분노에 관한 논의에서 세네카가 의식 점검을 환

---

31) 이런 의미에서 고대의 윤리적 자기는 근대의 도덕적 주체와도 여전히 대립된다. 이런 의미에서 〈도덕의 회귀〉, *art. cit.*, p.706 참조.

기할 때 동일한 강의록에서 푸코는 "문제는 자기의 진실을 발견하는 데 있는 것이 아니라, 어떤 참된 원칙들을 갖추고 필요할 때 어느 한도까지 그것을 갖출 수 있는 능력이 있느냐에 있다"고 적어 넣는 것을 볼 수 있다. 의식의 점검을 시행한다면 그것은 잠재하는 진실과 다른 숨겨진 비밀들을 찾아내기 위해서가 아니라 "행실의 원칙인 진실의 자기화에서 우리가 어떤 상태에 있는지를 평가하기" 위함이다(같은 강의록). 우리는 여기서 환원 불가능한 주체화 방식을 이용하는 고대에 실행된 의식 점검과 기독교에 의해 주입된 의식 점검과 같은 두 종류의 의식 점검의 함축적인 대립을 쉽게 발견할 수 있다. 요컨대 배려의 주체는 "진실의 주체가 되어야 한다." 하지만 "그는 자기 자신에 대한 진실을 꼭 말해야 할 필요는 없다."(같은 강의록) 우리는 자기 자신을 위해 스스로 구축하던 다양한 작품들의 인용 모음집인 hupomnêmata를 생각할 필요가 있다. 이 글들은 말해지지 않은 바를 추적하기 위해서가 아니라 의미를 담지한 이미 말해진 바를 취합하기 위한 목적으로 기록되었고, 또 행동 주체가 여기서 내적인 정합성에 필요한 요소들을 추출해 내기 위해서, 요컨대 교육, 경청 혹은 독서를 통해 전승된 파편적인 logos의 재수집을 가능한 한 적합하고 완결된 자기 관계의 수립을 위한 수단으로 삼기 위해[32) 기록하는 점을 생각할 필요가 있다.

결국 푸코가 집착하는 바는 이 강의에서 그가 윤리시학적이라고 지칭한 진실, 요컨대 의식의 비밀 속에서 해독되는 것도 아니며 직업적인 철학자들의 집무실에서 구상되는 것도 아니고 수행된 행동과 신체적 자태의 틀 속에서 해독되는 진실의 기술(記述)이다. 〈타자와 자기의 통치〉라는 강의록에서 푸코가 쓰고 있듯이 이번에는 "참된 담론을 항구적이고 능동적인 원칙으로 변형시키는 것"이 문제시된다. 더 나아가 푸코는 "교습받고 배우며 반복하고 자기 것으로 만든 logos를 행동 주체의 자발적인 형식으로 만드는 긴 절차"에 대해 논의한다. 다른 곳에서 푸코는 그리스적 의미의 자기 수련을 "참

---

32) 〈자기에 대한 글쓰기〉, *art. cit.*, p.420. 또 "이 경우——hupomnêmata의 경우——에 단편적이고 선별된 이미 말해진 바의 자기화·통일화·주체화를 통해 합리적 주체로서 자기를 구축하는 것이 문제시된다. 영적인 경험의 수도사적 표현의 경우 영혼의 내부로부터 가장 은폐된 운동을 그것으로부터 벗어나는 방식으로 추적할 필요가 있다."(*id.*, p.430)

된 것으로 수용되고 인정된 담론을 합리적 행동의 원칙으로 만들기"³³⁾로 정의한다. 이러한 주장들은 동일한 방향으로 나아가고, 또 푸코는 곧은 행동과 체계화된 자기와의 관계에서 즉각적인 의미를 발견하는 참된 말의 탐구를 더 심층적으로 부단히 수행하게 될 것이다. 1983년 콜레주 드 프랑스에서 이번에는 화자가 자신의 실존을 내기에 거는 위험을 감수하는 참된 담론으로 규정되는 정치적인 parrhêsia(이것은 콜레주 드 프랑스의 마지막 해 강연의 '진실의 용기'이다)를 연구하게 될 것이다. 그리고 1984년에 푸코는 견유주의의 급진성에 대한 연구와 디오게네스와 안티스테네스의 도발적이고 파문을 일으키는 삶──참된 담론에 대한 냉소나 불쾌한 도전을 자처하는 삶──의 점검을 통해 이 활동을 마무리짓게 될 것이다. 따라서 푸코에게 있어서 진실은 담론의 평온한 요소 내에서 현실의 아득하고 엄정한 메아리로 설명될 수 없다. 가장 정확하고 문자 그대로의 의미에서 진실은 **삶의 이성**(une raison de vivre)이다. 요컨대 진실은 실존에서 현실화된 **로고스**이고, 실존에 생기를 불어넣고 강화하며 체험하고 결국에는 **검증하는 로고스**이다.

4. 강의의 윤리적 관건

자기 실천과 실존의 기술에 연루되어 있는 주체의 철학적 관건을 탐구하면서 우리는 이미 윤리에 대해 많이 논의하였고, 또 우리는 여기서 주체의 해석학이 오늘날 얼마나 '가치의 위기'로 불려 마땅한 바에 답하려고 하는지를 여기서 감지시켜 보고자 한다. 도덕적 가치들이 그 '영향력'을 상실하고 전통적인 기준들이 붕괴되었다는 탄식을 푸코는 다른 사람 못지않게 잘 알고 있었다. 푸코가 이에 무조건적으로 동의했다고 말하는 것은 무리이고, 또 그는 자기 입장에서 개인의 도덕화가 어떻게 대중의 규범화를 연장하는 것인지를 보여주었다. 그러나 부르주아 도덕의 극복이 윤리적 문제를 면제해 준 것이 아니다. 즉 "어떤 사람들은 우리가 아는 형태 내에서 성 계율의 엄격성이 소위 '자본주의' 사회에서 필요 불가결했다고 생각했었다. 하지만

---

33) *Id*., p.418.

이 계율들의 제거와 금기의 붕괴는 생각했던 것보다 훨씬 쉽게 이루어졌다 (이는 성 계율의 존재 이유가 사람들이 생각했던 것과 다름을 지적하는 듯하다). 또 자신의 행동과 삶에 부여해야 하는 형식으로서의 윤리 문제는 다시금 제기되었다."[34] 문제는 다음과 같이 제기될 수 있다. 즉 절대적 선과 악이라는 영원한 가치들로 이루어진 도덕을 넘어서서 새로운 윤리를 설정할 수 있을까? 푸코의 대답은 긍정적이지만 간접적이다. 이 점을 유의할 필요가 있다. 왜냐하면 사람들은 너무 성급히 푸코를 그 일탈과 한계가 비판되는 현대 개인주의의 예찬자로 만들어 버렸기 때문이다. 가치들의 붕괴와 직면하여 푸코는 그리스인들에게 호소하며 나르시스적 유혹에 빠졌다는 말이다. 푸코의 도덕이 철저한 위반이나 지탱되는 주변 부성의 경배에 있다고 주장하지 않는 한 마치 '미학적 단계'에 고착된 사유의 정지가 의미 상실을 대체할 수 있기라도 한 것처럼 각자에게 자기의 양식화를 통해 개인적인 개화의 길을 지시하면서 '실존의 미학'을 대체 윤리로 제시했다는 것이다. 이와 같은 일반화는 쉽고 남용적이며 특히 잘못되었다. 또 어떤 면에서 1982년 강의 전반은 이와 같은 그릇된 비판에 반대하여 구축되었다고 할 수 있다. 푸코는 보들레르나 바타유가 아니다. 우리는 푸코의 말기 텍스트에서는 특이성의 댄디즘이나 위반의 서정주의를 발견할 수 없다. 푸코가 헬레니즘·로마 시대의 자기 배려 문화로 생각하는 바는 훨씬 더 난해할 뿐만 아니라 흥미롭다. 그것은 내재성, 용의주도, 거리두기의 윤리이다.

우선 그것은 내재성의 윤리인데 우리는 여기서 '실존의 미학'을 발견할 수 있고, 또 이것은 수많은 오해의 원천이 된다. 푸코가 고대의 사유에서 발견하는 바는 초월적 가치에 의해 지탱되지도 않고 사회적 규범들과 같은 외부에 의해 조건화되지도 않는 내재적 질서를 생활에 각인하는 관념이다. 즉 "그리스인들의 도덕은 개인적인 선택과 실존의 미학이라는 문제에 집중되었다. 예술 작품의 질료인 bios라는 관념은 나를 매료시킨다. 도덕이 자체로서 권위적이거나 법률적인 체계, 규율 체계와 무관한 지극히 강력한 실존의 구조라는 것 또한 매력적인 것이다."[35] 자기 자신의 윤리적 구축은 우선

---

34) 〈진실의 배려〉, *art. cit.*, p.674.
35) 〈윤리의 계보학에 관하여〉, *art. cit.*, p.390.

자기의 실존, 즉 필연적으로 죽을 수밖에 없는 이 질료를 내적인 정합성에 의해 지탱될 수 있는 질서 구축의 장소로 만드는 것이다. 그러나 이 작품이라는 말에서 '예술적'이기보다는 수공업적인 차원을 유념할 필요가 있다. 이 윤리는 익명의 강압 효과를 수반하지 않는 수련 · 규칙성 · 노력을 요구한다. 여기서 수양은 민법이나 종교적 규정의 소관이 아니다. "이 자기 수양은 고유한 테크닉과 더불어 교육 제도와 종교적 구원 사이에 위치한다."[36] 자기 수양은 만인의 의무 사항이 아니라 개인적인 실존의 선택이다.[37]

개인적인 선택이 고독한 선택이 아니라 지속적인 타자의 현전을 다양한 형태하에서 내포하고 있다는 것을 우리는 곧 보게 될 것이다. 설명의 이 지점에서 "내가 연구한 고대 전반은 심각한 오류였다고 생각된다"[38]라고 하는 중요하고 잔혹한 환멸을 고려해 보자. 푸코의 이 이상한 언급을 이해하기 위해서 그리스 · 로마의 윤리에서 아포리아의 핵심을 재발견할 필요가 있고, 적어도 출구 없는 길의 도면을 재발견할 필요가 있다. 지극히 도식화시켜 고전기 그리스에서는 도덕의 규범성이 아니라 사회적 엘리트의 신분적인 우월성을 단언함으로써 실존의 미학인 윤리의 추구가 있었다고 말할 수도 있을 것이다. 그리고 성적인 고행은 교양 있는 귀족적인 계층에서는 그들의 속물주의와 자만심을 드러내게 해주는 일종의 '유행'[39]이라고 말할 수도 있을 것이다. 합리적 존재인 한에서 인간은 선을 열망할 수 있기 때문에 이제 로마의 스토아주의에서는 사회적 조건으로부터 윤리의 해방(노예도 덕스러울 수 있다)이 분명히 존재한다. 그러나 이렇게 일반화되었기 때문에 윤리는 점차적으로 보편적 규범으로 부과된다. 즉 "마지막 스토아주의자들에게 있어서 그들이 '당신이 보편적인 인간이기 때문에 이것을 해야 한다'고 말하기 시작할 때 무엇인가 변화가 일어났다. 이제 그것은 더 이상 선택의 문제가 아니다. 당신은 합리적인 존재이기 때문에 이것을 해야만 한다."[40]

---

36) 〈주체성과 진실〉, *art. cit.*, p.215.

37) "수반되는 고행과 함께하는 이 자기에 가하는 작업은 민법을 통해 개인에게 강제된 것이 아니라 개인이 하는 선택이다."(〈윤리의 계보학에 관하여〉, p.402)

38) 〈도덕의 회귀〉, *art. cit.*, p.698.

39) 〈윤리의 계보학에 관하여〉, *art. cit.*, p.391.

40) *Id.*, p.397.

그래서 윤리가 외적이고 오만한 명성을 갖는 한 사회 계급에 한정되지 않게 될 때 보편적인 적용 속에서 만인에게 의무적인 도덕으로 해석된다. 요컨대 "바로 여기에 고대철학의 불운이 있다."[41] 그러나 이것은 때늦은 주장이라고 사람들은 말할 것이다. 스토아주의에 대해 푸코는 항시 매혹되었던 것만은 아니다. 스토아주의의 이곳저곳에서 푸코는 전제적이고 규범적인 의무와 같은 도덕적 법제화, 즉 보편적인 목적을 갖는 법이 준비되는 것을 간파하고 예상한다. 푸코는 적극적인 자기 지배와 타자 지배라는 그리스의 윤리를 찬미하는 것과는 거리가 멀다. 그리스의 윤리는 신분적 우월성, 타자에 대한 경멸, 비상호성, 비대칭성의 기준에 근거하고 "이 모든 것은 솔직히 혐오스럽다"[42]고 푸코는 말한다. 푸코가 견유주의 사유의 연구를 시작하게 되는 이유를 알기 위한 적어도 한 단서를 여기서 발견할 수 있다. 이는 마치 한편으로 엘리트주의적이고 오만한 그리스 도덕으로부터 멀어지면서 다른 한편으로는 내적인 엄격성을 지닌 스토아주의 윤리가 필연적으로 역시 강압적인 비종교적-공화주의적 도덕으로 변질될 것을 푸코가 우려하는 것과 같다. "만인이 받아들일 수 있는――만인이 복종해야 한다는 의미에서――도덕 형식의 추구는 끔찍하다고 생각된다."[43] '비종교적인' 도덕과 진정한 (니체주의적이라고 말할 수 있다) 내재성의 윤리 간에는 차이가 크다. 이것은 견유주의에 대한 궁극적인 호소일까? 마치 엘리트의 윤리나 만인에게 의무적인 윤리의 아포리아에 직면해 푸코가 결국에는 정치적인 도발과 파문을 일으키는 윤리 이외에는 달리 합당한 윤리가 없다고 생각하기라도 한 것처럼 말이다. 요컨대 이 윤리는 견유주의자들의 자극적인 도움과 더불어 도덕적 고심의 원칙과 도덕을 귀찮게 하는 바(소크라테스의 교훈으로의 회귀)가 된다.

하지만 자기 배려의 보다 영광스러운 버전으로 돌아가보자. 즉 "자기가 자기에게 가하는 이 오랜 작업, 모든 수행자들이 참으로 길고도 힘든 일이라고 말하는 이 작업은 주체를 분할하려 하지 않고, 자기와 자기 관계의 무

---

41) 〈도덕의 회귀〉, *art. cit.*, p.700.
42) 〈윤리의 계보학에 관하여〉, p.388.
43) 〈도덕의 회귀〉, p.706.

조건성과 또 자목적성이 단언되는 형태로 그 다른 누구도 아닌 오직 자기 자신에게 연결시키려고만 한다."(강의록: 〈자기 수양〉) 자기와 자기 간에는 내재성의 관계가 성립된다. 예를 들면 모든 수련은 자기의 충만하고 완전한 속성의 법률-정치적 형식하에서 생각할 수 있는 안정적이고 완결된 자기와 자기의 관계를 설정하려는 경향이 있다. 푸코는 로마 스토아주의에서 영혼의 존속이 관여적이지 않음을 강조한다. 구원으로 설정된 바는 초월성 없이 완수된다. 즉 "인간이 관계를 맺는 자기는 이 관계 자체와 다르지 않고, [⋯] 요컨대 그것은 내재성이며 더 나아가 자기와 관계의 존재론적 일치이다."(같은 강의록) 진정한 초월성은 내재적이고 긴장된 자기 완성에 있다. 이 내재성은 헬레니즘 · 로마철학이 권장하고 있으며, 상기를 통한 상위 현실로의 이행을 제안하는 플라톤의 epistrophê와 대립되고, 또 희생적인 양식으로 자기 내에서 단절을 설정하는 기독교의 metanoia와 대립되는 자기로의 전향(epistrophê eis heauton, conversio ad se)이라는 경험적 관념으로 특징지을 수 있다. 여기서 지향되고 기대되며 갈구되는 것은 노년이라 불린다. "이 노년은 단순히 연대기적인 단계가 아니다. 노년은 우리에게 속하지 않는 바와 관련한 독립성과 동시에 주권이 투쟁으로 작용하지 않고 향유로 작용하는 자기와의 관계의 절정으로 특징지을 수 있다."(강의록: 〈자기 통치와 타자의 통치〉) 〈자기 통치와 타자의 통치〉라는 이 강의록에서 우리는 키케로 · 세네카 · 데모크리토스에서 영감을 받은 노년에 대한 장문의 아름다운 구절들을 발견할 수 있다. 여기서 노년은 지향해야 할 윤리적인 완성의 단계로 나타난다. 요컨대 인생의 황혼기에 자기 관계는 그 정점에 달한다.

누차 반복해 푸코는 자기 배려의 윤리를 특징지었고, 자기와의 관계로부터 획득되는 관능을 환기한다. 하지만 자기 배려는 만족스럽고 향유적인 자기 명상을 결코 지시하지 않았다. 푸코가 미국의 서부 해안가에서 발달하는 일정한 형태의 내적인 성찰(개인적인 도의 추구, 진정한 자아의 탐색과 개화 등)에 대해 푸코는 다음과 같이 선언한다. 즉 "나는 고대의 자기 수양을 캘리포니아의 자기 숭배라 불리는 바와 동일시하지 않고, 또 양자는 완전히 대립된다고 생각한다."[44] 사실상 자기 배려는 자아의 실종된 진실에 매료되

---

44) 〈윤리의 계보학에 관하여〉, *art. cit.*, p.403.

고 홀린 나르시스적인 탐색이라기보다는 자신의 표상들을 통제할 수 있는 힘을 상실하지 않고, 고통과 쾌락이 자신을 침범하지 못하도록 유의하는 자기의 용의주도한 긴장을 지시한다. 푸코는 강의록 〈자기 수양〉에서 "모든 다른 형태의 쾌락을 제거해 버리는 경향이 있는 순수한 자기 자신의 소유와 향유"를 논의한다. 사실 쾌락을 느끼지 않으려는 극도의 주의는 용의주도한 내적 성찰을 수반한다. 자기 배려를 위협하는 것은 나르시스적인 향유가 아니라 병적인 심기증이다. 한편으로는 선천적으로 반항적인 원기를 체조를 통해 순화할 필요가 있는 신체, 다른 한편으로는 음악(플라톤의 교육)을 통해 용기를 북돋을 필요가 있는 영혼이 아니라 서로의 허약함과 악덕을 교환하는 신체와 영혼의 상호 간섭이 사실상 헬레니즘·로마 시대의 이와 같은 새로운 경각심의 적용 영역이 된다.

"자기 실천에서 관심을 기울여야 할 지점은 신체와 영혼의 병들이 서로 소통하여 불안을 교환하는 지점이다. 그곳은 신체의 과도함이 영혼의 결점을 드러내고 유지하는 반면 영혼의 악습이 신체적인 비참을 야기시킬 수 있는 지점이다. 신체가 영혼을 제압하기를 원치 않는다면 영혼을 교정해야 하고, 또 영혼이 자기 자신을 전적으로 제어하기를 원한다면 신체를 교정해야 한다는 사실을 고려하면서 배려는 특히 소요와 동요의 이행 지점에 집중된다. 신체의 질병·불안·고통으로 향하는 주의는 개인의 허약한 지점인 이 접촉면에 기울여진다. 성인이 자기 자신을 배려할 때 돌보아야 할 신체는 체조를 통해 훈련시켜야 할 젊은 신체가 아니다. 그것은 사소한 비참함에 의해 서서히 침식당하고 위협받으며 허약하게 되고, 또 역으로 원기왕성한 욕구에 의해서가 아니라 허약함으로 인해 영혼을 위협하는 신체이다."[45]

세네카의 서신과 아에리우스 아리스티데스의 《신성한 담론》에 근거하며 푸코는 이 새로운 대상(영혼과 육체의 허약한 접합)에 이분법적인 의학적 관계의 모델과 역학에 따르는 새로운 양식의 내성(內省)이 상응하는 것을 별 어려움 없이 보여준다. 요컨대 "아주 광범위하게 발전된 의학−철학적 테마

45) 강의록: 〈타자들〉.

는 자기 자신의 의사이자 병자로 항구적으로 구축해야 할 자기 관계의 도식을 수반한다."(강의록: 〈자기 통치와 타자의 통치〉) 여기서 푸코는 연속성을 설정하고 주체가 자기 자신을 제어하기 위해 자기와의 관계에서 지배의 사회적 도식(자기 부인이나 노예들을 지배하듯이 자기를 지배하는 것)을 더 이상 연장할 필요가 없고, 자신의 감정들에 대해 의심하는 경계심을 이용해야 하는 그런 경험이 어떻게 시작되는지를 보여주는 데 주의를 집중한다.

"고대의 윤리를 특징짓는 엄격한 투기(鬪技)는 사라지지 않지만 투쟁의 형태, 승리의 기제들, 지배의 형태들은 변화한다. 자기 자신보다 더 강하다는 것은 경각심을 가지고 부단히 자기 자신을 경계하고, 또 일상 생활의 흐름에서건 표상의 흐름에서건 통제와 제어를 행사하는 것을 전제로 한다."[46]

이제 1982년 강의의 제목 〈주체의 해석학〉을 이해할 수 있다. 왜냐하면 헬레니즘 · 로마 시대의 자기 실천이 어떻게 "세심한 독서를 통해 사소한 돌발 사건들을 따라 실존을 주파하는" 주체의 경험을 형성시키는지를 보여주는 것이 관건이기 때문이다(강의록: 〈자기와 타자〉). 의심하는 자기는 자신의 감동을 추적하며 자기 자신과의 투쟁의 테마를 강화시키고 주체의 허약함을 부각시키며 더욱더 강력하게 쾌락과 악을 연관시킨다. 이는 스토아주의가 서서히 기독교의 온상이 된다는 것과 마찬가지이다. 요컨대 "내가 이렇게 긴 연구를 시도했다면 그것은 기독교 도덕이라 불리는 바가 어떻게 유럽의 도덕에 초기 기독교 시대부터가 아니라 고대의 도덕으로부터 주입되었는지를 보여주기 위해서이다."[47] 따라서 우리는 말기 푸코에서, 또 특히나 스토아주의와 관련해서 단절의 분명한 노선과 연속성의 주장 사이에서 계속적으로 주저하게 된다. 하지만 결국 푸코는 니체를 상기한다. 요컨대 역사적 진실은 항시 관점의 문제라는 것을 상기한다.

이 윤리의 최종적이자 가장 결정적인 요소는 거리두기이다. 이 점과 관련해 오해가 가장 많을 위험이 있고, 또 강의를 뒷받침하고 일반적인 방향을

---

46) 강의록: 〈자기 수양〉.
47) 〈도덕의 회귀〉, *art. cit.*, p.706.

제시하는 준비 강의록들은 우리에게 가장 소중하다. 헬레니즘·로마 시대의 자기 배려는 고독의 수련이 아니다. 푸코는 이것을 근본적으로 다소 긴밀한 제도적 틀(에픽테토스의 학원이나 필로데모스가 기술하는 에피쿠로스단체)에 속하고 파벌이나 가문(세네카와 세레누스나 루킬리우스의 관계)과 선재하는 사회적 관계(플루타르코스의 대화 상대자들)를 기초로 조직되며, 황제의 궁정에서 정치적 토대하에서 구축되는 사회적 실천으로 생각하게 만든다. 자기 배려는 그 원칙 내에 타자를 포함하기까지 하는데 그 이유는 그릇된 교육이 주입한 바를 잊어버릴 때에만 자기 자신으로 되돌아갈 수 있기 때문이다. **"자신의 어린 시절마저도 뽑아 버리는 것이 자기 실천의 임무이다"**라고 푸코는 쓰고 있다(강의록: 〈자기 통치와 타자의 통치〉). 여기서 〈자기 통치와 타자의 통치〉 강의록의 '연령·교육·의학'이라는 파일과 〈알키비아데스, 에픽테토스〉 강의록의 '비판'이라는 파일은 자기 배려는 잃어버린 기원으로의 회귀를 전제하지 않고 비록 선천적으로 주어진 것이 아니라 할지라도 고유한 '속성'의 출현을 전제로 한다는 것을 명시적으로 보여준다. 바로 그렇기 때문에 스승이 필요하다.

> "인생의 시작부터 사물화되어 버린 오류·왜곡·악습·의존성의 심층부에 훈육이 가해진다. 그 결과 인간 존재가 여전히 머무르고 있을지도 모르는 젊음의 상태나 유년기의 어떤 단계로 되돌아가는 것이 관건이 아니라, 즉각적으로 결함 있는 교육 및 신앙 체계에 사로잡힌 인생 속에서 결코 나타날 기회가 없었던 '속성'을 참조하는 것이 관건이다. 자기 실천의 목표는 자기 자신 내에서 결코 나타날 기회가 없었던 속성과 자기 자신을 일치시키면서 자기를 해방하는 행위다."[48]

따라서 자기 배려는 타자의 현존에 의해 관통된다. 요컨대 타자는 실존의 지도자이고 서신을 받는 상대방이며, 그 사람 앞에서 나는 내 자신과 맞서고 또 타자는 도움을 줄 수 있는 친구와 같고 호의적인 아버지와 같다. 자기 배려는 '**고독의 요구가 아니라 진정한 사회적 실천**' '**사회적 관계의 강**

---

48) 강의록: 〈자기 통치와 타자의 통치〉.

화제' 라고 푸코는 쓰고 있다(강의록: 〈자기 통치와 타자의 통치〉). 이는 자기 배려가 우리를 세계와 유리시키지 않고 우리 활동의 정지점을 이루는 것도 아니라는 말과 같다. 예를 들어 현자에게 있어서 '은거'(anakhôresis)는 지고한 고독 속에서 자신을 구축하기 위해 인간 세계를 떠나는 것이 아니다. 푸코는 완성의 은거(생의 절정에서 자기 자신으로 되돌아가기)와 전략적 후퇴(자기 자신의 일만을 돌보기 위해 시민 생활의 의무로부터 벗어나기), (일정한 관습들을 숙고하여 거부하는 데 있는) 비판적 단절, (자기 자신의 재점검을 가능하게 해주는) 일시적이고 유익한 연수를 구분하고 있다.[49] 특히 은거는 활동의 공공연하고 떠들썩한 중단과 동의어가 아니다. 즉 현자라고 추정되는 사람들이 공개적으로 그들의 고독을 내걸고 만인이 보는 앞에서 세계로부터의 은거를 내보이는 현란한 행동에는 교만심이 대단히 많다고 스토아주의자들은 지적한다. 자기 배려에 의해 요구되는 진정한 은거는 연루된 활동과 관련해 그것을 수행함과 동시에 거리를 두어 자기와 자신의 행동 사이에 필요한 경계 상태를 구축할 수 있는 거리를 유지하는 것이다. 자기 배려의 목적은 세계로부터 자기 자신을 빼내는 데 있는 것이 아니라 세계의 사건들에 대비해 합리적 행동의 주체로서 자신을 준비하는 데 있다.

"이 수련들이 무엇이든지간에 한 가지 사실은 주목할 만한 가치가 있는데, 그것은 이 수련들 모두가 주체가 또한 대면해야 하는 상황들과 연관되어 실천된다는 점이다. 요컨대 합리적이고 도덕적으로 수용 가능한 행동의 주체인 개인을 구축하는 것이 관건이다. 이 모든 생활의 기술이 자기와의 관계 문제에 집중된다는 사실은 착각을 불러일으켜서는 안 된다. 즉 자기로의 회귀라는 테마는 활동의 영역으로부터의 일탈로 해석되어서는 안 되고 오히려 자기와 자기와의 관계를 사물·사건·세계와의 관계 원칙, 규칙으로 유지시킬 수 있게 해주는 탐구로 해석해야 한다."[50]

자기 배려는 무위(無爲)의 권유와는 정반대로 우리로 하여금 잘 행위하게

---

49) 강의록: 〈자기 통치와 타자의 통치〉 내에 있는 '은거'와 '회귀/은거' 파일.

50) 강의록: 〈자기 통치와 타자의 통치〉.

하고, 우리 행위의 진정한 주체로 우리를 구축하게 만들게 하는 것이다. 자기 배려는 세계로부터 우리를 고립시키기보다는 우리를 세계에 정립시키게 해준다.

"이미 살펴보았듯이 자기 자신에게 관심을 집중하면서 중요한 것은 세계와 인연을 끊고, 또 자기 자신을 절대적인 것으로 구축하는 것이 아니라 가장 정확하게 세상에서 자신이 점유하고 있는 위치와 자신이 속해 있는 필연적인 체계를 헤아리는 것이다."[51]

따라서 자기 배려는 내 행동을 구성하는 원칙과 같고 또 "**자기 실천은 지배적이고 가장 널리 보급된 형식 내에서 타인들에게 할애해야 되었던 행동의 정도·양태·지속·상황을 가장 정확히 규정하는 역할을 하기**"(강의록: 〈자기 통치와 타자의 통치〉) 때문에 자기 배려는 이로 인해 제한적인 원칙이기도 하다. 자기 배려는 무위를 발생시키는 것과는 거리가 멀고 우리로 하여금 적절한 장소와 시간에서 적절히 행동하게 해준다. "**특권적이고 근본적인 자기와의 관계가 [주체에게] 가장 좁은 혈연 관계로부터 인류 전체로 확산되는 인간 공동체의 일원으로 자기 자신을 발견할 수 있게 해주어야 하기**"(같은 강의록) 때문에 자기 배려는 인간 공동체로부터 우리를 유리시키는 게 아니라 인간 공동체와 우리를 가장 정밀하게 이어 준다. 배려에서 발견된 주체는 고립된 개인과는 정반대의 것이다. 요컨대 주체는 세계의 시민이다. 따라서 자기 배려는 행위 주체와 세계의 관계, 주체와 타자들의 관계를 조절하는 원칙이다. 자기 배려는 행위를 구축하고 행위에 척도와 형식을 부여하며 행위를 강화시키기까지 한다. 이 예를 다시 취해 보면 은거는 "**다른 활동들의 놀이에 통합되어 그것에 적절히 몰두하게 해주는 실천과 수련**"(같은 강의록)이었다. 결론적으로 "자기 수양을 정치적·시민적·경제적·가족적 활동에 대립되는 선택이라기보다는 이 활동을 적절하다고 여겨지는 한계와 형식 내에서 유지하는 방식으로 생각할 필요가 있다."(강의록:《타자들》)

---

51) 강의록: 〈타자들〉.

5. 강의의 정치적 관건

따라서 자기 배려는 행위를 소거하는 게 아니라 조절하는 거리를 만들어낸다. 하지만 동시에 푸코에게는 이 자기 수양이 다른 어떤 관계보다도 자기와의 관계의 우선성을 강조하는 것이 중요하다. 여기에는 조절 이상의 것, 즉 환원 불가능한 독자성의 단언이 있다. 예를 들면 스토아주의자나 에피쿠로스주의자에 있어서 절제의 훈련과 관련해 철저하게 부를 버리는 것――이것은 기독교의 포기가 아니다――이 관건이 아니라 언젠가 부가 없어질 때 그것으로 인해 동요되지 않도록 대비하는 것이 관건임을 푸코는 잘 보여주고 있다. 그러므로 모든 물질적 재산을 버리는 것이 문제시되는 게 아니라 부의 궁핍으로 인해 박탈감을 느끼지 않게끔 충분히 초연한 태도로 부를 향유하는 것이 중요하다. 왜냐하면 유일하게 진정으로 소유할 수 있는 것은 자기 자신에 의한 자기의 소유이기 때문이다. 궁핍이 필연적이고 본질적으로 부차적인 것임을 받아들일 수 있어야 한다. 가난을 참아내듯이 부를 참아내는 법을 배울 필요가 있다. 하지만 타자에 대한 정치적 통치를 이와 동일한 방식으로 생각할 필요가 있고, 또 푸코는 윤리적 거리의 통치성이라는 새로운 통치성의 원칙을 다음과 같이 설명한다.

"완전히 자신이 하는 일에 사로잡히지 않고 자신의 생을 자신의 직분과 동일시하지 않으며, 자신을 카이사르로 착각하지 않고 분명하고 일시적인 임무를 담당하는 사람이라는 것을 알아야 하는 것과 같이 우선 일에 있어서 '양적인' 한계가 문제시된다. [⋯] 특히 자신을 타자와 구별하고 타자와 관련해 자신을 위치시키는 법률 및 의무 체계에 입각해 자기 자신이 무엇인지를 밝히려 하지 말아야 하고, 또 그래서 일반적으로 이러저러한 상황에서 하지만 결국에는 자신이 수행해야 할 직분에 따라 해야 할 바를 추론하기 위해 자기 자신이 무엇인가에 대해 물음을 던져야 한다. '네 자신이 무엇인지를 생각하라'는 능동적인 삶을 피하기 위해서가 아니라 세계의 주민이자 도시의 시민인 사람에게 에픽테토스가 행동의 규칙을 부여하기 위해 하는 조언이다. 자기 역할의 규정이 자신이 해야 할 바의 척도를 확정하게 될 것이다. 요컨대

'네가 어떤 도시국가의 자문이면 네 자신이 늙었다는 것을 상기하라. 네가 아비이면 네 자신이 아비임을 상기하라.' 자기와의 관계는 도시국가, 가족 혹은 개인의 질서에 속하는 모든 형태의 활동과 개인을 유리시키지 않는다. 오히려 자기와의 관계는 세네카가 말했듯이 자기가 행하는 활동과 자기를 이 활동의 주체로 만드는 바 간의 간극을 벌린다. 이 '윤리적 거리는' 상황이 그로부터 다시 빼앗아가는 바를 박탈당한다는 느낌을 갖지 않게 해주고, 또 직분의 규정 내에 들어 있는 바 이상의 것을 전혀 하지 않게 해준다.

자기 수양은 자기로의 회귀 원칙을 제안하면서 항시 지배·제어, 자기에 대한 자기의 우월성의 윤리로 존속하는 윤리를 만들어 낸다. 하지만 이 보편적인 구조와 관련해 자기 수양은 다수의 중요한 변화를 도입한다.

자기로의 회귀는 신분적인 상관 관계와 타자에 대한 권력 행사와는 별개로 자기에 대한 권력 관계를 우선적으로 규정한다. 자기로의 회귀는 다른 권력 관계와 자기에 대한 권력 관계를 구분하여, 자기 자신에게 행사해야 할 지상권 외의 어떤 다른 버팀목이나 목표를 부여하지 않는다.

우리는 이 자기 극복의 윤리가 자기와의 관계를 더욱 복잡하게 만드는 원칙과 겹쳐지는 것을 살펴보았다. 요컨대 자기 자신에게 바쳐야 할 영예·경애·경배는 우리가 행사하는 지배의 또 다른 면이다. 따라서 달성해야 할 목표는 자기에 대한 지상권, 존중, 제어, 자기에 대한 경계, 자기가 자기 자신에게 단언하는 승리, 자기에 의해 자기 앞에서 체험된 공포와 같은 자기 관계의 목표이다.

이러한 자기 관계의 가역적인 형상을 통해 더욱 강도 있을 뿐만 아니라 훨씬 더 내면화된 고행의 원칙을 볼 수 있다. 왜냐하면 자기 관계의 가역적 형상은 행실의 이편에서 사유 내에 자기가 자기 안에 지속적으로 현존하는 것과 관련이 있기 때문이다. 하지만 자기로의 회귀의 윤리에서 내적인 엄격성의 원칙은 자기와의 관계의 근본적(일치적이자 항구적이자 최종적인) 속성에 의해 확보되는 거리 내에서 수행된 행동이라 할 수 있는 사회적·경제적·가족적 역할 규정을 통해 함축된 행동에서 인정되는 정당성에 의해 균형이 유지된다."[52]

---

52) 강의록: 〈자기 통치와 타자의 통치〉.

이 텍스트는 적어도 푸코가 로마의 철학에서 재발견한 정치적 자기 윤리를 요약한다. 분명히 이 문제는 공적이고 정치적인 생활에 참여하는 것과 관련된 문제이다. 자기 배려의 우선성을 단언함으로써 공적인 임무를 거부하는 것이 문제가 아니라 이것을 받아들이고 또 이 수용에 한정된 형식을 부여하는 것이 문제다. 정치적 직무나 공무에서 담당해야 할 바는 사회적 정체성이 아니다. 내가 명령해야 하고 명령할 수 있는 유일한 대상이 내 자신임을 잘 숙지하면서 나는 일시적으로 명령하는 역할과 직무를 담당하고 수행한다. 사람들이 내게로부터 타자에게 명령할 수 있는 권한을 박탈한다 할지라도 내가 나 자신에게 명령할 수 있는 권한은 박탈할 수 없다. 이러한 초연한 태도는 규정에 속하는 바(수장·시민·가장 등의 객관적인 임무)만을 수행하며 이러한 사회적 역할과 그 내용들을 구축적 자기 관계에 입각해 분배하면서 직무를 자기 자신의 일로 만들지 않고 수행할 수 있게 해준다.[53] 아테네의 귀족 계급이 타자들에게 영향력을 행사하는 것을 받아들이며 합법적으로 자신들에게 귀속되는 신분과 자신을 동일시하고 이 신분 전반을 규정했던 반면, 스토아주의 현자는 침해할 수 없는 자기와의 관계의 환원 불가능한 보고에 입각해 황제가 부여한 직무를 그가 최선을 다해 수행해야 하는 임무로 받아들인다. 즉 **"개인의 신분과 공적인 직분은 서로 분리되지 않으면서도 더 이상 당위적으로 일치하지 않는다."**(같은 강의록) 자기 배려는 자기의 야심과 자기가 외적 임무에 함몰되는 것을 제한한다.

"1. 자기 수양은 능동적인 인간에게 양적인 제한의 규칙을 부여한다(자기 자신을 망각하게 될 정도로 정치적인 과업, 금전에 대한 배려, 다양한 책무가 실존을 엄습하게 내버려두어서는 안 된다).

2. 자기와의 관계의 우선성은 다른 모든 관계로부터 주체의 독자성을 수립

---

53) 같은 강의록 참조. "이런 맥락에서 자기 실천은 분명히 일정한 역할을 담당했다. 즉 사생활과 주관적 경험 내에서 이제는 불가능해진 정치적 활동의 대체물을 제공하는 역할이 아니라 자기 자신이 주인의 역할을 하는 자기와의 관계에 입각해 '삶의 기술,' 삶의 실천을 고안하는 역할을 담당했다. 자기와의 관계는 정치적·시민적 활동과 다른 선택이 아닌 윤리의 토대가 된다. 자기와의 관계는 직분과 직무, 그리고 특권 밖에서 자기 자신을 규정할 수 있는 가능성을 제공하고, 이로 인해 이것들을 적합하고 합리적으로 수행할 수 있는 가능성을 제공한다."

할 수 있게 해주고, 주체의 독자성은 이 다른 관계들의 확장을 제한하는 데 도움을 준다."[54]

윤리 주체는 결코 자신의 역할과 완벽하게 일치하지 않는다. 우선 자기에게 행사해야 하는 지상권이 보존해야 하고 보존할 수 있는 유일한 것이기 때문에 이 거리가 가능해진다. 이 거리는 권력의 유일하게 명확한 현실을 규정하기까지 한다. 여기서 이것은 고전기 그리스의 **윤리**(êthos)와 관련한 역전이다. 군대의 명령이나 노예의 지배에서 모델을 찾아나서며 타자를 지배하듯이 자신을 지배하는 것이 문제가 아니다. 내가 타자를 지배하게 되는 경우 유일하게 결정적이고 본질적이며 실제적인 일차적 지배인 내자신의 지배라는 모델에 입각해 지배할 수밖에 없다. 자기 배려를 통해 푸코가 정치로부터 일탈할 수 있는 영리하고 화려한 방법을 찾으려 했다고 생각해서는 안 된다. 반대로 푸코는 특히 제정기의 스토아주의 연구를 통해 윤리와 정치의 연결 원칙을 표명하려고 했다.[55]

앞서 인용한 긴 인용문에서 유념할 필요가 있는 마지막 요소는 자기에게 해야 하는 경배에 대해 푸코가 말하는 바이다. 자기 배려의 엄격성은 자기 앞에서 자기를 사로잡는 공포와 전율에 의해 광범위하게 영향을 받는다. 〈자기 통치와 타자의 통치〉 강의록에는 '종교'라는 제목의 파일이 있으며 여기서 푸코는 우리를 안내하며 또 우리가 존중하고 경배해야 할 내적인 신성으로 이해해야 하는 **다이몬**이라는 경험적 관념을 검토한다. 우리 안에 있는 이 신성의 파편은 자기를 구축하며 이 자기 앞에서 우리는 우리 자신을 정당화해야 한다. "**다이몬은 실질적으로는 신성하다 할지라도 그것은 우리 안에서 경배해야 할 타자와 같다.**" 이 두 구절로 이 긴 논리적 전개를 설명할

---

54) 강의록: 〈자기 통치와 타자의 통치〉.

55) 《쾌락의 활용》(Paris, Gallimard, 1984)에서 고전기 그리스와 관련하여 윤리적 차원은 다른 방식으로 정치적인 것을 제한하기 위해 개입한다는 것을 상기할 필요가 있다. 소년들에 대한 사랑과 관련하여 어떻게 지배가 중단되고 제한되는지, 어떻게 힘 있는 자가 자기 자신에게 과업을 부과하고 또 타자에게 권리를 인정하는지를 보여주는 것이 문제였다. 요컨대 윤리는 정치적인 것의 주름과 같았다(들뢰즈는 《푸코》(Paris, Minuit, 1986)에서 이 힘들의 접힘과 관련해서 주체의 탄생을 논한다). 푸코는 항시 정치적인 것 내에서 윤리를 생각한다는 점을 유념할 필요가 있다.

수는 없을 것이다. 적어도 푸코가 생각하는 내적인 분할의 관심은 여기서 문화적 반사 행동(정신분석학의 설명)이 본능적으로 그렇게 생각하듯이 타자의 시선의 내면화의 용어로 해석하기가 어렵다는 점을 유념할 필요가 있다. 따라서 윤리적 차원은 타자의 시선의 내면화의 결과가 아니다. **다이몬**은 자기와 자기의 일차적이고 환원 불가능한 절단의 신화적 형상과 같다고 말할 필요가 있다. 그리고 타자는 우선적으로 이 관계가 존재하기 때문에 이 관계의 내부에 자리잡는다. 절대적 타자가 절대적 자기의 투사이고, 또 전율할 필요가 있다면 그것은 절대적 자기의 상징에 지나지 않는 절대적 타자 앞에 서라기보다는 절대적 자기 앞에서이다.

이와 같이 '윤리적 거리의 통치성'이라 명명한 바를 명확히 설명하면서 문제시된 것은 정치적인 것이었다. 일반적으로 **"스토아주의의 일상적 태도에서 자기 수양은 정치 활동의 중대한 대안으로 체험되기보다는 정치 활동의 조절적 요소였다"**(같은 강의록)고 푸코는 주장한다. 하지만 결론을 내리기 위해 다른 문제를 제기하고자 한다. 요컨대 자기 배려, 자기 실천, 실존 기술의 주제화가 현재의 투쟁에 영향을 미치고 양분을 제공한다고 푸코가 생각하는 방식이 있다.

1970년대말에 푸코의 연구 상황은 다음과 같이 설명될 수 있다. 우리 근대 사회의 계보학이라 할 수 있는 푸코가 1976년에서 1979년 사이에 재추적한 국가는 총체화함과 동시에 개별화하는 양상을 보인다. 사제 통치성의 구조와 국가 이성의 구조를 결합한 근대 국가는 주민들을 관리하고, 또 동시에 개인들을 식별하는 것으로 여겨진다. '경찰'은 이 이중적 통제의 교차 지점에서 재발견된다. 복지국가는 주민의 수와 번영, 개인의 건강과 장수와 관련된 매우 오래된 이중적 논리의 궁극적인 연장으로 생각될 수 있다. 이와 같은 국가의 이중적 소명은 공허한 투쟁과 애초부터 일탈된 투쟁으로 귀결된다. 이쪽이나 저쪽이나 문제가 되는 것은 국가가 생산하고 조절하며 지배하는 바이기 때문에 국가에 "개인과 그의 이해를 대립시키는 것은 국가에 공동체와 그 요구 사항을 대립시키는 것만큼이나 무모하다."[56] 저항이 사라진 것 같고 공공연하게 지식인 엘리트의 전유물이 된 허약한 투쟁 도구인

---

56) *DE*, IV, nº 291 〈'만인과 개인' : 정치 이성의 비판을 향하여〉(1979년 10월), p.161.

미시적인 역사적 지식의 생산 내에서만 유지되는 것처럼 보인다.

푸코와 더불어 우리는 (정치적) 지배에 반하는 투쟁, (경제적) 착취에 대항하는 투쟁, (윤리적) 예속에 대항하는 투쟁과 같이 세 유형의 투쟁을 구분할 수 있다.[57] 20세기는 윤리적 예속에 대항하는 투쟁으로 두드러지고 이를 다음과 같이 특징지을 수 있다. 즉 "이 투쟁의 주 목적은 이러저러한 권력의 제도 · 단체 · 계급 · 엘리트를 공격하는 것이 아니라 특수한 테크닉과 일정 형태의 권력을 공격하는 것이다. 개인들을 범주로 분류하고 그들의 고유한 개인성을 통해 개인들을 지정하며, 그들에게 정체성을 고정시키고 그들이 내면에서 확인해야 하는 진실의 법칙을 부과하는 이런 형태의 권력은 일상 생활에 즉각적으로 행사된다. 바로 이러한 형태의 권력이 개인을 주체로 변형시킨다."[58]

여기서 우리는 개별화하는 차원에서 목자 권력을 확인하게 될 것이다.[59] 따라서 국가가 개인화의 모태이기 때문에 새로운 투쟁은 억압적인 국가에 직면한 개인의 해방을 목표로 할 수 없다. 요컨대 "오늘날 우리에게 제기되는 동시에 정치적 · 윤리적 · 사회적 · 철학적인 문제는 개인을 국가와 그 제도들로부터 해방시키려 하는 게 아니라 우리 자신을 국가와 거기에 결부된 개인화 유형으로부터 해방시키는 문제이다. 우리는 새로운 형태의 주체화를 촉진할 필요가 있다."[60] 푸코는 이와 같은 관리적이고 규범적이며 개인화하고 식별화하는 목적을 지향하는 국가에 대립시켜야 할 바를 1980년대에 개념적으로 명확히 한정한다. 로마의 스토아주의가 문제시될 때 푸코가 아주 잘 기술한 관계적인 차원에 있는 자기 실천이 분명히 문제이다. 왜냐하면 본래 개인과 공동체, 그들의 이해와 권리는 상보하면서도 서로 대립되며, 요컨대 그것은 상반되는 것의 공모이기 때문이다. 푸코는 공동체의 요구 사항

---

57) 〈주체와 권력〉, *art. cit.*, p.228.

58) *Id.*, p.227.

59) 정의와 관련해서는 다음을 참조. "이런 형태의 권력은 (정치 권력과 반대로) 구원을 지향한다. 이런 형태의 권력은 (군주권과 반대로) 헌신적이고 (사법적인 권력과 반대로) 개별화하는 경향이 있다. 이 권력은 생명과 공통적 외연을 갖고 그 연장 속에 있고 진실——개인 자신의 진실——의 생산과 연루되어 있다."(*id.*, p.229) 18세기부터 이 권력은 "갑자기 사회적 신체 전반에 확산되고 무수한 제도로부터 지지를 받았다."(*id.*, p.232)

60) *Ibid.*

과 그가 '생활의 방식' '생활의 양식' '실존의 선택' '문화적 형식'이라 부르는 개인의 권리를 일괄적으로 대립시킨다. 동성애 인정을 위한 투쟁의 사례가 여기서 모범적인 예이고 미국에 대한 강력한 끌림, 버클리에서의 체류, 거기서 발견한 새로운 관계적 형식들이 푸코의 말년에 깊은 영향을 미쳤다는 사실을 잊어서는 안 된다. 게이 운동에 할애된 '사회적 승리'[61]나 '삶의 방식으로서의 우정'[62]에 관한 텍스트는 푸코의 새로운 정치론에 대한 결정적인 언표들을 포함하고 있다. 푸코는 이 텍스트에서 동성애자들에 대한 법률적 평등성의 주장에 멈추어서는 안 된다고 주장한다. 동성애를 정상화하고 동성애적 주체의 진정한 정체성 인정을 위해 싸우며 평등한 권리의 주장에 그치는 것은 푸코에게는 제도의 거대한 광고판에 떨어지는 것처럼 보인다. 푸코에게 진정한 저항은 새로운 자기 수련의 발명, 새로운 윤리의 발명, 새로운 동성애자적 삶의 방식의 발명과 같은 다른 곳에 있다. 왜냐하면 자기 실천은 개인적이지도 공동체적이지도 않고 관계적이며 횡단적이기 때문이다.

6. 강의의 출판

강의의 전사, 발화된 말에 입각해 텍스트를 구축하는 훈련은 원칙적으로 많은 문제와 봉착하지만 앞서 지적하였듯이 푸코는 자유롭게 즉흥적으로 말하기보다는 작성된 텍스트를 세심하게 낭독하였기 때문에 다행히도 그의 강의의 경우에는 다소 난관이 경감되는 듯하다. 편집자는 원본에의 충실성의 요청과 종종 가독성(可讀性)의 요청 사이에 사로잡히는 일이 있었다. 그래서 텍스트를 최대한으로 정확히 복원하면서도 결국에는 문장의 이해를 방해하는 상당수의 반복과 무거움을 제거하고 경감하면서 타협을 시도했다. 예를 들면 인용된 구절들과 관련한 정확한 출처(페이지 번호와 구절 번호)가 주에 다시 나오면 텍스트로부터 생략했다. 생략이 문장의 균형을 깰 경우에는 그

---

61) *DE*, IV, n° 313: 〈성적 쾌락의 사회적 승리〉(1982년 5월), p.308-314.
62) *DE*, IV, n° 293: 〈삶의 방식으로서의 우정에 관하여〉(1981년 4월), p.163-167.

대로 남겨두었다. 또 다른 곳에서 푸코가 사소한 착각(페이지 번호의 착각이나 서신 번호의 착각)을 한 경우 텍스트에 올바른 판본을 복원시켜 놓았다. 많지 않은 각괄호([ ])는 푸코가 자신의 이해를 돕기 위해 다소 변형시킨 문장을 지시한다. 강의 녹취록은 자크 라그랑주의 것만을 이용하였고, 그 결과 녹취록에서 삭제된 몇몇 부분들은 수고(手稿)가 빠진 문장들을 복원해 주는 경우를 제외하고는 복원할 수 없었다. 마지막으로 이 메모는 이중적 역할을 한다. 한편으로 이 메모는 인용문의 출처를 지시하고 콜레주 드 프랑스 강의와 푸코의 작품 전반——다른 강의 · 저서 · 《말해진 바와 씌어진 바》의 텍스트——을 연결하는 다리를 구축하고, 또 암시적인 바를 명확히 설명하며 당대에 푸코가 운용할 수 있었던 이차적인 참고 문헌을 지시한다. 다른 한편으로 이 노트는 역사의 일정한 요점들을 설명하고 잘 알려지지 않은 인물들에 대한 전기적인 지표들을 제공하며, 구체적 사항들과 관련한 통합된 저작들을 지시하면서 훨씬 더 교육적인 역할을 담당한다.

*

푸코 작업 강의록들에 접근하게 해줌으로써 강의 전사를 풍요롭게 하고 보충할 수 있게 해준 다니엘 드페르에게, 학문적인 역량과 도움을 아끼지 않은 파리12대학의 헬레니즘 · 로마 시대 철학 연구팀에 두루두루 또 특히 카를로스 레비에게, 플라톤주의자의 빛을 발해 준 장 프랑수아 프라도에게, 비판적인 독서를 해주고 건설적인 지적을 해준 폴 벤에게 기술적인 도움을 준 세실 피에게에게, 마지막으로 우정 어린 충실한 지지를 해준 폴 멩갈에게 감사의 마음과 말을 보낸다.

F. G.

개념 색인

동문선

《얀 이야기》 ⓒ 2000 JUN MACHIDA

색 인

심세광

성균관대학교 불어불문학과 졸업

동대학원에서 석사

프랑스 파리10대학에서 〈미셸 푸코에 있어서 역사 · 담론 · 문학〉이라는
논문으로 박사학위 취득

현 성균관대학교 · 건국대학교 · 철학아카데미에서 강의중

역서: 《미셸 푸코 철학의 자유》《이성의 역사》《미셸 푸코, 진실의 용기》

주요 논문: 〈푸코와 문학〉〈미셸 푸코에 있어서 역사, 진실, 픽션〉
〈미셸 푸코를 통해 본 성과 권력〉〈디지털 시대에 있어서 가상과 현실〉
〈푸코의 주체화와 실존의 미학〉〈들뢰즈와 문학〉등

문예신서
333

주체의 해석학

초판발행 : 2007년 3월 10일

東文選

제10-64호, 78. 12. 16 등록

110-300 서울 종로구 관훈동 74번지

전화 : 737-2795

편집설계 : 李姃旻

ISBN 978-89-8038-596-6 94160

【東文選 現代新書】

1 21세기를 위한 새로운 엘리트	FORESEEN 연구소 / 김경현	7,000원
2 의지, 의무, 자유 ─ 주제별 논술	L. 밀러 / 이대희	6,000원
3 사유의 패배	A. 핑켈크로트 / 주태환	7,000원
4 문학이론	J. 컬러 / 이은경 · 임옥희	7,000원
5 불교란 무엇인가	D. 키언 / 고길환	6,000원
6 유대교란 무엇인가	N. 솔로몬 / 최창모	6,000원
7 20세기 프랑스철학	E. 매슈스 / 김종갑	8,000원
8 강의에 대한 강의	P. 부르디외 / 현택수	6,000원
9 텔레비전에 대하여	P. 부르디외 / 현택수	10,000원
10 고고학이란 무엇인가	P. 반 / 박범수	8,000원
11 우리는 무엇을 아는가	T. 나겔 / 오영미	5,000원
12 에쁘롱 ─ 니체의 문체들	J. 데리다 / 김다은	7,000원
13 히스테리 사례분석	S. 프로이트 / 태혜숙	7,000원
14 사랑의 지혜	A. 핑켈크로트 / 권유현	6,000원
15 일반미학	R. 카이유와 / 이경자	6,000원
16 본다는 것의 의미	J. 버거 / 박범수	10,000원
17 일본영화사	M. 테시에 / 최은미	7,000원
18 청소년을 위한 철학교실	A. 자카르 / 장혜영	7,000원
19 미술사학 입문	M. 포인턴 / 박범수	8,000원
20 클래식	M. 비어드 · J. 헨더슨 / 박범수	6,000원
21 정치란 무엇인가	K. 미노그 / 이정철	6,000원
22 이미지의 폭력	O. 몽젱 / 이은민	8,000원
23 청소년을 위한 경제학교실	J. C. 드루엥 / 조은미	6,000원
24 순진함의 유혹 〔메디시스賞 수상작〕	P. 브뤼크네르 / 김웅권	9,000원
25 청소년을 위한 이야기 경제학	A. 푸르상 / 이은민	8,000원
26 부르디외 사회학 입문	P. 보네위츠 / 문경자	7,000원
27 돈은 하늘에서 떨어지지 않는다	K. 아른트 / 유영미	6,000원
28 상상력의 세계사	R. 보이아 / 김웅권	9,000원
29 지식을 교환하는 새로운 기술	A. 벵토릴라 外 / 김혜경	6,000원
30 니체 읽기	R. 비어즈워스 / 김웅권	6,000원
31 노동, 교환, 기술 ─ 주제별 논술	B. 데코사 / 신은영	6,000원
32 미국만들기	R. 로티 / 임옥희	10,000원
33 연극의 이해	A. 쿠프리 / 장혜영	8,000원
34 라틴문학의 이해	J. 가야르 / 김교신	8,000원
35 여성적 가치의 선택	FORESEEN연구소 / 문신원	7,000원
36 동양과 서양 사이	L. 이리가라이 / 이은민	7,000원
37 영화와 문학	R. 리처드슨 / 이형식	8,000원
38 분류하기의 유혹 ─ 생각하기와 조직하기	G. 비뇨 / 임기대	7,000원
39 사실주의 문학의 이해	G. 라루 / 조성애	8,000원
40 윤리학 ─ 악에 대한 의식에 관하여	A. 바디우 / 이종영	7,000원
41 흙과 재 〔소설〕	A. 라히미 / 김주경	6,000원

【東文選 文藝新書】

44 朝鮮巫俗考	李能和 / 李在崑	20,000원
45 미술과 페미니즘	N. 부루드 外 / 扈承喜	9,000원
46 아프리카미술	P. 윌레뜨 / 崔炳植	절판
47 美의 歷程	李澤厚 / 尹壽榮	28,000원
48 曼茶羅의 神들	立川武藏 / 金龜山	19,000원
49 朝鮮歲時記	洪錫謨 外/李錫浩	30,000원
50 하 상	蘇曉康 外 / 洪 熹	절판
51 武藝圖譜通志 實技解題	正 祖 / 沈雨晟·金光錫	15,000원
52 古文字學첫걸음	李學勤 / 河永三	14,000원
53 體育美學	胡小明 / 閔永淑	18,000원
54 아시아 美術의 再發見	崔炳植	9,000원
55 曆과 占의 科學	永田久 / 沈雨晟	8,000원
56 中國小學史	胡奇光 / 李宰碩	20,000원
57 中國甲骨學史	吳浩坤 外 / 梁東淑	35,000원
58 꿈의 철학	劉文英 / 河永三	22,000원
59 女神들의 인도	立川武藏 / 金龜山	19,000원
60 性의 역사	J. L. 플랑드렝 / 편집부	18,000원
61 쉬르섹슈얼리티	W. 챠드윅 / 편집부	10,000원
62 여성속담사전	宋在璇	18,000원
63 박재서희곡선	朴栽緖	10,000원
64 東北民族源流	孫進己 / 林東錫	13,000원
65 朝鮮巫俗의 研究(상·하)	赤松智城·秋葉隆 / 沈雨晟	28,000원
66 中國文學 속의 孤獨感	斯波六郎 / 尹壽榮	8,000원
67 한국사회주의 연극운동사	李康列	8,000원
68 스포츠인류학	K. 블랑챠드 外 / 박기동 外	12,000원
69 리조복식도감	리팔찬	20,000원
70 娼 婦	A. 꼬르벵 / 李宗旼	22,000원
71 조선민요연구	高晶玉	30,000원
72 楚文化史	張正明 / 南宗鎭	26,000원
73 시간, 욕망, 그리고 공포	A. 코르뱅 / 변기찬	18,000원
74 本國劍	金光錫	40,000원
75 노트와 반노트	E. 이오네스코 / 박형섭	20,000원
76 朝鮮美術史研究	尹喜淳	7,000원
77 拳法要訣	金光錫	30,000원
78 艸衣選集	艸衣意恂 / 林鍾旭	20,000원
79 漢語音韻學講義	董少文 / 林東錫	10,000원
80 이오네스코 연극미학	C. 위베르 / 박형섭	9,000원
81 중국문자훈고학사전	全廣鎭 편역	23,000원
82 상말속담사전	宋在璇	10,000원
83 書法論叢	沈尹默 / 郭魯鳳	16,000원
84 침실의 문화사	P. 디비 / 편집부	9,000원
85 禮의 精神	柳 肅 / 洪 熹	20,000원

1005 바흐: 브란덴부르크 협주곡	M. 보이드 / 김지순	18,000원
1006 바흐: B단조 미사	J. 버트 / 김지순	18,000원
1007 하이든: 현악4중주곡 Op.50	W. 딘 주트클리페 / 김지순	18,000원
1008 헨델: 메시아	D. 버로우 / 김지순	18,000원
1009 비발디: 〈사계〉와 Op.8	P. 에버렛 / 김지순	18,000원
2001 우리 아이들에게 어떤 지표를 주어야 할까?	J. L. 오베르 / 이창실	16,000원
2002 상처받은 아이들	N. 파브르 / 김주경	16,000원
2003 엄마 아빠, 꿈꿀 시간을 주세요!	E. 부젱 / 박주원	16,000원
2004 부모가 알아야 할 유치원의 모든 것들	N. 뒤 소수아 / 전재민	18,000원
2005 부모들이여, '안 돼'라고 말하라!	P. 들라로슈 / 김주경	19,000원
2006 엄마 아빠, 전 못하겠어요!	E. 리공 / 이창실	18,000원
2007 사랑, 아이, 일 사이에서	A. 가트셀·C. 르누치 / 김교신	19,000원
2008 요람에서 학교까지	J.-L. 오베르 / 전재민	19,000원
3001 〈새〉	C. 파글리아 / 이형식	13,000원
3002 〈시민 케인〉	L. 멀비 / 이형식	13,000원
3101 〈제7의 봉인〉 비평 연구	E. 그랑조르주 / 이은민	17,000원
3102 〈쥘과 짐〉 비평 연구	C. 르 베르 / 이은민	18,000원
3103 〈시민 케인〉 비평 연구	J. 루아 / 이용주	15,000원
3104 〈센소〉 비평 연구	M. 라니 / 이수원	18,000원
3105 〈경멸〉 비평 연구	M. 마리 / 이용주	18,000원

【기 타】

▨ 모드의 체계	R. 바르트 / 이화여대기호학연구소	18,000원
▨ 라신에 관하여	R. 바르트 / 남수인	10,000원
▨ 說 苑 (上·下)	林東錫 譯註	각권 30,000원
▨ 晏子春秋	林東錫 譯註	30,000원
▨ 西京雜記	林東錫 譯註	20,000원
▨ 搜神記 (上·下)	林東錫 譯註	각권 30,000원
■ 경제적 공포[메디치賞 수상작]	V. 포레스테 / 김주경	7,000원
■ 古陶文字徵	高 明·葛英會	20,000원
■ 그리하여 어느날 사랑이여	이외수 편	4,000원
■ 너무한 당신, 노무현	현택수 칼럼집	9,000원
■ 노력을 대신하는 것은 없다	R. 쉬이 / 유혜련	5,000원
■ 노블레스 오블리주	현택수 사회비평집	7,500원
■ 딸에게 들려 주는 작은 지혜	N. 레흐레이트너 / 양영란	6,500원
■ 떠나고 싶은 나라―사회문화비평집	현택수	9,000원
■ 미래를 원한다	J. D. 로스네 / 문 선·김덕희	8,500원
■ 바람의 자식들―정치시사칼럼집	현택수	8,000원
■ 사랑의 존재	한용운	3,000원
■ 산이 높으면 마땅히 우러러볼 일이다	유 향 / 임동석	5,000원
■ 서기 1000년과 서기 2000년 그 두려움의 흔적들	J. 뒤비 / 양영란	8,000원
■ 서비스는 유행을 타지 않는다	B. 바게트 / 정소영	5,000원

■ 선종이야기	홍 희 편저	8,000원
■ 섬으로 흐르는 역사	김영회	10,000원
■ 세계사상		창간호~3호: 각권 10,000원 / 4호: 14,000원
■ 손가락 하나의 사랑 1, 2, 3	D. 글로슈 / 서민원	각권 7,500원
■ 십이속상도안집	편집부	8,000원
■ 얀 이야기 ① 얀과 카와카마스	마치다 준 / 김은진 · 한인숙	8,000원
■ 어린이 수묵화의 첫걸음(전6권)	趙 陽 / 편집부	각권 5,000원
■ 오늘 다 못다한 말은	이외수 편	7,000원
■ 오블라디 오블라다, 인생은 브래지어 위를 흐른다 무라카미 하루키 / 김난주		7,000원
■ 이젠 다시 유혹하지 않으련다	P. 쌍소 / 서민원	9,000원
■ 인생은 앞유리를 통해서 보라	B. 바게트 / 박해순	5,000원
■ 자기를 다스리는 지혜	한인숙 편저	10,000원
■ 천연기념물이 된 바보	최병식	7,800원
■ 原本 武藝圖譜通志	正祖 命撰	60,000원
■ 테오의 여행 (전5권)	C. 클레망 / 양영란	각권 6,000원
■ 한글 설원 (상 · 중 · 하)	임동석 옮김	각권 7,000원
■ 한글 안자춘추	임동석 옮김	8,000원
■ 한글 수신기 (상 · 하)	임동석 옮김	각권 8,000원

【만 화】

■ 동물학	C. 세르	14,000원
■ 블랙 유머와 흰 가운의 의료인들	C. 세르	14,000원
■ 비스 콩프리	C. 세르	14,000원
■ 세르(평전)	Y. 프레미옹 / 서민원	16,000원
■ 자가 수리공	C. 세르	14,000원
▨ 못말리는 제임스	M. 톤라 / 이영주	12,000원
▨ 레드와 로버	B. 바세트 / 이영주	12,000원
▨ 나탈리의 별난 세계 여행	S. 살마 / 서민원	각권 10,000원

【동문선 주네스】

■ 고독하지 않은 홀로되기	P. 들레름 · M. 들레름 / 박정오	8,000원
■ 이젠 나도 느껴요!	이사벨 주니오 그림	14,000원
■ 이젠 나도 알아요!	도로테 드 몽프리드 그림	16,000원

【조병화 작품집】

■ 공존의 이유	제11시집	5,000원
■ 그리운 사람이 있다는 것은	제45시집	5,000원
■ 길	애송시모음집	10,000원
■ 개구리의 명상	제40시집	3,000원
■ 그리움	애송시화집	7,000원
■ 꿈	고희기념자선시집	10,000원
■ 넘을 수 없는 세월	제53시집	10,000원

東文選 文藝新書 185

푸코와 문학

시몬 듀링
오경심 · 홍유미 옮김

프랑스 사학자이자 문학비평가 및 철학자인 미셸 푸코에 대한 글쓰기는 1970년대 후반부터 문학 연구 발달에 있어 상당한 중요성을 가진다.

그는 어느 누구보다도 현재 국제 문학 연구를 지배하는 '새로운 역사주의'와 '문화적인 유물론'의 배후에 있는 인물이다.

시몬 듀링은 푸코의 작품 전체에 대해, 특히 그의 문학 이론에 대해 상세한 소개를 제공한다.

듀링은 사드와 아르토에서부터 1960년대 프랑스의 '새로운 소설가들(누보로망 작가들)'에 이르기까지 '위반하기 쉬운' 글쓰기에 대한 푸코 초기의 연구와, 사회 통제와 생산에 관한 특수하고 역사적인 메커니즘 내에서의 글쓰기 및 이론화, 저자/지식인의 계보학에 대한 푸코 후기의 관심사를 탐구하고 있다.

《푸코와 문학》은 푸코와 동시에 그에 의해 영향을 받은 문학 연구에 대한 비평을 제안하고, 후기 푸코식 문학/문화 분석에 대한 새로운 방법론을 발전시키기 위해 계속 나아간다.

이 책은 문학 이론, 문학 평론 및 문화 연구에 대해서 학자들과 대학생에게 흥미를 일으킬 것이 틀림없다.

東文選 文藝新書 142

사회를 보호해야 한다

1976, 콜레주 드 프랑스에서의 강의

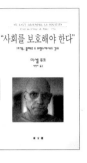

미셸 푸코

박정자 옮김

1976년 강의 《사회를 보호해야 한다》에서, 미셸 푸코는 권력 관계를 분석하는 데 있어서 전쟁의 모델이 적합한지를 묻는다. 미셸 푸코는 그것의 두 형태를 규정한다. 그 하나는 감시의 기술과 처벌제도라는 수단에 의해 인체에 적용되는 것이고, 또 하나는 인구·생명 그리고 살아 있는 사람들에 행사되는 앞으로 '생물권력'이라 부르게 될 권력 관계이다. 전쟁과 종족들에 대한 담론들과 정복의 이야기들(특히 불랭빌리에에게 있어서)을 분석하면서 푸코는 생물권력과 국가 인종주의의 계보를 세운다. 권력과 저항의 논리는 권리의 논리가 아니라 전략의 차원이다. 이때부터 클라우제비츠의 경구를 뒤집어, 정치는 다른 수단에 의해 지속되는 전쟁이라고 해야 할지 어떨지의 문제가 제기된다. 이 책에 묶은 강의는 1976년 1월부터 3월까지 콜레주 드 프랑스에서 했던 것이다. 그러니까 《감시와 처벌》의 출간과 《앎에의 의지》의 출간 사이의 기간이다. 푸코의 콜레주 드 프랑스 강의는 프랑수아 에발드와 알렉상드르 폰타나의 책임 편집으로 〈고등연구〉 총서에서 간행되고 있다.

〈고등연구〉는 사회과학 고등연구소와 갈리마르 출판사, 그리고 쇠이유 출판사가 공동 작업으로 기획하는 총서이다.

東文選 文藝新書 170

비정상인들

1974-1975, 콜레주 드 프랑스에서의 강의

미셸 푸코

박정자 옮김

비정상이란 도대체 무엇일까? 하나의 사회는 자신의 구성원 중에서 밀쳐내고, 무시하고, 잊어버리고 싶은 부분이 있다. 그것이 어느 때는 나환자나 페스트 환자였고, 또 어느 때는 광인이나 부랑자였다.

《비정상인들》은 역사 속에서 모습을 보인 모든 비정상인들에 대한 고고학적 작업이며, 또 이들을 이용해 의학 권력이 된 정신의학의 계보학이다.

콜레주 드 프랑스에서 1975년 1월부터 3월까지 행해진 강의 《비정상인들》은 미셸 푸코가 1970년 이래, 특히 《사회를 보호해야 한다》에서 앎과 권력의 문제에 바쳤던 분석들을 집중적으로 추구하고 있다. 앎과 권력의 문제란 규율 권력, 규격화 권력, 그리고 생체-권력이다. 푸코가 소위 19세기에 '비정상인들'로 불렸던 '위험한' 개인들의 문제에 접근한 것은 수많은 신학적·법률적·의학적 자료들에서부터였다. 이 자료들에서 그는 중요한 세 인물을 끌어냈는데, 그것은 괴물, 교정(矯正) 불가능자, 자위 행위자였다. 괴물은 사회적 규범과 자연의 법칙에 대한 참조에서 나왔고, 교정 불가능자는 새로운 육체 훈련 장치가 떠맡았으며, 자위 행위자는 18세기 이래 근대 가정의 규율화를 겨냥한 대대적인 캠페인의 근거가 되었다. 푸코의 분석들은 1950년대까지 시행되던 법-의학감정서를 출발점으로 삼고 있다. 이어서 그는 고백 성사와 양심 지도 기술(技術)에서부터 욕망과 충동의 고고학을 시작했다. 이렇게 해서 그는 그후의 콜레주 드 프랑스 강의 또는 저서에서 다시 선택되고, 수정되고, 다듬어질 작업의 이론적·역사적 전제들을 마련했다. 이 강의는 그러니까 푸코의 연구가 형성되고, 확장되고, 전개되는 과정을 추적하는 데 있어서 결코 빼놓을 수 없는 필수 불가결의 자료이다.